The History of Western
Political Thought (Revised Edition)

西方政治思想史

（修订版）

唐士其 ⊙ 著

北京大学出版社
PEKING UNIVERSITY PRESS

图书在版编目(CIP)数据

西方政治思想史(修订版)/唐士其著. —北京：北京大学出版社，2008.9
(21世纪国际关系学系列教材)
ISBN 978-7-301-14170-0

Ⅰ.西… Ⅱ.唐… Ⅲ.政治思想史-西方国家-高等学校-教材 Ⅳ.D091

中国版本图书馆CIP数据核字(2008)第124480号

书　　　名	西方政治思想史（修订版） XIFANG ZHENGZHI SIXIANG SHI(XIUDING BAN)
著作责任者	唐士其　著
责 任 编 辑	耿协峰
标 准 书 号	ISBN 978-7-301-14170-0
出 版 发 行	北京大学出版社
地　　　址	北京市海淀区成府路205号　100871
网　　　址	http://www.pup.cn
新浪微博	@北京大学出版社　@未名社科-北大图书
微信公众号	北京大学出版社　北大出版社社科图书
电子邮箱	编辑部 ss@pup.cn　总编室 zpup@pup.cn
电　　　话	邮购部 010-62752015　发行部 010-62750672　编辑部 010-62753121
印 刷 者	北京虎彩文化传播有限公司
经 销 者	新华书店
	730毫米×980毫米　16开本　39.5印张　646千字 2002年5月第1版 2008年9月第2版　2025年1月第13次印刷
定　　　价	79.00元

未经许可，不得以任何方式复制或抄袭本书之部分或全部内容。
版权所有，侵权必究
举报电话：010-62752024　电子邮箱：fd@pup.cn
图书如有印装质量问题，请与出版部联系，电话：010-62756370

21 世纪国际关系学系列教材
Textbooks of International Relations in the 21st Century

普通高等教育"十一五"国家级规划教材

本教材被教育部评为"2009年度普通高等教育精品教材"

修订版序言

本书修订版的出版,首先应该感谢读者的厚爱,其次应该感谢北京大学出版社的大力支持与协助。

此次修订的内容主要包括以下五个方面。第一,调整了第四部分的结构,并且增加了对伯林、奥克肖特和哈贝马斯等人思想的介绍,从而使内容上显得更加完整。第二,对全书各章节进行了全面订正,删除了一些不必要的部分,同时也增加了若干我认为需要补充的内容;有些部分进行了改写或者重写,体现了我近几年新的研究成果;另外对一些基本的判断进行了反复推敲,力争使其进一步准确、完整。第三,由于本书篇幅所限,对于一些重要思想家,比如尼采、韦伯以及近来颇有影响的共同体主义者没有设专门的章节论述,但仍然采取插叙或者注释的方法,通过与其他思想家的对照介绍他们的相关理论,同时适当增加了思想家们之间相互批评的内容,以便读者对西方政治思想史能够获得一种立体的印象。第四,尽可能克服了第一版中语言欧化的缺陷,使全书表述进一步简洁易懂。我自己并不认为深刻的思想只能用晦涩难懂的语言表达,相反,语言的佶屈拗口,往往体现了思想上的滞涩不畅。因此,语言的规范化,同时也是思想的规范化。深入浅出,既是语言的最高境界,也是思想的最高境界。第五,对书中的大量引文进行了反复校对。引文的处理大致分三种不同情况。一是直接引用权威的、人们已经比较熟悉的中文翻译(主要是收入商务版"汉译世界名著"系列中的译作);二是我根据原文对出自一些比较有影响的译本(比如新出版的《柏拉图全集》和《亚里士多德全集》)的引文进行了校改,但同时注出了该译本的对应页码,必要时说明我改译的理由,以便读者查对;三是我自己的翻译,其中有些是因为目前还没有中文译本出版,有些是因为我有不同的理解。需要说明的是,翻译的基础是对原作的把握,而对文本的把握本来就具有多种可能性，同时汉语的表达也存在多种可能的选择，所以我不同意其他译法并不意味着我否认它们的价值。本书对引文的翻译遵循的基本原则是忠实原义，同时简明易懂，当然，这是一件比较困难的事情，是否做到了，还要请各位读者判断。另外，为了控制本书已经比较庞大的篇幅，修订版删除了第一版原有的两个附录，原来长长的参考书目也略去了，因为文中已经有比较详细的注释。

在方法论方面，本书摒弃西方政治思想史研究中的"历史主义"传统，强调西方政治思想的发展并非古代希腊思想的自然成长，而是不同文明因素相互借鉴、彼此融合的结果，这一点通过本书的结构已经清楚地反映出来。另一方面，虽然我认为思想史上的确存在一些贯穿始终的基本问题，并且尊重施特劳斯学派的思想史研究在哲学层面的价值，但并不完全认同该学派那样一种厚古非今的思想史理解方式。总体上来说，我更倾向语境主义的立场，特别是波考克的语言学政治学的方法。这种方法强调对不同时空条件下政治语言的具体把握，既注重同一套概念与语汇在不同条件下的不同含义，也注重不同表达方式可能具有的相同内涵，从而为思想史的研究提供了更深入的视角与更宽广的空间，并且使纵向和横向的思想比较变得更有意义。

作为中国人，学习和研究西方政治思想史主要还是为中国未来的政治发展寻找一些可资参考借鉴的理论资源。由于中西政治实践与政治思考具有不同的发展路径，两者之间的确表现出明显的区别。首先，中西方被纳入政治范畴的人类活动领域就各不相同，比如在中国通常以政治形式处理的某些价值问题，在西方则被宗教接手；而在中国通过宗族和血缘关系解决的个体的利益问题，在西方却被高度政治化。其次，政治领域的不同必然使关于政治的思考各不相同，实际上古代中国根本就不存在严格意义上的政治思想，或者说中国人并不认为政治与一般性的社会事务有何根本区别，这当然在某种意义上影响了中国人对政治本身的可能性与局限性的深入探讨，但却并不能因此否认中国传统中沉淀下来的大量实践的政治智慧。

除了各种具体差异之外，我认为西方政治思想中有三个方面的基本内容是中国传统政治的思考中不存在的。第一个方面是普遍平衡的观念。这又包括两个层面的含义：首先，西方政治思想史上一直存在着一种在狭义的政治与法律之间寻求平衡的传统（广义的政治应该包含法律在内），当然，由于政治始终处于主动的、变动中的态势，所以这种努力通常表现为对法治的追求；其次，西方人倾向于把政治理解为各种权力之间的平衡，因此在西方政治思想中基本上不存在"定于一尊"这样的观念，当然，这也是长期以来西方政治实践的反映。第二个方面是西方倾向于以法律和政治的方式保护个人利益,也就是使之上升为权利而获得某种相对的确定性。第三个方面是西方政治思想中强烈的理性主义色彩,其极端表现就是试图以自然科学的方法,对人类事务进行简单划一的把握。特别是近代以来,这种理性主义的影响明显上升,甚至被人们认为代表了西方政治思想的精神实质。前两个方面是我们在今后需要进一步深入研究与借鉴的内容,后一个方面则需要我们进一步辨析和反思。实际上可以认为,西方思想史上始终存在两种不同的理性主义——逻辑的理性主义与经验的理性主义,它们相互冲突、彼此平衡。虽然近代以来前者得到人们更多的重视,但后者实际上仍然积淀在西方政治思维与政治实践的结构深处。认识到这一点,将有助于我们对西方思想进行重新评价,同时也有可能对传统的中国政治智慧进行不同的理解。

由于中国历史上并没有产生与西方政治学对应的思想体系,所以中国传统的政治智慧往往通过非政治的概念和语汇加以总结和表述。比如上面提到的西方政治思想中高度关注的权力平衡问题,在中国的政治论述中基本看不到。但另一方面,中国古人却又能够通过诸如阴阳五行的理论领悟到其中的某些奥秘。这就提出了一个如何在中西方政治思想之间进行比较、在什么基础和层面上进行比较的问题。中国的政治思想史研究者(从萧公权开始)已经参照西方政治思想史总结和编写了中国政治思想史,这是必要的第一步的工作,但必须尽快超越这一步,因为这种"按图索骥"的方法同时又肢解了传统的中国智慧。

中国未来的发展不可能照搬任何现成的模式,但必须吸收西方各方面的思想成果。一种成功的吸收要求我们对中国传统与西方思想同时具有深入完整的理解,如此才能真正找到两者之间的相通与相异之处。这一工作可以说才刚刚开始。

西方政治思想发展到今天,既取得了丰硕的成果,也存在诸多的问题。特别是近代自由主义在对个人权利提供了相当完善的保护的同时,又严重地限制了政治的可能性。对此,西方思想家们也正在进行深入反思。政治既是人们追求自由的重要手段,也是进行社会控制的基本工具;它既需要充分保护人们的平等、尊重人与人之间的差异,同时又必须维护善与正义对社会的引导。自由主义恰恰在这些问题上陷入了困境。但是,正如法国政治思想史学家雅内所质问的:"是否因为人们在道德上无法达到至善,就应该放任自流,放弃道德上的追求？"①答案应该是否定的，因为人作为一种社会的动物，在共同生活中不可能真的置是非善恶这些根本问题于不顾。

与西方思想相比，中国传统的政治思想是高度道德化的，或者说中国古代思想家追求的是一种有道德的政治，至少这是先秦儒家的最高理想。有道德的政治并不像人们通常理解的那样，把道德作为控制民众的工具，它首先要求统治者追求道德的完善、接受道德的约束。当然，道德如果仅仅体现为一种观念，那么最终会蜕变为权力的侍从，这是中国政治思想的演化为我们提供的教训。但如果政治失去道德的支撑，那么最终只能堕落为赤裸裸的暴力。如何实现道德与政治的结合与平衡，这是21世纪政治思想面临的一个根本课题。也许在这个方面，中国的传统思想能够有所贡献。

最后还是要对我国内外的师友与同事们表示深深的感激之情，虽然在这里没有办法一一列举他们的姓名。与他们的交往，特别是思想上的交流，让我倍感压力，但也获得自信，而且让我从内心深处意识到人类的思想与感情是相通的。还要感激本书第一版问世以来师友们的鼓励特别是批评，尤其是中央翻译局的殷叙彝先生，他以80岁高龄，仍然为我指出了原书中存在的若干错漏之处。这次修订中，我认真考虑了大家的批评和建议，但不足之处肯定在所难免，我期待着读者诸君的进一步教正。

唐士其
2008年2月26日

---

① Paul Janet, *Histoire de la science politique dans ses rapports avec la morle*, Tome I, 5e édition, Paris: Librairie Félix Alcan, p. lxxviii.

目 录

绪论　西方政治思想概述　　　　　　　　　　　　　　　1
　一、西方政治思想概貌及其发展阶段　　　　　　　　　1
　二、西方政治思想史上的基本问题　　　　　　　　　　17
　三、政治思想与政治实践，以及对政治思想史的解释　　35

第一部分　古代希腊的政治思想

第一章　理性的政治　　　　　　　　　　　　　　　　47
　一、古代希腊文明与西方政治思想的起源　　　　　　48
　二、习俗、自然与理性　　　　　　　　　　　　　　55
　三、理想的政治与现实的政治　　　　　　　　　　　63

第二章　城邦的性质与目的　　　　　　　　　　　　　76
　一、公民与城邦　　　　　　　　　　　　　　　　　77
　二、秩序、正义与平等　　　　　　　　　　　　　　86
　三、城邦之后的政治与人　　　　　　　　　　　　　95

第三章　政体及其更迭　　　　　　　　　　　　　　　102
　一、政体的划分　　　　　　　　　　　　　　　　　103
　二、政体的更替　　　　　　　　　　　　　　　　　109
　三、混合政体与法治　　　　　　　　　　　　　　　113

第二部分　古罗马和中世纪的政治思想

第四章　世界秩序之下的法律　125
　　一、法律与公民权利　126
　　二、降临于尘世的自然法　131

第五章　精神的权力与世俗的权力　140
　　一、上帝之城与尘世帝国　141
　　二、教会对国家权力的侵蚀　148
　　三、向国家的回归　156
　　四、对暴政的抵抗　164

第三部分　近代西方政治思想

第六章　国民国家的政治和法律基础　173
　　一、君主与国家　174
　　二、主权、"利维坦"和专制主义　184
　　三、政治与道德的关系以及近代政治学的诞生　197

第七章　公民的权利和自由　207
　　一、自然法与社会契约论　208
　　二、自由、财产和生命的权利　218
　　三、自由的政治意义　228

第八章　权力受到制约的政府　241
　　一、国家和社会的关系　242
　　二、有限政府的理论　248
　　三、分权学说及其制度设计　254

第九章　平等、民主和自由　266
　　一、"人人生而平等"　267

二、民主的可能性　　273
　　三、民主与自由　　287

第十章　政治中的理性以及对理性政治的反叛　　298
　　一、保守主义的哲学与政治理论　　299
　　二、理性、历史与国家　　313
　　三、法西斯主义　　328

第十一章　社会改良、社会批判与社会运动　　343
　　一、社会改良主义　　344
　　二、"社会问题"与社会主义运动　　356
　　三、马克思主义　　367

第四部分　20世纪西方政治思想

第十二章　理性、政治与自由　　385
　　一、政治中的理性与经验　　387
　　二、"得过且过"的自由　　414
　　三、理性、自主与团结　　433

第十三章　政治中的权利与正义　　468
　　一、自由社会中的正义　　469
　　二、自由至上论　　492

第十四章　民主政治的理念与现实　　508
　　一、多元主义与现代民主的社会基础　　509
　　二、谁在统治：精英主义对现代民主制的批评　　520

第十五章　批判的政治思想　　530
　　一、社会民主主义　　530
　　二、女性主义　　543
　　三、环境保护主义和绿色运动　　555

第五部分　西方政治思想史的研究及其方法

第十六章　西方政治思想史研究的起点及其早期发展
　　——对"伟大传统"的发现　　　　　　　　　　　　571

第十七章　20世纪50—70年代的西方政治思想史研究
　　——政治哲学的复兴　　　　　　　　　　　　　　579

第十八章　"语境主义"与"语言学政治学"　　　　　　610

后记　　　　　　　　　　　　　　　　　　　　　　623

绪论
西方政治思想概述

一、西方政治思想概貌及其发展阶段

从地域或者外延意义上说，西方政治思想主要指西欧和北美的政治思想，因为自远古以来，在这一地域范围内，人们关于政治的思考就一直表现出某种可以识别的一致性与继承性，从而与世界其他地区对政治的理解形成明显区别，并且构成了一个相对完整的思维体系。①

至于西方政治思想的具体内容，亦即人们对政治生活各要素的理解和关注，在不同的历史时期则表现出不同的侧重与特点，由此导致政治的概念本身在时间进程中不断变化，而政治思想也表现出不同的面貌。比如在古希腊，政治与作为基本政治单元的城邦即城市国家完全是同一个概念（πολισ）。这意味着此时政治活动不仅尚未从社会生活的整个领域中被明确区分出来，而且作为公民基本的价值追求非常自然地延伸到了社会实践的各个方面。在这种情况下，诸如公与私、国家与社会这些后世西方政治理论的重要范畴也就根本不可能进入人们的思考。就此而言，亚里士多德的《政治学》一书，也可以被理解为"城邦学"，因为它考察了构成一个良好的城邦所需要的几乎

---

① 某些思想史研究者如 Quentin Skinner 对此是有所保留的。但是，尽管西方政治思想的发展的确表现出明显的阶段性，与比如说东方的政治思想相比，其内在的继承性与一致性却是无法否认的。

所有自然的和社会的基本条件。

　　古希腊这种"泛政治"的观念到罗马帝国时期发生了一些变化。一个基本的事实是，国家领土范围的明显扩大使古希腊那种全民（实际上是全体公民，不包括占人口绝大多数的奴隶和没有公民权的外邦人）参与政治的体制已经变得根本不可能，当时的社会联系和交往手段也决定了公民个人生活与国家政治活动的疏远——在罗马做出的决定必须经过几个月的时间才能被帝国边远地区的人们所知晓的情况下，完全没有理由要求公民们把政治活动作为其日常生活的核心内容。作为这一重大变化的结果，罗马帝国治下的公民已经完全不可能像古代希腊人一样，通过参与政治活动获得人格的完善。亚里士多德有一句名言："人是政治的动物。"①但在罗马帝国，这样一种对人的本质的理解显然已经不再适用。就此而言，如果说古希腊时期，道德哲学只能作为政治思考的一项主要内容而存在的话，那么在城邦之后，人们就不得不到政治之外寻找安身立命的伦理依据。正因此，斯多葛学派那种崇尚自然的理论才会在罗马帝国早期知识分子当中普遍流行，而罗马皇帝马可·奥勒留（Marcus Aurelius Antoninus, 121—180）②对灵魂完善的关注也才会更胜于对国务的管理。

　　罗马帝国时期哲学与政治的分离，及其所带来的人们在思想上某种程度的空白（毕竟不能让所有人，尤其是那些没有任何文化和知识的普通民众，依靠哲学生活），为基督教在整个帝国范围内的流行提供了非常适宜的精神土壤；而基督教的普遍传播，以及教会组织在各地的建立，又对帝国的政治思想和政治实践带来了进一步的影响。基督教，特别是在其产生之初，对世俗政治权力就采取了一种疏远乃至对立的态度，认为两者之间理想的关系形态是相安无事，各司其责——"上帝的东西归上帝，凯撒的东西归凯撒"（当然两者实际上的关系往往是时而合作，时而斗争）。如此一来，一方面有关人类精神的事务在很大程度上从国家的职能范围中独立出来，古希腊意义上的政治概

---

　　① "人天生是一种政治动物。"亚里士多德：《政治学》，苗力田主编：《亚里士多德全集》第Ⅸ卷，颜一、秦典化译，北京：中国人民大学出版社1994年版，第6页。亚里士多德的《政治学》原有吴寿彭的译本（商务印书馆1965年版，以下简称"吴译本"），这是一个十分严谨的版本，可惜语言稍显晦涩。本书基本采用苗力田主编的中文版《亚里士多德全集》，必要时参照吴译本说明。

　　② 奥勒留从161年开始统治罗马直至他去世为止，著有《沉思录》（*Meditations*）一书。

念明显萎缩;另一方面,教会作为一种事实上的世俗权力的存在①,以及它与国家权力之间复杂的相互关系,又为政治生活增添了许多原来所没有的内容。这一切,对以后西方政治的发展都产生了独特而深远的影响,甚至可以说在某种意义上改变了西方政治演变的方向。

进入近代社会(资本主义社会)之后,西方的政治观念又发生了进一步的变化。近代政治思想一个基本出发点是对个人利益的保护。个人利益的优先性,即使对像霍布斯那样被视为专制主义者的思想家来说同样也是无可置疑的。这种在个人利益基础上展开的政治学说,经洛克的系统阐发之后,以自由主义的名义逐步成为近现代西方资产阶级的正统理念,它描述并且规范着西方的政治结构与政治过程,甚至已经获得了某种意识形态的地位。自由主义者认为,个人在追求自己的财富和利益时具有无限的可能性,而如果在这个过程中存在什么障碍的话,那么它只可能来自政府的专制权力,因此他们坚决主张,国家需要做的只是维持基本的社会秩序和保障个人的所得,即承担一位"守夜人"的角色。不仅如此,由于自由主义者普遍相信国家自然地具有某种侵害个人利益的倾向,所以他们反复强调,必须通过种种方式对国家的行动能力加以限制。换言之,在自由主义看来,国家不过是一种"必不可少的恶"。

用当代美国政治哲学家诺齐克的话来说,自由主义追求的是"最小限度的国家",与之对应的当然就是"最小限度的政治",即其范围受到极度压缩的政治空间。在自由主义的思想传统中,国家与市民社会、公与私的界限得到明确区分,政治仅仅构成人类社会生活的一个极小部分。也可以说,自近代以来,政治的概念进入了西方思想史上其内涵最小的时期。② 虽然与洛克的时代相比,现代西方国家的活动领域已经明显扩大,但政治观念以及国家职能的任何一次哪怕是很小的拓展,都必须经过大量的理论论争,甚至实际的政治斗争才能实现。

---

① 基督教会严格的教阶制度使其具有明显的行政组织特征,上级教会对下级教会及教众的命令类似于一般意义上的行政命令。特别是罗马帝国崩溃之后,基督教会在精神和世俗意义都成为替代帝国维系整个欧洲统一性的权力结构。后来教会又拥有了自己的地产乃至军队,教会的法律在欧洲范围内通行。更重要的是,教会的这种特殊地位,使其在各世俗权力中心的相互矛盾与斗争中往往具有举足轻重的地位。这一切都表明,基督教会事实上掌握着不可忽视的世俗权力。正因此,教会与封建君主之间的权力之争成为中世纪后期西欧政治生活中的一项重要内容。

② 当然这只是就一般情形而言。事实上,即使在这一阶段,在西方不同国家、不同时期、不同思想流派之间,对政治的理解也还是存在着一定的差别。比如在近代德国,人们对政治的理解就要比英美等国宽泛得多。

以上只是对西方思想史上政治范畴演变过程的一个非常抽象和概括的介绍。可以看出,这一演变虽然是在一个大致确定的传统之内发生的,但与此同时它又的确表现出某种阶段性的断裂。如何理解这种连续性与阶段性的关系,就涉及西方政治思想史研究中的一个基本问题,即这一历史是否具有其整体性。对此,人们的认识并不完全相同。在早期的思想史研究者们眼中,整个西方政治思想的历史被视为一个完整的统一体,后代的政治思想相应地被认为是古代希腊思想完全合乎逻辑的发展。这种观点类似亚里士多德的目的论。据此,古希腊以后西方政治思想的全部发展在本质上并没有增添任何新的内容,而只不过是对古代思想要素的逐步展开。这就如同一粒橡树籽最终长成参天大树,而大树的全部特质都能在当初的树籽中找到。这种思想史观在某种意义上是对西方政治思想进行神秘化理解的产物,同时也反映出一种西方思想优越性的偏见。

应该说,西方政治思想史的确构成了一个相对完整的体系,但这种完整性并非出于"天定",而是西方历史独特发展过程的产物,是古代希腊思想与古罗马和基督教思想以及日耳曼民族的政治和法律传统渐次融合逐步形成的。事实上,在几次大的融合过程中,承载着西方政治思想的主体人群的构成本身也在发生变化,具体体现为罗马人继承了古希腊的政治思想,并且接受了基督教观念;日耳曼人又吸收了罗马人的政治思想和基督教的观念并且将其与自身的传统相结合,最终奠定了近现代西方政治思想的基础。因而从根本上说,西方政治思想的发展乃是不同文化因素相互叠加、不同民族相互融合的结果,如果缺少了其中任何一个部分,今天的西方政治思想都会是另外一种情形。

承古希腊文明之后,古罗马和基督教思想以及日耳曼传统的影响,是导致上述西方思想传统中政治范畴发生变化的基本因素,同时也把整个西方政治思想的发展划分为几个明显的历史阶段,可以相应地称之为古希腊的政治思想、古罗马和中世纪的政治思想以及近现代的政治思想。

古代希腊人为后世的西方政治思想提供了基本的思维模式、理论框架、概念体系即思维工具和基本的思想素材,特别是关于政体类型问题的思考,以及民主政治的理论与实践。古代希腊文明对西方政治思想的根本性影响,就是决定了至今为止这一思想体系把握政治问题的基本模式。一般认为,古希腊有系统的政治思想起始于苏格拉底,而苏格拉底之所以享有这一殊荣,则是因为他开始把希腊哲人对自然的兴趣转向了对人类精神状态的研究。不过需要指出的是,这种转变只涉及研究对象,至于希腊人探究自然现象时采用的思想方法,即理性的方法却被完整地保留了下来。苏格拉底的目标,恰恰是希望把自然哲学的逻辑和方法引入社会生活领域,并且找到在人类精神世界中起最终决定作用的因素。

理性的思想方法乃是古希腊文明最突出的精神特质。它首先不允许在思维过程中出现自相矛盾的情形,因而也就是一种严密的逻辑(形式逻辑)思考的方法。① 古希腊早期的哲学家们正是依据这一基本方法对整个世界的起源及其运动规律进行推论,即使在那些具有明显辩证倾向的哲学家,如赫拉克利特等人当中,对矛盾的拒斥也是一个基本的思想特征。② 当然,相信能够通过严密的逻辑思考获得关于外部世界的准确知识,从根本上说首先必须假定整体世界本身的"合逻辑性",即具体思维对象的"同一性"(identity)与整个世界的内在统一性。在此基础之上,理性思考的内容则体现为对事物或者现象之后某种不变因素的探求,因为后者被认为是某一事物能够保持其自身的存在并且区别于其他事物的关键,是事物的灵魂,柏拉图称之为"相"③,亚里士多德则称之为"形式因"。这种"相"或者"形式因"体现于物质性的存在便构成了它们的本质,体现于事物的进程便成为支配它们运动的确定不移的法则。④ 严格依从形式逻辑的思想方式当然带有浓厚的形而上学特征,即僵化、脱离实际与不善变通等,但它另一方面却也能使思想者直达事物的基本规定性,为纷纭复杂、变动不居的世界提供一种简单而清晰的解释。

理性的思想方法同样支配着古希腊人的政治思考,并且在苏格拉底式的"辩证法"中得到了充分而出色的运用。"辩证法"类似一般逻辑论证中的"归

---

① 在这里体现出希腊文明乃至整个西方文明与中国文明的一个基本区别。在中国的传统智慧中,对矛盾的排除并非有效思想的必要前提。相反,中国人认为,矛盾既然客观地存在于世界的各个方面,因而也只有一种能够容纳矛盾的思维才可能是有效的思维。阴阳五行学说可能最典型地体现了中国传统思维的这一特性。

② 比如说,有的哲学家认为,世界从根本上说是静止的。其推论过程是,神创造的世界应该是完美的,而某一运动中的事物,不是向更完美、就是向不完美运动。不论如何,只要这种运动存在,便可以证明世界在总体上说并不完美。由此可以推断,世界是静止的。

③ 柏拉图的 theory of the idea,中国学术界传统上一直称为"理念论",但最近以来,已经有不少学者提出,用"理念"来翻译 idea 这个概念是错误的,应该改译为"相论",本书同意并且采用了这一译法。

④ 这种思考在哲学上被称为"存在论"或者"是论",试图解决的是某一事物如何是该事物或者说一事物为何是此事物而非彼事物的问题。在西方思想史上最早明确提出这一问题的是巴门尼德,他曾经指出:"只有哪些研究途径是可以设想的。一条是:它是,它不能不是。这是说服的途径,因为它通向真理。另一条是:它不是,它必定不是。这条路,我告诉你,是完全走不通的。因为不是者是你不认识也说不出的。"(D4, KR344,译文引自《柏拉图关于"是"的学说》,载《柏拉图对话集》,王太庆译,北京:商务印书馆2004年版,第679页。)

谬法"和"反证法"的结合。它的一个主要特点,是通过不同观点持有者的对话揭示某种观点中存在的逻辑矛盾,并且通过对话寻找解决矛盾的途径,最终达到能够被参与者共同接受的正确结论。与抽象的逻辑推演相比,"辩证法"的优点是直观形象,完全从人们日常生活中普遍化的实践或者常识性的观念出发,生动有趣,易于接受,因此用这种对话体写成的柏拉图的主要著作,不仅为后人留下了深邃的思想,而且也成为宝贵的文学遗产。

严格的逻辑思维为后世的政治思想家所继承,甚至基督教思想家们也概莫能外①,虽然他们一般不再使用"辩证法"。比较而言,如果说中国传统政治思想的一个主要特点,是通过对自然的类比和对人事的推演得出各种政治结论的话,那么西方政治思想则始终强调从某种假定的(或者认为不受置疑的即自明的)前提出发,通过逻辑论证得出秩序与义务、权利、平等与自由等一系列政治范畴,以及由它们所构成的各种严密的理论体系。

理性主义的思想方式与自然法理论这一希腊政治思想的基本内容之间,体现为一种互为表里的关系。从希腊文明早期开始,人们就普遍认为,与自然界一样,在政治生活中也应该存在一些恒久不变而且彼此之间相互融贯的基本法则,他们把这种法则称为"nomos",并且视之为政治思考的终极对象。②当然,类似自然法的观念并不为古代希腊世界所独有,比如在中国古代思想中也存在"天道"、"天理"之类与人间的实际政治秩序相对的范畴。希腊思想中自然法理论的独特之处在于它是理性主义的产物③,并且始终与之联系在一起;而在其他文明中,自然法则却往往被人们作为神秘体现的对象。古希腊的思想家们相信,政治世界与整个世界的其他部分一样,也具有自身的本质与规律。这种规律被他们称为"自然",它可以通过理性的探索为人所理解。这样,理性事实上就成为"自然"的另一种称谓。就此而言,"自然法"不过意味着政治世界中某些被理性思考发现的基本法则。④ 在古希腊政治思想

---

① 在基督教思想中,即便是上帝也必须遵循逻辑规则。
② 在不同的场合,现代人也将这个词翻译为"规律"、"法律"等,柏拉图晚年的重要著作《法律篇》提到法律时用的就是这个概念。
③ 从逻辑上说,对自然法的坚定信念是理性主义的基础,因为如上所述,如果不预先确信存在某些确定不变并且相互谐调的自然法则的话,那么严格的逻辑性在思考人与自然方面也就完全失去了意义。
④ "自然"与"自然法"两个概念在用法上还是有些不同。在古希腊的政治著作中,前者出现的频率要远高于后者,亚里士多德更是到了几乎言必称"自然"的程度。"自然法"的概念主要是通过斯多葛学派,特别是古罗马的一些政治思想家,如西塞罗等人的阐发而开始广为流传的。不过,从其基本含义来看,这两个概念并没有太大的差别。

中,与自然相对的概念是"习俗"(convention, custom, ethos),即历史上流传下来并且仍然在政治生活中发挥作用的各种传统观念与制度。它们通常包含着某种形式的不公正,因为它们体现的往往并非"自然"而只是"人为"、并非理性而只是"意见"。对于理性与意见之间的差异,柏拉图在其著作《国家篇》①中进行了非常生动的描述。政治哲学家的任务,就是把人们从种种"意见"的支配下解放出来,并使之接受理性以及通过理性发现的"自然的"规律与法则的指导。自然法理论在古希腊之后,一直是西方政治思想的一个重要组成部分。由于这一理论在欧洲历史上的深远影响,所以无论是罗马的皇帝,还是后来西欧各国的君主,其权力都受到不同程度的限制;即便是在所谓的专制主义时期,国王们也从来不曾如其所愿为所欲为。另外,由于自然法思想内在地包含了这样一种观念,即在现实政治之外,存在着某种更合乎人类本性的政治与法律秩序,因此它往往成为人们对现实生活中不合理的因素进行批判的主要思想工具,也成为推动西方政治思想和政治实践不断走向进步的重要力量。

从主要内容上看,古希腊政治思想乃是城邦这一十分独特的政治实体及其政治实践的产物。希腊城邦制度的存在前后有数百年的时间。上百个集中在同一狭小地域的城市国家,在几个世纪的过程中能够基本上保持各自的独立,而不是在相互之间的战争中被消灭或者兼并、最终形成几个大国(这是东西方历史上常见的情况),这本身就是一个奇迹。产生这一奇迹的原因,可以参考历史学家提供的各种解释。对于古希腊政治思想的发展来说具有重要意义的是,希腊诸邦在一定时间跨度内这种政治、经济与军事方面的独立,使之能够以相对完整的方式完成一系列政治制度的演变,即从君主制经过贵族制最终过渡到民主制(虽然并非所有的希腊城邦都实现了完全的民主化)。城邦较小的人口与地理规模当然是其政体演变速度相对比较快的重要原因,同时,在这一过程中,各城邦之间的相互影响也是一个不可忽视的因素。另外,由于各个城邦的政体演化速度并不完全相同,结果在同一时间内人们便

---

① 《国家篇》的希腊文原名为 Politeia,兼有国家、社会、宪法等多种含义,来自 πολιεια(城邦)一词。该书的拉丁文译名为 res publica(共和国,罗马人对自己的国家的称谓),其内涵多多少少有些罗马化了。近代西方各种语言对该书的译名分别为:英语 Republic,法语 République,德语 Staat,日语中则有人译为国家。可能德语还稍接近柏拉图的原意一些。中文传统上译为《理想国》(吴献书译,商务印书馆1929年版,1957年再版;郭斌和、张竹明译,商务印书馆1986年版),带上了译者对柏拉图思想的理解。王太庆译为《治国篇》(《柏拉图对话集》),王晓朝则译为《国家篇》(《柏拉图全集》第三卷,北京:人民出版社2003年版)。本书并不反对《理想国》这一形象的译法,不过,考虑到引用的方便,仍然统一称为《国家篇》。

可以找到不同类型的政治体制。也就是说，本来是时间的过程，在古希腊各城邦之间却以空间的方式体现出来了。古代希腊这种世界历史上独一无二的政治实践，不仅为人们思考政治过程的本质与规律提供了重要线索，而且也为政治思想家们的理论工作准备了异常丰富的素材。正因此，古代希腊政治思想中关于政治体制的理论、关于政体与社会阶级之间关系的理论都达到了令人瞩目的高度。特别是经柏拉图和亚里士多德总结和发展的关于政治的基本原则的理论、关于政体及其划分标准的理论、关于正义问题的理论、关于混合政体的理论等等，都是古希腊文明对人类政治思想贡献的宝贵财富，并且成为迄今为止西方政治思想的核心内容。

不过，提起古希腊的政治思想，人们最先想到的恐怕并非上述两个方面的因素，而是希腊人所阐发并且曾经加以实践的一种共同体式的民主观念。虽然在柏拉图和亚里士多德这些古希腊最重要的政治思想家眼中，民主并没有多少正面价值（在柏拉图看来，民主恰恰是一种违背了政治理念的政体形式），但是，雅典民主时期的政治文献却充满了对民主的溢美之词，这多多少少具有某种讽刺的意味。更发人深省的是，以雅典为代表的古代希腊城邦民主制，已经成为后世众多思想家理想的精神家园。至于古希腊政治模式中公民个人与共同体的高度一致性（"人是城邦的动物"可谓其经典表述），又使后世那些政治共同体的探寻者，包括卢梭、黑格尔、尼采和汉娜·阿伦特等等都对城邦政治抱有一种难以释怀的深深迷恋。当然，民主制之所以能够在古代希腊城邦出现，在很大程度上乃是城邦独特的人口与地理环境，以及古希腊人特殊的生活方式作用的结果，而不仅仅是政治理想的产物，后世民主政治的很多论述者因此把公民们能够彼此相识作为直接民主制的基本条件。另外还必须指出，古代希腊的民主思想与现代的民主政治理论之间，也存在着某种根本性的差异。其中最关键的一点，就是古希腊缺乏作为现代政治理论基础的关于权利的意识。西方政治思想中权利观念的出现与成熟，要归因于古罗马、基督教思想和古代日耳曼传统的影响。

罗马是古代希腊文明的继承者，但一方面，它继承的并非希腊文明的全部，另一方面，它又为希腊文明增添了新内容。罗马在经历了与希腊诸邦类似的城邦政治之后，无论是在共和还是帝制时期，与后者最大的差别就是其人口与地域规模都要无可比拟地大得多。这一事实决定了古典民主即全民直接参与型的政治制度根本不可能在罗马的政治生活中得到实践，也正因为如此，所以罗马既没有产生也没有继承希腊人关于民主问题的种种思考。另外，罗马这样一个地跨欧洲、亚洲和非洲三个大陆的庞大帝国的建立，以及它与当时世界上其他政治实体之间交流的缺乏,也导致了另外一个结果,那就是比较政治体制研究所需要的基本素材客观上无法得到满足。因此,关于政体的理论,除罗马从共和制过渡到帝制后一段比较短暂的时期之外,也基本上没有引起罗马人的注意。① 罗马政治思想家关注最多的,除自然法之外,可以说便是政治道德的问题,即在一个庞大的国家,如何能够保证政府官员与民众都能够以国家而不是个人的利益作为其行动的基本出发点和归宿。当然,公民道德的问题在希腊城邦时期也存在,不过问题的提法和解决的方案都不相同。在古代希腊人看来,公民道德是与政体相关的,因而是一个政治制度的问题。② 相应地,希腊人提供了两种对这个问题的解决方案,一是民主制,二是柏拉图在《国家篇》中提出的精英政治,但两者对罗马人都不适用。罗马人采用的办法,是在完善各项政治与法律制度的同时,强调一种被认为是基于自然法的、属于罗马传统贵族和公民的美德。这样一种基本思路被称为共和主义(republicanism),后来在16—18世纪的西方政治思想中发挥了重要影响。③

与希腊人相比,也可以说罗马人缺乏理论创造上的热情与天才。老卡图式的罗马传统道德的捍卫者反对希腊文化,认为它华而不实,而且生怕崇尚简朴节制之风的罗马传统美德受其侵蚀。帝国时期的大多数罗马贵族则走到了另一个极端,完全沉溺于物质享受而不能自拔。罗马对西方政治传统最大的贡献是它的法律制度与思想,其中包括两个重要的方面。一是其对个人权利和利益的保护,对公私界限的初步划分;二是它所体现的平等原则。前者大概与罗马作为一个农业大国,必须切实保障生产者的土地所有权这一基本需要有关。这种对个人权利和利益的保护在西欧封建社会后期被极大地加以发挥,成为近代西方政治思想的基本出发点之一。在平等原则方面,虽然古希腊也强调公民之间的平等,但超越出身、等级、民族与人种的普遍平等的思想,却是城邦时期的希腊人闻所未闻的(亚里士多德明确表示奴隶不过是会说话的工具)。罗马的平等观念,受到希腊化时期的斯多葛学派以及后

---

① 相反,对罗马政治体制最有见地的研究是由希腊人,即在罗马作为人质的波利比阿做出的,这就是他在希腊传统的关于混合政体的理论基础之上,对于罗马不断壮大的政治体制方面的解释。请参阅第三章第三节的相关论述。

② 可能在某种意义上亚里士多德是个例外,因为他已经看到了作为公民的道德与作为私人的道德相互冲突的可能性。

③ Cf. J. G. A. Pocock, *The Machiavellian Moment: Florentine Political Thought and the Atlantic Republican Tradition*.

来的基督教的平等思想的影响,也是庞大的罗马国家这一实际存在的结果。与古希腊时期同一个民族的人被划分为各个城邦的公民、并享受由各个城邦赋予的公民权利不同,在罗马时期,不同民族的人都有可能成为罗马的公民,从而使平等超越了地域与民族的界限并且上升为一种普遍原则。古罗马时期萌发的这种普遍平等的权利观念,在近代被发展为基本人权的理论,对西方政治思想的巨大影响不言自明。

  罗马帝国和封建社会时期基督教会在欧洲的存在,同样对西方政治思想的发展产生了深远影响。一方面,基督教关于上帝面前人人平等的教义曾经有力地促进了罗马人的平等意识;另一方面,尤其是在封建时代,教会是文化的掌握者和解释者,不仅"哲学变成了神学的婢女",而且系统的政治思想基本上也是作为经院哲学的一个部分而存在的。经院哲学作为中世纪教会乃至整个社会的正统观念,从两个方面对西方政治思想的发展做出了重要贡献。首先是基督教特有的政治观念。从根本上来说,基督教是一种来世的宗教,它把人死后灵魂的得救而非他们在现世生活中的精神和物质满足作为最高目标。与此相联系,在基督教看来,除人与人之间的兄弟姐妹之爱以外,人世间的种种物事与制度,甚至包括地位、荣耀、尊严等等,都不应该成为一位虔诚的信徒关注的对象,政治生活自然也不例外。信众对上帝的爱,绝对不能被他们对尘世的国家或者其他任何社会实体的忠诚所分享。早期基督教因此对国家持一种敌视与不合作的态度。这种状况后来虽然有所改变,但教会对国家权力的蔑视在相当长的时期内却始终如一。在基督教最重要的思想家之一奥古斯丁看来,基督教徒拥有专属于他们自己的精神家园,它与世俗国家完全不同、亦完全无涉,这就是"上帝之城"与尘世之国的对立。

  基督教关于国家与政治的观念因而与古代希腊人相比具有根本区别。在希腊城邦时期,宗教是城邦性质的,这意味着宗教生活不过是政治生活的一个组成部分。宗教虽然具有各种社会功能,但就实现人的本质而言,最根本的途径却在于参与城邦的政治活动而非对神灵的膜拜。在这里,城邦即政治具有一种道德和伦理上至高无上的地位。基督教思想虽然在强调精神生活的超越性方面与古代希腊文化具有某些相通之处,但与此同时它又彻底否定了政治生活的伦理价值。从基督教的观点来看,国家所满足的不过是人类的低等需要,它是人类邪恶本能的产物,其存在本身就是人性堕落的标志。既然如此,那么人们企图通过对政治生活的投入获得灵魂的救赎,便无异于缘木求鱼。这一点,正是奥古斯丁在剖析罗马传统美德的时候反复强调的。

虽然随着近代国民国家①的发展及世俗化的进程，宗教在西欧文化生活中的支配地位逐步丧失，但基督教会的政治观仍然在西方政治思想，尤其是自由主义思想中保留了不可忽视的影响，其具体体现就是把国家视为"必不可少的恶"、强调国家与"市民社会"的区分与对立、强调对国家行为的监督与控制等。美国宪法制定者之一麦迪逊曾表示，如果人皆天使，那就没有必要设立政府；然而构成政府的人亦非天使，而只能是形形色色的凡夫俗子，所以在设立政府管理人类事务的同时，还必须设法对政府施以控制。只不过，在近现代的政治思想和政治实践中，对国家的控制主要来自法律与各种政治机制，宗教的影响已经大大减弱。

　　基督教对西方政治思想第二个方面的重要影响是对自然法理论的发展。如前所述，自然法观念早在古代希腊时期就已经出现，只是当时尚未发展成熟，更没有成为现实政治生活中占主导地位的原则。罗马共和国时期的一些思想家，如西塞罗和塞涅卡，对自然法理论进行过相当深入的讨论，并使之不断趋于完善。但是，真正使自然法思想成为人们的一种基本政治信念的，还是教会的经院哲学家，尤其是托马斯·阿奎那。当然，这项工作最后由教会来完成其实是一件顺理成章的事情。与基督教会强调宗教对尘世间一切事物的超越性相一致，宗教教义，特别是《圣经》中的"十诫"也被视为处理人类事务的最高法则。它不仅规范着每一位信徒的言行，同时也为国家和其他一切社会组织的活动提供了基本依据。只要存在这样一种信念，那么即使没有古代希腊罗马的自然法思想传统，教会也非常有可能创造出某种类似自然法的理论，以协调并且说明教会与国家、宗教戒律与国家法律之间的关系。因此，古代希腊与罗马的自然法思想可以说为基督教提供了某种现成的理论素材；而根据基督教的教义，世界万物都是上帝的作品，自然法同样也应该作为上帝意志的体现而被纳入普遍的宇宙秩序之中，理性与信仰由此而得到统一。这样，在阿奎那的理论建构中，永恒法、自然法、人定法与神法就自然地

---

① 汉语传统上称为"民族国家"，即英语中的"nation state"。但是，在这个概念中，"nation"更多具有政治、经济和文化方面的含义，是近代专制主义国家的产物。比如说最早的一批"nation state"，像英国、法国与西班牙等实际上都是由人种学意义上的不同民族（ethnic group）构成的。英国学者安德森因此认为，现代国民国家乃是一种"想象的共同体"（Cf. Benedict Anderson, *Imagined Communities: Reflections on the Origin and Spread of Nationalism*, London: Verso, 1983）。考虑到汉语中"民族"一词的人种学意义较强，所以本书采用了"国民国家"这样的提法。实际上，日本学术界也一度把"nation state"称为"民族国家"，但现在已经统一采用"国民国家"的表述。德国学者哈贝马斯同样强调在近代国民国家的创造过程中政治和文化力量所发挥的整合作用。（参见哈贝马斯：《现代性的哲学话语》，曹卫东译，南京：译林出版社2004年版，第409页。）

构成了一个完整的、秩序井然的体系。随着阿奎那的宗教学说成为基督教的正统,自然法理论也借助教会的力量迅速普及,直至普通信众。从此之后,直到19世纪为止,自然法理论无论在西方政治思想、还是在人们日常的政治观念中,都保持着一种根深蒂固的地位。

与自然法理论相联系,由阿奎那集大成的基督教思想还有一个十分显著的特点,那就是它所体现的理性主义精神。阿奎那相信,在神性及其与人世的关系中,一切都是理性的。因为上帝创造的世界秩序本身不可能成为针对他自己的法律,"上帝不可能做他预先不知道或者没有决定要做的事"①。阿奎那本人受到重新发现的古希腊典籍,尤其是亚里士多德的著作的深刻影响,所以可以说基督教思想中的理性因素与古代希腊文化具有某种一脉相承的关系。但是反过来说,如果基督教教义本身完全排斥理性,并且注重于各种神秘的、不可言说和不可传达的宗教体验(比如像某些密教那样),那么也很难想象仅仅依靠阿奎那的理论工作就能够实现信仰与理性的统一。② 虽然在基督教思想中信仰仍然高于理性与哲学,但同时阿奎那又坚持通过理性能够对信仰加以认识和论证。比如在自然法的问题上,阿奎那就认为,它既是上帝意志的体现,又可以是理性思考的结果。基督教的这一特质,使之从产生之日起就包容了甚至推动着对宗教与政治现象的理性思考(当然,这些思考又不断地改变着基督教的面貌),从而在某种意义上直接促进了近代西方政治思想的诞生。

在理性的问题上,可以说基督教思想还完成了一场对希腊传统的"静悄悄的革命"。在古希腊思想中,理性与"意见"相对立,只有极少数掌握了哲学方法的人才能领会与把握。柏拉图著名的"洞穴"比喻,非常典型地说明了古希腊思想中真理与"意见"、哲学家与普通人之间的关系。从柏拉图主义的观点来看,对自然法的认识只能是极少数哲学家的特权,而为了让自然法的原则能够为一般民众所接受并与他们的实际生活相结合,哲学家们还必须花大工夫使其通俗化(当然也就使其失去了原貌,而哲学家本人还必须承担相当的风险)。与此相反,基督教在否定人与人之间现世的任何等级差别与其获得拯救的可能相关的同时,也否定了他们在心智上的任何差异。上帝的启

---

① Thomas Aquinas, *Summa Theologica*, Vol. 5, Blackfriars in conjunction with Eyre & Spottiswoode, London, and McGraw-Hill Book Company, New York, 1967, p.173.

② 基督教的理性主义精神在很大程度上来自于犹太教传统。在漫长的历史进程中,基督教留下了大量极其出色的、具有高度的理性精神的论著。

示,比如说"十诫"不仅能够为每一位信徒所理解,并且与他们的日常生活密切联系。因此,即使不可能让每一位信徒都成为哲学家并且把握终极真理,他们也都有可能通过信仰领会上帝的意志。在阿奎那看来,自然法作为人类社会规范的基础,不应该是一套玄妙高深的理论,而必须立足于每一个人的生活体验,也就是立足于常识。我们可以通过阿奎那本人所列举的自然法各项原则看到这一点。尽管在传统的基督教教义中,信众仍然需要借助教士的帮助才能获得灵魂的解救,但在精神上,每一位信徒都同等地与上帝相通。这样一种所有人在心智上平等的观念,一方面最终导致了新教的产生,另一方面也把理性常识化了。尼采把基督教称为"面向大众的柏拉图主义"[①],至少在这个意义上说不无道理。把政治生活置于自然法基础之上,又使后者与常识相联系,这就使基督教思想为西方政治理论的进一步发展奠定了某种方法论的基础。近代的自然法理论,无论通过霍布斯还是在洛克体现出来,都是对这一方法的自觉运用。就此而言,可以认为阿奎那既综合了西方思想史上雅典与耶路撒冷代表的两大传统,同时也改变了这两大传统。

近代之前西方政治思想发展的最后一个阶段,是由日耳曼民族建立的封建国家的阶段,在时间上大致与历史学家所谓的"中世纪"时期重合。虽然传统上人们把中世纪称为"黑暗的世纪",但这一时期实际上对西方后来的政治理论与实践都产生了深远影响,也可以说,为近现代西方的政治思想与政治制度奠定了基础。日耳曼人在征服西罗马之后,一方面接受了包括基督教在内的一些西欧传统思想与制度,另一方面也为这一传统添加了诸多新的元素,其中最重要的就是日耳曼法的传统。日耳曼法的核心因素包括两个重要方面,即契约观念和法治观念。契约是日耳曼人建构其政治组织的基本方式,它建立在领主与附庸之间一种相互的权利与义务关系基础之上。上文提到,现代意义上的公民权利思想在古希腊城邦时期并不存在。在罗马帝国阶段,虽然公民私人权利的概念得到了确立,并且在罗马法中有所体现,但更多还是停留在抽象的层面上。对公民的权利与国家行为之间的关系,人们并没有十分明确的认识。日耳曼法恰恰在这个方面做出了独特的贡献。根据日耳曼法传统,权利与义务是一对相互的范畴,具体说就是领主与附庸之间相互服务、彼此忠诚的个人关系,这种关系建立在经双方同意的契约基础之上。据此,领主为附庸提供封地并对其人身和财产施与保护,附庸则为领主提供

---

① Friedrich Nietzsche, "Jenseits von Gut und Böse", *Nietzsche Werke: Kritische Gesamtausgabe*, Sechste Abteilung, Zweiter Band, Berlin: Walter de Gruyter & Co., 1968, p.4.

劳役、贡物、军队与武器。附庸有得到领主保护的权利，但前提是必须对后者履行契约所包含的义务；反过来，领主有权利要求附庸为其贡献契约包含的各种服务，但前提是必须为后者提供充分的保护。这种契约性质的、双向的权利与义务关系既然是统治者与被统治者之间相互关系的基础，那么它就不可能仅仅依据单方面的意志而成立，但却有可能因为其中一方不能履行相关义务而被解除，因此事实上对统治者一方构成了某种虽非强制、但又相当有力的约束。作为英国宪法原则、也是现代国家基本原则基础之一的 1215 年《大宪章》，就是这种契约关系的典型体现。在政治思想中，契约传统被引申为"统治必须基于臣民的同意"的信念，它是 1640 年英国革命和 1776 年美国独立战争的基本依据，也为西方近代政治思想中最重要的理论——社会契约论提供了现实的基础。

至于日耳曼法传统中的法治观念则与这种法律体系的特质直接相关。无论是在古希腊还是在古罗马，法律都被视为立法者意志的体现。人们并且认为，能够通过立法机构制定有效的法律，是一个国家起码的标志。但是，日耳曼法的存在及其在长时期之内的有效作用却表明，这一认识并非绝对真理。日耳曼法是一种习惯法，它建立在来自远古的、"不可追忆的"[①]传统、习俗和规范的基础之上，神或者上帝被认为是这种法律的创造者。因此，在日耳曼人的观念中并不存在立法权的概念。实际政治生活中的最高权力所有者，即国王甚至是皇帝也无从享有制定和废除法律的权力，相反，他们却必须服从各种传统与惯例。"信守法律"是任何一位中世纪的君主在接受王位时的加冕誓词中必不可少的一句话。即使到 16 世纪这一西欧专制主义的顶峰时期，专制君主们在上帝的法律面前仍然束手束脚，难以为所欲为。[②]

实际上，古希腊和罗马时期的思想家们都提出过法治的理想，比如亚里士多德就是其中的一位代表人物，而在如何实现法治的问题上，他们一般是把希望寄托在某个智慧与品德几乎完美如神的"立法者"身上（亚里士多德可

---

① 著名政治思想史学家 J. G. A. Pocock 语。Cf. Pocock, J. G. A., *The Ancient Constitution and Feudal Law: A Study of English Historical Thought in the 17th Century*, London and New York: The Cambridge University Press, 1957.

② 在与英国国王詹姆士一世的斗争中，英国议会和法学家们坚持国王绝对没有制定和废除法律的权力。法学家皮姆(John Pym)的一段话非常具有代表性："我们所有的请愿书都是为了维护英国的法律，而这种权力（国王所要求的主权即立法权。——引者）显然是一种并非法律所能赋予的权力。我们可以对他表示无上的尊重，但我们无法使他的权力至高无上。因为我们根本没有主权这种权力，因而也根本没有可能把这种权力赋予他。"（W. S. Holdsworth, *A History of English Law*, Vol. 6, London, 1924, p. 194.）

能是个例外,他意识到尽可能少地变更法律乃是法治的必要条件)。但在实际的政治生活中,这种借立法者之手建立法治的企图总是以人治的结果而告终。其根本原因就在于,一方面根本找不到如此贤明的立法者,另一方面强调立法者的作用反过来导致了国无常法的状态。民主时期的雅典,就是一个在不断的立法活动中因丧失了政治稳定与平衡而走向衰落的典型例证。法治问题上的这一个结,即人治与法治的关系直到日耳曼人进入西欧之后才最终得以解开。由于"王在法下"乃是西欧封建国家一项确定不移的原则,因而从根本上排除了人世间的最高统治者染指立法的可能性,这一点成为法治原则的根本保证。当然,日耳曼法之下立法权的缺位并没有导致西欧封建国家的法律体系一成不变。通过法官的司法解释以及行政机构的"衡平",日耳曼法部分地、点点滴滴地修正原有的法律体系,从而解决了法律的稳定和社会的发展之间的矛盾。日耳曼法的传统,与通过基督教思想体现出来的自然法理论相结合①,两者相互强化,不仅奠定了近代西方法治原则的基础,为其提供了制度性的体现形式,而且在此基础之上形成了一套完整的政治权力关系模式,从而为现代国家的发展提供了一个相当完整的平台。

可以说,从古希腊开始,经过罗马和中世纪时期,到文艺复兴时代,近代西方政治思想的诞生所必需的基本思想框架和理论素材都已准备好了。近代西方思想家们最大的贡献,则是为重新整合这些思想资源提供了一个独特的立足点即个人主义(individualism),以及被称为机械论(mechanism)的思想方式。除此之外,他们并没有太多理论上的创造。他们所做的工作,毋宁说是围绕个人这个中心、以机械论的方法重新对传统的政治思想素材加以组合,即实现了一种结构性的转变。

个人主义是在个人与社会关系问题上一种前所未有的观念。这种观念把每一个独立自在的个人视为自给自足的实体,对他而言,无论其他人还是国家的存在都没有特别的意义。个人主义者相信,人们所关心的只是自身利益的满足,而大自然已经为此准备了充分的条件,因而他们不受任何外部干扰的生活才是最完美的生活。这便是卢梭所设想的自然状态中人们的生活图景。问题是这个世界并非只为一个人而存在。由于个人主义先验地承认每个个体之间的平等,而他们的欲望又永无止境,因此他们之间的利益争夺

---

① 自然法理论只有与日耳曼传统相结合,才有可能最终成为法治理论的基石。否则,它仍然不能自动地保证法律在政治生活中至高无上的地位,因为任何统治者都有可能以自然法的发现者与阐释者之名行"人治"之实。

便可能导致无可排解的冲突。在没有任何公认的仲裁者和仲裁标准的情况下,这种冲突只能以每个个体生命的终结而告结束。这便是个人主义政治理论的逻辑起点,个人主义者将围绕如何设计一种适当的政治制度,以有效保护个人的权利和利益这一问题展开他们的思想。

这种思想也被称为"方法论个人主义",但仅此尚不能形成近代西方政治思想的整个结构。使个人主义在理论上被贯彻到底的,就是机械论的思维模式。在古代,人们对政治问题进行思考的时候,基本的出发点是如何建立某种理想的、完善的社会和政治制度,以借此实现人本身的完善即道德上的提升,这被称为"目的论"(teleology)。与此相反,近代政治思想家们所关心的,基本上不在于人的完善,而是如何从他们对人性的理解出发,设计出某种与之相适应的政治制度,这就是所谓的机械论。比如在霍布斯看来,虽然人类的逐利本性在他们之间导致了无穷无尽的残酷争斗,并且最终迫使他们不得不建立国家这种强制机构以发挥调节与控制的作用,但是,国家并不以对人性的改造为目的,相反,它的存在及其合理性必须以它在多大程度上满足了人的"自然本性"为依据。由此,"方法论个人主义"上升为"本体论个人主义",并且构成了自由主义政治思想的根本前提。另外,个人主义者为了说服人们相信这一理论体系的伦理价值,还设计了一种既适用于经济领域也适用于政治领域的"看不见的手"的理论,相信只要保证每个人最大限度地追求他自己所理解的个人利益,社会的整体利益最终也会自动地达至最大化,传统政治思想中对一个好社会所必需的公民道德的讨论也在无形中被消解。"本体论个人主义"通过康德的道德哲学与功利主义的社会理论,至今仍在西方政治思想中发挥着重要影响。大致可以说,作为个人主义的政治表达,自由主义构成了自近代以来西方政治思想的主流,其他流派的政治思想都是对自由主义某种形式的反应,因而也必须通过后者得到理解,包括马克思主义和保守主义对它的批判在内。

总的来说,无论近现代西方政治思想的哪一个理论流派,可以说都是从古希腊开始、经过罗马和中世纪演化而来的思想传统的产物。当然,通过以上简单的叙述也可以看出,这一传统远非一粒树籽的简单生长,而是一系列独特发展过程的结果。对这个传统从根本上进行反抗的尝试是从德国哲学家尼采开始的,在20世纪70年代影响力突然增强的所谓"后现代主义",则可以说是对尼采思想遗产的一种继承和发展,但至少从现在来看,还不能认为后现代主义已经超越了这一传统。

二、西方政治思想史上的基本问题

西方政治思想史的整体性和连续性的一个重要标志,就是在其整个发展历程中,始终贯穿着一些被人们反复思考和争论的基本问题,整部思想史因此也可以被理解为思想家们围绕着这些问题而进行的一系列持续的对话。当然,这并不意味着西方政治思想在两千多年的时间跨度内没有获得任何实质性的突破。实际上,一方面随着时代的进步,思想家们对这些问题的讨论不仅日益深入和细密,而且由于不断采用新的视角和方法,它们在历史进程中也展现出不同的侧面。另一方面,新出现的问题也常常被纳入原有的理论框架内进行把握,并且与思想史上的传统问题联系起来理解,从而使这些问题变得愈益丰满、具体,甚至使传统本身也在传承中实现了质的变化。总之,通过对这些基本问题的初步分析,可以使人们对西方政治思想史的概貌获得一个大致的认识;同时,也可以对理解当前西方政治思想领域中的理论争论提供一些基本线索。

(一) 政治与理性的关系问题

西方政治思想从其诞生之日起就建立在两个信念基础之上:第一,政治问题可以通过理性的方式加以理解和把握,或者说政治中并不存在任何超越于人类理性的因素;第二,人们有可能创造出某种与理性认识结果相一致的政治制度与政治实践,并且对并不完美的现实生活进行改造。① 这两方面的信念既相互关联,又有一定的区别。前者确认了理性反映社会实践的能力;后者则意味着这样一种假定,即理性不仅能够认识实践,而且能够超越并且指导实践。在这个意义上,理性就不仅是指逻辑性,而且包含了一种比简单的逻辑性更高层次的规范,因而对现实具有较强的批判性。② 人们据此认定,

---

① 在这个问题上,施特劳斯学派有不同的看法。首先,他们试图区分柏拉图和笛卡尔代表的两种不同的理性主义传统,认为前者基于常识又回到常识,因而并非完全的逻辑思辨,虽然逻辑仍然是哲学思考中最基本的特性;其次,他们认为,希腊政治思想强调政治哲学与政治实践必须保持相当的距离。应该说,这种观点对人们重新认识西方政治思想中的理性主义具有重要的参考价值,但并不全面,因为笛卡尔的理性主义同样源自柏拉图。参见本书第十七章的相关内容。

② 在规范意义上把理性运用于政治的结果,是人们常常发现现实政治中存在诸多不合理的成分。比如在柏拉图看来,人之所以能够主宰万物,正是因为人拥有理性,因而在人与人之间,拥有更完备的理性的人同样应该居于统治地位,唯此才符合自然规律。但在实际政治生活中,人们往往可以发现智者被愚者所统治的情况。柏拉图认为,这种状况是对正义的违背,也是人世间一切罪恶与不幸的根源;而克服这种罪恶与不幸最根本的途径就是保证理性在政治中绝对的支配地位。

在纷纭复杂的政治表象背后,存在着某种普遍的、单一的且永恒不变的本质与规律。本质指的是事物的本体,规律指的则是事物运行的法则。本质与规律永远比表象更真实,但它们能够为理性所把握;反过来,理性之所以能够改造和完善政治实践,也因为它认清了事物的本质与规律。

这种彻底超越人们可感知的具体事象,最终达到普遍性与永恒性的追求乃是西方政治思想,广而言之也是西方理性主义的基本特征。柏拉图的"相论"就是这一特性最典型的、也是最早的体现。在柏拉图看来,万事万物皆有其"相",而具体事物对某种"相"的分有,正是它们成为此事物而非彼事物的原因。因而,"相"是一,具体事物是多;"相"具有普遍性,而具体事物体现的则是特殊性。普通人对事物的认识仅止于表象,而哲学的认识就在于能够超越表象直达事物的本质,即事物的"相"。正是在这个意义上,柏拉图笔下的苏格拉底被视为西方政治思想的奠基人,因为在他的哲学中,核心的内容不是对政治现象的客观描绘,而是对人类政治行为中理性原则的规范性探索。①

对政治的理性思考要求研究者超越各种具体的制度、环境、传统、习惯与风俗,把政治制度与政治行为的"本质"作为自己考察的对象。柏拉图的《国家篇》正是这种理性思维的产物。该书所描述的理想国家,其基本特点就在于它超越了人类政治生活的时空,或者摒弃了政治中的时空概念,从而上升为国家的"相"。另外,从苏格拉底开始,西方政治思想家们已经意识到,对政治本质的认识,归根到底是对人的本质的认识,因而对人的"相"的追问,也就自然而然地成为西方政治思想的一项基本内容。

苏格拉底和柏拉图开创的理性传统得到希腊化时期的伊壁鸠鲁学派和斯多葛学派的继承,由于相信人的本质的一致性,他们不仅反对当时的奴隶制、反对民族、国家和语言等等对人类的分割,而且直接主张建立一种世界性的人类共同体。这种思想后来被罗马的自然法学家们如西塞罗等进一步发扬光大。在西塞罗看来,自然法作为任何政治制度与政治行为的依据,其基本特点就是永恒性与普遍性,它不会因时间地点而相异,也不会因所适用的人群而不同。对自然法的探寻,正是政治思想的根本任务。

---

① Jean Touchard, *Histoire des idées politiques*, Tome I, Des origines au XVIIIe siècle, Paris: Presses Universitaires de France, 10e édition, 1991, p. 31. 另外,当代西方政治思想史学家列奥·施特劳斯一再表明,对"整体性"的追求是政治哲学的起点。按照这个标准,最早的政治哲学家应该是苏格拉底而非亚里士多德叙述过的米利都的希波丹姆斯(Hippodamus),因为前者以整体性作为思考的对象,而后者不过对政治现象进行了非常具体的分析、判断,并提出了某些十分琐碎的建议。参见施特劳斯:《苏格拉底问题》,载刘小枫、陈少明主编:《苏格拉底问题》,第4、13、34—35页。

基督教事实上强化了古希腊和罗马政治思想中对永恒性与普遍性的追求。作为一神论的、普世性的宗教,基督教与希腊罗马的思想传统有其相通之处,而"普世主义"这一原本来自基督教的观念,后来也被人们用来概括西方政治思想的基本特征。近代以来,由于理性主义的进一步发展,对永恒性与普遍性的追求更是得到了前所未有的强化。近代的自然法观念和自然权利观念,都是这种追求的具体体现。自然权利后来被称为普遍人权(the universal rights of human beings),更是鲜明地体现了西方政治思想的普世主义色彩。

然而,从人类的实际认识过程来看,理性毕竟是通过每一个个体的人的思想体现出来的;在人类历史上,至今还没有出现过一种得到所有人公认的、普遍有效的、超越时空的关于政治的理性思考。也就是说,虽然不能断言存在着不同的理性,但不同的人所宣称的政治中的理性又的确各不相同。比如,柏拉图认为等级制是理性的体现,但斯多葛学派却认为理性要求人人平等。出现这种状况,即便不是因为理性有多种表现,或者理性自身存在缺陷,至少也是因为每个个体的理性能力具有其不可超越的局限性,当人们以为发现了真理的时候,有可能在实际上却犯了错误。在这种情况下,如果完全依据某位思想家所理解的理性对实际政治过程进行设计与改造,就很有可能成为政治上的冒险。

最先意识到这个问题的是柏拉图的学生亚里士多德。亚里士多德并不否认理性对于包括政治生活在内的整个世界的认识能力,但他同时也承认人的理性所具有的局限性,这种局限性既体现在每一个具体的人、也体现在每一个时代的人们的身上,因而他的结论并非反理性主义、蒙昧主义或者神秘主义,而是一种谨慎的理性主义。另一方面,亚里士多德也是第一位清楚地意识到追求普遍性与永恒性的缺陷,至少是在政治思考中的缺陷的思想家。亚里士多德本人丰富的经历以及他对希腊诸城邦实际政治制度与政治生活的比较研究使他更倾向于认为,在政治上几乎不可能找到超越时空、放之四海而皆准的真理和原则;即便存在这样的原则,在实践中也必须考虑到具体的环境与条件,才能使之适用于各个不同的人类共同体。亚里士多德称这种在实践中具体运用理性的能力为实践的智慧(phronesis),拥有这样的智慧,是一位政治家的最高境界。因此,最好的城邦便不像柏拉图所说,是那些由哲学家担当统治者,或者统治者碰巧变成了哲学家的城邦,而是统治者能够因地制宜,把一般性的政治原则实事求是地运用于特殊政治环境的城邦。另外,出于对理性的谨慎态度,亚里士多德再次返回到自然与习俗的关系问题上来,对后者进行了重新审视并予以积极的评价。他相信,习俗与惯例之所以长期被人们所遵守,想必是因为其中包含了某些内在的、尚不能为人们所理解的合理因素，因此应该对它们予以适当的尊重，并且可能避免根据某种抽象的理论对政治制度与实践进行全面的、骤然的变动。

一般认为，亚里士多德的思想中具有重视传统、经验和权变的一面。这种思维倾向同样代有传人，比如中世纪的托马斯·阿奎那。阿奎那虽然身为基督教思想家，但仍然坚持共同体的政治制度必须与因历史和环境不同而形成的具体条件相结合，只要在原则上不违背基督教的基本宗旨即可。亚里士多德和阿奎那代表的、追求普遍性与特殊性相结合的思想理念同样存在于近现代的一些学者，如孟德斯鸠、伯克、哈耶克和奥克肖特等人身上——特别是伯克，他针对法国大革命体现出来的理性主义和普世主义，强调传统、文化、习俗和经验的重要性，成为现代保守主义的奠基人。

因此，同样是在理性主义的框架之内，柏拉图和亚里士多德又开创了两种不同的传统。在以后西方政治思想的发展中，这两种传统代代相传，并且在不同的时代分别被称为理性主义(狭义的)和经验主义、激进主义与保守主义、极权主义①与自由主义，等等。比如，法国启蒙运动时期是狭义的理性主义发展的一个高潮，法国大革命便是这种理性主义的集中体现；而在大革命之后的反动时期，经验主义与保守主义又重新获得了广泛影响。当然也有人试图把这两种传统结合在一起，这就是以黑格尔为代表的德国古典哲学。不过，德国古典哲学的基本倾向还是理性主义，它寻求的实际上是一种能够同时包含这两种传统的、更高层次的理性原则，寻求逻辑(作为理性的体现)和历史(作为传统与习俗体现)的统一。

从实际结果来看，黑格尔代表的这种努力至少在西方政治思想传统之内是失败了。由于黑格尔式的政治思想把国家作为理性的体现者从而导致了高度集权的政治体制，使黑格尔本人成为自由主义者猛烈批判的对象。然而，黑格尔主义的失败并没有带来西方理性主义与普世主义的终结。相反，特别是进入20世纪之后，由于法西斯主义的政治实践导致的政治灾难，以及传统模式的社会主义遭到的挫折，自由主义相应地取得了更大的影响，而内在地包含于自由主义思想中的理性主义与普世主义精神则在20世纪被扩张到了极限，其对政治实践的影响也相应地达到一个顶峰。② 在整个20世纪，

---

① Totalitarianism，指由国家对社会进行全面控制与管理的理论与实践。也有译为"总体主义"和"全体主义"的。

② 自由主义在20世纪的胜利实际上是时代的一种反映，它仅仅说明从近代开始的资本主义政治制度在进入20世纪之后达到了相对稳定的发展阶段，因而在一定的时间范围内暂时还无须根本性的改变，而只需要某些逐步的改良。

一方面,西方的思想、文化和制度被大规模地推广到全世界范围内,另一方面,在西方世界内部,理性主义与普世主义也渗透到人们日常生活的各个角落——德国社会学家韦伯用"祛魅"(disenchantment)这样一个概念来概括西方社会因此在精神和文化方面受到的巨大影响和冲击,它意味着传统、宗教、地方性等因素在当代西方越来越没有立足之地。在此背景之下,20世纪50年代开始出现的要求政治学研究自然科学化的动向自然也就不会出乎人们的想象了。

不过,就在理性主义与普世主义在生活实践中获得全面胜利的同时,思想家们已经开始对其进行严肃的反思。这种反思来自两个方面。一方面是伯克的继承者们,其代表人物如哈耶克、奥克肖特与伯林等。他们秉承亚里士多德的传统,在运用20世纪新的哲学成果(如分析哲学、科学哲学和解释学等)的基础上,证明理性主义存在的固有缺陷,要求注重经验与传统在人类智识①体系中的重要意义,提倡追求具体的而非抽象的知识、即所谓与情景相关的理性或者说实践的知识,强调政治学与自然科学的差异以及政治行为本身独有的特点。但是,这种对理性主义和普世主义的批判中存在一个根本性的问题,那就是从亚里士多德开始,普遍性与永恒性始终被视为理性本身的基本特征,就此而言,亚里士多德与柏拉图并没有什么分别,这也反映了西方理性传统统一性的一面。正因为如此,传统与经验等因素也就始终只能处于一种补充的、附属的地位。由于它既不能与理性并列,同时在相当程度上又不能为理性所把握和描绘,所以在事实上往往成为理性的"异端",而强调经验与传统的思想家们也常常因此陷入逻辑上的困境而不能自拔。

另一方面的批判则是从尼采开始的。尼采明确批判西方思想中对普遍性与永恒性的追求,他甚至认为,苏格拉底的理性主义导致了西方精神的堕落。作为尼采思想传统的继承人,后现代主义者们为了反对普遍主义,强调差异性、他者性、他方性和个体性。他们致力于瓦解一个又一个理性主义的宏大构造,深入揭示了在理性主义和普世主义掩盖甚至压制之下的各种社会和政治矛盾,但他们的问题一方面在于只重破坏不重建设,或者说他们的思想逻辑本身就排除了在理论上进行任何建设的可能性;另一方面他们对理性的全面否定也将使人类失去安身立命之本,因为理性毕竟是人与人之间以及人与自然之间相互作用必不可少的一种基本媒介。

---

① 本书用"智识"这个概念指包括理性与经验在内的、广义的人类知识体系,其含义大致相当于英语中的"intelligence"一词。

因此，西方政治思想当前似乎正面临着一种困境：理性和经验能否统一？是否经验始终无法与理性比肩？是否存在一种个体化的、能够与差异性相容的理性？最后，理性是否只能是普遍的和永恒的？一句话，理性是具体的还是抽象的？这成为新世纪一系列摆在政治思想家们面前的重大问题，甚至可能也是在西方政治思想的传统资源内部难以找到令人满意的答案的问题。这些问题如果得不到解决，无论西方社会还是非西方社会未来的政治发展前景都会是晦暗不明的。

（二）政治与伦理的关系问题

政治与伦理的关系问题涉及政治是否应该具有某种伦理基础，并且追求某些伦理目标。古代希腊人对这个问题的回答无疑是完全肯定的。希腊人相信，人是政治的动物，即人在本质上具有政治倾向，或者说人的本质只有通过政治活动才能得以实现，而所谓的道德生活，作为公民生活的一个重要组成部分，自然不可能游离于政治之外。因此，公民个人只有完全融入城邦的政治过程，以城邦制度作为自己全部生活的准则，才能成为一位完善的个人；反过来，城邦则有义务为它的公民们提供一套包括道德和伦理规范在内的公共生活的模式。苏格拉底的问题——"什么是正确的生活方式"，在城邦体制下完全可以被替换为"什么是正确的政治制度"[①]。正因此，没有公民权、不能参加城邦公共生活的奴隶，尽管他们也许具有丰富的知识或者杰出的技能，能够创造出杰出的艺术品或者在某个方面充当他们主人的教师，但终究只是"会说话的工具"。

希腊人的这种观念在柏拉图的政治思想中得到了充分体现。他的《国家篇》一书为城邦所提供的，恰恰既是一整套政治和社会经济制度，又是一种生活模式。在柏拉图看来，所谓的道德就体现为人类灵魂中高级的一面（智慧）对低级的一面（欲望）的控制。一个正义的人是理性能够支配欲望的人，一个正义的城邦则是智慧之人能够统治被意气与欲望支配之人的城邦。为了达至这一政治和道德目标，在理想国中，每一位公民的政治、经济和文化活动，他们的婚姻、家庭、教育、宗教乃至言行都由国家明确规定。柏拉图相信，唯其如此，正义才能同时在城邦及其公民身上得到实现。在这里，个人道德的

[①] 施特劳斯认为："城邦的体制（politeia）与其说指的是它的宪法，不如说指的是一种生活方式。"（Leo Strauss, *Natural Right and History*, Chicago and London: The University of Chicago Press, 1953, p.136.）

内容首先必须由城邦的政治制度决定。柏拉图一再强调不同的政治体制要求不同的行为规范,比如贵族制要求公民们视荣誉为最高的道德原则,而民主制则把平等作为基本的价值取向等等。这实际上是一种得到包括亚里士多德在内的人们普遍认可的观念。就此而言,在古代希腊城邦,伦理道德本身仅仅是一个从属性的范畴,对道德的理解必须通过对政治的理解得到说明。换言之,道德概念从根本上说必须是一种政治概念,而普遍的、绝对意义上的、超越于任何政治制度和民族差异的道德意识在当时尚未产生。① 智者学派正是从这种道德相对主义的立场出发,得出了"人是万物的尺度"的结论,他们的思想与传统价值观念的区别,只是把基本的道德判断依据从城邦替换成了个人,因为在后者看来,城邦才是"万物的尺度"。

超越具体政治制度的普遍伦理规范是希腊化时期的斯多葛学派,特别是基督教思想的产物。斯多葛学派强调师法自然,而基督教的基本道德规范是《旧约》中的"十诫",两者都着眼于普遍化的人性,并且与任何现实的政治制度无关。而且,作为一种末世论宗教,基督教本身所特有的对现世生活的弃绝或者蔑视,也使它拒绝承认政治本身具有任何值得人们追求的道德价值。基督教从伦理上对政治生活的否定突出体现在奥古斯丁的思想中,而且对后世产生了非常深刻的影响。在奥古斯丁看来,国家和政治制度无非是人堕落的产物。虽然他也承认,对人在尘世中的生活而言,国家和政治有其存在的必要,但他同时又明确提出,国家对人的压迫,及其所伴随的种种邪恶与灾难如不公正、暴力与杀戮等等,本身不过是对人的原罪施行的一种惩罚。虽然国家总是自封为正义的体现者与捍卫者,但事实上正义却从来不曾通过任何现世的国家得到实现,包括西塞罗等人为之贡献了全部忠诚的罗马共和国。因此在奥古斯丁看来,国家与"一帮强盗"之间并没有什么区别。这种观念后来由托马斯·潘恩用异常简洁的语言进行了概括,即国家乃"必不可少的恶"②。

奥古斯丁的理论表明,在基督教思想中,道德(即宗教义务)成为一种超越政治的普遍范畴,而政治本身则被剥夺了伦理上的资格。奥古斯丁证明,一名好的基督徒不可能同时又是一位古典意义上的好公民,因为两者追求的是完全不同的价值。马基雅弗利重新发现并且在不同的意义上坚持了这种

---

① 当然,亚里士多德在某种意义上已经触及道德的普遍性与具体性之间的矛盾,因为他意识到,好人与好公民的标准之间可能存在冲突,但他仍然没有能够对一种普遍性的道德原则展开讨论。原因在于,对亚里士多德来说,不可能想象一位好人首先不是一位好公民。

② 这种观点在近代基督教思想家当中仍然能够找到回应。比如马丁·路德就把国家视为"必不可少的恶",相信如果所有人都成为正直的基督徒,国家就没有任何存在的必要。

对立,而奥古斯丁的国家观也被近代大多数西方政治思想家在自然权利理论的基础上所继承。即使通常被视为专制主义拥护者的霍布斯,也不过是从维护自然权利的角度理解国家存在的必要性,因此在他看来,国家尽管必须受到尊重,但它并不神圣。这样一种理论经由洛克得到了充分的发展。洛克不仅像霍布斯一样,把国家建立在现实有用的基础之上,而且坚持由于国家始终具有滥用其权力的内在可能性(虽然他不像奥古斯丁那样明确地把国家视为道德上的恶),所以人们在利用它的同时,还必须设法对其加以限制和防范,具体手段包括法治、分权和民主等。至于对无法矫正的暴政,人们完全可以进行正当的反抗。这样,霍布斯理论中残存的那么一点点出于恐惧无政府状态而对国家产生的敬畏之情,在洛克那里也已经荡然无存。当然,国家的存在及其作用的发挥仍然有赖于公民的服从,但这种服从在根本上却必须以国家对公民的固有权利即自然权利的维护为前提。

视国家为"必不可少的恶",是近现代西方政治思想中自由主义传统的一个基本特征。从康德以后,自由主义对国家的非道德化论证主要采取两种策略。一是强调权利(Right)先于善(Good),即认为只有确保个人即主体进行选择的绝对自由,才能保证所选择价值的真实性;二是强调多元主义的社会现实使国家不得不在道德上采取中立态度。当然,自由主义否定国家的伦理特性并不说明它本身放弃了伦理原则,只不过,在自由主义者看来,道德和伦理应该存在于国家之外的其他地方,即宗教和市民社会的领域。[①] 当然,也有另外一些理论家希望回归古代希腊的传统,寻求政治与伦理的统一,比如卢梭、黑格尔、格林、麦金太尔和桑德尔等近现代的共和主义者和共同体主义者。[②] 但是,由于主张国家伦理性的理论必然强调善对权利的优先性、强调国家对公民生活较强的规范性约束,因此在自由主义者看来,总是包含着某种导致极权主义、最终彻底颠覆公民自由的危险,而面对这种指责,现代共和主义者和共同体主义者都没有能够进行理据充分的应对。事实上,如果不能彻底摆脱广义的自由主义理论框架(即上文提到的方法论个人主义和本体论个人主义),那么共和主义也罢,共同体主义也罢,的确很难协调公民自由与政治道德之间的关系问题。

---

① 洛克其实就是一个具有很深宗教情结的人。正是因为他深信人们即使在不受国家强制的情况下,也能够遵循基于基督教教义的自然法,所以才会对自然状态进行极其富于诗意的想象,同时对国家采取一种彻底的工具主义态度。

② 共同体主义即"Communitarianism",中文有译为"社群主义"的,本书以为不妥。

伴随着自由主义在西方政治思想中统治地位的确立,国家伦理性的思想的确受到了明显排斥,越来越多的伦理道德问题被逐出公共领域而交由个人选择。然而,从实际情况来说,虽然现代西方国家的确尽量避免过多介入价值范畴,但国家活动本身却不可能不在某种特定的伦理和道德背景之下进行,否则国家本身会失去其合法性、社会自身也将失去团结与合作的动力、而低俗的追求甚至可能取代高尚的道德。① 正如桑德尔所说:"民主政治的公共生活不可能长时期内维持一种在道德问题上不着边际而形成的温文尔雅的假象,……当政治论辩失去道德色彩的时候,一种要求公共生活具有更广泛意义的压力就会以人们意料之外的方式表达出来。道德上的多数与基督教右派会以狭隘的、不宽容的道德主义覆盖荒芜的公共空间,自由主义退出的领域也会被原教旨主义侵占。"②就此而言,政治原本不可能在道德的真空中展开,强制与正义,永远是政治须臾不可失之的两个方面。国家伦理性的问题和政治与理性的关系问题一样,对它的回答更多地不在于是与否,而在于寻找一种适当的度。

和政治与伦理的关系紧密相连的另一个问题是政治中强制与正义的关系问题。政治必然包含强制,这是西方政治思想从未置疑过的一个基本事实。苏格拉底最后选择服从雅典法院的死刑判决,恰恰意味着他对这种强制的承认以及在某种意义上的尊重。但另一方面,苏格拉底一生的追求却又表明,在他看来,正义既是政治的基本目标,也是政治中的强制能够得以正当化的唯一依据,甚至他在法庭上的辩词也一再重申了这一观点。③ 因此,也可以把苏格拉底的服法理解为试图弥合已经被他撕开了一道口子的正义与强制之间关系的最后努力。虽然在正义问题上,古希腊思想家之间也存在一些差异,比如柏拉图持一种绝对的正义观,而亚里士多德在这方面要相对得多,但有一点却是共同的,那就是他们都认为,政治学的核心任务,就在于探索什么是正义、如何才能在现实政治生活中实现正义。这一古典传统在中世纪遭到基督教思想的颠覆,奥古斯丁就认为,正义不可能存在于实际的政治生活之

---

① 民意测验的结果表明,在2004年的美国总统大选中,大多数选民是基于道德问题投票的,当选者布什则成为美国历史上在公共场合谈论宗教与道德问题最多的美国总统。这样的事情发生在惯以"政治正确"(political correctness)的标准阻止人们把道德问题政治化的美国,的确发人深思。Cf. Michael J. Sandel, *Public Philosophy*, Cambridge and London: Harvard University Press, 2005, pp.1-2.

② Michael J. Sandel, *Liberalism and the Limits of Justice*, 2ed edition, Cambridge and New York: Cambridge University Press, 1998, pp.216-217.

③ 亚里士多德明确指出:"政治上的善即是公正。"亚里士多德:《政治学》,载《亚里士多德全集》第Ⅸ卷,北京:中国人民大学出版社1994年版,第98页。

中,政治的最高目标不过是在尘世间维护起码的安全、稳定与秩序,为人们的宗教生活提供必要的世俗条件。由此,国家的目标从天国被贬落到人间,而这样一种立场同样被后世的大多数思想家所继承。

　　这一变化与西方政治思想中对政治与伦理关系的整体理解的嬗变是同步的。近代以来,国家更多地被视为一种强制性的机构,其职能范围受到严格限制,安全而非正义成为界定国家职能的基本标准。关于"最小限度的国家"的理论,不仅出于对个人追求幸福的能力的乐观估计,更出于西方人对国家发自内心深处的不信任。虽然随着19世纪下半叶福利国家建设的展开,国家通过进行经济再分配而在事实上开始重新发挥社会公正方面的职能,但在理论上对这种职能的论证仍显得困难重重。罗尔斯曾经试图在自由主义的理论框架内,再次确立正义作为最基本的政治原则的地位。他在1971年发表的《正义论》一书中明确提出:"正如真理性是对各种理论体系进行判断的首要标准一样,正义也是社会结构的第一要义。"①但该书出版之后随即引起的大量争论表明,他的这一立场远非西方社会的基本共识。不过,以桑德尔为代表的共同体主义者对罗尔斯的批判,却从另一个方面说明了问题之所在,即并非在现代政治中已经没有正义可言,而是自由主义在处理政治与正义的关系问题上缺乏基本的理论资源。

(三) 公民与共同体的关系问题

　　这个问题往往和政治与伦理的关系问题密切相关,很多情况下,对前者的回答决定了对后者的回答。在古代希腊,人们普遍相信公民只有成为城邦的一员,才能实现自己作为人的本质。亚里士多德正是在这个意义上表示,那些离开城邦却能够独立生活的人,不是野兽,便是神明。希腊人这种观念的基础在于他们对城邦性质的认识。无论柏拉图还是亚里士多德都相信,城邦是为满足人类需要而出现的一种最高层次的社会组织形式。虽然后来的社会契约论者也认为人们出于安全与秩序的考虑建立了国家,但两者之间却存在着巨大的差别。在古希腊人看来,城邦所满足的,是人类生存之外更高层次的需要,它因此自然具有比人们的衣食住行等日常生活更高的伦理价值;而在近代的社会契约论者看来,国家不过是保障人类基本生存需要的工具之一。这样一种差别决定了两者在公民与共同体关系问题上的所有分歧。

---

① John Rawls, *A Theory of Justice*, revised edition, Cambridge: Belknap Press of Harvard Univeristy Press, 1999, p.3.

古希腊人从他们特有的对城邦地位及其作用的认识出发，不仅强调公民只有参与城邦的政治活动才能获得完满的生活，而且强调公民个人对城邦利益的服从以及个人对城邦的义务，因为他们相信，只有通过城邦，他们的利益与价值才能得到界定与实现。这样一种对公民与国家关系的理解被后世思想家称为"共同体"(community)的观念。正是在这个意义上，有学者认为，在古代希腊基本就不存在现代意义上的权利思想。当然，公民个人与城邦的高度一致性由于智者学派的活动而开始逐步松动。智者学派的出现标志着西方政治思想史上个人意识的觉醒，而尼采就是看到了这一点，才对苏格拉底进行了猛烈的批判。在他看来，苏格拉底与智者并无差别，他们的学说共同导致了城邦这种政治共同体的瓦解。不过，真正提出一种完全不同的个人与国家关系理论的，却是伴随着罗马对希腊城邦的征服而出现的犬儒学派和斯多葛学派。他们的理论使一种脱离国家和社会并且直接面对自然的个体的存在成为可能。

到底是个人意识的觉醒导致了城邦政治的崩溃，还是城邦政治的衰落使人们不得不重新寻找一种能够让他们独立生存的理论，这恐怕是一个永远都无法给出确切答案的问题。在人与社会及国家的关系问题上，基督教思想与斯多葛学派的观点类似，而且在后者的方向上走得更远。虽然基督教也强调信徒之间存在一种普遍的兄弟姐妹之情，但对每一个信徒自身的救赎具有决定意义的，却并非他在人世间形成的各种社会关系，而是他与上帝之间的交流，以及他在心灵深处的自省。国家则更是变成了一种完全不相干的存在。如果一定要说国家与基督徒之间存在着某种伦理上的关联的话，那也不过如奥古斯丁所言，前者施加于后者的种种恶行反过来会有助于他洗刷自己的原罪。

基督教关于个人与社会及国家关系的思想与后来西方个人主义的产生不无联系，而它所建构的那种在本体论上完全孤独的个人[①]则构成了近代西方政治思想的一个基本出发点。一些原本可以自给自足的个人之所以又需要建立国家，其根本原因，按照近代社会契约论者特别是霍布斯的说法，是因为他们的欲望实际上总是难以满足，由此使他们之间产生无穷无尽的争斗，而他们自己的生命和财产也因此无时无刻不处在威胁之中。国家便是人们为了排解争斗而不得不建立的一种外在的强制机构。但是，既然个人在国家

[①] 正因为如此，所以宗教观念的淡化、即个人与上帝的关系的危机，使西方人陷入了一种存在论意义上极度的精神空虚。韦伯称之为现代化的"祛魅"效应给人类精神生活带来的"价值丧失"和"意义丧失"。丹麦哲学家克尔凯郭尔的存在主义哲学把这种个人主义的困境表现得淋漓尽致。

建立之前便处于自足状态,所以除了政治秩序之外,国家并没有给他们增加任何新的东西。国家的目的是保护人们在自然状态之下已经享有的、由上帝赋予的自然权利,而公民对国家而言却不应承担任何无条件的义务。至此,古代希腊那种关于公民与国家之间关系的观念被完全颠倒过来了。国家不再是使人趋于完善的必不可少的中介,反而变成了一种人性堕落的标志。在近代自然法与自然权利理论的框架之内,从古希腊继承下来的那些政治概念都必须经过一番重新解释才不至于被误解,比如说民主。在近代自由主义政治思想中,公民的政治参与与其说是人作为公民必须拥有的权利,不如说是为了防止国家为恶而不得不付出的政治代价。

如同在政治与伦理的关系问题上一样,也有思想家试图在近代思想背景下挽救古代希腊的那样一种政治共同体观念,黑格尔同样成为他们的代表人物。黑格尔设计出一种公民、市民社会和国家渐次辩证否定的三阶段逻辑发展模式,分别象征着古希腊(尚未分化的个人意识)、近代资产阶级社会(个人意识的外化),以及他理想中的公民与国家的关系(两者的辩证统一)。问题在于,黑格尔进行的完全是逻辑演绎。公民与国家关系的变化,与个人认识过程的发展类似。人对自我及外部事物的认识,以其意识之中主体与客体的区分为前提。就此而言,儿童具有一种混沌的完美,成人则必须接受智慧带来的残缺。如何才能实现智慧与完美的统一,便成为一个困扰着众多思想家的问题。在20世纪,特别是由于马克斯·韦伯的影响[1],这个问题事实上甚至已经被大多数思想家所放弃。当然,还有不少政治学者采取的是一种并没有经过严格论证的、介于柏拉图和霍布斯之间的立场——既承认共同体的实在性,并由此强调比如说民主政治在完善公民道德方面的伦理价值,又强调国家与个人一样,无非是犯有原罪的、堕落的存在,因而对它总是抱有根深蒂固的怀疑。密尔便是其中之一。

(四)平等与差异性的关系问题

平等是一个在古代希腊就已经出现的政治范畴,而且,在某些城邦中,政

---

[1] 韦伯认为,在现代社会诸种价值之间存在着不可调和的冲突,也就是说,古典哲学中真善美相统一的理想,已经变成了一种遥不可及的乌托邦。他曾经表示:"有些事情,尽管不美但却神圣,而且正是因为它不美且只就它不美而言,才变得神圣。"(马克斯·韦伯:《学术与政治》,冯克利译,北京:生活·读书·新知三联书店2005年第二版,第39页。)伯林的政治多元主义是典型体现了这种观念的政治学说。因为人们的价值追求不可调和,所以古典意义上的政治和伦理共同体只能是一种有害的幻想。详见第十二章第二节的相关内容。

治平等还在制度上得到了彻底的甚至极端性的体现,那就是通过轮换或者抽签的办法产生城邦的官员。人们认为,唯有这类方法,才能真正排除公民在一切方面的差异,包括财富、智慧、能力等等对其政治参与的影响,保证他们平等的政治权利。[①] 然而自相矛盾的是,古代希腊人虽然极度强调公民平等的政治权利,但始终没有能够在完全的意义上把抽象的人理解为政治上无差别的存在,因为没有公民资格的外邦人(这种人几乎出现在古代希腊的每个城邦,而且人数不少)、妇女和奴隶根本就被排斥在政治生活之外。这是因为在古希腊,公民权乃是一种通过继承而被赋予的权利,一个人享有公民权并且能够与其他公民平等,完全依赖于他有一位已经作为城邦公民的父亲。因此,从某种意义上说,古代希腊城邦的公民权不过是某种经过扩展的、基于血缘的贵族性的权利。此外,不同城邦的公民之间也不可能存在任何意义上的平等,所以在当时战俘(原本是一个城邦拥有全部政治权利的公民)永远只能面临或者被处死或者成为奴隶的命运。总的来说,古代希腊城邦中出现的平等观念及其在政治上的体现仍然是十分有限的。

平等问题也是一个引起古代希腊政治思想家高度关注与激烈争论的问题。争论的焦点,是人在本质上究竟是否平等以及在政治生活中应该如何体现这一本质。在柏拉图看来,整个世界就是一种等级制的构造,因而人与人之间的差异同样也是永远无法改变且无须改变的事实。说到底,人与人的不同,在于他们各自灵魂本身的构成各不相同,有的人天生富于理性,有的人注定耽于淫乐。柏拉图相信,政治秩序只有与整个自然秩序相一致,与人与人之间的自然差别相适应,即让最具有理性或者说理性最完备的人处于统治地位时,城邦才会享有和平、安宁与幸福。柏拉图据此认为,平等原则在政治生活中的运用是城邦政治陷入平庸、堕落与动荡的根本原因,而以平等的公民权利为前提的民主制也就成为他猛烈批判的对象。

大致可以说,在人的平等与差异性问题上,以雅典为代表的希腊民主制与柏拉图的政治理论分别代表着两个极端。亚里士多德则采取了一种执乎其中的立场。在他的《政治学》和《伦理学》(指《尼各马可伦理学》)中,亚里士多德对政治平等问题进行了大量讨论,其根本原因就在于他看到了人作为人既有彼此平等的一面,又有相互差异的一面。亚里士多德的基本立场是,

---

[①] 不过在城邦时代,一方面,轮换或者抽签的办法并非在所有城邦都被采用,另一方面,即使某个城邦采用了这种制度,它也并不适用于政治生活的所有方面。在某些官员通过轮换或者抽签产生的同时,总是还有另外一些官员通过其他方法,比如选举产生。

良好的政治设计应该能够同时兼顾这两个方面的因素,既为每一位公民平等地、无差别地提供某些政治资源,又使不同的人得到与其能力或者贡献相适应的报偿。他认为,其实前者体现的是数量的平等,后者体现的是比值的平等,因而也可以被理解为平等的不同侧面。不过,亚里士多德的论证主要是从经验出发进行的,他之所以主张人与人之间的平等,是因为他看到了太多极度的不平等导致政治动荡的事例,至于在本体论上对人类平等问题的理解,似乎已经超出了古希腊传统政治哲学的界限。

由于希腊人把相互之间的平等理解为公民的特权,因而只有当公民身份对人们的日常生活失去根本意义之后,一种更为普遍的、人与人之间的平等观念才会产生。西方政治思想史上第一个在真正意义上主张人类平等的学派即斯多葛学派的出现,恰恰伴随了城邦衰落的过程。斯多葛学派普遍平等的思想受到稍后产生的基督教平等观念的强化,虽然两者的理论基础完全不同。基督教强调所有人在以下两个方面完全平等:首先,他们都是罪人;其次,上帝对他所创造的每一个生命一视同仁。这种观念使基督教能够在主张上帝面前人人平等的同时,又容纳和接受现实社会生活,甚至宗教生活中的各种等级秩序与不平等现象。在基督教徒的眼中,尘世间的一切不平等都与他们最根本的关切,即灵魂的救赎无关,因为上帝看重的,并非他们在人世间的财富、地位、权力甚至智识,而是每一个人对其灵魂的净化。①

基督教既主张人人平等,同时又接受现实生活中存在的各种不平等,这一特征使人们倾向于认为它能够见容于任何现实的政治和社会秩序,但这个判断可能会低估基督教在人类平等观念的发展中所起到的作用。事实上,基督教的平等观念,为更具现实意义的平等要求的产生和发展提供了一个富有生命力的平台,因为每一个人的灵魂在上帝面前的平等,有可能被扩展为他们的良心的平等、道德的平等,乃至权利和政治上的平等,而这种可能性也的确通过宗教改革以及由此推动的各种政治和社会运动成为现实。

承认每一个人都拥有某些平等的自然权利,这是近代西方政治思想的基础。但是,在此基础之上,西方政治思想内部却产生了严重分歧。自由主义只承认法律和政治权利的平等,同时接受其他方面可能存在的不平等。而且在自由主义政治秩序之下,有相当长的一段时期内很多人所享有的平等的政

---

① 加尔文的新教在这个问题上有所调整,认为一个人在尘世间的成功也许能够证明上帝对他的眷顾,但与此同时,新教又主张先定论,即每个人是否能够得救已经预先注定,并且还主张每个教徒都能够直接领会上帝的精神,因而事实上体现了一种更激进的平等倾向。

治权利,又被他们在财富方面的不平等所取消,因为一直到19世纪末,作为政治平等唯一体现方式的选举权在西方各国还受到财产资格的限制。另一方面,各种形式的社会主义者则一致要求把平等扩展到经济领域,并且把自由主义的主张理解为资本占有者阶级利益的体现。自由主义与社会主义之所以在经济平等的问题上分道扬镳,是因为在前者看来,只有严格保护私有财产权,个人自由才能获得坚实的基础,甚至也可以说,为了自由,必须接受经济上的不平等;而在后者看来,经济上的不平等,足以取消政治和法律意义上的平等,因而为了实现真正的平等,私有财产必须被取消,否则平等不过是一场骗局。自由主义与社会主义的平等观也被分别被称为权利平等和实际平等的观念,前者意味着在社会政治生活领域不针对任何人设置人为障碍,即保证每一个人在所有社会政治领域的"准入"资格,但并不保证他们在这些领域必须得到同等的结果,甚至也不保证他们在进入时具有同等的条件;后者则要求每一个人在公共生活中事实上都能够得到平等的承认,同时排除一切外部条件,特别是经济地位对其最终所得的影响。就此而言,那种认为自由主义主张"起点的平等",而社会主义主张"结果的平等"的判断,对这两种理论都存在着严重的误解。

　　自由主义与社会主义在人类平等问题上的不同理解,导致这两种理论及其支持者在两个世纪(19世纪和20世纪)之内发生了大规模的矛盾、对立乃至暴力性的冲突,也产生了两种相互对立的社会、经济和政治制度。直到进入新的世纪,人们对这个问题仍远未达成共识。与此同时,围绕平等问题在自由主义与保守主义之间也产生了激烈争论。保守主义者甚至不同意自由主义关于权利平等的主张,他们多多少少与柏拉图相似,强调人与人之间实际上的不平等必须得到政治上的体现与维护;一种基于权利平等的政治只能导致人类公共生活在道德上的堕落与志趣上的低俗。与社会主义和自由主义的争论集中在经济领域不同,保守主义与自由主义的争论主要集中在政治领域,即人类应该建立一种平等的政治还是等级的政治的问题。

　　不能简单地以"反动"二字概括保守主义的思想而弃若敝屣。事实上,人与人之间的确在任何方面都存在着不平等,而且某些方面人与人之间的差异也并非在道义上完全不可接受。相反,追求卓越,乃是人类道德意识最基本的体现之一。就此而言,权利平等实际上乃是一种人们创造出来的平等,是在一个共同体内部人们愿意抛开各方面实际的差异,在权利问题上平等相待的结果,或者如美国法学家德沃金所说,是对每一个人予以平等的关注与尊重(equal concern and respect)①的结果。既然如此,人们应该通过政治手段在什么范围内"创造"平等以及"创造"什么样的平等,就成为一个政治思想家不得不严肃对待的问题。实际上,就是在自由主义阵营内部,也曾经有不少思想家,其中包括密尔和托克维尔,对一种彻底平等的大众社会出现的可能性以及这种社会在人类精神和道德领域可能造成的负面影响充满忧虑。阿伦特的一个重要观点是,真正的政治,必须以人与人之间的平等和多样性并存为前提。这一主张虽然过于概念化,但仍然为人们提供了一种富有启发意义的思路。总的来看,自由主义强调政治和法律平等而无视人在经济、道德与智识方面的差异、传统的社会主义强调经济平等而忽略个人自身条件的区别、保守主义强调人在道德与智识上的不同而无视人与人之间人格上的平等,看起来都有所偏颇。因而,如何理解人与人之间的平等、人与人之间应该在什么方面平等、怎样实现对平等的方面平等对待、对不平等的方面差别对待,仍然是西方政治思想面临的一些重大问题。②

(五)自由与强制的关系问题

卢梭在《社会契约论》一书开篇即指出:"人是生而自由的,但却无往不在枷锁之中。"③这句话一语道破了政治与自由之间的矛盾关系。政治从本质上说意味着强制——至少强制是政治的一个基本方面,因此可以说没有强制也就没有政治的存在。就此而言,政治本身与自由就是相对立的。但在另一方面,在每个人的内心深处,又都自然地、不可遏制地存在着某种对自由的追求。而且,很可能从其产生之日起,政治甚至又同时被理解为一种能够有效

---

① Ronald Dworkin, *Taking Rights Seriously*, Cambridge, MA.: Harvard University Press, 1977, p. 180.

② 一些新近的政治社会学和人类学研究表明,在史前时代,弱者团结起来反对强者的趋势是社会生活中的普遍特征。但是,这种观念以及相应制度的产生并非因为人类天生具有一种共享平等的自然倾向,而是出于人们对统治现象的普遍厌恶。有研究者提出,在美国独立战争中,真正具有影响力的意识形态因素恰恰是"平等"。很多参与革命的人相信,革命意味着终止征税、废除常备军甚至法庭以及政府的契约性强制;而这些革命者中又有大部分是来自边远地区、游离于市场之外的民众。一个基本的结论是,在人类事务中,等级组织并非必然的存在,它们是人类"心灵和社会群体中紧张关系"的产物。为实现其基本的生存需要,人类必须既要寻求一定的统治形式,又要力求避免被统治的状态。这些相互矛盾的意愿引发出平等主义的行为规范,并且被群体中大多数成员有意识的平均(levelling)努力所强化。学者们并且发现,一个极度不平等的社会非常容易产生类似平均主义的极端性要求,而在一个极度平等的社会,人们又会倾向于创造出等级与差异。Cf. Gary Miller, Kathleen Cook, "Leveling and Leadership: Hierarchy and Social Order", in Karol Soltan et al., *Institutions and Social Order*, Ann Arbor: The University of Michigan Press, 1998.

③ 卢梭:《社会契约论》,何兆武译,北京:商务印书馆1980年版,第8页。

帮助人们实现其自由追求的手段。因此，如何理解政治中的自由与强制，就成为任何政治理论都无法回避的问题。

伯利克里曾经自豪地宣称雅典人拥有比斯巴达人更多的自由。他的意思是说，与斯巴达人相比，雅典人具有一种更加自然舒适的生活方式，因为雅典城邦仅对其公民施以较少的强制。但是，两者之间的差别也就至此为止，因为无论雅典人还是斯巴达人，生来就必须承担一种对城邦绝对服从的义务。在这个意义上，他们所能够拥有的自由，不过是城邦允许之下的自由。这意味着在古希腊，公民自由是严格意义上的城邦政治的产物，同时任何公民都不具有反抗城邦哪怕是不公正不合理的行为的权利，苏格拉底之死就是典型的例子。就当时的思想家而言，不仅柏拉图，而且亚里士多德也不把自由视为一个需要认真对待的、重要的政治范畴，因为与自由相比，他们更注重的是在城邦政治中体现出来的个人美德。可以说，在古希腊，自由只是一个相对的概念，它存在于法律许可的范围之内，存在于一个城邦与另一个城邦的比较之中。我们自由，是因为他们不自由。

首先尝试从理论上对自由与强制之间的关系进行说明的，是罗马时期的共和主义者。共和主义者以公民制定的法律为中介，把自由与强制统一起来。他们的看法是，如果一个国家的法律是由人民自己参与制定的，是他们自身意志的体现，那么这些法律对他们就不构成强制，因为他们服从自己制定的法律，意味着服从的并非他人，而是他们自己。因此，正如公民们在制定法律的时候是自由的一样，他们在服从法律的时候也是自由的。

共和主义这样一种对自由与强制关系的理解，客观上使自由问题转化为国家权力的归属问题。由于在共和主义者看来，政治生活中的强制实际上是一部分人对另一部分人、而非国家本身对其公民的强制，因此，如果政权为全体公民所掌握，那么在这个国家内部便实现了普遍的自由。这种观念在从英国内战到光荣革命之间的一段时期里有相当的影响。有意思的是，它的继承者不是像洛克那样的英国自由主义思想家，而是法国的卢梭和德国的黑格尔。卢梭本人把自由视为最根本的政治价值，而他用来解决自由与强制之间的矛盾的方法，正是典型的共和主义路途，即通过人民主权，通过公意在政治生活中发挥决定作用，保证自由与强制的统一。换言之，卢梭考虑的是这样一种政治制度，在其中，对主权者和公意的服从实际上就是自由的体现。问题在于，正如卢梭本人所意识到的，实际的政治生活中不可能始终保证任何法律都得到全体公民的一致同意，在采取多数决定原则的情况下，必然出现最后通过的法律与部分公民的意志相悖的情况。然而卢梭坚持认为，这种情况的存在并不影响"自由在于对公意的服从"这一基本论断,因为经过一套复杂的政治设计和政治过程,可以保证多数的意志与公意的一致性。在此基础上,对于那些持有与多数意志即公意不同立场的人,国家有权以强制的方式使他们服从,也就是"强迫"他们"自由"。黑格尔则进一步把卢梭的理论精细化,把公意替换为理性。在他看来,政治应该是理性的体现,而与理性相一致就是自由。这就是自由与必然统一的观念。

近代另外一些政治思想家,如霍布斯和洛克,则以一种完全不同的方式考察自由与强制的关系问题。他们对自由持一种绝对的理解,即自由就是不存在任何约束的状态。他们并且相信,在国家出现之前,由于不存在任何对个人的强制,每一个人都享有真正的、行使其自然权利的自由。当然,自然界和他人会在某种意义上构成对个人的限制与约束,从而妨碍其自由的实现,因此国家的任务便是尽可能地消除此类限制与约束,以最大可能地保证人们享有的这些前国家的自由与权利。国家的目的本身同时决定了它合法行动的界限,这就是它不能反过来剥夺与危害这些自由。同时,他们也都认为,国家存在及其活动的前提,必然是对人们原来享有的自然自由加以某些限制,这样,在他们的观念中,政治与自由之间就出现了绝对对立的一面,国家成为一种虽然时刻威胁着人们的自由、但为了自由又不得不接受的工具,是一柄双刃剑,是"必不可少的恶"。与共和主义相比,由霍布斯和洛克奠基的自由主义根本不相信能够找到某种把自由与强制统一起来的途径。他们的基本立场是,强制亦即国家的存在本身就意味着对自由的剥夺。从这一立场出发,自由主义者强调,国家对个人自由的限制,必须以对基本的个人自由(基本人权)的保障作为界限,而在法律限制之外就是个人的自由。①

不难看出,从"法律允许的就是自由"到"法律限制之外就是自由",西方政治思想中自由观念的这一转变,客观上使自由的范畴得到了极大的扩展,因为法律允许的永远是一个有限数,而法律不禁止的领域却可以无限地得到延展。与共和主义对自由的界定相比,自由主义的自由概念显然具有其优越性。另外,由于在实际政治过程中,作为共同意志("公意")体现者的多数并不能始终掌握真理,而且在大多数场合他们甚至不可能真正掌握政治的决定权,在这种情况下如果把"自由"与"多数"捆绑在一起,其结果很可能导致对少数,甚至对实际的多数的压制。所以,在自由主义者看来,卢梭和黑格尔式

---

① 自由主义与共和主义这种相互对立的对自由的理解,后来被伯林总结为"消极自由"与"积极自由"的观念。Cf. Isaiah Berlin, *Two Concepts of Liberty*, London: Oxford University Press, 1958.

的自由概念不仅为"多数的暴政"提供了理论依据,而且也可能使某种政治力量借多数之名对整个社会进行强制。但同时又必须看到,自由主义的自由观念也存在其矛盾之处。自由主义者一方面相信人们在没有国家的自然状态之下享有充分的自由,另一方面又承认由于各种限制的存在,比如人们之间的相互争斗,这种自由不仅往往无法实现,甚至可能导致"一切人反对一切人的战争",由此才有必要建立国家。就此而言,国家虽然限制人的自由,但同时也保障甚至创造人的自由。由于自然状态只不过是一种虚构——大多数社会契约论者都承认这一点,那么自由的实现从根本上说仍然是只能在国家之内而不是在国家之外。至于某些具有文化意义的自由形态,比如中国人所向往的"神游于物外"的自由,则更不可能被没有时空概念的自由主义所理解。伯克也正是在这个意义上,以"英国人的自由"来批判法国大革命提出的抽象的自由原则。不过,尽管存在上述缺陷,但自由主义确立的关于基本人权的观念,即相信个人拥有某些国家无论如何也不能随意侵犯和剥夺的自由,在西方政治思想中仍然成为一种共识,成为任何政治讨论的基本前提。

三、政治思想与政治实践,以及对政治思想史的解释

在一般的意义上,可以认为政治实践对政治思想有某种优先的决定作用,政治思想的逻辑是政治实践的逻辑的反映。对于两者之间的这种关系,美国政治学家和政治思想史学家沃林指出:"可以说政治制度反映了政治世界的'事物'或者现象之间的内在联系,而政治哲学则试图对这些'事物'做出某种有意义的论断。换言之,制度建立了政治现象之间先在的联系。正因此,所以当政治哲学家对社会进行反思的时候,他所面对的并非一堆在德莫克利特的虚空中漂浮的毫无联系的行为和事件,而是原本就已经具备了某种一致性和相互关联的现象。"①具体说,政治实践对政治思想的决定作用表现在两个方面。首先,政治实践为政治思想提供了基本素材,这一点从古代希腊政治思想的产生和发展中可以非常清楚地看出来。正是上百个城邦在几个世纪的时间内并存,并且经历了政体各个阶段的发展这一事实,才使当时的思想家们对政体的类型、政体的演变、不同政体内部各个构成因素的分析

---

① Sheldon S. Wolin, *Politics and Vision: Continuity and Innovation in Western Political Thought*, London: George Allen & Unwin LTD., 1961, p.7.

成为可能。可以想象，按照当时的技术、经济与交往条件，在一个庞大的国家内部，一种从王政经过贵族政治到民主政治的演化根本不可能发生；而类似古代中国那样庞大的国家，其存在本身也为人们进行对外交往、从而了解与自身不同的各种政治现象与政治制度造成了难以克服的困难。在这种情况下，要产生建立在比较政治制度基础之上的政治学研究也几乎没有任何现实的基础。

其次，政治实践向人们的政治思考提出的问题，为政治思想的产生和发展提供了持久的动力。政治思想不同于一般的政治观念，它更主要地不是政治现实在人们意识中简单直接的反映，而是对政治生活中存在的各种问题进行的系统反思。这种反思构成了政治思想的一项重要内容，它可能表现为对实际政治制度与政治实践的批判，也可能表现为对某种被认为更为理想的政治制度的设计。就此而言，政治思想虽然是政治实践的反映，但常常又与政治实践具有相当的距离。比如说，柏拉图的《国家篇》并不是对古代希腊任何一个城邦的政治制度或者政治实践的简单描述，而是对整个希腊政治的批判；反过来说，如果仅仅通过柏拉图的著作，人们便很难理解古代希腊政治生活的实态。另外，作为古代希腊政治思想集大成者的柏拉图和亚里士多德都是在城邦政治走向衰落的时候出现的，政治发展的鼎盛时期与政治思想发展的高峰时期之间便出现了一定的距离，黑格尔正是在这个意义上说"密涅瓦的猫头鹰需要等到黄昏到来，才会起飞"①。

政治实践向政治思想提出的问题不仅促使思想家们对不合理的政治现实进行批判，而且从根本上规定了政治思想发展的方向。从西方政治思想史的实际情况来看，从近代以来，由实际政治问题决定的理论思考的成分越来越大。近代国民国家的建立、统一的中央政权的巩固、政治自由化和民主化的进程，现实政治的这一系列发展推动着政治思想从马基雅弗利经霍布斯到洛克以及密尔的演变。当然，并不是说政治实践中遇到的所有问题都及时引起了思想家们足够的重视，并且能够从他们那里得到满意的解答。实际上，政治实践总是在匆匆变化和发展，不可能停下来等待每一个问题解决之后再走向下一步。某种特定的政治体制与政治实践往往带着一大堆问题便走向了它们生命的尽头，而同样的问题也往往要在历史中被重复若干次之后，才最终进入政治思想家的视野。柏拉图和亚里士多德关于城邦政治的理论，就可以被视为一种对城邦政治实践迟到的反应，这种反应对后者而言已经不可

---

① 黑格尔：《法哲学原理》，范扬、张企泰译，北京：商务印书馆1961年版，第14页。

能产生任何作用。

　　政治思想在受到政治实践影响的同时,其自身发展又具有一定的独立性。理论一旦确立了基本的概念与逻辑体系,就开始了独立的生命历程。从人类历史上看,任何政治体制都是特殊环境的产物,有其确定的生命周期,即有其产生、发展和衰亡的历史。政治思想却与之不同。在某种特定的政治制度和政治实践基础上产生的政治理论,即使在这种制度与实践被岁月埋葬之后,仍然能够传承下去,并且在新的环境下得到进一步的发展。这大概是政治思想史与政治史最大的差别。尽管没有人会怀疑古代希腊城邦政治已经成为永远也不可能复活的历史,但这一点并不妨碍人们去认识、研究和发展产生于这个时代的柏拉图或者亚里士多德的政治思想。西方政治的历史可以被明显地区分为古希腊时代、罗马和中世纪时代以及近现代,每一个阶段政治制度与政治实践的发展都具有完全不同的基础,但后面的阶段在其政治思想方面却都从前面的阶段吸取了丰富的遗产,从而避免了重复的发现和创造。大而言之,如果说人类的政治实践具有较明显的时间、地域和民族差别,那么政治思想却相对较少受到这种差别的影响,它能够跨越时代与地域的隔阂,成为人类共同的财富。

　　正因为政治思想的存在与发展具有一定的独立性,因此,它在受到政治制度与政治实践制约的同时,也反过来对后者施加不同程度的影响。与社会科学的其他部分相比,政治思想无疑是实践指向最强的学科之一。事实上,西方政治思想从其产生之日起,就把对政治实践的影响和指导作为其基本使命,因为"按习惯行动是动物的属性,根据原则行事才是人的根本特征"[①]。孟德斯鸠表达了西方思想传统中人们对政治理论与政治制度关系问题上的一种信念:"法律从总体上说就无非是人类理性的体现……每一个民族的公法与私法都应该是对人类理性在不同的环境中的运用。"[②]大体上,政治思想对政治实践的影响表现在以下三个方面。首先,对政治实践进行直接指导。古希腊政治思想的产生,与那些以为各个城邦制定法律为使命的立法专家们的活动有直接的关系。就柏拉图而言,毕其一生,推动着他的政治思考的始终是一种宏伟抱负,即为某个能够接受其思想的君王设计一部完善的宪法,而绝非对政治理论的抽象兴趣。在西方政治思想史上,除柏拉图之外,意大利

[①] Paul Janet, *Histoire de la science politique dans ses rapports avec la morle*, Tome I, p. x.

[②] Melvin Richter (ed.), *The Political Theory of Montesquieu*, Cambridge: Cambridge University Press, 1977, p.177.

的马基雅弗利，法国的卢梭，美国以"联邦党人"为名的汉密尔顿、麦迪逊和杰伊，以及英国的边沁和密尔等，都是为现实政治实践积极出谋划策的思想家。当然，他们的具体设想可能被统治者接受，也可能被拒绝，但就政治思想影响着政治实践这一点而言，却是毋庸置疑的。

其次，为特定的政治制度或者政治实践进行合理化的论证，使之得到民众的认可，也就是使之"合法化"。某种政治制度与政治实践的出现自然有其自身的逻辑或者说历史的因果关系，而以某种方式使人们接受这一制度与实践，则可能需要通过思想家们的理论工作。比如说美国联邦政府的建立，在很大程度上是当时的大庄园主和大商人迫切需要一种更为有效的政治秩序的结果①，但为了让联邦政府据以成立的宪法得到各州的批准，则必须通过一些能够为人们普遍接受的理由对民众进行说服，这便是政治思想史上著名的《联邦党人文集》出现的原因。需要指出的是，从理论上对政治制度与政治行为的合法化论证，既有可能的确体现或者解释了政治实践本身的发展逻辑，比如说密尔关于代议制的理论；也有可能实际上基于一些完全不同的理论推演，比如孟德斯鸠对英国政治体制的说明，在很大程度上是出于某些先入为主的不尽正确的判断；当然还有一种可能性，那就是思想家对政治现实进行了有意识的粉饰，比如德国和意大利的法西斯主义理论家们进行的大量工作。

最后，对不尽合理的政治制度与政治实践进行批判。在整个西方政治思想的历史中，批判性的理论恐怕要占据更大的比重。批判的理论一方面可能促使人们转向对新的政治可能性的探索，另一方面也可能唤起民众直接的政治反抗，从而改变现存的制度与实践。在这方面，宗教改革时期路德的思想、英国革命时期的共和主义思想以及19世纪的社会主义和改良主义思想都是非常典型的例子，它们直接唤起了一系列革命性的政治运动，其最终结果或者是某种新体制的建立，或者是对旧体制的改造。

一个不能忽视的现象是，自近代以来，政治思想对政治制度与政治实践的影响力呈现出日益增强的趋势。这既是政治必须接受理性的指导这一启蒙主义思想越来越深入人心的结果②，也与人类群体之间日益密切的相互联

---

① 参见查尔斯·比尔德：《美国宪法的经济观》，何希齐译，北京：商务印书馆1984年版。
② 当然，对于启蒙主义和理性主义在人类政治实践中日益深入的影响，思想家们具有截然不同的判断。保守主义者如伯克和奥克肖特等人认为，推崇理性而忽视传统和经验在政治生活中的作用，是近代以来诸多政治灾难的根本原因。

系高度相关。在 20 世纪,西方政治思想的影响范围已经远远超出了欧洲北美而扩展到整个世界,自由、民主、平等、法治这些基本的政治范畴已经成为全人类共同认可的政治价值规范,并且深刻地改变了欧美之外世界其他地区人们的生活方式、政治结构和政治过程。①

政治思想与政治实践之间的相互关联,为人们理解历史上的思想提供了独特的线索,或者说,一定历史时期的政治思想与政治实践常常可以相互印证和相互解释。这样,对某种政治理论据以产生的历史环境的认识,就有可能对理论本身提供重要的说明。这方面一个典型的例子就是马基雅弗利的政治思想。如果仅仅从他那一部可以说是恶名昭著的小册子《君主论》来看,人们通常会得出马基雅弗利本人不过是一名权术家这样的结论,而这也正是一般人对这位思想家的印象。但是,如果联系到马基雅弗利生活的时代意大利具体的政治环境,以及这种政治环境之下作为一位具有强烈爱国主义倾向的思想家自然的反应,那么人们就会意识到,不能对他的思想进行如此简单的解释。特别是与他的《李维史论》相互参照,马基雅弗利的思想便体现出十分复杂的一面。人们会发现,他并非简单地以权术而论证权术,他真正关心的,是在类似意大利当时的状况下——混杂、无序、政治软弱与道德沦丧是这个时代的基本特点——一种稳定有力的政治制度得以成立的基本条件。只有看到这一切,人们才有可能获得一个比较真实的马基雅弗利的形象。

需要注意的是,虽然政治思想与政治实践的相互影响是一个人们普遍承认的事实②,但在具体考察它们之间的关系时,一个经常出现的问题是,人们往往在某个政治事件和在时间上与之相继产生(在此之前或者之后)的政治思想之间建立了实际上并不存在的关联,或者把思想与事件之间本来要复杂得多的关系进行了简单化的处理。一个典型的例子就是洛克。长时期内,人们都认为洛克的政治思想是对 1688 年英国光荣革命的说明或者辩护。的确,英国革命体现的逻辑以及革命之后建立的政治体制,与洛克的理论有诸多相似之处。但是,后来的研究却表明,洛克的《政府论》上篇(主要是对费尔默的

---

① 如何认识和评价西方政治思想对非西方社会的影响,以及如何看待非西方社会传统的政治思想文化资源在其未来发展中的作用,这些问题正在引起人们日益深入的关切。另一方面,在承认西方政治思想的某些普遍性价值的同时,如何理解这些价值对西方社会历史的依存性,以及如何使之真正贡献于非西方社会未来的发展,也将是政治思想领域在 21 世纪面临的一个重大课题。

② 施特劳斯是一个典型的例外。他的基本立场是,不能把政治思想的发生和演变还原为历史的变化,否则便陷入了所谓的"历史相对主义"。大致可以认为,施特劳斯强调思想的发展和变化自身的独立性有其正确的一面,但完全抛开历史背景,实际上又成为一种"理论的相对主义"。请参阅第十七章的相关内容。

君权神授论的批判)写于17世纪60年代,而下篇(主要是对社会契约论和自由主义政治原则的论述)在1688年以前也已经基本完成,只不过一直没有发表。① 因此,对洛克政治思想的传统理解显然有失妥当。当然,新的发现并不会导致研究者否认洛克的思想与英国当时的环境,特别是思想环境之间诸多的内在联系,但实际情况要复杂得多。从1640年到1689年,在英国最有影响的其实是某种共和主义的思想。至于洛克的理论后来成为对英国革命的正统解释,那只能说是因为两者之间精神上的内在一致性,使人们宁可接受洛克的理论。② 另外,在人们对法国启蒙运动与法国大革命之间关系的认识上也存在着类似问题。一般都认为大革命是启蒙运动的产物,当然,从某种意义上说这种印象可以成立,因为正是启蒙运动为革命者提供了思想武器。但另一方面,实际上在大革命之前几乎没有任何一位思想家是激进革命的提倡者。类似伏尔泰那样公开支持"开明专制"者自不待言,就是像卢梭那样其思想中包含了明显革命倾向的理论家,也从来不曾公开鼓吹革命。因此从某种意义上说,可以认为革命是一件超乎他们任何人想象的事情。

以上的讨论,最终涉及这样一个问题,即"如何理解一个生活在距我们非常遥远,而且从文化上说在某些方面非常陌生的环境中的人的思想"③。在早期的政治思想史研究者看来,政治思想和政治实践的历史性,并不会给后人对它们的理解构成特别的障碍。他们相信,只要尽可能详尽地掌握文献和其他历史文物资料,总可以在后来的条件下完全真实地还原和重现过去的思想与实践。这意味着原则上人们可以超越自身的文化局限性,按照其原本的方式对过去的政治思想加以准确理解,而误解的产生,或者只是由于材料不足,或者是理解方法本身存在着缺陷,但它们都不是不可逾越的障碍。

由于受到现代语言学,特别是德国哲学家伽达默尔(Hans Gardamer)集大成的哲学解释学(philosophical heumeneutics)的影响,这样一种历史理解中的乐观主义现在已经被人们逐步放弃。越来越多的研究者倾向于认为,对历史上的思想,后来者不可能完全按照其原本的状态加以理解,因此,所谓理解的"正确性"就成为一个没有任何实际意义的标准。

解释学认为,对历史上的思想,主要是表达这些思想的文本(Text)的理

---

① Peter Laslett (ed.), *Locke's Two Treatises of Government*, Cambridge: Cambridge University Press, 1967, p.59.
② Quentin Skinner 的 *Liberty before Liberalism* (Cambridge: Cambridge University Press, 1998)是集中论述这一时期英国共和主义的一部力作。
③ John Dunn, *Interpreting Responsibility*, Cambridge: Polity Press, 1990, p.9.

解,并非某个可以任意调整其视界(Horizont)的主体对一个确定不变的客体的接近,而是两个彼此独立、同时各自具有其不能从根本上加以超越的先见(Vorurteil)的主体相互作用的过程。一方面,任何时代的思想都受到其环境的决定性影响,而且文本一经产生,便具有了某种甚至其作者本身也不能随意左右的视界;另一方面,理解者也被他的时代所制约,具有其特定的视界,不可能找到一个完全客观超然的立场。因此,对文本的理解受到的限制是双重的,它既来自理解者所处的时代和社会的文化环境,也来自他所面对的文本,因为后者已经具有自身独立的意义的历史(解释学称之为"效果历史"),即使文本的文字本身能够保持不变,但其含义即人们对它的理解也已经经历了复杂的历史演化,与作者写作时的原意有了相当的差距。因此从原则上说,理解者在面对文本的时候,首先必须进入一个与他自己的视界不同的文本的视界,而文本的视界又不能被等同于作者本人的视界。在这种情况下,理解者固然可以通过一系列解释学的方法,不断地接近文本的意义和原作者的意图,同时在理解的过程中也会不断地创造出文本的新的意义,但这一理解形式已经从根本上排除了通常意义上"完全"、"正确"的理解的可能性。[①]

  从解释学的观点来看,在政治思想史研究中,还有两个方面的因素需要引起特别关注,一是影响着历史上的政治思想的、与现代完全不同的政治实践背景,二是作为政治思想载体的、其含义与现在相比必然已经发生了重大变化的语言。一方面如上所述,对历史上的政治实践和社会环境的认识,是理解当时的政治思想的必要条件,比如说,不了解城邦的政治和社会生活就不可能理解古代希腊的政治思想,但人们又如何能够真正了解那样一种已经完全不存在,而且在现实世界中根本无法类比的生活方式?虽然通过各种文

[①] 在伽达默尔看来,对文本的理解过程大致可以描述如下:"第一,在与文本相遇时,理解者已经拥有由他的成见(先见)所决定的视域,并从这个视域出发对文本的意义有一种预期,而文本也有它自己的视域,这两个视域之间的差异和联系尚不为理解者所知;第二,理解过程一旦开始,由于两个视域之间必有的差异,彼此会出现一种紧张关系,这时理解者便力图把两者区别开来,筹划一个不同于他的视域的文本的视域;第三,当他这样做时,他仍是通过他的视域去区别和筹划文本的视域的,所以,在区别和筹划的同时,他已把自己的视域融入他所获得的文本的视域中了,而这也意味着把他所获得的文本的视域融入他自己的视域中了,因此,理解的结果必是两个视域的融合,被理解的文本的意义也必定为文本和理解者所共有,其间的界限实际上不可明确区分。而且,宏观地看,视域融合是一个无止境的循环过程。一方面,文本的视域向理解者开放着,它通过效果历史影响着理解者的成见(先见)和视域。另一方面,理解者的视域也向文本开放着,它把自己的理解加入效果历史从而影响着文本的视域。在这个循环中,两者的视域不断融合和扩大,而这也就是文本的意义不断生成的过程。"(参见徐友渔等:《语言与哲学——当代英美与德法传统比较研究》,北京:生活·读书·新知三联书店1996年版,第173—174页。)

献和记载,人们可以对历史上的生活进行尽可能的想象,但首先文字记载远远不能反映实际生活的全貌,其次想象也不同于真正的体验,对某一事件进行想象的人与实际参与这一事件的人不可能具有完全相同的思想与感情。另一方面,记载着古代政治思想的语言,比如说古希腊语和拉丁语不仅现在已经不为人们所使用,而且它本身也是当时社会实践的反映,各个概念之间的相互关系体现的是当时社会生活之间的联系,而这种关联在一种不同的生活模式中或者根本不存在,或者有相当的差异。① 因此,人们只要是通过翻译之后的文本对古代思想进行理解,那么理解中的断层甚至误解便不可避免。比如说,现代英语一般把古代希腊政治的中心概念"πολιδ"称为"city state",但这个词完全没有办法表达前者的全部含义。事实上,对现代人来说,即使不经翻译而直接阅读原著,也不能从根本上解决这个理解断层的问题,因为现代人毕竟是通过现代语言的媒介而非古代的实际生活来学习古代语言的,这就使他所理解的古代语言以及这种语言表达的内容在相当程度上"现代化"了。这种隔阂,可能任何一位在本国学习外国语的人初到使用这种语言的国家时都能感觉到。

  应该说,解释学的这些发现对政治思想的理解具有十分深刻的意义。首先,解释学要求研究者正视理解者、文本以及思想家本人的意图之间必然存在的差距,从而在思想史解释过程中采取更谨慎的态度和更全面的理解方法,尽可能地避免先入为主的结论;其次,解释学拒绝简单地通过历史研究为现实问题寻找答案的方法,因为不同时代的人们各不相同的视界,使表面上相似的问题可能具有相当不同的内涵,因此比如说古代希腊民主的理论根本不可能简单地运用于今天的政治实践。当然,解释学的立场也并不意味着在政治思想研究中只能采取一种相对主义甚至虚无主义的态度,或者干脆否定政治思想史研究的现实意义。首先,对历史上的政治思想的理解可以为人们的自我认识提供一个重要的参照点,使这种自我认识能够达到相对客观的程度。② 正如德国当代哲学家哈贝马斯所指出的:"对于任何一种社会理论而言,继承理论历史都意味着一种尝试:它越是主动地吸收、阐述、批判和发展先前理论传统当中的观点,就越是可以避免无意之间把特殊的偏好带入自己

---

  ① 这种现象被称为语言的"系统内相关性"。
  ② 这是昆廷·斯金纳的观点。Cf. Quentin Skinner, "A Reply to My Critics", in James Tully (ed.), *Meaning and Context: Quentin Skinner and His Critics*, Cambridge: Polity Press, 1988, p.287;并参见第十八章的相关内容。

的理论视角。"①其次,虽然属于不同时代和社会的人群视界的差异,排除了对他们的思想文化进行简单理解的可能,但人类处境及其生活经历的类似,又使不同时空的思想能够具有某些相通之处。就此而言,对过去的政治思想的研究仍然有助于人们认识和解决现实的政治问题,只不过,要做到这一点,人们有必要进行一系列的视界转变,并且慎之又慎。②

---

① 哈贝马斯:《交往行为理论》第一卷:《行为合理性与社会合理化》,曹卫东译,上海:上海人民出版社2004年中文版,第139页。

② 解释学在强调不同时代视界的差异时,可能过夸大了人类生存环境与人类经验本身差异性的一面。甚至斯金纳也否认通过历史研究为现实问题寻找答案的办法。在这一点上,施特劳斯强调政治哲学基本问题的永恒性的观点可以起到某种平衡的作用。

第一部分

古代希腊的政治思想

第一章
理性的政治

　　理性主义是希腊精神特质最突出的方面。它秉承一种独特的自然主义立场,坚持世界的可知性,同时坚持对世界的认识必须严格遵循逻辑的方法。当古希腊人把理性主义精神运用于对政治现象的思考中时,便产生了对现实政治的系统批判、对合乎理性的政治制度的探求,以及对政治现实进行改造的尝试。从赫拉克利特到伊索克拉底,古希腊哲学家的一个共同的命题就是,"人类所有的法律都源于那独一无二的神圣法则"①,因而,为政治与法律制度寻找永恒的即自然的基础,就成为古代希腊政治思想自觉的使命。以自然反抗习俗,这是政治哲学肇始的标志,也是古代希腊政治哲学一个贯穿始终的主题。在此背景之下产生的柏拉图的政治思想,是古代希腊理性主义的典范,因为它以理性之名,彻底颠覆了现实世界与观念世界之间的关系。不过,柏拉图的这样一种对理性与现实关系的判断,在很大程度上得到亚里士多德的修正。后者的一个重要发现是,理性并不能、也不应该为哲学家的思维所垄断,它同时也体现在历代实际的政治实践、各共同体的传统和习俗之中。根据亚里士多德的理解,理性与政治的关系应该是具体的、复杂的,它拒绝简单抽象的把握,政治学因而既是一门理性的科学,同时也必须是一门经验的科学。

---

① Jean Touchard, *Histoire des idées politiques*, Tome I, p. 22.

一、古代希腊文明与西方政治思想的起源

古代希腊是现代西方文明的发源地。希腊人能够有此殊荣,并不单纯地因为他们拥有较为悠久的历史,主要原因在于古代希腊文明独具的精神特质。

在古希腊文明之前,希腊半岛上就已经存在远古时代的文明,即米诺亚文明(the Minoan civilization)和迈锡尼文明(the Mycenaean civilization)。讲希腊语的诸部落大概是在公元前1000年左右陆续迁移到这一地区的,他们当中包括爱奥尼亚人、伊奥尼亚人和多利安人等。这些部落从希腊半岛开始,通过征服与殖民,逐步扩展到西西里、意大利南部以及小亚细亚等地,并且建立了它们自己的政治组织即城邦。各城邦之间曾经发生过一系列的战争,这些战争被荷马史诗(即《伊利亚特》和《奥德赛》,大约写作于公元前8世纪)所记载。但是,在相互交战的同时,各城邦之间也保持着密切的交往,并且在此基础上逐步形成了统一的古代希腊文明,而荷马史诗本身便成为希腊人一个重要的、共同的文化源泉。也就是说,古希腊人虽然没有能够形成统一的希腊国家,但政治上的分裂却不妨碍他们享有共同的文化和宗教。另外,希腊人虽然分属于不同的城邦并且时常相互敌视,但相对于其他民族而言,他们之间又具有非常强烈的文化认同感——他们都把自己视为文明人而把其他民族的人视为野蛮人,这一点在古希腊思想的各个方面都有所体现。

与世界其他文明类似,带有浓厚神秘主义色彩的自然宗教(比如对牧神潘的崇拜和稍后的奥尔弗斯教等)也构成了早期希腊文明的一个主要因素。但是,它们垄断希腊人精神世界的时间并不太长,虽然其中的神秘主义因素对希腊精神以后的发展仍然具有相当重要的影响(这种影响在毕达哥拉斯和柏拉图等人的身上都有明显的表现)。公元前8世纪[①]之后,在荷马史诗当中得到清楚反映的对奥林匹斯诸神的崇拜,已经成为古代希腊世界的共同宗教。在这种宗教中,诸神除了具有比普通人更为强大的能力之外,已经基本上被常人化亦即常识化和理性化了。神与人之间不可逾越的界限不复存在,而神的物质和精神生活,包括其思想感情也都已经不在普通人的想象之外。从文明的发展来看,这样一种高度世俗化的、极具开放性的宗教,无疑为人的想象力和创造性的发展保留了极其广阔的空间。

从另一方面来看,希腊人崇拜的奥林匹斯诸神具有一个非常突出的共同

---

① 具有确切年代记载的古希腊历史始于公元前776年,这是第一次奥林匹克运动会的年代。

点，那就是虽然他们法力巨大、为世人所敬畏，但也并非无所不能。而且，诸神不仅根本没有丝毫普爱众生之情，反而喜欢通过恶作剧捉弄世人，甚至因他们的不快而迁怒世人。说到底，他们怀有与凡夫俗子完全相同的七情六欲、喜怒哀乐、私心杂念。如果按世间的标准，他们多半只能被归入"恶徒"之列。这就是说，古代希腊宗教并不能在终极意义上保证世界的完满与至善，不能为普通人的生活提供可信的指导与可靠的保障①，相反，神灵们似乎也如同凡人一样，从根本上说必须受制于某种更本原的力量。这样一种宗教信仰导致了古代希腊精神中一个比较突出的特质，那就是古希腊人对"命运"、"必然"等观念的强烈意识。在古希腊人看来，命运与必然同时作用于神、人与自然，而且无可逃避。这种意识构成了荷马史诗贯穿始终的一个主题，而其最典型的体现就是史诗中关于俄狄浦斯王子杀父娶母的故事。王子的父母在他出生时得到关于他的悲惨未来的预言，为了阻止这一预言成为现实，父母将他抛至野外，而他自己被人救活后亦远避他乡，但最终预言中的悲剧还是一一实现。这种关于命运与必然的悲剧性意识，也许会使人产生对世界和人生的悲观与失望，但它却不至于让人感到世事无常，相反却有可能激发他们对自然与社会背后那种主宰一切的力量进行执着的探求。

实际情况当然不可能如此简单，但希腊哲人以"命运"和"必然"的观念为背景对自然界进行认识的结果，显然促成了古代自然哲学的产生。古希腊早期的哲学家赫拉克利特（Heracritus，约前540—前470）就是一个具有代表性的人物。他认为，世界是一团永恒的火，它"按一定的尺度燃烧，又按一定的尺度熄灭"；而这里的"尺度"，指的正是某种永恒的规律，或者说自然的理性。赫拉克利特的这一表述可以被视为最早的哲学命题之一，因为宗教转变为哲学的标志，就在于人们开始相信，自然力能够为人类的理性——逻辑和推理而非神秘的直观——所认识和把握。从哲学的观点来看，虽然自然力也许并不能为人们所控制，但它们却必须依从确定的规律，而这些规律与人类的理性之间又具有某种内在的一致性，人们通过理性对其加以理解并且用语言表现出来，这便是 Logos。对世界的本质和起源的解释，构成了古代希腊自然哲学的基本内容。尽管不同学者对这种本质和起源的认识各不相同，但一个共同的信念是，世界起始之后，便会按照人类理性能够理解的规律运行。这种理性的精神，正是古代希腊文明的精华，而近代人也正是从这里找到了科学世界观的源头。

---

① 这一点是古代希腊宗教与比如犹太教、基督教、佛教和伊斯兰教等高级宗教的根本区别所在。

欧几里得几何学大概可以被算作是古代希腊理性精神在自然科学中最典型的体现。它仅仅从一两条简单的公理出发，按照严格的逻辑推理导出了整个理论体系，而由此得出的各种推论，就人们所能感知的限度而言，又与他们对自然界的观察具有惊人的一致性。这是几何学方法的魅力之所在。这种方法贯穿于古代希腊的全部自然哲学与社会哲学——当然包括政治哲学之中。虽然在时间上后者的出现要晚于前者，但从其基本方法与内在精神上来说，两者却是完全一致的，而这一点也正是柏拉图对几何学大加推崇的原因。正如政治思想史学家恩斯特·巴克所说："政治哲学起源于希腊精神中宁静清明的理性主义。希腊人不像印度人和犹太人那样沉浸于宗教的世界，也不以一种神秘的方式看待宇宙。他们牢牢地立足于思想的王国，……他们乃是在理性的光芒之下认识世界。"[1]

古代希腊世界的政治实践也为政治哲学的产生提供了非常适宜的土壤。古希腊政治的一个突出特征，就是城邦政治的发展。[2] 城邦的规模都不大，通常以一个设防的城市为中心，再加上四周范围有限的农村地区构成。以雅典为例，在其全盛时期，面积也不过2000平方公里，总人口（包括公民、奴隶和外邦人）大致只有三十万左右。城邦这种政治形式，除古代希腊之外，在世界其他地区和其他时代也曾经出现过，比如古代的两河流域和罗马，以及近代的意大利等，但只有在古希腊，它才得到了充分的发展。

城邦伴随了古代希腊文明的始终。虽然希腊人拥有共同的语言和文明，但直至被异族所征服，他们都一直以城邦这种政治实体相互分割，并且在各个城邦内展开他们不同的社会和政治生活。希腊各城邦在统一的文明背景之下相对独立地发展——它们之间当然有着密切联系和相互影响，而且学者们实际上也常常从一个城邦迁居到另一个城邦——对文明的进步本身就是一个非常有利的因素。至于希腊政治为何并未发展为帝国这种在古代世界更为常见的统治形态，人们提出了各不相同的解释。在各种可能的原因中，希腊人特有的城邦观念，即他们对城邦这种政治形式的忠诚，显然是一个首先必须考虑的因素。在希腊人看来，城邦乃是人类自然形成的政治组织的最高形式。因此，虽然他们对帝国这种政治结构并不陌生，但却绝不希望把这

---

[1] Ernest Barker, *Plato and his Predecessors*, London: Methuen, 1948, p.1.
[2] "城邦"，希腊人称之为 πολισ(polis)，英文译为 city-state。古希腊文献中涉及 polis 的地方，汉语常常译为国家，但其含义与现代国家相比具有很大的差别。本书遵从习惯，在引用汉译文献时不再一一指明。

种政体加于自己的身上。古希腊各城邦之间虽然不乏战争与掠夺,但几乎不存在对领土的扩张。在思想家当中,就连古希腊政治思想的集大成者、政治体制问题最出色的研究者亚里士多德,也因其执着于城邦这种政治形式,而对环绕并且威胁着希腊世界的帝国政治结构采取了一种近乎视而不见的态度。①

古希腊人对城邦的忠诚,集中体现于城邦的公共生活在他们的精神世界中占据的核心位置。作为一位希腊城邦的公民,他一生中最为关注的并非物质生活的富足。对经济活动,希腊人普遍采取一种轻视甚至是蔑视的态度。在他们看来,物质财富的意义仅限于维持生命的延续,至于生命本身的目的却绝不在于物质欲望的满足,而在于通过政治参与、成为城邦公共生活的一员。在这样一种精神和文化背景之下,通常刺激着古代国家从事征服与扩张的财富因素也就失去了它的吸引力。当雅典领导的希腊城邦联盟击败了波斯帝国的进犯,而雅典的国势也因此臻于顶峰的时候,它也的确曾经企图乘势在城邦联盟的基础上建立一个军事性质的帝国,但这一尝试却以痛苦的失败告终。究其原因,一方面固然是其他各城邦对自己独立地位的无比珍视,另一方面也是因为雅典从根本上缺少征服和扩张的动力。

除观念因素外,希腊半岛的地理环境对古代城邦政治的产生及其独特的发展也具有重要影响。希腊半岛以山地为主,少量适于农耕的狭小的平原和盆地不仅十分贫瘠,而且被群山分割,彼此之间交通非常不便。这种情况导致了以下两个结果:首先,各个相互隔离的小农业区分别形成相对独立的社会和政治生活单元;其次,在古代世界特别是农业社会普遍存在的领土扩张,因成本太高而收益太小从而对希腊人不具有太大的吸引力。同时,由于最初的希腊城邦大都建于沿海地区或者海岛之上,便利的海上交通使得商业成为一件比农业更为自然和有利可图的事情,而各城邦也几乎都通过对外贸易解决因农业产出不足导致的粮食供应问题。不过与近代商业不同,由于生产和交易规模所限,古代商业本身并不存在扩大本国领土或者寻求殖民地的动机。虽然伴随着希腊文明的发展与各城邦人口的增长,希腊人也会到母邦之外开辟新的殖民地,但这只不过是缓解人口压力的一种措施而已。殖民地同样以城邦的形式组织起来,与母邦之间除了保持比较密切的日常交往之外,在政治上不存在任何从属关系。

---

① 亚里士多德曾经考察过帝国、军事联盟与商业联盟等城邦之上的政治形式,但认为它们都出自人为而非自然。参见第二章第一节的内容。

在政治体制方面，希腊各城邦经历了大致相同的演进过程，即从王制到贵族制再到民主制，当然，各城邦演进的速度并不相同，而且在某一特定时期，一个城邦具体的政治结构通常是这些因素（即政体形式）在不同程度上的组合。在当时的技术条件下，城邦狭小的领土范围和数量较少的人口是政体演进必不可少的前提，而城邦内部的党派斗争则是这一进程的基本动力。古代希腊城邦内部的党派之争往往采取非常激烈的形式，失败者一般会被处死或者流放，这是城邦政治中不那么带有理想色彩的一面。党派之争虽然不能完全归结为阶级斗争，但它们不可避免地带有浓厚的阶级色彩，因此这种斗争的结果也就逐渐地改变着城邦的阶级构成，而总的趋势则是城邦政治的社会基础不断扩大。

政制演化的第一个阶段是从王制过渡到贵族政治，虽然各城邦完成这一过渡的具体时间尚不十分清楚，但到公元前8世纪时，除斯巴达之外，几乎所有城邦都建立了某种形式的贵族政体。① 有的城邦尽管保留了国王的头衔，但他们实际上已经不再享有真正的政治权力，更多只是作为宗教性的象征。在贵族制的最初阶段，城邦一般由一个被称为元老院（Gerusia）的机构统治。元老院的成员来自从远古流传下来的贵族家庭，他们同时也是大地产的拥有者，所以又被称为土地贵族（Eupatridae）。随后，由于商业和手工业的发展，新兴商业贵族的权力和影响力开始不断扩大，并且导致了城邦内部新旧贵族之间一系列的冲突，而这些冲突又推动着城邦政治的进一步发展。从某种意义上，也可以认为社会财富形式的变化导致了权力结构的变迁。

公元前621年雅典的德拉古（Draco）改革是典型的新旧贵族之间的妥协，它在保留旧贵族地位的同时，使商业贵族能够参与城邦的立法过程。但是，德拉古的改革并未平息城邦内部的冲突。虽然商业贵族因其分享政权的要求得到了满足而被招安，但普通农民和城市贫民的境况却由于雅典对一系列战争的介入而日益恶化，他们中不少人甚至因为无力偿还债务而沦为奴隶。在这种情况下，从公元前6世纪末开始，新旧贵族之间的冲突开始让位于贵族与平民的冲突，著名的梭伦改革就是为解决这一新的矛盾应运而生的。

梭伦（Solon，前638—前559）被称为雅典最伟大的立法者，他的改革开始

---

① 为应对剧烈的社会和经济变动，斯巴达的办法是采用各种手段阻止政治结构与制度的变化。(Cf. Jean Touchard, *Histoire des idées politiques*, Tome 1, pp. 12-13.) 雅典则于公元前752年通过法律，把原来终制的国王的任期限制到10年，公元前714年又废除了王制，到公元前682年已经确定了由每年选举产生的执政官进行统治的制度。

于公元前594年,其内容几乎触及雅典社会生活的一切方面。为解决雅典面临的严重的社会经济矛盾,梭伦废除了一切公私债务;在政治上,他扩大了雅典原有的立法会议(Ecclesia)的社会基础,并且设立了一些新的政治机构,如公众法院和另一立法机关四百人大会,以满足普通民众参与政治的要求。与德拉古改革一样,梭伦改革的目标也是希望在冲突各方之间达成某种妥协,因为他所信奉的基本政治原则,是"无过,无不及"。因此,在赋予普通民众以政治权力的同时,他又对其政治要求进行了诸多限制,并且设法为旧贵族保留了部分特权。梭伦原本以为,只有使各种政治力量相互平衡才能使改革得到最广泛的支持,但实际结果却是他的改革遭到了各方面的不满,梭伦自己最后也满怀失望地离开了雅典。

无论如何,梭伦改革还是被视为雅典民主制的开端。梭伦之后,雅典的党派斗争愈演愈烈,其最终结果是导致了雅典政治史上最彻底的一次改革——克莱斯提尼(Cleisthenes,前570?—前507)改革。克莱斯提尼本人就是雅典民主力量的领袖,他的改革彻底摧毁了旧贵族的权力基础,即废除了雅典从远古流传下来的四大部族。同时,为了防止少数人反对城邦民主制度的活动,克莱斯提尼还制定了所谓的"陶片放逐法",使公民可以通过投票把他们不欢迎的政治煽动者驱逐出城邦。可以说,到克莱斯提尼时代,雅典的民主政治已经得到了完全确立。

雅典民主的鼎盛期是伯里克利执政时期。伯里克利(Pericles,前495—前429)为雅典的民主消除了最后残余的贵族制因素,使城邦的所有公职向全体公民开放。为了让贫穷的公民也能够参与政事,他甚至为担任公职者提供津贴。这一时期,雅典的国势也由于战胜了斯巴达而上升到顶峰。在战胜斯巴达之后为纪念阵亡将士发表的演说辞中,伯里克利对雅典的民主进行了热情洋溢的赞美,他的词句也与雅典的民主一道成为千古绝唱。"我们的政体不曾抄袭邻邦的法律,相反成为别人模仿的典范。它的存在为的是多数人而非少数人的利益,因此它被称为民主制。我们的法律为所有人提供了平等的正义而不论其私人生活上的千差万别;在人们的社会地位方面,成就完全取决于个人的能力,无论阶级还是财富都不能成为个人事业的障碍。如果一个人能够真正服务于国家,那么他并不会因其卑微的出身而受到任何影响。我们在政治上的自由扩展到日常生活之中,……但个人生活中的这一切并没有使我们作为公民无视法律。我们的保障在于这样一种信念,它告诫我们服从管理者和法律,特别是那些保护受伤害者的法律,无论它们已经明载于法典还是只表现为惯例,后者虽不成文,但打破它总会给人带来恶名。……在雅典,我们按照自己的喜好生活,但我们时刻准备应对一切挑战。虽然我们的习惯养成于闲暇而非辛劳,我们的勇气得自于自然而非人为,但我们却也不惮风险。我们无须刻意卧薪尝胆,但在必要时亦不惧畏途。因此,比起从来不曾从艰苦中脱身的人们来说,我们具有双倍的优越。"①

伯里克利赞美雅典民主的时候实际上是在与它的邻邦斯巴达作对比。在他看来,雅典人自由而又服从纪律,善于享受生活而又不乏勇敢,可以说为人们提供了一种完美生活的典范。尽管这种赞美并不缺乏事实根据,但是,对民主政治本身,后来的柏拉图和亚里士多德却会做出多少不同的评价。而且,雅典的民主制及其社会政治生活也正是从伯里克利时代开始由盛而衰,以至陷入深刻的危机。导致雅典走向衰落的,除了它最终被斯巴达战败之外②,一个重要的原因,就是民主制之下无穷无尽的党争。

看起来,伯里克利的赞美之辞未免还是太理想化。激烈的党争至少表明,雅典民主制并没有真正实现自由与纪律、个人利益与城邦利益的统一。当然,党争不仅仅是利益之争,同时也是观念之争。民主制的发展在解放了各种利益的同时,也释放了各种各样的思想倾向。人们不论出于何种背景,都会对城邦的政治生活提出自己的见解。在这种情况下,一切传统与习俗、甚至城邦政治生活的基本形式都有可能遭到质疑。各种政治观念的出现及其互相之间的竞争,把人们对政治问题的思考不断引向深入,从而为系统的政治思想的产生提供了必要条件,因为"政治哲学产生于理性对人统治人的正当性提出疑问之时"③。当然,这种思想的竞争并不完全是自由的,雅典民主制最大的悲剧是苏格拉底之死。雅典以民主和自由相标榜,但最终她却不能容忍一位哲人自由地表达自己的思想!

古代希腊其他城邦的政体演化、社会政治生活以及人的政治观念的变迁都与雅典类似,只是不如雅典那么全面和深刻。换言之,在雅典上演了一出最完整的古代希腊政治的活剧,而正是这一特点,使它在希腊诸邦中脱颖而出,成为政治哲学的摇篮。以苏格拉底之死为标志,自由与秩序、理性与习俗这些政治生活和政治哲学的核心问题,已经在雅典人面前不可回避地提了出来,等待学者和政治家予以明确的回答。

---

① Pericles, "The Funeral Oration", in Thucydides, *The Peloponnesian War* (revised, with an introduction by T. F. Wick), New York: Random House, 1982, pp. 108-109.
② 雅典最终的战败出于两个主要原因:一是雅典当时日益膨胀的帝国野心使其在希腊世界众叛亲离;二是一场大规模的瘟疫使雅典元气大伤,就连伯里克利本人也因此丧生。
③ Chester C. Maxey, *Political Philosophy*, New York: The Macmillan Company, 1938, p.5.

二、习俗、自然与理性

在古代希腊的政治观念中,一个核心的概念是正义(δικη,diké),它是对社会政治生活进行价值判断的基本标准。人们相信,人的社会和政治行为必须符合正义的要求,同时,正义之人也能因此获得巨大的福祉。诗人赫西阿德(Hesiod,生活于公元前8世纪)写道:遵从正义的人不会有饥饿与毁灭之忧;他们年年在丰收的季节欢庆节日。"他们的土地上牲畜成群,山坡上橡树果实累累,山谷中蜜蜂飞舞,绵羊长着厚厚的绒毛,妇女们生下贤良的子女。他们在永久的祝福中繁衍,不用劳神扬帆远航,因为他们的农田总是以丰收作为对他们的报偿。"①当然,对于不遵从正义的人们,所有的景象就会截然相反。那么,到底何谓正义?对这个根本问题的回答,可以说伴随了古代希腊精神史的整个发展历程,其中有几个概念被人们反复提及,即习俗、自然与理性。在不同的时代,它们分别被认为是正义的同义语。

在希腊文明的早期,人们倾向于认为遵从传统与习惯便是正义,同时也是一种美德。在这种理解之下,νόμος(nomos)这一概念——既表示远古流传下来的习俗,同时又具有法律、法则与规律的含义——便在当时人们的政治生活和政治观念中占据了重要地位。② 赫西阿德在其叙事诗《工作与时日》中曾写道:"服从正义,弃绝暴力,这是宙斯为人类确立的法则(nomos)。"③诗人品达(Pinda,前518—前438)直言:"习俗(nomos)乃万物之王。"④他们之后的悲剧作家索福克勒斯(Sophocles,前496—前406)也认为:"习俗的智慧比真理更为强大有力。"⑤毕达哥拉斯(Pythagoras,前580—前501)则明确表示:"神定之法,即由神制定的、不成文的法导引着人制定的各种法律和规则。"在法律与君王之间,"法律具有根本性的地位,君王因守法而公正,臣下则获得自

---

① Hesiod, "Works and Days", in *Hesiod: The Poems and Fragments*, translated by A. W. Mair, Oxford: The Clarendon Press, 1908, p. 9.
② 希腊人相信,社会和政治世界与自然界一样服从某些确定的法则,这种法则被称为 nomos。除 nomos 之外,另外两个概念 themis 和 diké 在一些时候也具有类似的含义,但它们之间又有细微的差别。Nomos 也用来指无论来自传统还是人为制定的实在法,themis 则主要用来指自然的或者由神所规定的法则,diké 强调的是在法律和规则中所体现的正义。也就是说,在希腊人看来,遵从法律是正义的一个重要方面。
③ Hesiod, "Works and Days", in *Hesiod: The Poems and Fragments*, pp. 10-11.
④ Michael Gagarin and Paul Woodruff, *Early Greek Political Thought from Homer to the Sophists*, p. 40.
⑤ Ibid., p. 52.

由;而当法律被违犯之时,君王也就成为暴君"。① 至于人们所说的习俗和惯例的基本内容,早在荷马史诗和赫西阿德的诗篇中就有所表述,那就是必须公平、守信、仁爱等等,它们都被视为正义的体现。

强调对习俗的遵从,可能是古代文明的一个普遍特征,而古希腊文明的独特之处,就在于人们能够对 nomos 做出习俗之外的理解。希腊人的思考并没有停留在那些从远古"继承下来的、无法解释的"传统上面,"它飞向生动的自由思想的空间,政治所依从的原则必须经过讨论"②。事实上,古代希腊城邦政治体制演变的历史,同时也就是习俗不断受到理性的挑战,并且最终向理性让步的历史——不仅传统的权威与生活方式不断受到质疑,同时传统的观念也持续地遭到人们的拷问。这种"反思传统"的倾向在被称为"自然主义者"的希罗多德(Herodotus,前484—前425)、德谟克里特(Democritus)和修昔底德(Thucydide,前460—前400)等人的作品中已初露端倪。德谟克里特认为,在政治生活中占据统治地位的不应该是抽象的正义与习俗,"按照自然法则,统治权应该属于强者"③。修昔底德在其作品中也借一位雅典人之口表示:"神让我们相信,人让我们了解,只要能够,他们总是依照出于其自然本性的必然法则进行统治。我们并没有制定这样一条法则,也不是最早遵循这一法则的人。我们发现了它,并且将其传于后代。我们相信,如果你们,或者其他任何人,只要拥有和我们同样强大的力量,都会与我们一样行事。"④对所谓的"自然法则"的认识,在西方政治思想的发展中标志着一个非常重要的转变。它意味着人们开始相信,在现实政治生活中存在着某种能够为人的理性所认识和把握的真理,而这种真理一旦被发现,就应该成为人们进行政治活动的依据。这便是自然法观念的起源,也是希腊政治哲学的起源。

在古代希腊人的观念中,与表示习俗的概念"nomos"相对峙的是"自然"(physis)。根据一种类似于自然哲学的思考,社会和政治世界中的"自然"也被视为某种确定不移的规律与法则,它的存在不取决于人们的意愿,并且无差别地作用于所有人,如同自然界的规律无差别地作用于所有存在物一样。把"自然"与"习俗"置于相互对立的关系中,习俗便具有了"人为"的含义,并

---

① Cf. Paul Janet, *Histoire de la science politique dans ses rapports avec la morle*, Tome I, p.64.
② T. A. Sinclair, *Histoire de la pensée politique grecque*, Paris, Payot, 1953, p.13.
③ Michael Gagarin and Paul Woodruff, *Early Greek Political Thought from Homer to the Sophists*, p.157.
④ Cf. Thucydides, *The Peloponnesian War*, p.122.

且成为必须依据"自然"的标准加以判断和取舍的对象。当然，实际的政治争论往往会使以自然对抗习俗这个论题符号化。对迷恋传统美德的人来说，上古遗风皆源于自然，而现实的流弊则出自习俗。在他们看来，社会政治所经历的变化无非是一个人们不断屈服于欲望的诱惑，社会道德因而不断堕落的过程。赫西阿德曾经以讽刺的笔调讲述过一个寓言，以此抨击在他的时代希腊社会出现的、为传统道德所不容的弱肉强食的现象，以及与这一现象相伴随的是非颠倒的价值观念：一只老鹰对被它捕获的夜莺宣称："是什么让你如此战栗，你已经被一个比你更强者所捕获，只能随我四处游历。如果我愿意，你也许会成为我的盘中之羹，也许会重获自由。只有蠢货才会反抗强者。"①对这段话可以参照上引"自然主义者"们的论述加以理解，它们反映了不同讲述者迥然相异的"自然"观。

至于不满而且希望改变现状的人，则可能会认为传统与习俗的某些部分违反了自然，从而也违背了正义。典型反映了这种观念的，是悲剧诗人索福克勒斯的作品《安提戈涅》。这部悲剧讲述的是，底比斯国王的两个儿子为争夺王位同归于尽，新国王克里翁厚葬了其中一人，却让另一人暴尸于市。两位王子的妹妹安提戈涅认为死者都应该被安葬，因而不顾国王的禁令掩埋了她的兄长，结果因抗命而被处以死刑。对于国王的指控，安提戈涅做出了如下回答："我不相信你的命令具有如此强大的力量，以至能够超越虽不成文但永久不变的上天的法则。因为你也不过是一介凡夫。"②这里的"永恒不变的上天的法则"，指的就是后世所谓的"自然法"。它与人世间的法律不同，但后者必须以之为依据。安提戈涅的故事因此被视为古希腊自然法观念最早的体现，并且被写入几乎所有西方政治思想史的著作。

自然与习俗的冲突在智者学派的著作中得到了明确反映，而且作为一种普遍倾向，他们都强调顺从自然而反对习俗。按照智者希庇亚（Hippias）的说法，"习俗是人类的僭主，会对本性施加暴力"③。事实上，面对智者学派的攻击，古代希腊世界的传统信仰几乎无一幸免。

智者学派（sophists）指的是希腊各城邦民主政治时期出现的一大批辩论

---

① Hesiod, "Works and Days", in *Hesiod: The Poems and Fragments*, translated by A. W. Mair, Oxford: The Clarendon Press, 1908, p. 8.
② Sophocles, *Antigone*, in *The Tragedies of Sophocles*, translated by Richard C. Jebb, London: C. J. Clay and Sons, Cambridge University Press Warehouse, 1904, pp. 141-142.
③ 柏拉图：《普罗泰戈拉篇》，载《柏拉图全集》第一卷，王晓朝译，北京：人民出版社2002年版，第460页。

术教师。他们的出现,显然迎合了民主政治之下企图从事政治事务的人们对宣传与演说技术的需求。智者学派实际上并非一个统一的学派,因而也没有统一的思想。但是,他们之间又存在着一些明显的共同点。因为他们的成功取决于在辩论中战胜对手,所以必须能够对一些人们习以为常的观念提出相反的论断,并且能够说服对方或者听众,这就使他们往往在思考中发现一些别人可能从来没有想到的问题。他们被称为"智者",原因也在于此。另外,智者学派的人往往并不忠诚于某个城邦,他们周游列国,设塾授徒,广闻博识,对各个城邦不同的政体与习俗有清楚的了解,其结果就是被每一个城邦的人们奉为神圣的本邦制度与传统在他们眼中被相对化。对智者们而言,现实世界中没有什么东西是绝对的和普遍正确的,也没有什么传统与习俗是放之四海而皆准的。规律与法则之所以有效,皆取决于它们为之服务的人。因此,著名的智者普罗泰戈拉(Protagoras,前480—前411)宣称:"人是万物的尺度。"①在这里,"人"并非一般的、无差别的人,而是在特定时空中生存的人,甚至是每一个具体的个人。②

  智者学派之所以起而挑战被希腊人奉为神圣的传统与习俗所具有的不容置疑的权威,究其根本,是因为他们试图对个人追求自身利益的行为进行正当化。就此而言,他们的教义意味着对古希腊传统的社会政治观念的双重反动。这一点在智者安提丰(Antiphon)的一段话中体现得非常明显。他表示:"正义乃是不违背一个人作为其公民的城邦的法律。因此,如果某人当有别人在场的时候遵守法律,而当没有别人在场的时候顺从自然,那么就可以说他为自己的利益最大限度地利用了正义。因为法律的要求是附加的,而自然的要求乃是必然的;法律的要求出于人们的认同而非本性,而自然的要求乃是出于人的本性而非简单的认同。因此,一个人在违背法律的时候,只要那些与他一道认同这项法律的人不在场,他就可以免于处罚和羞辱,而当他们在场的时候就做不到这一点。但是,如果一个人试图违背自然内在的要求——其实这是不可能的事情——那么即使没有任何人看到他,他所受的损害也不会更少一点;哪怕所有的人都盯着他,他所受的损害也不会更多一

---

  ① 柏拉图:《泰阿泰德篇》,载《柏拉图全集》第二卷,王晓朝译,北京:人民出版社2003年版,第664页。
  ② 很多智者甚至带有某种无神论或者怀疑论的倾向。比如普罗泰戈拉就曾经在一篇论文中表示,他并不能确切地知道神是否存在,因为此类事物是如此晦暗不明,而人类的生命又如此短暂。Cf. Ludwig Gumplowicz, *Geschichte Staattheorien*, Innsbruck: Verlag der Wagner'schen Universitäts Buchdruckerei, 1905, p. 27.

点。因为在这种情况下,他受到的损害不是名誉上的,而是实质上的。"① 可以看出,在智者学派的用语中,自然已经成为人的生物本性的代名词。安提丰并且从人趋利避害的本性出发,认为那些限制人性的法律与习俗本身就违背了自然,他甚至得出结论,认为"许多按照法律来看是正义的事情,从自然的观点来看不过是一种邪恶"②。

有的智者干脆把所谓的"自然"等同于弱肉强食的丛林法则。一位可能是柏拉图虚拟的智者卡利克勒认为,"依照本性,事物越坏就越可耻,比如受恶,但依据习俗,则是作恶更可耻。受恶甚至不适用于公民,而只适用于奴隶,因为对奴隶来说死比生好,当受到虐待和暴行时,奴隶不能够帮助自己和他关心的人。我认为那些立法的人是一群弱者,……他们为自己立法,为自己的利益而立法。……是为了防止强者超过他们,夺取他们的利益。他们吓唬强者说,超过其他人是可耻的,是一种邪恶,向他人谋求利益是不义的。……这就是为什么传统上要说寻求特权是错误的、可耻的。但在我看来,本性已经彰明了这一点,强者谋取弱者的利益是正确的,人越是能干,就应得到更多的利益。所有动物、整个国家、整个人类显然都是这样,人们把这种权力当做君主之权和强者对弱者之权。……他们依据的是本性自身的法则,而可能并不依据我们设置的法律"。③ 这种观点恰恰是品达所讽刺的强权即公理的命题的翻版,只是在这里已经没有任何讽刺的意味。

这里反映的不仅是一大批活跃于希腊政治民主化时期的颇有影响的人物的观点,而且实际上甚至就是当时希腊社会一种普遍的思考方式,尽管其拥护者中的每一位并不一定都像智者们那样赤裸裸地为个人私利辩护。当然,观念的变化总是伴随着实际政治的变迁。社会政治生活中道德相对主义观念的登场、个人利益的凸显,本身就是古希腊民主政治发展的结果,而并非仅仅是智者学派的教导使然。虽然伯里克利在其演说中对雅典民主赞不绝口,但在他的时代,城邦中利益的分化也已经是一个不争的事实。伴随着当

---

① Michael Gagarin and Paul Woodruff, *Early Greek Political Thought from Homer to the Sophists*, p. 245.
② Ibid.
③ 卡利克勒在下面还接着表示:"我们在我们自己中间塑造出最优秀、最强大的人,但乘他们还年幼时就把他们像幼狮一样抓来,用符咒使他们成为奴隶,要他们满足于平等,并说这样做才是正义的、公平的。但若有人生来就非常强大,我相信,他会站起来摆脱各种控制,打碎一切枷锁。他会把我们写着符咒的那些纸踩在脚下,破坏我们一切非自然的习俗。他会站起来宣布,他才是我们的主人,而以前他是我们的奴隶,符合本性的正义之光将会在那里闪耀。"柏拉图:《高尔吉亚篇》,载《柏拉图全集》第一卷,王晓朝译,北京:人民出版社 2002 年版,第 369 页。

时雅典国势的增强,其经济也出现了空前繁荣,特别是商业和贸易明显增长。对于已经取代旧贵族占据了雅典政治舞台的商人阶层来说,政治权力在很大程度上同时又是使他们获得更大经济利益的手段之一。与此同时,政治家们为了迎合民众——实际上是支配着民众的权势者——的要求而置城邦的长远利益于不顾。伯里克利时代的雅典为了与斯巴达争夺希腊世界的霸权而发动的伯罗奔尼撒战争就是一个最典型的例子。正因此,所以柏拉图后来在他的对话录《高尔吉亚篇》中,对当时的政治家们做出了完全否定的评价。①

以智者学派为代表的传统的颠覆派对希腊精神生活的腐蚀,以及实际政治中利益的分化,尤其是智者学派的出现所标志的古代希腊世界个人意识的觉醒,构成了苏格拉底(Socrates,前470?—前399)政治思想的社会和文化背景。苏格拉底被第欧根尼·拉尔修称为"第一位讨论人生品行问题的人,也是第一个被审判并被处以死刑的哲学家"②。关于苏格拉底的师承,他的两位学生柏拉图和色诺芬都语焉不详,但可以肯定的是,他曾受到早期自然哲学家巴门尼德(Parmenides)、赫拉克利特(Heraclitus,前540—前475)和阿那克萨哥拉(Anaxagoras)等人的影响。尽管后来苏格拉底声称自己对自然现象没有兴趣,只是关注于对美德的探求,但古希腊自然哲学的思想方法在他身上还是明显地表现了出来。苏格拉底以拯救雅典城邦的道德和政治为己任,他使用即使不是由他发明、也至少是经过他而得到充分发展的辩证法(苏格拉底式的对话)阐明自己的观点。苏格拉底谈论的焦点,就是正义与美德等等政治哲学的核心问题,目的是重新确立被智者学派以及为物质利益蝇营狗苟的势利小人所败坏的是非善恶标准,促使人们通过追求真正的美德与正义而在灵魂上得到提升与完善。苏格拉底的基本信念是"知识即美德",他相信人之所以犯错误不过是因为他们无知,因而拥有真正的知识(人生的真理)也就意味着掌握了正确的人生准则。显然,苏格拉底的哲学是一种真善美相统一的哲学。

苏格拉底一生述而不著,所以后人只能通过柏拉图的若干对话以及色诺芬的回忆录对他的政治思想进行推测,但他对雅典现实政治进行过毫不留情的批判这一点则是毋庸置疑的。苏格拉底时代的雅典,民主政治已经发展到极致③,而正是在这种没有节制的民主制之下,政治不仅成为公民参与的公共

---

① "我们不知道在这个城邦里有任何人可以被证明是一名优秀的政治家。"柏拉图:《高尔吉亚篇》,载《柏拉图全集》第一卷,第414页。

② Diogenes Laertius, *Lives of Eminent Philosophers* (with an English translation by R. D. Hicks), Cambridge MA and London: Harvard University Press, 1972, p.151.

③ 伯里克利去世时苏格拉底刚届不惑之年。

舞台,而且成为一些人争权夺利的角斗场。一方面是民主制的支持者们对这种政治形式不遗余力的颂扬,另一方面则是党派争斗、以权谋私、物欲横流、道德沦丧。苏格拉底正是痛感于盛世之下人们灵魂的堕落,才不知疲倦、不畏艰险地在各种场合对现实生活进行批判与反讽,用他自己的话来说,就是甘愿做一只牛虻,刺激他的同胞们警醒和奋起。即使是在法庭上,苏格拉底也同样毫不留情地质问他的同胞们:"你是雅典的公民,这里是最伟大的城邦,最以智慧和力量闻名,如果你只关心获取钱财,只斤斤于名声和尊荣,既不关心,也不想到智慧、真理和自己的灵魂,你不感到惭愧吗?"①当然,这种批判也给他自己招致了不少敌人。公元前399年,苏格拉底以传播邪教和毒害青年的罪名被雅典法庭起诉。虽然这场官司的实际原因可能是他的两个学生背叛了雅典,但他的言行举止显然也已经不能见容于雅典的政治家甚至不少普通公民。苏格拉底在接受法庭讯问及为自己辩护时,对陪审团的指控进行了雄辩的反驳②,并且拒绝接受罚款这一较轻的惩罚而宁可选择在雅典被处死、后来又谢绝了他的朋友克黎东营救其出狱的建议,目的是以一死表明他对城邦的忠诚以及对判处他死刑的政治家和民众的蔑视。③

  关于苏格拉底的政治思想,有两个问题必须予以澄清。首先是他与智者学派应该算是一种什么关系,其次是他的理想到底是革新还是复古。就前者

---

① 柏拉图:《苏格拉底的申辩篇》,载《柏拉图对话集》,王太庆译,第40页;并参见《申辩篇》,载《柏拉图全集》第一卷,第18页。柏拉图的诸对话,王太庆的中文翻译相对比较准确和生动(可惜只译出了其中一小部分),王晓朝的译本在文字上则比较严谨,可参照阅读。

② 实际情况是,苏格拉底在法庭上的"申辩"显然又因其对雅典人的批评而激怒了陪审团,从而使更多的人在听取他的辩护词之后投票赞成对他的死刑判决。

③ 苏格拉底曾经在法庭上表示:如果你们对我说,苏格拉底,只要你停止哲学思考,我们就可以免除对你的起诉的话,那么我会回答:"雅典人,我敬爱你们,但我要服从神灵胜过服从你们,只要我还有口气,还能动弹,我决不放弃哲学,决不停止对你们劝告,停止给我遇到的你们任何人指出真理。"你们"把我释放也好,不放也好,无论如何,我是不会改变我的行径的:我行我素,虽百死而不悔!"(《柏拉图对话集》,第40、41页,《申辩篇》,载《柏拉图全集》第一卷,第18页。)在苏格拉底被法庭判处死刑之后,他的朋友克黎东曾经到监狱探望,并且提出通过向有关人等行贿逃出雅典的方案,苏格拉底对此表示,虽然法庭的判决并不公正,但他却忠实于自己的祖国雅典以及这个国家的法律,即"并非法律不公正,而是人不公正"。苏格拉底假设法律向他如此发问:"苏格拉底呀!你说你在想什么?通过你所从事的活动,不是千方百计,图谋推翻我们,推翻法律和整个国家吗?在判决没有力量,被个人弄成废纸一张,踩在脚下的时候,那国家还能继续存在,还能不垮?"他的回答是,无论国家如何决定,一位公民如果不能以合法的方式加以变更的话,则"不能逃避,不许出走,不得弃职"。(《克黎东篇》,载《柏拉图对话集》,第71、66、67页;《克里托篇》,载《柏拉图全集》第一卷,第49、44、46页。)总的来说,《申辩篇》、《克黎东篇》和色诺芬的《回忆苏格拉底》已经比较充分地表明了苏格拉底的立场:对真理的追求矢志不渝,对时下的流弊决不妥协,对权贵小人不假言辞,对国家与法律则绝对忠诚。他的做法是把人与制度区分开,就此而言,苏格拉底更多的是一位伦理学家而非政治学家,与主张"克己复礼"的孔子存在诸多相似之处。

而言,虽然苏格拉底本人对智者学派采取了势不两立的态度,认为他们是导致雅典人道德和精神堕落的罪魁祸首,而且智者学派鼓励人们追求个人利益而苏格拉底则与之相反,主张人应该把对知识与正义的探求作为唯一的目标,但另一方面,两者之间的相似之处却也是十分明显的。各种迹象表明,雅典人中的大多数事实上也的确视苏格拉底为最大的智者,因为无论智者学派还是苏格拉底都对现实持否定态度,都推崇那些被冠以自然之名的、与传统和习俗相对立的原则。总而言之,两者都反映了获得自我意识的个人对政治和社会实态的批判。在这个意义上,他们所代表的,的确是一种完全不同于古代希腊城邦政治价值的精神世界。苏格拉底虽然希望拯救雅典城邦,但他所选择的道路却不可避免地要以瓦解城邦社会政治生活的传统基础——个人与城邦的高度一致性为前提。就此而言,雅典法庭对苏格拉底的判决并非没有根据。① 苏格拉底与智者学派的不同之处无非在于前者推崇理性排斥物欲,同时要求理性在社会生活中不可置疑的统治地位;后者则强调物质利益并把理性庸俗化,同时在客观上承认每一个人对自己的生活方式拥有独立的判断权利。看起来,很难断定一位现代人会赞同他们中的哪一方。但可以肯定的是,双方对古代希腊政治基础所发挥的颠覆和破坏作用是一样的。

在后一个问题上,苏格拉底的思想中似乎表现出相当的矛盾。一方面,他的确对远古那种公民与城邦完全融为一体、统治者依从正义进行统治的政治生活怀有强烈的眷恋之情。这一点在柏拉图的对话录中也可以看出来:"他们(古代的统治者。——引者)比现在的公仆更加成功,能够更好地提供城邦所需要的东西。至于把公民们的欲望引向不同的方向,而不是允许它们自由泛滥,通过劝导和强制使公民们接受能够改善他们的过程,尽管这只是一个好公民的唯一真正的职责……"②在柏拉图的对话录《高尔吉亚篇》中,智者卡利克勒对苏格拉底便有如下的判断:"苏格拉底,尽管你声称追求真理,但你实际上可恶地把我们引向这些流行的错误观念,不是依据本性,而是按

---

① 比如说,在古希腊著名喜剧作家阿里斯托芬看来,苏格拉底与智者们并无不同,因为他们都是雅典传统道德的破坏者。这一点在阿里斯托芬的喜剧《云》中有明显的体现,阿里斯托芬笔下的苏格拉底与智者们一样擅长颠倒黑白,指鹿为马。第欧根尼的《名人传》中则写到,由于苏格拉底常常在公共场合与人辩论"家家户户的好事和坏事",而且辩论通常很激烈,所以时不时有人对苏格拉底拳脚相加,而在更多的情况下他总是遭到白眼和嘲笑,但对这一切他总是泰然处之。有一次,有人踢了他一脚,他却对旁人说:要是驴子踢了我一脚,我能跟它一般见识吗? Cf. Diogenes Laertius, *Lives of Eminent Philosophers*, pp. 151–153.

② 柏拉图:《高尔吉亚篇》,载《柏拉图全集》第一卷,第414页。

照习俗去寻找优秀的、高尚的事情。"①但另一方面,苏格拉底的思想本身又使他注定不可能成为一位复古主义者,因为他所主张的正义与美德已经根本不属于传统与习俗的范畴,而是理性思考(苏格拉底的辩证法)的产物。在这个意义上,苏格拉底否定了整个古代希腊的政治传统,因为他并不是真的主张通过回到遥远的过去来消除现实政治中的种种腐败与堕落,而是希望按照理性思考的结果,创造一种全新的政治与社会规范以实现人的本质。

正是一点将苏格拉底与智者学派清晰地区分开来。在传统与现实的关系问题上,实际存在着两种不同的立场。智者学派从传统与现实的严重脱节出发干脆承认现实而否定传统,苏格拉底在传统与现实的冲突面前则试图同时超越这两者,并且使它们能够在更高层次上相互协调。两种立场导致了两种不同的政治理念。在前者看来,政治不过是社会中某一部分占有优势地位的人——比如民主制之下的民众或者寡头制之下的富人——为维护自己的地位与利益而随意操纵的工具,而后者则力图弥合智者学派所造成的"自然"与正义之间的断裂。苏格拉底的根本目标,是使政治最终立足于一种普遍的理性原则基础之上,它不会因人而异,也不会因时因地有所不同,从而为正义提供绝对的、"自然的"标准。这种理性原则的确立,将廓清关于正义的嘈杂争论,最终压倒智者们的喧嚣声浪。

三、理想的政治与现实的政治

对理性主义政治原则的系统探讨,是由苏格拉底的学生柏拉图全面展开的。柏拉图被称为西方政治思想史上第一位理想主义者,其根本原因就在于他最先提出了一整套彻底改造现实政治生活的主张。不过,柏拉图本人多半不会接受人们给他贴上的这个标签,因为他确信,他所揭示的绝非某种遥不可及的理想,而是政治生活的本质。

柏拉图(Plato,前427?—前347)出身于雅典的一个名门望族,其亲友之中,有不少是当时雅典政治的风云人物,甚至伯里克利也与他继父有亲属关系。与其他具有类似出身的青年一样,柏拉图很早就怀有强烈的参与现实政治的抱负,但他本人后来的种种经历却又使他从根本上改变了早年的想法。

柏拉图出生时,雅典民主已经开始走下坡路。公元前431年,雅典与斯巴达为了争夺希腊世界的控制权而发动了持续31年之久的伯罗奔尼撒战争。

---

① 柏拉图:《高尔吉亚篇》,载《柏拉图全集》第一卷,第368页。

这场战争不仅严重消耗了雅典的国力,并且还在很大程度上败坏了公民的道德。伯里克利死于公元前429年的那场大瘟疫之后,雅典一方面继续与斯巴达及其联盟作战,另一方面在国内推行更加激进而无节制的民主体制。但是,这种激进民主制持续的时间并不长。从公元前411年开始,雅典政治变成了党派斗争的擂台,政权在民主派与寡头派之间不断转移。直至公元前404年最终战败,并且经过八个月的"三十僭主"统治(这是一个由斯巴达操纵的政权)之后,雅典才建立了一种相对温和而稳定的民主制。但恰恰正是这个民主政权,在公元前399年对柏拉图的老师苏格拉底判处了死刑。

  柏拉图自何时开始师从苏格拉底已经难以考证,但后者对前者思想的影响是无可置疑的。事实上,现在已经很难分清楚在柏拉图的著作中,哪些部分是柏拉图自己的思想,哪些部分是对苏格拉底思想的表述,因为在柏拉图的绝大多数对话录中,苏格拉底都是作为柏拉图观点的阐释者出现的。① 不过可以肯定的是,柏拉图继承了苏格拉底对希腊现实政治的批判,对城邦政治成为党派利益的角斗场深恶痛绝,而苏格拉底之死,对他更是一个极大的刺激,使他最后确信现实的城邦政治已经无可救药。柏拉图晚年对自己的这段经历进行了如下的叙述:"我年轻的时候……希望一旦成年便可以立即参加政治生活。"伯罗奔尼撒战争之后民主政治的确立使他相信民主派们"会引导城邦从不正义的生活走向正义的生活,并且'管理它',这是他们的说法,所以我抱着极大的兴趣观察今后的动向"。"然而,我看到仅仅在一个很短的时期内,这些人就使得人们重新怀念起从前的政府来,认为比较起来那才是黄金时代。更重要的是他们要控告我的朋友年迈的苏格拉底,我毫不迟疑地认为他是所有活着的人中间最正直的一位。……我对这些罪恶活动深感厌恶,于是就让自己离开这些弊端。"②

  柏拉图虽然对现实政治深感失望,但他对政治本身却抱有始终不渝的信念。他秉承了苏格拉底关于"知识即美德"的观点,因而在他以后的生命中,始终把对政治真理的探索作为自己的使命,同时寻找一切可能的机会把自己的理论付诸实践。柏拉图自己写道:通过对现实政治的观察,"最后我终于得

---

  ① 第欧根尼的《名人传》中提到,苏格拉底还在世的时候,曾遇到柏拉图朗读一篇名为《吕锡》(Lysis)的对话,他一听之下大喊道:"天啊,这个年轻人到底编造了多少关于我的谎话!"Cf. Diogenes Laertius, *Lives of Eminent Philosophers*, p. 309. 由此可见,要根据柏拉图的对话区分苏格拉底和柏拉图两人的思想几乎是一件不可能的事情。

  ② 柏拉图:《第七封信》,载《柏拉图全集》第四卷,王晓朝译,北京:人民出版社2003年版,第79页。

出结论:所有现存的城邦无一例外都治理得不好,它们的法律制度除非有惊人的计划并伴随好运气,否则是难以治理的。因此我被迫宣布,只有正确的哲学才能为我们分辨什么东西对社会和个人是正义的。除非真正的哲学家获得政治权力,或者出于某种神迹,政治家成了真正的哲学家,否则人类就不会有好日子过"[1]。公元前387年,他在雅典建立了自己的学园,以研究和传授真理、培养哲人政治家或者说政治哲人为目的。柏拉图早年的政治学论著《国家篇》便是对他这种思想的系统阐述。

柏拉图的政治思想是其哲学理论在政治领域的运用。在哲学史上,柏拉图被视为典型的唯心主义者,因为他相信唯一真实的存在并非世间的纷纭万物,而是这些存在物之后的某种观念,即所谓的"相"。柏拉图认为,只有相才是真实的、完美的,而世间万物作为对相的模仿,则是虚幻的、有缺陷的。普通人往往满足于对可以感知的具体事物的了解,因此他们的知识充其量不过是一些残缺不全的甚至是虚幻和错误的观念,柏拉图称之为"意见"。真正的知识,即对事物的相的认识,只能通过哲学即理性的方法,借助逻辑思考而获得,而这是普通人所不可及的,因为只有哲学家才具备这样的能力。所以,哲学家的任务,便是对相,也就是对真理的把握,然后再设法把它们昭示给世人。

既然万物皆有其相,那么政治也不可能例外。如同一张床模仿的是床的相一样,城邦模仿的也是城邦的相。城邦的相不仅是现实中城邦的原形,而且是真正完善的城邦。人们看到的是形形色色的城邦,而哲学家所需要认识的则是城邦的相,也就是关于城邦的真理。现实的城邦离这个相越远,其政治便越腐败、越堕落。人们只有通过了解城邦的相,并且使现实的城邦尽可能地与之接近,他们的生活才有能达到永福的佳境。这是柏拉图政治思考的最基本的逻辑,它希望揭示的是关于城邦的一般性的科学,而非对某个特定城邦的具体认识。

作为一位政治思想家,柏拉图首先确认,权力即一部分人对另一部分人的支配是政治的核心问题,就此而言,他倒是一个政治上非常现实的人,当然也可能是因为苏格拉底的悲剧使他意识到,没有权力支撑的道德劝诫在现实生活中是多么软弱无力。柏拉图之所以被后人称为理想主义者,则是因为他坚决反对政治问题仅仅是单纯的权力问题,或者说权力本身就足以构成政治的基本坐标。在柏拉图看来,权力只是一种必要的工具或者手段,其目的则

---

[1] 柏拉图:《第七封信》,载《柏拉图全集》第四卷,第80页。

是保证知识，当然对柏拉图而言非常自然的也就是掌握知识的人——哲学家在城邦中的统治。柏拉图确信，当时被很多人视为古代希腊政治发展最高成就的民主制显然无法满足这一要求，因为至少经验已经证明，大多数民众并不拥有真正的知识，主导他们行动的无非是各种不同的"意见"。既然如此，那么依靠多数人进行决策的民主制，显然只会保证"意见"而非真理成为城邦政治的依据。在柏拉图看来，恰恰是"意见"的甚嚣尘上导致了城邦的堕落、道德的沦丧、党派的争斗、利益的角逐以及无休止的政治动荡。

因此，必须设计一种全新的政治制度，以达到两个方面的基本目标：首先是保证哲学家能够自然地、顺利地成为统治者；其次是保证哲学家能够充分地发挥他们的政治智慧处理公共事务。为此，柏拉图对一个理想城邦中人们的社会、政治、经济、文化和家庭生活等各个方面都进行了非常细致的安排。首先，城邦的公民被分为三个等级，哲学家—统治者等级、士兵或者说护卫者等级以及劳动者等级。三个等级的人各安其位、各尽其职，城邦便处于"正义"状态。柏拉图认为，这与对一个人来说，理性控制了情感和欲望时的状态类似。其次，由国家统一管理的公民教育在柏拉图设计的城邦中占有非常重要的地位，其形式和内容都有严格细致的规定，在这个意义上甚至也可以说，教育构成了城邦最重要的日常活动，而整个城邦基本上也因此变成了一座大学校。教育的目的，一是为了从青年一代中为城邦选拔和培养未来的统治者，二是为了使每一位公民认识到城邦利益与其本人的利益的根本一致性，从而保证每一个等级的成员都忠实于他在城邦中的义务。最后，柏拉图显然意识到仅仅依靠教育尚不能从根本上改造人性，因此公民对城邦的忠诚还必须得到一系列制度的保障。比如，统治者和护卫者等级被禁止拥有家庭和财产，而他们的子女从一出生就在实际上为城邦所公有，并且由城邦提供统一的教育。柏拉图认为，只有这样，他们才会把城邦的利益视为他们自身的利益。

与在《国家篇》中强调理性在城邦中的绝对统治相一致，在他的另一篇重要的政治学著作《政治家篇》中，柏拉图提出：真正的政治科学必须以理性为准则，必须超越一切习俗或者法律的限制；而真正的政治家则应该贤明、博学、公正、睿智，以他的学识进行统治，换言之，他应该是政治的专家，他对政治理性的掌握就是其权力的根本依据。柏拉图曾经对政治做出如下的说明："有一种艺术主宰着其他所有的艺术，它涉及的是法律以及共同体生活的一切方面。它以完美的技术把一切编织进一张大网。它是一种包含一切的艺术，所以我们用一个能够包含一切的名字来称呼它，这个名字就是'政治'。

我相信,这个名字,也只有这个名字与这种艺术相称。"①显而易见,柏拉图在《国家篇》中进行的一切政治设计,目的都是为作为统治者的哲学家纵横捭阖,施展其政治智慧提供必需的制度保障。

从这个角度来看,简单地认为柏拉图主张人治而反对法治就显得有所偏颇。首先,柏拉图高度关注制度的问题,这使他完全拥有成为一位政治学家的资格。虽然他明确表示:"在最好的情况下应该是人而不是法律拥有全部的权威,如果他掌握着统治的艺术并充满智慧的话"②,但正是为了保证"人"能够拥有全部权威,柏拉图需要一整套的制度设计而并非单纯的道德劝喻。其次,如果考虑到柏拉图在《国家篇》中对理想城邦的政治、经济、教育、文化、婚姻以及家庭都进行了不厌其烦的规定,那么甚至可以说,哲学王们除研究哲学问题之外,客观上已经基本无事可做,或者至少从普通人的智慧来看很难想象他们还能有何作为(除非他们有足够的理由变更理想国家的基本体制)。那么在这种状态下是谁在统治?还是伟大的立法者柏拉图,或者更准确地说,是由他所发现和制定的法律与制度在统治。③ 柏拉图这样一种对人与制度、政治与法律的关系的理解,即制度保证哲人的统治,而哲人在必要时可以超越制度的思想,实际上一直持续到他的晚年。

柏拉图对知识与权力相结合的合理性与可能性深信不疑。他认为,人们之所以接受现有的各种政治体制,不过是因为他们对真正的政治家始终不显踪迹深感失望,如果他真的出现,他们将从善如流,毫不犹豫地欢迎他君临于自己之上。不过,他到底在多大程度上希望把《国家篇》的具体设计付诸实践

---

① Plato, *Statesman*, trans. by J. B. Skemp, New Haven: The Yale University Press, 1953, p. 305;并参见王晓朝译《政治家篇》:"有一门控制所有这些技艺的技艺。它与法律有关,与所有属于国家的事务有关。它用完善的技能把这些事务全部完善地织在一起。它是一种一般的技艺,所以我们用一个一般的名称来称呼它。这个名称我相信属于这种技艺,而且只有这种技艺才拥有这个名称,它就是'政治家的技艺'。"(《柏拉图全集》第三卷,北京:人民出版社2003年版,第164页。)这个"能够包含一切的名字"即πολιτικα,在希腊文中来源于城邦(πολισ),其内涵包括人类公共生活的一切方面。后世把πολιτικα翻译为政治学(politics),体现的是后人对"政治"的理解,但与希腊人相比,这种理解狭隘了许多。

② Plato, *Statesman*, p. 66;并参见柏拉图:《政治家篇》,载《柏拉图全集》第三卷,第145页。王译为:"但政治理想对法律并不具有充分的权威,或者倒不如说政治理想对一个懂得国王的技艺和拥有国王的统治能力的人来说具有充分的权威。"

③ 伪色诺芬下面的一段话看上去像是对柏拉图的批判:"人们总是希望得到某种完善的法律,但实际情况是,首先,这种法律是由那些最有能力的人根据他们的利益制定的;其次,有权有势之人将对群众进行处罚,对城邦的事务详加规划并且不让他们所蔑视的民众参与其中,直到剥夺他们在立法机关之中的地位。最后,这个完善的体系将使所有的民众失去他们所有的政治权力。"(Old Oligarch, *Constitutions of Athenians*, trans. J. M. Moore, ed., *Aristotle and Xenophon on Democracy and Oligarchy*, Berkeley and Los Angles: University of California Press, 1975, p. 9.)

在思想史上却是一个有争议的问题。柏拉图曾经有过两次实现自己政治抱负的机会。公元前388—前387年他游历意大利时与叙拉古的贵族迪昂(Dion)建立了友谊。前367年,已经成为叙拉古摄政的迪昂邀请他的这位哲学家朋友担任年轻的国王戴奥尼修斯二世(Dionysius Ⅱ)的老师。柏拉图是满怀希望来到叙拉古的,但实际经历并不令人愉快。戴奥尼修斯二世并不喜欢柏拉图的教育计划,而且与迪昂发生了尖锐的矛盾,柏拉图只好在失望中离开叙拉古回到了自己在雅典的学园。公元前361年,柏拉图再次应邀来到叙拉古,但这一次的结局更出乎柏拉图的意料之外。由于被牵连进当地的政治斗争,柏拉图本人甚至差点被卖为奴隶。获救之后,柏拉图彻底放弃了干预现实政治的企图。

有一种观点认为,这段经历对柏拉图的思想发展有较大影响,即使之从完全的理想主义转向部分的现实主义,具体说就是放弃了完全依靠理性统治城邦的思想并且转而倚重法律,后一种倾向反映在他晚年的著作《法律篇》[①]中。不过,现在有越来越多的学者认为,柏拉图一生中思想并没有太大变化,《国家篇》与《法律篇》并不代表他的思想发展的两个不同阶段,而是分别反映了他同一思想的两个侧面,可以认为《国家篇》体现的是对城邦的"相"的探索,而《法律篇》则反映了柏拉图对能够在生活中加以实践的理想政治的设计。[②] 按照柏拉图的相论,这两者之间本来就存在相当的距离。[③] 因此,著名的柏拉图研究者、《法律篇》的英译者桑德尔指出:"如果谁要认为柏拉图真的相信他的《国家篇》能够付诸现实,那就等于不仅假定他太过乐观主义和理想主义,而且简直在政治上是幼稚无知了。"[④]

比较而言,第二种观点看起来更具有说服力,因为柏拉图自己其实一直认为,最好的城邦只能是由掌握了理性的人统治的城邦,而由法律统治的城邦,不过是第二等最好的城邦。《法律篇》讨论的,就是所谓"第二等最好"的城邦所需的各项条件,所以,这一著作的确在城邦的政治生活中为法律赋予

---

① 王晓朝译《柏拉图全集》中称为《法篇》,考虑到习惯,本书叙述中仍采用《法律篇》这一译法。
② 这种观点的代表人物是施特劳斯。用他的话来说,《法律篇》描绘的是一种适应于人性的最好的城邦秩序。Cf. Leo Strauss and Joseph Cropsey (eds.), *History of Political Philosophy*, 2nd edition, Chicago and London: The University of Chicago Press, 1973, pp. 51-52.
③ 柏拉图在《国家篇》中多次提到物与相的差别,他特别通过床的例子说明这一点:首先,床的相是最完善的床,而工匠根据这个相制造的床只是对它一种不完善的模仿,至于画家根据实际的床所画的图离床的相就相去更远。与此类似,《国家篇》是对城邦的相的描述,《法律篇》在某种意义上则只能被视为画家的作品。参见柏拉图:《国家篇》,载《柏拉图全集》第二卷,第616—617页。
④ Plato, *The Laws*, translated with an introduction by Trevor J. Saunders, London: Penguin Books Ltd., 1970, pp. 27-28.

了某种核心地位。柏拉图甚至表示:"法律一旦被滥用或废除,共同体的毁灭也就不远了;但若法律支配着权力,权力成为法律驯服的奴仆,那么人类的拯救和上苍对社会的赐福也就到来了。"① 根据这一原则,柏拉图在《法律篇》中设想了一个刚刚建立的殖民地美格尼西亚(Magnesia),并由几位哲人讨论如何为这个城邦立法。

美格尼西亚的士兵和农人总数为5040人,之所以确定这样一个数目,是因为它能够被从1到10的所有整数整除,因此在分配、纳税、战争以及其他公共活动方面都可以对人口进行非常方便的划分。② 在地理环境方面,城邦离海大约10英里,因此虽然也能利用海运之便,却不可能发展大规模的对外贸易;周围没有邻国,故而可以避免外来的不利影响;土地不十分肥沃,虽可以自给自足,但也不会有太多的富余,以免形成财富的积累;等等。③ 总的来说,柏拉图这一制度设计的目的,仍然是让公民能够视城邦利益为他们自己的根本利益,并且保证城邦的社会政治生活不受到外来奢靡风气的腐蚀。因此,虽然《法律篇》对公民生活方式的规定比《国家篇》有所松动,比如公民们可以拥有自己的财产和家庭,但他们仍然受到国家严密的控制和管理,其教育、宗教、婚丧嫁娶都必须遵从相关法律的约束。

美格尼西亚主要的日常管理机构包括三个部分:由30人组成的护法委员会、360人组成的代表大会与实际上的最高执行机构教育委员会。与《国家篇》中的描述一样,美格尼西亚在建立之后,最重要的一项日常活动也是对公民的教育。虽然公民拥有各自的家庭,但他们的子女仍然从出生开始就必须接受体育、音乐、数学等方面的严格训练,教育的内容和方式也由法律详细加以规定。《法律篇》中最容易让人们联想到《国家篇》的地方,就是柏拉图在该书最后才提到的一个奇特的组织——"夜间议事会"④。这个议事会的成员包括护法委员会中10位资历最老的委员、教育委员会的主席和前主席、城邦中受到特殊奖励的公民和祭司,以及他们每个人所挑选的一位至少30岁以上的助手。议事会的工作,是听取派往其他城邦的观察员对外邦法律和政治的考

---

① 柏拉图:《法篇》,载《柏拉图全集》第三卷,王晓朝译,北京:人民出版社2003年版,第475页。
② 同上书,第496页。
③ 同上书,第461—462页。柏拉图这种对理想国家的描述后来被众多的政治思想家所效仿,而在柏拉图之后人们描述的几乎所有乌托邦都被置于与世隔绝之处或者孤岛之上,这是西方政治思想史上一个非常有意思的现象。
④ 之所以称之为"夜间议事会",是因为它工作的时间是黎明之前,据说因为这个时候人们最少受到各种公私杂务的干扰,同时也是为了使它做出的决议能够及时被城邦各有关机构在当天采纳。王晓朝简单地译为"议事会"。柏拉图:《法篇》,载《柏拉图全集》第三卷,第725页。

察报告,讨论城邦日常的政务,并且对如何完善其法律提出建议。另外,它也有权对外出旅行和惩治异端等做出决议。在柏拉图的设计中,"夜间议事会"的地位是超乎法律之上的,是国家最终的保证。用柏拉图的话来说,"如果把议事会当作一个国家的备用大锚,给它装上所有合适的附属配件,然后抛出去,那么它就能够为我们所有希望提供保障"①。

《法律篇》给人的最初印象是,柏拉图似乎已经准备让法律替代哲学王在《国家篇》中的地位,作为城邦长治久安的基础。正如他自己所说:"立法并非以征战或者至善为目的,而是为了保卫已经建立的政治制度的利益而不论这种制度具体为何物,关键是要保证它永远不被推翻并始终富于生命力。"②因此,他希望通过某些圣贤为城邦一次性地永久立法,而法律一旦制定之后便不允许轻易加以改动。但是,这样一来,圣贤之士也就永远失去了运用其理性与智慧干预城邦政事的可能性。在这里,法律与理性、理性的抽象性与具体性之间的矛盾异常集中地体现了出来。柏拉图显然意识到,一部法律制定得无论如何完美,都不可能解决现实生活中所有的问题;立法者无论如何智慧超群,也不可能真正做到算无遗策。因此,即便是一种法治的政治体系,仍然必须为圣贤们的智慧保留某些发挥作用的渠道③,反过来,法律也才能通过对环境的适应获得长久的生命力。④ 正如法国政治学家雅内所说:"因为人们不可能在没有法律的情况下进行统治,所以需要法律;因为法律不可能自我

---

① 柏拉图:《法篇》,载《柏拉图全集》第三卷,第725页。
② Plato, *The Laws*, p.172. 王译为:"我们法律的标准既不是战争,又不是作为整体的善。无论现存体制是什么样的,法律都应当照看它的利益,它的长治久安……"(柏拉图:《法篇》,载《柏拉图全集》第三卷,第473页。)
③ 柏拉图在《法律篇》中说得很清楚:"如果我们已经完成了对这个国家的安排,那么就要为它提供某些懂行的人。首先,他们要懂得这种政治目标的性质,其次他们要知道用什么方法可以实现这些目标,还要能够为它提供某些建议,这些建议主要来自法律本身,其余来自个人,无论他们赞成这个国家还是反对这个国家。如果一个国家不给这样的人留下位置,那么我们看到这样的国家里会有诸多不明智的举动,人们会在一个仁慈的环境中随波逐流,也就不奇怪了。"(柏拉图:《法篇》,载《柏拉图全集》第三卷,第727页。)
④ 由于古代希腊城邦往往通过大规模的立法活动实现政治体制的变动,解决现实的各种社会问题,所以在政治家与学者当中普遍存在一种对"变法"的恐惧。他们一方面渴望能够找到某种能够应付一切问题的万能的法律体系,另一方面又对频繁地制定与废除法律的行为深感担忧。梭伦改革后曾经要求他所制定的法律体系十年内不动摇,有的城邦甚至对提出不适当的法案的人进行严厉惩罚,但这一切仍然没有能够阻止各城邦法律的急剧变化。柏拉图的政治理论在某种意义上正是对这种动荡不安的政治形势的反映,他的目标同样也是寻找某种能够一劳永逸地确定下来的政治秩序。但是,对人事深切的理解、实际的政治经验都使他不可能不考虑政治问题本身的复杂性与多变性。对立法者、法律以及现实的政治生活之间复杂的关系,法国政治思想家卢梭在大约两千年之后还进行了如柏拉图一样困难的论述,参见本书第九章的相关内容。

保护，所以需要一种能够保护它的力量。"①由此看来，《法律篇》并不像某些研究者所认为的那样，是一部在法治与人治的选择之间徘徊的著作，尽管书中的有些文字看上去的确有自相矛盾之处。②

《法律篇》中最具现实性的部分，是柏拉图在财富与政治之间建立的联系。在《国家篇》和《政治家篇》中，柏拉图始终坚持只有知识才能作为政治权力的基础，但在《法律篇》中，他却提出了一种类似于按照财富分配权力的方案。具体方法是，按其财产数把全体公民分为四个等级（美格尼西亚允许个人拥有的最多财产数是最少财产限额的四倍），并且让每一个等级在立法机构公民大会中拥有同样数目的代表名额，这种设计明显地使富人能够得到更多的代表权。按照柏拉图自己的解释，美格尼西亚采用的是民主政体和寡头政体的混合体制，采用这种体制的目的，是为了实现真正的公正，因为"无差别地视一切为平等就是不平等，而这两者都将使城邦的公民争斗不休"③。但是，财富毕竟不能反映知识和美德，所以在这里，柏拉图实际上又回归到他的时代希腊政治的现实，同时也反映出他对"人性"的某种体认。

古希腊政治思想家中真正的现实主义者是柏拉图的学生亚里士多德（Aristotle，前384—前322）。亚里士多德出生于希腊北部的色雷斯，其父曾任马其顿国王菲利浦二世的宫廷医生。亚里士多德17岁到雅典师从柏拉图，在后者的学园里一共度过了20年的时光。柏拉图去世之后不久，亚里士多德被聘任为马其顿王子亚历山大的老师。公元前336年，亚历山大继承王位，亚里士多德也就此回到雅典，并在吕克昂（Lyceum）创办了自己的学园，开始进行系统的理论研究与教学。亚里士多德的出身和经历表明，他对政治现实以及柏拉图的政治理论都有相当全面的了解，而正是这种了解，使之得出了许多与柏拉图颇为不同的结论。

---

① Paul Janet, *Histoire de la science politique dans ses rapports avec la morle*, Tome I, p.161.
② 柏拉图直至离开人世之时仍在修改《法律篇》，所以该书的表述出现某些不连贯的地方完全可以理解，但是，从基本思想上来看，这部著作仍然还是首尾贯通的。有意思的是，在19世纪，很多研究者就因为《法律篇》与《国家篇》思想的不一致，以及《法律篇》内部的一些看似矛盾之处，断定这是一部托伪之作。
③ Plato, *The Laws*, p.229. 王译为："以平等的方式对待不平等的对象，如果不用特定的比例来加以限制，就会以不平等的结果而告终；这两种情况事实上就是产生内乱的丰富源泉。"（柏拉图：《法篇》，载《柏拉图全集》第三卷，第513页。）

亚里士多德有一句名言："吾爱吾师，吾犹爱真理"①，表明了他对学术以及对柏拉图的态度。在政治思想方面，亚里士多德与柏拉图的区别在于他们对政治学的本质、方法与目的都有相当不同的认识。在柏拉图看来，政治从属于道德，是一种应用性的技术。亚里士多德则不同，他把政治视为最高层次的科学，是统治与建设的科学，其目标是至善、是人类之善②，因而道德或者伦理学只是政治学的一个部分，是政治学的起点③。就方法而言，亚里士多德从一开始就把政治现实与政治经验作为自己研究的出发点，他的政治学理论本身，便是对古代希腊世界158个城邦的政治制度与实践进行细致的比较研究的成果。至于在政治学的目的方面，亚里士多德也无意探求某种超越现实的、完美无缺的政治制度，他真正感兴趣的，主要是如何使现实中既存的制度变得更为稳定、更为完善，并且能够为更多的人所接受，因此在他的政治学思考中，每个城邦实际的社会和历史条件始终是一项基本的前提。亚里士多德当然也曾经对理想的城邦制度进行过设计。但与柏拉图的规划不同，他的理想城邦的建成基本上取决于一些能够为普通人所掌控的条件的结合，因而既无须神助，也不必仰仗超人，同时，这种理想能否实现，对他的整个理论体系也并没有根本性的影响。

亚里士多德自己曾对政治学的方法和目的进行过如下说明：第一，政治学需要对最优良的政体加以研究，并且考虑排除外部因素后最佳政体必须具备的基本条件；第二，由于最佳政体并非在任何条件下都可以建成，因而政治学研究也就不能完全醉心于寻找至善至美的体制，而是必须着重考虑与某个城邦具体的现实条件相适应的可能最好的政体；第三，政治学还必须研究那些条件比较差的城邦的情况，在那里，理想的政体自不待言，就连稍微好一些的政体也难以建立，而在这种情况下，又以何种政体最为适宜、如何创建、如何维持等；第四，政治学应该对有关城邦体制问题的一般性规律加以总结，以这些普遍规律为基础，再考虑各城邦的具体条件，人们就有可能对现实的政治问题提出改进意见。④

---

① 此语原为拉丁文"Amicus Plato, sed magis amica veritas"，出自3世纪Ammonius Saccas 所写的《亚里士多德传》，原意是"我爱柏拉图，但我更爱真理"。
② 亚里士多德：《尼各马科伦理学》，载《亚里士多德全集》第Ⅷ卷，北京：中国人民大学出版社1994年版，第4、237页。
③ 亚里士多德：《大伦理学》，徐开来译，载《亚里士多德全集》第Ⅷ卷，第241页。
④ 参见亚里士多德：《政治学》，载《亚里士多德全集》第Ⅸ卷，第118—119页。

亚里士多德政治现实主义的核心,是他对柏拉图推崇备至的个人理性持一种极度谨慎的态度。因此,在政治最基础的层面上,他宁肯诉诸法律而非个人的品德与智慧。当然,这么说并不意味着亚里士多德主张一种"愚人政治",也不意味着他试图排除政治中人类的想象力与创造性。亚里士多德对法律的推崇出自两个方面的考虑。首先,他意识到无论多么智慧贤良之人也都难免出现情绪上的冲动与判断上的偏见,而唯有法律的统治才能在长时期内维持公正与稳定。正因此,亚里士多德甚至以非常极端的态度指出:"崇尚法治的人可以说是唯独崇尚神和理智的统治的人,而崇尚人治的人则在其中掺入了几分兽性;因为欲望就带有兽性,而生命激情自会扭曲统治者甚至包括最优秀之人的心灵。法律即是摒绝了欲望的理智。"①

其次,也是更重要的,是因为亚里士多德相信,法律中蕴涵了一种高于个人理性的智慧。也就是说,在对法律本身的认识上,亚里士多德与柏拉图存在根本性的区别。柏拉图与智者学派一样,视一切现实的制度为偏见与私利的产物,而正是从这一基本判断出发,他才倾向于从根本上改造现有的制度与法律。这种计划一方面试图为哲人发挥其政治智慧提供尽可能广阔的空间,另一方面也表现出思想家对自身理性非常乐观的估价。亚里士多德的立场却与之相反。在他看来,尽管现有的制度与法律(特别是传统与习俗)当中不可避免地存在诸多问题,但也不能一概斥之为偏见,因为它们往往凝聚了无数代人成功的经验与失败的教训,包含了一种历史的、集体的理性,从而能够超越每一个具体时代的具体个人——无论他是多么优秀的哲学家或者立法者——的思维与想象力②,需要后人加以理解与珍视,而非盲目批判与拒斥。所以,亚里士多德对法律的倚重,就不同于柏拉图在《法律篇》中对法律的强调,或者说他们所说的法律实际上具有相当不同的内涵。柏拉图把法律视为哲人智慧的制度体现或者立法者个人理性的产物,而亚里士多德则往往更多地从传统与习俗的角度理解法律,认为"约定俗成的法规比成文的法规更具权威,所涉及的事情也更加重要"③。在亚里士多德看来,法律不仅对个人的欲望,同时也应该对个人的理性施以约束。就此而言,法律的彻底理性

---

① 亚里士多德:《政治学》,载《亚里士多德全集》第Ⅸ卷,第112—113页。
② 这种观念后来通过近现代的保守主义思想家如大卫·休谟、埃德蒙·伯克、米歇尔·奥克肖特和哈耶克等人进行了充分的发挥。
③ 亚里士多德:《政治学》,载《亚里士多德全集》第Ⅸ卷,第113页。亚里士多德接着说:"所以人治也许比依据成文法的统治更加可靠,但不会比依据习俗的不成文法可靠。"(同上书,第113页。)

化这一要求本身就包含了某种非理性的成分,或者以理性之名行非理性之实的可能,反过来也可以说,真正的理性恰恰意味着应该对人的理性能力持某种怀疑态度。正是这样一种思想,使亚里士多德开启了西方政治学说中保守主义传统的先河。

亚里士多德当然非常清楚,法律并非万能。它既可能存在各种各样的缺陷,也无法预期未来情势的一切变化,因此需要根据实际情况对其加以调整,但这些调整必须十分慎重地进行。他既反对柏拉图那种对社会和政治进行全面改造的计划,也反对当时希腊各邦盛行的变法浪潮。亚里士多德表示:变革实在是一件应当慎重考虑的大事。"轻率地变法是一种极坏的习惯。当变法的好处微不足道时,还是让现存法律和统治方面的一些弊端继续存在为好;如果变法使得人失去顺从的习惯,那么公民得到的还不如失去的多。"①这是一种洞悉事理之后达观务实的态度,也是古代希腊精神世界中一种少见的政治智慧。亚里士多德强调:"拿变法和技术革新相比是错误的,因为两者完全不同。法律无法强迫人们顺从,只有习惯才能这样。而这只能通过长时间的变化才能达到,所以,不断地变旧法为新法会削弱法律的威力。"②人们如果希望享受法治所带来的稳定与秩序,那么也许就必须忍受它本身可能具有的不便。

亚里士多德对那些动辄扬言要移风易俗,创立新制,"开万世之太平"的人进行了如下善意的批评(柏拉图在这里恰恰是他批判的对象):"让我们进一步追溯历史的经验:人类既然经历了这么长久的年代,如果这些创见的确优异,就未必不早为前贤所觉察。现世的种种,历史上几乎都有先例;只是有些虽曾发明而未经集录[故不传于后世];有些虽已为大家所知,而从未实施[所以得失还不能洞悉]。"③亚里士多德以此提醒世人避免过分自大,一味薄古厚今,必须慎用其理性与智慧,在政治行动上应三思而后行;而这样一种对前人和对历史的态度,也正是他一再呼吁对传统和习俗以及对法律予以充分

---

① 亚里士多德:《政治学》,载《亚里士多德全集》第Ⅸ卷,第56—57页;参照吴译本,第81页。在伯里克利之后成为雅典政治领袖的克吕昂曾经表达过类似的观念:"我们应该知道,一个城市有坏的法律而固定不变,比一个城市有好的法律而经常改变是要好些;无知与健全的常识相结合比聪明与粗卤相结合更为有用;一般说来,普通人治理国家比有智慧的人还要好些。"(修昔底德:《伯罗奔尼撒战争史》,谢德风译,北京:商务印书馆1960年版,第231—232页。)

② 亚里士多德:《政治学》,载《亚里士多德全集》第Ⅸ卷,第57页。

③ 亚里士多德:《政治学》,商务印书馆1965年版,第57页;参见亚里士多德:《政治学》,载《亚里士多德全集》第Ⅸ卷,第41页。

尊重的原因。

看起来,到亚里士多德那里,古代希腊世界政治思考中自然与习俗的冲突完成了一次循环,钟摆又荡回了传统与习俗的一边。对法律与习俗的尊重,是亚里士多德政治思想的一个基本方面,也使他成为西方政治思想中法治主义和宪政传统(constitutionalism)最重要的开创者。①

---

① 法治是希腊政治思想中明确体现出来的一种追求,然而希腊人试图通过寻找某些具有超人智慧的立法者制定完美的法律,并使之超越一切现实政治变动的做法,却始终没有能够摆脱人治的困境,因为按照这种思路,法律永远可能是立法者意志的体现,正如梭伦变革的失败所表明的那样。另外,在政治学界与法学界都有一种颇有影响的观点,认为西方的法治传统起源于古希腊的自然法观念,但这不尽准确。虽然自然法观念是法治的逻辑前提或者说必要条件,但它与法治之法还是存在着根本区别。从本质上说,古希腊的自然法思想与柏拉图的理性之法具有更多的亲缘性。虽然人们可以以"自然"之名对现实世界展开批判,或者对理想的法律制度进行设想,但是,自然法概念本身作为人类思维而非实践的产物却具有强烈的主观性,这使它在事实上与法治秩序所必需的稳定性和客观性相矛盾。美国法学家赞恩就曾经指出:"这种永恒不变的法律(指自然法。——引者)只能经由个人的力量来确认,但一个人认为可以称之为法律的,在另一个人看来则完全不能称为法律。"(约翰·麦可西·赞恩:《法律的故事》,台北:商务周刊出版股份有限公司 1999 年版,第 133 页。)因此亚里士多德提出的问题就是:真正的法治所依据的,到底是作为人类理性思维结果的法,还是在人类实践活动中形成的习惯所体现的法。他的结论也是显而易见的,即一种由作为特定个人理性思考结果的法律所支配的状态仍属于人治而非法治。亚里士多德不仅觉察到了这个重要的事实,而且也设想了若干方法保证人们对习惯的遵从。当代美国政治思想史学家沃林认为,亚里士多德的工作,从根本上说就是试图寻找一种使民主政治能够接受法律约束的机制,或者更准确地说,是如何使法治在民主制度之下能够结构性地表达自身。(Sheldon Wolin, "Norm and Form: The Constitutionalizing of Democracy", in J. Peter Euben, John Wallach, and Josiah Ober, eds., *Athenian Political Thought and the Reconstruction of American Democracy*, Ithaca: Cornell University Press, 1994, pp. 49-51.)但是,希腊政治实践恰恰"结构性地"使亚里士多德无法找到一种可以保证习俗与传统统治的制度力量,只有数百年之后在欧洲发展起来的日耳曼人的政治和法律实践,才为真正意义上的法治的出现提供了重要的契机。参见唐士其:《谁之理性,何种法律——古代希腊世界的法治追求及其困境》,载《国际政治研究》2004 年第 3 期;以及唐士其:《习惯法与法治的制度起源》,载《国际政治研究》2005 年第 1 期。

第二章
城邦的性质与目的

古希腊城邦政治的产生和发展,与一种独特的政治观念相伴随,而公民个人与城邦的密切关系则是这种政治观念最核心的内容。由于古希腊人对政治进行了最宽泛的理解,因而政治领域渗透到公民私人生活的方方面面。社会的公正、个人的幸福及其欲望的满足等等,都成为一些必须经由城邦加以界定的范畴。城邦与公民之间这样一种密切的联系,既构成了希腊城邦政治生活的一个重要侧面,也使之在某种程度上成为城邦政治变化的指示器,它的任何松动,都将被视为政治危机的标志,反之亦然。事实上,随着城邦利益的分化,这种关系受到了明显的侵蚀,而城邦的基础亦随之动摇。如何通过制度性的设计,重建公民与城邦利益的一致性,便构成了适逢城邦政治衰落之时兴起的古希腊政治思想集中关注的问题。对该问题的解决,被思想家们归结为"正义"原则的发现与实践,而无论柏拉图对理想国家的构想,还是亚里士多德对政治体制的多层面的研究,无一不是围绕这个中心而展开。当然,从实际的历史过程来看,思想家们的工作并没有能够阻止或者扭转城邦政治的颓势,马其顿帝国和罗马帝国的征服更是直接加剧了城邦政治生活瓦解的进程。城邦之后,原先的希腊公民们骤然失去了生活中最基本的参照体系,他们不得不重新寻找人生的价值和意义,一种以个人为中心的政治思想也由此得以崭露头角。

一、公民与城邦

与现代人相比,古希腊人的生活方式有两个明显特点:一是与物质财富相比,他们更注重精神世界的追求;二是他们的个人生活对城邦具有高度依赖性。这两者之间实际上又存在着密切的内在关联,因为恰恰是城邦为他们每一个人在精神上的完善提供了不可缺少的舞台。如前所述(第一章第一节),希腊人物质生活非常简单,因为在他们的观念中,生活最重要的目的,就是能够参与城邦的政治生活。为了保证公民们有充分的时间与精力投身公共事务,许多物质性的生产都由奴隶或者没有公民权的外邦人承担[①],而各城邦也制定了不尽相同的法律,禁止其公民从事过多的商业和贸易活动,或者至少是为这种活动设置障碍。这个方面的典型自然就是以农业生产为主的斯巴达。为了防止其公民经商,它甚至以铁作为流通货币。可以想象,不会有太多人愿意背负着比所能换取的货物还要沉重得多的货币长途跋涉。需要指出的是,在这方面斯巴达绝非特例,甚至就连雅典这样在很大程度上必须依赖海上贸易、又拥有极其优越的贸易地位的城邦,也对这一活动施加了种种限制。

与此同时,城邦还对公民的生活进行了广泛干预,也可以说,城邦的权力是绝对的、无所不及的。首先,公民们承担着对城邦的一系列义务。在雅典,公民到60岁为止都必须为城邦服役,而在斯巴达,他一生都是城邦的保卫者。其次,公民个人生活方面也必须遵守各种法律和规定。雅典禁止公民独身,斯巴达则对晚婚者进行惩罚。在古希腊,甚至公民的穿着也必须受到城邦的管束。古代希腊人的私有财产根本得不到任何严格意义上的法律保护,城邦在需要的时候完全可以把某一部分人的财产充公,或者免除某些公私债务。最后,在教育和宗教方面,公民更没有任何选择的自由。教育基本上由城邦所垄断,而城邦的宗教就是全体公民当然的信仰,信奉异端或者不够虔诚都是非常严重的罪行,苏格拉底被起诉的罪名之一就是在雅典"传播邪教"。

在古希腊的城邦体制下,公民权利的含义与现在完全不同:它意味着公民对城邦共同的政治社会生活的参与,而不是通过法律对城邦活动领域的限制,或者说城邦对公民必须承担的责任。在现代人的眼中,希腊公民们行使

---

① 由于这个原因,奴隶对于古希腊城邦的生存而言,不仅在经济上,而且在政治上也成为必不可少的重要因素。

他们参与政治活动的权利看起来倒像是在履行某种义务,比如他们必须参与投票,必须轮流担任公职,否则可能被处以罚款。按照雅典的规定,如果在对某项法律或者决议的投票中出现支持者与反对者势均力敌的情况,则任何人不得采取中立或者弃权的立场。因此,虽然现代人一方面可能会对古希腊公民与城邦的高度一致性心神向往,但另一方面,作为一位具有现代权利意识的公民,恐怕他又很难接受这种个人与城邦关系的模式。①

支撑着古希腊这样一种个人与城邦的关系的,是希腊人独有的道德观念。对希腊人而言,个人道德只有通过政治参与才得以完成;②而一种同时对个人和城邦有用、能够为人们带来荣誉的品性,则被希腊人称为幸福($εὐδαιμονία$)。换言之,希腊人相信,个人只有成为城邦的一部分,也就是成为城邦的公民,才能获得生存的真实意义,或者说实现他的本质。至于作为现代公民权利基本出发点的国家与社会、国家与公民相对立的观念,独立于国家权力之外的市民社会的观念,以及作为现代国家权力基础的自然权利的观念,对古代希腊人来说,完全是不可想象的事情。他们根本不知道在城邦之外还会有什么个人的权利和自由③,至少在智者学派的学说普遍流行之前是如此。古希腊文中,公民、公民权和政制(宪法)等概念都来源于同一个词——πολισ(polis),这意味着它们原本就是不可分割的整体。因此,在古希腊,对一位公民最严重的惩罚也许并非剥夺他的生命,而是剥夺他作为公民的权利,这也正是苏格拉底宁愿作为雅典公民被处死,也不愿意放弃其公民权远避他乡的原因之一。

还在苏格拉底之前,德谟克里特就认为,城邦起源于人们寻求安全和保护的需要,而城邦能够存在的基本前提则是对个人私利的控制。他提出,成熟的城邦政制的基本特征,就在于它能够提供协调公民个人和共同体利益的

---

① 法国思想家贡斯当曾经以"古代人的自由"概括古希腊人的权利观念:"古代人的自由在于以集体的方式直接行使完整主权的若干部分:诸如在广场协商战争与和平问题,与外国政府缔结联盟,投票表决法律并做出判决,审查执政官的财务、法案及管理,宣召执政官出席人民的集会,对他们进行批评、谴责或豁免。"与之相对的是"现代人的自由","现代人的目标则是享受有保障的私人快乐;他们把对这些私人快乐的制度保障称作自由"。贡斯当也把这两种自由分别称为"政治的自由"与"私人的自由"。贡斯当并且表示:"个人独立是现代人的第一需要:因此,任何人决不能要求现代人做出任何牺牲,以实现政治自由。"(参见邦雅曼·贡斯当:《古代人的自由与现代人的自由》,阎克文、刘满贵译,上海:上海人民出版社2003年版,第45、47、54、59页。)

② Paul Janet, *Histoire de la science politique dans ses rapports avec la morle*, Tome I, p. 127.

③ 对古希腊人来说,自由意味着两个方面的内容:一、不存在任何意义上的人身依附;二、服从于普遍性的规则。或者说,自由来自法律并且就在于服从法律。(Cf. Jean Touchard, *Histoire des idées politiques*, Tome I, pp. 20-21.)亚里士多德对自由的定义则是能够轮流担当统治者和被统治者。

有效形式。由是观之,雅典民主政治的成功,完全是因为经过梭伦改革,贵族向平民转让了原来仅属于他们的部分特权;而正是贵族的这一让步,在全体公民中形成了一种共同体意识,并且使他们中的每一分子,都得以在成为共同体一员的同时实现自己最根本的需要,从而使雅典最终能够免于当时折磨着许多城邦的阶级和党派斗争。①

普罗泰戈拉也相信,希腊城邦与公民的关系模式反映了人性的本质。他认为,所有人都怀有正义观念以及被别人承认的愿望,而正是这种本性使他们必须成为城邦共同生活的一员。他曾经表示:当人们在公民大会上相遇时,"如果问起如何成为一名好的木工或者掌握任何其他具体的技艺,包括雅典人在内的所有人都会认为只有少数人才有发言权……但是,如果问及如何才能把一个城邦治理得更好时,由于这个问题只有通过完全公正和理性的思考,所以必须听取所有人的意见,每个人都有义务分享这一殊荣,否则根本就不会有城邦的存在"②。

苏格拉底和柏拉图完全继承了公民与城邦关系问题上的传统观念。苏格拉底的政治目的,正是要重建他认为已经被智者学派所侵蚀的公民与城邦利益的一致性。他深信,城邦应该是一种为至善而存在的、包括全体公民在内的道德共同体,这同样也是柏拉图政治思想的出发点。按照柏拉图的看法,城邦的产生,本身就是因为每一个自然的个人都没有可能完全满足自己的生存需要,所以必须借助他人之力。他曾经借苏格拉底之口指出:"在我看来,城邦的起源从这样一个事实就能看出:我们每个人都不能自给自足,相对于我们自己的需要来说,每个人都缺乏许多东西。"③既然如此,那么城邦的成员们就应该彼此互通有无,取长补短,从而使城邦及每个成员的利益能够得到最大限度的增进与协调。

在柏拉图看来,重建城邦共同体的真正的障碍,是公民道德的堕落,以及城邦利益的分化,特别是公民之间的贫富分化,而前者在很大程度上又是后者的结果。当然,实际上城邦利益的分化早就存在,比如在城邦政治早期,贵

---

① Cf. Eric. A. Havelock, *The Liberal Temper in Greek Politics*, New Haven, CT: Yale University Press, 1964, p. 24. 当然,实践证明,德谟克里特的估计是过分乐观了。梭伦改革之后的雅典变成了党派纷争的竞技场。不过这是另一个问题。Cf. Roger Labrousse, *Introduction a la philosophie politique*, Paris, Librairie Marcel Rivière et Cie, 1975, p. 4.

② Plato, *Protagoras*, trans. C. C. W. Taylor, revised edition, Oxford: Clarendon Press, 1991, p. 15. 参见柏拉图:《普罗泰戈拉篇》,载《柏拉图全集》第一卷,第 440 页。

③ 柏拉图:《国家篇》,载《柏拉图全集》第二卷,第 326 页。

族与平民之间便很难说存在多少共同利益。然而在原有的等级体制下，人们一般来说尚能各安其位，所以社会不至出现经常的冲突与动荡。民主政治的出现使情况为之一变。由于每一个人的欲望都获得了解放，每一个人都对财富与权力产生了觊觎之情，于是城邦政治蜕变为赤裸裸的利益角斗场。从柏拉图的观点来看，在民主制之下失去内外约束的个人欲望的膨胀，不仅瓦解了共同体，而且也导致了每一个人的灾难，因为它将使人性中顺从欲望的一面压倒追求至善的一面，从而严重背离了个人真正利益之所在。① 个人欲望的膨胀与传统道德的崩溃相互强化，城邦的处境因而每况愈下。柏拉图认为，这种状况与智者学派的活动密切相关，因为他们的学说把人们对私利的追逐完全正当化了。柏拉图写道：智者学派"对人们真正的利益所在毫不关心，只是一心以那些转瞬即逝的快乐为诱饵吸引愚夫愚妇，使他们把这些东西视若神灵。……我把这种事情（既指智者学派传授的辩论术，也指他们具体的社会政治主张。——引者）称为勾引，并且认为它根本不道德……因为它把快乐而不是善作为目的；它并非艺术而不过是投机，因为它对所提出的各种主张的本质从来没有任何理性的说明"②。

　　因此，柏拉图在《国家篇》中对理想城邦提出的一项前提性的要求，就是必须保证公民个人利益与城邦利益的高度一致。为此，柏拉图提出了两方面的措施。一是制度性的，即在统治者和护卫者阶层中废除财产和家庭，婚姻也失去了它本来的意义，而成为对勇敢的战士的奖赏以及为城邦提供合格的后代的手段，因此其时间和方式都必须由城邦加以控制。另一个方面的措施就是教育，这是《国家篇》中最重要的内容之一。在理想国中，对教育的管理是城邦当然的专利，一个人从其出生之日起就被置于城邦的全面监护下。体力或者智力有缺陷的婴儿在出生之后就被秘密加以处置，那些被认为合格的儿童则由专人统一负责哺育，他们的父母亲对此后的一切都不能过问，实际上应该忘记到底谁是他们的子女。整个教育过程被分为几个不同的阶段。早期是基础教育，主要让儿童学习音乐和体育——前者是为了陶冶性情，从小在公民的性格中养成和谐节制的品德；后者则是为了让下一代拥有强健的体魄，并培育他们英勇无畏的精神。稍后，将要求他们从事数学、几何、天文学和辩证法等方面的学习。第一阶段的教育完成后，少年们要在成年人的保

---

① 参见柏拉图：《斐德罗篇》，载《柏拉图全集》第二卷，第149页。
② Plato, *The Gorgias*, trans., Walter Hamilton, Harmondsworth: Penguin, 1960, p.113. 参见柏拉图：《高尔吉亚篇》，载《柏拉图全集》第一卷，第397页。

护下参加实际的战斗,并学习其他的技艺,其中表现出众的一部分被选拔出来接受进一步的教育(20岁)。这一时期的教育内容以各学科的综合训练为主,目的是培养受教育者进行哲学思考的能力。青年们年满30岁时将再一次接受挑选,擅长辩证法的优胜者得以进入最后阶段的学习。最后一次选拔在精英们年满50岁的时候进行,最优秀的人即成为城邦的统治者,而在管理政务之余,哲学是他们钻研的主要对象。①

在公民教育方面,柏拉图思想中有一个不能忽视的部分是他关于妇女地位的看法。柏拉图可以算是西方政治思想史上第一位男女平等主义者。他认为,男女两性之间除体力等某些方面的自然差异之外,在其思想和智慧方面,即作为城邦的公民最重要的素质方面并没有任何差别,所以他主张两种性别的儿童都应该平等地接受城邦的教育,参加战争和其他一切公共活动,而且无论男性还是女性,其出类拔萃者都有可能成为城邦的统治者。这种主张,在古希腊主要的思想家当中是绝无仅有的,而仅此一点,也可以反映出柏拉图政治思想在当时的革命性或者说颠覆性。

当然,柏拉图在《国家篇》中所建议的种种制度,在古希腊实际上倒也并非子虚乌有。比如,在斯巴达和克里特就实行公餐制,而斯巴达的妇女的确能够与男子们一同参与各种公共活动。另外,根据希罗多德的叙述,公妻制在阿加提里西人(Agathyrsi)中也是一种事实;在萨罗马提人(Sauromatae)中,妇女则与她们的丈夫一同参加战斗。②

在柏拉图设计的理想城邦里,没有什么人能够拥有独立于或者外在于城邦的个人意识,即便作为城邦的大脑的统治者阶层也不例外。虽然后者拥有城邦所有公民中最高的智慧,受过严格的教育和训练,但可以推断他们并没有自由思想的权利。按照柏拉图的相论,真正完美的东西应该是静止的,因而变动不居的东西则或者尚未达到或者已经离开完美的状态。完善的城邦既然是城邦的相的体现,是完美的,所以也不可能再有任何变化,如果有所变化,那就不可能是发展,而只能是走向堕落。③ 因此,虽然柏拉图为作为统治者的哲学家们提供了不受任何法律限制的思想舞台,但他们事实上却没有任何自由创造的余地。他们唯一的任务就是墨守成规,并且教育下一代继承自

---

① 参见柏拉图:《国家篇》,载《柏拉图全集》第二卷,第七章。
② Cf. Herodotus, *The Histories*, London: Penguin Books, 1972, pp. 305, 308.
③ 施特劳斯因此认为,《国家篇》与《政治家篇》表明,城邦为了维持自身对哲学的优先性要求就必须进行一种自我转化,而这两部著作又证明城邦无法完成这种转化。Cf. Leo Strauss and Joseph Cropsey (eds.), *History of Political Philosophy*, p. 51.

己的事业(实际上是尽其可能拖延城邦无可避免地走向堕落的过程)。看起来,在这个理想的城邦里,因为一切都已经臻于完美,所以生活中也不会出现任何新的、能够激动人心的事情。另外,在这里还有一个柏拉图可能不好回答的问题。前面提到过,从苏格拉底开始并由柏拉图所继承的政治观念,从根本上说无非是民主政治之下某些最先具有个人意识的知识分子的思想观念的一种形态,而它得以产生和发展最根本的前提,就是一种不受限制的思想自由以及根据理性思考的结果行动的自由。那么,如果把苏格拉底或者柏拉图置于这个理想城邦中哲学王的位置上,他们在精神上是否会得到满足?反过来说,这个城邦是否也会如雅典实际上所做的那样,取消这种他们赖以思想的自由?

从客观效果来看,如果说智者学派通过打开了古希腊城邦中的"个人利益之门",从而导致了城邦的精神危机的话,那么苏格拉底的活动及其象征的思想进程则是通过打开了追求"个人美德之门",从另外一个角度加深了这种危机。由于苏格拉底宣扬的并非听命于习俗和惯例的传统美德,而是某种基于理性的、批判性的美德,所以首先,那些自认为掌握了理性的人,将不可避免地同时与众多沉溺于物欲之中的人以及墨守成规的人产生矛盾和冲突;其次,虽然苏格拉底相信"知识就是美德",同时也相信理性具有普遍性和内在一致性,但每个人对理性的认识和理解却必然是个性化的,因此在最终的真理被发现和被普遍接受之前,真理探索者之间的矛盾与冲突大概也同样不可避免。总而言之,在苏格拉底之后,要回归到一种公民与公民之间、公民与城邦之间在道德上和利益上的单纯的一致,已经是一件几乎不可能的事情。这里反映出苏格拉底学派与智者学派之间另一方面的奇妙关联。从这样一个角度,也就不难理解犬儒学派和斯多葛学派的观点随着马其顿对希腊诸邦的征服大行其道的事实,因为早在城邦解体之前,其公民的精神世界已经在很大程度上事先解体了。

在《法律篇》中,对公民们的约束与《国家篇》相比有所松动,特别是他们被允许拥有自己的家庭和财产。这表明,柏拉图对人的本性或者说物欲做出了一定的让步。但即便如此,公民利益与城邦利益的高度一致仍然是美格尼西亚的一项最基本的要求。与此相适应,其立法的目的也就不是对某个特殊阶层利益的保护或者不同阶层利益的谐调,而是对城邦整体利益的增进。柏拉图表示:"我们认为,那种不是为了城邦的整体利益而制定的法律不过是虚假的法律,如果某项法律偏袒了城邦中某个部分的特殊利益,那么它的制定者便不能被称为公民而不过是些朋党之徒,而那些以为此种法律能够得到遵守的人也不过是在痴心妄想。"①也可以说，在公民与城邦的关系方面，通过《法律篇》倒是能够对柏拉图在《国家篇》中提出的思想获得更深一步的理解，因为柏拉图认为，前者意味着在可能的情况下对后者的实践。

亚里士多德和柏拉图的政治思想最具一致性的方面，恐怕就是他们对公民与城邦关系的认识。亚里士多德也明确表示，人只有成为城邦的公民才能真正实现其本质。他认为，为了满足自然的需要，人们建立了不同层次的社会组织，首先是家庭，其次是村落，最后则是城邦："当多个村落为了满足生活需要，以及为了生活得美好结合成一个完全的共同体，大到足以自足或者近于自足时，城邦就产生了。如果早期的共同体形式是自然的，那么城邦也是自然的。"②他还指出："我们看到，所有城邦都是某种共同体，所有共同体都是为着某种善而建立的（因为人的一切行为都是为着他们所认为的善），很显然，由于所有的共同体旨在追求某种善，因而，所有共同体中最崇高、最有权威，并且包含了一切其他共同体的共同体，所追求的一定是至善。这种共同体就是所谓的城邦或政治共同体。"③

对城邦乃是人类自然形成的社会组织发展的顶点这一论断，亚里士多德提出了两方面的理由，一方面是解释性的，另一方面则是形而上学性质的。就前者而言，亚里士多德认为，人之所以不同于其他动物，在于人能够掌握和使用语言（在古希腊文中，语言与逻辑、理性是同一个词——logos），而人类的语言与其他动物发出的声音的区别，则体现在后者不过是表达喜怒哀乐等情绪的手段，前者却以说明是非善恶的观念，尤其是关于正义的观念为目标。换言之，对道德和伦理观念的表达乃是语言的基本功能，或者说语言的本质，而人类对语言的使用与人类对是非善恶观念的掌握则是同一事物的两个侧面。由于语言实际上只能存在于人与人之间，所以家庭与城邦等社会性的结合就是人类自然需要的体现，它们既是语言的结合，也是是非善恶以及正义观念的结合。亚里士多德显然认为，是非善恶等观念本身就是一种社会性的观念，它们以社会交往为前提，也只有在社会交往中才能获得真实的意义。人既然掌握了语言这一社会交往的工具，并且能够理解是非善恶的观念，那么他们就注定是一种社会的动物。

就后者而言，亚里士多德认为，任何事物，只有在其发展的终点才能表现

---

① Plato, *The Laws*, p.173. 柏拉图：《法篇》，载《柏拉图全集》第三卷，第474页。
② 亚里士多德：《政治学》，载《亚里士多德全集》第Ⅸ卷，第6页；参见吴译本，第7页。
③ 同上书，第3页。

出自己的全部特性,比如说一粒橡树籽,就只有在它成长为一株真正的橡树时才能展示其本质。人也是如此,虽然他的本性中包括了社会生活的一面,但只有在城邦里,作为城邦的公民,他才能真正实现人的价值。① 因此,城邦不仅出于人类生活的实际需要,更重要的是它还具有深刻的伦理意义,就是说:"城邦的形成出于人类'生活'的发展,而其实际的存在却是为了'优良的生活'。"②它"是若干家庭或种族(应为"部族",据吴译《政治学》校改。——引者)结合成的保障优良生活的共同体,以完美的、自足的生活为目标"。因此,"政治共同体的确立应以高尚的行为为目标,而不是单单为了共同的生活"③;"一位精明的立法者会考虑如何使所有的城邦和种族彼此结合在一起,和如何使人们过上优良的生活和尽可能地享有幸福"④。在此基础上,亚里士多德得出了他关于城邦与公民关系的非常著名的结论:"由此可见,城邦显然是自然的产物,人天生是一种政治动物,在本性上而非偶然地脱离城邦的人,他要么是一位超人,要么是一个鄙夫。"⑤

　　作为亚历山大的老师,亚里士多德不仅亲眼看到了马其顿对希腊各城邦的征服以及马其顿帝国的建立,而且对与希腊城邦同时存在的东方各大帝国,像埃及和波斯帝国也不乏了解,但一个非常奇怪的现象,就是在他的政治学著作中对帝国这种政治形态几乎没有进行任何认真的探讨。这并不是因为亚里士多德对现实政治的发展和变化熟视无睹,而只能说明城邦观念在他的思想中根深蒂固。⑥ 亚里士多德相信,在各种自然"长成的"社会组织中,城

---

　　① 亚里士多德的目的论要点是:一切存在物都包括四个方面,即物质因、形式因、动力因和目的因。物质因决定事物的基础,形式因决定事物的本质,是其之所是,是植物的生命,是人类的思想。动力因导致行动,一切存在皆意欲达到其所能够达到的完善程度即其目的,也就是它所能够接受的、可现实的形式,这就是它的行动。存在之善即在于朝向目的的行动。至善之物即其中已经不再剩下任何力量,或者说已经将全部力量转变为行动之物;任何事物只要其中还包含了某些可以转化的力量就都尚未达致完善。
　　② 亚里士多德:《政治学》,商务印书馆1965年版,第7页。参照Benjamin Jowett 和 Harris Rackham 的英译本,吴译更接近原意。参见亚里士多德:《政治学》,载《亚里士多德全集》第Ⅸ卷,第6页。
　　③ 亚里士多德:《政治学》,载《亚里士多德全集》第Ⅸ卷,第92页;参见吴译本,第140页。
　　④ 亚里士多德:《政治学》,载《亚里士多德全集》第Ⅸ卷,第236页;参见吴译本,第348页。
　　⑤ 亚里士多德:《政治学》,载《亚里士多德全集》第Ⅸ卷,第6页;参见吴译本,第7—8页。在别的地方,亚里士多德又表示:"不能在社会中生存的东西或因为自足而无此需要的东西,就不是城邦的一个部分,它要么是野兽,要么是个神。"(亚里士多德:《政治学》,载《亚里士多德全集》第Ⅸ卷,第7页。吴译本,第9页。)
　　⑥ 罗素就认为,亚历山大对亚里士多德的影响如此之小是一件让人不可思议的事情,"亚里士多德对政治的思考竟至于轻易地遗漏掉了一个事实,即城邦时代已经让位于帝国时代了"(罗素:《西方哲学史》上卷,何兆武、李约瑟译,北京:商务印书馆1963年版,第210页)。

邦之所以最为完满,是因为它本身已经达到了"自足"的程度,在城邦里,人的一切需求(物质生活,尤其是道德生活的需求)都已经能够得到充分满足;至于比城邦更大的政治组织,则因为不过是一些人为的、亦即"非自然"的创造,所以不需要加以认真对待。亚里士多德表达过这样的观点:"大多数人谋求建立统治众多臣民的帝国,为的是借这个好时机大发横财"①,但这样做的"结果竟然是人人都偏离了高尚的生活"②;至于城邦之间结成军事或者经济联盟的场合,"他们彼此结成同盟,但仅仅针对各种不公正的侵害行为,在那些思想敏锐的人看来,这仍然算不上是一个城邦",因为"一个城邦并不是空间方面的共同体,也不是单单为了防止不公正的侵害行为或保证双方的贸易往来"③。

因为亚里士多德与柏拉图一样,相信城邦这样一种政治体不仅为人类物质生活所必需,而且具有某种不可替代的伦理意义,所以他自然也完全认同后者关于政治团体以达成"最高程度的一致性"为至善的观点。④ 就此而言,在柏拉图和亚里士多德的思想中都存在着某种社会有机体论的因素,即把公民作为城邦的一个有机组成部分,这种思想在后来的政治学家当中还会不断得到体现。只不过,亚里士多德与柏拉图不同,并不要求公民彻底放弃一切个人私利,并且仅以城邦利益作为自己唯一的追求。他希望寻找一种政治方式,通过这种方式,城邦能够为每一位公民的参与提供可能而不论其财产、出身与能力,公民则能够在其个人利益与城邦利益之间找到某种平衡。作为一位现实主义的思想家,亚里士多德意识到,完全取消个人利益的所谓"共同利益"与建立在沙漠之上的大厦并无二致,因为对个人利益的追求出自人的本性,在不能妥善处理公私之间利益关系的情况下,"一件事物为愈多的人所共有则人们对它的关心便愈少。任何人主要考虑的是他自己,对公共利益几乎很少顾及,如果顾及那也只是在其与他个人利益相关时。除了其他一些考虑外,人们一旦期望某事情由他人来经手,那么他便会更多地倾向于忽视这一事情"⑤。

亚里士多德因此认为,城邦不仅应该保护公民正当的个人利益,也应该允许公民利益之间存在一定的差别。他曾就此对柏拉图进行了明确的批判,

---

① 亚里士多德:《政治学》,载《亚里士多德全集》第Ⅸ卷,第261页。
② 同上。
③ 同上书,第92页。
④ 同上书,第34页;参见吴译本,第47页。
⑤ 同上书,第35页。

认为在柏拉图的《国家篇》设计的社会中,"人们将要过的生活似乎是根本不可能实现的。苏格拉底的错误就在于他由以出发的前提是虚假的。无论是就家庭还是就城邦来说,应当存在着一致性,但只是就某些方面而言。有一点,如果一个城邦达到了这种一致性,那么它就不再是一个城邦,或者它虽然实际上还存在着,但将会成为一个劣等城邦,就像同音的和谐,或已经变成了单一音步的节律"①。亚里士多德还指出:"他(指苏格拉底。——引者)剥夺了武士的幸福,并说立法者应当为整个城邦谋幸福。但是,如果整个城邦的大多数,或所有人或某些人没有享受到幸福,整个城邦就不可能有幸福可言。"②"如果武士们无幸福可言,那谁又会幸福呢?"③

实际上,亚里士多德不仅对《国家篇》中提出的共产制和公妻制等极端措施严加指责,就是对《法律篇》中的种种设想,他也一一指出其悖谬之处。亚里士多德相信,如果真的把柏拉图的构想付诸实践,那么由此带来的问题肯定要比能够解决的问题更多。④ 当然,这里体现出亚里士多德与柏拉图在物质利益与个人幸福的关系问题上具有不同理解。按照柏拉图的观点,理想城邦中的护卫者和统治者虽然被剥夺了诸如家庭与财产这些利益,但他们却因此而能够享有按照正义原则生活的快乐,也就自然会因此而感到幸福,并且实现他们真正的利益;至于亚里士多德认为他们并不快乐,那是因为他对利益和幸福等问题的认识又在一定程度上回复到了常识的水平。

二、秩序、正义与平等

古希腊的思想家们都相信,城邦的存在是为了追求某种超越个人利益之上的善,这种善就是"正义",它体现在城邦的各个方面,并且主要通过城邦制度的安排以及城邦的政治活动加以实现。比如说,被改革家梭伦推崇备至的雅典德尔菲神庙的神谕"无过,无不及"本身就被视为正义的基本要求。梭伦从这项原则出发,试图找到某种能够平衡雅典城邦各阶层利益的制度安排,而他最终的失败则表明,这种平衡如果不是根本就找不到,其建立起来也是非常困难。梭伦的失败提出了两个具有根本性的问题,那就是:城邦能否在

---

① 亚里士多德:《政治学》,载《亚里士多德全集》第Ⅸ卷,第40—41页。
② 同上书,第43页。
③ 同上。
④ 同上书,第43页以下。

各个具有不同物质利益甚至政治观念的阶层和集团之间充当不偏不倚的仲裁者？正义本身,是否就来自于不同利益与观念在某种程度上的调和或者平衡？

　　在远古时代,正义往往意味着对城邦传统的生活方式和道德观念的认同与维护,因而"诚实"、"守信"等个人品德便成为正义的典型体现。但大概也正是从梭伦改革开始,人们对正义的探讨转入了一个新的方向,即更多地把正义理解为某种政治制度和社会安排的结果,从而由实质性的正义观念转向了程序性的正义观念。① 对正义的程序性理解,是政治学的正义理论区别于伦理学的正义理论的一个基本方面。柏拉图的正义理论不同于传统的正义观念,也正因为它更多地表达了一种对正义的程序性理解,从而使之能够在很大程度上超越对个人品性的关注,转入对更具普遍性的制度问题的政治哲学探讨,并且最终通过制度正义界定个人的正义。② 柏拉图相信:"只有通过真正的哲学,只有从这种哲学的高度,人们才能认识正义的本质所在,无论城邦的正义还是个人的正义都概莫能外。"③

　　《国家篇》整部著作也可以被称为"正义论"④,因为这部书自始至终,通篇讨论的都是正义问题。讨论的缘起,是苏格拉底发现他的朋友们(也是他的辩论对手)对"什么是正义"各执一词,而且争执不下。由于柏拉图(即书中的苏格拉底)相信个人的正义与城邦的正义是一致的⑤,而且讨论城邦的正义——一种放大了的个人的正义——比直接讨论个人的正义更容易,所以

---

　　① 当然,这两种理解其实一直都存在,但在不同的时代和不同的思想家当中,侧重会有明显的不同,它们也可以相应地被视为个人的正义与制度的正义。可以参见罗尔斯在《正义论》一书中对于两者关系的论述。Cf. John Rawls, *A Theory of Justice*, pp.6-7.

　　② 在人性的问题上,柏拉图基本上持一种无善无恶论,认为世间的恶并非个人意志而是制度的产物(见《蒂迈欧篇》,《柏拉图全集》第三卷,第339页;《法律篇》,同上书,第537—538页;《普罗泰戈拉篇》,载《柏拉图全集》第一卷,第484页),而政治的目的就在于使人向善(《高尔吉亚篇》,同上书,第411—412页)。

　　③ Plato, Epistle Ⅶ. 参见柏拉图:《第七封信》,载《柏拉图全集》第四卷,第80页。

　　④ 按照第欧根尼的说法,特拉叙洛(Thrasylus)曾经为柏拉图的对话分组,并且给每一篇对话起了一个副标题,其中《国家篇》的副标题就是"正义论"(Diogenes Laertius, *Lives of Eminent Philosophers*, p.331)。

　　⑤ 这种观点基本上被亚里士多德所继承,亚里士多德表示:"既然个别的人与城邦共同体所追求的是同一目的,那么最优秀的个人和最优秀的政体必须也具有同一目标。"(亚里士多德:《政治学》,载《亚里士多德全集》中文版,第九卷,第262页。)强调公德与私德的一致性,这是古典政治思想的一个共同特点。只有到近代的马基雅弗利那里,个人的品德与政治的品德才被清晰地区分开来。当然,思想复杂程度如亚里士多德者往往会指出,任何事物都存在着另一面,即某人"即使不具有一个善良之人应具有的德性,也有可能成为一个良好的公民"(同上书,第79页)。

《国家篇》转而进入对完善的城邦亦即正义的城邦的探讨,从个人的正义转而研究制度的正义。①

在辩论的开始,苏格拉底的对手们对正义概念提出了诸多基于传统或者时下流行的观念的定义。然而,传统观念如"有话实说"、"借债照还"、"把善给予友人,把恶给予敌人"、"帮助朋友,伤害敌人"、"正义是智慧",流行的观念如智者色拉叙马霍斯等人主张的"正义就是强者的利益"、格劳孔主张的正义是强者和弱者之间的平衡("正义的本质就是最好与最坏的折中")或者正义是"法律的强制"等等都一一遭到苏格拉底的驳斥。当然,在辩论过程中,柏拉图思想的代言人苏格拉底也明显地采用了智者学派常用的手法,甚至不乏诡辩色彩,最终引导他的对手们慢慢走上了他预设的思路。

柏拉图认为,各种传统和流行的正义观念都不适当地与某种狭隘的利益相关联,这是人们对正义的理解莫衷一是的根本原因。至于他本人希望找到的,恰恰是一种能够超越各种具体情境的、客观的、普遍的正义标准。正如柏拉图自己所说:"我们需要的关于人的看法一定要以我们已经发现了的正义性质为前提,我们已经证明,无论拥有正义的人在其他人眼中是否正义,正义对他来说都是有益的。"②不过应该说,柏拉图采用的论证方法在逻辑上并不十分严密(虽然我们可以对他的论证进行更具有逻辑性的重建)。他并没有直接论述什么是正义,而是把个人的正义等同于城邦的正义,并且假设完善的城邦必然同时是正义的城邦。这样,经过一系列替换,正义问题便转化为一个城邦如何才能得以完善的问题。柏拉图自己表示:"在建立我们的城邦时,我们关注的目标并不是个人的幸福,而是作为整体的城邦所可能得到的最大幸福。因为我们认为,在这样构成的城邦中我们最有可能发现正义,就好像在一个统治得最差的城邦里最有可能找到不义一样。"③换言之,柏拉图断定,一个能够促进全体公民最大幸福的城邦就是完善的城邦,而这个城邦据以建立的原则必定就是正义的原则。然而,对什么是全体公民的最大幸福这个问题,柏拉图却多多少少采取了回避的态度,因为所谓的"最大幸福"既

---

① 这样一种安排其实富有深意。正如辩论参与者们的观点所表明的,在当时的雅典,道德上的相对主义已经根深蒂固,这表现在人们关于什么是正义、什么是美德的观念已经极度混乱。在此情形之下,如果不超越对个人品性的争论,人们大概永远也不可能在正义问题上达成一致的看法。所以,柏拉图转而探讨制度的正义问题,恰恰是为了克服道德上的相对主义,寻找一种具有普遍性和超越性的正义标准。
② 柏拉图:《国家篇》,载《柏拉图全集》第二卷,第356页。
③ 同上书,第390页。

可以被理解为公民物质财富的丰裕，也可以被理解为公民之间的普遍平等，或者全体公民对城邦政治的参与，等等。可以看出，柏拉图在这里实际上采取了一种循环论证的做法，因为他所理解的幸福，原来就是对正义的遵从。这样，《国家篇》中关于正义的逻辑就可以简化为：一个城邦之所以能够实现正义，是因为它为其公民提供了最大的幸福；而一个城邦之所以能够达致最大的幸福，又恰恰因为它是最正义的城邦。

柏拉图设想，在一个完善的城邦里一定存在以下这些方面的美德，即"她显然是智慧的、勇敢的、节制的和正义的"①。这几种美德之间应该构成确定的关系，即由智慧占据统治地位，勇敢和节制服从智慧的指导。具体到组成这个国家的成员身上，就是由最富有智慧的哲学家作为统治者，而以勇敢作为主要特性的护卫者以及必须以节制约束其欲望的劳动者则完全服从前者的统治。这三类人应各安其分，各尽其责。柏拉图认为，三种美德以及城邦中三个等级之间的这种有序关系就是正义之所在，即"正义就是做自己分内的事和拥有属于自己的东西"②。或者说，"如果商人、辅助者和卫士在国家中都做他自己的事，发挥其特定的功能，那么这就是正义，就能使整个城邦正义"③。城邦的正义一旦被找到，个人的正义问题也就迎刃而解。因为柏拉图认为，在每个个人身上同样也存在着智慧、勇敢和节制这三种不同的特质，而只有当他服从智慧的指导，并且适度地展现勇敢与节制的品质时，他才成为一个正义的个人，即"每个人都要使自身的每个部分各司其职，这样的话，一个人就是正义的，也是做他分内的事"④。

可见，柏拉图所理解的正义实际上是一种秩序。城邦的正义取决于每个成员对这种秩序的参与和遵从，城邦中个人的正义则取决于在其精神状态中对这种秩序的维持。那么，对城邦公民个人而言，他在正义方面必然具有的双重身份（即作为正义的城邦的成员与作为正义的个人）是否有可能出现相互矛盾？比如说作为一名工匠，他显然既没有智慧也并不勇敢，因此才会得到劳动者的地位。可是作为一位正义的个人，他必须同时还处于自身理性的指导和控制之下，而不论他的智慧比起统治者和护卫者们来说是多么微不足道。柏拉图在这里显然忽略了一个矛盾——一位劳动者如果能够以理性自

---

① 柏拉图：《国家篇》，载《柏拉图全集》第二卷，第400页。
② 同上书，第410页。
③ 同上书，第411页。
④ 同上书，第421页。

我控制,那么他与那些以智慧见长的统治者区别何在?是否仅仅是智慧程度上的差别?如果是这样的话,那么柏拉图对公民之间三个等级的划分就可能难以成立。另一种可能是劳动者实际上并不能支配自己的欲望和冲动,而必须依靠别人的理性的控制(即他们并不"本分"),那么此时城邦虽然仍然可以说处于正义状态,但这些被别人控制的人却不能被认为是正义的个人。为什么正义的城邦之中出现了不正义的个人?对此可以有一种解释,即柏拉图关注的重点其实是城邦而非个人,是精英而非民众,因为能够真正保持其双重身份同时处于正义状态的,其实只有贵为统治者的少数个人;而统治者之外的其他人则只能通过"强制或者说服"获得正义。① 这个问题换一个提法,就是柏拉图所设想的城邦制度到底是正义本身的体现,还是实现正义的途径?是每一位成员都因此而得到了正义,还是他们为了城邦的利益而全部被贬抑为达致正义的手段?② 当然,柏拉图本人很可能并不认为存在着这样的问题,因为在理想的城邦中,公民根本就不可能拥有外在于和独立于城邦利益的个人利益,每个公民都只是城邦的成员而非独立的个体。③ 后世之所以有不少人把柏拉图视为极权主义的先驱,他所设想的这样一种国家与公民的关系是一个根本的原因。

虽然柏拉图始终认为,正义本身是一种幸福而绝非不幸,但幸福的标准却必须由城邦加以界定,因为对幸福与否的理解,显然不能建立在意见、即普通人非理性的判断基础之上。柏拉图自己表示,城邦中每一个阶层的幸福都不能从他们自身的角度理解,而必须在整个城邦的高度加以认识,特别是必须使"辅助者和卫士受到约束和劝导,要他们竭尽全力地做好自己的工作,对其他人也要这样做。这样一来,整个城邦将得到发展和良好的治理,每一类人都将得到天性赋予他们的那一份幸福。"④柏拉图在这里使用了"天性"亦即

---

① 由此可见,一个正义的国家并非排除了强制与暴力的国家,甚至也不是一个消除了欺骗与谎言的国家。柏拉图自己就曾经表示,为了使被统治者安于自己在城邦中的角色和地位,可以通过"高尚的谎言"对其加以欺骗(柏拉图:《国家篇》,载《柏拉图全集》第二卷,第386—387页)。

② 当然,这是一个康德式的问题,即在这个城邦中是否有人被降低为单纯的工具。

③ 亚里士多德注意到了这一点,他指出:"如果一个城邦不可能完全由善良之人组成,而又要求每一位公民恪尽职守,做到这一点又有赖于各人的德性;那么,既然全部公民不可能彼此完全相同,公民和善良之人的德性就不会是同一种。"(亚里士多德:《政治学》,载《亚里士多德全集》中文版,第九卷,第79页。)显然,亚里士多德是通过把"好人"和"好公民"的标准(前者为 areté,后者为 vertu)区分开来,避免了柏拉图所面临的困难。如果套用亚里士多德的逻辑则可以认为,柏拉图理想国中第三个等级的人由于缺乏智慧,因而没有成为好公民的资格,但作为人,他们必须恪尽职守,因为那是做人的本分。

④ 柏拉图:《国家篇》,载《柏拉图全集》第二卷,第391页。

自然这一概念,指的显然是一种与习俗相反的对个人利益与个人幸福的理解。他还进一步指出:"我们的立法不涉及这个国家中某个阶层的具体幸福,而是想要为整个城邦造就一个环境,通过说服和强制的手段使全体公民彼此协调合作,要求他们把各自能为集体提供的利益与他人分享。这种环境本身在城邦里造就这样的人,不是让他们随心所欲,各行其是,而是用他们来团结这个共同体。"①也许,在柏拉图的理想国中,国家作为整体是幸福的,但组成国家的各个阶级却未必幸福。② 但是,在组成一个国家的各个阶级都没有幸福的时候,国家的幸福又意味着什么呢?③

亚里士多德显然并不同意柏拉图对正义的这种理解。虽然亚里士多德本人也相信城邦中必须存在某种基本的利益一致性,强调正义在城邦政治生活中的重要意义,相信"公正(即正义。——引者)是为政的准绳"④,并且也相信维护正义乃是国家的基本职能,但他同时又指出,柏拉图至少在两个方面犯有理想化和极端化的错误。首先,不应该完全以城邦的整体利益替代个人利益,因为这两者之间存在不能相互约简之处;其次,不应该完全以公民的个人能力作为他们在城邦中能够拥有的地位的唯一标准、并视之为正义的体现。换言之,亚里士多德认为,城邦中不可避免地存在着利益的多样性,既有城邦的利益,也有个人的利益,而个人的利益又包括诸多方面,比如基于出身的利益、基于财产的利益、由个人能力和对城邦的贡献而产生的利益等等,而这一切,在城邦的政治安排中都必须得到反映。只有对所有这些方面都加以平衡之后,才有可能谈得上真正的正义。

这里再次反映出亚里士多德的现实主义风格,即对人类现实处境的体认及对人类基本要求的尊重。具体到正义问题上,亚里士多德抛弃了柏拉图那种完全从理性出发进行抽象推论的做法,他宁愿立足于常识基础之上,构建一种能够被普通人理解和接受的理论。简而言之,亚里士多德的正义理论具有两个方面的特征。第一,这只是一种庸常的理论。由于意识到现实生活中

---

① 柏拉图:《国家篇》,载《柏拉图全集》第二卷,第517页,着重号为引者所加。
② 即使是作为统治者的哲学家们也面临着一种困难的选择。在柏拉图看来,最高层次的生活应该是沉思的生活(bios theoretikós),但作为统治者,他们必须介入实际的政治过程,这样,他们的双重身份之间就会出现矛盾:对于现实政治的思考可能妨碍他们的哲学研究,而他们对哲学的投入则可能使他们不能尽统治者之职。或者换一个角度说,苏格拉底曾经面临的哲学家与公民身份之间的冲突在柏拉图的理想国中同样会表现出来。Cf. Roger Labrousse, *Introduction a la philosophie politique*, pp. 59-60.
③ Cf. Paul Janet, *Histoire de la science politique dans ses rapports avec la morle*, Tome I, p. 204.
④ 亚里士多德:《政治学》,载《亚里士多德全集》第Ⅸ卷,第7页。

正义问题的复杂性,亚里士多德并不希望确立某种普遍适用的、严格的正义标准,他的目的仅仅是勾画出正义问题的基本面貌,并且提出某些一般性的原则。用他自己的话来说,就是:"不能期待一切理论都同样确切,正如不能期待人工制品都同样精致一样。政治学考察高尚和正义,但这些概念相互间差异极大,变化多端。有人认为它们只是出于约定,而非出于自然。善自身也同样是多变的。……既然以这样多变的观念为前提,人们也只能概略地、提纲挈领地来指明这一主题的真理性,对于只是经常如此的事物并且从这样的前提出发只能概略地说明。……每个受过教育的人,只能在事物本性所允许的范围内,去寻求每一种事物的确切性。"①第二,亚里士多德的正义理论强调,对每个人予以某种平等的关注,是正义的基本要求。他表示:"政治上的善就是公正(即正义。——引者),也就是全体公民的共同利益。人人都把公正看作某种平等,并在一定程度上同意我们在伦理学著作中所做的哲学论证。"②

  在立足于现实的、细密深入的分析基础之上,亚里士多德对正义问题进行了系统而全面的阐述。应该说,亚里士多德的正义理论是他对西方政治思想的一大贡献。他明确提出,实际上存在着两种不同的正义,它们具有其各自的合理性。正义问题上出现的各种纷争,在相当程度上就是因为人们往往混淆了两者,或者走向了其中的某个极端。两种正义中,第一种是政治体对荣誉或者金钱之类进行分配时所体现出来的正义,在这种分配中,一个人的所得可以与另一个人相同或者不同;第二种则是在人与人的相互关系中体现出来的、具有某种矫正功能的正义,这种正义要求对所涉及的每一方都进行平等的考虑。③ 亚里士多德分别称之为分配的正义与交换的正义,而真正的正义,就在于两方面的适度平衡。

  具体说,所谓分配的正义就是指根据个人不同的地位、财产、能力或者贡献等因素对他们予以相应的待遇;而交换的正义则是指无差别地对一切人平等相待。亚里士多德指出,两种类型的正义虽然一者强调差异,一者强调均等,但归根到底,它们都是平等要求的不同体现,或者说代表了两种不同意义

---

① 亚里士多德:《尼各马科伦理学》,载《亚里士多德全集》第Ⅷ卷,第 5 页。
② 亚里士多德:《政治学》,商务印书馆 1965 年版,第 148 页。
③ 亚里士多德:《尼各马科伦理学》,载《亚里士多德全集》第Ⅷ卷,第 97、101 页。

上的平等,即比值的平等与数量的平等。① 前者要求不同情况区别对待,后者则要求相同情况同等对待。亚里士多德发现,在实际政治生活中,人们往往强调正义的某一方面而忽视了另外的一方面。比如在寡头政治中,公民们按其所拥有的财产数量被赋予不同的权力与地位,至于人之为人或者说公民之作为公民的平等的一面则没有得到任何考虑;另一方面,在民主政体中,公民们地位完全平等,他们无差别地参与政治生活并分享政治权力,而人与人之间不可能甚至不应该平等的一些因素,像财产、出身、能力乃至贡献等方面的差异在政治生活中则得不到任何体现与保障。亚里士多德认为,这两种政体分别代表了两个极端,并且都因其片面强调正义的某个方面而在实际上陷入不义,从而导致种种矛盾与冲突不断产生。显然,从亚里士多德的上述观点来看,柏拉图那种完全根据公民的能力,把他们分为三个具有森严界限的等级的构想,其实并没有多少正义可言。②

亚里士多德在正义问题上的基本立场是:"显然,正义的行为就是在不正义的行为与受到不正义的对待之间的一种中庸状态。"③与这一理解相一致,亚里士多德提出了以下对正义的大致规定:"平等就是对所有同等的人一视同仁,而背离了公正原则建立起来的政体是很难维持其存在的。……当然,统治者们确实胜过被统治者,这一点无可置疑。故立法者应该筹谋,如何对待两者的差异以及让他们以何种方式加入政体。"④简言之,亚里士多德认为,所谓正义,就是在应该平等的方面给人们以平等的待遇,而在不应该平等的方面则对人们进行区别对待。至于什么"应该"平等,什么"应该"不平等,以

---

① "平等有两种:数目上的平等与以价值或才德而定的平等。我所说的数目上的平等是指在数量或大小方面与人相同或相等;依据价值或才德的平等则指在比例上的平等。"亚里士多德:《政治学》,载《亚里士多德全集》第Ⅸ卷,第163页。亚里士多德有的时候也称之为"比例上的均等"与"算术上的均等",参见亚里士多德:《尼各马科伦理学》,载《亚里士多德全集》第Ⅷ卷,第107页。当然,亚里士多德并不是首先发现两种平等的人。柏拉图在《法律篇》中已经指出,存在着两种不同的平等。一种是"度量衡"的平等,另一种则是"更好、更高级的平等",柏拉图并且提出,实际的政治安排中,应该对这两种平等予以一定的平衡。参见柏拉图:《法篇》,载《柏拉图全集》第三卷,第513页。

② 当然,必须指出的是,无论亚里士多德对柏拉图提出了什么样的批评,无论他如何强调必须考虑个人的利益与追求,但他绝对不是一位个人主义者。近代意义上的个人主义对古典政治思想家来说是一个闻所未闻的概念。亚里士多德曾经明确表示:"不能认为每一位公民属于他自己,而要认为所有公民都属于城邦,每个公民都是城邦的一部分,因而对每一部分的关心应当同对整体的关心符合一致。"在这一点上,他与柏拉图具有完全相同的立场。(亚里士多德:《政治学》,载《亚里士多德全集》第Ⅸ卷,第271页。)

③ Aristotle, *Nicomachean Ethics*, Kitchener, Batioche Books, 1999, p.81. 参见亚里士多德:《尼各马科伦理学》,载《亚里士多德全集》第Ⅷ卷,第103页。

④ 亚里士多德:《政治学》,载《亚里士多德全集》第Ⅸ卷,第258页。

及如何体现这些平等与不平等,则还必须根据具体情景,特别是联系不同的政体予以分析并给出相应的回答。

  作为一位现实主义的思想家,亚里士多德政治学的一个基本方面,是对现实生活中所存在的各类政体(当然,这里指的是所谓的正态政体而非变态政体,见第三章)都予以了不同程度的认可。因此,虽然他也乐意对理想的政体做出某些描述,但并不像柏拉图那样以此否定现存的一切政治制度。亚里士多德正是基于这一前提认为,正义本身也并非某种抽象的绝对观念,不同的政体必然使其具有不同的内涵。比如说,在君主政体之下,德行将成为分配正义的基本依据,而在寡头政体之下,财富因素的作用便不可忽视。关键是它们都不能被推向极端,都必须得到其他因素的平衡与补充。极端的寡头政体和极端的民主政体之所以违背正义,就是因为在这两种政体下,寡头派和平民派都分别把自己的利益视为普遍利益,而其他社会阶层与阶级的利益完全遭到排斥。从亚里士多德的这种逻辑还可以得出一个自然的结论,那就是任何一种纯粹的政体——无论是君主制、贵族制,还是寡头制、民主制——都不可能成为理想的政体,因为它们都因趋于极端而不能实现真正的正义。理想的政体应该混合正义各方面的标准,因为在任何一个现实的社会中都必然会存在不同的利益与要求,只有尽可能使它们在政治中得到反映与平衡,城邦才有可能长治久安。比如在平民政体之下"应该保护富室",而在寡头政体之下则必须"从多方面关心穷人"。① 用亚里士多德自己的话来说,就是"假如财富和自由是必需的条件,正直和政治上的光明磊落也是不可缺少的要求。因为没有前两种条件城邦就无法维持存在,没有后两种城邦内就不可能安居乐业"②。这便是他著名的"混合政体"理论的基本出发点。

  亚里士多德不仅在理论上对正义的各种形态进行了辨析,而且对实际的政治生活中如何实践这些正义原则也予以了极大的关注。为实现政治正义,亚里士多德首先强调,正义原则必须严格地由法律加以规定,而不能为统治者的个人意志所左右。他相信,无论在什么样的情况下,无论正义原则的具体表现形式如何,对正义的城邦,有一项原则却是共同的,那就是法治。"公正只对那些法律所适用的人才存在,法律只存在于不公正的人们中,判决就是公正和不公正的判别。"③但另一方面,亚里士多德也充分意识到,法律不可

---

① 亚里士多德:《政治学》,载《亚里士多德全集》第Ⅸ卷,第186页。
② 同上书,第99页。
③ 亚里士多德:《尼各马科伦理学》,载《亚里士多德全集》第Ⅷ卷,第107页。

能预见到实际生活中千差万别的具体情形,因而对法律的公正实施就成为一种高度的政治艺术,一种"实践的智慧",亚里士多德称之为"衡平":"公平虽然就是公正,但并不是法律上的公正,而是对法律的纠正。其原因在于,全部法律都是普遍的,然而在某种场合下,只说一些普遍的真理,不能称为正确。就是在那些必须讲普遍道理的地方,也不见得正确。因为法律是针对大多数,虽然对过错也不是无所知。不过法律仍然是正确的,因为过错并不在法律之中,也不在立法者中,而在事物的本性之中……尽管立法者说了一些笼统的话,有所忽略和出现失误,那么这些缺点的矫正就是正确。如若立法者在场,他自己会这样做;如若他知道了,自己就会把所缺少的规定放在法律中了。所以公平就是公正,它之优于公正,并不是一般的公正,而是由于普遍而带了缺点的公正。纠正法律普遍性所带来的缺点,正是公正的本性。"①就此而言,在具体情势下对公正的实践,就成为一件比在抽象意义上了解公正更为困难和复杂的事情。

三、城邦之后的政治与人

在柏拉图和亚里士多德的思想中一再得到强调的古希腊关于公民与城邦关系的传统观念,伴随着马其顿帝国以及罗马帝国对希腊世界②的先后征服而发生了根本性的变化。这种变化的结果,就是一种新的、以个人为中心的政治思想的产生。

古希腊政治思想的这一重大转折,应该归因于政治现实和政治观念两个方面演化的结果。就前者而言,由于马其顿和罗马对希腊诸城邦的征服,各城邦再也不可能作为自足的政治单元存在,而是变成了庞大帝国一些微不足道的组成部分,希腊人所习惯的、以城邦为中心的政治和社会生活在很大的程度上也随之变成了历史的回忆。虽然某些古老的城邦,如雅典等仍然保留着一定程度的自治和它们原来的宗教信仰,但城邦与公民之间旧日那种强烈的情感纽带已经大为松弛,取而代之充实人们精神生活的,是东方的神秘宗教、占星术及各种声称能够为人们免除厄运的秘密崇拜。昔日的希腊公民从

---

① 亚里士多德:《尼各马科伦理学》,载《亚里士多德全集》第Ⅷ卷,第117页。
② 马其顿和罗马征服希腊城邦之后到罗马帝国完全确立之间的一段时间(约公元前4世纪至公元前1世纪)在历史上被称为"希腊化"时期。这一时期,希腊文化在伴随着帝国的扩展向四周迅速传播的同时,其自身也经历了巨大的变化。

此失去了精神的家园,因为他们在此之前一直把城邦的政治活动视为生活的中心内容以及人格完善的唯一途径。在突如其来的剧烈变化面前,其中一部分人在失落之余,不得不在哲学意义上重新探讨个人人格的独立价值,亦即能够不需要任何中介直接实现的个人价值。

在观念方面,正如前面所提到的,智者学派与苏格拉底学派的出现,其本身就意味着个人意识在城邦政治生活中的觉醒。苏格拉底和柏拉图严厉批判智者学派对个人利益的公开辩护,并以重建城邦利益的一致性作为自己的使命。但是,他们的努力所依据的毕竟不是城邦的传统和习俗,而是为他们所发现的理性原则或者"自然"规律。因此,虽然在苏格拉底或者柏拉图看来,智者学派背叛了他们理想中的共同体,但他们自己却也以一种不同的方式挑战着现实的城邦政治。两者的差别只在于智者学派往往强调个人的物质私利,而苏格拉底学派强调的则是个人独立的精神价值。就公民与城邦的关系来说,智者学派的破坏作用自不待言;而苏格拉底虽然通过选择死亡保留了对城邦最后的忠诚,但两者之间尖锐的矛盾已经是一个无法回避的事实,而且从逻辑上说已经没有什么因素可以阻止已经觉醒的个人意识进一步发展以致最后彻底超越城邦这一界限。

以往的学者在解释古希腊政治观念的转变时,往往只强调城邦的衰落对这一过程产生的影响,而忽略了观念本身的演化,但如此就很难理解像第欧根尼这样的人物的出现。第欧根尼信奉的犬儒主义思想在亚历山大的时代已经完全形成,他与亚历山大大帝之间的故事为人所共知①,而此时亚里士多德还在著书立说,相信"人是城邦的动物"。如果没有希腊思想本身的演变提供铺垫和准备,那么在城邦刚刚被纳入帝国政治体系的时候,希腊人当中更可能出现的应该是普遍的迷乱、而非相对完整的政治和哲学理论。实际上,促成新的政治思想产生的实践的变化与观念的变化恰恰在同一时间内、同一方向上发生了。这说明古希腊政治思想的转折具有其必然性,同时也意味着城邦传统的政治理想虽然为后人所向往,但已经无可挽回地没入了历史的深处。

还有另外一个因素影响到希腊思想的变化,那就是连绵的战祸给人们的精神世界带来的冲击。征服并不是在和平中成就的伟业,对包括思想家在内的所有人而言,它带来的都是战争、动乱、生活的贫困和颠沛流离。失去城邦保护的个人在帝国巨大的战争机器面前感到的无助、战栗与恐惧完全可想而

---

① 第欧根尼的事迹请参阅下文。

知。在这种处境之下,宏大的政治话题如国家体制、普遍正义等对普通人来说已经变得太过遥远,人们最先面临的只能是简单的生存问题,以及如果侥幸存活下来的话,如何依靠自身的力量,获得一种能够使灵魂获得安宁的生活方式的问题。也就是说,人们的孤立与无助之感促使他们去寻找一种得以安身立命的哲学。在这种情况下,"形而上学隐退到幕后去了,个人的伦理现在变成了具有头等意义的东西。哲学不再是引导着少数一些大无畏的真理追求者们前进的火炬;它毋宁是跟随着生存斗争的后面在收拾病弱与伤残的一辆救护车"①。

希腊化时代曾经出现了四个主要的哲学流派,即怀疑派、犬儒学派、伊壁鸠鲁学派和斯多葛学派。在政治思想方面,后面三个学派对后世具有较大的影响。

犬儒学派(the Cynics)是一个非常松散的学派,它由一些生活在雅典的外邦哲学家组成,第欧根尼(Diogenes,前412—前323)是其代表人物或者象征。不过,这个学派的真正创立者是苏格拉底的弟子安提斯泰尼(Antisthenes)。苏格拉底亡故后,安提斯泰尼走上了一条与柏拉图完全不同的道路。他一改以前的生活方式,与社会下层人物交往,号召人们放弃家庭、财产、婚姻以及其他一切物质追求,并且远离政治生活。也正是从他开始,犬儒学派的学者们走出学园,以进行公开演说的方式传播其理论②,因此,这个学派的学说主要在普通人而非有教养的公民或者哲学家当中流行。

据传,第欧根尼本人写过一本名为《论城邦》的书(Politeia,柏拉图的《国家篇》同名),但该书现在已经失传,只有从其批评者那里才能得知它的部分内容。可以肯定的是,这部著作根本名不副实,因为它并不像柏拉图的同名作品那样,对理想的城邦制度进行描绘,相反,其用意是完全否定城邦在道德上和社会上的任何价值。第欧根尼通过该书中表达的一个基本观点是,城邦国家及其观念实际上是人性发展的一种致命障碍,因此任何人如果要在道德上得到完善,就必须与城邦断绝一切关系,同时放弃所谓的文明生活模式。他把城邦的法律、习俗等等看得一钱不值,提倡人们超越城邦的狭隘观念,自觉地成为"世界的公民"。正因为第欧根尼明确否定一切文明生活的价值,所以被他的论敌非常轻蔑地称为像狗(kino)一样的人,但他自己却欣然接受了

---

① 罗素:《西方哲学史》上卷,第291页。
② 根据阿里斯多芬的作品《云》判断,苏格拉底事实上也拥有自己的学校。参见施特劳斯:《苏格拉底问题·第三讲》,载刘小枫、陈少明主编:《苏格拉底问题》,第29—30页。

这一称呼,犬儒学派(cynicism,kinikos)的名称也由此流传开来。

犬儒学派认为,人与人的差别,最重要的不在于财富、地位等方面的不同,而在于上智与下愚之分。有智之人了解人本性的需要因而能够自足;而只有蠢人才会抱着传统的社会与政治生活不放。显然,在犬儒学派那里,人类能够实现自足生活的单位,已经从城邦还原到个体。因而,从他们的观点来看,亚里士多德不过是一个典型的"蠢人"。第欧根尼本人的经历是对犬儒学派的理论最好的说明。他生活在希腊文明的中心雅典却如同完全置身于荒野,住在一个破旧的大罐子里,衣不蔽体,以乞讨为生。当亚历山大大帝出于仰慕,前去拜访这位大名鼎鼎的哲学家时,他竟然躺在初升的太阳之下,对这位世界的征服者毫不客气地说:"请不要挡住我的阳光!"

一位名为鲁西安(Lucian)的犬儒主义者的话可以典型地反映这个学派的理论。他写道:"我不会需要比狮子更多的衣物,也不会需要比狗更精美的饮食。但是,我可以用整个大地做床,整个宇宙为家,选择最方便的东西为食。我不需要金银,也不需要朋友,因为正是出于对这些东西的欲求产生了人世的恶——内乱、战争、颠覆与谋杀。……但愿这些东西远离我们,但愿我能够以少于我所应该拥有的东西生存,永远不向不应该属于我的东西伸手。"①

与犬儒学派不同,由哲学家伊壁鸠鲁(Epicurus,前342—前270)建立的伊壁鸠鲁学派并不要求完全摒弃文明的生活。伊壁鸠鲁学派也被称为"享乐学派",因为它主张把个人享乐作为生活的最高目标。但是,与通常意义上的享乐主义不同,伊壁鸠鲁学派声称,所谓的享乐并非来自对欲望的满足,而是来自对痛苦的回避。伊壁鸠鲁表示,人生最大的痛苦就是受困于各种各样的恐惧——对死亡的恐惧以及由于害怕死亡而导致的对生存的恐惧,还有对来世的恐惧以及对生命中各种不测的恐惧。要克服这些恐惧,唯一的方法是对世界进行理性的认识,即一种彻底的物质主义的认识。如果人们明白死亡不过是物质运动的停止,而人在死亡之后便不存在任何知觉,那么也就不用害怕死亡;同样,如果人们明白根本不存在死亡之后的世界,那么对于来世的恐惧自然也就可以打消。因此,根据伊壁鸠鲁学派的观点,幸福的生活就是在把握自然本质基础之上获得的宁静的生活——顺从自然的需要,摆脱过分的贪欲;崇尚精神的满足,克制物质的追求。总之,幸福并不在于对外部世界的征服,而在于对自身欲望的节制。

---

① Lucian, "The Cynic", in M. D. Macleod (trans.), *Lucian*, Cambridge: Haviard University Press, 1967, Ⅷ, pp. 403−405.

伊壁鸠鲁学派也不完全排斥社会和政治活动。虽然他们否认希腊传统思想中城邦对个人而言的本体论价值,但同时又以一种实用主义的态度,承认国家乃是人们实现幸福生活所必需的公共组织。在伊壁鸠鲁看来,人都是自私的,并且具有追求幸福的本能。但是,在任何有效的政治秩序出现之前,每一个人率性而为将不可避免地使他们相互为敌,相互伤害,他们所追求的幸福生活也因此终成泡影。为了避免出现这种人所不欲的结果,人们之间才相互妥协,以某种方式订立契约,并据此制定法律、建立政治组织,以协调人们的利益。因此,人们之所以必须遵守法律,服从政府,乃是为了防止无政府状态之下可能出现的灾难;人们之所以应该维护正义,也不过是因为不义将给人们带来不利或者不便。"自然正义无非是便利的代名词,它的目的是避免冲突和避免受到伤害。"①因此,正义其实并非出于自然,而是契约的结果,没有国家和社会,便没有正义可言。按照伊壁鸠鲁学派的理论,对国家进行正义与非正义的判断显然是一件毫无意义的事情,因为正义标准本身恰恰是国家这一政治现象的产物。一个能够为人们带来更大幸福的国家就是好国家。伊壁鸠鲁能够平心静气地接受马其顿帝国的统治,正是由于这种统治给他带来了和平与秩序。伊壁鸠鲁学派这种关于政治与法律起源的典型的实用主义理论,与后来霍布斯等人提出的关于国家起源的社会契约论遥相呼应。不过,如果把伊壁鸠鲁当做最先提出社会契约论的思想家则可能有所不妥,因为这套理论与柏拉图的《国家篇》中格劳孔的观点非常相似,这至少说明,在伊壁鸠鲁的时代,所谓"社会契约论"的国家观已经不是什么新鲜事物了。

希腊化时期影响最为深远的哲学流派是斯多葛学派(the Stoics),这个学派的创始人是克拉德斯的学者芝诺(Zeno,前491—前426),并以他们在走廊(stoa)中宣传自己的学说而得名。斯多葛学派既不像犬儒学派那样无忧无虑,也不像伊壁鸠鲁学派那样对快乐孜孜以求,他们探讨的是个人如何才能获得并保持善与德行的问题。

如果抛开城邦与政治的问题,那么斯多葛学派可能是希腊化时期诸哲学流派中最具有希腊特质的,因为它相信善与德行来自于对"自然"的遵从。斯多葛学派所说的自然包括人与神的世界,在其中占据统治地位的则是神的理性,遵从自然也就是遵从这种理性。而且,这种理性是普遍永恒的,它并不会

---

① Cf. T. A. Sinclair, *A History of Greek Political Thought*, London: Routledge & Kegan Paul Ltd., 1951, p.260.

随时空而不同。因此,在斯多葛学派看来,以国家这种政治组织对人类进行划分便没有什么根据,全人类应该享有一个共同的城邦。当然,这种关于"世界城邦"的思想的出现,本身也是对当时政治现实的一种反映,因为马其顿和罗马这样的庞大帝国已经替代了原来的诸多小邦,统治着为数众多的民族。① 古罗马历史学家普鲁塔克(Plutach,46—120)曾写道:"斯多葛学派的创立者芝诺设想的国家的目标,是让我们不再像以前那样,分散在不同的城邦和民族中生活,怀有各不相同的正义观念。我们应该把所有人都视为同一个城邦和民族的成员,具有同样的生活方式和同样的秩序,有如在同一块牧场上漫步的羊群。"②

斯多葛学派另一位具有重要影响的学者克里斯普(Chrisippus,约前280—前207)就所谓的"世界城邦"表示:"正如(原有的)城邦在两个意义上——为人们提供公共生活空间以及管理机构和公民权利——为人们服务一样,世界城邦是一个包括了所有人和神的共同体。神统治,人服从。人与神之所以能够共存,是因为他们拥有共同的正义,这就是'自然法',所有的一切都因它而存在。"③在此,法被统一于自然,自然又被统一于理性,标志着对古希腊自然法传统的完成。对于自然法观念,克里斯普有一段总结性的话,他认为:自然"是神和人所有行为的真正统治者,……对于所有具有社会性的存在而言,它决定了什么是必须做的,什么是不容违反的"④。

斯多葛学派认为,虽然"世界城邦"能够为人们提供共同的生活空间,但这种城邦的实现本身却有赖于统治者对自然法,即神的理性的认识并将其运用于政治生活之中。在这方面,斯多葛学派与柏拉图有某些相似之处。但与柏拉图,同时也与传统的古希腊思想家不同的是,它同时又认为,即使不依靠国家,个人也能够获得完善的生活。换言之,公民完善的个人生活并不必然以完善的政治秩序的存在为前提;个人只要面对诸神,面对自然,超越情感与物欲的干扰就能够求得生活的完满。实际上,斯多葛学派强调,对人生来说,唯有德行才是最真实的东西。人可以失去财产、地位与荣耀,甚至失去身体的自由,但没有什么力量能够剥夺人的德行。同时,个人能否获致真正的德行,也完全取决于人们自己的心灵,而无须仰赖任何外在的因素。由此可见,

---

① 普鲁塔克曾写道:"芝诺书中(指芝诺所写的《论国家》一书。——引者)的梦想被亚历山大变成了现实。"(Cf. Jean Touchard, *Histoire des idées politiques*, Tome I, p. 51.)
② Cf. T. A. Sinclair, *A History of Greek Political Thought*, pp. 256-267.
③ Ibid., p. 257.
④ Paul E. Sigmund, *Natural Law in Political Thought*, p. 21.

即便是对斯多葛学派来说,符合自然如"世界城邦"者,其道德意义也已经大大减弱了。这说明,在人们的观念中,政治与道德的距离正在拉开。

斯多葛学派提供的是一种阳春白雪式的理论。它不像犬儒学派那样主要在普通民众中流行,也不像伊壁鸠鲁学派那样仅为隐者所青睐,它影响的主要对象是知识分子和政治精英。同时,它对个人道德的强调,以及关于世界城邦的思想也十分合乎罗马统治者的胃口,因此这个学派成为罗马帝国早期流行于上层人物中的"显学"[①]。由于这层关系,斯多葛学派的理论对罗马的政治思想和政治实践都产生了深远影响。另外,斯多葛学派关于个人完善的理论与基督教的教义也存在若干相通之处,从而又为罗马权贵们接受基督教做了思想上的准备。总而言之,在从希腊思想到罗马思想的过渡中,斯多葛学派发挥了重要的桥梁作用。

[①] "几乎所有的亚历山大的后继者——我们可以说芝诺以后历代所有主要的国王——都宣称自己是斯多葛学派。"(参见罗素:《西方哲学史》上卷,第320页。)

第三章
政体及其更迭

　　政体研究是古希腊政治思想家对后世的一项重大贡献。他们不仅提出了政治体制的概念,确立了政体划分的基本标准,而且着重探讨了不同政体之间相互演化的关系,以及推动政体演变的基本动力。古希腊人对政体问题的关注,其主要目的是寻找一种尽可能稳定的政治秩序。① 这里实际上包含了两个方面的研究。一是寻找某种尽可能长久稳定的理想政体;二是研究使某种特定的政体尽可能长期稳定的条件,可以说柏拉图偏重于前者,而亚里士多德偏重于后者。古希腊政治思想家们的一个基本发现是,任何单纯的政体都不可能保持长期稳定,由于它们只能体现城邦中某一个方面的特殊利益和要求,因此那些被忽视或者被压制的利益的存在及其在体制外的活动势必或早或晚动摇城邦的根基。这一发现使他们提出了所谓的"混合政体"的理论。虽然现在来看该理论最早体现在柏拉图的《法律篇》中,但有理由断定在此之前已经有学者对其进行了研究和阐发。当然,把"混合政体"理论推向成熟和完善的还是政体研究的大师亚里士多德。一个有意思的现象是,虽然希

---

① 尽管如此,但古希腊思想家却也从不指望找到某种能够垂于永远的政治制度,似乎他们对人世无常具有一种超乎寻常的深刻理解。柏拉图在谈到他的理想国家的时候便指出:"由于一切产生出来的事物必定要走向毁灭,因此这种社会结构也不能永久长存,一定会解体。"(《国家篇》,载《柏拉图全集》第二卷,第549页。)

腊人已经窥破了可以通过不同政体因素的混合达致政治稳定这一奥秘,但希腊城邦(特别是像雅典那样的城邦)实际的政治变化,却似乎总是无法摆脱一种使之趋向极端的、追求纯粹的力量的支配。按照波利比阿的说法,真正建成了混合政体的是罗马共和国,而这一成就,却是得自于无意之间。①

一、政体的划分

古代希腊世界在相对狭小的空间和相对集中的时间内发展出两百来个不同的城邦,从而为学者们对政治体制的结构进行类型学研究提供了重要的素材。因此,早在柏拉图和亚里士多德之前,就已经有学者意识到,虽然每一个城邦都具有不同的特征,但同时又可以把它们划归不同的基本类型。比如,希罗多德曾经记载过公元前522年发生在三个人之间的一次关于什么是最好的政体的争论,三位争论者分别是法治政体(isonomia,其含义相当于现代的法治即 rule of law 或者 Rechtstaat)、寡头政体(oligarchy)和君主政体(monarchy)的支持者。希罗多德相信,只有法治政体而非民主制(demokratie)才是"政治秩序最美妙绝伦的称谓",因为它意味着"在法律面前人人平等"②。

柏拉图在《国家篇》中论述理想国家发生蜕变的问题时,曾提到四种类型的政体:"所谓四种政治体制,我是在通常意义上讲的。第一种是受到广泛赞扬的克里特政制或斯巴达政制(在古希腊通常也称为荣誉政体。——引者);第二种是寡头政制,人们对它的赞扬次于第一种,因为它有许多害处;第三种在第二种之后产生,而且与之对立,叫做民主制;最后一种是高贵的僭主政制,这第四种政制超过前三种,也是国家最后的祸害。"③这四种政体都是实际存在的城邦制度,如果加上柏拉图所设想的理想政体(柏拉图也称之为贵族政体或者"好人政治"),那么应该说在他看来存在五种不同的政治体制。

之所以产生不同类型的政体,在柏拉图看来,主要是因为不同城邦的公民具有不同的品性或者说志趣。④ 他以苏格拉底之口指出:"你是否明白,有多少种不同类型的人性,就一定有多少种不同类型的政制?或者说你以为政

---

① 另一个与此相关的问题是,虽然同样是古希腊的思想家最早提出了建立法治国家的目标,但真正意义上的法治却要等到日耳曼人征服罗马帝国之后才会出现。
② 参见希罗多德:《历史》,王以铸译,北京:商务印书馆1959年版,第232页。
③ 柏拉图:《国家篇》,载《柏拉图全集》第二卷,第547页。
④ 柏拉图关于政体与其成员品性的关系理论对后世产生了持久影响,直到孟德斯鸠和卢梭的时代,人们都一直在谈论政治体制的公民品性基础的问题。

治制度就像寓言中所说的那样,是从橡树或者石头里产生出来的,而非源于公民的品性?公民的品性就像天平上的砝码,决定着其他事物的倾向。"① 关于柏拉图的理想国家即贵族政体之下人们的品性,他已经针对三个不同的等级进行过细致的描述。至于那些现存的、不完善的甚至非正义的政体,即荣誉政体、寡头政体、民主政体和僭主政体也具有一般性的公众志趣与之相适应,它们分别是"好胜和爱荣誉"、追求财富、崇尚绝对的平等和无限制的自由、毫无节制地追求各种欲望的满足。可以看出,这些因素正是柏拉图的理想城邦中力求避免的。

实际上,柏拉图在《国家篇》中对四种实际存在的政体的划分,主要就是以它们分别背离了理想城邦所必需的几种美德为依据的:僭主政体彻底破坏了正义、民主政体毫无节制、寡头政体往往意味着愚昧的富人当政、荣誉政体则鼓励人们好勇斗狠。但是,这样的划分可能导致诸多混乱,比如,僭主政体除当政者的产生不合乎既定程序之外,并不必然破坏正义,而在其他任何一种政体之下也完全可能出现极端不义的情形。从柏拉图的论述来看,荣誉政体、寡头政体和僭主政体之间的区分,关键在于它们多大程度上违背了正义原则;而民主政体与它们的分别,则在于它是由多数人实行统治。这就出现了分类标准不一致的问题。

在《政治家篇》中,柏拉图放弃了上述以正义原则为轴心对政体进行划分的做法。按照他提出的新标准,现存的城邦主要根据它们是否把法律作为政治活动的基本原则被划分为两个大类,每个大类又进一步根据其统治者人数的多少被细分为三种情况,于是产生了以下六种基本的政体②(见下表):

柏拉图在《政治家篇》中提出的政体类型

依法治理的政体	不依法治理的政体
君主制:一个人依据法律进行统治,是最好的政体	僭主制:一个人完全凭自己的意志进行统治,是坏政体中最坏的
贵族制:少数人依据法律进行统治,是次好的政体	寡头制:少数人根据其意志和利益进行统治,是次坏的政体
合法的民主制:多数人依据法律进行中庸的统治,是合法政体中最差的,但好于非法的政体	非法的民主制:权力在众多统治者中划分,是最好的非法政体

---

① 柏拉图:《国家篇》,载《柏拉图全集》第二卷,第547页。
② 参见柏拉图:《政治家篇》,载《柏拉图全集》第三卷,第144页以下。

在某种程度上可以说,柏拉图的上述分类标准重新回到了当时通行于古希腊政治思想与实践中对政体问题的一般认识,但在逻辑上显然更加清晰,是一种类型学上的进步。同时,这一标准也折射出他的时代雅典人中重新出现的对法律的重视。事实上,政治体制与法律之间的关系是古希腊政治思想家关注的一个焦点问题。如前所述,在希罗多德的著作中出现过把法治政体和民主政体加以区分的思想。在公元前5世纪即伯里克利时期的雅典,由于对民主制的推崇,这两个概念被认为已经重合。比如在公元前332年的一次法庭辩论中,雅典政治家埃斯契尼(Aischines)曾经表示:"人类社会有三种体制:君主制、寡头制与民主制。在君主制与寡头制之下,统治者凭借其专断的意志行使支配的权力,而在民主制之下,唯有确定的法律才具有统治地位。"① 但是,雅典人这种民主与法治已经统一的信念,到公元前4世纪末期——大致也就是三十僭主的统治被推翻前后——却又发生了动摇,其明显的体现,就是又有人开始重申即使"在民主体制下,法律"也"应当成为主宰的力量"②。柏拉图新的分类标准把法律置于政体的核心地位,显然也意味着在他对现实政治问题的思考中,法律而非个人的智慧受到了更多重视,或者说他开始倾向于两者之间的平衡。另外,在非法政体中,柏拉图把民主制视为最好的政体,而把寡头制视为最坏的政体。也就是说,在他看来,肆意妄为的个人专断,其危害要远甚于哪怕是变动不居的多数意见的统治。从某种意义上说,这意味着柏拉图向常识的某种回归。③

亚里士多德是古希腊最杰出的类型学大师,或者说,类型学是他最基本的研究方法。亚里士多德类型学的最高成就当然是生物学,但同样也在他的政体研究中得到了出色运用。当然必须承认,柏拉图《政治家篇》中对政体的划分在很大程度上构成了亚里士多德政体研究的重要基础。

亚里士多德对政体即政治体制(politeia, constitution)进行了明确定义:"一种政体就是关于一个城邦居民的某种制度或安排"④,换言之,"一个政体即是对城邦中各种官职的一种设置,以某种方式对官职进行安排,确定该体

---

① Cf. Raphael Sealey, *The Athenian Republic: Democracy or the Rule of Law?* University Park and London: The Pennsylvania State University Press, 1987, p.106.
② Hyperides, *In Defence of Euxenippus*, XXI, 5.
③ 柏拉图:《政治家篇》,《柏拉图全集》第三卷,第160页。
④ 亚里士多德:《政治学》,载《亚里士多德全集》第IX卷,第73页。

制中的权力所在和每一城邦共同体的目的所在"①。从这一定义出发,对政体进行划分的基本依据就应该是城邦的最高权力所在及其在公民之间的分配形式。除此之外,亚里士多德还提供了另外一个标准,即统治者是否为全体公民的利益服务,并以此把政体分为正宗的和变态的两大类。通过使用两种标准交叉分类,亚里士多德也得出了六种基本的政体类型(见下表):"政体和政府表示的是同一个意思,后者是城邦的最高权力机构,由一个人、少数人或多数人执掌。正确政体(即一般所谓的正态政体。——引者)必然是,这一个人、少数人或多数人以公民共同的利益为施政目标;然而倘若以私人的利益为目标,无论执政的是一人、少数人还是多人,都是正确政体的蜕变。"②

亚里士多德对政体类型的划分

为城邦共同利益服务的政体(正宗政体)	为统治者利益服务的政体(变态政体)
共和政体	平民政体
贵族政体	寡头政体
君主政体	僭主政体

亚里士多德的这种分类从结果上看与柏拉图在《政治家篇》中的分类很相似,但两者实际上有很大的不同,那就是亚里士多德用统治者是否为全体公民的利益服务这一标准,替代了柏拉图采用的统治者是否守法的标准。这一看似简单的替代其实蕴涵着亚里士多德对政体问题的深入思考,也与他对政治学的基本理解以及对法律的认识有关。就前者而言,亚里士多德一再指出,他的研究目的并不在于理论上的标新立异,而是要对人们普遍接受的一些常识性判断加以澄清。就后者而言,虽然亚里士多德始终坚持法律的统治应该是一切良好政体的基本条件,但他同时又一再强调并不存在普遍适用的不变的法律,每一个城邦的法律都应该与其具体环境与条件相适应。亚里士多德表示:"法律不同于政体,它是规章,执政者凭它来掌握他们的权力,并借以监察和处理一切违法失律的人们。"③这表明,在亚里士多德看来,政体是一个比一般性法律更具根本性的范畴,不同形式的政体将决定与此相适应的不

---

① 亚里士多德:《政治学》,载《亚里士多德全集》第Ⅸ卷,第120页。
② 同上书,第86页。
③ 亚里士多德:《政治学》,吴译本,第178页,并可参照 Jowett 的译本。见亚里士多德:《政治学》,载《亚里士多德全集》第Ⅸ卷,第120页。

同的法律体系。① 既然法律的适当性需要依据政体本身做出判断，那么如果把是否守法作为对政体进行分类的标准就或者在逻辑上自相矛盾，或者不可避免地会面临什么是一般意义上具有正当性的法的问题，而按照亚里士多德的风格，他自然要避免对这类"抽象"问题的讨论。② 与此不同，对统治者是否为城邦全体公民的利益服务这一点，任何人都可以通过自己的观察非常容易地做出判断。因此可以说，亚里士多德的政体分类标准既可以避免一些理论上和逻辑上的困难，又比柏拉图的标准要简单实用得多。

除此之外，亚里士多德之所以把城邦全体公民的利益提升到政体标准的高度，更深刻的原因是他意识到不同类型的政体乃是城邦内部社会结构的一种自然反映，是不同阶级具体利益的体现，而并非如柏拉图所指出的那样，仅仅是其公民品性的产物。一个城邦所由以构成的各种要素，诸如财富、出身、品德等等，它们"或者是全部，或者或多或少地加入政体之中。由于各种政体的构成部分在形式上彼此相异，因而显然一定会有多种政体存在，并且它们在形式上也各不相同。而政体是关于各种官职的一种设置，它根据人的能力或根据人们所共有的某种平等的东西——比如为穷人所共有的东西或为富人所共有的东西或为两种人所共有的东西，在参加该政体的全体公民中分配这些官职。所以，有多少种政体，就有多少种分配官职的方式，而这又须视政体的组成部分或要素之间的差异和政体自身的侧重或专长而定"③。

由于亚里士多德政治学的一个基本出发点是对城邦中实际存在的各种利益的承认，因此，在不同类型的政体中，如何使各相关利益都能够通过城邦的政治生活得到适当的反映，同时又促进城邦共同利益的发展，就成为亚里

---

① 当然，从根本上说，政体本身就包括了法律的因素，但这是关于法律的法律即"元法律"，与一般性法律并不属于同一层次。请参阅本章第三节的有关内容。

② 这个关于一般意义上具有正当性的法的"抽象"问题在20世纪的政治学家和法学家当中曾引起过巨大争论。一种比较有影响的思路是区分出两个等级的法律。第一个等级的法律是具体的、解决司法纠纷的法律；第二个等级的则是认定哪些规则能够具有法律效力的法律即"元法律"(meta-law)，它们是对法律本身的合法性进行判断的原则即"关于规则的规则"(参见哈特：《法律的概念》，张文显等译，北京：中国大百科全书出版社1996年版)。据称，这种"元法律"的存在，是判断一个社会是否处于法治状态的主要依据。套用亚里士多德的概念，前者可以称为法律，而后者就是他所说的"政体"。但严格说来，这种观点依然没有真正回答问题而只是把整个问题往后推了一步，因为"关于规则的规则"也有一个创生的过程。美国政治学家诺伊曼因而表示："法律并不能统治。只有人才能行使支配他人的权力。只强调法律的统治而不强调人的统治，结果势必导致人统治人的事实被掩盖。"(F. Neumann, "The Concept of Political Freedom", *Columbia Law Review*, LIII, 1953, p.910)参见唐士其：《现代社会的法治：法律与政治的平衡》，载《国际政治研究》2007年第1期。

③ 亚里士多德：《政治学》，载《亚里士多德全集》第Ⅸ卷，第122—123页。

士多德最为关注的一个中心问题。实际上,亚里士多德并不认为统治者人数的多少或者统治者本身的智识对政体的好坏具有根本性的决定作用,关键在于不同政体如何能够根据具体条件,实现其内部各种利益的平衡,以及城邦利益与其构成部分的利益的协调。亚里士多德相信,不同利益的平衡与协调,是城邦长治久安最有效的保证。这样一种思考,与亚里士多德关于正义作为一种利益平衡的理解互为表里,构成了混合政体理论的基础。

亚里士多德政体研究方面的一个例子,是他对共和政体(亚里士多德称之为 polity)和平民政体(他称之为 democracy,实际上就是通常所说的民主制)的分析。虽然这两种政体之下占据统治地位的都是公民的大多数,但它们却分别被亚里士多德称为正宗政体与变态政体,这一区分的基本根据,就是前者能够为城邦的共同利益服务,而后者则成为多数人谋取自己利益的工具;前者体现了政治生活中两种正义的平衡,而后者只体现了交换的正义。事实上,亚里士多德在这里提出了一个重要问题,即政治生活中是否会形成多数对少数的压迫,以及这种压迫是否合乎正义。他自己的回答当然是否定的。这个问题在1787年关于美国宪法的讨论中再一次被明确地提了出来,后来又在密尔关于现代社会的自由的理论中得到集中探讨。

亚里士多德的政体理论中另外一个需要注意的方面是,虽然他改进了柏拉图的政体分类标准,强调利益在政体问题上的基础性作用,但在对各类政体进行实际分析的过程中,他还是继承了后者关于政体与公民品性之间关系的理论,承认在不同政体之下公民志趣及其他社会因素的重要作用,比如君主制之下的道德、贵族制之下的出身、寡头制之下的财产等等。其中,亚里士多德特别对经济因素在城邦政治生活中的作用表现出高度的重视,这就在某种意义上使他的政体理论蕴涵了一种不同的思路。亚里士多德发现,实际的政治经济逻辑往往使统治者的人数在相当程度上与其经济地位直接相关,比如,寡头制几乎总是少数富人的统治,而暴民政体在绝大多数情况下都是穷人的政权,因为"普天之下到处都是穷人居多,富人占少。这样的话,人们对这些政体的差别的解释(指多数的富户或者少数的穷人控制了权力的情况。——引者)就站不住脚了。"一句话,"平民政体与寡头政体之间的差别其实是贫穷和富有的差别。"亚里士多德因而甚至明确表示:"凡是富人当政的地方,无论他们在城邦中居多数还是少数,一律是寡头政体;凡是在穷人当政的地方,一律是平民政体。"①

---

① 亚里士多德:《政治学》,载《亚里士多德全集》第Ⅸ卷,第89页。

根据这样一种政治经济分析，亚里士多德进一步将平民政体划分为五种类型。其中，最好的一种是能够在一定程度上体现分配的正义或者说比值的平等，即在政治生活中为财富和地位等因素保留相应空间的政体。随着对正义原则的偏离，顺次是在政治生活中排斥了财富、法律的地位和在城市与乡村之间完全偏向一方的政体（指城市人口完全寄生于对乡村人口的赋税盘剥），最后则是完全失去任何节制的政体。亚里士多德认为，最坏的平民政体与最坏的僭主政体实际上没有任何区别。

也可以说，亚里士多德在这里提出了一种对政体进行分类的替代原则或者说实质性原则。他曾就平民政体与寡头政体的基础指出："正如我们所说，普天下总是穷人多富人少；一个政体中，富有的人只占少数，而全体公民都应分享自由，财富和自由正是这两种政体赖以产生的契机。"①至此，亚里士多德实际上又回到了他在关于正义和平等的讨论中所提出的问题，即在城邦中如何平衡财产与自由这两种因素对政治权力的要求，这恰恰是亚里士多德的政治理论始终予以关注的焦点之一。正因此，所以他在《政治学》一书中讨论得最多的就是平民政体和寡头政体，目的是通过对造成两者政治动荡的原因的分析，寻找政治稳定的制度条件。

二、政体的更替

古希腊众多城邦的政治实践不仅为政治学家的政体研究提供了类型学的依据，而且这些城邦的政治演变也为他们对政体更替的研究提供了丰富的素材。古希腊人没有现代人的社会发展观念，在他们看来，人类社会的变化是一个从黄金时代到白银时代、再到黑铁时代不断走向堕落的过程，这种认识自然反映在他们对政体更替的观察中。柏拉图就认为，任何政治体制都不可能恒久不变，从理想的城邦开始，将渐次堕落为荣誉政体、寡头政体、民主政体和僭主政体，这是一个只可延缓，但无法规避的自然过程。

柏拉图认为，导致政体不断走向堕落的根本原因乃是统治者内部的矛盾和分歧。"在各种统治形式中，所有变动全都起于统治阶级本身意见分歧，但若统治阶级本身意见是一致的，那么哪怕统治者人数很少，变革也是不可能的。"②统治阶级的内部分裂，与城邦公民的道德或者说品质的堕落表现为一

---

① 亚里士多德：《政治学》，载《亚里士多德全集》第Ⅸ卷，第89页。
② 柏拉图：《国家篇》，载《柏拉图全集》第二卷，第548页。

种相互促进的关系。人们出于自身素质的缺陷或者外部因素的干扰而放弃了对道德的完善,开始迷恋于物质欲望的满足,而这也就意味着他们背离了城邦的共同利益,开始转而追求个人私利。按照柏拉图的叙述,堕落的第一步是公有制被破坏和私有制的建立,城邦的护卫者们瓜分了公共的财产并开始奴役原来的自由人,同时,他们为了增加财富而穷兵黩武,荣誉政体由此产生。在荣誉政体中,财富成为人们追求的主要对象,因而身为这一政体支柱的军人也不断被财富所腐蚀。由于财富会自然地向少数人手里聚集,而那些掌握了巨额财富的人最终将凭借自己的财力僭取政权,荣誉政体也就不可避免地进一步蜕化为寡头政体。寡头政体必然导致富者愈富、贫者愈贫,最终引起占人口大多数的穷人的反抗,其结果便是民主政体的建立。民主政体给人们带来了自由和平等的假象,然而,由于平民们实际上并不具备进行政治统治的能力而且沉溺于极端的自由,他们终究会被少数阴谋家所操纵。后者以人民利益的保护者自居并赢得拥护,在从他们手中骗取全部权力之后就会毫不犹豫地颠覆民主制,僭主政体随即粉墨登场。在柏拉图看来,僭主政体是一种物欲横流、毫无正义与道德可言的政体,也是政体堕落的最低点。不容否认的是,柏拉图的描述,从某种意义上说正是古代希腊城邦政治演化的真实写照,虽然他对政体更替过程的分析和判断可以另当别论。

亚里士多德虽然也十分重视政体更替的问题,但他并不认为实际上存在着一个如柏拉图所描绘的那种不断堕落的过程。同时,他对政体变化的原因的考察,也不像柏拉图那样主要局限于对公民道德和品性的分析,而是针对不同政体实际发生的变化进行具体的研究。至于他的研究目的,也不仅仅是在一般意义上提出某种关于政体更替的理论解释,更重要的是试图为每一种现实中存在的政体寻找避免这种变化——亚里士多德称之为内乱或者颠覆即政变——的具体方法。他的观点是:我们"应当考虑,引起政体更迭的原因有哪些,它们有什么性质和有多少种类,以及导致每一政体覆灭的原因有哪些,每一政体出于什么样的政体,又最可能演变成什么样的政体;此外,还须从共同的方面和个别的方面分别加以阐明,用什么方法可以保持各类政体,保持每一政体的最佳方法是什么"①。

亚里士多德对动乱起因的分析与他关于正义问题的理论是联系在一起的。他认为,这项研究应该包括三个方面:"发动内乱者的心态如何;他们为

---

① 亚里士多德:《政治学》,载《亚里士多德全集》第Ⅸ卷,第161页。

了什么;以及第三点,政局动荡和党派之争往往是从什么事情上开始的。"① 根据亚里士多德的理论,政治出现动荡往往是因为正义原则在某些方面遭到了违背。也就是说,尽管政治稳定取决于分配的正义与交换的正义之间的平衡,但在实际生活中,人们往往片面地执于一端,这具体表现在掌权者的傲慢与贪婪、人们对荣誉的过分追求、恐怖,以及城邦中某个部分的过度扩张等等。这种片面性首先必然导致社会中某些部分的不满,进而不满将扩展到全社会,如不及时矫正,到一定时候自然会演化为内乱。亚里士多德指出,在一个正义原则受到损害的社会,最终每个人都会感到自己受到了不公正的待遇,"有些人认为其他与自己平等的人多占了便宜,而自己所得甚少,便会起而发难,名曰追求平等;另有一些人自觉与人不平等,其所得却并未多于他人,而是与他人相等甚至更少,同样会起来兴师问罪,以求至不平等与优越。……自身不如人者为求与人平等遂而诉诸内乱,已经与人平等的人再图变更则是为了高人一等"②。

在一般性地指出发生内乱的原因之后,亚里士多德又对不同政体通常遭到颠覆的具体情况进行了细致的分析。比如他认为,平民政体受到颠覆,往往是因为群众领袖的"放肆",也就是他们对富有阶层或者精英人物不公正的对待;寡头政体被颠覆,多半起因于执政者对民众的虐待或者掌权者内部的自相倾轧;而在贵族政体中,一种通常存在的威胁是极少数统治者对名位的垄断;如此等等。总的来说,亚里士多德认为,发难者们所要求的,"无非是财物和名誉;抑或是为了逃避与此相反的事物(如不名誉和财产损失)。在各城邦中,一些人为了替他们自己或他们的朋友摆脱耻辱或罚款,往往不惜引发一场动乱"③。

亚里士多德不仅对政变的起因,而且还对政体被颠覆的具体途径进行了说明。他认为:"颠覆政权有时可依仗暴力,有时可通过欺诈。暴力或见于内乱伊始,或见于事发之后;同样,欺诈也分两种情况。有时候,一开始起事时就可借助欺诈使政权易手,掌权之后又可以用欺诈来对付那些不顺服的公民。……而有时候群众一开始就相信了谎言,后来又心甘情愿地再次相信了其统治者的花言巧语。"④

---

① 亚里士多德:《政治学》,载《亚里士多德全集》第Ⅸ卷,第 164 页。
② 同上书,第 164—165 页。
③ 同上书,第 165 页。
④ 同上书,第 172 页。

亚里士多德这些细密的分析并非为了教会人们如何发动政变,相反,在他的政治学研究中贯穿着一个基本主题,那就是如何使一个现存的政体——无论是什么样的政体——长期稳定,如何避免在城邦中出现分裂、动乱与暴力。稳定,这是亚里士多德政治学所追求的根本目标,它超越于各种政体的差别之上。因此,他真正的用意是,通过对政治动乱的相关问题的研究,为现实的城邦找到一些尽可能避免政变与内乱的方法。当然,这并不意味着亚里士多德一味主张在任何情况下都应该维持现状。他非常清楚,对城邦中某些明显的弊端进行适时的改革,是达致政治稳定的一项必要条件。

　　为维持政体的稳定,亚里士多德提出了以下原则性的建议。第一,城邦必须严格树立法律的权威,不容许宽容任何违法行为,尤其要注意到那些容易被人们忽视的细节,因为"一般人总是不知防微杜渐,唯独政治家才有此卓识"①。第二,掌权者必须对人民以诚相待,"不能指望那些旨在蒙骗群众的诡计或花招"②。第三,对城邦中的各个阶级都给予公正的安排,同时为精英人物提供相应的待遇,这样才能实现两种正义的平衡。当然,在不同的城邦中,具体的做法应该与其政体相适应而有所不同。第四,应该经常在公民中保持爱国主义的热情,"当政者应该对政体所受的威胁熟虑在胸,随时准备发出警告,以远害为近患,使公民们时时保持警惕,就像夜间的巡卫,从不放松其戒备"③。这样不仅能够使城邦时刻防范外来的侵略,而且也可以在相当程度上缓解城邦内部的各种矛盾。第五,必须尽可能保持统治阶级内部的团结一致,执政者"必须通过种种法律尽力防止贵要阶层之间的敌对和内讧,并且把那些尚未卷入争讦者隔离于争端之外"④。第六,为了避免在政治地位与财富分配方面的不公及由此导致的城邦公民在政治和经济方面的严重分化,应该禁止公职人员利用职权谋取个人私利,同时对各种公职的任期加以限制,对各种荣誉的分配也加以严格的管理。最后,亚里士多德强调,各项措施中最重要的是要对公民进行道德教育,在他们当中培养一种共同体精神,并且使相关政治制度赖以建立的基本原则深入人心,成为人们的生活习惯。"在我们所述及的所有保全政体的措施中,最重要的一条是依照政体的宗旨对公民实施教育,不幸在今天所有人都忽视了这点。最有益的法律,而且得到了其

---

① 亚里士多德:《政治学》,载《亚里士多德全集》第Ⅸ卷,第184页。
② 同上书,第182页。
③ 同上书,第183—184页。
④ 同上书,第184页。

所辖的全体公民的称道,如果在政体范围内未能形成风尚及通过公民教育深入人心,这样的法律就依然是无用的。"①当然,除了这些原则性的建议之外,亚里士多德还提出了许多防止政变的具体措施,以致一些人因此把亚里士多德称为马基雅弗利的先驱。

在亚里士多德提出的上述各项措施中,实际上贯穿着一项基本的原则,这就是所谓的"中庸之道",亦即梭伦推崇备至的"无过,无不及"的古训。亚里士多德曾就平民政体和寡头政体的情形指出:"寡头政体和平民政体,尽管离最优秀的政体相去甚远,但也不失为充分可行的政体;但如果把两者各自的主张推向极端,首先会使政体劣化,最终自然会不复成其为一个政体。""因为倘若没有了富人及群众,两种政体中的任何一种都不可能得以存在或维持。一旦实现了财产的平等,政体就必然会转入另一种形式;因而企图凭借极端的法律来消灭其中的某一方,最终不免会连同这些政体一道消灭了。"②根据亚里士多德的理论,真正体现了政治中的"中庸之道"的,只有混合政体,这将是一种比任何纯粹形式的政体都更能够实现长治久安的政体。

三、混合政体与法治

混合政体理论是古希腊政治思想家在政体研究的基础上对西方政治传统的一大贡献。这一理论首先由柏拉图明确提出③,随后得到亚里士多德的系统阐发,并且经由波利比阿结合罗马共和国的实践进行了具体说明从而达到相对完善的程度。一千多年后,混合政体理论又通过洛克和孟德斯鸠等人的发挥,对现代西方政治学中分权与平衡(Checks and Balances)的学说产生了直接的重要影响。

柏拉图的《政治家篇》已经放弃《国家篇》中由哲学家掌握全部政权的设计,提出了实行混合政体的主张,即在城邦中混合采用民主政体和寡头政体的原则。④ 在《法律篇》中,他进一步明确指出,一个城邦的和平不能来自一个

---

① 亚里士多德:《政治学》,载《亚里士多德全集》第Ⅸ卷,第189页。
② 同上书,第188页。
③ 实际上,虽然苏格拉底始终以民主政治批评者的身份出现,但他也并不把自己列入贵族制的拥护者之列。他反复呼吁人们回到梭伦宪法,也就是恢复一种有节制的民主制的状态。
④ 柏拉图在《斐莱布篇》中曾经表示,幸福与智慧的生活乃是一混合的生活。可见关于混合政体的思想对柏拉图来说并非权宜之计,而是具有其相应的哲学基础。参见柏拉图:《斐莱布篇》,载《柏拉图全集》第三卷,第254页。

部分对另一个部分的消灭,而应该建立在各部分和谐共存的基础之上,建立在他们之间合作友爱的基础之上。① 柏拉图并且强调,政治稳定的基础在于不同政治原则之间的调和,也在于自由与强制之间的某种平衡,因为月盈则亏、过犹不及乃是事物运动的基本规律。② 就两种基本的政体即君主制与民主制而言,在前者之下需要保持一定的自由,在后者之下则应该保持足够的权威。他的这一思想具体体现在该书对美格尼西亚的政体设计中。在这个城邦,公民们按其财产的多少被区分为四个等级,通过每个等级的公民选举同等数目的代表组成城邦的立法机构公民大会。可以想见,在一个未经任何形式的再分配的社会中,根据财富分布的一般规律,四个等级的人数构成应该是金字塔形的,即财产最多的等级人数最少,而财产最少的等级人数最多。在这种情况下要求每个等级选出同样数目的代表,就意味着这种选举制度考虑到了财富和公民的平等权利这两个方面的因素,是两者的一种平衡。

柏拉图自己明确指出,美格尼西亚的选举制度"应该介于君主制(称为寡头制更合适。——引者)与民主制之间"③。他对此做了进一步的解释:"尽管你宣称主人与奴隶之间应该具有同等的地位,他们之间的友谊也是根本不可能的事情。……所有人之间无差别的平等实际上就是不平等,两者都会让一个城邦动荡不休。"④柏拉图在《法律篇》中已经意识到,平等实际上具有两个方面的内容,即对不同的人予以不同对待的平等和对所有人一视同仁的平等——这也就是后来亚里士多德所说的比值的平等与数量的平等。柏拉图认为,城邦体制中应该同时反映平等的这两个方面。当然,他在《法律篇》中把财富作为两项标准之一,并非主张私有财产必须得到城邦的严格保护,实际上美格尼西亚的公民只拥有财产的使用权而没有所有权,因此在这里他显然已经把财富视为其拥有者的智慧与能力的衡量标准。另外,如果考虑到柏拉图在《法律篇》的最后还为美格尼西亚设计了"夜间议事会"这样一个机构,而且这个机构在城邦的政治生活中实际上还具有极为重要的地位的话,那么也可以认为这个城邦的体制中还包含了某种贵族制的成分。

与柏拉图相比,亚里士多德对混合政体的研究更加深入和细密。他通过

---

① 柏拉图:《法篇》,载《柏拉图全集》第三卷,第370页。
② Plato, *The Laws*, p.139. 参见柏拉图:《法篇》,载《柏拉图全集》第三卷,第447页。显然,柏拉图已经意识到古代希腊政治演变中各种政治原则往往走向极端所导致的问题,特别是雅典极端的民主制之下产生的大量弊端。
③ 柏拉图:《法篇》,载《柏拉图全集》第三卷,第513页。
④ Plato, *The Laws*, p.229. 柏拉图:《法篇》,载《柏拉图全集》第三卷,第513页。

对平民政体和寡头政体这两种极端形式(分别体现了两种正义或者说平等中的一种)的考察认为,这两者都不是理想的政体,因为它们不仅都失之偏颇而有悖于正义,而且事实证明它们极不稳定,非常容易被颠覆。由此出发,亚里士多德得出了与柏拉图相同的结论,即只有混合政体才是最理想的政体。在这里,混合最直接的含义就是不同阶级利益的平衡。具体来说,由于任何一个城邦中都会存在数量众多的穷人和人数较少的富人,前者典型的政治要求是彻底的平等,而后者则总是希望尽可能保持甚至扩大自己的特权,因此所谓的混合,就是使他们双方的要求都能够在部分程度上得到满足(同时自然也就在部分程度上受到限制),从而使两种正义原则在城邦政治生活中都能有所反映,而这种混合,将通过城邦的政体结构予以实现。

亚里士多德设计的混合政体首先是一种使不同阶级的利益都能够通过城邦的政治结构中得到体现的政体,因此也就是不同阶级都能够在一定程度上直接参与城邦政治的政体。这是在利益表达方面混合政体与纯粹政体最大的区别,因为对后者而言,最好的情况也不过是掌权者能够保护或者考虑其他社会集团的利益。但这只是亚里士多德混合政体理论的第一层含义,即社会阶级、阶层的力量在政府机构中的混合,其目的是使城邦实际存在的各种利益与要求达到平衡,以减少政治冲突和动荡的可能性,当然也是正义原则的一种体现。与此同时,亚里士多德还阐发了混合政体第二个层面的含义,即不同政治原则的平衡。如果说前者意味着不能让某一个阶级独自掌握全部政权的话,后者则意味着不让某一种政治原则贯穿城邦所有的政治组织,其方法是在对城邦的权力机构进行分类的基础上,让它们分别体现不同的政体特征。

亚里士多德指出,任何城邦的统治机构都可以被划分为三个部分:"三者之中第一个部分或要素是与公共事务有关的议事机构,第二个要素与各种行政官职有关,……第三个要素决定司法机构的组成。"① 一般而言,第一个机构即立法机关乃是城邦的最高权力之所在,政体的性质即由它的构成形式决定,比如一切事项由全体公民审议决定的就是平民政体,为少数人决定的即为寡头政体。亚里士多德的一个重要发现是,在不影响立法机关的基本构成即城邦政体的前提下,可以在其他的两个机构中采用不同的政治原则,比如在平民政体之下,司法机构可以根据寡头政体的原则组建,而在寡头政体之下,也可以部分地采用平民政体的原则,像通过抽签的办法从平民中选出部

---

① 亚里士多德:《政治学》,载《亚里士多德全集》第Ⅸ卷,第148页。

分成员参与司法机构等。他相信,通过这样一种政治原则上的混合,能够更有效地维持城邦的平衡与稳定,因此"一个好的立法者必须考虑什么样的组合才能对个别的政体有利。合理组合这些要素,就必定能得到一个优良的政体"①。实际上,正如上面的例子表明的,政治原则的混合也能够为政治利益的混合,即城邦中不同阶级与阶层的政治参与提供一种十分有效的制度形式,因此,混合政体两个层面的内容并非彼此独立,而是互为补充的。亚里士多德这种"双重混合"的理论,对后来孟德斯鸠的分权学说,特别是美国的宪法原则发挥了十分明显的影响。

与柏拉图在《国家篇》中通过制度设计保证哲学家在城邦中的绝对统治相反,亚里士多德的混合政体理论要求通过制度性作用限制城邦中任何一种因素或者力量占据压倒性的优势。混合政体的核心,是通过机构的平衡达到政治力量的平衡,这就使它与法治具有内在的亲缘性,因为这种平衡,唯有当法律具有至高无上的地位时才能够得以维持。这一点,亚里士多德是清楚地意识到了的。他明确指出:"凡不能维持法律威信的城邦都不能说它已经建立了任何政体。法律应在任何方面受到尊重而保持无上的权威,执政人员和公民团体只应在法律(通则)所不及的'个别'事例上有所抉择,两者都不该侵犯法律。"亚里士多德强调,这一点在任何政体之下都不会有所不同,即便是由全体公民掌握立法权的民主制也不例外。如果在某个城邦中公民拥有了制定一切法律的权力,"如果将所有权力都集中于人们的表决,那么严格说来,它就不可能是一种民主制,因为由这些表决而产生的律令,就其所涉及范围而言,不可能具有一般性"②。由此可以看出,亚里士多德实际上已经窥破了人治与法治的根本界限,那就是,在法治状态下,必须存在某些立法者难以轻易变更的法律,而无论立法者人数的多寡。③

另外还需要提及的,是亚里士多德对城邦社会阶级结构的研究得出的一

---

① 亚里士多德:《政治学》,载《亚里士多德全集》第Ⅸ卷,第148页。
② 亚里士多德:《政治学》,商务印书馆1965年版,吴译本,第191—192页;参见亚里士多德:《政治学》,载《亚里士多德全集》第Ⅸ卷,第129—130页。
③ 立法权的"克制"或者说"自我约束",被现代学者认为是法治国家的一个基本要素。参见哈特:《法律的概念》,第72页;Geoffrey de Q. Walker, *The Rule of Law*, Carlton: Melbourne University Press, 1988, p.3. 实际上,甚至卢梭这样一位主张人民主权的思想家也明确表示,立法者必须善于自我约束。他曾经指出,雅典人之所以最终失去了他们的民主制,就是因为在这种制度下每一个人都根据自己的意志提出各种各样花样翻新的法律;他们忘记了,使法律变得神圣有力的,恰恰是它们自身的历史。Cf. G. Satori, "Liberty and Law", in Kenneth S. Templeton (ed.), *The Politicization of Society: Essays*, Indianapolis: Liberty Press, 1979, p.276.

项重要结论,这就是对后世具有重要影响的关于中产阶级的政治作用的理论。亚里士多德认为,如果城邦能够维持一个数量上占优势的中间阶级的存在,那么其政治稳定便得到了根本的保证,因为中间阶级本身最能体现城邦所需要的节制与中庸的原则。"在一切城邦中都有三个部分或阶层,一部分是极富阶层,一部分是极穷阶层,还有介于两者之间的中间阶层。人们承认,适度或中庸是最优越的,显然拥有一笔中等的财富实在是再好不过的事情了。这种处境下人最容易听从理性,而处于极端情况的人,如那些在相貌、力气、出身、财富以及诸如此类的其他方面超人一等的人,或者是与上述人相反的那些过于贫穷、孱弱和卑贱的人,他们都很难听从理性的安排。头一种人更容易变得无比凶暴,往往酿成大罪,而后一种人则容易变成流氓无赖,常常干出些偷鸡摸狗的勾当。这两类罪行一则起源于暴虐,一是起源于无赖。这些人无论是在军事机构还是在文职机构都难以管束,他们越是桀骜不驯,对城邦社会造成的危害也就越严重。"相反,中产阶级"在各个城邦中都是最安分守己的,因为他们不会像穷人那样觊觎他人的财富,也不会像富人那样引起穷人的觊觎,没有别的人会打他的主意。他们不想算计他人,也无被人算计之虞"①。因此,"当中产阶层超过了其余两个阶层或者仅仅超过其中之一时,这种情况下的政体就有可能保持稳定。这样的政体不用担心什么时候富人会与穷人联合起来共同反对执政者,因为他们谁也不会愿意顺从对方,假如有这样一个能为双方共同接受的政体,那将是他们求之不得的事情,哪里还会去想改弦易辙。而且他们也不能忍受轮番执政的做法,因为他们谁也不信任对方。旁观的仲裁者在一切事情上都能得到双方最大的信赖,而中产阶层便正是这样的一个仲裁者。一个政体中各个部分或要素愈是融洽(即得到尽可能好的混合。——引者),这个政体就愈能持久"②。

亚里士多德把那种从各个方面体现了混合政体原则的城邦称为政治体(polity,与他所说的共和政治名称相同,或者称为立宪政体,constitutional state),实际上这也是亚里士多德所提出的理想城邦。这个城邦以法治为最高政治原则,其政治权力的分配和政治机构的设置兼顾社会各阶级与阶层的利益,有的公共职位对全体公民开放,有的则只能由具有某些特殊资格的人担任,并且有一个数量众多的中产阶级支撑着整个社会的稳定。从政体上看,根据亚里士多德自己的论述,这应该是一个以民主制为主、混合了其他因素

---

① 亚里士多德:《政治学》,载《亚里士多德全集》第Ⅸ卷,第140—142页。
② 同上书,第145—146页。

的政体。亚里士多德倾向于民主制的主要原因至少包括两个方面。首先，就政治智慧而论，他相信"由多数人执政胜过少数最优秀的人执政，这虽说也有一些疑问，但还是真实可取的。因为在多数人中，尽管并非人人都是贤良之辈，他们聚集在一起也有可能优于少数人——当然不是就每一个人而论，而是就集合体而论"①。其次，在城邦各阶级的力量对比方面，亚里士多德则认为："让多数人持有更大的权力是合乎公道的，因为平民大会、议事会、公审法庭是由许多人组成的，他们的财产全部加在一起就会比某一个或少数几个担任最高官职的巨富的财产还要多。"②除此之外，亚里士多德还列举了其他一些方面的原因，如多数比少数更能够对各种问题做出公正的裁决，以及更不容易腐败，等等。③

亚里士多德表示，一种理想的政治制度既不能指望超乎常人的智慧，也不能基于对人性的根本改造。他指出，在所谓优良政体的问题上，"我们既不能着眼于超出芸芸众生的德性，也不能着眼于以优越的自然禀赋为先决条件的教育，或者着眼于令人称心如愿的完美政体，我们考虑的范围仅限于大多数人都有可能享受到的生活和大多数城邦都有可能实现的政体"④。显然，亚里士多德相信，他提出的理想城邦，即体现了混合政体的原则、依照法律进行统治、同时根据民主程序处理基本政治事务的体制，应该是在普通人能力所及范围之内的。

另一位对混合政体理论的发展做出了重要贡献的政治学家是波利比阿（Polybius，前203？—前120）。波利比阿出生于希腊的阿卡迪亚（Arcadia），曾参与阿卡迪亚联盟抵抗罗马征服的战争，战败后被俘，但由于西皮奥家族特别是小西皮奥（Scipio Africanus）的庇护因而能够在罗马继续他的学术活动。虽然他的研究对象是罗马共和国的历史，但他的理论和方法都是希腊式的。波利比阿发现，之所以在希腊诸邦纷纷走向衰落的同时，罗马却能够不断壮大并且向外扩展，其根本原因就在于罗马共和国采用了一种混合型的政治体制。波利比阿所著40卷本的《历史》是他对这一研究的总结，详细地记述了从公元前220年到公元前146年罗马共和国的发展，同时也参照古代希

---

① 亚里士多德：《政治学》，载《亚里士多德全集》第Ⅸ卷，第94页。
② 同上书，第97页。
③ 在古希腊文献中，"民主"（democratia）一词还有以下不同的说法："isonomia"（一种保证法律面前人人平等的政体），"isegoria"（强调公民平等的政治参与的政体）和"isocratia"（强调公民在政治权力方面平等的政体）。这三个替代性的称谓表明了当时的希腊人对民主政体基本特性的理解。
④ 亚里士多德：《政治学》，载《亚里士多德全集》第Ⅸ卷，第140页。

腊的历史论述了诸多重要的政治理论问题。遗憾的是,这一卷帙浩繁的著作没有完整保留下来,现在人们能够看到的,只有其中的 5 卷以及其他 35 卷的部分内容。

波利比阿认为,希腊城邦制度之所以不可避免地走向衰落,是因为它们在政体上过于单纯。尽管有的城邦,比如斯巴达的政体设计已经有意识地考虑到混合政体的原则①,但在实际上也未能真正维持各种因素的平衡。在波利比阿看来,任何纯粹的政体都内在地包含着自身的对立面,比如君主制包含有独裁的可能、贵族制包含有寡头制的可能,民主制则包含有无序与暴力的可能,如果它们不受到其他政体因素的平衡与牵制,则很快就会向其对立面转化。② 希腊城邦的政治体制的变化恰恰体现了这样一个在纯粹政体之间相互转化并不断堕落的过程——从军事专制开始,经过王政、僭主政体、贵族政体、寡头政体、演化到民主政体,最后蜕变为暴民政体而衰亡。③ 与之相反,混合政体由于"结合了各种最好的政体中最特出、最优秀的部分,并且每一部分都不占据完全的支配地位,因而也就不至于滑向它们各自的对立面"④。在混合政体之下,每一种因素的力量都受到其他因素的制约,所以任何一种力量也就不可能无限制地发展到极端。因此,从根本上说,混合政体的核心就在于使"任何一种权力都受到其他权力的牵制"⑤。这就是孟德斯鸠后来所说的"以权力制约权力"的原则。

波利比阿指出,罗马的共和政体正是由于各种权力之间的相互制约而在长时间内保持了一种平衡和稳定的状态。⑥ 它混合了君主制、贵族制和民主制三个方面的因素,并且分别通过执政官、元老院以及全体公民(通过护民官和公民大会)体现出来。三个部分各自掌握着重要的、但又并非全部的权力。它们同时并存而且相互制约的结果,是代表不同阶级利益的每一种权力都不可能过分追求自己阶级的私利,从而保证了公共权力能够为国家的整体利益服务。⑦ 当然波利比阿也意识到,抽象地看,这种权力制衡体系可能存在一个

---

① 事实上,波利比阿对吕库古设计的斯巴达政治体制推崇备至,认为他已经完全意识到不同政体因素必须相互平衡的问题。Cf. Polybius, *The Histories of Polybius*, Vol. Ⅰ, London and New York: Macmillan and Co., 1889, pp. 459,467ff,496ff; Vol. Ⅱ, p. 3.
② Polybius, *The Histories of Polybius*, Vol. Ⅰ, pp. 466-467.
③ Ibid., pp. 459-461.
④ Ibid., p. 467.
⑤ Ibid.
⑥ Ibid., p. 474.
⑦ Ibid., pp. 468-469.

问题,即权力的各个组成部分把精力完全消耗在相互牵制之上,从而使整个政治体无所作为。但波利比阿发现,罗马共和国的幸运之处就在于政治权力的三个组成部分不仅相互制约,而且彼此合作,为国家的共同利益服务,特别是在国家面临危机的状态下尤其如此。这种时候,三种权力以及它们所代表的各个阶级能够自觉地联合起来,不仅每一个方面的要求都得到反映,并且可以通过代表其他阶级利益的机构迅速得以实现,从而使整个国家的力量变得异常强大。究其原因,乃是因为国家的公共利益而非个别阶级的私利,仍然是指导各权力部门行动的最高原则。①

波利比阿的分析对罗马共和国政体不乏美化之处,同时他也没有意识到军事扩张对罗马政治制度正在产生的影响,否则就不能解释为何共和国在他去世后不久就陷入政治危机,并且迅速向帝国转化。实际情况是,罗马共和国与希腊各城邦在政体上存在着类似的一面,执政官、元老院、护民官及公民大会的权力在不同时期是有差别的,各方面完全平衡的状态不仅存在的时间很短,而且也非常不稳定。但是,罗马与希腊诸邦也有不同的一面,那就是在其政治演化的过程中,从进入共和时代开始,新的政治力量的登场并不以逐出旧的政治力量为前提(这是在希腊城邦中常常出现的情况),而是通过原有政治空间的扩大、通过原有体制在变革中吸纳新的力量,以一种使新旧力量和平共存的方式实现的。这样,社会各阶级的利益都能够在国家权力结构中得到一定的反映,而它们之间事实上也的确存在一种相互平衡与制约的作用,从而达到了柏拉图和亚里士多德设想的混合政体的效果。只不过一方面,这并非罗马人有意识的创造(这一点是波利比阿意识到了的②);另一方面,这种制约与平衡的实现过程也不像波利比阿描绘的那样完善罢了。波利比阿的贡献,在于他为古希腊混合政体的理论找到了实际的例证,并且对这一理论进行了系统的发挥,从而使之成为一种普遍化的观念,在欧洲文艺复兴之后对政治学家们产生了重大影响。

混合政体的理论也被罗马最伟大的政治思想家西塞罗(Marcus Tullius Cicero,前106—前43)所继承。西塞罗曾经以音乐中的和声为比喻,说明一种优良的政治体制应该由为公共利益服务的不同政治力量结合而成,"如同演奏弦乐、管乐和声乐时需要保持各种不同的乐音之间的某种和谐,精微的听觉会对它们的任何变音和不协调感到难以容忍。这种和谐靠对各种声音进

---

① Polybius, *The Histories of Polybius*, Vol. I, pp. 471ff.
② Ibid., p. 467.

行调整而协和一致,由上、中、下各种阶层协调意见组成的国家也像声乐一样,靠各种不同因素的协和一致而发出协调的奏鸣"①。西塞罗认为:"如果一个国家不存在权利、义务和职责的均衡分配,使得官员们拥有足够的权力,杰出的人们的意见具有足够的威望,人民享有足够的自由,那么这个国家的状态便不可能保持稳定。"②他指出,在罗马共和国的黄金时期,这种混合政体之所以能够有效运作,主要应归功于罗马贵族和元老院的杰出作用,以及公民对贵族和传统习俗的服从。西塞罗是罗马共和主义传统忠实的捍卫者,不过在他生活的时代,共和政体显然已经不能适应领土和人口都在迅速扩展的罗马国家的实际需要,一种权力高度集中的政治体制正呼之欲出,共和制和混合政体都已成为明日黄花。

---

① 西塞罗:《论共和国 论法律》,第88页。
② 同上书,第92页。

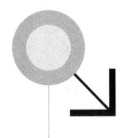

第二部分

古罗马和中世纪的政治思想

第四章
世界秩序之下的法律

　　古罗马为后人留下的最重要的政治遗产,是罗马法及其所包含的政治与法律思想,特别是经西塞罗等人系统阐发的自然法观念。与古代希腊的政治思想家不同,罗马人第一次把法律置于国家权力之上,并且通过一种混合型的政治体制(特别是在共和国时期),在一定程度上保障了法律在政治生活中的优先地位,虽然真正制度化的法治要等到在日耳曼人建立的封建国家中才得到实现。罗马人的自然法观念不仅强调法律的至上性、普遍性、客观性与合理性,而且特别强调人与人之间权利的普遍平等,从而首次超越了古希腊政治实践中把权利与公民资格完全捆绑在一起的局限性。自然法思想在罗马帝国崩溃后,由基督教会的思想家,特别是托马斯·阿奎那所继承和发展。阿奎那在政治思想上的最大贡献,是实现了两个方面的统一,即信仰与理性的统一,以及理性与常识的统一。阿奎那之后,自然法观念在西方逐渐成为一种与人们的日常经验相联系、能够为每一个普通人所把握的政治原则,而且日益深入人心,以至在中世纪末期获得了某种类似常识的地位。另外,阿奎那的自然法理论也预示着西方政治思想史上的一次重大转折,由于他更多地把自然法理解为一种对国家的要求,传统自然法观念中强烈的义务色彩被极大地削弱了,自然权利的轮廓则明显地突现出来。自然法与自然权利理论的统一,为近代西方政治思想的产生奠定了重要的基础。

一、法律与公民权利

与古希腊相比,罗马在创造性的理论思维方面显得相对贫乏,因而没有能够产生像柏拉图和亚里士多德那样的伟大思想家。尽管如此,罗马人对西方政治思想的发展仍然做出了重大贡献,这种贡献体现于它的法律和制度,以及其中所凝结的政治智慧。另外,在罗马帝国时期和中世纪,基督教会内部出现了以奥古斯丁和托马斯·阿奎那为代表的大批思想家。虽然他们在不同程度上都是从宗教角度探讨政治问题,同时他们的问题意识及关注的对象主要也是新的社会政治现实的反映,但其理论创造仍然与罗马传统的政治思想一脉相承,在某种意义上成为对古希腊,尤其是罗马政治学说的继承和发展。

罗马共和国早期的政治演变与希腊城邦有相似之处。罗马最初也是一个由村落发展而来的城邦,最初实行王制,同时有一个被称为元老院(Senate)的机构行使辅佐国王的功能。在大约公元前509年废除王制之后,罗马进入了共和时期。在共和体制下,元老院的地位明显上升,逐步发展为掌握立法大权的机构。与此同时,平民的政治权力也逐渐增强。他们通过一个被称为公民大会(Comittia Centuriata,由全体达到服兵役年龄的公民组成)的机构与元老院分享立法权,并且有权选举两位最高行政官员即执政官(Council)。由于公民大会的投票方式与柏拉图设计的美格尼西亚一样与财富相联系,所以平民们又在公元前400年左右获得了选出两位护民官(Tribune)的权利,后者对执政官的决定拥有否决权。罗马与希腊城邦的发展历程最大的不同,是它直到最后也没有能够向民主制演化。① 相反,由于军事扩张,共和制逐渐向帝制转变。

虽然罗马的公民始终没有掌握全部的政治权力,但是,伴随着公民们政治影响力的增强,他们受到法律保护的权利也在不断地扩展。相对于古希腊的政治思想与实践而言,由于这种在法律保护下的权利强调的不是公民对城邦政治活动的参与,而是国家对公民必须提供的保护与服务,因而具有一种崭新的内容,对以后西方政治思想中自由权利等观念的发展具有深远的意义。

---

① 波利比阿的观点有所不同,他认为,由于罗马共和国采用的分权体制的作用,国家的主要权力实际上还是掌握在人民手里,因此罗马的政治体制实际上还是一种民主制。Cf. Polybius, *The Histories of Polybius*, Vol. I, p.471.

罗马法早在王制时代即已产生，最初是习惯法。在公元前5世纪中期，这些基于传统的习惯法被加以整理之后由国家以成文法的形式予以颁布，这就是著名的《十二铜表法》。此后不久，王制被废除。在共和政体下，执政官成为执法机构的监护人，他们不仅可以提出执法的程序规则，而且对整个司法部门拥有监督权。到公元前367年，罗马专门设立了执法官（Practor）的职位，行使原来属于执政官的司法权。由于《十二铜表法》作为成文法需要在具体适用时加以解释，所以每年年初，执法官都会当众宣布他在新的一年中将遵循的司法原则，这些指导性的原则被称为司法告示（editum）。对司法告示的发布实际上为执法官提供了一个机会，使他能够把社会政治生活中出现的新问题纳入原有的法律框架，同时也能够对原有的法律提出新的解释。这一制度一直持续到帝制建立之后。到公元125年，罗马皇帝哈德里安（Publius Aelius Hardrianus，117—138年在位）下决心从执法官手里夺取其通过发布司法告示而实际享有的立法权。他通过手下的法学家们编撰了一部所谓的《永久告示》（edictum perpetuum），同时宣布其效力高于以往所有训令，而且将来也不能被修改。

罗马为古代世界提供了最系统和最完备的法律体系。罗马法体系本身分为两个大的部分，即市民法（ius civile）和万民法（ius gentium）。前者指适用于原来的罗马公民的法律，后者则指在罗马扩张过程中，执法官为了协调市民法与新征服地区原有的法律而颁布的司法告示或者为了适应这些地区与罗马不同的实际情况而对市民法做出的新的解释。随着时间的推移，万民法的部分内容逐渐融入市民法，而罗马传统的司法制度和法律原则也不可避免地受到了被其征服的各地区，包括希腊诸邦和巴比伦等地的法律思想与司法实践的影响。

从原则上说，罗马全体公民始终是一切法律和政治权力的最终来源（这是后来的共和主义思想的核心），尽管进入帝国时期之后皇帝的权力大大增强，而法学家乌尔比安（Domitius Ulpianus，？—228）甚至公开声称"皇帝的命令具有法律的效力"。与古代希腊世界的法律制度相比，罗马法最大的不同，就在于它开始对公民的权利提供明确的保障，而这种保障的出发点则是在概念上对国家与个人的区分。"罗马人对国家和个人进行了严格的区分，它们各自有其特定的权利与义务。国家是社会性存在的一种必需的、自然的框架，但个人而非国家才是罗马法律思想的核心。与此相应，对个人权利的保护被认为是国家存在的主要目标。国家因此被视为一个法人，它在确定的界限内行使自己的权力；公民也同样被视为一个法人，他拥有受到法律保护的、不受别人以及国家非法侵害的权利。"①

　　罗马法不仅对公民(在一定程度上还包括奴隶)的人身权利提供了比古希腊更完善的保护,而且还有另外一个重要特征,那就是对公民私有财产的确认和尊重。早期罗马的社会政治基础主要是土地所有者阶层,劳动者则主要是依附于他们的农奴,后来又增加了拥有独立身份但没有财产权的农民。为了规范日益增加的商业和地产交易,同时也为了对财产继承提供必要的法律依据,罗马法在男性公民作为一家之主的私人身份(pater familias)和他作为公民的公共身份之间进行了明确区分,同时,对一些有关私有财产的基本范畴也开始通过立法的形式予以确定。因此,罗马在建立了一套比较发达的公法体系的同时,其私法也达到了非常完善的程度。罗马法在公与私之间进行的区分,对保护公民权利、明确国家与社会的界限都具有重要的意义。从11世纪晚期开始,在封建社会前期基本被废弃的罗马法又被学者们重新发现并得到重视。此后欧洲国家,主要是欧洲大陆各国又在其政治和司法实践中大量采用了罗马法的因素,从而不仅直接促进了近代欧洲法律体系的产生,而且对早期资本主义经济的发展起到了不容忽视的保护作用。除此之外,罗马司法实践中发展出来的一系列旨在维护公民权利的基本原则对后世也产生了重要影响,并且沿用至今,比如"不能以思想对人定罪"、"不能强迫某人以违背其自身意志的方式为自己辩护"、"不能由于某人的罪行对其他任何人进行惩罚"等等。

　　从原理上说,罗马法与希腊诸邦的法律具有不同的基础。② 在希腊世界,宗教和道德被认为是法律的最后依据(在像柏拉图那样的学者那里这种根据是理性,但理性同时也被认为与道德具有完全的一致性),而对罗马人来说,法律乃是在某些特定职位上的个人所发布的合乎司法程序的命令。如果可以非常简单地认为希腊人采用了一种类似"实质正义"的观念的话,那么罗马人则采用了与之相对的"程序正义"的观念。因此相比之下,罗马人的法律观念是高度世俗化的。罗马公民被要求遵守法律,首先并不是因为法律体现了正义或者某些抽象的道德与宗教原则,而是因为它出自作为整个政治体意志代言人的最高统治者。当然,这并不意味着专断的、不受限制的个人意志有

---

① R. G. Gettell, *History of Political Thought*, New York: Appleton-Century-Crofts, INC., 1924, p. 68.

② 西塞罗和塞涅卡等人为了维护罗马共和制而主张一种与此不同的、基于自然法理论的法律观,并且也对后世产生了相当的影响,但应该说,这种观念来自于古希腊,而不是罗马的传统。

可能直接上升为法律,罗马(特别是共和国时期)的政治体制本身,保证了最高统治者的命令即法律在很大程度上能够反映公共利益,也正因此,波利比阿才认为,罗马政体从根本上说是一种民主制。①

在共和国时期,国家被认为是公民共同的财产,这是"共和国"(res publica)一词本来的含义。罗马共和主义最著名的代表人物是西塞罗。他生活在罗马从共和制向帝制过渡的关键时代,是共和体制最忠实的支持者,曾先后对大权独揽的恺撒和屋大维进行了坚决的抵制,以致最后被屋大维处死。西塞罗的一句名言是"共和国属于全体人民"("Res publica res populi")。② 西塞罗相信,人类社会及国家既产生于实际的生活与交往需要,同时也立足于自然法,而这两者都是人性的内在组成部分。③ 在这个意义上,西塞罗与古希腊思想家们是一致的。他们的不同之处在于两个方面。首先,西塞罗明确地把法律置于国家之上,如他所指出的:"官员的职责在于领导和发布正确的、有益的、与法律相一致的命令。……因此完全可以说,官员是说话的法律,法律是不说话的官员。"④其次,希腊政治思想对作为一种法律实体而存在的国家与构成这个国家的全体公民并没有做出任何区分。换言之,希腊人认为人是城邦的动物,也就是政治的动物,而罗马人则认为,人是社会的动物,但并不必然是政治的动物。由此,罗马人在公民和国家之间找到了一种希腊观念中尚不存在的空间,即属于个人的空间。

继西塞罗之后,在国家与社会关系的理论问题上做出了重要发展的罗马政治思想家是塞涅卡(Lucius Annaeus Seneca,前3—公元65)。塞涅卡做过罗马皇帝尼禄的老师,后来因反对尼禄颠覆共和制的行为而受到叛国罪的指控,并以自杀的方式结束了他的生命。他是一位斯多葛学派的忠实信徒,他的自杀被罗马人认为是一种非常崇高的行为。虽然塞涅卡相信,一位高尚的人应该对社会承担道德义务,但他同时强调国家与社会的区别。他可能是西方政治思想史上第一位明确地提出了自然状态的理论,并把自然状态与国家对立起来的人,是卢梭在一千多年前的理论上的先驱。从斯多葛学派的观点

---

① Polybius, *The Histories of Polybius*, Vol. I, p.471.
② 参见西塞罗:《论共和国 论法律》,王焕生译,北京:中国政法大学出版社1997年版,第39页及注一。
③ 西塞罗认为:"国家乃人民之事业,但人民不是人们某种随意聚合起来的集合体,而是许多人基于法的一致和利益的共同而结合起来的集合体。这种联合的首要原因主要不在于人的软弱性,而在于人的某种天生的聚合性。"(西塞罗:《论共和国 论法律》,第39页。)
④ 西塞罗:《论共和国 论法律》,第255页。

出发，塞涅卡认为社会乃是人类在其出现之日因自然所赐而产生的共同体，它"持续了相当长的时间，直至被人的贪欲所瓦解，人们因此而陷入贫困，即便那些在此过程中在财产上致富的人也一样"①。塞涅卡相信，自然状态是一种和平幸福的状态，在这种状态下，人们平等互助，财产公有，每一个人都具有完善的道德，因为他们根本不知道何者为恶；那些能力出众的人则作为大众的公仆为人们管理公共事务。而且，在自然状态之下，公共事务的管理并不需要法律和暴力的强制，国家和政治社会乃是人类道德堕落的产物，首先是私有财产的出现所导致的结果。因为随着私有制的产生，人们不再满足于原来在共同体中所拥有的一份，贪欲变成了所有人心中最强大的力量。在新的环境中，管理者成为暴君，普通人则为了夺取更多的财产，也为了防范来自他人的侵害彼此戒备和争斗，法律和以暴力为特征的国家则是这一过程的最终结果。可以说，在塞涅卡之前，这样一种完整的关于自然状态的理论以及国家与社会对立的思想是不曾存在的，这也是他的思想与以柏拉图和亚里士多德为代表的古希腊政治思想最大的差别之所在。

当然，塞涅卡与西塞罗一样，承认政治社会和国家也具有为道德和正义而存在的一面，人们因此对国家负有应尽的公民义务。但无论如何，从道德上讲，国家都不能与原来那种完美的自然状态相提并论。也就是说，在塞涅卡那里，人的道德义务被清楚地区分为两个层次，首先是对自然的义务，其次才是对国家的义务，而一位道德高尚的人首先应该确保对前者的忠诚。他宁死不愿接受罗马法院对他的审判，就是对这一理论最好的说明。其实，思想家个人的经历就可以为公民与政治体的关系、政治与道德的关系的变化提供最生动的解释。苏格拉底虽然挑战雅典现实生活中的各种流弊，并且始终坚持自己的道德理想，但最终仍然选择了服从雅典法院对他的死刑判决，以表明对城邦及其公民同胞的绝对忠诚；而当亚里士多德得知雅典人怀疑他在马其顿对雅典的征服中有出卖后者利益的行为时，做出的选择是逃离这个并非他的家园的城市，并到一个小岛上颐养天年；塞涅卡的自杀，则是以此表明对暴君的反抗与蔑视，以及道德与政治不可调和的冲突。总而言之，在塞涅卡的理论中，国家与道德之间已经出现了某种裂痕，两者不再是而且也已经不可能是一个完整的统一体。这种裂痕在基督教兴起之后还将进一步扩大和

---

① Seneca, *Epistolae Morales*, Loeb Classical Library, Vol. II, pp. 397–399.

深化①,从而使国家最终失去其原有的伦理光环。

二、降临于尘世的自然法

从某种意义上说,自然法思想并非罗马法的正统基础。正如上文所述,在罗马的法律传统中,以及在后来罗马法学家的解释中,法律都被认为是由国家宣示的全体人民的意志。但另一方面,由于希腊化时期斯多葛学派的哲学理论对罗马统治者阶层和知识分子的普遍影响,法律应该遵从自然,同时这种自然的规律又能够为人的理性所把握的观念,又不仅深刻影响了像西塞罗那样的罗马政治家和学者,而且得到了他们进一步的阐发和论述。由此产生的一个重要结果,就是使自然法观念进入了罗马的政治传统,而且成为罗马为后世留下的最重要的思想遗产。②

罗马思想家当中,对自然法理论的发展贡献最大的当数西塞罗,他的思想主要来自古希腊的斯多葛学派和伊壁鸠鲁学派。西塞罗非常明确地表达了一种自然、理性和法律高度统一的观念。首先,"正确的理性与自然是一致的",这意味着人的理性能够把握自然的规律。西塞罗写道:"有什么——我不是说在人身上,而是说在整个天空和大地——比理性更神圣?当理性发展成熟和完善,便被恰当地称之为智慧。就这样,因为没有什么比理性更优越,而理性既存在于人,也存在于神,因此人和神的第一种共有物便是理性。既然理性存在于人和神中间,那么在人和神中间存在的应是一种正确的共同理性。"③其次,这种自然规律构成了"真正的法律"的基础,因为"法律即理性,因此应该认为,我们人在法律方面与神明共有。还有,凡是具有法律的共同性的人们,他们也自然有法的共同性;凡是具有法律和法的共同性的人们,他们理应属于同一个公民社会"。④

西塞罗的下面这段名言,是自然法理论在西方政治思想史上的第一次系统表述:"真正的法律是与自然相一致的正确的理性的反映;它普遍适用,

---

① 事实上,斯多葛学派的理论与基督教教义之间至少存在着以下的共同性,即两者都把道德而非政治价值置于最高的地位,同时,都认为个人的道德问题只与其心灵相关,而且在很大程度上独立于社会制度以及社会的判断。Cf. Touchard, Jean, *Histoire des idées politiques*, Tome Ⅰ, p.94.

② 当代西方政治思想史学家波考克(J. G. A. Pocock)曾指出,在18世纪后半期英国的政治争论中存在着共和主义和自然法两种不同的传统。也许可以说,这两种传统早在罗马共和国晚期就已经出现了。参见本书第十八章的有关内容。

③ 西塞罗:《论共和国 论法律》,第192页。

④ 同上。

不会变迁而且垂于永远;它的要求成为人们的义务,它的禁令则避免人们为恶。……任何篡改这种法律的企图都是犯罪,而且人们也不可能对它有丝毫的改变,更不可能把它完全废止。无论是元老院的元老们还是人民大众都不可能免除它所加的义务,同时我们也不需要在我们自身的(理性)之外为它寻找别的解释者。无论对于雅典人还是罗马人来说都不会有不同的法律,现在的法律也不会与将来有所不同。人世间只有一种永恒不变的法律,它对所有的民族,在任何时候都同样有效。世界上也只有一位主宰者或者说统治者,那就是神,因为他就是这一法律的创造者,解释者,也是它的执行者。任何违背这一法律的人实际上都是对他自己的背叛,是对他的人性的否定,而且由于以上的原因将受到最严厉的惩罚,尽管他可能会逃脱通常意义上所说的处罚。"①这样一种理解,与罗马传统的视法律为人民意志之体现的观念之间,其差别不言自明。罗马后来的法律观念,应该说是这两种理解的混合。

比较而言,如果说古希腊的自然法理论更多地立足于抽象的理性思考的话,那么由西塞罗所代表的罗马人的自然法观念则更多地来自他们的政治和法律实践,尤其是伴随着罗马的扩张而逐步完善的万民法。万民法是在处理罗马人与共和国(帝国)其他地区的公民之间出现的法律问题时,通过吸收和借鉴这些地区的法律制度而发展起来的,因此万民法的丰富与完善的过程,同时也就是罗马的司法官员与法学家们超越地区和民族差异,寻找一些共同的正义标准,并且把这些标准运用于其司法实践的过程。按照通常的理解,自然法的具体内容包括不故意伤害别人,尊重公共的和私人的财产,以及信守诺言、对人慷慨等。② 随着万民法的发展,自然法观念也逐步上升为一些基本的法律原则,即法律必然体现的理性(或者说能够为人们的理性所认识和把握的特性)、普适性、公平正义等。事实上,按照罗马人的理解,万民法亦即自然法。因此,虽然在整个罗马时期,那种被称为自然法的规范一直没有被明确化并写入罗马人编纂的法典之内,但它却始终指导着人们的政治法律思考和实践。

西塞罗曾明确指出,人类的一切法律,包括习惯法和成文法都必须以自然法为基础,而正义原则作为法律最基本的依据正是"根据自然法而得出的

---

① Cicero, *De Re Publica*, *De Legibus*, with an English translation by Clinton Walker Keyes, Cambridge, Mass.:Harvard University Press, 1928, p.211;参见西塞罗:《论共和国 论法律》,第120页。

② Neal Wood, *Cicero's Social and Political Thought*, Berkeley, CA:University of California Press, 1988, p.76.

第一项原则"①,至于国家则是人们"为实现正义而结成的一种联合"②。因此,从罗马的自然法观念来看,维护正义乃是国家最根本的义务,如果国家或者当权者违反了这些基本原则,那么统治就变成了暴政。西塞罗表示:"世界上没有一种存在物比暴君更邪恶或更可怕,而对于神和人来说,也没有什么东西比之更可恨……因为他(暴君)虽然有一副人的长相,但就其残酷的本性来说,却远远超过了最凶猛的野兽。怎么能把那种对共同体的正义根本毫不在乎,与他的同胞,甚至是人类的任何部分没有丝毫共同之处的生物称之为人呢?"③至于如何区别善治与暴政,西塞罗认为同样必须以自然作为标准:"我们遵循自然,不仅区分合法与非法,而且区分高尚与丑恶。在通常的理解力使我们认识了事物,并把它们烙印在我们的心灵之后,我们便把高尚的视为美德,把丑恶的视为罪恶。认为一切基于看法,而非自然,这是愚蠢人的想法。"④

罗马人的自然法观念在现实政治生活中最明显的反映,就是他们拥有比希腊人更强烈的平等观念。西塞罗曾经明确表示:"既然法律是公民联盟的纽带,由法律确定的权利是平等的,那么当公民的地位不相同时,公民联盟又依靠什么法权来维系呢?要知道,要是公民们不愿意均等财富,要是人们的才能不可能完全一致,那么作为同一个国家的公民起码应该在权利方面是相互平等的。"⑤这种权利平等思想的一个典型例证,就是罗马人对奴隶的态度从某些方面说要比希腊人进步得多。塞涅卡曾经指出,奴隶主与奴隶的区别不过是法律习惯造成的;就作为人而言,奴隶与他们的主人具有同样的本性,而且同样能够具备完善的道德,他们所缺少的只是幸运。⑥虽然亚里士多德也曾经表示存在着两种不同的奴隶,即自然的奴隶和人为的奴隶,但他并不曾为奴隶的自由设想过任何可能。但在罗马,虽然原来奴隶也经常受到非人的待遇,但在自然法思想的影响下,奴隶的境况有一种渐渐好转的倾向。帝国时期的罗马皇帝图密善(Titus Flavius Domitianus,69—79 年在位)和哈德里安都曾颁布过关于不经法庭审判,不允许残害或者杀死奴隶的训令。另外,

---

① Neal Wood, *Cicero's Social and Political Thought*, p. 74.
② Cicero, *De Re Ruplica*, *De Legibus*, p. 65. 参见西塞罗:《论共和国 论法律》,第 39 页。
③ Cicero, *De Re Publica*, *De Legibus*, pp. 157-159. 参见西塞罗:《论共和国 论法律》,第 86 页。
④ 西塞罗:《论共和国 论法律》,第 202 页。
⑤ 同上书,第 46 页。
⑥ Seneca, *Moral and Political Essays*, edited by John M. Cooper and J. F. Procope, pp. 149-150, 256,275.

奴隶或者奴隶的后代成为自由人,并且受到尊重的情况虽然并不普遍,但也已经成为一种实际的可能。罗马时期最著名诗人之一贺拉斯(Quintus Horatius Flaccus,前65—前8)就是一位奴隶的后代。最后,在罗马帝国时期,妇女的地位也比希腊诸邦有了很大的提高。她们可以拥有自己的财产,对自己的婚姻也开始在一定程度上拥有了自主的权利;如果离婚,她们甚至还可以索回自己的嫁妆。至于妇女们在社交场合公开露面,从事自己感兴趣的活动,则更是罗马人习以为常的事情。

不过,在理解古罗马的自然法思想时,必须注意的一点是,虽然罗马人强调人们在法律面前的平等,强调实证法必须依从自然法,但他们的观念与近代以来的自然法学派是有着重要区别的,那就是他们相信,自然法不仅赋予人们以权利,同时要求人们承担相应的责任。这一点同样可以从西塞罗关于义务(officium)的理论中看出来。西塞罗认为,义务乃是自然法对人的普遍要求,是在任何情形之下人们都必须遵循的基本原则。"无论在什么情况下,无论在公共生活还是私人生活中,无论所涉及的国务还是家务,无论是与人交往还是自身独处,人们都必须遵循某些义务。正是对这种义务的履行造就了美好的生活,而对它的违反则使人堕入邪恶。"①这些义务包括慎思(prudentia)、友爱(ordo)、大度(magnanimitas)与中庸(temperantio)等。西塞罗强调,道德义务的最高目标在于使个人的特殊利益服从公共利益,因为自私自利将瓦解一切人类共同体。"公共利益就是一切人的利益。"②"我们并非仅仅为我们自己而生存,我们也为我们的祖国生存,为我们的朋友生存。"③西塞罗因而提倡一种参与的生活,这是他与伊壁鸠鲁学派最大的区别。他强调,如果理论思考无助于实际的人类生活,那么这种思考便毫无意义。④ 这种观念成为古典共和主义思想的核心,也是施特劳斯把古典的自然正当性理论与近代的自然法理论明确区分开来的基本依据。⑤

自然法理论发展过程中第二个里程碑式的人物是基督教哲学家托马斯·阿奎那(St. Thomas Acquinas,1225—1274)。当然,从本源上说,基督教思想与自然法观念本来就具有某种亲和之处。《圣经·罗马书》中写道:"没

---

① Cicero, *On Duties* (eds. M. T. Griffin and E. M. Atkins), Cambridge: Cambridge University Press, 1991, p. 3.
② Ibid., p. 109.
③ Ibid., pp. 9-10.
④ Ibid., pp. 59-60.
⑤ Cf. Leo Strauss, *Natural Right and History*.

有律法的外邦人,若顺着本性行律法上的事,他们虽然没有律法,自己就是自己的律法。"①这就是说,自然本性与法律应该具有内在的一致性。基督教思想中自然法观念的存在,既与犹太教的传统相关,也与罗马法、斯多葛学派以及古罗马思想家的影响相关。比如,伟大的基督教思想家奥古斯丁就深受西塞罗和柏拉图思想的影响。奥古斯丁明确表示:"上帝的理性和意志,作为自然秩序的保证,正是一种永恒法。"②他并且认为,永恒法对人们灵魂的启示便成为自然法,在自然法之下才是实定法即人法,因为"人间法律中的一切公正与合法性都来自于永恒法"③。奥古斯丁的这些论述,为阿奎那的自然法学说奠定了重要的基础。

中世纪教会人士关于法律问题的讨论,最初始于对管理教会内部事务的教会法(Canon Law)的研究。但是,随着中世纪教会势力的发展,它对世俗权力也表现出日渐浓厚的兴趣,而教会法与世俗法的关系,国家与教会的关系等等也因此成为基督教思想家们经常论及的问题。到阿奎那的时代,基督教神学理论中对政治和法律问题的研究已经有了相当的积累,与此同时,亚里士多德的学说也开始通过阿拉伯人的翻译重新传回欧洲,为中世纪的思想家们提供了重要的思维框架和逻辑工具,两者相互结合,极大地促进了学术研究的发展。阿奎那本人正是在这样的条件下成为基督教神学理论的集大成者。

阿奎那关于政治与法的理论与他的神学理论一样,具有极强的逻辑性和系统性,同时,前者也是后者的一个有机组成部分。所以,他所谓的法,实际上是一种广义的概念,指"人们据以从事某一活动以及避免从事另一活动的某种规则或者尺度"④。法为其所适用的共同体的利益服务,并由在该共同体中起指导作用的力量加以维护。从基督教的观点来看,世界上存在着不同层次的共同体——所有的存在物、人类社会、基督教会和国家,与之相适应,也就存在不同的法,阿奎那分别称之为永恒法、自然法、神法和人法。⑤虽然自

---

① 《圣经·罗马书》第二章第十四节。
② Saint Augustine, *Contra Faustum*, XXII, 27.
③ Saint Augustine, *De libero arbitrio*, I, vi, 15.
④ Thomas Aquinas, *Selected Political Writings* (ed. A. P. D'Entreves, Trans. J. G. Dawson), Oxford: Basil Blackwell, 1959, p. 109.
⑤ 在神法(sacred law)与人法(positive law)的地位高下问题上,阿奎那的作品中存在着相互矛盾的表述。有的时候他似乎认为神法是比人法更高层次的法,而在另外的时候他又倾向于认为神法是基督教徒之间的法,因而理应服从人法。由于他对神法的论述与政治思想没有太大的关系,所以本书忽略了这一方面的内容。

然法只构成上述四个层次之一,但自然法观念却构成了阿奎那政治和法律思想的主要理论基础之一。

阿奎那认为,永恒法是其他所有法的基础。他以一种类似柏拉图的口吻指出:"正如在每一位艺术家的头脑中,都存在着一种通过他的艺术创作而得以实现的理想艺术品的观念一样,在每一个统治者的头脑中,也必须存在一种通过他的臣民的活动而得以实现的理想秩序的观念。……因此,永恒法无非是指导所有行动和运动的神圣智慧。""永恒法正是最伟大的统治者进行统治的计划,而在他之下的所有低等的统治者们的统治计划都必须来自这一永恒的法则。"①

从基督教的立场出发,阿奎那主张,虽然永恒法本身也是理性的体现,但那是上帝永恒的理性与智慧,非人类的理性可以理解,因而人们只有通过信仰才能接近永恒法。但是,自然法作为永恒法的具体化,则是人凭借其理性能够加以认识和把握的。而且,与自然界的其他存在物相比,人类由于拥有理性从而能够在一定程度上分享上帝的智慧,通过对自然法的理解,人们多多少少可以领会上帝的精神。阿奎那相信,从根本上说,自然法与人的自然禀性密切相关,同时也是永恒法通过这种自然禀性对人类理性的一种宣示。②就此而言,"自然法正是理性的存在物对永恒法的一种参与"③。正因为如此,人类的行为自然倾向于正义并具有目的性。阿奎那并且从人类的所谓自然禀性出发,导出了自然法的三项基本原则:由于人具有自我保护的本能,所以第一项原则就是对人的生命的保护以及使其避免故意的伤害;由于人具有繁衍后代的本能,所以第二项原则就是对两性关系的维持和对后代的照顾;由于人具有自我发展的本能,所以第三项原则就是对真理的认识和对人类社会生活的参与,以及保证这种社会生活能够产生其所能实现的益处。④

阿奎那相信,正如永恒法乃是一切法的最终依据一样,自然法也是人法的基本出发点。按照他的定义,所谓人法就是人类理性根据"自然法以及其他一些共同的、不证自明的原则得出的另外一系列更为特殊的规定"⑤,亦即自然法在人世间的具体化。人法的这一基础,决定了它必须服务于一种善的生活,而其有效性也就在于它对自然法精神的体现。如果人间的法律违背了

---

① Thomas Aquinas, *Selected Political Writings*, pp. 119–121.
② 这种观点实际上是对上引《圣经·罗马书》中的语句的解释。
③ Thomas Aquinas, *Selected Political Writings*, p. 115.
④ Ibid., p. 123.
⑤ Ibid., p. 115.

自然法的原则,违背了人的自然禀性,阻碍了人类理性和道德的发展,那么它虽有法律之名,却无法律之实,而在这种法律下生活的人们也将与普通的动物无异。因此,阿奎那强调,统治者只有在为民众的集体利益服务的时候,其统治才是合法的、公正的;相反,如果统治者只为一己之私利,那么其统治就是不公正的、非法的。比如说,在阿奎那看来,专制统治就是对自然法的破坏,因为它给被统治者带来的是强制与不公正。另外,由于按照自然法的原则,私有财产是人们和平幸福的生活不可缺少的条件,所以统治者就负有相应的义务保护财产权;对私人财产的剥夺,除非以为人们提供慈善援助为目的,比如说征税,否则都是不合法的行为。就此而言,虽然阿奎那主张君主制是最好的政治体制,也认为人法就是君主根据自然法制定的法律,但在他的理论中,君主并没有独断专行的权力,相反,他有义务不断探求自然法的精神,并且把他的发现运用于他所统治的社会,以时刻保证他所制定的法律与自然法相一致。

阿奎那的自然法理论中一个值得注意的方面,是他在法律与习俗的关系问题上,持一种十分类似于先前的亚里士多德和后来的伯克那样的保守主义者的立场。从某种意义上看,阿奎那可以算是一位典型的理性主义者,因为他相信,理性不仅能够理解国家,而且能够创造国家,或者说,国家是人类理性能够创造出来的最高成就。但与此同时,由于阿奎那强调自然法反映的是人的自然禀性,而所谓的自然禀性在某种程度上又离不开人们在特定的社会和自然环境下形成的习俗与传统,所以在他的理论中,自然法与传统和习俗之间便出现了一种奇妙的关联。如果说阿奎那认为自然法和人法必须是理性的反映,从而与柏拉图的思想有某些相似之处的话,那么他在强调自然法和据此制定的人法必须与人们的传统与习俗相一致这一点上又离开了柏拉图,而倾向于亚里士多德。也可以说,阿奎那在古希腊两位最主要的政治学家之间采取了一种折中的立场。

阿奎那的逻辑其实不难理解:既然人类是理性的,而传统和习俗又是他们在适应自然和社会环境的过程中通过漫长时期内积累而成,所以必然以某种方式与理性及自然法相联系,虽然在某些情况下人们可能不容易分辨出它们之间的这种关联,或者一些在人们的生活中实际上发挥着重要作用的习俗与传统会被人们视为无用甚至非理性。这样一种观念,要求统治者或者立法者在制定法律的时候必须对传统与习俗采取十分谨慎的态度,对自己所处的社会和自然环境也必须有深切的理解。用阿奎那的话来说,就是"适用于人类的法律必须与他们的生活环境相一致","只有那些与自然以及一个国家的习俗相一致的法律才会真正有效。"①违反了传统与习俗的法律多半也会违反自然法。

对传统与习俗的重视使阿奎那不赞成以抽象的理性原则作为立法的唯一依据,他曾经以财产权为例说明这个问题。阿奎那指出,虽然不少人认为,由于人都是上帝创造的,他们之间理应不分彼此,因而财产必须公有,而且事实上的确也有不少地区实行财产公有的制度,但是,如果私有制更有利于人类的生存与发展,那么这种制度就应该予以保留。他解释道:"自然规定财产应该公有,但这并不意味着自然法规定所有的东西都必须由人们共同占有,或者说不允许存在私有财物,而是说从自然法的角度来看,财产本身并没有公与私的区别,这种区别不过来自于人们之间的协议,它属于实在法的范畴。……因此,私有财产并不违反自然法而是对它的补充,是由人的理性所创造的一种制度。"②另一方面,正如在很多较为原始的社会中所实行的那样,如果财产公有对社会和平与和睦更为有利,而且人们也不像欧洲人那样具有对私产的要求,那么公有制同样也应该得到尊重。阿奎那在这里当然并不是主张理性存在着多重标准,他所强调的是,理性应该从社会的传统、习俗及具体的环境与需要出发,由此才能制定出对一个特定的社会既适用且有效,并能够增进这个社会的善业的法律。可以说,在阿奎那看来,传统与习俗实际上构成了人法与自然法之间的一种中介。

从上述观点出发,阿奎那对政治和法律方面的变革自然持比较保守的态度。他认为,革新应该是一个渐进的过程而不是对传统全面的、骤然的弃绝。立法者最好是在已经没有任何其他可能的选择时才考虑制定新的法律,同时他必须证明变法的确能够增进人们的普遍福利。在这里,阿奎那和亚里士多德的思想非常相似:"轻易变法之所以对公民的福利有害,是因为传统本身就有助于促使人们遵纪守法。因此,那些与人们普遍奉行的习俗相反的行为,即使非常轻微,也应该被视为对前者的严重侵犯。当法律被变更之后,它的约束力也会随之削弱,因为原来的传统已经被抛弃。所以,除非变法带来的福利能够补偿它所产生的不利影响,人法绝对不应该被随意变更。"③

总的来说,以阿奎那为代表的中世纪自然法理论一方面继承了古代希腊

---

① Thomas Acquinas, *Summa Theologica*, Vol. 28, Blackfriars in conjunction with Eyre & Spottiswoode, London, and McGraw-Hill Book Company, New York, 1966, p.123.
② Thomas Aquinas, *Selected Political Writings*, p.171.
③ Thomas Acquinas, *Summa Theologica*, Vol. 28, p.147.

罗马思想，尤其是斯多葛学派的思想，另一方面，由于这一理论更多地强调自然、理性与人的自然禀性的一致性，因而又在很大程度上与以苏格拉底和柏拉图为代表的希腊思想相区别——对后者来说，理性与人的物质欲望之间更多地表现为相互对立的关系。可以认为，经过中世纪基督教哲学家们的改造，自然法中的理性精神在某种意义上变得更贴近人的自然本性了。这样一种转变为后世的思想家基于人的某些"自然本性"——比如对自由、平等、财产等的追求——反对既存的政治秩序准备了必要的理论基础。当然，作为基督教哲学家，阿奎那认为，虽然人凭借其理性能够理解自然法，但仅仅依靠理性并不够，人还必须本着对上帝的谦卑与虔诚，通过对上帝的祈祷提升自己的理性，并且尽可能地获得只有上帝的崇拜者才能拥有的永恒的智慧。就此而言，在阿奎那的理论中，自然法最根本的保证并非理性而是神性。

第五章
精神的权力与世俗的权力

　　罗马帝国、特别是封建社会时期,教会与世俗政权之间的关系构成了西方政治思想的一项基本内容。在罗马帝国统治下,基督教会为了避免来自国家权力的迫害,更多采取自我克制的态度,强调教会只关心信众的精神生活而与现实政治无涉。帝国崩溃之后,西欧事实上的权力真空为基督教会势力的扩展提供了绝好的机会。事实上,在整个封建社会阶段,教会成为维系欧洲精神和文化统一的唯一的力量,并且因此而对世俗政权发挥着不可忽视的影响,甚至成为事实上行使着强大世俗权力的精神组织。在这种情况下,基督教思想家也转而采取了一种积极进取的姿态,主张教会权力对国家权力的优先性。不过,到封建社会末期,国家与教会之间的关系再次发生逆转。随着近代国民国家的兴起,国民认同感成为与罗马天主教会的权力相抗衡的重要力量。与此同时,基督教会长期掌握的巨大权力也导致了教会内部的严重腐败。这两个方面的因素结合在一起,推动了欧洲近代的宗教改革。改革的最终结果是国家权力的世俗化即政教之间的分离,以及近代国民国家的最终确立。①

　　中世纪时期政治思想中的大量争论以及争论中使用的诸多概念,虽然距

---

① 标志着近代国民国家体系确立的《威斯特伐利亚和约》以法律的形式,最终废止了宗教权力对世俗政权的干预。

今天的现实生活已经十分遥远,但它们对近代政治思想的确立具有不可忽视的作用。首先,基督教反复宣扬的对国家政权的不信任态度成为近代以后西方政治思想的基调;其次,基督教的正义观念与自然法理论对国家权力发挥了强大的约束作用;最后,近代西方政治思想的一些基本内容,包括自由、民主等等,都可以从中世纪的政治思想中找到其渊源。因此,中世纪并非如通常所说的那样,只是一个"黑暗的时代",它实际上为近代西方政治思想的产生准备了必不可少的基础。

一、上帝之城与尘世帝国

基督教在创立之初,只是一个由信徒构成的非常松散的团体,并且受到罗马统治者的迫害。耶稣在世的时候,他与几个弟子在各地传授教义,当时既不存在统一的组织,自然也没有相应的管理机构。从《圣经》的基本教义来看,基督徒践行其信仰并不需要借助任何特殊的社会组织,他们所需要的,只是一种在现行社会体制内履行其宗教义务的方式。① 不少人甚至因此认为,强调自我救赎、信奉末世论的基督教观念乃是古典政治理论的天敌。后来,随着信徒的增加,人们才开始在不同地区,由信徒们推选出某种类似委员会性质的机构管理一些内部公共事务。然而,自313年罗马皇帝康斯坦丁(Flavius Valerius Constantinus,274—337,306—337年在位,他本人于337年去世之前受洗)开始取消对基督教会的歧视,并且使其逐步具有类似帝国国教的地位之后,基督教的影响力迅速扩大,并且最终以罗马为中心,建立了一套组织严密的金字塔形教会体系。教会组织在对一般的宗教事务进行管理的同时,对信徒的日常生活也具有不可忽视的影响,在某种程度上实际已经成为一个庞大的行政组织,与国家竞争民众的忠诚与支持。西罗马帝国崩溃之后,尤其是在欧洲封建时期,教会的影响力更是上升到了顶峰,并且一度左右着西欧政治的基本格局。因此,从基督教会建立到近代国民国家普遍实行政教分离为止,教会与国家权力的关系一直是站在这两方面的学者们争论不休的一个问题。

早期的基督教会对国家持一种冷漠甚至敌视的态度。这不仅因为原始基督教对世俗政权固有的不公正、不平等现象存在着自发的不满,更重要的

---

① 《圣经》中说:"在上有权柄的人,人人当顺服他。因为没有权柄不是出于神的。凡掌权的都是神所命的。"(《圣经·罗马书》,第十三章,第1节。)

是从基督教的教义来说,真正对信众们的救赎有意义的是天上的而非尘世的王国。这种冷漠与敌视由于罗马帝国对基督教信徒的迫害曾经达到非常强烈的程度,但随着康斯坦丁大帝本人皈依基督教,国家与教会关系问题上的正统观念有了很大变化。教会方面尤其认为,国家应该与之合作,共同实现解救人类灵魂的使命。在这个意义上,基督教的国家便与异教的国家不同,具有其独特的地位。①

最早对教会与国家之间的关系做出系统论述的是奥古斯丁(St. Augustine,354—430),而他著述的目的首先是为教会的地位进行辩护。410年,罗马被哥特人攻陷,对此,不少人认为应该归罪于基督教会在帝国中越来越大的影响,归罪于罗马人对他们原先所信奉的神灵的背叛。奥古斯丁的巨著《上帝之城》②便是对这种指责的反驳与回应。

奥古斯丁的出发点是对两种秩序,即上帝之城与尘世帝国的严格区分,前者体现了上帝的理性,后者则是暴力的统治,它是上帝因人的堕落而对其实行惩罚的一种形式。上帝之城一方面指永恒的天国,是正义的灵魂栖息之所;另一方面它也与尘世的国家并存,由忠诚于上帝的信众构成。"两种国家来自两种不同的爱:尘世的国家来自对自我之爱,这种爱甚至是对上帝的蔑视;上帝之城则来自对上帝之爱,这种爱甚至是对自我的放弃。一句话,前者的荣耀在于人自己,后者的荣耀则在于上帝。……在前者当中,君主们为了统治欲而主宰被他们征服的民族,在后者当中,君主与臣民出于爱而相互服务……"③奥古斯丁宣称,国家无非是人的创造,是人作为具有理性的存在物,意识到他们所追求的目标的一致性而联合形成的集合体。由于国家以暴力作为支撑,充其量不过是一种以恶抗恶的世俗机构,所以依靠它绝对不可能实现真正的正义,同时也根本不能把它视为上帝的宇宙秩序的一个部分。

在奥古斯丁看来,尘世的国家体现的是人对人的统治,是野心与贪欲的

---

① R. A. Markus, "The Latin Fathers", in J. H. Burns, *The Cambridge History of Medieval Political Thought*, New York: The Cambridge University Press, 1988, pp. 94-102.

② 《圣经·希伯莱书》第十二章第二十二节说:"你们乃是来到锡安山,永生神的城邑,就是天上的耶路撒冷。那里有千万的天使。"《圣经·腓利比书》中说,"我们却是天上的国民"(第三章,第二十节)。在基督教观念中,为了等待耶稣基督的复活,信众们必须结为一种比任何世俗纽带都更为密切的共同体,并且在他们之间形成一座尘世间不可见的理想之城,即"上帝之城",在那里"并不分犹太人,希腊人,自主的,为奴的,或男或女,因为你们在基督耶稣里都成为一了"(《圣经·加拉太书》,第三章,第28节)。

③ Saint Augustine, *The City of God against the Pagans*, edited and translated by R. W. Dyson, Cambridge: Cambridge University Press, 1998, p. 632.

结果。虽然国家所追求的目标即和平与繁荣等的确具有其自身的价值,但事实上也已经被用来实现它们的手段所玷污了。奥古斯丁对尘世帝国的厌恶之情溢于言表:"你们渴望和平、繁荣与富足,但你们的目的绝不是公平地,也就是说,适度地、清醒地、有节制地、虔诚地利用这些福祉。你们的目标毋宁说是对各式各样无穷无尽的低级享乐的狂乱的满足,因此在你们的繁荣中将滋生出一种道德的瘟疫,它比最残暴的敌人要坏一千倍。"①

奥古斯丁极度厌恶尘世帝国的另一个原因,是他认为现实的政治秩序从根本上违背了人与人之间的平等原则。奥古斯丁认为,人作为上帝的创造物,他们之间原本就是完全平等的。所有人在上帝面前的平等,要比他们之间其他方面的不平等重要得多。因此,国家作为一种体现人对人的统治的、具有严格等级制的机构,其存在本身就是对上帝精神的背离。奥古斯丁写道:"当上帝说让人们'管理海里的鱼,空中的鸟,和地上各样行动的活物'的时候,他绝对没有一点点意思让那些他按照自己的形象创造的理性动物除了统治非理性的动物之外,还能统治其他任何东西——不是人统治人,而是人统治动物。因此,远古的有德之人宁愿放牧牛群也不愿意被尊为王……"②

但另一方面,奥古斯丁又承认,尘世帝国与上帝的秩序(亦即"上帝之城")也并非毫不相关。"上帝之城需要利用尘世帝国所带来的和平……直到这一尘世帝国消亡为止。"③从这一立场出发,奥古斯丁认为教会的成员应该服从尘世间的政治秩序,甚至对暴君的统治也不例外,因为即便是暴君的行为,也是上帝意志的一种体现。奥古斯丁强调,和谐平静与秩序稳定的环境,哪怕不平等、不正义,也要好于冲突动荡与混乱的无序状态,所以甚至对受到各种不公正待遇的人们来说秩序本身也是一种利益。"就那些平静地忍受着痛苦的人来说,他们正是以其痛苦为代价而获得了秩序。他们虽然的确没有得到幸福,但使他们与幸福分离的是那些维护秩序的法律;而且虽然他们忧虑不安,他们的环境也对他们不利,但由于秩序他们能够获得某种安宁,以及随之而来的和平。……如果他们得不到这种与事物的自然法则相一致的和平,他们将遭受更大的苦难。"④

从这样一种对世俗权力的理解出发,奥古斯丁虽然一方面宣称上帝面前

---

① Saint Augustine, *The City of God against the Pagans*, p. 44.
② Ibid., p. 942. 引文出自《圣经·创世纪》第一章第 28 节。
③ Ibid., p. 940.
④ Ibid., p. 938.

人人平等,另一方面又为现实中的一些不平等、不公正的现象,比如说奴隶制进行辩护。他认为,堕落为奴的人乃是由于他们的罪行而受到了上帝的惩罚。"之所以会出现奴隶制这种使一些人服从另一些人支配的制度,其主要原因就是罪行;而除非经过上帝的许可,这种制度是不可能出现的。上帝绝不会做出不正义的事情,并且知道对各种不同的罪行应该施以什么样最为适当的惩罚。"①当然,奥古斯丁也意识到,把所有的奴隶都视为有罪之人未免太绝对,因为一个不容否认的事实是奴隶当中也有不少虔诚的信徒。为解决这个矛盾,奥古斯丁在认可奴隶制的同时又表示,那些邪恶的奴隶主们在奴役别人的时候,自己实际上也在接受惩罚——如果说奴隶的痛苦是肉体上的,那么奴隶主的痛苦则是精神上的。"在一个人平静地服从另一个人支配的时候,卑下的地位使从属的一方得到的善,与高傲使支配的一方受到的损害是完全相等的。"②

奥古斯丁的政治理论还有一个主要特点,那就是它虽然承认人是理性的动物,但同时又否认人能够把这种理性正确地运用于政治生活领域。用他的话说,"由于人的头脑本身具有一种犯错误的倾向,所以除非有一位神圣的主使他能够依从,否则他对知识的追求就很可能变成一口陷阱。"③同时,奥古斯丁断定人的理性只是一种有限的理性,从根本上说,它既不可能完全理解上帝的精神,甚至也不能真正理解人本身,因此,无论是奥古斯丁,还是后来的阿奎那都认为,谈论完善的国家本身就是一件毫无意义且自相矛盾的事情。这样,在早期基督教政治理论的影响下,无论是古希腊把国家作为个人赖以实现其本质的社会共同体的观念,还是罗马人传统的共和主义思想都受到了严重的打击;国家原来带有的一切基于理性的道德和伦理特性已经被完全移交给了上帝,其自身则变成了一种不洁的人间俗物。"那不会长存的尘世帝国在人世间……但这种善并不能使那些为它惨淡经营的人免除痛苦,这种国家常因其内部争斗四分五裂,而胜利者不是刽子手就是短命之人。"④奥古斯丁这种否定的国家观虽然后来受到过来自不同方面的挑战,但至今为止,仍然是西方自由主义政治理论的一项基本要素,尽管其中宗教的色彩已经大大

---

① Saint Augustine, *The City of God against the Pagans*, p.943. 从"上帝绝不会做出不正义的事情"这一前提出发,为解释上帝的正义与人间各种不义现象之间的矛盾关系,在基督教神学内部形成了一整套被称为"神正论"(theodicy)的理论。
② Ibid., p.943.
③ Ibid., p.941.
④ Ibid., p.638.

淡化。

奥古斯丁的政治观念在阿奎那那里得到了部分修正。虽然他们都认为只有在"上帝之城"中才能实现真正的和平与正义,但与奥古斯丁相比,阿奎那对尘世的国家又赋予了更多合法性,这既出于调和国家与教会之间关系的现实需要,同时也出自亚里士多德思想的影响。一方面,阿奎那认为,由于人们之间利益和目的的差异,所以必须通过政府对他们进行管理:"人类利益及其追求的多样性显然表明,存在着多种达到其目标的途径,而且在此过程中,人们需要得到指导。"①另一方面,阿奎那与亚里士多德一样,认为国家是人的社会性所导致的必然产物,他以亚里士多德式的语言指出:"人从本性上说是一种社会的和政治的动物,因此必定比其他任何动物都更倾向于在共同体中的生活。""既然社会性对人类来说是自然的和必然的,因此同样必然的结论就是,在社会中必须存在某种政治生活的原则。"他承认,国家的存在不仅是为了在人与人之间维持某种"有序的一致性",而且也是因为在社会上"除了由每个人的自身利益产生的动力之外,必然还存在着某些原则,它们能够产生对人类群体而言的共同的善"②。

因此,阿奎那与奥古斯丁的不同之处就在于,他不只是把国家视为以防范和处罚人世间的罪恶为目的的镇压机构,而且还将其视为一种旨在促进人与人之间的合作的机构。与此相适应,在阿奎那看来,国家也不再是人类堕落的结果,他认为,就算人类不曾犯有原罪,国家也会因为人类的社会需要而产生。他表示:"由于人是具有社会性的动物,……因此即使在人类没有堕落的时候也应该在社会中生存;而对一种包含了众多个人的社会生活而言,一个必需的前提,就是他们当中有某个成员被赋予权威以便对公共的善进行管理。"③国家在人们之间维持和平、提供与分配善的生活所必需的物质财富,并且根据自然法促进人们的善行;人们则在行善的同时逐步接近于他们本性的完满。

当然,作为基督教哲学家,阿奎那对国家合法性的论证最终还是要联系作为基督徒最高目标的灵魂的救赎而进行。就此而言,阿奎那之所以承认国家也有善的一面,主要原因还不在于人的社会性本身,而在于人们在国家管理之下的社会生活对实现基督教的最高目标有所助益。由于社会与政治生

---

① Thomas Aquinas, *Selected Political Writings*, p.3.
② Ibid., p.5.
③ Ibid., p.105.

活是人类不断完善的过程中必不可少的环节,因此世俗统治者也就相应地承担着一种神圣的义务,"因为善的生活这一尘世间的目标在天国中同样受到祝福,所以国王有义务增进共同体的利益,并使之通向天堂的幸福"①。实际上,阿奎那认为,统治者的这一义务是毋庸置疑的。"任何共同体的统治者最重要的任务就是确立一种和平的一致性。对于这样做是否能够推进共同体的和平,他根本没有权利加以怀疑,……因为人应该考虑的不是他的行为目标,而只是为实现这一目标而需要采取的手段。"②

在政体问题上,阿奎那是君主制的支持者,因为在他看来,一致性是国家政治活动最根本的目标,而君主制则是最容易达成这一目标的、最自然的政体形式。他表示:"其自身具有一致性的事物本来就比那些多样性的事物更容易产生一致性……因此,由一个人统治的政府比由多数人统治的政府更容易成功。如果众多的个人相互之间本来就存在差异,那么显然他们也根本不可能在共同体中实现真正的统一。因此,多数人无论以何种方式实现其统治,一个必要的前提是他们之间事先已经存在着某种统一的纽带。而且,君主制是最接近于自然过程的政体形式,而自然永远是以最完善的方式运行的。在自然界,统治者始终是单一的。就人体而言,有那么一个推动着其他的部分的东西,那就是心脏;在心灵中,有那么一种能力占据着主导地位,那就是理智。"③

阿奎那之所以认为一个人的统治优越于多数人的统治,还有另外一个方面的原因,那就是他虽然承认上帝面前人人平等,但同时又强调人与人之间不可避免地存在各种各样的差异。即使在起始状态下,人们"在精神与道德方面必须存在某些差别,……一些人的正义感与知识显然比其他的人更加完备"④。"一个人不仅能够支配他自己,而且能够支配其他的人,这需要一种杰出的德行。……在科学与艺术的一切方面,那些能够正确地支配别人的人,比只能听命于有能力的人支配的人要更值得称赞。"⑤因此,由最优秀的人来担当统治者,为其他人指明正确的生活道路,在阿奎那看来完全是一件自然而然的事情。在这个方面,阿奎那显然又离开了亚里士多德而倾向于柏拉图。

---

① Thomas Aquinas, *Selected Political Writings*, p.79.
② Ibid., p.11.
③ Ibid., p.3.
④ Thomas Aquinas, *Summa Theologica*, Vol.13, London: Blackfriars in conjunction with Eyre & Spottiswoode, and New York: McGraw-Hill Book Company, 1964, p.131.
⑤ Thomas Aquinas, *Selected Political Writings*, p.49.

与奥古斯丁一样,阿奎那也要求人们对国家采取尊重的态度,甚至对政治生活中的不义,也要尽可能地加以忍受。阿奎那本人并不支持教会过分干预世俗政务。他曾经表示:"世俗的统治与权威是一种来自于人法的制度;虔信者与不信者的区分则只能由神法做出;而神法,即来自上帝恩宠的法,并不能摧毁来自于自然理性的人的法律。因此,虔信者与不信者之间的区分,并不能取消不信者对虔信者的统治和权威。"①

如果说奥古斯丁认为忍受政治中的不义是人因为堕落而为自己赎罪的一种方式的话,阿奎那则以类似实用主义的态度向人们发出了同样的劝导。他指出,在三种情况下,从被统治者的角度来看,对暴君的忍让都要比对他的抵抗更为有利。首先,如果暴君的统治不算太过分的话,那么忍让当然是明智的选择。因为反抗未必能够成功,而失败的反抗只会导致统治者更加残酷的报复。即使反抗或者革命推翻了暴君,民众之中也会因此产生意见的不合以及彼此之间的争斗。或者人们借助别国统治者之手推翻了本国的暴君,但新的统治者由于担心重蹈其前任之覆辙,必然对人民实行更加严酷的统治,而经验证明,新的暴君总是比老的更坏。

第二种情况是人们对暴君的统治已经不能容忍。阿奎那认为,虽然有人宣称这种时候那些有能力的人冒险杀死暴君,以解救共同体的做法是一种善行,但其实这并不符合使徒的教导。因为《圣经》要求人们不仅服从好的统治者,而且还要尊重那些坏的统治者。②个人能够随自己所愿杀死统治者,这无论对共同体还是对其政治秩序而言,都是一件十分危险的事情,哪怕统治者是一个十足的恶棍。人们如果抱有这样一种想法,共同体多半也会失去那些好的统治者。"因此,看来对暴政的矫正,应该由公共权力机构进行,而不应该诉诸个人私下的判断。"③阿奎那这里所谓的公共权力机构,指的或者是王国的高级官员,或者是曾经选举出国王的全体民众。④

第三种情况是对暴君的反抗或者矫正都完全不可能。在这种情况下,阿奎那要求人们向上帝祈祷,因为只有上帝的力量能够感化暴君的心灵,使其

---

① Thomas Aquinas, *Summa Theologica*, Vol. 32, London: Blackfriars in conjunction with Eyre & Spottiswoode, and New York: McGraw-Hill Book Company, 1975, p. 69.

② 《圣经》中说:由于一切权威都出于上帝的意志,"所以抗拒掌权的,就是抗拒这神的命。抗拒的必自取刑罚"(《圣经·罗马书》,第十三章第2节)。

③ Thomas Aquinas, *Selected Political Writings*, p. 31.

④ 在欧洲封建社会,至少从法理上来说,统治者是经由全体被统治者共同选举产生的;即使由继承而获得王位的君主,也被认为是得到了被统治者的默认的同意。

弃恶从善。至于那些上帝认为不值得感化的暴君,他会将之除去或者剥夺他的力量。"但是,为了获得上帝的这样一种恩惠,人们必须停止抱怨,因为上帝允许不虔诚者进行统治,实乃对人们所犯罪行的一种惩罚。人们必须首先消除自己的罪孽,然后才能免除来自暴君的苦难。"①

阿奎那在抵抗暴君问题上的保守立场,与他关于政治变革的思想是一致的。他的一个基本倾向,是对无论出自统治者还是被统治者的政治变动可能带来的结果,都持比较悲观的估计。但在另一方面,与奥古斯丁相比,阿奎那在这个问题上的态度已经有所变化,这表现在他不再要求人们绝对服从暴君,并且提出了对暴政进行矫正的问题,从而在某种程度上回归了西塞罗对待暴政的观点。阿奎那把对暴政的矫正权赋予某种公共权力机构,这一点对后来很多教会思想家产生了深刻的影响。正是从阿奎那开始,基督教哲学家们开始不时地从理论上公开探讨革命甚至弑君这样的话题。虽然阿奎那本人的结论基本上是否定的,但既然问题已经提出,那么回答从否定到肯定的转化也就只是一个时间问题了。

二、教会对国家权力的侵蚀

康斯坦丁大帝转变对基督教的态度之后,教会的组织也相应地逐步规范化,但其权力仍然受到很大的限制,因为教会委员会就有关教义或者教会组织等方面的问题通过的决议,必须在皇帝认可之后由帝国的行政机构加以具体执行。尽管如此,教会的组织化仍然极大地推动了其力量及影响的稳步增长。基督教的"合法化"对教会组织另外一个方面的重要影响,就是由于罗马主教的所在之地同时是帝国的首都,他能够就有关教会的问题直接对皇帝施加影响,并且充当皇帝与外地教会组织之间的中介,因此罗马主教这个职位在教会中也就非正式地获得了一种其他主教所不能比拟的重要地位。这种特殊地位,加上罗马是耶稣的弟子圣彼得传教之地这一事实,使得罗马主教在教会内部逐渐得到众多信徒的拥戴。公元347年,教会的萨尔迪卡会议(The Council of Sardica)正式通过决议,赋予罗马主教以审查其他主教所发布的训令的权力。这一权力后来得到了罗马皇帝的认可,罗马主教也因而正式成为基督教会的最高领袖,汉语中则习惯地称之为"教皇"。

为了避免政治迫害,早期基督教在其与国家的关系问题上,主要采取一

---

① Thomas Aquinas, *Selected Political Writings*, pp. 33, 35.

种谦卑与不关心的态度。但是,伴随着基督教在罗马帝国内部地位的上升及影响力的增长,教会的某些领导人物开始谋求独立于国家控制的权力。在规范两者之间的关系方面,米兰大主教安布罗斯(Bishop Ambrose of Milan,339—397)做出了重要贡献。他根据《圣经》中耶稣的言论,提出了"上帝的东西归上帝,恺撒的东西归恺撒;宫廷属于皇帝,教会归于主教"的主张①,意思是教会虽然不介入世俗权力关系,但应该拥有不受干涉地处理其内部事务的独立权力。这一主张成为最早确立的一项处理教会与国家关系的基本原则,并且在长时间内得到遵循。安布罗斯理论的出发点是教会与国家这两种组织在本质上的根本区别,即前者是以拯救人的灵魂为目的的崇高的机构,而后者则是作为人类堕落的结果所产生的强制性结构。根据这种区分,教会如果干预了国家事务,对其自身来说无异于一种堕落,即使在国家的统治明显不公正,违背了上帝意愿的情况下也是如此;而如果教会接受国家的干预也是同样的结果,因为在精神的事务中,皇帝也不过是教众中的普通一员,他必须服从教会的权威。因此,明确区分两者之间的界限,是保持基督教会的纯洁性所必需的基本条件。

安布罗斯自己就曾为实现上述原则而与帝国的政治权力进行过努力抗争。当罗马皇帝瓦伦提尼安(Flavius Valentinianus,364—375年在位)宣布,一项有关米兰主教职位的争议应该交由罗马法院审理时,安布罗斯便做出了如下的回答:"在涉及信仰的问题上,应该由主教对皇帝加以审理而不是相反。""我不相信(人间的)法律能够高于上帝的法律。"皇帝"应该在教会之中,而不是在它之上。"②从这一事件可以看出,虽然从抽象意义上说,无论教会还是国家对安布罗斯的原则可能都没有什么异议,但它们之间的关系实际上远非看上去那么简单明了,原因不仅在于教会的信徒同时也是帝国的臣民,而且还在于信徒们不可能不食人间烟火,所以也就不可能不与世俗权力发生物质上的关系。教会人士宣称,涉及信仰的问题应该属于教会的权力范畴,但如果帝国对基督教徒征税或者没收了教会的财产,这种问题属于精神还是物质领域?在这种情况下,又应该如何划分上帝与恺撒的权限?

安布罗斯之后,对教会与国家关系的理论产生过重要影响的是教皇格拉

---

① 《马太福音》第二十二章第21节、《马可福音》第十二章第17节及《路加福音》第二十章第25节中说:"该撒的物当归给该撒,神的物当归给神。"

② *Ambrosii Epistola*, xxxii, in Melchoir Goldast, *Momarchia Sancti Romani Imperi*, Francofordiae et Hanoviae, 1611-1614, II, p.10.

修一世(Pope Gelasius Ⅰ)。他认为,两种权力之间应该彼此合作,因为它们从根本上说具有同样的目的。当然,教会一方实际上拥有更高的地位:"基督教的皇帝们应该得到教会的帮助以实现永恒的生活,而教会则只有在涉及世俗事物的时候才利用人世间的法律。"①同时,格拉修强调,双方应该明确彼此之间的权力界限,"为了使信仰不受尘世的干扰,'献身上帝的任何人都不应该介入世俗事务';至于那些已经卷入俗务之人则不应该染指对神圣事务的指导"②。格拉修指出,教会在精神上更崇高的地位使其不可能、也不应该接受世俗统治者的管理。他表示:"全能的上帝要求基督教会的牧师和教士们不受世俗法律或者权威的统治,而必须接受主教和教会法律与权威的管理。"③至于在判断什么问题属于精神领域而什么问题属于世俗领域方面,教会拥有最后的决定权。④ 格拉修的原则被人们用《圣经》中的说法总结为所谓的"两把剑"⑤的理论,在中世纪基督教会中发挥了相当大的影响。

西罗马帝国崩溃后,罗马教会与东罗马帝国基督教组织的关系逐步削弱。为了抵抗来自伦巴第人的进攻,罗马教皇采取了与法兰克人联盟的政策。法兰克人在与其他日耳曼部落的战争中的节节胜利证明了教皇这一选择的正确性。因此,面对日耳曼人的入侵,基督教会本身不仅没有随同罗马一起陷入分裂,反而得到了政治上的征服者日耳曼人的皈依。公元800年,法兰克人的领袖查理曼(Charlemagne,742—814)被教皇列奥三世(Leo Ⅲ,750—816)加冕为神圣罗马帝国的皇帝,这实际上也是教皇为自己加了冕,它进一步使教会在欧洲政治和宗教生活中占据了非常重要的地位。⑥ 在中世纪的欧洲,教会替代罗马帝国成为欧洲唯一一支统一的力量,它不仅拥有从上到下

---

① *Decretum Gratiani*, Dist. 96, can. 6.
② Ibid.
③ Gelasius Ⅰ, *Epistolae Romanorum Pontificum*, A. S. Hilaro usque ad Pelagium Ⅱ. Ed. Thiel, i. 10.
④ 《圣经》中的有些说法为主张教会权力至上者提供了依据。比如《罗马书》第十三章第一节说:"在上有权柄的,人人当顺服他。因为没有权柄不是出于神。凡掌权的都是神所命的。"《使徒行传》第四章第十九节说:"听从你们(此处解为人间的掌权者。——引者),不听从神,这在神面前合理不合理,你们自己酌量吧。"
⑤ "两把剑"的说法出自《圣经·路加福音》第22章第38节:"他们说,主啊,请看,这里有两把刀。"
⑥ 有学者指出,"没有查理曼就没有格利高里三世。……罗马人锻造的、建立在自然法基础之上的国家观念不断淡化,并且被融入查理曼强有力的宗教实践之中……更准确地说,查理曼在无意之间实现了奥古斯丁的政治原则,为其赋予力量与一致性,并且庄严宣布了独立于并且自外于教会的传统国家观念的消亡。"Cf. Jean Touchard, *Histoire des idées politiques*, Tome Ⅰ, pp.134-135.

遍布各地的组织机构，享受什一税，而且自身还控制着大片的地产，其本身就成为一个重要的政治和经济实体，拥有比帝国时期还要强大得多的影响。国王们要扩展自己的势力自然要千方百计利用教会，而教会为了进一步扩大自己的影响也以各种方式设法控制国王。

这一时期一个十分有意思的现象是，虽然教皇在教会内部的权力越来越大，但他本人却又受制于教会组织之外的力量。在罗马帝国时期，教皇的选举一直受到国家权力的影响，而帝国崩溃之后，选择教皇的权力便落入罗马几个大家族的手里。教会力量的不断增强，使其对这一状况非常不满。最后在1059年，由第二次拉特兰宗教会议（the Second Lateran Counicl）通过决议，规定以后教皇由枢机主教团进行选举，从而夺回了教皇的任命大权。随着查理曼大帝死后神圣罗马帝国迅速陷入分裂，教皇在与世俗权力的斗争中又进一步占据了十分有利的地位。当时在教会与世俗权力的关系中存在着两个实际问题，即封建领主对教会地产的征税权以及国王对神职人员的任命权问题。从教会的立场来看，这两种权力都属于世俗政权对教会侵犯，因此，从教皇格利高里七世（Gregory VII）在任的时候起（1073年开始），教会就采取了一系列措施以加强教会尤其是教皇的权力，同时对抗国家的干涉。

格利高里七世为了捍卫教会的权力，甚至对国家采取了一种极端蔑视和否定的态度："谁不知道，正是由于对上帝的无知以及盲目的贪欲和不能容忍的专断，在这个世界的统治者，也就是魔鬼的煽动下，一些人凭借傲慢、暴力、邪念、谋杀以及几乎所有的罪行，在与他们平等的人当中获得了支配权，这正是国王和一切统治者的起源。"①在彻底否认世俗统治者道德上的正当性的同时，他还明确表示："好的基督徒要比那些邪恶的君主更具有王者的资格。因为前者为了上帝的荣耀对自己严加管束，后者却为了自身利益置上帝于不顾，这种人甚至是他们自己的敌人，是别人的暴君。"②

格利高里根据格拉修的"两把剑"的理论认为，教皇作为基督教世界的精神领袖，肩负有把整个世界改造为一个单一的基督教共同体的使命。同时，在涉及信仰和教义的问题上，他也拥有最后决定权。所有的信徒，包括国王在内，都应该服从教皇的管理。国王作为教众之一，有义务为教会的目的行

---

① "Letter of Gregory to Hermann, Bishop of Metz, 1081", *Registrum of Gregory VII*, P. Jaffe (ed.) *Bibliotheca Rerum Germanicarum*, Vol. II, p.553.
② Ibid., p.557.

使他的权力;如果他做不到这一点,那么教皇可以剥夺他的统治权。① 与这一种理论相适应,格利高里在1075年发布了一道训令,禁止国王或者其他任何世俗权力对神职人员的任命,违者将以革除教籍论处。这道训令的发布遭到了国王们的强烈反对,并且引发了教会与世俗权力之间的一场激烈论战,史称世俗任命权(Lay Investiture)之争。在双方的冲突中,德意志国王亨利四世(Henry Ⅳ)被格利高里宣布革除教籍,并剥夺其国王的资格;作为报复,亨利四世则在1080年占领罗马并且放逐了格利高里,致使后者死于流放之中。

世俗任命权之争意味着教会组织在与国家争夺权力的角逐中又往前迈出了一大步,因为此时教会方面所要求的不仅是相对于国家的独立性,实际上还包括教会对国王在有关信仰问题上的决定进行监督和控制的权力。这表明,教会的要求已经从抽象的地位发展到实际的权力,而这种要求的出发点自然是任何基督徒都不会否认的它在精神世界的优越性。在一些教会权力的要求者们看来,国王不过是俗人,而且是那种最容易犯罪的人,因此也是最需要教会予以关注和照顾的人。这样一种态度在教皇尼古拉一世(Nicholars Ⅰ)对罗兰王罗泰尔(King Lothaire of Lorraine)离婚事件的反对及其引发的争论中得到了明显反映。这一事件中,国王的支持者认为,国王理应独立于教会的干预直接对上帝负责。针对这种观点,教皇的支持者,枢机主教因克马尔(Hincmar)表示,也许好国王能够做到这一点,至于那些不正义的或者残暴的统治者,正如所有的罪人一样,必须受到教会的审判,因为教会是上帝的王座之所在,而且上帝正是通过教会传达他的判断。

教会权力的要求者一般都是从《圣经》中寻找对他们的立场有利的言论或者先例,其中最重要的是耶稣在《马太福音》中对他的弟子彼得所作的承诺:"我要把天国的钥匙给你。凡你在地上所捆绑的,在天上也要捆绑。凡你在地上所释放的,在天上也要释放。"②这段话被用来证明教会所独有的、为世俗统治者所不具备的拯救人类灵魂的特权,以及与上帝直接的联系。另外,教皇格利高里七世等人还从耶稣对彼得所说的"你牧养我的羊"③引申出教会

---

① 格利高里七世在1073年发布了一项为他自己授权的教皇赦令(共27条),成为他日后行动的依据。其主要内容包括:教皇可以罢免皇帝(第12条)、没有教皇的旨意不能召开宗教大会(第16条)、任何人无权更改教皇做出的判决,同时教皇则可以更改任何人做出的判决(第18条)、教皇不受任何人审判(第19条)、教皇可以废除他认为不公正的任何效忠誓言(第27条)等。
② 《圣经·马太福音》第十六章第19节。
③ 《圣经·约翰福音》第二十一章第16节。

对包括国王在内的所有人都有管理权的结论。① 他曾向国王们发出了以下质问:"难道他们不在被上帝之子托付给圣彼得的羊群之中吗?我要问,在这普遍的捆绑与释放的连续之中,谁能置身于彼得的权力之外?除了那些可怜虫,又有谁不愿意荣膺上帝的子民,即拒绝成为上帝的羊群的一员而成为魔鬼的附庸?"②甚至就连在子女的问题上,教皇英诺森三世(Innocent Ⅲ,1190—1216年任教皇)也认定,由于生儿育女本身就是人类原罪的结果,所以教会同样应该拥有管理权。当然,按照这种逻辑,在世界上要找到教会所不能干涉的领域大概反而会是一件十分困难的事情。实际上,包括格利高里七世和英诺森三世在内的教会人士的确认为,对无论是宗教的还是世俗的一切有争议的问题,教会都有最终决定权。

不过,除去某些极其例外的情况(比如说英诺森三世就企图建立教会自己的军队),教会并没有自己的强制性力量以实施其意志,它主要是通过对国王或者某些显要贵族的行为进行公开评判而间接实现其权力及影响。当然,教会的这种评判不会仅仅停留在精神层面,因为它的手里掌握了两项重要的武器,它们将带来严重的世俗后果,这就是革除某人作为基督教信徒的教籍,或者宣布其附庸对他的效忠宣誓无效。在西欧封建时代,领主和附庸之间的权利与义务关系主要是依靠誓约加以维持。虽然封建义务的产生与取消属于日耳曼法的范畴因而是世俗问题,但教会认为誓约本身是一种宗教行为,而且其内容的有效性必须受到上帝的保证。誓约既然无效,权利与义务关系自然也就相应地被解除了。教会的这两种手段,虽然从宗教意义上说前者要比后者更严厉,但其世俗结果却是一样的,因为革除教籍也就间接地废除了领主与附庸之间的誓约。对封建时代的君主和贵族来说,这实际上是一种比单纯的革除教籍更为严重的威胁。教会通过使用这两种手段,加上利用各个层次的统治者之间的矛盾,的确在某种程度上使自己成为国王之上的权力机构。中世纪教会与国家之间的这种关系,对西欧政治理论与政治实践都产生了重要的影响,使类似古代东方的专制王权的出现成为一件完全不可能的事情。另外,教会在与国家争夺权力的过程中提出的限制王权的理论及其实际采取的措施,对人们后来反对专制主义的斗争也提供了重要的素材。

---

① 《圣经·约翰福音》第十一章第15—17节。《圣经》中经常使用羊群这个词来比喻基督教普通的信徒,教士则被相应地比喻为牧羊人,故而称之为"牧师"。

② "Letter of Gregory to Hermann, Bishop of Metz, 1081", *Registrum of Gregory Ⅶ*, P. Jaffe (ed.) *Bibliotheca Rerum Germanicarum*, Vol. Ⅱ, p.548.

世俗任命权之争到1122年以教俗政权之间的妥协告一个段落。该年9月,教皇卡利克图斯二世(Pope Calixtus Ⅱ)与神圣罗马帝国皇帝亨利五世(Henry Ⅴ)签署了一份协议,即著名的《沃尔姆斯协议》(Concordat of Worms),协议协定中止世俗任命权,但同时又在相当程度上为世俗统治者保留了教职任命方面的影响。因此,双方之间在权力关系上的矛盾一直延续到了以后的两个世纪,直到1254年德意志帝国分裂,教会方面获得了最后胜利而告终。在教皇英诺森三世任职前后,教会的力量和影响都上升到了历史上的最高峰[①],教皇能够左右国王的继位,支配各国国内的政治和宗教生活,甚至成为某些国王的领主。

在关于世俗任命权的争论暂告一个段落之后,为教会权力做出论证的一位重要思想家是萨尔兹伯里的约翰(John of Salisbury, 1120—1180)。约翰是奥古斯丁和阿奎那之间最有影响的基督教理论家,也是中世纪最早了解并系统采用了古代希腊哲学和政治理论的学者之一。据说他的著作甚丰,其内容涉及古希腊和罗马的历史、教育、诗学、著名教士的传记以及教会史等,而在政治学理论方面,他也留下了一部重要的著作,即《政治家篇》[②]。此书被称为"中世纪最早的一部系统的政治学著作"[③],也是"西方思想在重新熟悉亚里士多德的《政治学》之前唯一的一部政治学著作"[④]。

作为一位理论家,约翰当然与世俗任命权之争中那些单纯为教会权力进行辩护的学者不同,他的理论具有其全面性和系统性。在国家与教会的关系方面,他继承了"两把剑"的理论,承认国家是一种必需的存在,但同时强调教会具有比国家更为优越的地位。他以人体为比喻,认为"那些管理着宗教活动的人应该受到尊重与服从,正如在精神与肉体的关系方面一样。"[⑤]国家应该服从于教会,国家手里的"这把剑是君主从教会那里得到的,虽然后者本身根本就没有这种染上了鲜血的剑。但是也可以说她的确拥有这把剑,并且假君主之手加以使用。她把对身体进行强制的权力交给了君主,把处理精神事务的权威交给主教们从而使其保留在自己的手中。君主实际上是教会权力

---

① 1215年的拉特兰会议上颁布了几项影响深远的教皇敕令,其内容包括东正教会从属于罗马天主教会、禁止向各级牧师征税、与教会利益相冲突的法律无效等等。
② 该书原名为 *Policraticus*,是约翰自己造出来的一个词,某些研究者认为它其实是作者的名字。在英语世界中,人们一般根据该书的内容将书名译为《政治家篇》(*The Statesman's Book*)。
③ John of Salisbury, *The Statesman's Book of John of Salisbury*(ed. and trans. by J. Dickinson), New York, 1927, p. xvii.
④ Ibid.
⑤ Ibid., pp. 64-65.

的使臣,行使着这种神圣职责中看起来不值得由教会行使的那一部分权力。每一个现存的、处于神圣的律法之下,并以执行这一律法为使命的职位实际上都是宗教性的职位,但以处罚犯罪为其要务的那一种要处于相对较低的地位,因此它比较典型地被人们认为掌握在刽子手的手里"①。

把国王称为"刽子手"的说法最早来自教皇格利高里七世,但与格利高里不同的是,约翰明确地为国家赋予了一种虽然较低、但同样神圣的地位。他认为,虽然君主的权力"有的时候是出自服务于上帝的教士们的同意,有的时候则是通过人民的投票而获得其权威性"②,但是,从《圣经》中可以看出,这种权力从根本上说都来自于上帝并且必须对其负责。"一切权力都来自于我们的主上帝,而且永远与他同在。君主的权力同样来自上帝,因为上帝的权力与上帝本身一样永存,他只是借助于一只从属于他的手来行使这种权力,并且使万物感受到他的仁慈与正义。"③约翰这种关于国王权力的理论实际上使他的立场显得比较微妙,因为如果国王同样具有一种神圣地位的话,那么从逻辑上说他就没有什么必要通过教会与上帝建立联系,而这正是那些主张国王有权独立于教会的人们的一个基本观点。

因此,约翰的理论中显然包含了某些可能对国王的权力有利的内容。他要求人们服从那些正义的君主,甚至是"快乐地"服从他们,因为对他们的不敬也就是对上帝的冒犯。但另一方面,他又对所谓的暴君和真正的君主进行了严格的区别。"暴君和(真正的)君主之间唯一的或者说主要的区别,就是后者服从法律并且按照法律的规定统治着他的人民,同时仅仅把他自己视为人民的公仆。"④约翰声称,对那些破坏法律,损害了共同体利益的君主,人们根本没有必要加以服从,实际上,他们甚至有权对其加以反抗。约翰认为:"邪恶的东西总会受到上帝的惩罚,只不过有的时候是以上帝之手,有的时候则是借助于普通人之手,上帝以此作为武器,以实施惩罚并恢复正义。"⑤约翰关于君主正当性问题上的思考具有两个方面的重要意义。首先,虽然他认为君主的根本义务是侍奉上帝,但他并没有采用宗教性质的标准判断一位君主的统治是否正当,他反复强调的,是看君主的统治是否依照法律进行,这就使他的理论超越了单纯的宗教范畴。其次,与之相联系,他也并没有断定反抗

---

① John of Salisbury, *The Statesman's Book of John of Salisbury*, p. 9.
② Ibid., p. 83.
③ Ibid., p. 4.
④ Ibid., p. 45.
⑤ Ibid., p. 115.

暴君的权利只属教会专有,因为人民也完全可以自己行使这一权利。这两方面的特点,使约翰的政治理论与中世纪那些一味为教会权力进行辩护的神权学说区别开来,并且成为沟通中世纪神学政治思想与近代世俗政治思想之间的重要桥梁。

三、向国家的回归

教会与世俗权力之间的关系在13世纪发生了逆转,其时教会权力刚刚臻于顶峰。这一转变过程中的一个关键性事件是教皇波尼伐斯八世(Boniface Ⅷ)与英国国王爱德华一世和法国国王腓力四世之间的斗争。在此之前,教皇在与国王们的权力之争中之所以能够占上风,主要原因除了他在宗教上的影响力之外,就是他能够利用各国之间的复杂关系以及国王们与其封臣之间的矛盾。但是,随着各国内部王权的巩固及其在国内控制力量的增强,也就是国民国家作为一种前所未有的全新的政治力量逐步登上历史舞台,教皇一方便失去了与国王抗衡的三个重要支点之一。因此,当波尼伐斯八世对英法两国国王未经其许可对本国境内的教会财产征税表示反对时,他出乎意料地发现自己并没有得到英法两国的诸侯们以及教会的支持。波尼伐斯八世在对抗中动用了教皇手中的王牌,威胁要将两位国王革除教籍。对此,爱德华一世的反应是将取消对国内教会人士的保护,而腓力四世则更直截了当,宣布将切断从法国向教皇所在地的货币流通。教皇在某些宗教界人士的支持之下曾一度采取了十分强硬的态度,宣布自己不仅作为教皇,而且作为基督教世界的皇帝,有权要求所有世俗统治者的服从。对于坚决不肯就范的腓力四世,教皇宣布革除他的教籍。但是,包括高级教士在内的法国王室会议却表示对国王效忠,他们并且列举了波尼伐斯八世的二十九条罪状,包括买卖圣职、不道德和谋杀等等,宣布要剥夺其教皇资格。这场冲突的最后结果是法国军队侵入罗马,教皇本人也被劫持,后来虽被人救出,但很快就去世了。波尼伐斯八世的继任者在教皇任上也只活了几个月,此后的教皇是克莱门特五世(Clement Ⅴ,1305年被选为教皇)。克莱门特五世本人是法国人,几乎完全处于法国王室的操纵之下,教廷所在地也迁移到法国的阿维尼翁,这就是历史上持续了75年之久的所谓"阿维尼翁之囚"或称"巴比伦之囚"①的时期。

还在关于世俗任命权的争论中,站在国王一边的理论家们就针对教会的权力要求指出,国王的权力本身就具有基督教的神圣性质。他们认为,耶稣对两种权力的区分,并不意味着否认国王的权力同样来自于上帝,因此世俗统治者应该直接对上帝负责而不需要经过教会这样一个中介。国王当然有义务实行公正的统治,促进人间的幸福;但这一点同样也不意味着教会有权对那些没有能够忠实地履行其义务的统治者施行处罚,因为只有上帝才具有这样的权力。国王实际上是上帝手中的一种工具,他的仁慈象征着上帝对其信众的褒奖,而他的暴虐则表明上帝对有罪之人的惩罚。总而言之,国王如何行动,应该完全独立于教会的判断与干预。

当然,直接从基督教教义出发来证明国王权力的神圣性质多少会显得牵强附会和相对无力,因为按照《圣经》的说法,耶稣的确是把解救人类灵魂的责任交给了彼得(教会)而不是皇帝。萨尔兹伯里的约翰在捍卫教会相对于国家的优越性的同时,已经承认国家同样具有一种与教会类似的神圣地位,但如果完全从基督教神学出发,国王能够得到的也不可能比这更多。因此,对教会的权力要求真正具有颠覆性的,乃是国家权力问题上的自然主义理论,即亚里士多德式的理论。巴黎的约翰(John of Paris, 1250/4—1304)大概就是中世纪最早采用这种理论的学者之一。他独树一帜地提出,国家的产生完全是一种自然过程的结果,与宗教毫无关系,世俗国家早在基督教产生之前即已存在这一事实就完全证明了这一点。② 从逻辑上讲,先出现的事物没有理由依存于后出现的事物。约翰并且指出,即使没有基督教的存在人们也完全可以获得一种善的世俗生活。至于在一个基督教的社会,虽然国王在信仰上与教会有联系,但前者拥有的是一种与信仰不同的权力,而且这种权力直接来自于上帝。在教皇与腓力四世的对抗中涉及的两个中心问题,即教会的财产权和教皇革除国王教籍的问题上,约翰表示,教会为了自身的存在与活动需要拥有一定数量的财产,但这并不等于它对世间所有财产都拥有控制权;约翰也承认教皇有权革除任何信徒,包括国王的教籍,但他同时又坚持这完全是一种宗教性的行动,不能产生任何世俗的结果。特别是在后一方面,约翰强调,对国王的附庸根据日耳曼法传统对其尽忠的义务,教皇的命令则

---

① 该典故出自《圣经·旧约》。据记载,巴比伦国王尼布甲尼撒(Nebuchadnezzar)于公元前586年征服以色列,并将以色列人囚禁在巴比伦达70年之久,史称"巴比伦之囚"。
② 比如说,约翰认定法国国王的权力就产生于耶稣诞生之前。

既不能使之成立,也不能使之无效。如果教皇坚持认为他的决定具有这样的效力,那么他实际上是滥用了自己的权力。约翰还认为,教皇在教会内部的权力也应该受到约束。教皇固然是教会事务管理中的最高权威,但在精神方面,他并不具有比其他主教更崇高的地位。巴黎的约翰是否真的受到亚里士多德的影响现在尚有争议,但他的这种自然主义理论对教会权力基础的破坏性是显而易见的,并且对阿奎那的思想也具有直接的影响。从长远来看,约翰还深刻地影响了后来在教会内部出现的要求限制教皇专制权力的改革运动,直到路德和加尔文推动的宗教改革。

在波尼伐斯八世与腓力四世的对抗结束70年之后,教皇约翰十二世(John XXII)又因为神圣日耳曼帝国皇帝的选举问题与巴伐利亚王列维斯陷入一轮新的对抗。当时,围绕皇帝亨利八世去世之后帝位的继承问题,选帝侯们发生了严重分裂,一方支持列维斯,另一方则支持奥地利国王弗里德里希。约翰十二世认为这是一个可以利用的机会,于是加入了后者的行列。但是,事实证明他并不像选择与法兰克人结盟的早期教皇那么幸运。为了阻止已经在权力斗争中明显居于上风的列维斯登上皇帝宝座,约翰十二世孤注一掷,做出了革除其教籍的决定。然而,这场斗争最后的胜利者还是列维斯一方,因为他不仅得到了德意志国内的普遍支持,而且还得到了教会内部具有相当影响的一个教派——弗朗西斯教派的同情。这个教派因为主张教会的清贫化和反对教会内部高级官僚的特权与腐败,此时正在与教皇发生激烈的冲突。弗朗西斯教派的两位重要理论家,帕多瓦的马尔西利奥和奥卡姆的威廉都站到了世俗权力一边,为列维斯的取胜发挥了重要作用。

马尔西利奥(Marsilius of Padua,1275/80—1342)本人是阿维罗依主义坚定的拥护者。阿维罗依主义反对阿奎那那种调和理性与信仰的企图,因此它虽然并不否认理性的认识功能,但同时又坚持对宗教真理的认识不能根据理性而只能通过信仰与启示获得。把同样的逻辑运用到教会与世俗权力的关系问题上,阿维罗依主义者反对只有基督教国家才是最好的国家的传统理论,认为世俗权力本身就完全足以为人们保证一种道德的、幸福的生活。阿维罗依主义的上述观念构成了马尔西利奥的理论出发点。马尔西利奥认为,教会与国家是建立在两种完全不同的基础之上的组织,它们的功能也存在着根本性的区别。他以亚里士多德的方式指出,国家无论从精神上还是物质上说都是一种完全自足的实体,其目的在于为人们提供幸福而有德的生活,对国家事务进行管理的依据是根据理性做出的正确判断。与此相对,教会则以向世人传达上帝的启示并拯救人类的灵魂为宗旨。虽然国家和教会的最终目标都是为人们创造更加美好的生活,但它们之间仍然存在着一条明确的界线:教会应该专注于来世的幸福,对现世生活的改善则是专属国家的事务,教会对此无权干涉。①

因此,马尔西利奥认为,正如理性与信仰根本不可能协调,所以必须把它们明确区分开来一样,国家与教会的不同功能也必须予以清楚的界定。他指责教会不把全部精力用于履行拯救人的灵魂这一责无旁贷的义务,反而向国家争夺世俗权力的行为。人既然依靠自身的理性完全能够建立一种完善的国家,教会又有什么必要插手于其间呢?他毫不客气地指出,各国之间出现的不和与争斗,在很大的程度上正是教会对国家事务横加干涉的结果。②

马尔西利奥把同样的逻辑也运用于教会内部。他指出,教会是由全体上帝的信仰者组成的,在上帝看来,他们之间完全平等,教士也并不具有任何优越性。至于教会内部的各种职务,马尔西利奥认为,那完全是世俗的存在,是上帝为他的教会提供的一种尘世间的组织形式。这一点即使对教皇来说也不例外,因为这个职务的存在不过是为了便于教会内部事务的管理,它并不表明在精神上出任教皇者与其他教士甚至普通人相比有更大的权威。既然教会内部的职务不过是世俗的现象,因此对这些职位加以任命与解除的权力也就相应地具有世俗的性质。③ 同理,教会不能没有财产,但对教会财产的控制权却应该掌握在世俗统治者的手里,即使教会管理着它自身的财产,这种权力实际上也是来自于世俗统治者。④ 马尔西利奥相信,教会只有与世俗权力完全划清界限,才能保证自己的纯洁性,才能真正完成它拯救人类灵魂的任务。

马尔西利奥认为,教会内部由少数人甚至教皇独揽大权的状况是出现各种争端与弊病的根本原因。他甚至表示,如果人们对教皇的权力不加限制的话,那么在善良与正直的面罩之下,教皇往往会成为对整个人类的一种威胁,因为他总是抱有一种对文明、对国家的偏见。马尔西利奥指出,无论在精神的还是世俗的事务中,少数人的智慧总不能与多数人相比。他因此提出对教会机构进行改革的建议,认为有必要建立一种包括教士和普通信众参与的宗教会议,参加者由全体信徒选举产生。这个机构将选举教皇,对有关《圣经》

---

① Marsilius of Padua, *Defensor Pacis* (translation and introduction by Alan Gewirth), Toronto, Buffalo, London: University of Toronto Press, 1980, pp. 15-20.
② Ibid., pp. 321 ff.
③ Ibid., p. 259.
④ Ibid., p. 231.

的解释问题做出决议,以及决定教会内部的重大事务等。马尔西利奥强调指出,虽然宗教会议的决定具有普遍约束力,但它本身并没有强制性,因此如果必要的话,相关决定必须由世俗统治者依据法律加以执行。①

对国王独立于教会的权力进行辩护的另一位重要理论家是奥卡姆的威廉(William of Ockham,约1280/5—1349)。威廉的理论与马尔西利奥有相似之处,但着重强调的是一种对任何权力都不信任的立场。他认为,国王自然免不了会犯错误,但教皇也同样不可能永远正确。因此,任何当权者都不能掌握绝对的权力,国家与教会之间任何一方都不应该拥有支配另一方的地位。威廉特别针对中世纪时期教皇企图插手一切权力问题的现象反复指出,教会必须了解自身的权限。他写道:"耶稣作为神,因其被赋予了遍及一切的大权,从而成为万人之主。但是,作为一个不免一死之人,除非从上帝那里得到新的认可,他并不具有干预一切世俗事务的权力。"②因此,如果涉及皇帝在信仰上的异端的问题,教皇由于他在精神世界的领袖地位自然拥有做出判断的权力;但是,如果要对这种异端进行惩罚,那么具体实施的权力便不应该来自教会。在神圣罗马帝国,这种权力应该属于选侯们,属于他们的集体会议。如果他们还不能纠正皇帝的错误,那么这种权力将自动归由全体人民行使,因为他们才是皇帝权力的真正来源,当然也拥有对皇权进行监督的权力。③可以看出,威廉在关于统治权来源的问题上回归到了罗马法的传统,他是通过把权力交还给人民而架空了教会。

在皇帝与教皇之间的关系方面,威廉提出了一个很有意思的主张:在必要情况下让教皇判断皇帝的行为,而在一般情况下,在涉及世俗事务的情况下,让皇帝判断教皇的行为。他认为,这不会引起不便,除非在同一问题上让他们双方同时既是最高权威又是权威的服从者。因此,使一方成为另一方在一般情况下的下级和特殊情况下的上级,这既可能、也有利。④

关于教会的组织与权力问题,威廉与马尔西利奥持有类似的观点,即认为教会内部的最高权力应该属于全体信众,而种种职位的设置不过是出于管

---

① Marsilius of Padua, *Defensor Pacis*, pp. 282, 287–288, 290.
② William of Ockham, *Breviloquium de potestate papæ* (éd. Baudry), Paris, 1937, II, 9, p. 32.
③ William of Ockham, *A Short Discourse on the Tyrannical Government of Things Divine and Human, but Especially Over the Empire* (trans. John Kilcullen), Cambridge, New York: Cambridge University Press pp. 159–160.
④ William of Ockham, *Octo quæstiones de potestate papæ* (ed. Sikes), Manchester, 1940, Vol. I, p. 89.

理上的便利。他也提出了建立具有代表性的宗教会议的主张,认为只有如此才能反映全体信徒的意志。威廉肯定,对不称职的主教,教众们有权加以谴责甚至罢黜。他们可以由皇帝代表,也可以通过宗教大会甚至某个得到他们信任的人来行使这种权利。同时,由于威廉对权力抱有一种彻底的不信任态度,所以他表示,即使是宗教会议也不能保证不犯错误,而在它犯错误的时候,就应该由全体信徒做出判断——包括男女老少在内的全体信徒。可以看出,与马尔西利奥的观点一样,这是一种教会内部民主化的主张。

需要指出的是,虽然威廉理论工作的背景是教皇与国王之间的权力之争,并且他本人是站在后者一边的,但与此同时,世俗政权也未能免于他的批判性考察。威廉完全从一种自然主义的立场出发理解世俗政权的起源和基础,相信政府是人们为了共同的需要而建立起来的世俗机构,因此也能够被那些建立它的人们所推翻。① 至于对不公正不合法的统治,被统治者当然有权加以反抗,因为对统治者的服从必须以他的统治促进了被统治者的共同福利为前提。② 因此,威廉的理论如果贯彻到底,在世俗政治方面同样也将产生革命性的结果。

教会与国家关系的理论,在西欧宗教改革时期得到了进一步展开,其中最具代表性的就是德国宗教改革家马丁·路德(Martin Luther,1482—1546)的思想。路德不仅彻底地站在国家的立场上反对罗马天主教会,而且也可能是最早在教会内部清楚地表露出强烈的国民认同的理论家之一。他曾经把《圣经》翻译为德语,而捍卫德意志国家的利益,也是他思想中一个基本的侧面。在谈到对1524年德国农民起义的态度时他便明确表示,如果起义农民获胜的话,那么"两个王国都要被颠覆,既不再有世俗的政府,也不再有上帝的精神,而这将导致德意志永久的毁灭"③。

宗教改革运动的根本原因是当时罗马天主教会的极端腐败与堕落。教会利用它作为上帝与信众之间的"联系人"这一特殊角色④,为自己谋取各种世俗的物质利益,而对"免罪符"的出售,就是这种腐败行为最典型的体现。

---

① William of Ockham, *A Short Discourse on the Tyrannical Government of Things Divine and Human, but Especially Over the Empire*, p. 112.
② Ibid., pp. 25-28.
③ Charles M. Jacob (ed.), *Works of Martin Luther*, 6 vols., Philadelphia: Muhlenberg Press, 1915-1932, Vol. IV, p. 220.
④ 根据罗马天主教的传统观念,只有教会才能与上帝沟通,至于普通信众则没有任何直接与上帝交流的渠道,因此他们必须通过教会才能向上帝传达其要求,并且倾听上帝的教诲。

按照像路德那样的宗教改革家的思路,要彻底消除教会内部的种种弊端,最有效的办法就是取消教会垄断的左右信众命运的权力,让每一位信徒自己寻找灵魂获救的途径。路德指出,教会法以及各种教会制度是一切罪恶的根源,他相信:"除非一切人为制定的法律(指教会法。——引者)不论其内容如何都被干净彻底地加以废除,否则就根本没有解决问题的一丝希望。我们唯有获得了福音书所带来的自由,才能在一切方面依照它做出判断并指导我们的生活。"①否定罗马在宗教教义问题上的裁定权,强调恢复《圣经》本身的权威、争取信徒们通过阅读《圣经》确立自己的信仰的自由,这正是新教运动的一个基本特点。

路德认为,所有的基督教徒一起构成了一个共同体,在他们之上只有上帝和基督;神职人员的任务是对《圣经》进行解释并执行上帝的旨意,但他们并不具有超越于一般信众的地位,神职也不具有任何宗教的意义,它完全是世俗的存在。路德相信,每一位信徒都有权根据自己的良知对《圣经》中的语言进行解释,因为他们完全能够对自己的信仰负责,同时也没有什么人能够替代他人对上帝进行信仰。路德指出:"没有人能够指导别人的灵魂,除非他能够为其指出通往天堂之路,但这是凡人力所不及的,只有上帝具有这样的能力。因此在涉及灵魂救赎的问题上,只能接受并且传达上帝自己的教导。"②路德把罗马教皇称为暴君(tyranny)或者"独裁者",他写道:"每个人都应该享有选择信仰方式的自由……可是那位暴君(指罗马教皇。——引者)却专断地强迫我们只能接受其中的一种。"③"我们当中的每一个人都拥有同样的信仰,阅读同一本福音书,行同样的圣礼,因此我们都是教士;为什么不允许我们进行尝试和试验,并以此判断在信仰问题上何者为对何者为错呢?"④

在反对罗马天主教会的权威的同时,路德坚持世俗国家权力的必要性。他清楚地意识到要对社会进行管理,仅仅依靠上帝的福音是不够的,所以强调必须由掌握了强制力的世俗政权发挥作用。在世俗政权的性质问题上,路德与奥古斯丁一样,认为国家是人类堕落的结果,但它并非人为的产物,而是上帝为了在人世间维持和平与秩序,使人们能够按照他的意志生活为其提供的一种工具。他宣称:"谁也不能在不流血的情况下统治这个世界;统治者手

---

① Bertram Lee Woolf (ed.), *Reformation Writings of Martin Luther*, London: Lutterworth, 1952, Vol.1, p.345.
② *Works of Martin Luther*, Vol.III, p.252.
③ *Reformation Writings of Martin Luther*, Vol.I, p.507.
④ *Works of Martin Luther*, Vol.III, p.120.

中的剑必须是鲜红的、带着血;因为这个世界是而且必然是邪恶的,而统治者手中的剑就是上帝复仇的鞭子。"①当然,路德的主张也有寻求世俗政权对他发起的改革运动予以支持的一面,他表示:"如果需要,如果教皇的行为危害了基督教的福祉,那就让基督教共同体中所有真正的成员都尽早采取行动,形成一个真正自由的管理机构。在这方面,任何人都不如世俗的权威更强大有力……"②

由于路德相信,世俗政权实际上是在以一种特殊的方式完成上帝委托于它的使命,所以他认为对世俗政权的活动,教会没有权力进行任何干预,它们应该以各自不同的方式对上帝负责。路德指出:"基督教王国的社会机体中包括世俗政权作为它的机能的一部分。虽然这种政府处理的是世俗事务,但它在性质上却是宗教的。它必须能够自由地、不受任何阻碍地作用于这整个机体中的每一个人,必须在罪恶产生的时候立即不受教皇、主教和牧师的干扰进行惩罚和强制;……"③他并且认为,国王们"所担当的是作为基督教共同体的职位,是为整个共同体的利益服务的……每一个委员会和管理机构都有权制止任何违背上帝的意志、危害人的身体和灵魂的事情,而无须向教皇或主教报告并得到他们的许可"④。

路德强调和平与秩序的重要性,甚至认为为了维持秩序可以不惜一切代价。他指出,进行统治是国王的天职,而服从则是包括神职人员在内的全体臣民的基本义务。当然,在强调世俗权力的重要性与独立性、并号召人们对其服从的同时,路德也坚持世俗统治者不应该干涉信仰问题,更不应该强迫他的臣民从事任何反对上帝的事情,如果出现了这种情形,则臣民有拒绝服从的权利。但与此同时,路德又一再强调臣民不应进行反抗,他们唯一能做的只是消极的不服从,并且向上帝祈祷,请求他对那些邪恶的统治者进行惩罚。因此,在对待德国农民起义的问题上,他便明确地站在了国王一边。这表明路德理论中存在着某种不平衡,即他在批判罗马教廷对教众的信仰进行强制时表现得毫不妥协,而在反对世俗权力对民众的控制方面却留有余地。不过,路德思想中的这种不平衡或者说不彻底倒也清晰地反映出宗教改革运动中某些真实的东西,那就是它明显地偏向国民国家的一面。

---

① *Works of Martin Luther*, Vol. Ⅳ, p. 23.
② *Reformation Writings of Martin Luther*, Vol. Ⅰ, p. 167.
③ Ibid., p. 117.
④ Ibid., p. 167.

经过发生在各地的不同形式的宗教改革(英国甚至建立了完全独立于罗马教廷的英国国教),宗教在西欧基本上可以说是国家化或者民族化了。教皇与国家之间的斗争,以后者的全面胜利而告结束,这是近代国民国家产生过程中的一个重要方面。当然,这还不是宗教改革运动的全部含义。由宗教改革开始的对个人信仰独立性的追求,以及大量血腥杀戮之后人们在信仰问题上不得不采取的宽容精神①,都对后来西欧自由主义政治思想的产生发挥了重要的影响。

四、对暴政的抵抗

对暴政的抵抗,即抵抗权的问题,在中世纪晚期西欧政治思想中占有重要的位置。在世俗的政治观念中,按照日耳曼法传统,包括国王在内的各级领主与附庸之间的关系,建立在两者之间一种具有相互性的誓约基础之上。就是说,附庸对领主宣誓效忠,而作为回报,领主将对附庸提供各种利益和保护。由于两者之间的权利与义务都是相对的、契约性的,所以从理论上说,一方的权利以另一方对自身义务的履行为前提。反过来,如果一方违背了他应承担的义务,那么另一方也就有权合法地或者中止两者之间的契约,或者为维护这种关系采取某些强制性的行为。

日耳曼法对国王的权力基础虽然没有进行清晰的界定,但多多少少含有某种契约论的色彩。从法理上看,中世纪国王的权力具有三个方面各不相干的来源。首先,国王的权力来自于继承,因而是继承权的一种形式;其次,他的权力是上帝神圣意志的体现;最后,国王统治的基础是其臣民的认同,这就是所谓"统治基于人民同意"的观念。当一位新国王就任的时候,他必须在高级贵族和教士面前向上帝宣誓,保证在王国内实行公正的统治。这种宣誓可以被理解为每一代日耳曼国王对其自身义务(即对臣民的义务)的确认和重申。同时,虽然事实上每一位国王在获得王位的时候都没有真正经过臣民的同意,但人们宁愿将其理解为一种默认。国王与臣民之间的这种关系暗示着,如果臣民们认为他们的统治者违背了他必须履行的义务,那么他们便有

---

① 欧洲的宗教改革运动实际上伴随了一系列的血腥冲突。首先有罗马天主教会对改革派的镇压,比如法国对胡格诺教派的迫害不仅导致了法国内战,而且成为欧洲三十年战争的根源;随后又有不同教派之间的纷争,比如"再洗礼派"与其他新旧教派的矛盾。长期的动乱、战争与流血使欧洲人最终意识到,信仰问题不应该、也不可能通过暴力获得解决,这就导致了宗教宽容思想的形成。

权利终止他的权力。833年法兰西国王虔诚者路易被迫退位,就是臣民们行使其"同意权"的一个例子。进入14世纪之后,契约论基础上的抵抗权概念更是变成了一种被人们广泛运用的武器。在宗教战争中,反叛者通常都会宣称由于国王已经成为暴君,人们具有充分理由取消原先对其承诺的一切义务与忠诚。在法国胡格诺教派对查理四世的抵抗、神圣联盟对亨利四世的抵抗、西班牙耶稣会教士对英国女王伊丽莎白的抵抗中,契约论都成为反叛者行动的基本依据。直到近代,"统治基于人民同意"的观念仍具有广泛的影响。北美13个殖民地宣布脱离英国的统治而独立,其最基本的理论依据也正是统治者与被统治者之间的契约关系——北美殖民地在英国议会中没有代表权却被要求向英国政府纳税,因而被北美独立派人士视为受到了一种没有经过同意的统治(Tax without representation,因而也就是暴政)。

在宗教思想家的观念中,如前所述,奥古斯丁和阿奎那都已经注意到了基督徒与暴君的关系问题。不过,他们的基本立场是既承认抵抗权的正当性,同时又从种种理由出发劝导人们放弃抵抗。进一步对这个问题进行讨论,并且立场有所转变的,是在国王与教会的权力争夺中为前者辩护的一批神学家,如萨尔兹伯里的约翰、马尔西利奥和奥卡姆的威廉等。他们既主张教会的权力应该属于全体信众,同时也主张国家权力应该属于全体国民。比如说,萨尔兹伯里的约翰在明确区分"真正的君主"与"暴君"的基础上,表示人们应该爱戴真正的君主,但对暴君则可以弑除。就马尔西利奥而言,他在主张把宗教事务的最终决定权交由一个通过全体信徒选举产生的宗教大会行使的同时,提出国王的统治同样应该依据由全体人民选举产生的会议制定的法律。[①] 而且,这个立法会议不能在制定完法律之后便宣布解散,它还有权对君主的行动进行日常的监督,"因为君主不过是一个普通的人,他既有理性也有贪欲,所以也完全可能受到(法律之外)其他东西的影响,比如错误的观念或者不正当的欲望等等,从而做出一些与法律规定相反的事情。正因为存在这种可能,所以君主必须被置于某些根据法律有权对他或者他的不法行为进行判断和约束的人之下"[②]。这实际上是一种立宪君主制的思想,据此,体现全体人民意志的法律是君主行为的唯一依据。马尔西利奥指出,如果国王的行为违背了法律,违背了人民的利益,立法会议完全有权对这种行为进行

---

① Marsilius of Padua, *Defensor Pacis*, p. 45.
② Ibid., p. 87.

纠正,甚至废除这个不合法的君主。

在宗教改革时期,抵抗权的理论又得到了进一步发展。宗教改革运动的目标首先是要求一种独立于罗马教廷的权力,所以对国民国家的建设是一支非常有利的力量,但这个运动进一步发展下去便会自然而然地面临如何处理国家权力对宗教事务的干涉的问题。也就是说,宗教信徒们还必须面对那些可能强迫他们接受与自己的信仰相冲突的教义的世俗统治者,以维护他们对上帝的忠诚。比如法国的胡格诺教派就是这样。另外,宗教改革在相当程度上改变了基督教的抵抗权思想。在此之前,至少从理论上说,对世俗统治者做出判断的是基督教的全体信众,并且由统一的教会作为他们的代表;而在宗教改革之后,能够对统治者的行为进行判断的,已经变成了一个国家之内的臣民,甚至是臣民的一个部分。在这种情况下,抵抗与其说是宗教问题,不如说是披上了宗教外衣的政治问题。

新的抵抗权观念在 1524—1525 年德国农民战争中得到了典型的体现。起义农民认为,合法的世俗统治必须是符合基督教教义的统治,它"真诚地保护兄弟之爱,虔诚地服务于上帝,像父亲一样地关照基督教所有的子民"①。除此之外的任何统治都被视为非法的暴政。"所有那些自命不凡、高高在上、君临其他可怜的基督徒的主教和国王们,都不肯承认他们不过是上帝的仆人,是从属于上帝的官吏。他们的统治置上帝的旨意于不顾,根本不能在我们之间维持共同的善和兄弟之爱。然而,上帝建立和维持(世俗)权威的唯一目的恰恰就在这里,岂有他哉!因此,那些出于自身的目的,企图在教会和国家中成为主人的人都是非法的统治者,在基督徒中他们连做最低级的官吏也不配。"②

宗教改革家加尔文(John Calvin,1509—1564)也提出了一种十分谨慎的抵抗权理论。一般而言,加尔文赞同奥古斯丁和阿奎那的观点,认为对暴君的惩罚应该由上帝而非君主的臣民进行;作为普通的个人,他必须无条件地服从任何形式的统治者。这一理论的依据是,君主的权力来自上帝,因而对他的奖惩理应也来自上帝;至于臣民与君主之间则因为不存在任何契约,所以他们也就没有什么理由对统治者进行限制或者抵抗,否则他们便做出了僭越之事。"至于我们,……让我们最大限度地克制,绝不能对那些我们必须加

---

① Anon, "To the Assembly of the Common Peasantry May 1525", in Michael Baylor (ed.), *The Radical Reformation*, Cambridge: Cambridge University Press, 1991, p.106.
② Ibid., pp.107-108.

以尊重的管理者的权威有丝毫的不敬或者冒犯……即使这种权威掌握在那些根本与之不配的人手里,而且被他们肆无忌惮地以其邪恶加以玷污的时候也是如此。虽然对荒淫无度的暴君的惩罚体现了上帝的愤怒,我们也不该认为,上帝已经对我们发出召唤,并让我们来实现这种惩罚。"① 当然,这并不意味着加尔文完全否定了抵抗的正当性。他接受并且发展了阿奎那的理论,认为如果存在一种制度性机制的话,那么凭借这种机制对统治者进行限制甚至反抗就是可取的。比如说,可以通过那些由民众选举产生的官吏对统治者加以约束等。② 加尔文为此提出的一个多少有些牵强的论据是,由于这些官吏们构成了统治机构的一部分,所以他们对统治者的约束便不能被视为来自臣民的约束,他们对统治者的限制也不能被视为臣民对统治机构的挑战以及对上帝权威的僭越。

对抵抗权理论做出了实质性发展的是英国的新教徒和法国的胡格诺教派,这是因为他们的处境和遭遇与加尔文教派完全不同。由于没有属于自己的政治权威作为宗教自由的保障,他们不断受到坚持英国国教或者正统天主教的政府的迫害和杀戮。为了保卫自己的信仰,同时也保卫自己的生存,他们不得不对统治者进行抵抗并且为自己的行为提出辩护。他们明确表示:为了保证上帝的律法能够平等地施行于国家的统治者和普通民众,人们有权通过抵抗消除共同体中"那些腐烂的部分",而且这种抵抗被认为是信徒们对上帝的一种义务。③ 苏格兰新教领袖约翰·诺克斯(John Knox,1513—1572)针对加尔文认为不能反抗整个政治体系的观点提出,应该把国家与作为国家统治者的个人区分开来,对暴君个人的反抗不能被等同于对整个统治体系的背弃。因此,虽然诺克斯接受奥古斯丁和阿奎那的理论,承认国家的神圣性质,但统治者却被还原为肉体凡胎的普通人。这种理论对于日后的英国革命具有重要影响。

胡格诺教派中有三个人对抵抗权理论做出了重要发展,他们是霍特芒(Francois Hotman)、莫尔内(Philippe Mornay)和贝扎(Theodore Beza)。贝扎与莫尔内都认为,国家存在的最终目的是实现共同的福利,这也是统治者合法

---

① John Calvin, "De Politica administrione", in Harro Hopfl (ed.), *Luther and Calvin on Secular Authority*, Cambridge: Cambridge University Press, 1991, p. 82.
② Ibid.
③ Cf. Quentin Skinner, *The Foundations of Modern Political Thought*, Cambridge: Cambridge University Press, 1978, Vol. 2, pp. 235-236.

性的根本依据。他们继承了"统治基于人民同意"的观念,坚持统治者与被统治者之间存在一种契约关系。虽然这种契约关系不一定诉诸文字,但仍然以某些特定的方式体现出来,比如说统治者接受权力时的誓言等。另外,统治者的行为必须以法律为依据,正如莫尔内所指出的:"法律是一种神圣的工具……一位认为遵从法律贬低了自己的国王,与一位认为直尺、圆规以及其他出色的几何工具毫无意义的测绘员一样荒唐可笑。"①

在他们看来,统治者如果违背法律,损害了公众利益,那就变成了暴君。贝扎明确肯定了民众对暴君的抵抗权。他写道:"我厌恶所有形式的动乱与无秩序,我视它们为可怕的恶魔。我承认在痛苦中我们唯一可依靠的只有上帝。我同意对暴君最合适与最有效的办法是向上帝祈祷和忏悔,因为在大多数情况下,他是上帝为了对其子民们进行惩罚而送来的恶魔。但是,我并不认为那些被邪恶的暴君所压迫的民众以合法的手段、加上忏悔和祈祷来解救自己是一种犯罪。"②

莫尔内与贝扎一样肯定人们抵抗暴君的权力,他并且对此进行了更为精致的论证。莫尔内采用与诺克斯类似的方法,在肯定国家神圣地位的同时,否定了统治者个人的超凡特性。他提出,实际上有两种不同的契约约束着世俗的统治者和被统治者:一种存在于上帝、君主与民众之间,对这种契约臣民必须虔诚地加以遵守,因为它将由上帝自己予以保障;还有一种契约存在于统治者与民众之间,其目的是保证尘世的正义,这种契约必须由统治者与民众共同加以维护。③

莫尔内和贝扎根据日耳曼传统中关于统治关系实质上是一种契约关系的观念,在把国家与其统治者加以划分的基础上,进一步对篡位者和暴君的情况进行了区分。在他们看来,由于篡位者本身就是通过非法的方式获得权力的,他们与臣民之间原本就不存在任何契约关系,臣民自然也就没有对其效忠的义务,因此,所有人都可以对篡位者进行抵抗。事实上,人们对篡位者的抵抗甚至都不能算是一种权利,因为在没有契约的情况下根本谈不上权利,它完全是民众的自卫、是人们为了保证文明的生活而采取的必要手段。

---

① Cf. Quentin Skinner, *The Foundations of Modern Political Thought*, Vol. 2, pp. 169–170.
② Theodore Beza, "The Right of Magistrates", in J. H. Franklin (ed. and trans.), *Constitutionalism and Resistance in the Sixteenth Century: Three Teatises by Hotman, Beza & Mornay*, New York: Pegasus, 1969, pp. 104–105.
③ Phillipe Mornay, "Vindiciae contra tyrannos", in *op. cit.*, p. 181.

莫尔内指出:篡位者"对我们从中获得了自己所拥有的一切的共同体犯下了暴行,因为他颠覆了我们共同的国家的基础,无论从自然上,从法律上还是从誓约上说都是如此。因此,如果我们不抵抗,对我们自己的国家就是一种背叛,对人类社会是一种离弃,对法律则是一种亵渎"①。

莫尔内认为,暴君与篡位者的情况有所不同,因为前者的权力来源毕竟是合法的,而臣民们则相应地负有对他们效忠的义务。同时,由于君主与臣民之间的契约关系依然有效,因此臣民个人也就没有抵抗暴君的权利或者说义务。但是,莫尔内依从加尔文的逻辑表示,如果国家的官吏起来反对暴君统治的话,那么普通个人就有参加这种抵抗的义务。由于官吏本身是国家的一个组成部分,他们对暴君的反抗,并没有破坏统治者与被统治者之间的契约;而人民支持抵抗者的行动,则恰恰体现了他们对这种契约的忠诚,因为人人都有义务维护公正的统治。进一步说,即使在没有任何官吏起来抵抗的情况下,臣民个人也不必一味忍受暴政,他有权利在忍受与自我放逐这两者之间进行选择。莫尔内还认为,也存在着例外的情况,那就是个人直接听到了来自上帝的召唤。此时,他们就不再是单纯的个人而是上帝的代理人,并且承担了抵抗的义务。② 显然,莫尔内在这里实际上是退了一步,却进了两步,因为他恰恰是通过这种"例外"的承认,从根本上取消了对人民正义抵抗的各种限制。

贝扎也认为,抵抗暴君的权力属于国家的官吏而非臣民个人。他具体指出,官吏中也有两种情况。低级官吏有抵抗的权利但他们不能废除暴君,后一种权力只属于代表机构或者等级会议,因为君主的权力正是由它们所赋予的。"赋予……(君主)以权力的那些人有同样的权力从他们手中剥夺这种权力。"③莫尔内则认为,等级会议和国家的官吏实际上承担着国家保护者的角色。在一般情况下他们服从国王,但如果国王成为暴君,他们便负有抵抗的义务。从这个意义上来说,官吏与等级会议既具有一种独立于国家最高权力的地位,又构成国家最高权力的一个组成部分。④

总的来说,中世纪后期的抵抗权理论基本上是建立在基督教教义和日耳

---

① Phillipe Mornay, "Vindiciae contra tyrannos", in *op. cit.* p. 188.
② Ibid., pp. 155–156.
③ Theodore Beza, "The Right of Magistrates", in J. H. Franklin (ed. and trans.), *Constitutionalism and Resistance in the Sixteenth Century: Three Teatises by Hotman, Beza & Mornay*, pp. 114, 123.
④ Phillipe Mornay, "Vindiciae contra tyrannos", in *op. cit.*, pp. 191–192.

曼传统的基础之上的。虽然到宗教改革时期这一理论已经发展到相当成熟的形态,但由于其理论基础的种种限制(比如基督教关于应当服从包括暴君在内的世俗统治者的观念、日耳曼法在君主权力来源问题上的模糊性),显得束手束脚,左右为难。只有到了洛克那里,在一种全新的理论即社会契约论的基础之上,抵抗权才得到了充分而从容的证明。

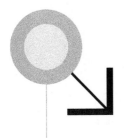

第三部分

近代西方政治思想

第六章
国民国家的政治和法律基础

　　欧洲近代国民国家的产生和发展,在政治上主要就是各国的君主不断打破封建权力关系的障碍,自上而下建立一种从最高统治者到每一个臣民个人的直接权力关系的过程,同时也是君主们成功地抵制来自外部,特别是罗马教廷对其国内政治干预的过程。在此过程中,国家权力的集中与统一成为各新兴国民国家压倒一切的迫切需要,而这种需要在政治思想家们的著作中也得到了明确的反映与系统的论证。思想家们当时关注的主要问题包括两个方面:首先,如何从制度与技术的层面保证国家权力不受威胁;其次,在宗教分裂已经无可弥合的情况下,如何建立一种世俗性的国家权力基础,即政治与法律基础。马基雅弗利、布丹和霍布斯三位思想家为解决这两大问题发挥了关键性的作用。马基雅弗利明确地把政治标准与道德标准分离开来,强调国家行为自身所具有的逻辑,并且从此使政治学转变为一门以国家权力为中心的、具有强烈实证色彩的科学;布丹通过主权论确立了国家独立自足的资格,并且从理论上排除了对国家主权进行内部和外部干预的正当性;而霍布斯则通过其独特的契约理论,使国家权力最终完全立足于公民的基本利益与要求基础之上。伴随着他们的理论创造,欧洲国民国家逐渐成形,而西方近代政治学也最终得以确立。

一、君主与国家

在欧洲封建社会的大部分时间内,世俗权力都处于高度分散的状态。欧洲封建制度是日耳曼人在罗马帝国的废墟上历时数百年逐步建立起来的,是领地占有者们为求自保,通过自下而上的方式形成的一种独特的契约性结构,其核心内容是领主与附庸之间的保护与效忠关系。由于"我的附庸的附庸不是我的附庸"(即每一个领主仅对其直接的附庸拥有支配权)这一原则的影响,封建权力结构在垂直方向上被层层切断。一直到中世纪后期,随着商品经济的发展,西欧封建国家内部才开始出现权力集中的趋势,尤其是英法两国在与教会的斗争中不断地巩固以国王为首、同时也以国王为象征的国家权力。这样一个过程到15世纪下半叶已经取得了明显的成果,一种历史上崭新的国家形式——国民国家的框架已经呼之欲出了。[①]

脱胎于中世纪的新兴国民国家在其发展中面临着两个方面的基本任务。它一方面必须排除基督教会的干预,赢得国民们在政治上和道德上的全部忠诚,另一方面还必须突破封建权力结构的分散性和间断性,实现国内政治权力的集中与统一,并且使之自上而下渗透到整个社会直至每个国民个人。为此,如何确立国民国家在政治上、法律上和道德上的正当性基础就成为摆在政治学家面前的一项重要课题。

当然,在国家与教会的权力争夺过程中,站在世俗权力一方的理论家们已经对上述问题进行过不同程度的探讨,比如马尔西利奥甚至提出了一种民主国家的思想。[②] 但是,这里出现了政治史与政治思想史的关系方面一个非常引人注目的现象:这些理论家对国家地位的辩护自然得到了国王们的赏识,但他们关于国家权力结构及其运行法则的具体论述却似乎完全被忽视。导致这一现象的根本原因,是思想家们的理论与他们所处时代的政治实践相去太远。以英法两国而论,当时的实际情况是,国王的权力就是国家的权力,国王力量的扩展自然就等于国家力量的强化。在此背景之下,国家权力的民主化显然没有任何现实可能性。因此,只有那些洞悉近代政治权力演化的基

[①] 比如在法国,国王从1263年起就已经享有了对全王国的控制权,但有三个前提:(1) 其命令必须得到高级官员与贵族的认可;(2) 为全体臣民的利益服务;(3) 与神法和道德律令相一致。Cf. Jean Touchard, *Histoire des idées politiques*, Tome Ⅰ, p.168.

[②] 法国政治思想史学家雅内把马尔西利奥的民主理论总结为以下三个主要方面:立法权属于全体人民;由立法权委任行政权;后者对前者负责。Janet, *Histoire da la science politique*, Tome Ⅰ, p.461.

本趋势的思想家,才能担当奠定国民国家理论基础的重任。有三个人在这方面做出了重要贡献,他们是马基雅弗利、布丹与霍布斯。①

马基雅弗利(Nicolo Machiavelli,1469—1527)生活于15世纪下半叶到16世纪上半叶的意大利佛罗伦萨共和国。在前半生,他是佛罗伦萨政治活动的积极参与者,曾一度位居该共和国最高行政机构"十人委员会"的秘书,也曾作为外交使节出访欧洲各国,这些经历使他获得了非常珍贵的政治经验。但1512年共和国被颠覆,马基雅弗利也随之失去了施展其政治抱负的机会。不过,他政治生涯中的挫折却使西方政治思想史上出现了一位划时代的思想家。马基雅弗利在退官之后深入研究了古代希腊和罗马的政治与历史,并结合自己丰富的政治实践著书立说,最终确立了作为政治家的他根本不能与之相提并论的伟大政治理论家的历史地位。

马基雅弗利一生深感痛恨的是意大利的分崩离析,而对当时英国与法国的统一与强大无比向往。马基雅弗利写道:"托罗马教会及其教士们的福,我们意大利人已经没有宗教,意大利业已成为恶棍的乐土。但是,教会赐予我们的还要更多,它使我们的国家一直处于分裂状态,至今依然如此,而这将成为我们灭亡的根源。"②马基雅弗利对教会的仇恨溢于言表,特别对教会出于自身利益危害意大利的各种阴谋更是深恶痛绝。他一针见血地指出:"教会因其自身无力统治整个意大利,便不遗余力地阻止其他任何权力做到这一点。这就是意大利始终不能处于一个统一的领导力量之下,只能被一些王侯分裂割据的根本原因。意大利这种纷争不已、极端软弱的状态使她不仅成为那些强大的野蛮人的猎物,而且事实上已经沦为任何人都可以觊觎的对象。"③更可叹的是,由于意大利各城市国家之间争斗不休,各方无所不用其极,道德、和平以及真正的宗教都已化为泡影。马基雅弗利深信,在这种情形下,要拯救意大利,首先必须实现国家的统一,以及由此而来的和平与秩序。为此,最重要的就是政治上的强力与决断。"因为国家的安宁取决于(政治上的)决断,所以一切有关正义与非正义、人道与残酷、荣誉与羞耻的考虑都必

---

① 当然在他们之前,也已经有一些思想家对世俗政权进行了强有力的辩护,其中包括10世纪的法国的阿邦(Abbon)、伊夫(Yves de Chartres)和英国的萨尔兹伯里的约翰等。有意思的是,他们都是教会的理论家。比如阿邦曾写道:"从理论上说,(国王的)选举是自由的,然而国王一旦被选出并且被加冕,他就必须得到所有人的服从。从他被加冕的那一时刻起,对国王的不敬就是对上帝的不敬。"Cf. Jean Touchard, *Histoire des idées politiques*, Tome Ⅰ, p.164.

② Machiavelli, *Discourses on the First Decade Titus Livius*, in *Machiavelli, the Chief Works and Others*, translated by Allan Gilberty, Durhan, North Carolina: Duke University, 1965, p.228.

③ Ibid., p.229.

须统统为其让道。必须放下其他一切考虑,唯一的问题就是,怎样才能保证国家的生存和自由?"①在马基雅弗利看来,为了实现和平与秩序,统治者可以采用任何必要的手段:"情况就是这样,虽然他的行为遭人非难,但行动的结果却可以为他辩护。如果结果是好的,如同罗慕路斯的情形一样(他杀死了自己的亲兄弟),他总可以免遭恶名。"②

　　这些思考是马基雅弗利全部理论的基本出发点。在佛罗伦萨的共和政体时期,他是否幻想通过某种"决断"建立一个统一的意大利共和国已经不可知,但在共和制失败之后,他则明确地把统一的希望寄托在一位强大有力的君主身上。正如他自己所说,"为了重塑秩序,唯一的途径是建立一个君主制的政府。因为在那些人民已经彻底堕落,法律毫无约束力的地方,只有某种至高无上的权力能够发挥作用。借助这种权力,一双高贵的手,才能以充分专断的力量,控制权势之人过分的野心和腐败"③。《君主论》一书便是这种思想的集中反映。

　　《君主论》大概是西方政治思想史上引起争论最多的一部著作。虽然这部最先把政治与道德标准明确区分开来的小书被认为是现代政治学诞生的标志,但是,由于其中充满了马基雅弗利为君主们提出的种种与人们的基本道德规范明显冲突的谋略,加上作者曾把退官后写成的这部著作献给佛罗伦萨的独裁统治者美第其家族,而且据说是为了重新获得一官半职,因此这部书,连同马基雅弗利本人一同被很多人所不齿。这里不可能对马基雅弗利的道德立场进行细致的分析,而且人们依然可以继续因为马基雅弗利对道德的无视而对其进行批判,但也必须承认,他的确指出了政治中那些长期被人们忽视的方面。正如培根所说,"我们要特别感谢马基雅弗利和其他一些作家,他们公开地、不带任何掩饰地宣布并且描绘了人的实际行为而非行为的规范"④。当然,围绕马基雅弗利政治思想的道德争论至少也说明,政治与道德并不像他想象的那样能够被轻易分开,两者之间难解难分的关系恰恰展示了政治某些本质性的特征。

　　就马基雅弗利的初衷来说,他倒是从来也没有希望在《君主论》一书中描

---

① Machiavelli, *Discourses on the First Decade Titus Livius*, in *Machiavelli, the Chief Works and Others*, p. 519.
② Ibid., p. 218.
③ Ibid., p. 399.
④ Quoted in Ernst Cassirer, *The Myth of the State*, Garden City: Doubleday & Company, Inc., 1953, p. 149.

绘出某种道德王国。在政治与道德之间,他有自己明确的选择,那就是对统治者的要求不能与普通人混为一谈,政治的逻辑在某些情况下可以而且必须超越道德的限制。因此,"君主为着使自己的臣民团结一致和同心同德,对于残酷这个恶名就不应有所介意,因为除了极少数的事例之外,他比起那些由于过分仁慈、坐视发生混乱、凶杀、劫掠随之而起的人说来,是仁慈得多了,因为后者总是使整个社会受到损害,而君主执行刑罚不过损害个别人罢了"①。可以看出,马基雅弗利虽然降低了对君主的道德要求,但同时又提高了对他的政治要求,而且他这么做并非为了君主本人的利益,因为君主行为最终的判断依据仍然是整个国家的和平与幸福。换言之,马基雅弗利谈论的是制度意义上而非人格意义上的君主;是作为一种公共职位的君主,而非作为一个具体个人的君主。实际上,全面地看,马基雅弗利甚至也不是君主制无条件的拥护者,他真正理想的国家形式还是他曾经为之效力的共和国。但是,马基雅弗利相信,一般而言,要从无序中创造秩序,从动荡中求得稳定,在迈出第一步的时候,除寄希望于一位强有力的君主之外别无他途。

当然,马基雅弗利政治思想中的"非道德主义"与他对人类本性的理解是密切相关的。在人性的问题上,马基雅弗利完全是一位悲观主义者。他相信,邪恶自私、贪得无厌是人性深处无法根除的基本成分。马基雅弗利明确宣称:"关于人类,一般地可以这样说:他们是忘恩负义、容易变心的,是伪装者、冒牌货,是逃避危难,追逐利益的。"②"人总是从一个欲望走向另一个:首先寻求自我保护,然后就要去攻击别人……"③"人的本性已经注定他们总是贪求一切却又永远无法满足,因为欲望始终要大于满足欲望的能力。人们总是对他们已经获得的东西不满,进而也对他们自己不满,人们的命运也由此而被决定。一些人希望获得更多,而另一些人则害怕失去他们的手中之物,因此战争与敌意便是自然的结果。"④结论是:"谁要是想建立一个国家并为其制定法律,就必须假定人性本恶,只要他们一有自由,就会按照其意念中恶的一面行动……"⑤

与柏拉图不同的是,马基雅弗利不仅对一般人的道德状况予以悲观的估

---

① 马基雅维里:《君主论》,潘汉典译,商务印书馆1985年版,第79页。
② 同上书,第80页。
③ Machiavelli, *Discourses on the First Decade Titus Livius*, in *Machiavelli, the Chief Works and Others*, p. 206.
④ Ibid., p. 272.
⑤ Ibid., p. 201.

计,而且也不把希望寄托在少数具有崇高道德理想的贤人身上。在马基雅弗利看来,政治的第一要义是控制而非教化,正因为人性恶,所以必须把他们置于某种强力的控制之下。马基雅弗利的确不太关心具备何种道德品质的人才能担当统治者这个问题。他推崇少数人的统治,也并不是因为他相信只有少数人才拥有统治者所必需的能力与智慧,而是因为他认为这样一种统治形式在实践上更可行。马基雅弗利表示:"对于两种情况(指多数统治和少数统治。——引者)人们都能提出强有力的论据,但从结果来看,我们必然倾向于贵族的统治。……把贵族作为自由的捍卫者并赋予他们优先的地位有两个方面的好处。一方面是这样更能够满足他们的野心,因为他们因此能够更多地参与公共事务,掌握着政权,所以有理由得到更大的满足;另一方面是这么做可以从大众当中彻底根除那种躁动不安的对权力的追求,这种追求在一个共和国中将导致无穷的争斗与麻烦,而且最终可能因为使贵族们陷于绝望而产生可怕的恶果。"[①]

马基雅弗利曾经指出,解决人与人之间的冲突有两种途径:一是法律,二是暴力。前者是合乎人性的方法,后者则是兽性的体现。但是,他同时又认为,在人身上兽性的成分太多,因此,君主要获得并维持自己的统治,便不能不同时具备狐狸的智慧和狮子的勇敢。用他的话来说,就是:"君主既然必须懂得善于运用野兽的方法,他就应当同时效法狐狸与狮子。由于狮子不能够防止自己落入陷阱,而狐狸则不能够抵御豺狼。因此,君主必须是一头狐狸以便认识陷阱,同时又必须是一头狮子,以便使豺狼惊骇。然而那些单纯依靠狮子的人们却不理解这点。所以,当遵守信义反而对自己不利的时候,或者原来使自己做出诺言的理由现在不复存在的时候,一位英明的统治者绝不能够,也不应当遵守信义。假如人们全都是善良的话,这条箴言就不合适了。但是因为人们是恶劣的,而且对你并不是守信不渝的,因此你也同样地无须对他们守信。"[②]

当然,统治者对处于他们统治之下的民众不应该、实际上也不需要一味以强力加以镇压。马基雅弗利对普通民众的心理学分析,是他为君主们准备的"锦囊妙计"的基本依据。他强调,人都有一些起码的需要。对一般民众而言,这些需要是很容易被满足的;只要其财产和生命的安全不受威胁,他们通

---

① Machiavelli, *Discourses on the First Decade Titus Livius*, in *Machiavelli, the Chief Works and Others*, pp. 204-205.
② 马基雅维里:《君主论》,第83—84页。

常都能够知足常乐。因此,在绝大多数情况下,君主为维护自己的统治所要做的并不很复杂,他只需尽可能满足民众最基本的要求,同时对少数野心家加以防范即可。

在这里没有必要详细列举马基雅弗利为君主们开具的种种药方,需要指出的倒是以下这一个常常被人们忽视的事实,即虽然在他的政治思想中君主似乎占据了中心位置,而且具有其独立的行为依据①,但是,在他的思想深处,君主其实又不过是国家的一种工具。因此,马基雅弗利虽然一方面常常把国家与君主混为一谈,但另一方面国家却又从来不曾被他理解为君主的私有物;君主不仅不具备"家天下"的权利与资格,相反,似乎存在一种更深刻的逻辑使君主实际上被国家所支配,尽管后者在很大程度上还只是一个抽象的概念。② 卡西尔曾经提出:"有了马基雅弗利,我们才站到现代世界的门槛上。向往的目标业已达到,国家赢得了完全的自主。但是,获得这一结果得付出高昂的代价,国家是完全独立的,但同时又是完全孤立的。马基雅弗利的思想利刃斩断了从前使国家固着于人类存在的有机整体的一切联系。政治世界丧失了与宗教、形而上学以及人类的道德、文化生活等一切形式的联系。它孤零零地存在于空荡荡的世界中。"③对近代国家的这一评论更适用于马基雅弗利笔下的君主。

同时,作为一位清醒的思想家,马基雅弗利也不可能对传统的政治理论熟视无睹。比如他也承认:"在选举其管理者们的时候,民众能够做出比君主们更好的选择,因为没有什么东西能够让人们选举一个品质败坏习惯堕落的人登上任何崇高的职位。"④与此同时,他也像亚里士多德一样认为,普通人身上所具有的各种缺陷在君主身上其实同样不能避免,"任何不受法律约束的

---

① 严格地说,与柏拉图的《国家篇》为君主赋予的地位和作用相比,马基雅弗利的《君主论》实在算不上惊世骇俗之作。不过,柏拉图笔下的王者必须受到某种外在规范即正义原则的约束,而马基雅弗利的君主们则要把权力本身(权力的获取及其维持)作为其行为的基本依据。

② 马基雅弗利在《君主论》中用"stato"(拉丁文为"status",是"stare"的分词式,表示站立的意思)一词来指称他所说的国家,而在该书中出现较多的是"le stato del princip"(the state of the prince)这样的说法。根据上下文判断,"le stato del princip"这个词组显然具有比"君主的状态"更多的含义。从被动的意义上讲,"stato"可以指君主行为的对象,即他所占有、维持、夺取或者失去的东西;从主动的意义上讲,"stato"也可以指政治行为的主体,即君主的身份和地位本身。Cf. Dario Melossi, *The State of Social Control*, Cambridge: Polity Press, 1990, p.16.

③ 恩斯特·卡西尔:《国家的神话》,杭州:浙江人民出版社1988年版,第156页。

④ Machiavelli, *Discourses on the First Decade Titus Livius*, in *Machiavelli, the Chief Works and Others*, p.316.

统治者都会与失去控制的大众犯同样的错误"①。他甚至进一步指出:"与通常那种以为民众在进行统治的时候会表现得矛盾、不稳定、不知好歹的观点相反,我相信并且肯定,这些缺陷更容易在君主而非民众身上体现出来。……依据法律进行统治的大众将表现得稳定、慎重和公正,照我来看,这与君主的统治完全一样,甚至比他更好,尽管他有智慧的美名。反过来,如果缺少法律的约束,君主的统治比同样情况下民众的统治要更不公正、更不稳定和更不负责。"②

事实上,马基雅弗利对君主能否真正为公众的利益进行统治是有所怀疑的。在讨论古代希腊和罗马时期的公民自由时他曾经指出,只有在共和政体之下,公共的利益才能上升为国家的意志,"在君主政体之下情况则与此相反,因为对他(君主)有利的东西对城邦往往是有害的,而对城邦有利的东西则往往使他受损,这一事实使君主制常常滑向暴政。为防止这种结局,对城邦来说危害最小的方法是使它们停止发展,即在力量和财富方面都不再增强;但更可能的情况是,事实上也总是这样,它们会不可避免地陷入退化"③。

由此自然产生了一个问题:既然君主的统治比民众的统治更不可取,那么马基雅弗利又为什么如此推崇这种并不可取的统治形式呢?原因是在他看来,一个缺乏基本的政治秩序的社会,需要解决的问题不是一个而是两个,即首先必须建立某种秩序,其次才能考虑如何建立良好的秩序。君主制只是对第一个问题的回答。"一位睿智的、以促进公共利益而非个人私利为目标的共和国的立法者必须把全部权力集中到自己的手里。"④马基雅弗利强调,只有首先通过一位强有力的统治者确保政治上的稳定,然后才谈得上物质的繁荣、政治的自由、精神的进步以及公民的美德,而只有在这一切条件具备之后,才有可能解决第二个问题,即建立一个真正的共和国。也就是说,马基雅弗利相信,国家的建立和巩固是一个需要分两步走的过程。在第一步即建立秩序的阶段,权力的逻辑发挥着根本性的作用,但他非常清楚,建立在各种极端手段基础之上的国家其本身也是极度脆弱的。因此在第二步,就必须把君主国逐步转变为共和国。当然,要真正建立一个秩序良好、长治久安的共和

---

① Machiavelli, *Discourses on the First Decade Titus Livius*, in *Machiavelli, the Chief Works and Others*, p. 314.
② Ibid., p. 315.
③ Ibid., p. 329.
④ Ibid., p. 218.

国,事实上必须具备各种难以企及的条件。其中,出类拔萃的立法者①和公民道德是两项至关重要的因素。至此可以看出,马基雅弗利不仅对人性,而且对政治也持相当悲观的态度。

马基雅弗利对公民道德的强调,使这位以明确区分政治与道德的不同标准而被称为近代政治学创始人的思想家多少处于一种尴尬的地位;而他在政治上的悲观主义又使他极为看重"命运"(fortune,fortuna)对政治家的影响。②不过,这种"命运"感并不意味着马基雅弗利持一种完全宿命论的态度。作为一位具有深邃历史眼光的思想家,马基雅弗利倾向于从个人与时代的关系理解"命运"的内涵,以及个人应该和能够发挥的作用。他曾写道:"我经常认为,人们成功或者失败的根源就在于他们使自己的行为适应于时代的方式。……如果一个人能够顺应时代、同时顺从其本性的召唤,那么他就能够尽可能少地犯错误,而且从命运之神那里得到尽可能多的眷顾。"③就此而言,马基雅弗利以及比他稍后的布丹和霍布斯之所以强调建立君主制的必要,是因为他们清楚地认识到了时代的需要;而在他们之后,当建立统一的国民国家的任务已经完成,资产阶级已经开始向国家权力提出要求的时候,那些继续坚持君主权力的神圣性质的人,按照黑格尔的说法,就成为历史上的喜剧人物了。

在这些喜剧人物中,首先应该提到的是英国人费尔默(Robert Filmer, 1588—1653),他为君主的专制权力进行论证的著作《父权论》的副标题就是"为国王的自然权力反对人民非自然的自由而辩护"。这部著作在费尔默本人死后于1680年和1685年两次出版,是英国斯图亚特王朝复辟时期保守派为王政辩护的重要武器。④ 费尔默的论证并不复杂。他相信,上帝创造了亚当,又用亚当的肋骨创造了夏娃,然后使他们结成家庭,繁衍后代;既然亚当

---

① 马基雅弗利理想中的立法者是古希腊斯巴达的立法者吕库古(Lycurgus)和古罗马的努玛·庞庇里乌斯(Numa Pompilius,前716—前673,罗马的第二个王)。在马基雅弗利看来,这种立法者必须洞悉人的道德、情感与欲望而不为所动,深谙政治技艺而不以此为乐,为城邦制定好基本法之后能抽身而去。这一观念后来为卢梭所发扬。

② 参见马基雅维里:《君主论》,第2、72、83、116页,特别是第116页以下。Cf. Charles D. Tarlton, "The Symbolism of Redemption and the Exorcism of Fortune in Machiavelli's Prince", *The Review of Politics*, Vol. 30, No. 3, July 1968, pp. 332-348.

③ Machiavelli, *Discourses on the First Decade Titus Livius*, in *Machiavelli, the Chief Works and Others*, p. 452.

④ 当然,这部著作在政治思想史上的影响很大程度上还来自于洛克对它的反驳,因为洛克正是通过对父权论的批判,确立了自然权利理论在近代西方政治思想中基础性的地位。阅读过洛克的《政府论》的作者自然也就会了解费尔默的立场。

是人类的始祖，自然也就是他们最初的统治者，国王则是亚当的后代。"正如父亲对家庭的管理一样，国王作为众多家庭之父也照管着整个共同体成员的生活，他们的衣食和教养，为他们提供保护……国王的全部责任总结起来就是为他的臣民提供一种父亲式的普遍保护。"①

与费尔默上面的论证相比，他对自然权利理论和社会契约论的批判可能更值得重视。《父权论》开篇就写道：在当时流行着各种错误的观点，认为"人生而自由并且不受任何压迫，他们可以按照自己的愿望自由地选择政府的形式，任何人所享有的统治别人的权力最初都是根据多数同意而被授予的"，等等。② 这正是英国内战时期所谓的"共和主义者"，尤其是平等派和掘地派的观点，也是后来洛克通过对费尔默的批判而系统地加以阐述的观点。费尔默则认为，建立在自然权利理论基础上的社会契约论存在着一个无法回避的矛盾，它充其量只能说明国家权力的产生，但不能说明国家权力如何能够持续有效地存在。因为按照契约论的逻辑，那些没有参与订立契约的人，以及在订立契约时没有表示同意的人便可以不服从政府；此外，对于任何新的统治者，人们也没有服从的义务，因为在继承制下，他们的继位并非人们同意的结果。③ 换言之，如果政府的成立真的是基于独立自由的人们相互之间订立的契约的话，那么每一代人都应该重新订立这样的契约，因为前一代人的契约不可能对后代具有约束力；反过来，如果承认前人的契约自然地约束着后人，那么这恰恰是以一种不同的方式承认了父权制的存在。从实际情况来看，任何一个政府的存续显然都并非人们反反复复订立契约的结果，因而政府权力的依据也就只能从别的地方寻找，那就是父权制。另一方面，费尔默相信，在民主制度之下根本不可能产生稳定有效的政府，因为"从本性上说，所有人都希望获得不受任何限制的自由，而这样一种自由只有当邪恶之人充当统治者的时候才有可能"④。应该说，费尔默对社会契约论的这些批判需要这一理论的支持者予以认真的回答。

与费尔默持有类似观点的另一位理论家是法国人波苏埃(Jaques-Benigne Bossuet, 1627—1704)，他在其《政治学》一书中，同样依据《圣经》对父权制进行论证，认为"上帝在作为我们的父亲的国王身上赋予了一种他自己创造万

---

① Robert Filmer, *Patriarcha and other Political Writings* (ed. Peter Laslett), Oxford: Basil Blackwell, 1949, p. 63.
② Ibid., p. 53.
③ Ibid., pp. 81-82, and Laslett's "Introduction", pp. 15-17.
④ Ibid., p. 89.

物的形象,同时也赋予他们一种他自己据以统治万物的权力的形象"①。波苏埃认为,国家起源于家庭的联合,与家庭具有相同的原理。"一个王国如同由一位共同的父亲领导的几个家庭的联合……为了进一步促进生活的便利,他们进一步把各个家庭结合起来,由替代了父亲的位置的国王来加以统治。"波苏埃相信,君主制是最自然、同时也是最优秀的政府形式,因为它能够防止分裂,并且最大限度地实现国家内部的统一。与此同时,继承制又进一步加强了这种优势,因为它使国王能够像一位父亲一样关心自己的国家。②波苏埃强调:"没有绝对的权威,他(君主)既不能为善,亦不能抑恶;他的权力必须如此之大,以至于没有任何人能够逃离。个人抵抗公共权力的唯一理由,只能是他们自身的无辜,"而至于他们是否真的无辜,最终还要由君主加以判定。③不过,与费尔默不同的是,波苏埃的理论显然具有某种折中的性质。具体地说,虽然波苏埃认为君主制是最符合自然和上帝意志的政府形式,但他同时又强调,被统治者的同意是这种政府的合法性的前提,而且君主必须以保护臣民的自由与财产为义务,不能进行专断的统治;确定的、人所共知的法律应该成为君主权力的基础,而对上帝的敬畏更是使这种统治公正合理的最终保证,因为上帝是"约束人的真正的权力",他"永恒存在,他的愤怒无可逃避,总会实现,他的权力无可战胜,他永不忘记,他从不退步,没有任何东西能够置身于他的权势之外"④。

除费尔默与波苏埃之外,还有另外一些人从不同的角度为君主制进行辩护。比如法国保守派思想家梅斯特(Joseph de Maistre,1753—1821)认为,君主制为政府权力的交替提供了最好的解决方法,因为通过自然的王位继承,在其他政体之下统治者更替时难免出现的政治动乱可以被有效地加以防止,而一个人的统治与几个人或者多数人的统治相比也更容易达成并且维护国家的统一与稳定。同时,梅斯特还很奇怪地认为,一个人的统治可以让臣民们在相互之间形成更为平等的感觉,因为除了国王高居上位之外,臣民们彼此之间再无任何差别。⑤ 另一位法国思想家莫拉(Charles Maurras,1868—

---

① Jaques-Benigne Bossuet, *Politics Drawn form the Very Words of Holy Scripture* (ed. and trans. Patrick Riley), Cambridge: Cambridge University Press, 1990, p. 41.
② Ibid., pp. 44,47-48,49-51.
③ Ibid., p. 81.
④ Ibid., p. 101.
⑤ Joseph de Maistre, *The Works of Joseph de Maistre* (ed. and trans. Jack Lively), New York: The Macmillan Company, 1965, p. 27.

1952)则认为,君主制实际上比共和制更少具有压迫的性质。莫拉的一句名言是:"上面有权威,下面才有自由。"他认为,在君主制之下,整个国家的利益可以通过君主一个人得到完美的集中和统一的体现,国王处于超然的地位,为人们提供平等的保护;而在共和制之下,国家利益不可避免地要受到地方、派别和私人利益的影响,国家权力成为议会多数派手中的工具,他们所获得的自由的代价,便是其他公众受到的奴役。①

上述各种为君主制进行辩护的理论不仅在今天听起来会让人感到有些荒唐,甚至就在它们产生的时代也已经多多少少显得不合时宜;但是,这些理论家在某些方面的思考对近现代西方政治学说的发展仍然做出了独特的贡献。比如费尔默对社会契约论的诘难就是一个典型的例子。尽管后来的契约论者和民主论者试图通过代议制理论回答费尔默的批判,但也不能说完全驳倒了后者的观点。卢梭就曾经指出,虽然英国人宣称他们统治着这个国家,但实际上他们只有在选举国会议员的时候才是主人,其他的时候都是奴隶。事实上,应该如何处理政府的存在及其活动与被统治者的意志之间的关系,这一直是近现代西方政治学理论关注的焦点之一。此外,莫拉从反面提出的问题,即共和政体应该如何避免派别利益对国家整体利益的侵蚀、民主制之下如何防止可能出现的多数对少数的压制等,对后世西方自由民主主义理论的发展和完善都起到了不可忽视的推动作用。在一定程度上可以说,正是通过对君主制论者的反驳,相反的理论才得到了进一步的丰富和发展。

二、主权、"利维坦"和专制主义

虽然在马基雅弗利看来,英国和法国是在强有力的君主统治下实现了国家独立与统一的典型,但不幸的是,这两个国家不久之后也陷入长期战乱之中:法国从1562年开始了持续30年的宗教战争,而英国的资产阶级革命则从1640年一直持续到1689年。从某种意义上说,这两个国家陷入的冲突与战乱,都是在国民国家的形成过程中,为实现政治、文化和宗教等方面的整合必然经历的过程,是通过动乱走向新的统一的过程。但是,这一过程中不可避免地产生的种种动荡和暴行却使政治学家们更加感觉到国家权力的集中对于稳定和秩序的重要。

---

① Charles Maurras, "Dictator and King", in J. S. McClelland (ed.), *The French Right from de Maistre to Maurras*, London: Jonathan Cape, 1971, pp. 220-221,225,230-231.

马基雅弗利虽然也把统一与秩序作为最高的政治目标,但是,由于他更多地把秩序寄托于君主在政治上的强力与权谋,使得他的思想虽然不乏真实,却缺乏理论上的系统性、道德上的感召力、制度化的可能性,以至于他本人也常常被归入意大利文艺复兴时期仅仅依靠为统治者出谋划策而博取功名的"人文主义者"(从贬义上说指的是"小册子作家")之列。布丹和霍布斯的理论恰恰在这个方面弥补了马基雅弗利的缺陷,他们从不同的角度回答了为什么一个国家必须存在某种至高无上的权力,以及这种权力如何产生,又应该如何行使的问题。

布丹(Jean Bodin,1530—1596)的传世之作《论国家》就是在法国的宗教战争中产生的。在这场混战中,法国王室多数时候站在罗马天主教会的立场上与法国的新教派胡格诺教派为敌;但是由于受到像布丹等人的主张的影响,它有时也主张宗教宽容,虽然它自身的力量以及那个时代的普遍观念都妨碍着它实现这个目的。当时的天主教理论家们认为,他们有权利要求王室镇压新教运动;而胡格诺教派则相信,王室对他们的不宽容使之已经形同暴政,因而把斗争的矛头直接对准国家。布丹理论工作的目的,就是在这种情况下,为国家独立的、超越一切世俗与宗教限制之上的权力提供逻辑上的论证。

与当时的许多理论家一样,布丹认为,国家是一种扩大的家庭,因此,两者之间在权力结构上有其自然的相似之处。布丹继承亚里士多德的观点,相信对人类来说,家庭乃是他们为维持自身及其类的生存自然结成的一种社会组织,这个组织包括男人、他的妻子儿女及其财产。与亚里士多德不同的是,布丹尤其强调父亲这一角色的绝对支配地位,因为他相信在家庭中只有父亲才是理性的代表——妇女的理性是不可靠的,她们往往情绪冲动易变,所以不足以承担责任,孩子们则尚未成人所以理性也不完整。布丹认为,父亲即家长的绝对权威表现在他甚至可以杀死其子女,因为他们的生命是由他所赋予的;对于妻子,虽然他没有生杀之权,但也应该得到妻子无条件的服从,否则可以通过离婚将其抛弃。

布丹也与亚里士多德一样认为,家庭是人类社会联系发展的第一阶段但并非最后阶段。随着人类活动和交往的复杂化,他们逐步结成了一些以满足其他需要为目的的社会组织,如经济、宗教以及共同防卫的组织,而国家便是这些组织最后的联合(布丹称三个家庭就足以构成一个国家)。可以说,在这个问题上，布丹不过是把亚里士多德理论中的城邦替换成了"国家"一词。①他在《论国家》一书的开篇就指出，"国家（Republique）是由若干家庭及其共有物在某种合法的强制性主权之下结成的政治组织。"②布丹与亚里士多德的区别表现在两个方面。首先，虽然布丹认为到国家为止的人类各种社会组织都是一种自然生长过程的结果，但他同时又强调国家主要是通过战争与征服形成的，即强调国家形成过程中暴力的一面。其次，他主张国家内部必须存在某种绝对的、至高无上的权力，认为所有健康的共同体都具有一个共同的根本特征，那就是一方统治，另一方服从。这种权力被布丹称为"主权"（souveraineté，sovereignty）。布丹相信，只有当主权得到普遍承认时，一个国家才算是真正建立起来。

布丹坚持一个国家之内，如同在一个家庭之中，必须有且只能有一个单一的主权。他从两个方面对此加以说明。一方面是逻辑上的，认为"正如上帝，这位伟大的主权者不可能再创造出另一个与他同等的上帝，因为他自身就是无限，而根据逻辑不可能存在两个无限。因此我们也可以说，被我们视为上帝在人间的象征的君主，也不可能使任何一个臣民上升到与他同等的地位，而又不同时损害他的权力"③；另一方面则是经验的，即"没有一个家庭中能够有一个以上的主人，……如果存在一个以上的主人，那么自然会产生不同命令之间的冲突，家庭也将因此陷入无穷无尽的麻烦"④。"一艘船必须是以龙骨为中心结合起来的船肋、船首、船尾和船舵的整体，否则只能被称为一堆木头。与此类似，一个国家如果没有主权的力量来联合各个不同的成员……也就不再成其为国家。"⑤

实际上，"主权"这个概念本身并不是布丹的发明。"Souveraineté"一词从古罗马之后一直都在被普遍使用，指的是某种最高的政治权力；而在中世纪，人们一般用它来称呼封建国家的国王。布丹的贡献在于为这个词赋予了全新的含义。在布丹以前，"souveraineté"的意义是人格化的，是它所指称的统治者实际的权力与地位的抽象化表达；它虽然指向一定地域范围之内的最高

---

① 布丹用的是"République"一词。法语中的république就是英语中的republic，来自拉丁文中的res publica，意思是公众共有之物。汉语中一般译为共和国。但实际上，罗马帝国时期人们也使用这个词指国家，不一定具有政体的含义，布丹也一样。因此，虽然原来有人把布丹的著作 *Les six Livres de la Republique* 译为《共和六书》，但本书中还是将其改译为《论国家》。
② Jean Bodin, *Les six Livres de la Republique*, Payare: Librairie artheme payard, 1986, Vol. I, p.27.
③ Ibid., p.299.
④ Ibid., p.53.
⑤ Ibid., p.41.

统治权,但这种统治权同时又受到各方面的限制,比如说皇帝、教会、法律等,因而更多的是一个描述性的概念。布丹所提出的主权概念与此不同,它具有更明显的规范性。因此布丹强调:"主权是……统治一个国家的永恒的、绝对的权力。我们有必要定义这个概念,因为尽管主权的存在是把国家与人类其他社会组织区别开来的主要标志,但是从来没有政治哲学家对它进行过任何说明。"①换言之,正因为主权的存在,使国家产生了不同的质,而不仅仅是一种比家庭等人类联合在规模上更大的社会组织。也可以说,在布丹看来,主权是国家的标志,同时也是国家的灵魂。

布丹认为,主权作为一种至高无上的权力,还必须具有两个关键要素:一是它的永恒性,二是它的绝对性。如果国家的最高权力只能在有限的时间内存在,那么这种权力便不能被称为主权,因为它的存在与否显然受到某种更高权力的约束,而其行使者也不过是更高权力所有者的代理人。其次,主权可以由一个国家的人民或者贵族赋予他们选中的任何人,但是,这种权力一旦给出,便不再有任何限制与保留,因为一种受到限制的、不完全的权力自然不能算是绝对的权力,从而严格地说,也就不是主权。②布丹进一步指出,主权最重要的标志就是,它是一种能够为全体国民或者某个具体的人制定法律、同时不需要获得任何其他人同意的权力。针对中世纪盛行的法律必须符合惯例,甚至法律本身就是惯例的体现的观点,布丹指出:"惯例获得力量,靠的是在漫长的时间内,点点滴滴地得到全部、至少是大部分人的同意。与此相反,法律是在一瞬间确定,并且经握有最高权力的那个人而得到其效力的。惯例缓慢地、不为人所注意地形成,而法律是权威者所发出的命令或者惩罚,而且往往与臣民的意愿相反。……更重要的是,法律可以终止惯例,而惯例则不能取消法律……简而言之,惯例只有在主权者默认或者同意其有利的情况下才有效……因此可以说,法律和惯例的真正权威都必须以主权者为依据。"③

因此,布丹强调主权是在公民和臣民之上"不受任何人类制定的法律限制的权力"④。应该说,布丹对主权的这一界定,对于中世纪长期遵循的"王在法下"、法律高于权力的政治理念具有颠覆性的作用,同时明确体现了近代初期政治权力在国民国家的形成过程中,对于突破日耳曼传统的政治结构框架

---

① Jean Bodin, *Les six Livres de la Republique*, Vol. I, p. 79.
② Ibid.
③ Ibid., p. 228.
④ Ibid., p. 28.

的迫切要求。不过与此同时，布丹也承认，主权者不能违反上帝的法律，以及所谓的自然法。他明确表示，主权者"听命于自然法，就是说，他根据自然的正义统治他的臣民并且指导他们的行动。这种自然的理性是他清楚明白地认识到的，如同太阳的光芒一样"①。当然，在布丹看来，上帝不仅是主权者的约束者，同时也是其授权者。他表示，世界上所有的君主都必须服从神法和自然法，除非他希望成为上帝的罪人；但另一方面，主权者在服从上帝的前提下便具有一种在人间无上至尊的地位。"世界上除上帝之外没有人比主权者更伟大，而且因为主权者就是上帝为了统治人民而创设的代理人，所以我们必须尊重与服从他伟大的权威，必须以敬畏之情谈论他。谁要是蔑视主权者便是对上帝的不敬，因为主权者正是上帝在人世间的象征。"②

事实上，神法和自然法在《论国家》一书中是两个出现频率非常之高的概念。布丹在这里作了一个有意思的区别："我们把国家称为合法的统治，目的是把它区别于一帮强盗……尽管这样一帮人看上去似乎也结成了某种团体并且相互间亲密相处，但我们无论如何不能称之为'社会'或者'国家'……因为它所缺乏的恰恰是和平社会的根本标志，即根据自然法的合法统治。"③因此，按照布丹的理论，只有符合自然法的政治组织才能被视为国家。至于自然法的具体内容，布丹认为包括对个人的生命和财产的保护、维护正义、促进臣民的美德等。④ 布丹在论述君主制的时候承认存在着暴君政体，即主权者违反了自然法的政体，他认为在这种情况下，人们有权杀死暴君，以解放自己。在这方面布丹有一个非常重要的思想，即君主的合法性依据并非其出身，而是他的统治是否公正。因此，虽然他主张君主的绝对统治，但并不赞成君主专断独行。他不仅要求君主们服从神法与自然法，同时也希望他们能够听从来自臣民的意见，这种意见可以通过诸如等级会议（estates）之类的机构加以表达。另外，尽可能亲君子而远小人也是君主必须具备的一项基本美德。

当然，必须看到，在布丹的理论中，上帝和自然法虽然构成了对主权者的约束，却并不构成对主权本身的约束，因为这两种力量毕竟不能通过除主权者之外的任何中介体现出来（除对暴君进行反抗的情况之外）。布丹的基本

---

① Jean Bodin, *Les six Livres de la Republique*, Vol. II, p. 44.
② Ibid., Vol. I, p. 295.
③ Ibid., p. 28. 奥古斯丁曾经指出："离开了正义，所谓的王国如果不是一帮强盗还能是什么呢？" Saint Augustine, *The City of God against the Pagans*, p. 147.
④ 布丹坚持，国家的最高目标，乃是实现一种有德行的公共生活，同时，国家对财产权也应该予以充分的保护，主权者在不经被统治者同意的时候不能征税。

立场是,国家必须拥有主权,必须在其内部享有某种不受干涉地决定自身事务的权力。可以说,布丹的主权论完全是他的时代的产物。当时国民国家虽已初具雏形,但旧有的封建关系依然存在、教会仍然对各国事务拥有强大的影响。在这种情况下,和平与秩序最基本的保障,就是从根本上消除纵横交错的封建关系,以及高高在上的罗马天主教会对君主权力的干预。布丹非常清楚,正是这两种权力关系的存在及其相互作用造成了整个欧洲范围内无休无止的战乱,法国内战及三十年战争不过是其中一个小小的插曲。他通过主权论希望予以排除的,正是封建关系与教会权力对国家事务的影响,因此,所谓主权不受干涉,并不意味着主权者能够为所欲为,而是有非常明确的所指。为了把这一思想贯彻到底,布丹不仅一再强调国王在世俗事务中的最高权威,而且在区分君主政体下公民等级的时候还明确地把教士置于国王之下,同时认为国王拥有认定臣民在宗教上虔诚与否的权力。正是在这个意义上,有人指出:"马基雅弗利可以在任何时候撰写他的两部著作,而布丹则不可能在 16 世纪的最后 25 年之前写下他的《论国家》。……历史将让布丹来证明,普遍的帝国,无论是神圣罗马帝国还是法兰克帝国的时代都已经过去。新兴的国民国家的时代已经到来,主权论恰恰随着它的到来应运而生。……这将是布丹永恒的贡献。"①

至于主权者的人数,布丹认为,从理论上说,人们可以把主权赋予一个人,少数人或者多数人,而"主权的所在决定着我们的国家的形式"②。于是,君主制、贵族制和民主制便是三种可能的国家形式。由于布丹坚持主权具有不可分割的性质,所以他认为不可能有所谓的混合政体存在。另外,布丹还对国家的形式与政府的形式进行了区分,认为在同一种国家形式之内可以有不同的政府形式,比如说,君主制就可能有三种形式:军事君主制、正统君主制和暴君制。他并且认为,混淆了国家形式与政府形式,是亚里士多德的一大错误。③

---

① R. H. Murray, *The History of Political Science from Plato to the Present*, pp. 178-179. 有关布丹主权论的详细论述,请参见唐士其:《主权原则的确立及其在当代世界的意义》,载《国际政治研究》2002年第 2 期。

② Jean Bodin, *Les six Livres de la Republique*, Vol. II, p. 8.

③ 有人就此认为布丹最早提出了所谓"国体"和"政体"的区别,这是不准确的。亚里士多德对政体进行区分的依据正是国家最高权力的所属,尽管当时并没有近代意义上的主权概念[但是,也有人把亚里士多德所说的最高权力(kurios)译为"主权"(sovereign)的,参见 Aristotle, *The Politics*, translated by T. A. Sinclair and revised and re-presented by Trevor J. Saunders, Penguin Books, London: Penguin Books Ltd., 1981, p. 187 etc. Benjamin Jowett 的另一种权威译本中则译为 supreme power]。严格地说,布丹所说的国家形式与传统意义上的政体并没有真正区别。"国体"与"政体"更多的是一种马克思主义意义上的区分。

在三种国家形式中,布丹本人明显地倾向于君主制,因为在他看来,无论是在民主制还是贵族制之下,主权由复数的个人加以行使这一点本身就与确立主权的目的——建立集中统一的权威相矛盾。只有君主的统治能够实现政治中的效率以及一个秩序良好的国家所必需的统一。

当然,布丹的理论中存在着诸多自相矛盾之处。比如,在国家的起源问题上,他一方面认为国家是一种自然的产物,另一方面又强调国家形成过程中暴力的作用,那么这是否意味着人性中本来就具有暴力的一面?另外,他从自然和逻辑出发对国家和主权的必要性进行论证,但又把主权的最后根据归于上帝,这使他的理论与中世纪教会的政治理论之间缺乏清晰的界限;布丹虽然曾经提到,主权是由全体人民或者贵族赋予主权者的,但对具体的授权过程,他也没有进行明确的阐述。最后,布丹还认为导致现实世界中各种变化,特别是政治变化的原因实际上都不在人力控制的范围之内,而是上帝意志的反映。因此他表示,人们获得的关于政治的任何知识,对于政治变动的任何预测,都必须以对"自然的因果关系"的理解为基础,而关于这种所谓的"自然的因果关系"的知识就是占星术。布丹相信,只有通过对星象及其神秘力量的科学研究,才能使关于政治的认识产生"肯定的、有效的结果。"总之,无论从哪个方面来看,布丹的思想都表现出一种介于中世纪与近代世界之间的过渡特征,与之相比,霍布斯的理论无论在方法上还是逻辑上都更具一致性,也可以说,西方政治理论发展到霍布斯的时代才完全近代化了。

霍布斯(Thomas Hobbes,1588—1679)出生于西班牙的无敌舰队最后被英国打败的那一年。用霍布斯自己的话说,他的母亲实际上是生下了一对双生子——他自己以及恐惧,而对战乱的恐惧的确伴随了他的一生,了解这一事实对理解霍布斯的思想不无帮助。霍布斯于1602年进入牛津大学,毕业后到德冯夏尔公爵(Earl of Devonshire)家中任家庭教师,从此,霍布斯的个人生活便与英国的政治斗争结下了不解之缘。英国革命爆发之后,他流亡到法国,并成为与他同样处于流亡之中的威尔士王子(后来的查理二世)的数学教师,就在此期间(1651),他发表了政治学名著《利维坦》(Leviathan)。但是,该书的出版却给他惹来了意料之外的麻烦。保皇党人们相信这是一部为克伦威尔政权进行辩护、并向这个政权讨好卖乖的书,霍布斯因此不得不离开了流亡贵族的圈子。但是,霍布斯却也没有能够因此得到共和国的青睐,因为他的无神论和怀疑论倾向让革命者们颇为反感。无论如何,他在1652年获准回到英国,但被禁止参与政治活动,直到斯图亚特王朝复辟之后,他的命运才稍有好转。

在担任家庭教师期间，霍布斯曾伴随他的学生漫游欧洲大陆，正是这次游历使他结识了包括笛卡尔在内的众多著名科学家，并且对近代自然科学，尤其是几何学的演绎法产生了浓厚兴趣，甚至由此萌发了他一生中最大的愿望，即以同样的方法构筑一个包罗万象的知识体系。有意思的是，尽管霍布斯本人深信他对自然科学有比别人更深刻的理解，但他作为科学家的地位却一直众说纷纭，倒是他采用的几何学方法使他的政治学研究结出了硕果。研究者们都承认，《利维坦》一书贯穿着惊人的逻辑上的一致性，如同欧几里得几何学一样，人们只要接受霍布斯的前提，就不得不接受由此得出的一系列结论。

作为他的理论前提，霍布斯认为，人类的行为以及思想情感，与自然界的其他所有存在物一样，完全服从基本的物理定律与逻辑规则的支配，而其中最基本的就是运动定律和惯性定律。就是说，当人们产生某种行为或者思想感情的时候，他们一定是受到了某种推动；而在没有受到外部或者内部作用的情况下，他们将保持原有的状态。只不过，与自然物的运动方式不同，人类行为可以被区分为两种基本的形式，一种是无意识的运动，比如说呼吸与消化等等；另一种则是有意识的运动。后者的产生主要是出于人的想象或者说意志的作用，当它向着人所希望达致的目标时被称为欲望，而离开人所不希望的对象时则被称作反感或者恐惧。霍布斯相信，对这两种意识作用的认识，是破解人类行为模式的钥匙。①

从这一前提出发，霍布斯得出结论认为，由于人天生具有延续生命和逃避死亡的"惯性"，所以他们必然为生存而相互争斗。为了证明这一结论，霍布斯为他的理论追加了两个附带的条件：一个是暗含的，即自然和社会资源的有限性；另一个则是他明确论述的，即人的能力在各个方面的大致平等。②前者使人们不可能在没有竞争的条件下满足其欲望，而后者则使任何人都不可能对其所拥有的东西高枕无忧，而是必须时刻警惕来自别人的威胁，与此同时，那些并不占有或者较少占有的人也可以毫无忌惮地向已经占有者发出

---

① 霍布斯并且认为，世界上原本不存在所谓"好"与"坏"的区别，这不过是人类对他们所意欲或者厌恶的事物的不同称谓。他也因此而被人们视为功利主义的奠基人之一。

② 霍布斯论证道："自然使人在身心两方面的能力都十分相等，以致有时某人的体力虽则显然比另一人强，或是脑力比另一人敏捷；但是这一切总加在一起，也不会使人与人之间的差别大致使这人能要求获得人家不能像他一样要求的任何利益，因为就体力而论，最弱的人运用密谋或者与其他处在同一危险下的人联合起来，就能具有足够的力量来杀死最强的人。"（霍布斯：《利维坦》，黎思复、黎廷弼译，北京：商务印书馆 1985 年版，第 92 页。）

挑战。霍布斯针对这种无所不在的威胁写道:"由这种能力上的平等出发,就产生达到目的的希望的平等。因此,任何两个人如果想取得同一东西而又不能同时享用时,彼此就会成为仇敌。他们的目的主要是自我保全,有时则只是为了自己的欢乐;在达到这一目的的过程中,彼此都力图摧毁或征服对方。这样就出现一种情形,当侵犯者所引为畏惧的只是另一人单枪匹马的力量时,如果有一个人培植、建立或具有一个方便的地位,其他人就可能会准备好联合力量前来,不但要剥夺他的劳动成果,而且要剥夺他的生命或自由。而侵犯者本人也面临着来自别人的同样的危险。"①

霍布斯认为,在人类社会中,每一个人维持自己的生存最重要的手段是权势(power,这个词一般译为"权力",但在霍布斯的用法中,其含义要宽泛得多),"人的权势普遍讲来就是一个人取得某种未来具体利益的现有手段"②。由于惯性的作用,加之资源的有限、人与人之间必然存在的竞争,使人们只能不断地追求权势,以为自身谋取更多的利益和更高程序的安全。"因此,我首先作为全人类共有的普遍倾向提出来的便是,得其一思其二、死而后已、永无休止的权势欲。造成这种情形的原因,并不永远是人们得陇望蜀,希望获得比现已取得的快乐还要更大的快乐,也不是他不满足于一般的权势,而是因为他不事多求就会连现有的权势以及取得美好生活的手段也保不住。"③

显然,如果没有外部约束的话,这样一种不可能有任何止境的争斗将演变成"每一个人对每个人的战争"④。霍布斯继而对这种战争进行了一段经常被引用的经典描述:"在人人相互为敌的战争时期所产生的一切,也会在人们只能依靠自己的体力与创造能力来保障生活的时期中产生。在这种状况下,产业是无法存在的,因为其成果不稳定。这样一来,举凡土地的栽培、航海、外洋进口商品的运用、舒适的建筑、移动与卸除须费巨大力量的物体的工具、地貌的知识、时间的记载、文艺、文学、社会等等都将不存在。最糟糕的是人们不断处于暴力死亡的恐惧和危险中,人的生活孤独、贫困、卑污、残忍而短寿。"⑤

---

① 霍布斯:《利维坦》,第93页。
② 同上书,第62页。
③ 同上书,第72页。当然,霍布斯也认为,人类天性中实际上存在着某些使其相互争斗的因素:"在人类的天性中我们便发现:有三种造成争斗的主要原因存在。第一是竞争,第二是猜疑,第三是荣誉。""第一种原因使人为了求利、第二种原因使人为了求安全、第三种则使人为了求名誉而进行侵犯。"(同上书,第94页。)
④ 同上书,第94页。
⑤ 同上书,第94—96页。

这就是霍布斯用极其暗淡的笔调描绘的所谓"自然状态"下人们的处境。① 霍布斯相信,在世界的许多地方,人们就是如此生活的,而在国家与国家之间,显然更是这样一种状况。值得庆幸的是,人类并未注定永远只能在这种晦暗无光的状态中生活,他们还有某种从中解脱出来的希望。在这里,霍布斯为他的理论又增加了一条假设,即人类是有理性的动物——正是理性的存在使他们不至于在每一个人对每一个人的战争中彼此残杀殆尽,而是设计出种种办法以获得相互保全。"使人们倾向于和平的激情是对死亡的畏惧,对舒适生活所必需的事物的欲望,以及通过自己的勤劳取得这一切的希望。于是理智便提示出可以使人同意的方便易行的和平条件。这种和平条件在其他场合下也称为自然律,……"②

在霍布斯看来,"自然律是理性所发现的诫条或一般法则,这种诫条或一般法则禁止人们去做损毁自己的生命或剥夺保全自己生命的手段的事情,并禁止人们不去做自己认为最有利于生命保全的事情"③。根据霍布斯的叙述,"自然律"(the natural law,或称自然法)的具体内容包括以下一些方面:力求和平、在别人也愿意的前提下必要时为和平而放弃自己所拥有的权势、信守契约、有恩必报、合群、宽恕、不以恶抗恶、尊重他人、平等、谦逊、秉公办事、服从公断等等。但是,霍布斯又表示,虽然这些自然律基于人类的理性,但是有两个方面的原因使它们在自然状态之下不可能得到真正有效的遵循。首先,"不以强力防卫强力的信约永远是无效的"④;其次,在自然状态下没有独立的裁判者,人们在发生纠纷的时候每一个人同时又是自己的法官,这就使客观公正的判断毫无可能。因此,尽管人们渴望和平与安全,并且根据理性思考认识了"自然律",但在自然状态下,和平与安全始终缺乏真正的保障。

霍布斯指出,人类摆脱困境的唯一出路是以相互订立契约的方式,彼此放弃在自然状态下属于自己的所有权势,并且把它们转交给一个中立超然的实体,让它来保证社会的和平与安全。⑤ "这就等于说,指定一个人或一个由

---

① 这种状态也被后来的学者们称为"安全困境",其基本特征是每一个人对自身安全的追求都必然导致对其安全更大的威胁。
② 霍布斯:《利维坦》,第96—97页。
③ 同上书,第97页。
④ 同上书,第106页。
⑤ 需要指出的是,在近代的自然法和社会契约论者当中,霍布斯代表的是一种"少数派"的观点,是一个对这两种理论"反其意而用之"的例子(当然这也造成了他的理论中的一些矛盾和困难)。也就是说,自然法理论和社会契约论的大多数支持者同时都是国家专制权力的反对者,而且从根本上看,这两种理论本身就是在反对专制、追求自由的斗争中发展起来的。参见第七章第一节的内容。

多人组成的集体来代表他们的人格,每一个人都承认授权于如此承当本身人格的人在有关公共和平或安全方面能采取的任何行为、或命令他人做出的行为,在这些行为中,大家都把自己的意志服从于他的意志,把自己的判断服从他的判断。这就不仅是同意或协调,而是全体真正统一于唯一人格之中;这一人格是大家人人相互订立信约而形成的,其方式就好像是人人都向每一个其他的人说:我承认这个人或这个集体,并放弃我管理自己的权利,把它授与这个人或这个集体,但条件是你也把自己的权利拿出来授予他,并以同样的方式承认他的一切行为。这一点办到之后,像这样统一在一个人格之中的一群人就称为国家,在拉丁文中称为城邦。这就是伟大的利维坦(Leviathan)的诞生。"①在此基础之上,霍布斯对于国家的本质做出了如下的论断:"国家的本质就存在于他身上,用一个定义来说,这就是一大群人相互订立信约,每人都对它的行为授权,以便使它能按其认为有利于大家的和平与共同防卫的方式运用全体的力量和手段的一个人格。"②

霍布斯表示,国家建立之后,接受委托的一方便成为主权者。他根据前面提出的自然法原则,具体列举了主权者根据契约所拥有的地位及其权力,以及被统治者因此必须承担的义务。具体内容包括:人们不经其同意不能订立新的契约;由于产生主权者的契约是在授权者们之间而非授权者与接受者之间订立的,所以这种契约不能被取消;少数必须服从已订立契约的多数;被统治者必须服从主权者的任何决定;主权者不能被处死;主权者有权决定人们的思想和言论;等等。用霍布斯自己的话来说,就是"主权者的权力,不得其允许不能转让给他人,他的主权不能被剥夺,任何臣民都不能控诉他进行侵害,臣民不能惩罚他,和平所必需的事物由他审定,学说由他审定,他是唯一的立法者,也是争执的最高裁判者,他是和战问题的时间与时机的最高审定者,地方长官、参议人员、将帅以及其他一切官员与大臣都由他甄选,荣衔、勋级与赏罚等也由他决定"③。霍布斯指出,这些权力,根据社会契约的性质,都是不可让渡、不可侵害的。

可以看出,霍布斯倾向于赋予主权者一种近乎绝对的、不受限制的权力。因此,虽然主权者的产生必须基于社会契约或者说被统治者的同意,但这种契约实际上只是单向的,它只对因订立契约而成为被统治者的一方具有约束

---

① 霍布斯:《利维坦》,第131—132页。
② 同上书,第132页。
③ 同上书,第153—154页。

力,至于由此产生的主权者却能够超然于任何实体性的(政治和法律的)约束之上。这意味着人们既然建立了政府就不能加以推翻,甚至也不能加以更变,否则就是不守信约而违背了自然法的基本原则。在这种情况下,人们实际上完全失去了对政府加以监督、控制与颠覆的可能性。当然,需要指出的是,使主权者拥有这样一种绝对权力并非霍布斯的疏忽,而是他有意为之的结果。霍布斯在设计国家产生过程的时候,刻意让未来的被统治者通过相互立约把他们在自然状态之下的全部权势交给统治者,从而取消了他们与后者订立某种契约,并且根据这种契约对其行为进行判断的可能性,其目的则是为了避免因为双方之间的矛盾而使社会再度陷入无政府的自然状态。①

当然,霍布斯倒也没有因此断定主权者只能是一个人。在政体问题上,霍布斯与布丹一样,认为政体由主权者人数的多少决定,因此可以有君主制、贵族制和民主制三种形式。不过,他本人是君主制的坚定的拥护者,因为他相信,只有把一切权力集中于一人之手,才可能有效地保证社会的和平与秩序。他曾经明确表示:"如果英格兰绝大部分人当初没有接受一种看法,将这些权力在国王、上院、下院之间加以分割,人民便决不会分裂而首先在政见不同的人之间发生内战,接着又在宗教自由问题方面各持异议的人之间发生内战。"②

霍布斯因而被公认为专制主义的拥护者,因为他几乎不允许从体制上对国家权力进行任何限制,即使法律的限制也必须予以排除。霍布斯公开声称,法律无非是统治者意志的体现,"法律乃是主权者对其臣民所发布的命令,不论他们是一个还是多数人。它公开、明确地宣布他们每一个人必须从事与不能染指的事情"③。因此,让法律置于国家权力之上的要求乃是政治学中最大的错误,"亚里士多德哲学中另外有一个说法便也是错误的,那便是在一个秩序良好的国家中,应当处于统治地位的不是人而是法律"④。

但必须注意的是,与以往的君主专制论者最大的不同在于,霍布斯并非出于君主或者上帝的缘故对主权者的专制权力进行辩护。在霍布斯的理论中,有一点是非常清楚的,那就是,君主并非国家的目的,权力也没有自身的

---

① 实际上统治者与被统治者之间的契约关系在欧洲封建社会几乎是一种规范性的统治形式。就此而言,霍布斯的理论既是对封建关系的超越,也是从这种关系的后退。

② 霍布斯:《利维坦》,第140页。

③ Thomas Hobbes, *A Dialogue Between a Philosopher and a Student of the Common Laws of England* (ed. J. Cropsey), Chicago: University of Chicago Press, 1971, p.71.

④ 霍布斯:《利维坦》,第553页。

逻辑,他们的存在,仅仅是为了维护社会的和平与秩序。霍布斯之所以愿意把几乎所有的权力集中在主权者手中,唯一的原因不过是因为他相信,非此则不足以创造持久的和平。因此,虽然霍布斯也承认他构想的政治控制过于严密甚至残酷,但他同时又坚持,这是不得已而为之的选择。他曾经表示:"人们在这一点上也许会提出反对说:臣民的景况太可怜了,他们只能听任具有无限权力的某一个人或某一群人的贪欲及其他不正常激情摆布。一般说来,在君主之下生活的人认为这是君主制的毛病,而在民主国家的政府或其他主权集体之下生活的人则认为这一切流弊都是由于他们那种国家形式产生的。其实一切政府形式中的权力,只要完整到足以保障臣民,便全都是一样的。人类的事情决不可能没有一点毛病,而任何政府形式可能对全体人民普遍发生的最大不利跟伴随内战而来的惨状和可怕的灾难相比起来或者跟那种无人统治,没有服从法律与强制力量以约束其人民的掠夺与复仇之手的紊乱状态比起来,简直就是小巫见大巫了。"①

显而易见,霍布斯的逻辑是两害相权取其轻:一方面虽然自由但充满危险,另一方面尽管不自由但可以享受和平与安全,在霍布斯看来,后者是理所应当的选择。当然,这样一种立场也是霍布斯本人的心理倾向的体现。他的一生的确对动荡与无序充满恐惧,而他最大的担忧就是文明社会重新陷入自然状态。霍布斯一再强调,作为人本性中破坏性与反社会性的结果,自然状态可能在任何时候出现于人与人之间。因此,不需要把这种状态设想为人类进入文明社会之前的史前阶段,相反,人们必须时刻警惕它的再度降临。

也正是这样一种逻辑使霍布斯的理论中保留了对主权者的唯一限制:主权者必须有效地保证被统治者的和平与安全,否则,被统治者便可以不服从。霍布斯列举了以下的情况,首先,"如果主权者命令某人(其判决虽然是合乎正义的)把自己杀死、杀伤、弄成残废或对来攻击他的人不予抵抗,或是命令他绝饮食、断呼吸、摒医药或放弃任何其他不用就活不下去的东西,这人就有自由不服从"。其次,"如果一个人被主权者或其掌权者问到他自己所犯的罪行时,他在没有获得宽恕的保证的情况下,就没有义务要承认"。② 等等。总之,"臣民对于主权者的义务应理解为只存在于主权者能用以保卫他们的权力持续存在的时候。因为在没有其他人能保卫自己时,人们的天赋自卫权力是不能根据信约放弃的。"霍布斯强调:"服从的目的是保护,这种保护,一个

---

① 霍布斯:《利维坦》,第141页。
② 同上书,第169页。

人不论在自己的武力或旁人的武力中找到时,他的本性就会使他服从并努力维持这种武力。"①

另外,霍布斯还专门提及一种特殊的情况:"任何人都没有自由为了防卫另一个人而抵抗国家的武力,不论这人有罪还是无辜都一样;因为这种自由会使主权者失去保护我们的手段,从而对政府的根本本质起破坏作用。但如果有一大群人已经不义地反抗了主权者或犯了死罪、人人自知必将因此而丧生,那么这时他们是不是有自由联合起来互相协助、互相防卫呢?当然有,因为他们只是保卫自己的生命,这一点不论有罪没罪的人都同样可以做。他们当初破坏义务时诚然是不义的,往后拿起武器时虽然是支持他们已经做出的行为,但却不是一种新的不义行为了。如果他们只是为了保卫人身,便根本不是不义的行为。"②联系到英国革命的实际情况,霍布斯在这里的暧昧是明显的,这就难怪保皇党人们要认为他的《利维坦》是对革命的辩护、而对他的专制主义倾向毫不领情了。

三、政治与道德的关系以及近代政治学的诞生

马基雅弗利由于在他的研究中对政治与道德的区分而被认为是近代政治科学的奠基人,这一开创性的工作经由布丹并且通过霍布斯的工作而得到了最终的完成。

对于从苏格拉底到西塞罗为止的古典政治学家来说,道德(主要是所谓的正义)是政治理论的一个中心问题,也是他们对理想的或者现实的政治进行判断的一项重要标准。在他们的观念中,政治的最终目的是在公民中促进某种道德或者品性(virtue)的形成;而相反的情况,即道德的堕落则成为他们对现实政治进行批判的主要的根据。与此同时,在古典政治传统中,宗教与政治也是合二为一的,无论在希腊城邦还是罗马共和国时期,宗教都是政治生活的一个必要组成部分,也是政治学家们为建立一种理想的政治制度必然加以讨论的问题。苏格拉底是这种传统的开创者,也可以说是其最突出的代表。这样一种传统在基督教出现以后逐步受到了挑战,所谓"上帝的东西归上帝,恺撒的东西归恺撒",目的就是要在宗教与政治、精神的世界与世俗的世界之间进行明确的区分,这种区分进行到极端,便是政治彻底的非道德化。

---

① 霍布斯:《利维坦》,第172页。
② 同上书,第170页。

第一位明确地把政治逐出道德殿堂的人是奥古斯丁。部分地是为了回答罗马帝国崩溃以后一些人对基督教的非难，他提出了在很长时间内成为教会正统思想的区分上帝之城与尘世帝国的理论。奥古斯丁相信，所谓的正义、道德等等只能从对上帝之爱中产生，而作为现实政治基础的自爱则只能导致人与人之间的争斗与欺骗。① 基于这样一种理解，奥古斯丁明确反驳了西塞罗等罗马共和主义者对罗马共和制的称颂，断然提出："罗马从来就不是一个共和国，因为真正的正义在其中从未占有过一席之地。"②他并且进一步写道："如果离开了正义，那么这些王国与强盗的集团又有什么差别呢？而强盗们自己的团伙与那些小小的王国又不同于何处呢？这些团伙都是由人所组成，以君主的权威而进行统治，它通过盟约而结成一体，他们所获得的赃物则通过法律而被加以瓜分。"③

奥古斯丁承认在尘世中需要有国家在人们之间维持基本的秩序，但除此之外他对国家再没有更高的期望。在西塞罗那里，共和国被理解为通过"对正义的共同认识而联合起来"的人群以及为"共同利益而结成的社会"；而在奥古斯丁看来，所谓的共同体不过是"一群有理性的动物由于他们对其所爱之物的共同认识而结成的联合"④，具体到国家，则无非是一种为"世俗的和平"而结成的共同体⑤。

奥古斯丁把政治与道德加以明确区分的理论在中世纪有相当大的影响，直到阿奎那通过他的四种法的理论试图重新把国家纳入道德的范畴之中，认为国家应该根据上帝的意志，即永恒法和自然法进行统治，从而再度对国家提出了道德上的要求，同时，正义也再次成为对统治者进行判断的一项重要标准。⑥ 阿奎那甚至在一定程度上回答了亚里士多德曾经提出的好人与好公民的标准之间可能出现的矛盾的问题。他指出，个人只是与构成共同体的众人的整体相联系的一个部分，因此，一个在道德上与共同善相冲突的人不可

---

① 参见奥古斯丁的上引文："两种国家来自于两种不同的爱：尘世的国家来自于对自我之爱，这种爱甚至是对上帝的蔑视；上帝之城则来自于对上帝之爱，这种爱甚至是对自我的放弃。"Augustine, *The City of God against the Pagans*, p. 632.

② Augustine, *The City of God against the Pagans*, p. 80.

③ Ibid., pp. 147-148.

④ Ibid., pp. 950-952.

⑤ Ibid., p. 962.

⑥ 当然，阿奎那的思想与古典政治理论虽然同样强调道德在政治中的重要性，但两者之间仍然具有根本性的区别，如果说在古典政治理论中宗教是以一个从属于政治的范畴而得到考察的话，那么在阿奎那的理论中，政治从根本上说则是作为一个从属于宗教的范畴而得到理解的。

能是好人。作为一个整体,只有当它的各个构成部分和谐共存的时候,才有可能实现完美的统一。因此,当一个国家的公民们在道德上堕落的话,这个国家的共同体善也不可能得以实现。① 因此,在阿奎那看来,政治标准与道德标准之间不可能出现冲突,或者反过来说,良好的政治与完善的道德本身就是一个问题的两个方面。但是,到马基雅弗利那里,情况又再次发生了逆转。

马基雅弗利重新拾起了亚里士多德指出的矛盾,并以此作为他的政治理论的出发点。马基雅弗利认为,事实证明,好人与好公民的标准之间可能出现冲突,而好人和好政治家的标准则几乎根本就无法统一。他以罗马帝国时期的基督徒为例说明了这一点,正如奥古斯丁所指出的,一位罗马的好公民,不可能同时是一位好的基督徒。② 马基雅弗利并且在此基础上证明,政治原则与道德原则也不可能完全一致,政治行动必须具有其自身独立的评价依据,这就是权力的获取、维持与增强。当然,从根本上看,马基雅弗利也并不希望造成道德与政治的永久性分裂,但他坚信,特别是在一个混乱失序的国度,首先必须满足政治的要求,然后再关心道德的问题。无论如何,毕竟政治与道德是可以被分开来考虑的。这样一种思想方式,使马基雅弗利在事实上把政治学从伦理学与哲学,以及宗教的领域中独立出来,获得了其自身的地位。

马基雅弗利是通过对政治世界的实际状态以及君主可能采取的行为的描述而非系统的理论实现这一转折的。他写道:"一个君主如要保持自己的地位,就必须知道怎样做不良好的事情,并且必须知道视情况的需要与否使用这一手或者不使用这一手。为此,我想把关于想象上的君主的事情撇在一边,而只是讨论确实存在的事情。我认为被人们评论的一切人——特别是君主,因为他的地位更高——都突出地具有某些引起赞扬或者招致责难的品质。"③"我知道每一个人都同意:君主如果表现出上述那些被认为优良的品质,就是值得表扬的。但是由于人类的条件不允许这样,君主既不能全部有这些优良的品质,也不能够完全地保持它们,因此君主必须有足够的明智远见,知道怎样避免那些使自己亡国的恶行(vizii),并且如果可能的话,还要保留那些不会使自己亡国的恶行,但是如果不能够的话,他可以毫不踌躇地听之任之。还有,如果没有那些恶行,就难以挽救自己的国家的话,那么他也不

---

① Thomas Aquinas, *Summa Theologica*, Vol. 28, p. 43.
② 当代政治思想家伯林因此认为,马基雅弗利是多元主义的奠基人。
③ 马基雅维里:《君主论》,第 74 页。

必要因为对这些恶行的责备而感到不安,因为如果好好地考虑一下每一件事情,就会察觉某些事情看来好像是好事,可是如果君主照着办就会自取灭亡,而另一些事情看来是恶行,可是如果照办了却会给他带来安全与福祉。"①

这是典型的马基雅弗利式的语言。在这里,他明确区分了政治和道德两种不同的标准——并不是说道德不存在,而是政治行为应该有其独立的判断标准。比如说,君主作为一个人,人们当然可以对他进行道德上的评价,但作为君主,他以及他的臣民对他进行评价的最重要的根据是他能否成功地获得和扩大自己的权力,为他的国家带来和平与安宁。如果道德能使他做到这一点,那么他无妨做一位圣人,但如果道德妨碍了他的成功,那么他也无妨成为一名道德上的恶棍。换言之,道德是对一般的个人而言的,而对国家行为则不适用。有道德的个人应该信守诺言、不说谎,但如果一位君主为此而葬送了自己的国家和他自己的权力,那么就很难说他是一位"有德"的君主。马基雅弗利指出,政治学家所需要研究的,政治家所需要考虑的,恰恰是在政治上如何获得成功,而不是在道德上如何正确。他一再强调:"世界上最弱和最不牢固的东西,莫过于不以自己的力量为基础的权力的声誉了。"②因此,他表示:"我认为,每一位君主都一定希望被人认为仁慈而不被人认为残酷,可是他必须提防不要滥用这个仁慈……君主为使自己的臣民团结一致和同心同德,对于残酷这个恶名就不应有所介意,因为除了极少数的事例之外,他比起那些由于过分仁慈、坐视发生混乱、凶杀、劫掠随之而起的人说来,是仁慈得多了,因为后者是使整个社会受到损伤,而君主执行刑罚不过损害个人罢了。在所有的君主当中,新的君主由于新的国家充满着危险,要避免残酷之名是不可能的。"③

为了把政治与道德彻底区分开来,马基雅弗利甚至专门使用了一个词"virtú",来指一个良好的国家中君主和公民所应该具有的品质,使其与古典政治学中使用的"virtue"(德行、善德)相区别。在马基雅弗利的笔下,"virtú"是一个中性概念,不带有道德含义,指的是君主所具备的一些特殊品性或能力。从他的具体说明中可以看出,所谓的"virtú"往往与传统的德行相冲突。他曾经以慷慨与吝啬这一对相反的道德判断为例分析君主的行为:"我说,被人们称为慷慨可能是好的;可是,如果慷慨在作法上使你不获称誉,它就损害

---

① 马基雅维里:《君主论》,第74—75页。
② 同上书,第68页。
③ 同上书,第79页。

你了;因为如果你有道德地并且正当地慷慨行事而不见知于人,你就逃避不了与此相反的恶名。所以,一个人如果希望在人们当中保有慷慨之名,就必不可免地带有某些豪侈的性质,以致一个君主常常在这一类事情上把自己的财力消耗尽了。到了最后,如果他们想保持住慷慨的名声,他就必然非同寻常地加重人民的负担,横征暴敛,只要能够获得金钱,一切事情都做得出来。这就使得他的臣民开始仇恨他,而且当他变得拮据的时候,任何人都不会敬重他。结果是,因为他这样的慷慨损害了许多人,而受惠者只是很少数人,所以他是第一个遭遇困难的人,不论发生什么危险,他将先受其害。而等到他认识到这一切想要缩手的时候,他将立即获得吝啬的恶名。"①在这种情况下,怎么能够以通常的道德标准对君主的行为进行判断呢?

马基雅弗利开创的工作得到了布丹进一步的发展。美国政治思想史学家邓宁对布丹做出过如下的评价:"在历史学家和批评家们当中有相当一致的看法",就是布丹"使政治学在亚里士多德之后再次回到了它长期偏离的形式和方法,并且使其重新具有了一种至少是外观上的科学性。"②邓宁进而就布丹和马基雅弗利之间的关系指出:"马基雅弗利在这个方向上走出了几步,而布丹则完成了这位意大利人所开创的事业。马基雅弗利已经充分采用了历史研究和经验观察的方法,但在对这种方法的运用上,他基本上还只是局限于经验主义的范围之内,而他所提出的也只是一些关于政府实际活动的基本原则而非关于国家的理论。布丹则采用了这位佛罗伦萨人所缺少的哲学的方法,同时又没有忽略政治实践的原则。他把这两者结合起来并融为一体,从而创造了一种系统的政治科学——国家学(Staatslehre)或者说政治学(politik)。"③

除此之外,还需要指出的一个方面是,与马基雅弗利相比,布丹使政治学研究的对象进一步明晰化了。马基雅弗利政治学关注的中心是君主,包括君主的素质、行为、谋略和思想等等。虽然近来包括斯金纳在内的不少人都认为马基雅弗利最早提出了"国家"(state)这一政治概念,但实际上他对"state"的理解始终也没有能够与君主这个具体的存在彻底区分开来,他本人大量使

---

① 马基雅维里:《君主论》,第 76 页。
② W. A. Dunning, *A History of Political Theories from Luther to Montesquieu*, New York: The Macmillan Company, 1905, pp. 120–121.
③ Ibid., p. 121.

用的"status princips"这样的说法就清楚地表明了这一点。① 马基雅弗利在概念上的这种模糊性很大程度上被布丹克服了,后者把政治学关注的重点从君主完全地转移到国家这一抽象的法律实体身上,并且通过对主权的界定使国家的概念具有了非常清晰的、可以进行明确的分析与说明的理论内涵。可以说,布丹的工作使得作为一种政治实体的、以主权为其基本特征的国家最终与君主个人的权力与地位区别开来并超越了后者。正是这一点,使布丹以后的政治学明显地不同于马基雅弗利时代那种对统治术的研究,并且逐渐发展为一门具有独立的概念体系和研究方法的新的学科。

霍布斯通过两个方面进一步使政治学近代化了:一方面是他更加自觉地加以使用的所谓"科学"的研究方法,另一方面是在马基雅弗利开始的政治非道德化的基础上进一步使道德也"非道德化",即完全用一种功利或者说实用的方式来理解道德问题。首先,就霍布斯的"科学"方法而言,它实际上体现的并非英国典型的经验主义而是笛卡尔开创的法国式理性主义传统。按照霍布斯自己的说法,它更多的是一种按照数学的模式建立的科学,更多地基于演绎而非经验的观察,是"首先对一些我们普遍认可的基本前提进行界定,并由此出发进行推导,最终得到某种我们已知的结论"②。

霍布斯被后人称为机械论者。所谓机械论包括两个方面的基本含义:既指对世界的基本认识,也指获得这种认识的方法。就前者而言,机械论认为世界无非是一部由于受到某种推动而持续运转的机器;就后者而言,机械论相信对世界的认识不过是对使这部机器得以运转的动力以及机器本身各个部分之间相互关系的说明。机械论与以亚里士多德为代表的目的论是两个相互对立的范畴,它们之间的区别在于两者对推动事物运动的基本原因的认识完全不同。在前者看来,运动乃是一种惯性的反应,因而运动的起因(类似于霍布斯一再提及的钟表的发条)才是科学研究的根本目标,只要找到这个原因,一切的问题自然都能够得到说明;而在后者看来,只有认识了运动的终极目的才可能对运动的方向及其本身获得完整的理解。简单地说,前者着眼于事物的起始状态,而后者则着眼于事物的完善状态。作为机械论者的霍布斯坚决反对目的论,同时坚信只有以事物的"原因"作为研究对象的学术才是

---

① Cf. Quentin Skinner, *The Foundations of Modern Political Thought*, II, Cambridge: Cambridge University Press, 1978, pp. 352-353,并参见本章第一节。

② Thomas Hobbes, *Le Corpora*, in *The English Works of Thomas Hobbes* (ed. Sir Wm. Molesworth), London: John Bohn, 1839-1845, Vol. I, p. 309.

真正的科学,用他自己的话来说,所谓的科学或者说"学术知识",就是"通过思考所发现的任何现存或过去事物的原因以及我们所发现的现存或过去事物可能产生的结果。"①由于对数学方式的有效性深信不疑,霍布斯甚至得出了历史知识对于社会科学的发展基本上没有意义的结论。

霍布斯认为,机械论的认识方式完全适用于对于人类行为的说明。在他看来,人类行为也如同机械运动,是各种内部和外部刺激的结果,以及在惯性作用下这些刺激促成的人的身体和精神的各样反应。如他所说,"一切所谓可感知的性质都存在于造成他们的对象之中,它们不过是对象借以对我们的感官施加不同压力的许多种各自不同的物质运动。在被施加压力的人体中,它们也不是别的,而只是各种不同的运动(因为运动只能产生运动)"②。霍布斯相信:"由于生命只是肢体的一种运动,它的起源在于内部的某些主要部分,那么我们为什么不能说,一切像钟表一样用发条和齿轮运行的'自动机械结构'也具有人造的生命呢?是否可以说它们的'心脏'无非就是'发条'、'神经'只是一些'游丝',而'关节'不过是一些齿轮,这些零件如创造者所意图的那样,使整体得到活动呢?"③霍布斯根据这一机械论的方法对人类行为做出的解释可以简单地概括如下:人天生具有保持其生命延续的欲望(发条),这种欲望使人们采取各种有利于维护生命的活动(游丝),并且因为环境的约束而无休无止地试图追求更多的权力,最终导致了人们相互之间至死方休的相互争斗(实际的人类行动)。通过契约建立国家便是为了中止这种一切人反对一切人的战争的唯一途径。

其次是所谓道德的非道德化问题。霍布斯对道德的非道德化处理与其机械论的方法有直接的联系。根据机械论,人类行为都必须通过导致这些行为的刺激,亦即人的基本欲望得到解释。具体地说,霍布斯认为决定人类思想和行为的无非是两种意向——获得某些事物的意向和避开另外一些事物的意向。至于爱与恨,善与恶等等相互对立的价值观念都是人们把主观评价附加于这两种意向之上的结果,它们反映的是人们对有助于或者有损于他们生存欲求的事物的判断,因而道德上的善与恶完全可以被还原为功利意义上的利与弊。"人们所欲求的东西也称为他们所爱的东西,而嫌恶的东西则称

---

① 霍布斯:《利维坦》,第19页。
② 同上书,第5页。
③ 同上书,第1页。

为他们所憎的东西。"①因此,霍布斯在方法论上反对亚里士多德的同时,在本体论上也不认为存在着某种超越于人类物欲之上的道德体系,更不认为道德的完善依赖于对基本的物质欲望或者说动物性欲望的克制。换言之,在一种对人类行为的机械论解释中,人们从根本上被取消了在道德上自我完善的动力,因为他们的行为完全由一些人类起始之处的欲望所决定,除非能够证明道德的完善可以带来物质欲望更大的满足,但功利基础上的道德实际上已经不具备道德的原本意义。②

既然在霍布斯看来,人的一切活动,都可以被还原为他们为了延续自己的生存,对生命所需东西的追求和对使生命受到威胁的东西的逃避,那么,人们通过契约创造国家也不过是为了实现和平与安全的生活,是他们维护生存的一种合理形式。契约的订立者们从一开始就没有赋予国家任何的道德责任或者义务,国家存在的目的因而也并不在于使其公民获得道德上的完善或者提供某种"有德"的生活。国家在霍布斯的理论中就这样从本源上被非道德化或者说"去道德化"了。也可以说,霍布斯通过把道德还原为人的实际利益取消了道德的独立地位,然后又通过把体现人类社会基本道德原则的自然法置于国家之前取消了国家的道德特征,从而达到了政治科学所谓价值"中立化"的目的,即对政治学研究中价值判断的排除。

霍布斯的这样一种理论和方法对近代西方政治思想产生了深远的影响。首先,国家的非道德化使后来的自由主义者不仅不再有丝毫的兴趣探讨国家的伦理责任,而且进一步得出了"国家是一种必不可少的恶"的结论,政治学的主要任务因而也被理解为主要是寻找对国家权力加以限制的手段。其次,霍布斯完全从人类维持生存的需要出发理解其观念与行为的理论为后来的功利主义奠定了思想基础,而功利主义与自由主义两者的结合,成为现代西

---

① 霍布斯:《利维坦》,第36页。
② 这是康德在道德问题上的基本立场,他强调指出:"善和恶的概念必须不是先行于道德法则(表面上必须是这概念为道德法则提供根据),而是仅仅(如同这里发生的那样)在道德法则之后并由道德法则来规定。"(康德:《实践理性批判》,载李秋零主编:《康德全集》第5卷,北京:中国人民大学出版社2007年版,第67页。)也就是说,康德强调道德原则必须不依赖于任何其他的考虑,尤其不能依赖于欲望这样一种受制于外部环境的非主体的因素。他曾经明确表示:"一个出自义务的行为具有自己的道德价值,不在于由此应该实现的意图,而是在于该行为被决定时所遵循的原则,因而不依赖行为的对象的现实性,而仅仅依赖该行为不考虑欲求能力的一切对象而发生所遵循的意欲的原则。我们在行动时可能有的意图以及作为意志的目的和动机的行为结果,都不能给予行为以无条件的和道德的价值……"(康德:《道德形而上学的奠基》,载李秋零主编:《康德全集》第4卷,北京:中国人民大学2005年版,第406页。)康德式的道德理论被称为义务论(deontology),与建立在机械论基础上的功利主义道德理论相对立。中国传统的道德学说与前者相近。

方政治思想的主流。① 再次,霍布斯终于找到了一种方法,可以使政治学既立足于人们对现实政治世界的经验观察,又超越于简单的经验积累,使其具有了如同几何学一般的逻辑力量。最后,霍布斯使政治学在很大程度上摆脱了宗教、哲学和伦理学的影响,使之成为一门具有自身独特的概念体系、逻辑结构以及对其研究对象进行判断的独立标准的学科。正是在这个意义上,现代英国著名的保守主义者奥克肖特甚至认为"《利维坦》是用英语写成的在政治哲学方面最伟大的,也许是唯一的一部巨著"②。

但是同时也应该看到,虽然马基雅弗利和霍布斯等人宣称可以从政治中排除道德问题,但从根本上说他们也没有获得完全的成功,这是问题的另外一个方面。事实上,无论是马基雅弗利还是霍布斯都谈论过一个治理良好的国家中所谓的公民道德的问题,以及国家对公民的政治教育的问题——虽然如上所述,马基雅弗利刻意回避了道德这一概念的传统说法,但在很多时候他仍然在两种不同的理解之间徘徊。之所以如此,根本的原因在于,虽然如马基雅弗利和霍布斯所强调的那样,在没有强制力保障的情况下,任何道德原则都会变得苍白无力,因而道德并不能替代政治,而谈论一种没有任何政治背景的道德原则从某个特定的角度来看也不过是一件没有意义的事情③;但另一方面,政治要获得一种持久稳定的基础,亦即要获得被统治者的认同,国家要能够区别于一帮强盗,它又必须建立在某些基本的道德原则基础之上,比如说自然法。同时,国家的和平与稳定还需要某些与之相关的基本的公民素质,这是马基雅弗利、布丹和霍布斯都承认的,而后世的政治学家,如哈林顿、孟德斯鸠、卢梭、伯克和托克维尔等人都对这个问题给予了高度的重视。正是在后一个方面,马基雅弗利等人表现出一种相当矛盾的姿态。他们既试图使政治超越于道德规范,同时又无法从根本上摒弃这种规范,比如说霍布斯笔下的主权者仍然必须遵循自然法的基本原则,而马基雅弗利理想中的君主也不可能依靠一帮道德上彻底堕落的群氓建立他的统治。自由主义解决这个问题的方案是仍然接受一种非道德的政治,但把道德问题留给宗教解决,或者说在使政治非道德化的同时使道德"前政治化",如同霍布斯在处

---

① 由此也可以看出,霍布斯虽然被称为专制主义者,但与自由主义的确存在着千丝万缕的联系。
② Thomas Hobbes, *Leviathan, or The Matter, Forme and Power of A Commonwealth Ecclesiasticall and Civil*, ed. with an introduction by Michael Oakeshott, Oxford: Blackwell, 1957, p. vii.
③ 霍布斯对自然状态的描述表明,在没有强制力量的情况下,虽然也存在自然法,但人们会由于各种各样的原因违背这些基本的道德规范,正是因为这一缘故,人们才最终建立了国家。

理自然法与国家之间的关系时所做的那样。这么做的结果在一定程度上为公民赢得了更广泛的自由空间,但从长远来看却又会腐蚀自由的政治基础,因为从根本上说,非道德化的政治无力面对和解决除自然法一类"前政治"的抽象原则之外,现实生活中活生生的道德问题和道德冲突,从而将使自由主义付出政治上和道德上的双重代价。①

---

① Cf. Michael J. Sandel, *Liberalism and the Limits of Justice*, p.216.

第七章
公民的权利和自由

　　自由主义是近现代西方政治思想的主流。与古典政治哲学相比，自由主义对自由的理解具有两个方面根本不同的特点。首先，自由主义基于自然法理论，把自由视为某种人们生而具备的自然权利，国家则是人们为了有效维护和行使这种权利通过社会契约进行的一种人为创造。在政治状态下，自然权利转化为法律权利，并且得到国家强制力的保护。因此，在自由主义看来，拥有某些确定权利的个人是第一位的、本源性的实体，是目的，而国家则只是第二位的、派生性的统治机构，是手段。自由主义的这种观念，使西方政治思想中国家与个人之间的关系发生了一种根本性的逆转。近代自由主义的自由理论第二个方面的基本特征，是自由的内容高度世俗化或者说生活化了，也可以说，人最基本的物质欲求，比如说在洛克的思想中就是自由、生命与财产被作为自然权利的基本内容确定下来，而对这些权利的保护，则被视为国家的当然义务。随着自由主义政治秩序的建立，洛克式的自由观念即消极自由的理念在近现代西方的政治实践中最终获得了正统地位，并且通过西方各国，甚至世界绝大多数国家的宪法性文件确立下来。但与此同时，卢梭式的自由观念即积极自由的理念却也始终没有完全退居后台，像卢梭那样的思想家还在古典自由与现代自由之间摇摆，他们不能忘怀人之为人可能享有的另外一种自由，即通过理性与道德战胜自然的物欲，从而实现自我支配和自我超越的自由。两种自由概念的相互冲突与相互激荡不断丰富着人们对人类应该和可能拥有的自由的理解。

一、自然法与社会契约论

　　自然法理论和社会契约论在近代自由主义的政治和法律思想中具有基础性的作用。如上所述，有关自然法与社会契约的学说早在古希腊和罗马时期就已经出现，而且像西塞罗、塞涅卡和托马斯·阿奎那等人都对其进行过系统阐述。不过，在近代以前，这两种理论基本上是各自独立发展的。自然法理论认为，人类社会与自然界一样，都必须接受确定不移的法则即自然法的支配，自然法赋予人们某些基本的权利即自然权利，并且构成国家实在法的基础。在多数情况下，自然法观念为人们对现实政治生活的批判提供了重要的前提，也是人们反抗国家的暴政或者向国家要求更多政治和社会权利的基本依据之一。社会契约论则认为，国家起源于人们之间的契约，因而是一种对国家的法律基础进行解释的理论。在中世纪的欧洲，契约观念由于封建社会的政治实践而深入人心。根据日耳曼传统，各种政治关系本身就是权力持有者之间的契约关系，统治基于人民同意的原则正是这种观念的反映。当然，历史上的自然法论者并不一定同时都是社会契约论者，事实上，由于社会契约论对中世纪的神创国家理论具有某种颠覆性的作用，所以当时的许多思想家在接受前者的同时又明确地反对后者，阿奎那就是一个典型的代表。

　　近代的第一批社会契约论者基本上都是抵抗权的提倡者。进入 16 世纪之后，传统的抵抗权理论逐步摆脱了宗教观念的束缚。为了使对暴政的抗拒赢得更加正当的地位，思想家们开始为抵抗权寻找一种完全不同的、但同时又深植于日耳曼传统中的基础，那就是社会契约论。最早在契约论基础上对抵抗权进行正当性论证的，是一部题为《为自由反抗暴君》(*A Defence of Liberty against Tyrants*)的著作。此书于 1579 年出版，作者是法国宗教战争时期新教最坚定的支持者之一于贝·朗格(Hubert Languet，又名丢普勒西—莫尔内 Duplessis-Mornay, 1549—1623)。书中提出，国王权力的来源是他与人民所订立的某种契约，正如《圣经·旧约》中国王们的情形那样。因此，按照神法，主权属于人民；对一位以异教的方式进行统治的国王，人民拥有反抗之权。同年，苏格兰人乔治·布坎南(George Buchanan, 1506—1582)发表了《论苏格兰人的主权》(*On Sovereign Power among the Scots*)一书。布坎南指出，政治社会是人们为了避免自然状态中的各种不便而建立的，并且从根本上说这是上帝意志的反映，因此统治者的义务是为改善被统治者的物质和精神生活行使其权力。布坎南同样认为,统治者权力的依据是他与被统治者之间的契约,人民将据此通过其代表保证统治者即国王的行为符合他们的利益。对于暴君,人们不但有权不服从,而且还有权将其处死。

这种立足于社会契约论的抵抗权思想在西班牙人马里亚那(Juan de Mariana,1536—1624)1599年发表的《论王权及国王的教育》(On Kingship and the Education of a King)一书中得到了进一步发展。马里亚那提出,政府是在自然状态基础上,根据人民与统治者之间的契约建成的。君主制不过是国家早期发展阶段的一种制度形态。在君主制下,国王的权力最初的确是不受限制的,但随着政治生活的发展,法律便成为对君主进行约束的重要工具。尽管在法律规范之下的君主制是最好的政府形式,但它却无法避免堕落为暴君政治的倾向,而一旦出现暴政,人民便有权进行抵抗,因为他们通过契约授权于国王之时并未交出全部的权力,而是为自己保留了某些重要的部分。马里亚那特别强调的是,即使历史的实际过程并非如此,但人们从常识出发也都会拥护人民是最高权力的所有者这样一种观念。可以看出,与以前的思想家相比,在马里亚那的理论中,宗教色彩已经变得非常淡薄,他立论的重点基本上放在了人们的理性与常识基础之上,抵抗权理论也随之而进入了一个新的发展阶段。

到1610年,荷兰法学家阿尔都修斯(Johannes Althusius,1557—1638)发表了一部题为《政治体系》(Systematic Politic)的著作。在这部著作中,阿尔都修斯除了以社会契约论的观点解释国家起源之外,还强调指出,契约的目的是制定法律和建立各种权威,其内容对统治者和被统治者双方都具有同样的约束力。阿尔都修斯并且认为,主权作为一种不受任何限制的权力只能属于全体人民,与此相适应,人们所服从的也并非统治者而是整个政治体系。阿尔都修斯甚至认为,人类的一切组织,从家庭到合伙公司再到国家,都是契约的产物。

社会契约论在近代的第二个发展阶段是通过与自然法理论相结合而实现的。近代第一位具有重要影响的自然法理论家是荷兰政治学和法学家格劳秀斯(Hugo Grotius,1583—1645)。格劳秀斯与亚里士多德一样认为,人就其本性而言是一种社会的动物,而为了维持社会的存在,人们便需要一些处理人与人之间关系的基本法则;这类法则在最低级的人类群体中已经存在;伴随着社会组织向高级状态演化,那些基本法则也就上升为法律。显然,在格劳秀斯看来,法律与社会是同时产生,同时演进的,两者缺一不可。应该说,这是一种比在他之后的霍布斯的自然法理论更进步的思想。

格劳秀斯虽然是一位虔诚的基督教徒，但同时又是一位彻底的理性主义者，他被认为是最先把自然法理论的基础从神学转变为理性的思想家。① 格劳秀斯相信人是一种理性的动物，而自然法则是人类理性思考的结果，因此，"即使不存在上帝，或者他根本不关心人类事务"，自然法也同样存在并且有效。② 同时，"自然法是永恒不变的，它甚至也不能为上帝所改变。尽管上帝具有无穷的力量，但也有些事情是他力所不及的。……正如上帝不能让2乘2不等于4一样，他也不能让那些本质为恶的事物不再为恶"③。可以看出，和阿奎那相比，在格劳秀斯那里，理性与信仰已经倒转了位置。作为一位近代的理性主义者，格劳秀斯同时也是普遍主义（universalism）④的信奉者。他认为，既然正确的理性在任何时间和地点都将产生一致的结论，那么自然法作为基于理性基础之上的法则，必然具有其普适性，即对所有民族和国家都将产生同样的效力。自然法的普适性对作为国际法之父的格劳秀斯来说尤其具有重要意义，因为否则便没有可能找到为所有的国家和个人共同遵循的普遍原则。

格劳秀斯虽然认为自然法具有永恒性和普适性，但另一方面他也表示，由于自然法是一个不断演化的体系，因此其永恒与不变只应该理解为除事物的自然联系之外，它不能为其他任何力量所改变。"自然法的各项要素并非只是一些简单关系的产物，而是各种特殊环境的结合。因此，在财产私有制产生之前，财产公有便是符合自然法的；同样，当实在法尚未产生之时，个人以自己所具有的武力维护其生存也合乎自然法的要求。"⑤这样一种在自然法问题上带有某些相对性的观念，正是格劳秀斯调和他的国际法理论和主权论的主要依据。格劳秀斯认为，国家是通过个人主动同意服从其权力与法律而产生的，是自由意志的产物。与此类似，各个国家也组成了一个更大的共同体，它们与个人一样，同样存在着社会联合的需要。因此，所有国家都应该加入国际社会，并且接受这个社会的共同规范。就国家和国际社会同样作为人

---

① Cf. Jean Touchard, *Histoire des idées politiques*, Tome Ⅰ, p.321.
② Hugo Grotius, *De Luri Belli ac Pacis*, *On the Law of War and Peace*, trans. F. W. Kelsey, Indianapolis, 1925, p.104.
③ Ibid., p.40.
④ 或称为普适主义、普济主义。这个概念最早产生于基督教，反映了教会把基督教的"福音"传遍全世界，使所有人都成为基督徒的意愿。世俗化之后的普遍主义强调人类理性的普遍性和共通性，在反对保守主义、地方主义和特殊主义方面具有进步意义。但进入19世纪之后，西方思想中的普遍主义在否定和排斥非西方世界的文化传统方面常常发挥一种比较负面的作用。
⑤ Hugo Grotius, *De Luri Belli ac Pacis*, *On the Law of War and Peace*, p.40.

类理性的结果而言,它们据以产生的内在逻辑是一致的;而就每一个国家作为其国民自由意志的产物而言,它又具有自身的主权。

格劳秀斯强调,自然法与自然权利具有内在一致性,因此,人的自然权利也必须从人的社会性这一个基本前提出发加以理解。"社会性……或者说根据人类理性理解的以一种便利的方式维持社会存在的可能,是权利这一概念的真正基础。"根据这一原则,格劳秀斯指出,基本的自然权利包括三个方面:即自由、守信和对私有财产的尊重。① 对自然权利基本内容的这样一种理解标志着从格劳秀斯开始的近代自然法理论与传统自然法理论的一个根本性区别:如果说在坚持自然法的理性基础方面,近代自然法理论意味着向古希腊和罗马政治思想的某种回归的话,那么在自然权利的内容方面,近代理论家则走上了一条与古典政治思想家几乎是完全相反的道路。无论是在希腊还是罗马时代,人们所理解的自然法更多地规范了一系列道德义务,并且为人类行为提供了正当性依据;而从近代开始,自然法逐渐演变为一套对个人的某些基本权利加以保护的原则——自然权利的原则。② 这就使近代自然法理论获得了自身独特的内容,并且成为近代人权观念的基础。③ 自然权利与法律权利不同,它不是由国家创造出来的;相反,自然权利是国家的基础,对自然权利的保护则是国家的义务。

由于在近代自然法理论中,人的自由被公认为自然权利的一项基本内容,所以一个自然而然的逻辑结果,就是众多自然法理论家在国家起源问题上都成为社会契约论者。这一点,即使霍布斯也不例外。④ 就格劳秀斯而言,他相信,合法政府只能产生于被统治者的同意。他认为,虽然自然法为人们提供了基本的行为规范,但由于人的恶意与无知,自然法的原则常常遭到违背,因而需要一种具有强制力的社会组织对其予以实施,这便是国家。它使一位主权者得以通过确立法律的力量,保护个人的自然权利不受侵害,同时也使每一个人能够通过正当的方式追求其应得的利益。格劳秀斯表示,在人

---

① Hugo Grotius, *De Iuri Belli ac Pacis*, *On the Law of War and Peace*, p. xvii.
② 详见 Leo Strauss, *Natural Right and History*,以及本书第十五章的有关内容。
③ "人权与自然权利实际上是同义的:它们都是一种基本的和普遍的、道德的权力。"Cf. John Finis, *Natural Law and Natural Rights*, Oxford: Clarendon Press, 1980, p. 198.
④ 霍布斯的理论工作比较有意思的地方在于,虽然在他的思想体系中自然法和社会契约论是为专制主义国家提供支持的,但他本人没有料到的是,既然他完全以一种"自然"的观念来说明国家的基础,从而使其失去了任何宗教和道德上的意义,那么实际上国家到底应该是专制主义的还是自由主义的,便只取决于人们的逻辑推演和实际需要。洛克就从几乎与霍布斯一样的前提得出了与霍布斯完全不同的结论。

们通过社会契约建立政府的过程中,他们有权根据自己的意愿选择政府的形式、确定政府权力的范围。

德国政治学家普芬道夫(Samuel Pufendorf,1632—1694)与格劳秀斯具有十分类似的观点。他同样认为自然法是人类理性的产物。普芬道夫指出,人类产生之时并不具备任何关于外部事物以及他们自身的知识。但是,借助上帝赋予的认知能力,随着时间的推移,人们从对自然界的观察以及对自身的思考中,会逐步认识到什么样的行为才与人的自然本性相符,这就是人类理性的产生。普芬道夫强调,理性知识最基本的内容就是对人的社会性的认识。这一认识的出现必然使人们改变仅仅关心自身事务的状态,并且探寻维护社会性的存在的方法,自然法正是这种探求过程的结果。因此,在普芬道夫看来,自然法是人类根据自身的理性,在不借助任何超自然力量帮助的情况下,对自然和人类自身状态进行思考的产物。普芬道夫并且相信,认识自然法并不需要高深的智慧,普通人的思维就能对其加以理解。[1]

普芬道夫同样也通过社会契约论解释国家的产生。他认为,国家与家庭、教会等其他社会组织不同,后者是在人类社会性的推动之下自然产生的,而国家的产生则是人们之间人为订立契约的结果。契约包括两个部分:一是所有人相互之间为建立和维持一个公共社会而订立的契约,二是这个公共社会的成员与未来的统治者之间为规定双方的权利和义务而订立的契约。国家及其主权便是第二个契约的产物。普芬道夫这种双重契约理论与霍布斯的社会契约论最大的不同,就是它使被统治者有可能对统治者的权力进行约束,因而也被近代自由主义的奠基人洛克所采用。普芬道夫认为,对个人对其自身所有物的支配权是自由,而对别人及其所有物的支配权则是主权,因此,"主权既是绝对的又是有限的"[2]。它是绝对的,是因为主权一旦被确立,它的行为便不能被其行使对象所拒绝,也不能因为任何在它之上的力量而无效。它是有限的,是因为存在以下两种可能的情况:一是被统治者一方解除了服从的义务,二是统治者和被统治者在订立契约时就已经对主权者施加了某种限制。可以看出,与霍布斯不同,普芬道夫的社会契约论以及在此基础上的主权论已经为自由主义敞开了大门。

另外一位重要的自然法理论家是荷兰人斯宾诺莎(Benedict de Spinoza,

---

[1] Pufendorf, *Two Books of the Elements of Universal Jurisprudence*, translated by William Abbott Oldfather, Oxford: Clarendon Press, 1931, pp.239-240.

[2] Pufendorf, *The Elements of Universal Jurisprudence*, pp.56-57.

1632—1677)。斯宾诺莎认为，人们在自然状态即前国家的状态下拥有完全的自由，特别是不受任何宗教与法律限制的自由。他写道："天然的状态（即自然状态。——引者），在性质与时间两方面，都先于宗教。……我们必须把天然的状态看成是既无宗教也无法律的，因此也就没有罪恶与过失。……我们认为的自然状态是先于与缺乏神圣启示的法律与权利，并不只是因为无知，也是因为人人生来就赋有自由。"①与后来的卢梭不同的是，斯宾诺莎并没有把自然状态即人类的懵懂无知的自由状态与理性对立起来，他与阿奎那一样，强调"理性并不需要反对自然，它所要求的是，每一个人顺从自然，去寻求他自身的利益，只要这种利益的确是他真正的利益所在；去追求能够给他带来更大满足的一切；每一个人都尽最大可能维持自身的存在"②。

因此斯宾诺莎认为，自我保存以及为实现自我保存而获取必需的手段是人和其他所有动物共同拥有的最基本的权利，因而也是自然法最根本的内容。"所谓天然的权利与法令，我只是指一些自然律，因为有这些律，我们认为每个个体都为自然所限，在某种方式中生活与活动。例如，鱼是天造地设地在水中游泳，大鱼吞小鱼；因此之故，鱼在水中快乐，大鱼有最大的天赋之权吞小鱼。"③同时，他也充分肯定人类利己欲望的正当性，相信"人性的一条普遍的规律就是，凡人断为有利的，他必不会等闲视之，除非是希望获得更大的好处，或是出于害怕更大的祸患；人也不会忍受祸患，除非是为了避免更大的祸患，或获得更大的好处。也就是说，人人是会两利相权取其大，两害相权取其轻。我说人权衡取其大，权衡取其轻，是有深意的。因为这不一定说他判断得正确。这条规律是深入人心，应该列为永恒的真理与公理之一"④。斯宾诺莎进一步举例指出："假定我真诚地答应了一个人我二十天不吃饭或任何营养品，假定我后来发现我的诺言是糊涂的，践了诺言就会大有损于身体。因为天赋的权利使我不得不于二害之中取其轻者，我完全有权毁弃契约，采取行动，好像我一向不曾有此诺言。我说我这样做我完全有这样的权利。"⑤

但是，斯宾诺莎又表示，人所具有的自由毕竟不同于大鱼吃小鱼的自由。他与普芬道夫一样相信，经验和理性都会让人们意识到人与人之间具有相互

---

① 斯宾诺莎：《神学政治论》，温锡增译，北京：商务印书馆1982年版，第222—223页。
② Benedict de Spinoza, *The Ethics*, in *The Chief Works of Benedict de Spinnoza* (trans. R. H. M. Elwes), Vol. Ⅱ, London: George Bell and Sons, 1901, p.201.
③ 斯宾诺莎：《神学政治论》，第212页。
④ 同上书，第214—215页。
⑤ 同上书，第215页。

依存的一面。因为"无人处于敌意、怨恨、忿怒、欺骗之中而不觉得惴惴不安，与竭力以避之。……人不互助或没理智的帮助，必是极其可怜的生活着。想到这里我们就可明白，如果人要大致竭力享受天然属于个人的权利，人就不得不同意尽可能安善相处，生活不应再为个人的力量与欲望所规定，而是要取决于全体的力量与意志"①。也就是说，理性告诉人们，只有联合起来才能充分享受自然赋予他们的自由，而实现这种联合的途径，在斯宾诺莎看来，就是通过社会契约建立国家。

斯宾诺莎的独特之处，是他对社会契约（实际上包括一切契约）采取了一种彻底的实用主义态度。他明确指出："契约之有效完全是由于其实用，除却实用，契约就归无效。"②斯宾诺莎表示，如果遵守契约不能给人们带来更大的利益，而违反契约也不会对他们产生更大的危害，那么认为人们还会如约而行便是愚蠢的，这一点在建立国家时必须予以充分的考虑。斯宾诺莎指出，人们通过订立契约建立国家意味着他们要失去部分自然状态下的自由，因此，建立国家不过是两害相权取其轻；但另一方面，当国家能够为人们提供他们所需要的保护与利益时，它便应该得到人们的服从，而且"一个社会可以这样形成而不违反天赋人权，契约能永远严格地遵守，就是说，若是每个个人把他的权力全部交付给国家，国家就有统御一切事物的天然之权；就是说国家就有唯一绝对统治之权，每个人必须服从，否则就要受最严厉的处罚。这样一个政体就是一个民主政体"③。"民主政体的界说可以说是一个社会，这一社会行使其全部的权能。统治权不受法律的限制，但是每个人无论什么事都服从它；当人民把全部自卫之权，也就是说，他们所有的权利，暗含着或明白地交付给统治权的时候，就会是这种情形。"④斯宾诺莎认为，他所谓的民主社会是最接近于自然状态的政治制度。

斯宾诺莎这种对民主的理解堪称独一无二。不过，与民主相比，自由才是斯宾诺莎真正在意的价值。他认为："政府最终的目的不是用恐怖来统治或约束，也不是强制使人服从，恰恰相反，而是使人免于恐惧，这样他的生活才能极有保障；换句话说，加强他生存与工作的天赋之权，而于他个人或别人无损。政治的目的绝不是把人从有理性的动物变成畜牲或傀儡，而是使人有

---

① 斯宾诺莎：《神学政治论》，第214页。
② 同上书，第215页。
③ 同上书，第216页。
④ 同上书，第216—217页。

保障地发展他们的身心,没有拘束地运用他们的理智;既不表示憎恨、忿怒或欺骗,也不用嫉妒,不公正的眼加以无稽之监视。实在说来,政治的真正目的是自由。"①在公民的各项自由权利中,他特别强调思想和言论自由的重要性,表示:"如果人的心也和人的舌头一样容易控制,每个国王就会安然坐在他的宝座上了,强制政治就没有了;……人的心是不可能完全由别一个人处治安排的,因为没有人会愿意或被迫把他的天赋的自由思考判断之权转让与人的。因为这个道理,想法子控制人的心的政府,可以说是暴虐的政府,而且规定什么是真的要接受,什么是不真的不要接受,或者规定什么信仰以激发人民崇拜上帝,这可算是误用治权与篡夺人民之权。所有这些问题都属于一个人的天赋之权。此天赋之权,即使由于自然,也不能割弃的。"②

自然法(自然权利)和社会契约论在英国革命时期是革命者们的共识,英国著名的文学家和政治作家弥尔顿(John Milton,1608—1674)对其进行了极富感情色彩的表述。他写道:"没有任何一个能够思想的人会否认以下这样一些真理,那就是人以与上帝类似的形象出生在这个世界上,他们都是平等的,而且他们由于拥有比其他动物更高的特权,所以生来即是为了统治而非被统治的。在亚当成为他们之中的堕落者而犯下原罪之前,他们过的就是这样一种生活。在此之后,因为预见到错误与暴力将导致他们全体的毁灭,所以他们同意以结成联盟的方式以避免相互伤害,并且联合起来抵抗所有妨碍与反对这一协议的力量。由此产生了乡镇、城市和国家。由于认识到没有任何一种信仰可以提供足够的约束,所以他们认为有必要任命某种权威,使其能够以强力与惩罚阻止对和平与公共权利的侵犯。这种自我防卫和保护的权威与权力本来自然地属于他们中的每一个人,他们团结起来便属于他们全体。但是,为了和平,为了安宁,也为了避免每一个人成为他自己的法官,他们把这种权力或者交给由他们选举出来的一位才智出众的人,或者交给被他们认为具有同样出众的素质的多个的人。在第一种情况下这个人被称为国王,在第二者情况下这些人被称为管理者,但绝不是人们的统治者或者主人……他们不过是人民的代理人或者受托者,通过他们所接受的权力推行正义,否则每一个人将根据自然和惯例为自己、也为别人捍卫这种正义。""显然,国王和管理者的权力不是什么别的东西,它不过是派生出来的,是获得的,是人民为了所有人共同的善而委托于他们的,从根本上说这种权力仍然

---

① 斯宾诺莎:《神学政治论》,第272页。
② 同上书,第270页。

保留在人民手里。没有什么力量能把它从人民手中夺走而不损害他们的天赋权利的。"①弥尔顿强调指出："……因此，说国王除上帝之外不对任何人负责就等于推翻了所有的法律和政府。因为如果他们拒绝对人民负责，那么使他们能够居于王位的所有契约、所有誓言都立即无效了，而且变成了一种讽刺；他们宣誓捍卫的所有法律也都失去了其目的。"②

可以看出，在当时的欧洲，以自然法、自然权利和社会契约论反对专制主义已经不是什么稀有的、孤立的现象，而是一种具有一定程度的普遍性的思潮。这一思想经过洛克而得到全面系统的论述，并且直接影响到了大洋彼岸的北美大陆，成为美国独立和建国的重要理论依据。美国建国者之一的杰斐逊在由他起草的美国《独立宣言》中，把自然权利与社会契约论密切结合在一起，对政府的起源与目的、政府与公民的关系进行了如下经典表述："我们认为下述真理不言自明：人人生而平等；造物主赋予他们某些不可剥夺的权利，其中包括生命、自由和追求幸福；为了维护这些权利，在人们中建立了政府，政府的正当权力来自被统治者的同意；无论什么时候政府破坏了这些目的，人民都有权改变这个政府或将其废除，并成立一个新的、其原则及组织权力的方式在人民看来最有可能实现他们的安全和幸福政府。"

当然，严格地说，自然法和社会契约论都只是理论上的虚构，它们没有也不可能得到严格的科学证明。但是，正如马里亚那所说，即使它们反映的不是历史上的事实，至少也是人们的一种常识，或者说人们普遍的信念；尽管历史并非如此，但现实却必须如此。马基雅弗利等君主权力的捍卫者本来试图从教会那里争取国家权力的合理性，但随之而来的问题是，既然君主们已经离开了上帝的庇护，他的权力已经不是上帝赐予的神物，而不过是人间生活的手段，那么它本身又还能有什么不容侵犯之处呢？当然，自然权利与社会契约论之所以能够在当时的西方被普遍接受，关键还在于它适应了在财富上已经占据支配地位、而在政治上尚不具备任何影响力，从而无法充分有效地保护其财产权的资产阶级向国家索取权力的需要，为他们提供了有效的理论武器。一旦他们达到了自己的目的，为了保护已经到手的东西，他们又会毫不犹豫地把这件可能威胁到其自身利益的武器扔掉，迅速换上更得心应手的新的理论工具。在这一点上，英国革命时期平等派和掘地派的命运尤其发

---

① John Milton, *The Tenure of Kings and Magistrates*, *Areopagitica*, *Prose Works*, New York, The Macmillan Company, 1927, pp. 331–334.

② Ibid., p. 334.

人深省,他们是自然法与社会契约论最彻底的提倡者和捍卫者,但他们争取平等与权利的行为换来的却只是克伦威尔新政府的镇压。①

18世纪英国的经验论和怀疑论者休谟(David Hume,1711—1776)便从经验主义的角度,对自然法和社会契约论提出了以下批判。他指出,从历史上看,人类的政治与法律制度没有哪一种是通过人与人之间有意识的契约建立的,它们实际上无非是一些社会性的习惯。"没有什么人们共同遵守的契约或者协议是以明明白白的方式达成的。对野蛮人来说,契约是一个远远超出了他们的理解能力的概念。掌权者在任何一个方面第一次运用其权威都应该是特别的,并且出于当时的迫切需要。此后这种新出现的权威的有效性使其在日常生活中的运用日益频繁,而频繁的运用则使之最终成为习惯;当然如果愿意的话,也可以称之为人们的自愿,并且因此而为人们认可。"②这等于说时间可以成为权力合法性最根本的保证。休谟认为,实际存在的情况是,人们并没有太多的选择,如果他们不服从已有的权威便只能处于完全无政府的野蛮状态。一旦政府被推翻,那就将陷入霍布斯所描绘的那种一切人反对一切人的战争(这是对洛克的批判)。休谟表示,即便最初的政府的确产生于人们的普遍同意,但也不意味着实际存在的政府就必须求得每一个被统治者的认同。事实上,一个必须事事得到被统治者"授权"的政府必然极度脆弱,从而不能为人们提供持久有效的服务。因此,"说所有的政府都是或者必须是通过人民的普遍同意而产生的,这毫无意义。……我认为人类事务根本不可能允许这种同意哪怕是偶然地出现。……我的意思并不是否认在政府已经建立的地方,人民的同意是其正当性的依据,而且这种同意的确也是政府可能拥有的各种基础中最好的和最神圣的一种。我想说的只是,在实际上它以前没有存在过,而且永远也不会完全实现"③。

休谟也不认为人天生就具备某些基本的正义观念,相反,他相信人生来只会为自己的利益殚精竭虑。④ 正义观念不是不存在,但它乃是"教育与习俗的结果"而非人的天然禀赋。⑤ 休谟写道:"人是一种富于创造性的动物;而如果一种创造明显地而且绝对地为生活所必需的话,它就会被人们适当地冠以

---

① 请参阅第九章第一节的有关内容。
② David Hume, *Moral and Political Philosophy*, ed. Henry D. Aiken, New York: Hafner, 1962, pp. 445-446.
③ Ibid., pp. 449-450.
④ Ibid., pp. 52,58-59.
⑤ Ibid., p.54.

自然之名,就好像某种从最基本的原则自然衍生出来、不需要任何思想与反省的结论一样。"①休谟正是以这样一种类似功利主义的态度瓦解了自然法和社会契约论的一个最重要基础。

事实上,休谟对自然法与社会契约论的拒斥,主要还不是因为这些理论难以在历史上得到证实,而是因为它们可能对社会产生的革命性影响。作为一位经验主义者和怀疑论者,休谟在政治上自觉地倾向于保守主义,对建立在理性主义基础上的激进立场持一种当然的批判态度。他指出:"……因为人类社会处于永恒的流动之中,每一刻都有人离开这个世界又有人进入这个世界,所以有必要保持政府的稳定性,从而使新来者能够适应已经确立的制度,大致能够沿着父辈们的足迹为他们指示的方向前行。"②休谟因此要求人们尽可能地服从已经建立的权威,即使它们未必总是能够符合正义的原则,因为对权威本身的维护是人类社会能够维持稳定和逐步走向发展的必要条件。休谟的这种保守主义思想,在英国革命之后急于建立新秩序的托利党人当中自然大受欢迎,并且在法国大革命之后又得到了伯克响亮的回应。

二、自由、财产和生命的权利

自然法理论和社会契约论在英国政治学家和哲学家洛克的理论工作中得到了出色的运用。洛克认为,自然法是国家和实在法的根本;人根据自然法享有基本的自然权利,其中最重要的包括自由、财产和生命;人们之所以通过订立社会契约建立政府,就是为了保护这些权利;政府的行为是否合法,唯一的判断标准就看它是否有效地承担了这一责任;如果统治者违背了他们最根本的职责,人们有权将其推翻并建立一个新的、能够真正满足他们的需要的政府,在这个过程中,人们甚至有权杀死暴君。这便是自由主义政治哲学最早的系统阐述。

洛克(John Locke, 1632—1704)出身于英国的一个律师家庭,1652年进入牛津大学,1658年,也就是克伦威尔去世的同一年获得了他的硕士学位。洛克早期倾向于一种专制主义的政府,并且曾经对斯图亚特王朝在1660年的复辟表示积极的拥护。洛克在发表于这个时期的一篇论文中写道:国王"对

---

① David Hume, *Moral and Political Philosophy*, pp.54-55.
② Ibid., p.452.

他的臣民之间不同的行为必须具有绝对的、独断的裁决权力"①。不过,后来的经历与思考使他逐步走向自由主义。1665年,为了开阔眼界,洛克以英国驻勃兰登堡公使秘书的身份前往欧洲大陆。欧洲之行对洛克的直接影响是让他感受到了宗教宽容的可能性,这种思想后来在他的《论宗教宽容》一书中得到了全面系统的反映。洛克思想发展中的第二个转折点,是他与后来成为沙夫茨伯里伯爵(Earl of Shaftesbury)的阿什利勋爵(Lord Ashly)的偶然相识,洛克此后与他结下了终生友谊,并且以他的秘书和私人医生的身份深深卷入了英国政治生活。

王政复辟之后的英国最敏感的政治问题实际上是宗教问题。经过1640年革命,新教已经成为英国的国教,而复辟之后的国王查尔斯二世则试图在英国重新恢复天主教的地位。问题在于,宗教问题在当时的英国具有重要的政治意义。一方面,新教的信奉者在政治上必然反对专制主义,正如沙夫茨伯里伯爵所说,"教皇制与奴役是手牵手的姐妹"②,在一定程度上以维护英国革命成果为目标的辉格党人对国王的行动自然坚决反对(这也是后来光荣革命的根本原因)。另一方面,辉格党人还有一层担忧,即天主教在英国的得势会导致当时对罗马教廷具有较大影响的法国对英国的支配。以沙夫茨伯里伯爵为首的辉格党人为此组织了一系列反对国王的密谋活动,洛克是他当然的支持者。1683年密谋失败后他们两人先后逃亡到荷兰避难,而洛克正是在这里完成了他最重要的政治学著作《政府论》③。1689年,他与后来成为英国女王的玛丽同船从荷兰回到英国。这样,洛克本人与他的《政府论》一样,成了英国光荣革命的象征。

在1640年以后的英国,洛克予以系统表述的自由主义政治思想实际上是一种具有一定普遍性的思潮,即使在查尔斯二世复辟之后也是如此。由于大批所谓的共和主义政治作家的大力宣传,自由主义在当时的普通人当中已经获得相当深入的影响。与这些共和主义者相比,洛克的思想反倒显得比较保守。具体地说,他更多强调的是政治上的自由,并且在一定程度上回避了民

---

① Cf. Cameron McDonald, *Western Political Theory*, *From Its Origins to the Present*, New York, Chicago, San Francisco and Atlanta: Harcourt, Brace & INC., 1968, p.322.

② Shaftesbury's speech in the House of Lords, 25 March, 1679.

③ 洛克的《政府论》于1689年出版。在很长的时间内,这部著作被认为是对1688年光荣革命的辩护。近来的研究表明,《政府论》实际上在17世纪80年代初期就已经基本完成,但光荣革命之后洛克肯定对其进行了修改。拉斯利特(Peter Laslett)认为洛克在1680年就已经基本上写完了《政府论》下篇,后来为了驳斥费尔默的父权论又转入了上篇的写作。Cf. *Locke's Two Treatises of Government* (ed. and introduced by Peter Laslett), Cambridge: Cambridge University Press, 1967, p.59.

主和平等的一面,为了避免类似1640年那样的动荡。

关于自然状态的理论是洛克政治学说的起点。洛克与霍布斯一样认为,在政府出现之前,人们处于自然状态之中。但与霍布斯不同的是,洛克设想的自然状态是一种自由平等、和平和睦的状态。首先,"那是一种完备无缺的自由状态,他们在自然法的范围内,按照他们认为合适的办法,决定他们的行动和处理他们的财产和人身,而毋需得到任何人的许可或听命于任何人的意志"①。其次,那也是一种平等的状态:"在这种状态中,一切权力和管辖权都是相互的,没有一个人享有多于别人的权力。极为明显,同种和同等的人们既毫无差别地生来就享有自然的一切同样的有利条件,能够运用相同的身心能力,就应该人人平等,不存在从属或受制关系,除非他们全体的主宰(指上帝。——引者)以某种方式昭示他的意旨,将一人置于另一人之上,并以明确的委任赋予他以不容怀疑的统辖权和主权。"②

洛克特别强调指出,虽然不存在政府,但自然状态下的自由并不等于放任,因为在这种状态下,人们的行为仍然受到自然法的约束。他写道:"在这状态中,虽然人具有处理他的人身或财产的无限自由,但是他并没有毁灭自身或他所占有的任何生物的自由,除非有一种比单纯地保存它来得更高贵的用处要求将它毁灭。自然状态有一种为人人所应遵守的自然法对它起着支配作用;而理性,也就是自然法,教导着有意遵从理性的全人类:人们既然都是平等和独立的,任何人就不得侵害他人的生命、健康、自由或财产。"③

可见,洛克与霍布斯关于自然状态和自然法的理论之间存在着相当大差异。霍布斯认为,人们在自然状态下虽然享有自由,但因为自然法缺乏必要的强制力保证其得到切实的遵循,所以这种自由导致的只会是"每一个人反对每一个人的战争",从而最终又消灭了自由。洛克则相信,人作为上帝的创造物,其本质属性就在于对自然法的理解与遵从,因为自然法不仅是人类理性认识的产物,同时也是人类对上帝的精神加以领悟的必然结果。这表明,在洛克的思想中,自然法具有理性的、道德和宗教的双重力量。这种观点在他的早期作品《论自然法》(完成于1664年)中就有非常明显的体现,并且在他1695年的著作《论基督教的理性》中又有进一步的说明。洛克表示,作为神圣的命令,自然法中包含了必须以道德的方式行事的规定,同时也包含了

---

① 洛克:《政府论》下篇,瞿菊农、叶启芳译,商务印书馆1964年版,第4页。
② 同上。
③ 同上书,第6页。

一种使之实际发挥作用的权威,那就是上帝最终会奖励服从者而惩罚违背这些道德原则的人。因此,即使在自然状态之下没有政府的权威,但自然法本身所具有的道德和宗教力量仍然能够保证人与人之间一种和平与安全的社会生活。

或许可以说,洛克与霍布斯在自然状态和自然法问题上的不同认识,折射的是他们对宗教在社会生活中的地位与作用的不同理解,以及他们各自非常不同的宗教立场。作为一位虔诚的基督徒,洛克自然相信(或者说希望)每一个人都会像他一样恪守宗教戒律;而作为一位怀疑论甚至是无神论者,霍布斯也会倾向于认为每一个人都会像他一样,在利益面前把道德规范抛到九霄云外。洛克曾经影射霍布斯,批判他那种把自然状态等同于战争状态的说法,"这就是自然状态和战争状态的明显区别,尽管有些人把它们混为一谈。它们之间的区别,正像和平、善意、互助和安全的状态和敌对、恶意、暴力和互相残杀的状态之间的区别那样迥不相同。人们受理性支配而生活在一起,不存在拥有对他们进行裁判的权力的人世间的共同尊长,他们正是处在自然状态中。但是,对另一个人的人身用强力或表示企图使用强力,而又不存在人世间可以向其诉请救助的共同尊长,这是战争状态"①。

洛克认为,人们在自然状态之下享有某些自然的、即作为人天生具有的权利,其中最重要的是自由、生命与财产。这三者当中,洛克最为重视的是自由。洛克指出,自由的意义在于:"人的自然自由,就是不受人间任何上级权力的约束,不处在人们的意志或立法权之下,只以自然法作为他的准绳。处在社会中的人的自由,就是除经人们同意在国家内所建立的立法权以外,不受其他任何立法权的支配;除了立法机关根据对它的委托所制定的法律以外,不受任何意志的统辖或任何法律的约束。"②洛克强调,自由在任何情况下都意味着人们除法律之外不受任何限制的权利,不论是在自然状态之下还是在国家之中。

更具体地说,洛克所谓的自由是人对自己的所有物——包括财产和本人的身体加以支配的自由。洛克甚至认为,自由乃自然权利的基础,或者说,自然权利"的基础在于这样一种实际,即我们对于事物有自由的使用权"③。在这个意义上,人如果失去了自由,也就随之而失去了所有的一切。"在自然状

---

① 洛克:《政府论》下篇,第 14 页。
② 同上书,第 16 页。
③ Paul E. Sigmund, *Natural Law in Political Thought*, Cambridge, Mass.: Wingthrop, 1971, p. 91.

态中想夺去处在那个状态中的任何人的自由的人，必然被假设为具有夺去其他一切东西的企图，这是因为自由是其余一切的基础。同样地，凡在社会状态中想夺去那个社会或国家的人们的自由的人，也一定被假设为企图夺去他们的其他一切，并被看作处于战争状态。"①

洛克关于财产权的理论在政治学和经济学中都具有重要的意义，因为这是劳动价值论最早的体现形式。洛克认为，虽然上帝把大自然的所有物产平等地赋予了每一个人，但任何人又都不能无代价地对其进行占有；他们只有在获取这原本属于所有人的财富的一部分的过程中付出劳动，才可能排他性地将其据为己有。当然，洛克意识到，这种权利对每个人来说都是相互的，一个人的占有必须以同时也允许别人占有为前提。因此他对财产权又提出了两个方面的限制条件，一是必须留下足够多的对象让别人可以获取，二是每个人都应该保证自己的占有物不致被浪费，"超过这个限度就不是他的份所应得，就归他人所有。上帝创造的东西不是供人们糟蹋或败坏的"②。

洛克的这种理论当然有其过于乐观甚至空想的一面，因为他假定"没有任何人的劳动能够开拓一切土地或把一切土地划归私用；他的享用也顶多只能消耗一小部分；所以任何人都不可能在这种方式下侵犯另一个人的权利，或为自己取得一宗财产而损害他的邻人，因为他的邻人（在旁人已取出他的一份之后）仍然剩有同划归私用以前一样好和一样多的财产"③。在这里，洛克显然是以自然资源的无限性为前提的，但这并非事实。用现代经济学家的话来说，他是假设有一块足够大的蛋糕，但对在蛋糕不够大的情况下又应该如何分配的问题，洛克并没有予以考虑。与洛克几乎生活在同一时代的另一位英国政治学家，以揭露当时的"羊吃人的运动"而著名的托马斯·莫尔（Thomas Moore，1779—1852）则看到了问题的另一面。

也可以说，洛克的财产理论只能大致适用于简单农业生产的时代，而且已经远远落后于他所生活的现实。根据洛克的理论已经无法解释诸如雇佣劳动、银行信贷、地租等方面的问题；而反过来，如果把他的理论运用到这些问题上，那么就很可能会得出结论认为他是在为原始累积时期的资产阶级进行辩护。事实上洛克也的确认为，由于出现了货币，占有者可以出售通过劳动获取的物品，并且以货币的方式把他的劳动成果保留下来；由于货币不易

---

① 洛克：《政府论》下篇，第13页。
② 同上书，第21页。
③ 同上书，第23—24页。

腐烂，所以他对占有者第二个方面的限制，即保证其占有物不被浪费的要求已经基本上不起作用。同时，洛克也允许货币持有者可以通过使用货币购买其他人的劳动，并占有其劳动成果，这几乎就是对资本主义生产方式的一种合法化证明。加拿大当代著名的政治思想家麦克弗逊就倾向于认为，洛克的理论为现代资本主义经济奠定了理论基础，因为这一理论的"惊人成就是把财产权建立在自然权利与自然法基础之上，然后又取消了自然法对权利的一切限制"；其最终结果是"彻底解除了无限制的资本主义占有一直以来受到的道德上约束"①。

最后是关于生命权的问题。洛克在有的时候也把生命权与财产权一起统称为所有权或者说所有物（property）②，因为它们指的都是个人自由支配其占有物的权利，只是前者的对象主要是个人的精神与肢体，后者的对象主要是个人精神或者肢体劳动所及的客观事物。但是，生命权与财产权（Estate）又有所区别。如果说财产权来源于人类劳动的话，生命权则与之相反，因为洛克认为，人的生命乃得之于上帝而非个人自己所创造，所以不仅其他人，而且生命的所有者本人也都没有权利随意加以处置，比如说，既不允许在肉体上伤害别人，也不允许任何人进行自我伤害。另外，洛克提出的生命权不仅仅指生存权，它在一定程度上还包括对人身的支配权，特别是某种人生而具有的不受奴役和专制支配的权利。由于这种权利同样来自上帝，所以任何人都不能把支配生命的权利交给别人。"因为一个人既然没有创造自己生命的能力，就不能用契约或通过同意把自己交由任何人奴役，或置身于别人的绝

---

① C. B. Macpherson, *The Political Theory of Posessive Individualism: Hobbes to Locke*, London: Oxford University Press, 1962, pp. 199, 221. 麦克弗逊实际上认为，洛克代表的是正在兴起的资产阶级的利益，其理论在相当程度上是对形成中的私有财产权的自觉辩护。不过，现在有比较多的学者倾向于认为，洛克的财产权概念并不必然与市场经济条件下的财产权相关，因为早在洛克之前就已经有不少思想家把财产权列为基本的自然权利之一，托马斯·阿奎那如此，格劳秀斯亦是如此。Cf. G. E. Aylmer, "The Meaning and Definition of 'Property' in 17th Century England", *Past and Present*, 86 (1980); James Tully, *A Discourse on Property: John Locke and His Adversaries*, Cambridge, 1980; Richard Tuck, *Natural Rights Theories*, Cambridge, 1979; J. G. A. Pocock (ed.), *The Political Works of James Harrington*, New York: Cambridge University Press, 1977.

② 比如，洛克在《政府论》下篇中写到，在自然状态下人们拥有一种权力，不但可以保有他的所有物（property），即他的生命、自由和财产（estate），而且可以对违反自然法的行为进行处罚。在另外的地方，他更明确指出："我把生命、特权和财产一并称为所有物。"参见洛克：《政府论》下篇，第53、77页。Cf. John Locke, *Two Treaties of Government*, with introduction and notes by Peter Laslett, New York: Cambridge University Press, 1963, pp. 367, 295.

对的、任意的权力之下,任其夺去生命。"①"一个人可以毁灭向他宣战或对他生命怀有敌意的人。"②

应该说,洛克列举的上述三项最基本的自然权利虽然定义并不复杂,但它们之间的关系却有些难解。根据他本人的论述,自由即依照个人的意志支配其生命与财产的自由,而所有权则是自由地支配每个人的生命及其财产的权利。这种关系除在类型学意义上有些混乱之外,还给人一种印象,即在洛克的理论中,自由与所有权或者某种形式的占有权之间实际上互为表里,从本质上说体现的是一种以占有为核心的个人主义权利观,这也正是麦克弗逊把洛克的权利理论,特别是其财产权理论概括为"占有型个人主义",并对其展开系统批判的根本原因。③ 至于洛克思想中把人视为大自然天生的支配者与占有者的倾向,近来也遭到了环境保护主义者们的普遍反对。

洛克认为,在自然状态下,由于没有共同的权威,每一个人都是自己的自然权利的保护者,因此,除去自由、生命与财产这些基本权利之外,他们还享有为维护这些权利而派生的两种权力。"在自然状态中,个人除掉有享受天真乐趣的自由之外,还有两种权力,第一种就是在自然法许可的范围内,为了保护自己和别人,可以做他认为合适的任何事情。基于这个对全体都适用的自然法,他和其他的人类同属一体,构成一个社会,不同于其他一切生物。……一个人处在自然状态中所具有权力。当他加入一个私人的(如果我可以这样称它的话)或特定的政治社会、结成与其余人类相判分的任何国家的时候,他便把这两种权力都放弃了。"④

按照洛克的推想,虽然自然状态下人们过着一种和平和睦的生活,但是,人所固有的无知与片面、对自然法不同的理解仍然会在他们之间导致矛盾和冲突。在这种时候,如果任由每一个人担当自己的法官和执法者,是否能够保证受害一方对其所受侵害的判断不偏不倚,而且由他自己施行的自卫或者惩罚恰如其分呢?虽然洛克暗示,理性与道德一般而言可以保证人们在这种情况下不至采取太过极端的行动,因而也不至于使人与人之间一些偶然的冲突无限扩大,成为一切人反对一切人的战争,但与此同时他也承认,这种由每一个人为自己担当裁判和执法者的情况既不方便,也未必始终公正不倚。正

---

① 洛克:《政府论》下篇,第17页。
② 同上书,第12页。
③ Cf. C. B. Macpherson, *The Political Theory of Posessive Individualism: Hobbes to Locke*.
④ 洛克:《政府论》下篇,第78—79页。

是在这个意义上,洛克认为,还是通过订立契约结束自然状态,再通过契约建立政府,由它来处理人们相互间的纠纷要更为合理和便利。可见,在洛克看来,建立国家的目的只是为了避免自然状态下偶尔出现的不稳定与不公正,从而使自然法的原则得到更完美的实现。

因此,洛克强调人们之所以建立政府,是为了获得比在自然状态下更多的东西而非相反。洛克对自然状态充满理想色彩的描绘,显然是为了反驳霍布斯在国家必要性问题上的悲观理论,即为了生存,人们实际上除了永久离开暗淡无光的自然状态并且建立一种专制性的国家之外便别无选择,而国家的统治无论如何都要比自然状态更为和平和更为安全。既然自然状态并不像霍布斯所说的那么可怕,那么人们对推翻那些暴虐的政府所产生的后果也就不必太多顾虑。真正对人们产生威胁的其实并非自然状态下的自由,而是霍布斯的利维坦或者费尔默的父权制政府对人们自由的剥夺。

针对霍布斯对自然状态的极度恐惧,洛克指出,事实上人们即使推翻了一个暴虐的政权,也不至于完全回复到彻底的无序状态。为此,洛克采用了与格劳秀斯一样的双重社会契约理论。第一种契约使人们在相互之间建立公共社会,这是每一个人和每一个人的契约;第二种契约则是人们与统治者之间的契约,通过这一契约政府得以成立。洛克指出:"在任何地方,不论多少人这样地结合成一个社会,从而人人放弃其自然法的执行权而把它交给公众,在那里、也只有在那里才有一个政治的或公民的社会。"[1]人们既然是在公共社会的基础上进一步通过与统治者订立契约建立政府,那么即使政府被推翻也不会一下子回到自然状态,"每个人在参加社会时交给社会的权力,只要社会继续存在,就决不能重归于个人,而是将始终留在社会中;因为如果不是这样,就不会有社会,不会有国家,而这是违背原来的协议的"[2]。这样一种理论设计最大的优点,就是它避免了霍布斯的契约论使被统治者在国家成立之

---

[1] 洛克:《政府论》下篇,第64页。此处所谓的"公共社会"原文为 civil society。但在洛克的时代,这个概念还没有后来那种与国家相对的内涵(汉语中相应地译为"市民社会"),人们通常是在罗马共和主义的意义上使用这个词,指的是一个国家内部由全体公民组成的群体。《政府论》一书的中文版译为政治社会或者公民社会,但考虑到这个社会前国家的地位,冠之以"公民"或者"政治"这类与国家关系太密切的词也许并不合适。

[2] 洛克:《政府论》下篇,第150—151页。事实上,如果单纯从理论上来看,洛克似乎并不需要特意强调推翻政府之后人们仍处于社会状态而非直接返回自然状态,因为即使回到自然状态,也不妨碍人们重新通过契约建立社会,进而建立政府。洛克之所以做出这样的"担保",从逻辑上看只有一种可能,即针对英国内战的情形,洛克必须对政府解体之后"政治社会"即国家仍然存在的事实进行某种的说明。

后必须面临的难题——由于政府并非订约的一方所以无须受到契约的限制，从而可以拥有某种专制性的权力。既然现在政府本身成为订约的一方，契约对其自然具有约束力，而被统治者也相应地能够根据契约的规定，对统治者的行为进行监督与控制。

洛克从他的自然权利理论出发，还强调指出了以下这样一种观点：虽然人们通过订立社会契约建立政府之后放弃了一部分原来属于他们自己的权利，但他们实际上不可能放弃全部自然权利而服从于一个专制的政府，因为他们不能出让个人在道德上对上帝和对自己的责任。所以，即使人们订立了一项全面服从专制权力的契约，它也不具备合法性。洛克所谓的道德上的责任，实际上就是自然法的要求，也是上述生命权的一个重要组成部分。比如说，一项把所有人变为奴隶的契约即使被订立也不合法。洛克以此为政治的合法性设置了一个虽不十分明确但又肯定存在、即使得到多数人的同意也不能逾越的界线。在这里，洛克理论的自由主义特征得到了最典型的体现。[1]

正因为政府是人们通过与统治者订立契约而建立的，而且它必须服务于人们共同的目的，所以人们理应具有对政府行为加以控制的权利，尽管在日常生活中政府是人们的管理者。在对政府进行控制的各种方式中，洛克首先提到的便是法治原则，他指出："有这种支配权的人的实力虽是强大十万倍，但谁也不能保证他的意志会比别人的意志更好。因此，无论国家采取什么形式，统治者应该以正式公布的和被接受的法律，而不是以临时的命令和未定的决议来进行统治。"[2]

其次是政治决策必须基于多数同意的原则。洛克表示，之所以采用多数同意的决策形式，是因为全体一致在实际政治生活中很难做到。因此，在第一次订约建成公共社会之后，多数统治便代替了全体一致的原则。多数统治的合法性依据是，人们在组成社会之后便结为一个整体，而作为一个整体，其

---

[1] 由于这种界限的存在，使任何政府甚至是民主政府也不可能获得某些方面的权力，比如说通过法律无端剥夺公民的生命与财产等。曾经担任过英国首相的法学家波林布鲁克指出："议会不能废除宪法。……议会的权力是至高无上的，但只是在某种特殊的意义上如此；它的权力是绝对的，但绝不是专断的。"比如说，它"不能消灭、奴役或者蓄意剥夺它的人民；因为自然法的义务在社会状态依然发挥着作用。"(Henry St. John, Viscount Bolingbroke, *A Dissertation upon Parties*, 11th ed., London, 1786, pp. 270—271.) 当然，从某种意义上说，此类对政府权力的限制既非政治的、亦非法律的，而是超越政治与法律之上的限制，现代英国法学家哈特称此类规范为"元法律"(meta law，参见哈特：《法律的概念》，北京：中国大百科全书出版社 1996 年版)。不少学者认为，这类规范的存在，是现代法治政府的基本保证。

[2] 洛克：《政府论》下篇，第85—86页。

行动方向自然由各种推动力量中较强的一种所决定,这便是多数人的意志。洛克表示,多数有权推动剩下的少数与其采取同样的行动。当然,多数统治的原则也是洛克从人人平等的前提推出的一项结论:由于在所有人彼此平等的情况下,任何人都不可能具备多于一个人所应拥有的权力,因此在进行政治决定的时候,服从多数的意见显然是最合理的选择。不过,对多数的统治与少数的权利之间的关系,洛克并未论及。这个自由主义理论中相当关键的问题到密尔那里才得到系统的阐述。从洛克关于多数统治的思想来看,他与极端的自由主义还是有所区别的,因而近代民主主义的理论实际上也可以在洛克那里找到其思想的源头。与此相适应,在政府体制的问题上,洛克提倡的是一种接近于民主制的君主立宪政体。至于费尔默向社会契约论者提出的诘难,即人们实际上并没有一次又一次地对政府表示同意,洛克的回答是:因为人是理性的动物,所以只要他们没有明确表示对政府行为或者其组成的不满时,就可以理解为他们在这些问题上的默认。

除此之外,洛克对政府——主要是政府的立法机构还提出了以下限制。"第一,它对于人民的生命和财产不是、并且也不可能是绝对地专断的。"①"第二,立法或最高权力机关不能揽有权力,以临时的专断命令来进行统治,而是必须以颁布过的经常有效的法律并由有资格的著名法官来执行司法和判断臣民的权利。"②"第三,最高权力,未经本人同意,不能取去任何人的财产的任何部分。"③"第四,立法机关不能把制定法律的权力转让给任何他人;因为既然它只是得自人民的一种委托权力,享有这种权力的人就不能把它让给他人。"④洛克相信,违反这些原则的政府既背离了自然法的基本规定,也背离了人们设立政府的根本宗旨,其统治权也因此而成为不合法的权力。当然,洛克提出的另外一项对政府施以监督与控制的重要措施是权力的分立,这个方面的相关理论将在后面详细加以介绍。⑤

洛克指出,在政府违背了自然法并且损害了人们的基本权利,同时人们又没有合法的方式对政府的错误予以纠正的时候,也就是说出现了专制独裁的统治的时候,他们拥有反抗的权利。从洛克关于生命权的论述中可以看出,他实际上是把人的基本自由视为生命权的一个重要部分。因此,洛克自

---

① 洛克:《政府论》下篇,第83页。
② 同上书,第84页。
③ 同上书,第86页。
④ 同上书,第88页。
⑤ 请参阅第八章第三节的相关内容。

然地认为,一种专制的权力,即不受任何法律控制的权力本身就意味着对人的生命权的威胁。他表示:"我有理由断定,凡是不经我同意将我置于其权力之下的人,在他已经得到了我以后,可以任意处置我,甚至也可以随意毁灭我。"①如果社会中出现了这种专制的权力或者专制的企图,那么人们便如同在自然状态下一样,不仅有权利而且有义务对其加以反抗。洛克指出:"如果没有明文法和可以向其诉请的具有权威的裁判者的救济,像在自然状态中那样,战争状态一经开始便仍然继续,无辜的一方无论何时只要有可能的话,享有毁灭另一方的权利,直到侵犯者提出和平的建议,并愿意进行和解为止,其所提的条件必须能赔偿其所作的任何损害和保障无辜一方的今后安全。不仅如此,纵然存在诉诸法律的手段和确定的裁判者,但是,由于公然的枉法行为和对法律的牵强歪曲,法律的救济遭到拒绝,不能用来保护或赔偿某些人或某一集团所作的暴行或损害,这就难以想象除掉战争状态以外还有别的什么情况。因为只要使用了暴力并且造成了伤害,尽管出于受权执行法律的人之手,也不论涂上了怎样的法律的名义、借口或形式的色彩,它仍是暴力和伤害。法律的目的是对受法律支配的一切人公正地运用法律,借以保护和救济无辜者;如果并未善意地真实做到这一点,就会有战争强加于受害者的身上,他们既不能在人间诉请补救,在这种情况下就只有一条救济的办法,诉诸上天。"②在洛克看来,这正是英国革命的实际情形。

三、自由的政治意义

自由主义是近代西方政治思想真正的起点,同时也是近代以来在西方影响最大的政治思潮。虽然有关自由、民主、人权的理念构成了现代西方政治思想中几个最重要的因素,但它们本身却具有各不相同的发展历程,而自由主义则为它们的发展提供了一个基本的背景。现在人们通常把自由与民主连在一起使用;实际的情况是,在近代西方政治思想的演进中先有自由,然后才逐步衍生出民主的观念。另外,自由主义虽然被视为一种政治思潮,但其内部却又存在诸多具体差异。不同的自由主义者思想上有不同的偏重,比如早期的自由主义(或者说古典自由主义)与现代自由主义就有相当大的区别。

自由主义是作为反对专制王权的思想运动而出现的,而自由主义者之所

---

① 洛克:《政府论》下篇,第13页。
② 同上书,第14—15页。

以区别于专制与暴政的其他反对力量,一个最根本原因,是他们把个人的自由理解为一种通过法律(自然法或者实在法)保障的、国家不能予以侵犯的权利。① 斯宾诺莎、洛克等人便是这一思想最早的代表。不过,作为最早的自由主义者,他们却不是政治自由最早的提倡者和捍卫者。早期自由主义的基本政治主张体现为强调法律的权威及其对国家政治活动的规范、强调个人不受国家侵害的权利、强调对国家权力的限制。这些思想内容,从某种意义上来说,是与近代西方政治理论同时诞生的,因此,众多思想家都打上了它们的印记,包括霍布斯在内。虽然霍布斯因主张国家的绝对统治而得到了专制主义者的称号,但在一个根本问题上,他完全是属于近代的,那就是无论他愿意赋予国家以多大的权力,在他的理论中,国家都没有其自身的目的。相反,国家实际上对社会——当然这是一种由众多个人堆积而成的社会——负有确定的义务,即对个人的生命和财产提供起码的保护,个人自由则以基本的社会秩序与安全为度而受到尊重。正是这样一种对公民与国家之间关系的理解,使近代西方政治思想与古代希腊罗马的政治思想明确地区分开来,尽管人们仍然在使用从那时流传下来的一些政治概念和思想方法。

霍布斯视自由为人的自然权利,他解释道:"著作家们一般称之为自然权利的,就是每一个人按照自己所愿意的方式运用自己的力量保全自己的天性——也就是保全自己的生命——的自由。因此,这是自由地用他自己的判断和理性认为最适合的手段去做任何事情的自由。自由这一语词,按照其确切的意义说来,就是外界障碍不存在的状态。"② 在国家建立之后,自由就是人们在除法律明确限制的范畴之外根据自己的意志行动的权利,或者说"在主权者未以条令规定的地方,臣民都有自由根据自己的判断采取或不采取行动"③。简言之,法律"沉默之处"便是人们的自由。

这种法律未禁止的领域便属于自由的观念,与罗马共和主义传统中把自由理解为法律许可的行动的观念之间,存在着明显的不同,因为它几乎是无

---

① 比如说,完全可以认为中国古代存在追求自由的思想与行动,但自由的追求者们如陶潜、李白等等不能被称为自由主义者。他们的自由来自于个人通过与统治者周旋为自己争取到的率性而为的空间,而不是每个人都可以明确了解的法律的规范。换言之,他们的自由取决于他们的能力,而非对所有人一视同仁的原则。因此,孙悟空在遇到如来之前享有充分的自由,但一遇到如来他便只能甘受其支配。
② 霍布斯:《利维坦》,第97页。
③ 同上书,第171页。

限大地扩展了公民自由的领域。① 这一观念在后来的美国宪法中得到明确肯定②,成为自由主义的一项基本信念,同时也成为法律意义上的现代自由观念的一个重要组成部分。正如哈贝马斯所说,"事实上,霍布斯是第一个坚持法律实证主义概念的人,也是第一个坚持凡是法律不禁止的事情都可以做这一现代原则的人。这样,霍布斯就破坏了道德领域里义务与权利之间的对称关系,将优先权给予确定个人自由和自由选择的私人领域"③。就此而言,霍布斯与专制主义实际上又是格格不入的,因为在真正的专制主义者看来,人们只有在统治者的命令或者法律许可的范围内才享有有限的自由。当然,从根本上说,只要存在着政治,人们的自由就总要受到某些限制,能够把专制主义与自由主义区分开来的,就是这种限制的性质及其体现的方式,即限制是随意的还是确定的,自由是由某种权力特许的还是在排除某些领域之后无限存在的。

霍布斯认为,自由并非绝对不受限制,亦非对客观因果联系和外部环境的超越。④ 他表示,自由与必然并不是不相容的,"自由与必然是相容的。比如水顺着河道往下流,非但是有自由,而且也有必然性存在于其中。人们的自愿行为情形也是这样。这种行为由于来自人们的意志,所以便是出于自由的行为。但由于人的每一种出于意志的行为、欲望和意向都是出自某种原因,而这种原因又出自一连串原因之链中的另一原因,其第一环存在于一切原因的第一因——上帝手中,所以便是出于必然的行为。所以对于能看到这些原因的联系的人说来,人们一切自愿行为的必然性就显得很清楚了"⑤。在政治中,霍布斯认为:"一般说来,人们在国家之内由于畏惧法律而做的一切

---

① 罗马法传统中倾向于把自由理解为对法律的遵从,英国内战时期的共和主义者们,特别是西德尼(Algernon Sydney)等继承了这一传统,并强调通过人民参与立法,使法律成为人民意志的体现而实现自由与秩序的统一。这种观点也为卢梭等人所继承。这里反映出两种不同的自由观念,后来在伯林的《论两种自由概念》一书中有系统的分析。

② 1804年通过的美国《宪法》第十条修正案规定:"本宪法未授予合众国、也未禁止各州行使的权力,保留给各州行使,或保留给人民行使之。"美国宪法的方法是,赋予国家的权力是被列举的因而是有限的,由人民行使的权利(权力)则是保留的因而是无限的。

③ 哈贝马斯:《后民族结构》,曹卫东译,上海:上海人民出版社2002年版,第264页。

④ 在西方政治传统中存在着另一种不同的对自由的理解,即把人的自由理解为对外部环境及个人自身对人造成的限制的超越。这种自由被康德称为"意志自由"(der freie Wille, free will),是一种自由的"积极概念"(康德:《道德形而上学的奠基》,载《康德全集》第四卷,第454页以下),后来则被伯林概括为"积极自由"。卢梭、康德和黑格尔是近代几位具有代表性的意志自由论者。如果借用霍布斯的例子,那么霍布斯把往下流理解为水的自由,而意志自由论者就会认为往高处走才是人的自由。前者是对必然(重力)的顺从,后者则是对自然的超越。

⑤ 霍布斯:《利维坦》,第163—164页。

行为都是行为者有自由不做的行为。"①人们之所以选择服从,是因为意识到否则可能导致的处罚,因而对法律的遵循是他们自身意志即自由选择的结果,法律的限制实际上并没有剥夺人们的自由。当然,这样一种对自由的解释又使他与专制主义之间的界线变得模糊不清了。

不过总的来说,在霍布斯的理论中自由并不占据最重要的位置,尤其是那种与政府相对的、即通过对政府权力的限制获得的自由。虽然他也的确指出政府行为的某些界限,诸如不能强迫公民自我伤害等等,但在个人自由与国家权力这两个对立范畴中,他显然还是倾向于后者。洛克则提供了一种相当不同的自由理论。在洛克那里,个人自由上升到了政治价值中最高的地位。他强调:"人的自然自由,就是不受人间任何上级权力的约束,不处在人们的意志或立法权之下,只以自然法作为他的准绳。处在社会中的人的自由,就是除经人们同意在国家内所建立的立法权以外,不受其他任何立法权的支配;除了立法机关根据对它的委托所制定的法律以外,不受任何意志的统辖或任何法律的约束。"②

虽然从对自由的界定来看,洛克与霍布斯都把人的自由理解为法律之外不受任何干预与支配的权利,但其实两人的自由观念之间还是存在着非常大的差异。这种差异主要表现在两个方面。首先是他们对自然状态的不同理解,当然从根本上说是他们对人性和社会为自由提供的可能性具有不同的理解。如果说在洛克看来,人性与社会(道德和基督教伦理)为人的自由提供了相当大的存在空间的话,那么霍布斯的看法则与之相反,即认为在无政府的社会状态中人性的自由发挥最终只能彻底毁灭自由。其次是与霍布斯相比,洛克对政府权力设置了严格得多的限制。正是因为这些限制,霍布斯的利维坦可能制定的对个人自由产生较大约束的法律,以及可能采取的对个人自由造成明显威胁的行为,在洛克的国家中根本就不可能出现。

在早期自由主义者的观念中,人的基本权利除洛克所强调的自由、财产和生命之外,还有被他多多少少忽略了的思想、言论以及出版的自由,斯宾诺莎是最早为这种"追求真理的自由"进行辩护的思想家之一。从这个意义上说,洛克与斯宾诺莎相比,作为刚刚取得政权的资产阶级代言人的特征要明显得多;而斯宾诺莎的思想则一如他的个人生活,要具有更大的独立性和由

---

① 霍布斯:《利维坦》,第163页。
② 洛克:《政府论》下篇,第16页。

此而来的普遍性。① 当然,自由主义者在为言论与出版自由进行辩护的时候,同样也是基于对人性的一种较为乐观的估计,即相信人的理性与善意。比如斯宾诺莎认为:"最好的政治制度,最不易受人攻击,因为这最合于人类的天性。在民主政治中……每人听从治权控制他的行动,但不是控制他的判断与理智;就是说,鉴于不能所有的人都有一样的想法,大多数人的意见有法律效力。如果景况使得意见发生了变更,则把法律加以修改。自由判断之权越受限制,我们离人类天性愈远,因此政府越变得暴虐。"②他并且进一步提出:"个人放弃自由行动之权,而不放弃自由思考与判断之权,是对的。没人能违反当局而行动而不危及国家,虽然他的想法与判断可以与当局有分歧;他甚至可以有反对当局的言论,只要他是出于理性的坚信,不是出于欺骗、忿怒、或憎恨,只要是他没有以私人的权威去求变革的企图。举例来说,若是有一个人说,有一条法律是不合理的,所以应该加以修改;如果他把他的意见呈给当局加以审查(只有当局有制定和修改法律之权),并且同时绝没有违反那条法律的行动,他很对得起国家,不愧是一个好公民;可是如果他责备当局不公,鼓励人民反对当局,或是如果不得当局的同意,他谋乱以图废除这条法律,那他就是一个叛乱分子与叛徒。"③

19 世纪最重要的自由主义思想家是密尔(John Stuart Mill,1806—1873)。可以说,在思想和行动方面,密尔对个人自由进行了最大限度的发挥。密尔强调,个人自由只以不损害他人同样的自由与权利为限,除此之外,对个人的思想与行为国家都不应横加干预;至于那些仅仅关系到行为者本人的事情,则他应该享有绝对的自由。即使在某个时代被绝大多数人视为错误的言论与行动,只要不损害他人的自由,也都应该予以宽容。用密尔自己的话来说,就是:"唯一实称其名的自由,乃是按照我们自己的道路去追求我们自己的好处的自由,只要我们不试图剥夺他人的这种自由、不试图阻碍他们取得这种自由的努力。每个人是其自身健康的适当监护者,不论是身体的健康,或者是智力的健康,或者是精神的健康。人若彼此容忍各按照自己所认为好的样子去生活,比强迫每人都照其余的人们所认为好的样子去生活,所获是要较多的。"④当然,密尔这样一种对自由的坚定信念,除立足于对人性的乐观估

---

① 斯宾诺莎为了保持自己人格的独立,一直以磨光学镜片为生,过着一种清贫而独立的生活。
② 斯宾诺莎:《神学政治论》,第 277 页。
③ 同上书,第 272—273 页。
④ 密尔:《论自由》,程崇华译,北京:商务印书馆 1959 年版,第 13 页。

计,相信每个人总能从错误中吸取教训、最终服从真理从而不断进步之外,还与一种类似于进化论的功利主义社会观相联系,即认为在自由的环境下,真理总能战胜错误,观念的自由竞争终将促进社会的发展。

密尔的《论自由》一书大概可以算是西方政治思想史上为思想和言论自由进行论证的最出色的著作。在他看来,思想和言论的自由几乎是绝对的,因为没有任何理由能使任何一种思想陷于沉默。他从功利主义的角度对这种自由的绝对性进行了如下非常雄辩的证明,指出:"第一点,若有什么意见被迫缄默下去,据我们所能确知,那个意见却可能是真确的。否认这一点,就是假定了我们自己的不可能错误性。第二点,纵使被迫缄默的意见是一个错误,它也可能,而且通常总是,含有部分真理;而另一方面,任何题目上的普遍意见亦即得势意见也难得是或者从不是全部真理:既然如此,所以只有借敌对意见的冲突才能使所遗真理有机会得到补足。第三点,即使公认的意见不仅是真理而且是全部真理,若不容它去遭受而且实际遭受到猛烈而认真的争议,那么接受多数之抱持这个意见就像抱持一个偏见那样,对于它的理性根据就很少领会或感认。不仅如此,而且,第四点,教义的意义本身也会有丧失或减弱并且失去其对品性行为的重大作用的危险,因为教条已变成仅仅在形式上宣称的东西,对于致善是无效力的,它妨碍着去寻求根据,并且还阻挡着任何真实的、有感于衷的信念从理性或亲身经验中生长出来。"①这是一段被人们反复引用的名言。

在密尔看来,思想自由除了能够使人们更容易地接近真理之外,对于提高一个民族的精神素质同样具有重要意义。他指出:"须知作为一个思想家,其第一个义务就是随其智力所之而否认它会导致什么结论,谁不认识到这一点,谁就不能成为一个伟大的思想家。……还不是单单为着或者主要为着形成伟大思想家才需要思想自由。相反,为着使一般人都能获致他们所能达到的精神体量,思想自由是同样或者甚至更加必不可少。在精神奴役的一般气氛之中,曾经有过而且也会再有伟大的个人思想家。可是在那种气氛之中,从来没有而且永远不会有一种智力活跃的人民。若见哪一国人民一时曾经接近于那种性格,那是因为对于异端思想的恐惧曾经暂告停止。"②

由于在自由主义者的一般观念中,国家的任何行为都可能会导致对私人领域的干预,所以为了最大限度地保障个人自由,密尔对国家职能划定了更

---

① 密尔:《论自由》,第56页。
② 同上书,第35—36页。

加明确的界限,强调必须将其限定在尽可能小的范围内。密尔写道:"社会(当然包括国家。——引者)以强制和控制的方式对个人的干预,不论其手段是通过法律制裁的强制力,还是通过公众舆论的压力,"都必须遵循一项确定的原则,那就是:"个人或者集体干涉社会任何一个成员的自由的唯一的目的只能是自我保护。对于一个文明的共同体的任何一位成员以违背其意志的方式使用强制力的唯一的目的只能是防止别人受到伤害。"① 需要提出的是,密尔不仅认为国家权力必须受到严格的限制,而且由于他注意到了社会舆论对个人自由可能产生的无形强制,所以特别强调社会对个人的干预同样应该受到约束。② 可以说,这是一种扩大了的自由主义原则。

早期自由主义由于是在反抗专制国家的过程中产生的,是作为专制权力的对立物而存在的,所以更多强调的是个人不受国家干预的自由。这种自由被称为"消极自由"(negative freedom),当代政治思想家阿伦特也称之为"逃离政治的自由"(freedom from politics)。③ 随着19世纪社会改良运动的发展,人们的自由观念也相应地发生了某些变化。因为早期自由主义者所理解的这种自由其实近于放任(laissez faire),所以在某种意义上也就是优胜劣汰、弱肉强食的自由,对弱者来说,其实际的社会结果是取消了他们的任何自由。一个最典型的事实是,在严格的财产权制度下,自由竞争的失败者只有冻饿而死的自由。这种极具讽刺意味的矛盾促使一些人开始对消极自由进行反思,并且进一步追求享有某种能够在实质上得到国家权力保障的自由。与此同时,随着民主运动的发展,在个人与政治的关系方面,人们也逐渐进行着某种身份的变化,即从国家控制的对象更多地转变为政治参与的主体,这就出现了参与政治的自由的问题。这些方面的自由与消极自由相对,被称为"积极自由"(positive freedom),它们在19世纪下半叶和20世纪得到了广泛的发展。④

在个人自由的捍卫者当中,卢梭(Jean Jacque Rousseau,1712—1778)的思

---

① John Stuart Mill, *Utilitarianism*, *On Liberty and Considerations on Representative Government*, ed. B. Acton, Oxford: Clarendon Press, 1983, pp.72-73.

② 事实上,密尔自己也反复指出,在民主化的社会,对个人自由的威胁已经不再像过去那样主要来自少数人的专制统治,而是来自社会中的多数对少数有形或者无形的强制。因此,如何防止社会对个人自由的侵害,乃是密尔关注的焦点。这方面的内容请参阅第九章第三节的有关论述。

③ Hannah Arendt, *On Revolution*, New York: Viking Press, 1963, p.280.

④ 当然,在自由主义阵营内部,也有不少思想家反对积极自由,比如伯林、哈耶克和奥克肖特等等,因为这种自由被认为必然导致国家对社会更多的干预,甚至导致专制主义的产生以及对个人自由的最终剥夺。

想比较独特。虽然他也与洛克等人一样强调个人的人身和财产权利,但在两个方面又与他们有所区别。首先,卢梭更注重个人精神自由的一面,即个人不受社会环境支配的自由。其次,他相信人们要获得真正的自由,只有通过建立一种新的政治共同体,"使它能够以全部共同力量来卫护和保障每个结合者的人身和财富;并且由于这一结合而使每一个与全体相联合的个人又只不过是在服从自己本人,并且仍然像以往一样地自由"[①]。

卢梭是法国启蒙时代的思想家。他出身于一个钟表匠之家,幼年丧母,少年时代父亲又因为与人决斗而离家逃亡。卢梭尚未成年便已经开始了一种类似流浪的生活,后来由于机缘而与一位贵妇人相识并得到后者的庇护,才有机会在她的庄园中度过了一段潜心阅读和研究的平静时光。与这位贵妇人失和后卢梭只身前往巴黎,开始了自己的文人生涯。在巴黎,卢梭认识了狄德罗(Denis Diderot, 1713—1784)等当时著名的启蒙主义者,并以《科学与艺术的复兴是否有助敦化风俗》一文为自己博得了巨大声誉。此后卢梭的创作灵感一发而不可收,先后发表了《论人类不平等的起源和基础》、《新爱洛依丝》、《社会契约论》和《爱弥儿》等政治和教育论著。但是,由于卢梭性格上的多疑与偏激,加之他的很多学术观点与其他启蒙运动者相左,因此他在当时的法国知识界逐步陷入孤立,同时又受到政府和教会的迫害,最后在孤独与失意中度过了自己的晚年。

卢梭虽然是从投身启蒙运动开始其学术生涯的,但与这个时代几乎所有的其他思想家不同,从本质上说,他实际上是一位反启蒙主义者。在他看来,文明的发展带来的是人的退化以及道德的不断堕落——理性使人变得狡诈,技术进步使人变得脆弱而必须依赖于各种外部的器械,国家给人带来了奴役,战争技术的采用使人变得贪生怕死,医学的进步使人丧失了面对死亡的能力和勇气,如此等等。之所以如此,是因为在卢梭眼中,一切文明成果都是人性中邪恶的一面发展的产物,比如天文学起源于占星术,也就是迷信,数学起源于人们为了满足自己的贪欲而进行的算计,法律则来自于人与人之间的不平等与不公正。总之,文明的过程在卢梭看来无非是人类迷失本性的过程,他是这么描写这个过程的:"产生邪恶的第一个根源是不平等,由于不平等便产生了财产;因为这两个概念是联系在一起的,当人们相互平等的时候,他们之间也自然没有贫富之分。财产产生了奢侈和懒惰,而奢侈则进一步产

[①] 卢梭:《社会契约论》,第 23 页。

生了艺术,懒惰带来了科学。"①

卢梭在自己的理论建构中也使用了像自然状态和社会契约这样一些概念,但与其他思想家不同的是,在他看来,所谓的自然状态恰恰是人尚未受到文明污染的最美好、最自由的状态。卢梭写道:"在你的和我的这两个丑恶的概念被发明出来之前,在那些被我们称为统治者的残忍凶恶的人以及与之相对的被称为奴隶的无赖狡诈的人出现之前,在那些当别人饥饿而死时自己胆敢攫取更多的如此可恶的人出现之前,当彼此依赖而使人们变得猜疑、忌妒和背信弃义之前,我希望有谁能向我解释人们把这些罪名加之于人到底有什么意义。"②

卢梭最为关注的是人的自由,他认为:"放弃自己的自由,就是放弃自己做人的资格,就是放弃人类的权利,甚至就是放弃自己的义务。对于一个放弃了一切的人,是无法加以任何补偿的。这样一种弃权是不合人性的;而且取消了自己意志的一切自由,也就是取消了自己行为的一切道德性。最后,规定一方是绝对的权威,另一方是无限的服从,这本身就是一项无效的而且自相矛盾的约定。"③但是,卢梭所理解的自由,与洛克那样的自由主义者所捍卫的、与政府管制相对的自由是不同的,前者意味着一种更为广泛,因而从某种意义上说也更为模糊的自由。从卢梭对文明的批判可以看出,在他看来,进入文明状态之前人们懵懂无知的状态才是自由的天堂,而文明的来临则给他们戴上了永久的枷锁;国家、社会、财产、知识、技术等使人们彻底丧失了独立,它们像一张巨大的网困住了每一个个体,使他们无可挽回地依赖于外部的人与物。"我们原本应该在自己的内心中寻找幸福,但现在却只能将其建立在别人的观念的基础之上。"④卢梭的一句名言是:"人是生而自由的,但却无往不在枷锁之中。自以为是其他一切的主人的人,反而比其他一切更是奴隶。"⑤卢梭相信,他自己的使命就是帮助人们摆脱这种无所不在的奴役,并且回复到本源的自由状态。

---

① Jean-Jacques Rousseau, *The First and the Second Discourses together with the Replies to Critics and Essay on the Origin of Languages*, translated and annotated by Victor Gourevitch, New York: Harper & Row, 1986, p. 45.

② Ibid., p. 80.

③ 卢梭:《社会契约论》,第16页。

④ Jean-Jacques Rousseau, *The First and the Second Discourses together with the Replies to Critics and Essay on the Origin of Languages*, p. 29.

⑤ 卢梭:《社会契约论》,第8页。

当然,卢梭倒也没有要求人类为此目的返回到原始的自然状态。他认为,在文明发展的现有水平上,人们也可以找到某种方式,在保持文明成果的同时又重享自由。为此,只需要通过订立某种特殊的社会契约,并在其基础上构建一种新的人类政治共同体。不过需要注意的是,在卢梭那里,"社会"在很大程度上只是一个工具性的概念,与洛克和后来的潘恩等理论家所理解的公共社会有相当大的区别,因为卢梭所理解的自由具有某种反社会的含义。他曾经写道:"当他们仅从事于一个人能单独操作的工作和不需要许多人协助的手艺的时候,他们都还过着本性所许可的自由、健康、善良而幸福的生活,并且在他们之间继续享受着无拘无束自由交往的快乐。但是,自从一个人需要另一个人的帮助的时候起;自从人们觉察到一个人据有两个人食粮的好处的时候起;平等就消失了、私有制就出现了、劳动就成为必要的了、广大的森林就变成了须用人的血汗来灌溉的欣欣向荣的田野;不久便看到奴役和贫困伴随着农作物在田野中萌芽和滋长。"[1]可以认为,在卢梭的理论中,人之所以不得不接受社会,是因为他已经不可能再返回到孤独的自然状态;而在订立契约的时候之所以需要社会,是因为卢梭认为人们之间相互平等的服从实际上等于没有服从,而且通过订立契约他们又从别人那里重新取回了他们曾经付出的东西,从而在这个意义上实现了个人自由。换言之,如果说在自然状态下人的自由来源于没有任何约束这一事实的话,那么在社会状态下,既然约束已经无所不在,那么人的自由只能来自于一种普遍的、平等约束。[2] 在卢梭这种多多少少有些怪异的自由观的深处,我们可以看到他所关注的另一个基本的政治范畴——平等。从根本上来说,卢梭正是在平等的基础上理解自由的。

"相互服从即等于自由",通过订立契约建立国家不仅不会使任何一位社会成员丧失自主,而且实际上还能使那些在文明社会中已经身陷奴役地位的成员重获自由。这样一种逻辑是理解卢梭的政治思想,特别是其社会契约论的关键,但同时也是他的理论中最具暧昧和矛盾之处。卢梭指出,在订立契约之后,"这一结合行为就产生了一个道德的与集体的共同体,以代替每个订约者个人;组成共同体的成员数目就等于大会中的票数,而共同体就以这同

---

[1] 卢梭:《论人类不平等的起源和基础》,李常山译,北京:商务印书馆1962年版,第120—121页。

[2] 卢梭在这里表现出某种类似黑格尔的"否定之否定"的逻辑,即通过把单方面的、不平等的约束转化为相互的、平等的约束而使人们重获自由。

一行为获得了它的统一性、它的公共的大我、它的生命和它的意志。这一由全体个人的组合所形成的公共人格,以前称为城邦,现在称为共和国或政治体;当它是被动时,它的成员就称它为国家,当它是主动时,就称它为主权者;而以之和它的同类比较时,则称为政权。至于结合者,他们集体地就称为人民;个别地,作为主权权威的参与者,就叫做公民;作为国家法律的服从者,就叫做臣民"①。卢梭认为,构成这个"道德的与集体的共同体"的"大我、它的生命和它的意志"的,就是共同体的"公意"即全体公民的共同意志,它是共同体一切活动的依据,从而保障了主权属于共同体的全体成员。由于每一位公民都通过公意规范其行为,而公意又是他们自身意志的体现,那么人们服从公意不过是服从他们自己。换言之,每一位公民都通过对公意的服从而得到了他自己的自由。

公意在卢梭的理论中同样是一个十分暧昧的概念。根据卢梭的定义,公意应该是公民们全体一致的决定,但在一切问题上求得全体一致显然是一件不可能的事情,因此卢梭又表示多数人的决定同样可以构成公意,当然,正如卢梭本人所说,"这要假定公意的一切特征仍然存在于多数之中;假如它在这里面也不存在的话,那末无论你赞成哪一边,总归是不再有自由可言的。"②卢梭自己则在没有经过多少论证的情况下认为这个假定能够成立,并且表示可以根据不同事务的性质,确定代表公意所需的多数票的比例。③

但即使同意卢梭的这一假定,在这里仍然存在着一个明显的问题:如果说个人在服从全体一致的决定时,因为他实际上服从的不过是自己的意志因而并未失去自由的话,那么在少数人并不同意多数人的决定而这种决定又以公意之名要求他们服从的时候他们仍然自由吗? 卢梭的回答是多数可以强迫少数服从,由于服从公意即是自由,所以也可以说多数恰恰是通过对少数的强制使他们获得了自由。卢梭这一结论的依据是,要成为真正的公民,每个人都必须经历一个自我升华的过程,其中最重要的,就是摆脱生理欲望和冲动的支配,服从理性的指导。卢梭就此写道:"唯有道德的自由才使人类真正成为自己的主人;因为仅只有嗜欲的冲动便是奴隶状态,而唯有服从人们自己为自己所规定的法律,才是自由。"④卢梭似乎倾向于认为,多数自然是那

---

① 卢梭:《社会契约论》,第25—26页。
② 同上书,第140页。
③ 同上。并参见第八章第三节关于公意与"众意"之间关系的讨论。
④ 同上书,第30页。

些获得了道德自由的人,而少数则肯定处于嗜欲冲动的支配之下,因而少数服从多数无非是使物欲服从理性,从而使他们获得了真正的人应该得到的自由。

卢梭关于多数可以强迫少数自由的论断成为西方政治思想史上人们争论不休的一个问题,不少人由此认为卢梭的理论带有极权主义倾向,因为按照这种强迫自由的逻辑,个人便没有任何独立于国家干预的权利可言。对自由主义者来说,在某些基本权利方面,多数对少数的强制与少数对多数的强制并没有什么区别,两者都是暴政的体现。而且,卢梭对所谓的欲望与道德和理性的区分,同自由主义也显得格格不入,因为近代自由主义者基本上都继承马基雅弗利的思想,主张尽可能从政治中排除道德因素,或者说认可了人类基本欲望的合理性。卢梭的自由论则带来了一个自由的道德资格问题,为此他不得不引入一种所谓的"公民宗教",以承担对公民进行道德教育和淳化的任务,然而这样一来,宗教特有的不宽容性势必严重地限制人们良心的自由、思想的自由,以及表达其思想观念的自由。① 最后,由于公意这一概念本身所具有的含混不清和难以体认的特点(对此下面还要进一步讨论),也的确使一些政治家假公意之名对人民实行强制成为可能。总的来说,卢梭关于个人自由的思想与以洛克和密尔等人为代表的自由主义是有相当大的差别的。但是,卢梭从一个特殊的角度揭示的文明与自然、个人与社会之间的对立关系却具有某种永恒的意义——而对这方面的问题的忽视,正是正统自由主义最大的缺陷所在。

卢梭思想中的某些部分通过德国思想家康德(Immanuel Kant,1724—1804)得到了进一步的发挥。在康德的理论中,自由成为人类道德最高的律令,或者说自由取得了道德上至善价值的地位。为了在人类群体中保证一种普遍的自由,康德提出了他著名的"绝对命令",即"你要如此行动,即无论是你的人格中的人性,还是其他任何一个人的人格中的人性,你在任何时候都同时当做目的,绝不仅仅当做手段"②。这一最高道德原则的另一种表述是:

---

① 卢梭自己表示:"每一个政治社会的头上都奉有一个神;仅凭这一点就可以知道,有多少个民族就有多少神。两个彼此相异的而且差不多总是在敌对的民族,是不可能长期拥戴同一个主人的。"区分宗教的不宽容与政治的不宽容是幼稚的、错误的。对那些我们认为将堕入地狱的人,"我们必须绝对地要末是挽救他们,要末是折磨他们"。卢梭:《社会契约论》,第171、186页。

② 康德:《道德形而上学的奠基》,载《康德全集》第4卷,第437页。人们通常对这个"绝对命令"的表述是:在任何时候都不仅要把别人作为手段,而且同时必须把他们视为目的。

"要只按照你同时能够愿意它成为一个普遍法则的那个准则去行动。"①在这里,康德的意图非常明显,即最高的道德原则就是排除人与人之间的一切强制和从属关系,亦即实现所有人的自由。然而,康德所指的自由并非简单地排除一切外部障碍的为所欲为的自由,绝对命令已经明确地暗示这种自由的相互性,因此这同样是一种道德的和理性的自由。实际上,自由在于服从理性而并非听命于物欲,这是康德自由概念的核心。在他看来,人类的进步就是其"从本能的支配到理性的控制——一句话,从自然的监护到理性的状态……这就是向着完善的不断的进步"②。康德由此提出了自由与必然的关系问题,后来被黑格尔进一步明确地表述为自由在于对必然的掌握。③ 应该说,这种对自由的认识具有其真理性的成分,但是,把自由等同于必然、等同于理性,那就免不了像卢梭的情况一样,在理论上为某种宣称体现了理性或者必然性的权力对社会进行控制提供了可能,从而在实际上走向自由的反面。

---

① 康德:《道德形而上学的奠基》,载《康德全集》第4卷,第428页。
② Kant, "Conjectural Beginning of Human History", in Lewis White Becker (ed.), *Kant: On History*, Indianapolis: Boobs-Merrill, 1975, p.60.
③ 康德的这种自由观念使之在自由问题上处于一种比较有意思的地位。继承洛克思想的现代自由主义者看到的是康德把自由视为最高道德目标的一面,因而把康德的理论作为他们重要的思想依据,强调权利先于善;现代共和主义者则看到了康德强调自由的理性与道德基础的一面,从而也把康德的自由观念视为他们的一个重要理论来源,强调善先于权利。

第八章
权力受到制约的政府

在自由主义的政治理论中,个人具有本源性的位置,而社会不过是个人为实现其利益相互交往的结果,国家则更是保护个人权利的一种人为创造的工具。自由主义认为,社会与国家的区别,在于社会乃是个人自由的、自愿的、平等的结合体,而国家却是人们不得已而为之的一种强制工具,是"必不可少的恶"。国家之所以被视为邪恶之物,是因为它不仅与人追求自由的本性相矛盾,而且其本身就不可避免地带有某种导致滥用权力、产生腐败的趋势。因此,自由主义思想家在承认国家必要性的同时,又花费了大量精力论证对国家权力施以约束的必要性,并且对各种能够有效限制国家权力的机制进行精心设计。在这个方面,洛克走出了第一步,而孟德斯鸠则紧随其后,后者提出的三权分立的思想立足于权力只能由权力加以抗衡这样一个基本前提,为从制度上控制国家权力、保障公民自由提供了非常完整的理论构想。洛克、哈林顿和孟德斯鸠的理论为美国立国者们所继承,并进一步发展为制约与平衡的理论,并且在美国宪法的设计中得到了充分体现。制约与平衡的理论是古典政治学中混合政体思想在现代的重建,它既强调对权力的划分以及各种权力之间的相互牵制,也强调不同政治机构与政治原则的混合,为一种平衡的政治结构与政治生活提供了切实可行的政治与法律框架。可以说,这一理论是美国立国者们"实践的智慧"的最高体现,也是他们对西方近现代政治思想最大的贡献。

一、国家和社会的关系

在古代希腊的政治理论中，人们对国家和社会没有进行任何区分，他们几乎从来没有认真设想过没有政府的社会的问题（除塞涅卡等极少数人之外）。罗马法学家和政治思想家开始对国家与社会进行某种意义上的区分。在古罗马，国家（res publica）概念带有更多的政治性和公共性，社会（civitas）概念则带有更多的私人性（罗马私法即被称为 jus civitas）。到中世纪，国家作为一种世俗权力机构，被人们与教会明确地区别开来。基督教徒共同的社会在时间和空间意义上都超越了尘世国家，而且按照奥古斯丁的理论，上帝之城即真正的社会共同体只能存在于世俗国家灭亡之后。虽然奥古斯丁并没有直接把基督教会等同于上帝之城，但和国家相比，尘世间的教会毫无疑问要更与之相接近。奥古斯丁的这一思想基本上为后世的基督教理论家们，包括托马斯·阿奎那所继承，并且为自由主义对国家与社会的区分起到了某种准备的作用。

奥古斯丁的"上帝之城"在拉丁文中称为 civitas dei，英文一般译为 The city of God，但也可以译为 The society of God，即上帝的社会。奥古斯丁把天国与尘世国家完全对立起来，认为前者的基础是对上帝之爱而后者的基础则是人的私欲即对自我之爱；与此相适应，前者的根本特征是人与人之间的相互友善，而后者体现的则是一种人对人的暴力与强制。这样，从奥古斯丁以后，西方政治思想史中 res publica 和 civitas 这两个概念在意义上便具有了双重划分。除传统上公与私的区别之外，人们开始用 res publica 指现实的国家，而用 civitas 指与国家不同的另外一种人类关系形态。在近代自由主义思想家那里，上述两种对人类相互关系的不同理解进一步发展为国家（state）与社会（society）的区分与对立的观念。可见，从古希腊政治学说中国家与社会的一致到近代自由主义观念中国家与社会的对立，西方政治思想史上关于国家与社会关系的理论发生了根本性的变化，而在这个转变过程中，奥古斯丁发挥了重要的作用。

在近代思想家中，斯宾诺莎实际上把社会等同于自然状态。斯宾诺莎认为，早在国家产生之前，社会便已经存在，但由于社会本身缺乏一种强制的力量从而不能充分保证秩序与安全，所以人们才会通过契约建立国家。他指出："若是人生来只听清醒的理智的指挥，社会显然就用不着法律了。教导真正的道德信条就够了。人就毫不迟疑地循他们的真正的利益而行了。无如人类的天性不是这样。每人都谋其个人的利益。其所以出此并不是凭清醒的理智。因为大多数人关于欲求和效用的观念是为肉体的本能和情绪所支配,只顾眼前。因此之故,若无政府、武力、和法律以约束压抑人的欲望与无节制的冲动,社会是站不住的。"①

洛克则通过双重契约的理论使国家与社会处于两个不同的层面上。在政府建立之后,社会并没有解散而是依然存在,而且政府的活动本身就是以社会的繁荣与幸福为目标。"政府所有的一切权力,既然只是为社会谋幸福,因而不应该是专断的和凭一时的高兴的,而是应该根据既定的公布的法律来行使。"②洛克相信,如果政府的存在严重危害了社会(其实是构成社会的个人)的利益,社会就有权推翻原有的政府并且再次通过契约建立一个新的政府。在洛克那里,社会被看做是人们自愿结成的共同体,而国家或者说政府不过是这个共同体为实现其自身在某个方面的目的而人为建立的,并且能够根据其意志加以更变的一种机构,国家与社会由此而得到了明确的区分。不过,对两者之间的具体关系,洛克并没有进一步展开论述。把国家与社会完全对立起来,并且如同奥古斯丁一样赋予它们以完全不同的道德地位的近代思想家是潘恩(Thomas Paine,1737—1809),虽然在潘恩那里社会已经彻底变成了一个世俗的概念。

潘恩理论的一个基本出发点是他对自然状态、社会与国家这几个概念的不同界定。根据这种界定,潘恩指出,人除了拥有自然权利之外,还享有所谓的社会权利(civil rights)。"天赋权利就是人在生存方面所具有的权利。其中包括所有智能上的权利,或是思想上的权利,还包括所有那些不妨害别人的天赋权利而为个人自己谋求安乐的权利。公民权利就是人作为社会的一分子所具有的权利。每一种公民权利都以个人原有的天赋权利为基础,但要享受这种权利光靠个人的能力无论如何是不够的。所有这一类权利都是与安全和保护有关的权利。"③潘恩认为,人类之所以脱离自然状态进入社会,一方面是因为个人仅仅依靠自己的力量并不能满足其全部的需要,另一方面也是因为人有一种趋于社会生活的自然倾向。他写道:"她(指自然。——引者)

---

① 斯宾诺莎:《神学政治论》,第 82 页。
② 洛克:《政府论》下篇,第 86 页。
③ 潘恩:《潘恩选集》,北京:商务印书馆 1981 年版,第 142—143 页。这里的"天赋权利"就是自然权利,"公民权利"应译为社会权利,因为公民是相对于国家而言的概念。另外,根据原文,第一句似应译为"自然权利是人作为人而应享有的权利"(in right of his existence),参照 Thomas Paine, *The Rights of Man*, ed. Henry Collins, Harmondsworth: Penguin, 1976, p.90。

不但通过人们只有互相帮助才能满足种种需要的办法迫使人加入社会,而且赋予他一系列社会感情,这种感情虽不是他的生存所必需,对他的幸福来说却是必不可少的。在人的一生中,这种对社会之爱无时无刻不起作用。"①

既然人加入社会是因为存在一些他自己无法满足的需要,那么他为此而放弃的便只会是那些他自己无法实现的权利。在加入社会之后,"人所保留的权利就是所有那些权利,个人既充分具有这种权利,又有充分行使这种权利的能力。……至于人所不能保留的天赋权利就是所有那些权利,尽管个人充分具有这种权利,但却缺乏行使它的能力。……所以他把这种权利存入社会的公股中,并且作为社会的一分子,和社会携手合作,并使社会的权利处于优先的地位,在他的权利之上"②。

按照潘恩的理论,政府是由已经组成社会的人们为了进一步克服社会生活中的各种不便,通过相互订立契约而建立的。在这个方面,潘恩与洛克的观点很相似,但是,他们之间也存在着不同,那就是两者对社会与政府性质的认识具有很大差异。洛克虽然对社会与国家进行了区分,但在他的理论中,社会尚不具备独立的地位和作用。潘恩则相反,在他看来,"有些作者把社会和政府混为一谈,弄得它们彼此没有多少区别,甚至完全没有区别;而实际上它们不但不是一回事,而且有不同的起源。社会是由我们的欲望(want,译为"需要"似更合适。——引者)所产生的,政府是由我们的邪恶所产生的;前者使我们一体同心,从而积极地增进我们的幸福,后者制止我们的恶行,从而消极地增进我们的幸福"③。至于政府产生的原因,潘恩的看法倒是与洛克类似,即认为政府是一种"由于人的德行的软弱无力而有必要采用的治理世界的方式",潘恩指出,由此可以看出政府的"意图和目的,即自由与安全"④。

尽管承认政府在保证个人的自由与安全方面具有其必要性,但潘恩又反复强调:"众多的事例表明,凡是政府行之有效的事,社会都已无须政府的参与而一致同意地做到了。""文明越发达,越是不需要政府,因为文明越会处理自己的事务,并管理自己。"⑤在潘恩看来,"政府好像衣服,是天真纯朴受到残害的表征",而且,"社会在各种情况下都是受人欢迎的,可是政府呢,即使在其最好的情况下,也不过是一件免不了的祸害;在其最坏的情况下,就成为一

---

① 潘恩:《潘恩选集》,第229页。
② 同上书,第143页。
③ 同上书,第3页。
④ 同上书,第5页。
⑤ 同上书,第230—231页。

件不可容忍的祸害"①。与政府相比,潘恩显然更愿意相信他所说的文明与社会的力量。他表示:"正式的政府只不过是文明生活的一小部分,即使建立起人类智慧所能设想的最好的政府,这种政府也还是名义上和概念上的东西,而不是事实上的东西。个人与集体的安全和幸福要靠社会和文明的伟大基本原理,要靠得到普遍赞同和相互维护的习惯法,要靠通过千百万条渠道鼓舞全体文明人的利益交流,依靠这些东西,要远远胜于依靠哪怕是最完善的政府所能做到的任何一切。"②

既然政府只不过具有一种工具性的地位,那么是否能够最有效地服务于它的目的,便成为对其进行评判的唯一标准。用潘恩的话说,"既然安全是政府的真正的意图和目的,那么毫无疑义地可以推断,看起来最有可能保证我们安全的不管什么方式,只要是花费最少而得益最大,自然会比其他任何形式更容易为人们所选择"③。反过来,如果政府损害了人们的自由与安全,给人们带来了比社会状态下更多的不安全与不自由,那么把它推翻就是一件再自然不过的事情。这正是潘恩根据当时北美英属殖民地的情形得出的结论。潘恩是美国独立战争最热情的鼓动者和支持者,而北美殖民地的历史发展也为他理论提供了重要的事实依据。他指出:"美国独立战争开始后两年多时间内,还有美国某几个州在更长时间内,根本没有固定的政府形式……然而在这段时间里却秩序井然,和睦相处,同欧洲任何一国毫无二致。"④

潘恩这种相信社会而怀疑国家的思想是自由主义的一个基本特征,而他关于国家是"必不可少的恶"的主张也构成了自由主义要求限制国家权力——不论是什么样的国家——和实行"小政府"的主要根据。由洛克和潘恩开始的这样一种对国家与社会关系的理解被他们之后的一些自由主义者所继承和发展,随着理论的渐渐明晰,近代公共社会或者说市民社会的思想也逐步趋于完善,到18世纪末和19世纪初,特别是苏格兰启蒙运动时期,经

---

① 潘恩:《潘恩选集》,第3页。

② 同上书,第231页。潘恩在此强调文化与传统具有比国家权力更为根本的作用,这一点与他的著作《人权论》的辩论对手,英国政治家和政治思想家伯克非常一致。只不过伯克认为国家恰恰是文化与传统的体现者,或者说文化、传统与国家本来就密不可分,据此以反对打破一切传统与习俗的法国大革命。很难简单地判断他们中谁更正确,不过倒是可以认为,他们的区别从某种意义上说正是美国与英国的差别。

③ Thomas Paine, *Early essays*; *Common sense*; *The American crisis*, edited by William M. Van der Weyde, Patriots' ed, *Thomas Paine National Historical Association*, 1925, pp.97—98. 参照潘恩:《潘恩选集》,第3—4页。

④ 潘恩:《潘恩选集》,第230页。

过亚当·弗格森(Adam Ferguson)等人的理论工作,近代公共社会的概念最终得以成立。① 公共社会成为共同体的代名词,它建立在现代市场经济基础之上,是在国民国家地域范围内人们各种非政治的相互联系的总和。公共社会具有自身各种各样的联系方式与组织机构,包括经济、宗教、文化等方面,被认为是人们平等、自由与自愿的结合的产物,与象征着等级、秩序与强制的国家成为对立的两极。当然,从实际情况来看,近代公共社会是与国民国家一同发展起来的,近代文明也一样,从这个意义上说根本不能想象没有国家的社会。在西欧,更符合历史事实的判断应该是近代君主专制国家为公共社会的发展创造了必不可少的条件,而后者在逐步成熟之后又向前者的权力发出了挑战。

在国家与社会的关系问题上,近代西方政治思想中除以潘恩为代表的、强调社会自身的组织性并视政府为"必不可少的恶"的理论之外,还有一种从另外的角度出发强调社会对国家的制约作用的理论,其代表人物是英国政治思想家哈林顿(James Harrington,1611—1677)。哈林顿的思想其实并不难理解,他的一个基本观点,就是社会财富的分配对国家形式及其活动具有重要影响。当然,亚里士多德在很早之前就得出了类似的结论,哈林顿的贡献在于他对这个问题更为精细的分析。哈林顿写道:"对国家的统治建立在某种支配的基础之上;而所谓的支配就是对财富的支配,包括动产和不动产,即土地、金钱或者物品等。"②哈林顿认为,一个稳定的政府必须立足于人们在财产支配权方面的某种平衡,或者说维持财产分布状态的公正,否则它"生存的时间将会是相当短暂的"③。英国革命正是这种平衡被打破的结果。哈林顿相信,只有从财富的角度出发,才能对政治问题获得正确的理解,而与他同时代的那些从宗教、军事或者社会契约等方面寻求国家基础的理论实际上都误入

---

① 市民社会即英语中的 civil society。在汉语中,人们现在根据不同的语境分别译为公共社会、公民社会与市民社会。不过,civil society 这个概念的含义在英语中也有一个不断变化的过程。大致来说,在弗格森之前,它指的是在某个共同的政治框架内生活的人们构成的共同体(公共社会),洛克正是在这个意义上使用这一概念。在启蒙运动时期,这个概念又获得了文明社会的含义,卢梭往往在这个意义上使用 société civile 一词。到弗格森的时代,特别是在苏格兰启蒙运动的思想家当中,civil society 越来越多地与现代市场经济和市民的生活方式联系在一起,德国思想家们则直接把弗格森意义上的 civil society 译为 bürgerliche Gesellschaft(市民的社会)一词。因此严格地说,只有到弗格森以后,特别是在近代德国思想传统中,civil society 才真正具有"市民社会"的意义。汉语传统上用以翻译这个概念的"市民社会"的说法来自日语,而后者应该是受到了德语的影响。

② James Harrington, *The Commonwealth of Oceana and a System of Politics* (ed. J. G. A. Pocock), Cambridge: Cambridge University Press, 1992, p. 11.

③ Ibid., p. 12.

了歧途。

哈林顿的代表作是1656年出版的《大洋国》(Oceana)，该书在对新教革命的经济根源进行分析的基础上，提出了作者本人对理想政治制度的设计，而"平衡"则是这一制度的基本原则。具体地说，这个理想的国家将以农业为主，是一个通过在经济上维持各阶层的相对平等保证它们在政治力量上的均衡的共同体，它将"通过分配（财富），建立并维持这样一种支配的平衡，使得作为人口少数的贵族中的某个人或者某些人永远不可能通过对土地的控制而支配整个民族"[①]。与此同时，哈林顿的理想国家在政治方面实行完全的平等，在那里所有的官员都通过全民选举产生。

也可以把哈林顿的思想称为某种形式的经济决定论，而孟德斯鸠则从更广泛的角度理解社会对国家的制约作用，他把这种制约国家的力量称为"法的精神"，并以此作为他的传世之作的题名。孟德斯鸠写道："法律应该和国家的自然状态有关系；和寒、热、温的气候有关系；和土地的质量、形势与面积有关系；和农、猎、牧各种人民的生活方式有关系；和居民的宗教、性癖、财富、人口、贸易、风俗、习惯相适应。最后，法律和立法者的目的、和作为法律建立的基础的事物的秩序也有关系。应该从所有这些观点去考察法律。"[②]根据孟德斯鸠的理解，自然环境、社会结构、历史传统和国家等一起构成了一个完整的有机体，它们相互作用和相互制约，因此国家虽然掌握着生杀予夺的大权，但实际上并不可能为所欲为，因为违背了本民族的风土民情、道德习俗与历史传统的国家，其行为最终必定是无效的或者失败的。孟德斯鸠这方面的理论，实际上也在很大程度上被卢梭所继承。

上述两种从不同侧面对国家与社会关系的理解自然会导致各不相同的政治结论。以潘恩为代表的强调社会的"善"和国家的"恶"的理论倾向于要求尽可能对国家权力加以限制，而以哈林顿和孟德斯鸠为代表的、强调社会对政府的制约作用的理论，则把人们的注意力转向了国家如何创造并维持自身的社会基础的问题[③]，这又将导致诸多更为复杂的思考，卢梭关于公民宗教的思想便是其中的一个例子。需要指出的是，后一种倾向在某些情况下可能会走向自由主义的反面；同时，强调社会对国家固有的制约作用还可能导致

---

① James Harrington, *The Commonwealth of Oceana and a System of Politics*, p. 33.
② 孟德斯鸠：《论法的精神》，张雁深译，北京：商务印书馆1961年版，第7页。
③ 孟德斯鸠的情况比较特殊，他一方面注意到了社会对国家的制约作用，但与此同时又加入了前一类思想家的行列，强调对国家行为施以人为限制（制度性约束）的必要性，并且为此提出了一套非常完整的理论而成为他们之中最具代表性的人物。

另外一种结果,即对人的政治创造性的怀疑并且由此发展为政治上的保守主义,这种思想最突出的代表就是法国大革命时期的英国政治思想家伯克。

二、有限政府的理论

近代西方政治思想对国家与社会进行明确区分的目的,是为限制国家权力提供必要的理论基础。虽然中世纪基督教思想家曾经率先把国家与教会区分开来,但是,由于这种区分实际上是当时教俗两种权力相持不下的实际情况的产物,因而是不完全与不彻底的。一方面,随着教会力量的上升,"两把剑"的理论逐渐演化为教会向国家争夺世俗控制权的工具;另一方面,到封建社会末期,站在世俗权力一方的教士们又试图重新把两种权力都集中到正在形成中的国民国家手里,他们所提出的君权神授论自然也受到世俗的王权论者的欢迎。

对君权神授论的批判是近代西方政治思想的出发点之一。当然,否定君主权力的神圣性质并不等于同时也否定了国家的至上性,正是在这个问题上,近代西方政治思想内部出现了分歧。以洛克为代表的自由主义坚持,不仅国王的权力,而且国家本身都不具备任何神圣的特性;而以卢梭为代表的民主主义或者说政治思想中的浪漫主义在否定一切专制的、神秘的权力的同时,又相信民主的权力、人民的国家仍然有可能再次获得某种神圣的地位。黑格尔虽然不是民主主义者,但他也同样把国家作为理念的最高体现置于一切人类社会组织的顶峰。

否认国家权力的至上性也就要求对国家权力必须有所限制,要求明确划定国家行为绝对不能逾越的边界,这就产生了所谓的"有限政府"(limited government)的理论。这一理论大致包括以下三个方面的基本内容。第一,国家并没有其自身的目的,它不过是人们为了实现安全与福利创造出来的某种实用工具,因此,国家权力及其活动必须以服务于这些目的为限度,否则便成为暴政。洛克是这一思想最坚定的支持者,他明确表示:"人们参加社会的理由在于保护他们的财产;他们选择一个立法机关并授以权力的目的,是希望由此可以制定法律、树立准则,以保卫社会一切成员的财产,限制社会各部分和各成员的权力并调节他们之间的统辖权。因为决不能设想,社会的意志是要使立法机关享有权力来破坏每个人想通过参加社会而取得的东西,以及人民为之使自己受制于他们自己选任的立法者的东西;所以当立法者们图谋夺取和破坏人民的财产或贬低他们的地位使其处于专断权力下的奴役状态时,立法者们就使自己与人民处于战争状态,人民因此就无须再予服从,而只有寻求上帝给予人们抵抗强暴的共同庇护。"①

第二,国家是"必不可少的恶",即一种人们为了便利的生活必须借助、但同时又时刻威胁着他们的自由与安全的机构。既然如此,那么在不需要国家介入的场合,自然就应该尽可能地通过国家之外的其他途径来解决个人和社会面临的各种问题,这是潘恩以及后来的经济自由主义者反复重申的一个基本立场。潘恩强调,国家权力必须被限定在非常明确的范围之内,而在比如说宗教信仰和思想方面则由个人保留全部的自由,因为他们可以在没有政府帮助的情况下很好地行使这些权利。在如何确定政府的权力范围方面,密尔进行了更为清晰的表述,他非常具体地指出,反对政府干涉有三种情况:"第一种是,所要办的事,若由个人来办会比由政府来办更好一些。"第二种是,"有许多事情,虽然由一些个人来办一般看来未必能像政府官吏办得那样好。但是仍宜让个人来办而不要由政府来办;因为作为对于他们个人的精神教育的手段和方式来说,这样可以加强他们主动的才能,可以锻炼他们的判断能力,还可以使他们在留给他们去对付的课题上获得熟练的知识"。"第三种理由也即最有力的理由乃是说,不必要地增加政府的权力,会有很大的祸患。"②

第三,掌握国家权力的人并不必然地具备超人的智慧与道德,权力也不等于真理,加之国家权力作为一种重要的社会资源能够为其所有者带来其他的利益,因此权力在任何情况下都存在被误用或者滥用的可能性。洛克就曾经表示:人性的"劣根性"在于,它总是企图抓住尽可能多的权力。③ 孟德斯鸠则进一步指出:"一切有权力的人都容易滥用权力,这是万古不变的一条经验。有权力的人们使用权力一直到遇有界限的地方才休止。"④这一思想对美国的建国者们产生了深刻影响。他们相信,人性本身包含了某些邪恶的成分,而且必然通过掌权者带入政府内部。杰斐逊十分深刻地指出:"世界上每一个政府都表现出人类的某些痕迹,即腐化和堕落的某种萌芽。狡黠的人会发现这种萌芽,坏人则会慢慢地扩大、培养和利用这种萌芽。任何一个政府,如果单纯委托给人民的统治者,它就一定要退化。因此,人民本身是政府唯一可靠的保护者。"⑤重要的是,在自由主义者看来,无论掌权者是少数人还是

---

① 洛克:《政府论》下篇,第133—134页。
② 密尔:《论自由》,第118—120页。
③ 洛克:《政府论》下篇,第56页。
④ 孟德斯鸠:《论法的精神》,第154页。
⑤ 杰斐逊:《杰斐逊文选》,商务印书馆1963年版,第72页。

多数人,这种可能性都无法被彻底排除,因此,一切权力都必须接受监督和控制而不论其性质如何,唯此公民自由才有可能得到切实的保障。洛克早就指出过这个问题:"若以为这种缺点(政治权力的腐败。——引者)只是君主制所特有,那是错误的;其他的政体也同君主制一样,会有这种缺点。因为权力之所以授与某些人是为了管理人民和保护他们的财产,一旦被应用于其他目的,以及被利用来使人民贫穷、骚扰他们或使他们屈服于握有权力的人的专横的和不正当的命令之下时,那么不论运用权力的人是一个人还是许多人,就立即成为暴政。"①孟德斯鸠则进一步认为:"民主政治和贵族政治的国家,在性质上,并不是自由的国家。政治自由只在宽和的政府里存在。不过它并不是经常存在于政治宽和的国家里;它只在那样的国家的权力不被滥用的时候才存在。"②

为了对国家权力进行约束和限制,自由主义思想家们除了进行理论上的阐述之外,还进行了大量制度方面的设计,其目的是在政府结构中加入某些自我控制的机制,从而使政府行为能够在相当程度上摆脱权力所有者的好恶和愿望,简而言之,就是要达到即使"坏人"掌握了权力也不可能做"坏事"的目的。总的来说,理论家们提出的对国家权力进行约束的机制主要包括两个方面,即法律与政府结构③;后者又包括两种具体形式:代议民主制与分权和平衡的机制。

法律对政府行为的约束表现在政府的构成与行为都必须以法律作为基本依据,这也是法治原则最起码的要求。统治者必须服从法律,这是中世纪日耳曼国家一项共同的传统,并且通过 1215 年的英国《大宪章》得到确认。④近代以来,法治主义的倾向在与专制主义的斗争中不断增强。卢梭《论人类不平等的起源和基础》一书中的一段引文从一个特殊的侧面反映出专制主义时期的法治观念:"因此,我们决不应该说君主可以不受本国法律的支配,因

---

① 洛克:《政府论》下篇,第 123 页。
② 孟德斯鸠:《论法的精神》,第 154 页。
③ 关于通过政府结构对权力进行约束的理论将在下一节进行详细介绍。
④ 《大宪章》的意义在于,当国王权力开始扩展的时候,它以明确的形式对这种权力进行了限制,比如说规定国王征税必须得到贵族会议同意,由"大会议"代表的"全体国民"有权参与国家政策的制定并且拥有反抗政府的合法权利,国王的权力必须接受监督,国民享有受到平等对待的权利以及人身自由的权利,任何自由人未经依法审判或依法判决不得被逮捕、监禁、没收财产、剥夺法律保护权、流放或加以任何其他损害等等。上述原则在人们反抗国王的专制权力、维护法治传统的斗争中一直发挥着重要作用,1640 年的英国革命、1776 年的北美独立战争都是《大宪章》精神的体现。时至今日,这些原则仍然是英国宪法的重要组成部分。

为与此相反的命题乃是万民法上的一条真理,虽然这条真理有时为阿谀者所攻击,但贤明的国王总是像国家的保护神一样保护这一真理。我们如果也像明智的柏拉图那样地说:一个王国的完善无缺的幸福在于臣民服从国王,国王服从法律,而法律是公正的,并且永远面向公众的幸福,那是多么更为合理啊!"[1]16世纪后半期的英国思想家胡克(Richard Hooker,1554？—1600)就曾经指出:"无论对国王还是广大民众来说,受到最严格的限制的权力才是最好的权力;所谓受到最严格的限制就是说只能处理很少的事务,而所谓最好的权力就是那种其行使受到完善的、尽可能细致的规则约束的权力,这些规则就是法律。我指的不仅是自然法或者说上帝的法律,而且包括所有与它们相一致的国家的或者地方的法律。以这些法律为王的人们要比国王自身就是法律的人们幸福得多。"[2]

17世纪到18世纪的法国政治思想家孟德斯鸠(Baron de Mondesquieu, 1689—1755)对人性有异常深刻的洞察。他指出,人是一种理性的动物,但同时又是一种具有种种缺陷,因而不可能保证自己的思想和行为时时处于理性支配之下的动物。他写道:"人,作为一个'物理的存在物'来说,是和一切物体一样,受不变的规律支配。作为一个'智能的存在物'来说,人是不断地违背上帝所规定的规律的,并且更改自己所制定的规律。他应该自己处理自己的事,但是他是一个有局限性的存在物;他和一切'有局限性的智灵'一样,不能免于无知与错误;他甚至于连自己微薄的知识也失掉了。作为有感觉的动物,他受到千百种的情欲的支配。这样的一个存在物,就能够随时把他的创造者忘掉;上帝通过宗教的规律让他记起上帝来。这样的一个存在物,就能够随时忘掉他自己;哲学家们通过道德的规律劝告了他。他生来就是要过社会生活的;但是他在社会里却可能把其他的人忘掉;立法者通过政治的和民事的法律使他们尽他们的责任。"[3]正是在这个意义上,美国的约翰·亚当斯(John Adams)认为,一个共和国,其真正的含义并不在于民主而在于确立法律在国家中至高无上的地位,即必须"(建立)这样一个国家,在其中所有的人,富人与穷人、管理者与被管理者、官员与民众、主人与奴仆、第一公民与最低

---

[1] 卢梭:《论人类不平等的起源和基础》,第135页。这是一段于1667年以法国国王路易十四的"名义并根据他的命令刊行的一部名著"中的语句。

[2] Richard Hooker, *Of the Laws of Ecclesiastical Polity*, ed. Arthur Stephen McGrade, Cambridge: Cambridge University Press, 1990, p.146.

[3] 孟德斯鸠:《论法的精神》,第3页。

贬者都平等地服从于法律"①。

当然,也有理论家认为,比法律和制度更有效的对国家权力的约束来自社会本身,因此只有通过让更多的民众直接参与政府的管理,才能切实保证政府权力的行使与社会的利益相一致。美国政治家和政治思想家杰斐逊明确指出,只有民主才能从根本上防止权力被滥用。有意思的是,虽然杰斐逊认为民主在欧洲并不一定合适,因为在民主制之下,那些一无所有的贫民将摧毁一切属于公共和个人的财物,但在美国这个主要由拥有自己财产的自耕农构成的国家,民主不仅安全,而且必要。② 杰斐逊当然也承认在民主制之下同样会出现滥用权力的可能性,但他认为,纠正的办法只能是进一步的民主,只要政府尽可能地接近民众,其错误终究能够得到克服。杰斐逊表示,所有成年男性公民的普遍选举权,所有立法、行政和司法官员的民选制度,广泛的国民教育,宗教、言论和出版的自由,所有这一切便是民主最终能够得到成功的根本保障。

美国的立国者把一种由公众参与并为公共利益服务的政府称为"共和主义"的政府——当然,共和主义并不完全等于民主主义。美国政治思想家麦迪逊曾经对民主与共和这两种体制进行过明确的区分。他认为,"纯粹的民主政体"是由"少数公民亲自组织和管理政府的社会",而共和政体则是一种代议制政体,"它从大部分人民那里直接、间接地得到一切权力,并由某些自愿任职的人在一定时期内或者在其忠实履行职责期间进行管理"③。麦迪逊认为,与前者相比,后者不仅同样能够实现民众对政府的参与,还能有效地防止民主制之下占优势的大众利益对少数人利益无限制的压制和侵害,平衡各方的要求,因而可以根除政治中的派系之争。麦迪逊本人倾向于共和制,但在通过民众参与实现对政府的监督和控制方面,他认为这两种制度存在共同之处。

如果人们无法通过正常的民主方式对政府行为加以控制,那么他们有权推翻这种专制暴虐的政权。如前所述,最早明确为抵抗权进行辩护的是法国的胡格诺教派,洛克继承并发展了这一理论。洛克具体区分了人们可以行使抵抗权的两种不同的场合,首先是对征服者的抵抗。征服又包括两种不同的

---

① Johan Adams, "Defence of the Constitutions of Government of the United States of America", *works*, 10 vols. Boston, 1850–1856, Vol. V, p.453 and Vol. X, p.378.
② 这一思想明显地受到了哈林顿理论的影响。
③ 汉密尔顿、杰伊、麦迪逊:《联邦党人文集》,程逢如等译,北京:商务印书馆 1980 年版,第 48、193 页。

情形:一是某一方为了保护自身的权利而对另一方进行征服,这实际上是对后者违背自然法的行为施行惩罚,洛克认为,这是一种合法的征服,因而对其进行抵抗是非法的。二是不合法的征服,即对那些并没有侵犯他人任何权利的人们的征服。洛克认为,在这种情况下,即使征服者建立了统治,被征服一方被迫服从的也只是他的权力而并非合法的权威,因为他们根本就没有服从征服者的义务。就算被征服者迫于压力对征服者宣誓效忠,这种誓约对前者也没有任何道德上的约束力,在机会来临的时候他们完全有权推翻征服者强加于自己的统治。

其次是对权力滥用者的抵抗,洛克区分了"篡夺"与"暴政"两种情况。他指出:"如果说篡夺是行使另一个人有权行使的权力,那么暴政便是行使越权的、任何人没有权利行使的权力。""如果征服可以称为外来的篡夺,篡夺就可以说是一种国内的征服,它与前者不同的是,一个篡夺者在他这方面永远不是正义的,因为当一个人把另一个人享有权利的东西占为己有时,才是篡夺。就篡夺而论,它只是人事的变更,而不是政府的形式和规章的变更;因为,如果篡夺者扩张他的权力超出本应属于国家的合法君主或统治者的权力范围以外,那就是篡夺加上暴政。"①洛克强调,无论在上述哪一种情况下,只有人民才能对政府行为是否合法做出判断。他就此写道:"这里大概又会提出这个常提的问题:谁来判断君主或立法机关的行为是否辜负他们所受的委托?……对于这一点,我的回答是,人民应该是裁判者;因为受托人或代表的行为是否适当和合乎对他的委托,除委托人之外,谁应该是裁判者呢?当受托人辜负委托时,委托人既曾给予委托,就必须有权把他撤回。如果在私人的个别情况下这是合理的话,那么在关系极重大的场合,在关系到千万人的福利的情况下,以及在如果不加防止祸害就会更大而救济就会感到很困难、费力和危险的情况下,为什么倒不是这样呢?"②

从上面的简单介绍也可以看出,对于监督与控制政府权力最根本的力量到底是法律、制度还是人民这个问题,西方政治思想中是存在着不同回答的。一般来说,强调法律和制度更为重要的一派多多少少具有某种保守主义的倾向,而强调人民的力量更为有效的一派在政治上则更为激进。当然,也有不少思想家同时强调法治、制度和民主几个方面的重要性,认为在它们之间不可有所偏废。事实是,如法国大革命那样的激进民主的确也带来了不少问

---

① 洛克:《政府论》下篇,第121、120页。
② 同上书,第149—150页。

题,但一味强调法律和制度的作用则可能成为维持现状甚至维护统治者既得利益的借口。民主、法治与制度的关系始终是西方政治思想中一个十分复杂的问题。比如说,卢梭可以算是一位典型的民主主义者,但最终不得不请出一位立法者为他所设想的共同体制定基本法,并且要借助"公民宗教"保证共同体成员对国家的忠诚。19世纪下半叶到20世纪中叶的英国政治思想家巴克(Ernest Barker,1874—1960)曾经提出过一种调和民主与法治关系的理论,他把两者之间的关系视为一个动态过程,而其中的关键则是自由的思想交流与讨论。在此过程中,能够为公众大多数所接受的观念将成为社会的共识,并且构成法律的基础。① 当代德国思想家哈贝马斯在某种程度上重复并且扩展了巴克的这一思想。② 不过,从根本上说,这仍然是一种偏重于民主的理论,其缺陷是不能充分说明法治对民主施以约束,以及民主可能对法治形成威胁的一面;同时,作为对理想政治模式的构建,它也不能对西方国家民主与法治的实际发展历程做出完备的解释。

三、分权学说及其制度设计

在对政府权力进行控制方面,除民主与法治的思想之外,一项重要内容就是权力分立的理论。这一理论上承古代希腊罗马关于混合政体的思想,在近代则通过洛克与孟德斯鸠的学说得到了充分的展开,最终通过美国立国者们的"实践的智慧"而被直接发展成为一整套具体的制度设计。

洛克是西方近代政治思想家中最先明确地把国家权力划分为立法权、行政权与外交权三个部分的人。洛克进行这种划分,一方面当然考虑到三种权力本身具有不同的属性,但他的根本目的则是通过对权力的分立实现对权力,首先是制定法律的权力的约束。根据洛克的定义,"立法权是指享有运用权利来指导如何运用国家力量保卫这个社会及其成员的权力"③。制定法律的权力乃是一个国家中最根本的权力,这一点是社会契约论的当然结论。在立法权的归属问题上,洛克并不赞成君主制,认为在一个"组织完善的国家"里,"全体的福利受到应得的注意,其立法权属于若干个人,他们定期集会,掌

---

① Cf. Ernest Barker, *Principles of Social and Political Theory*, Oxford: The Clarendon Press, 1951.
② 参见第十三章第二节关于哈贝马斯的部分。
③ 洛克:《政府论》下篇,第89页。

握有由他们或联同其他人制定法律的权力"①。这样一种设计与君主制相比其本身已经对立法权形成某种限制,因为它大大减少了立法者独断专行的可能性。但是洛克认为,仅此尚远不足以有效控制政府的权力。

为约束立法者,洛克提出了两个方面的措施。首先,他们只能在短时期内集会立法,"当法律制定以后,他们重新分散,自己也受他们所制定的法律的支配;这是对他们的一种新的和切身的约束,使他们于制定法律时注意为公众谋福利。"②这一措施至少可以达到三个方面的效果:第一,能够有效地维护法律的稳定性,不至于出现朝令夕改的情况;第二,能够保证立法机关的成员在更多时间内成为他们自己所制定的法律的实施对象而不是高高在上,超然于法律之外;第三,足以保证立法者在制定法律时三思而行,因为当他们分散之后,便已经没有可能按照自己的利益,再度对那些即使损害了他们自身的法律进行更改。

其次,把执行法律的权力从立法权中分立出来,因为如果这两种权力掌握在同一个或者同一批人手里,那么就很难防止他们把法律作为谋取私利的工具。用洛克的话说,就是"如果同一批人同时拥有制定和执行法律的权力,这就会给人们的弱点以绝大诱惑,使他们动辄要攫取权力,借以使他们自己免于服从他们所制定的法律,并且在制定和执行法律时,使法律适合于他们自己的私人利益,因而他们就与社会的其余成员有不相同的利益,违反了社会和政府的目的"③。因此,把立法权与执行权分开,能够使权力的实际执行者不能如其所愿地行使权力,而创造权力的一方也不可能通过对权力的行使从中谋取特殊利益。当然,洛克把立法权与执行权分开的另一个原因是两者的性质不同,即法律的执行是一件日常的工作,所以法律的执行机构必须是常设的,不能像立法机关一样定期解散。"由于那些一时和在短期内制定的法律,具有经常持续的效力,并且需要经常加以执行和注意,因此就需要有一个经常存在的权力,负责执行被制定和继续有效的法律;所以立法权和执行权往往是分立的。"④

除立法与行政权之外,洛克还划分出第三种权力,即对外权,是决定"战争与和平、联合与联盟以及同国外的一切人士和社会进行一切事务的权

---

① 洛克:《政府论》下篇,第89页。
② 同上书,第89—90页。
③ 同上书,第89页。
④ 同上书,第90页。

力"①。洛克之所以把对外权这样一种事实上的执行权单列出来,是因为他从社会契约论的逻辑前提出发,认为立法权和执行权(狭义的)是存在于已经通过社会契约建立了政府的社会内部的权力,而对外权涉及的则是那些并未与之结成共同社会、因而严格说来和他们之间仍然处于自然状态的个人或者群体。但是,同样依从社会契约论的逻辑,对外权无论如何不能超越立法权,它只能在已经制定的法律范围内处理与其他国家或者个人的关系。所以,洛克也指出,就对外权的实际运行来看,它与执行权并没有明显的区别;它们有所不同,只是因为后者所依照的是已经制定的法律,而前者则必须处理通常无法事先预料的问题。与此同时洛克又认为,尽管执行权与对外权的性质有所不同,但"如果执行权和对外权掌握在可以各自行动的人手里,这就会使公众的力量处在不同的支配之下,迟早总会导致纷乱和灾祸"②。虽然作为权力它们彼此不同,但就其行使来说,还是让这两种权力掌握在同一批人手里更为妥当。

当然,在立法权、执行权与对外权三者之间,洛克并没有平均分配力量,他强调指出,立法权应该享有至高无上的地位。"在一切场合,只要政府存在,立法权就是最高的权力,因为谁能对另一个人订立法律就必须是在他之上。……社会的任何成员或社会的任何部分所有的其他一切权力,都是从它获得的和隶属于它的。"③但这里就出现了一个问题:如果立法机关制定了与公共利益不一致的法律,人们除进行公开反抗之外是否还有其他可取矫正方法?如前所述,洛克曾经试图通过规定立法机关不能制定某些方面的法律以预防这种可能,但这毕竟不属于制度的保证。④ 实际上,这个问题要等到美国宪法制定之后才得到基本解决。另外,洛克的分权理论还存在另外一个方面的缺陷,那就是他在对三种权力进行划分的时候依据的标准并不一致,即在区分立法与执行权的时候主要是根据权力本身的性质,而在界定对外权的时候则主要以社会契约论为前提,这就产生了上面提及的矛盾:对外权和执行权虽然不同,但又必须由同一批人加以行使,对外权与立法权和执行权之间的区分明显不如后两者之间的区分那样明晰。这一方面的矛盾是由孟德斯鸠加以克服的。

---

① 洛克:《政府论》下篇,第 90 页。
② 同上书,第 91 页。
③ 同上书,第 92 页。
④ 参见第七章第二节的相关内容。

孟德斯鸠分权理论的出发点与洛克完全一致,即为了防止权力被滥用或者说专制性权力的出现,保证个人的自由即"从事法律所允许的任何行动的权利"①。孟德斯鸠明确地把政府权力区分为立法、行政与司法三个部分。这就是说,他在与洛克一样,把立法和行政权划分开来的同时,又与洛克不同,不是把对外权,而是把司法权列为政府的第三个独立权力机构。孟德斯鸠其实也意识到,司法权与对外权一样,从本质上说同样是一种执行的权力。之所以使这种权力独立出来,其根本目的还是为了保护公民的自由。为此,孟德斯鸠对司法机关的权限及其权力行使方式都进行了明确界定,使其与一般行政权力相比具有明显不同的特征。按照孟德斯鸠本人的解释,一般意义上的行政权具有主动性,而司法权相比之下则是一种"被动"的权力,因为行政部门必须根据政治生活的日常变化积极主动地在法律范围内对国家的各种事务进行管理,而司法部门则只有在由其他机构启动司法程序之后才可能实施各种法律,"告诉才受理"是司法机关最基本的工作原则。孟德斯鸠提出的立法、行政与司法三种权力的划分及其理论依据现在已经为世界各国普遍采用。

孟德斯鸠针对划分三种权力的必要性指出:"当立法权和行政权集中在同一个人或同一个机关之手,自由便不复存在了;因为人们将要害怕这个国王或议会制定暴虐的法律,并暴虐地执行这些法律。如果司法权不同立法权和行政权分立,自由也不存在了。如果司法权同立法权合而为一,则将会对公民的生命和自由施行专断的权力,因为法官就是立法者。如果司法权同行政权合而为一,法官便将握有压迫者的力量。如果同一个人或是由重要人物、贵族或平民组成的同一个机关行使这三种权力,即制定法律权、执行公共决议权和裁判私人犯罪或争讼权,则一切便都完了。"②

主张三权分立并非孟德斯鸠理论贡献的全部。更重要的是他认为,不仅必须把政府权力进行合理的划分,而且还必须使分开之后的三种权力彼此之间相互牵制,用他的话来说,就是"以权力约束权力"③。如果说分权理论谋求的是对政府的"消极防御",那么权力制衡追求的则是"积极防御"的效果,而且只要政府各部门开始运作,这种防御功能就会自动发挥出来。孟德斯鸠关

---

① Charles Montesquieu, *The Spirit of the Laws*, trans. Thomas Nugent, New York: Hafner, 1949, p. 150.
② 孟德斯鸠:《论法的精神》,第 156 页。
③ 同上书,第 154 页。

于"以权力约束权力"的思想在他对政府结构的设计中表现为以下几个方面。首先,立法机关分为两个部分,即贵族院与平民院,前者世袭,后者由选举产生,其基础的不同应该使其代表的利益以及对国务的看法有所不同。孟德斯鸠设想这两个部分独立立法,又相互行使否决权,从而起到彼此牵制的作用,保证社会各方的利益都能够得到相对有效的保护。其次,行政部门虽然是立法部门的执行机构,但它又能够对立法机关制定的法律行使否决权,同时决定后者开会及休会的时间,以便从社会整体利益以及专业和技术的角度对立法机构形成一定的约束。第三,立法机关除制定法律之外,还有权对行政机关执行法律的情况加以监督,并且可以对行政机关的违法行为提出弹劾。最后,司法机关不仅执行法律,而且对立法和行政机关的行为享有违宪监督权。这些设计后来都在美国宪法中得到了反映。

孟德斯鸠提出的"以权力约束权力"的思想是对古代希腊罗马混合政体理论的一种回归。事实上,这一理论经过长时间的沉寂之后,从中世纪后期开始已经再度引起政治学家们的重视。马尔西利奥在提出最好的政体是一种民众政体的同时就曾指出,这种政体必须使各机构之间有所平衡,以保证民众最终对政府的控制。从政治实践方面来看,意大利的威尼斯共和国是近代政治学家们关注的一个焦点。人们认为,它之所以能够长时期保持政治稳定,其根本原因就在于它的政体中混合了君主制、贵族制和民主制这三个方面的因素,从而避免了其他国家频繁发生的派系之争。佛罗伦萨人弗朗西斯科·圭恰迪尼(Francesco Guicciardini,1483—1540)就是根据这一思想认为,佛罗伦萨共和国体制上的缺陷,就是君主制因素(民众选举产生的终生执政官)和民主制因素(作为最高权力机构的立法大会)都过于极端,因而不能免于政治动荡。他的建议是,新设立一个由上层阶级组成的参议院,作为一种"专制和民众的放任之间的缓冲器",在上述两个因素之间保持某种平衡。①甚至马基雅弗利也认为,混合政体是最好的政体,虽然君主制、贵族制和民主制都能够提供良好的秩序,但由于这些纯粹的政体形式缺乏内部平衡,所以它们都将不可避免地堕落为暴君政体、寡头政体和无政府状态。②

对后世发生过重要影响的另一位混合政体论者是比孟德斯鸠稍早的哈林顿。在他所设想的"大洋国"中,政府由三个部分组成:"参议院讨论并提出

---

① Francesco Guicciardini, *Dialogue on the Government of Florence* (ed. and trans. by Alison Brown), Cambridge: Cambridge University Press, 1994, p.114.
② Machiavelli, *The Discourses of Nicoló Machiavelli*, Vol.1, pp.212-214.

政策,众议院做出决定,执政官加以执行"①;参众两院分别由年收入100磅以上2000磅以下②和不足100磅的公民们选举产生,六名最高执政官则由参议院推举。如上所述,哈林顿认为一个国家中经济利益的平衡是其政治稳定的关键所在,大洋国的政体设计正是他的这一思想的反映。在这里,"权威的平衡"既体现了、又反过来保证了经济的平衡。《大洋国》在某种意义上成为后来的美国宪法的蓝本。除具体的政体设计之外,哈林顿关于通过鼓励人们合理地追求各不相同的个人利益而使它们彼此之间自动达致平衡的思想③,更是对美国的立国者们产生了深刻的影响。

混合政体的理论通过美国立国者们的著述在近代得到了最为系统的表达,他们把混合政体称为"制约与平衡"(checks and balances)的体制,即通过对权力的分配与混合、使各种权力部门之间相互监督的制度。与传统的混合政体论者,特别是哈林顿的观点一样,美国立国者们也相信,通过这样一种制约与平衡的体制可以达到两个方面的目标:首先是平衡各方面的利益从而避免可能破坏政治稳定的派系之争,其次是有效地制约政府权力以保护公民个人的自由。

就第一个方面而言,美国立国者们认为,社会中自然地存在各种不同的利益。这些利益由于未必与国家的利益与目标相一致,因而可能对国家的团结与稳定产生影响(美国立国者们称之为"党争")。这一点他们与传统共和主义者并无二致,但与后者不同的是,他们认为控制或者消灭这些利益对国家和社会而言并非明智之举。麦迪逊曾经指出:"我理解,党争就是一些公民,不论是全体公民中的多数或少数,团结在一起,被某种共同情感或利益所驱使,反对其他公民的权利,或者反对社会的永久的和集体利益。消除党争危害有两种方法:一种是消除其原因,另一种是控制其影响。消除党争原因还有两种方法:一种是消除其存在所必不可少的自由,另一种是给予每个公民同样的主张、同样的热情和同样的利益。关于第一种纠正方法,再没有什么比这样一种说法更确切了:它比这种弊病本身更坏。自由于党争,如同空气于火,是一种离开它就会立刻窒息的养料。但是因为自由会助长党争而废除政治生活不可缺少的自由,这同因为空气给火以破坏力而希望消灭动物生

---

① James Harrington, *The Commonwealth of Oceana and a System of Politics*, p.25.
② 在大洋国中,2000磅是公民年收入的最高上限,超过2000磅的财产要被均分。
③ 孟德斯鸠后来的"以权力约束权力"的构想可以说是这种观念在政治权力问题上的某种具体运用。

命必不可少的空气是同样的愚蠢。第二种办法是做不到的,如同第一种办法是愚蠢的一样。只要人类的理智继续发生错误,而且人们可以自由运用理智,就会形成不同意见。只要人们的理智和自爱之间存在联系,他们的意见和情感就会相互影响,前者就会成为后者依附的目标。"① 既然消灭不同的利益是不现实的,也是不可取的,而听任各种利益自生自灭又是破坏性的,那么唯一的办法就是创造出某种机制,使每一个人和每一个集团在追求自身利益的过程中彼此牵制并达致平衡。用麦迪逊的话说,就是"管理这各种各样又互不相容的利益集团,是现代立法的主要任务,并且把党派精神和党争带入政府的必要的和日常的活动中去"②。这种机制是可能的,因为如果允许每一方都自由地追求其合理的利益,他们自然会出于对自身利益的考虑约束其他利益的过度膨胀。

如果把权力也理解为某种利益的话,那么防止权力被滥用的有效方法,就是把权力分散在不同的部门之间,并且使其在追求自身利益和权力的过程中相互牵制。这是孟德斯鸠关于"以权力制约权力"的思想的进一步发挥。麦迪逊明确表示:"防止把某些权力逐渐集中于同一部门的最可靠办法,就是给予各部门的主管人抵制其他部门侵犯的必要法定手段和个人的主动。……野心必须用野心来对抗。"③汉密尔顿则非常具体地指出:"把权力均匀地分配到不同部分;采用立法上的平衡和约束,设立法官组成的法院,法官在忠实履行职责的条件下才能任职,人民自己选举代表参加议会——凡此种种,完全是崭新的发现,或者是在现代趋向完善方面取得的主要进步。这些都是手段,而且是有力的手段,通过这些手段,共和政体的优点得以保留,缺点可以减少或避免。"④

美国立国者们依照孟德斯鸠的理论,把国家权力划分为立法、行政与司法三个部分。⑤ 其中立法权又由参议院和众议院共同行使。设立两院制的原因是:"由于僭越权力或背离职守的阴谋,需经两个不同机构的同意才能实现;而单一的机构则容易为野心所左右或为贿赂所腐蚀,这样就加倍地保障了人民的利益。……由于两个机构的特点越是不一样,就越是难以勾结起来

---

① 汉密尔顿等:《联邦党人文集》,第45—46页。
② 同上书,第47页。
③ 同上书,第264页。
④ 同上书,第40—41页。
⑤ 关于美国政府机构的设置及其权力的具体内容,请参阅美国宪法。

为害。"①为了让这两个机构的特点不一样,规定参议员由间接选举产生,当选年龄比众议员大,任期比众议员长;另外,参众两院在立法权的分配上也有所不同,但由任何一院提出的法案最后都必须经过另一院同意,方能递交总统签署。美国立国者们认为,这样一种设计可以带来的好处是,作为立法机构之一的众议院能够直接反映人民的利益与要求,并且比较具有进取精神;而参议院则更多地反映各州的利益,同时具有更长远的眼光,更具专业性和稳健性。两者之间相互砥砺,当能使各项法律的制定更为全面稳妥,周到平衡。

美国脱离英国的殖民统治之后,从邦联过渡到联邦的一个重要原因,是由于缺乏统一有效的行政权力所导致的混乱。因此美国立国者们最基本的考虑,首先是对过度民主或者无政府状态的防范,为此就必须建立一个强大有力、但又不至于独断专行的行政机构。在联邦党人的设计中,作为行政机构首脑的总统由选举产生,由此保证选民对其行为的控制。但是,为了保证选举过程的公平与明智,他们又主张不能由全体公民直接参与投票,最好的办法是让他们选举出总统选举人,再由后者选出总统。② 另一方面,除选举之外,公民们基本上不再拥有影响行政权力的其他途径。在日常政治活动中,总统的行动也不必对议会负责,由此保证了他在一定程度上的独立性。汉密尔顿指出:"有些人会以为行政部门对于社会上或立法机构中之行时潮流能够屈从顺应,乃是其最大的美德。但是,此种人对于所以要设置政府的宗旨,以及对于促进人民幸福的真正手段,都是理解得十分粗浅的。共和制度的原则,要求接受社会委托管理其事务的人,能够体察社会意志,并据以规范本人行为;但并不要求无条件顺应人民群众的一切突发激情或一时冲动,因为这些很可能是由那些善于迎合人民意见而实则出卖其利益的人所阴谋煽动的。"③就此而言,美国的宪法原则实际上还包含了在国家的管理和引导与人们的利益与要求之间一种更深层面的相互制约与平衡。

美国立国者们对于司法独立予以充分重视。他们认为,司法权是三种权力中最弱的一种,因为它既不像行政权那样执掌着强制力,也不像立法权那样控制着国家的钱袋,因而较少存在被滥用的危险;加之司法机关的被动性质,它也不可能损害其他部分的利益,相反应该尽可能地保护它不受其他机

---

① 汉密尔顿等:《联邦党人文集》,第 315 页。
② 美国的总统选举现在虽然形式上为直接选举,但在计票时仍然以每州能够产生的总统选举人数为准,即在某个州获得相对多数的总统候选人将得到该州全部选举人(本州联邦参议员与众议员人数之和)的票数,而非其所得到的选民实际投票数。
③ 汉密尔顿等:《联邦党人文集》,第 363—364 页。

构的侵害。因此,对司法权来说问题不在于如何对其施以限制,而是如何保证它相对于其他机构,尤其是立法机关的独立性。在这个方面,一个非常重要的措施就是必须防止法官的任职及其司法公务受到法律之外其他因素的干预,美国立国者为此设想的方法是使法官不经由民选产生,而且在相当程度上不受民众及政府其他部门的控制,即在其"行为端正"(指不犯渎职罪)的前提下可以终身任职。①

按照美国立国者的设计,制约与平衡的原则不仅体现在立法、行政与司法三种权力之间,而且还反映在联邦与州的权力关系中。联邦制是美国人的创造,在这种制度下中央与地方政府的权力平衡虽然从实践的角度看是双方妥协的结果,但对分权与制衡理论也是一个重大的贡献。汉密尔顿等人认为:"在一个单一的共和国里,人民交出的一切权力是交给一个政府执行的,而且把政府划分为不同的部门以防篡夺。在美国的复合共和国里,人民交出的权力首先分给两种不同的政府(指联邦和州政府。——引者),然后把各政府分得的那部分权力再分给几个分立的部门。因此,人民的权利就有了双重保障。两种政府将互相控制,同时各政府又自己控制自己。"②这种"相互控制"既通过联邦与州之间的权力划分、也通过联邦政府的结构得以实现,比如在联邦立法机关中,参议院以州为单位选举产生(各州不论大小都一律选举两名),众议院则按人口比例选举产生(根据各州人口多少分配名额),两者共同分享立法权,但又相互制约,从而实现了联邦与州的权力平衡。

如上所述,制约与平衡的体制不仅仅要求对国家权力进行分割,同时还要求对各种权力加以混合。美国立国者们表示,这一理论的根据是孟德斯鸠的理论和英国的实践。他们指出,在英国,立法权就是一种混合的权力:下院在不经上院同意的时候不能制定法律,而两院制定的法律在得不到国王同意的情况下也不能生效;不经国王同意两院不能开会;不经议会同意国王不能调动军队或者征税;等等。他们设计的美国政治体制体现的也是同样的原则:"掌有全部行政权的长官,虽然他能否决每一条法律,但是自己不能制定法律;也不能亲自管理司法,虽然他能任命司法管理人。法官不能行使行政

---

① 在1803年美国最高法院对"马伯里诉麦迪逊"(Marbury v. Madison)案的审判中,首席法官马歇尔(John Marshall)宣读的判决理由指出,阐明法律是什么,这明显属于司法部门的职责和权力范围。由此,美国最高法院为自己争取到了一项虽然在英国习惯法传统中被默认、但在美国宪法中并未明确赋予的权力,即司法审查权(judicial review)。该项权力使司法机关能够对立法机关制定的法律是否违反宪法做出判决,因而亦称违宪审查权。

② 汉密尔顿等:《联邦党人文集》,第265—266页。

权,虽然他们是行政系统的分支;也不能执行任何立法职务,虽然立法会议可以同他们进行商量。整个立法机关不能执行司法法令,虽然通过两院的联合法案,可以将法官撤职,虽然某一院作为最后一着拥有司法权。此外,整个立法机关不能行使行政权,虽然某一院能任命最高行政长官,另一院在弹劾第三者时能审判行政部门的一切部属,并给他们定罪。"①他们相信,制约与平衡的原则"并不要求立法、行政和司法应该完全互不相关。……除非这些部门的联合和混合使各部门对其他部门都有法定的监督,该原理所要求的、对一个自由政府来说是不可或缺的那种分立程度,在实践上永远不能得到正式的维持"②。

还需要说明的是,美国立国者们之所以设计了这样一种制约与平衡的体制,其原因除了希望能够防止派系之争与国家权力被滥用之外,还有一个重要的考虑,就是他们既担心少数对多数的暴政,同时也害怕多数对少数的压制。正如麦迪逊所说,"几乎在每一种情况下,整体中的大多数人会感到有共同的情感或利益。联络和结合是政府形式本身的产物;没有任何东西可以阻止牺牲弱小党派或可憎的个人的动机。因此,这种民主政体就成了动乱和争论的图景,同个人安全或财产权是不相容的,往往由于暴亡而夭折"③。因此,一个稳定、有效而又能充分保证公民自由的政府,它所面临的重要课题就是如何"把政府需要的稳定和能力与对自由和共和政体应有的神圣的关注结合起来"④。

麦迪逊表示,解决这个问题有两种方法:"如果多数人由一种共同利益联合起来,少数人的权利就没有保障。只有两个方法可以防止这种弊病:其一是在不受多数人的约束,也就是不受社会本身约束的团体中形成一种意愿;其二是社会中包括那么许多各种不同的公民,使全体中多数人的不合理联合即使不是办不到的,也是极不可能。"⑤第二种方法是制约与平衡,第一种方法则是为少数确立严格的保障。从这个意义上说,美国立国者当中存在着某种贵族政治的倾向,尽管他们观念中的贵族并非出身的贵族而是"能力和财富"方面的贵族。这一点在关于美国宪法的争论中一再被反对者们所强调。有人认为,新的政府"不可能是一个得到有效平衡的政府,它事实上将成为一个

---

① 汉密尔顿等:《联邦党人文集》,第247—248页。
② 同上书,第252页。
③ 同上书,第48—49页。
④ 同上书,第168页。
⑤ 同上书,第266页。

永久的贵族政体。"还有人指出,"这个国家的天然贵族会被选举出来,……但事实上他们代表不了人民的任何一个部分,他们代表的只不过是富人,即使在被人们视为最具民主性的立法机构中也是如此。"①对宪法原则中的这种贵族政治倾向,甚至宪法的部分拥护者也有所体认,并且对其表示不满。杰斐逊就曾经指出:"共和主义最重要的原则,就是在所有拥有平等权利的个人中由多数进行统治。"②他认为,虽然美国宪法以法律形式(指宪法的前十条修正案即所谓的"权利法案")对公民权利进行了明确规定,但这些权利最根本的保障还是人民自身。制约与平衡的目标是为了防止暴政的出现,但是,在代议制这样一种使人民能够对政府进行更直接的监督与控制的制度出现之后,任何制约与平衡的措施就成为对人民权利的限制,它在最好的时候也不过是画蛇添足,而在最坏的时候就成为邪恶的东西了。③

美国立国者们政治思想中的这种贵族主义倾向其实不难理解。联邦的建立本来就是为了克制邦联时期的混乱与无序状态,总的趋势是权力的集中而非分散。但是,作为自由主义者或者准自由主义者,他们对权力又怀有一种根深蒂固的不信任。正如麦迪逊或者汉密尔顿所指出的:"政府本身若不是对人性的最大耻辱,又是什么呢?如果人都是天使,就不需要任何政府了。如果是天使统治人,就不需要对政府有任何外来的或内在的控制了。在组织一个人统治人的政府时,最大困难在于必须首先使政府能管理被统治者,然后再使政府管理自身。"④因此,他们在当时面临的基本矛盾,就是既要建立一个强有力的政府,又必须保证对其权力加以约束。这表现在他们一方面宣称政府行为必须符合人民的利益,另一方面又反复强调直接民主制的种种弊端,甚至对实行间接民主的代议制也有所顾忌,因而要求对反映民意的代议机构同样施以种种限制。美国立国者们称这样一种理论为"共和主义",但这种共和主义与传统的,比如说与罗马时代的共和主义相比已经表现出明显的差别,因为在这里,人民在很大程度上已经成为受控制的对象。如果当时卢梭还在世的话,他会把对英国的议会制度的批判同样地用于美国宪法。

---

① Cf. Iain Hampsher-Monk, *A History of Modern Political Thought*, *Major Political Thinkers from Hobbes to Marx*, Oxford: Blackwell, 1992, p. 230.

② Thomas Jefferson, "To Alexander Humboldt", June, 1813, in Edward Dumbauld (ed.), *The political writings of Thomas Jefferson: Representative Selections*, New York: Liberal Arts Press, 1955, pp. 183-184.

③ Thomas Jefferson, "To Issac H. Tiffany", August 1816. in Edward Dumbauld (ed.), *The political writings of Thomas Jefferson: Representative Selections*, p. 87.

④ 汉密尔顿等:《联邦党人文集》,第264页。

第八章 权力受到制约的政府

与此相联系,美国立国者政治思想的基本出发点是"人性恶"的假设,而传统共和主义的一项基本内容,则是强调在一个真正的共和国内部,公民必须具有与之相应的政治道德(virtue),需要克服人性中自私与贪婪的一面,如果任凭人的自然本性无限制地表露出来,共同体便成为一件不可想象的事情。但是,美国立国者们却有一种完全不同的思考方法,他们继承了霍布斯的思想,相信人性不可能改善,也不需要等到人性完善之后再建立完善的国家,而且他们"深知,无论道德或宗教的动机都不能作为适当控制的依据"①。他们承认人性中恶的一面,但同时又相信,只要在政治设计中考虑到这一点并加以合理的利用,那么它不仅对政治无害,而且还会大有裨益。

作为经验主义者的休谟曾经表述过类似的思想,认为"必须假定人人都是恶棍"②。美国的建国者是完全赞同这样一种观点的,亦即"正视人类天性、不扩大其美德、不夸张其瑕垢"③。汉密尔顿明确指出:"人总是要追求其个人私利。要改变人性,就像要阻挡自私的情感的狂流一样困难。聪明的立法者应该巧妙地通过改变河道对其加以引导,并在可能的情况下将其导向公共利益的方面。"④当然,这并不是说他们否认人性中存在高尚的一面,但他们认为不能把政治的基点建立在人性善的假定之上。制约与平衡的理论实际上便是这样一种思想的体现——允许个人的或者派系的利益在政治中得到合理表达,但这种表达的结果却可能促进公众的利益。⑤ 在这方面,正如政治思想史学家波考克(J. G. A. Pocock)所指出的,美国立国者表达了一种"明晰的、确切的迹象,……即一种倾向,它把共和制之下的平衡与对其公民个人的任何道德要求分离开来"⑥。

---

① 汉密尔顿等:《联邦党人文集》,第48页。
② David Hume, *Essays Moral and Political*, ed., by T. H. Green and T. H. Grose, 2 vols., 1898, Vol. I, pp. 118-119.
③ 汉密尔顿等:《联邦党人文集》,第385页。
④ Harold C. Syrett and Jacob E. Cooke (eds.), *The papers of Alexander Hamilton*, New York, Columbia University Press, 1961-1987, Vol. V, p. 85.
⑤ 这种思想由苏格兰启蒙运动时期的思想家曼德维尔非常精辟地概括为"个人的恶导致公共的善"。Cf. Bernard Mandeville, *The Fable of the Bees, or Private Vices, Public Benefits* (Newly edited and introduced by Irwin Primer), New York: Capricorn Books, 1962.
⑥ Terence Ball and J. G. A. Pocock (eds.), *Conceptual Change and the Constitution*, Lawrence Ka.: University Press of Kansas, 1988, p. 72.

第九章
平等、民主和自由

近代西方政治思想的重大成就之一,是基本上确立了"人人生而平等"这样一项规范性的政治原则,而该原则必然导向对政治民主的追求。但是,作为一种政治形式,民主与政治的本质,即统治与管理却存在着某种内在的张力。从柏拉图开始的政治传统强调理性与智慧在政治中的统治地位,而民主却有可能彻底颠覆知识在政治中的特权。另外,近代国民国家的地理与人口规模,也使其不可能如希腊城邦一样实行真正意义上由每一位公民亲自参与国家管理的直接民主制。在这种情况下,一些具有自由主义倾向的思想家认为,代议民主制不仅能够作为一种可行的直接民主的替代方案,而且能够有效地防止直接民主制之下民众意志无约束的表达,实际上是在民主体制下保证精英统治地位的最佳选择。此外,民主还带来了另一个问题,即如何处理作为统治者的多数与按照民主规则必须服从其统治的少数之间的关系。像卢梭那样的理想主义者倾向于认为,只要设计某些必要的制度条件,就可以保证多数的意志自然体现共同体的共同意志,而少数对多数的服从,实际上也正是他们的基本利益所在。但是像托克维尔和密尔那样的自由主义者却坚持,民主制之下始终存在多数对少数的压制即所谓"多数暴政"的危险,所以对公民自由的保护便具有了特殊的内容和意义。自由主义一般是通过限制政府的行动范围来保护公民的个人自由,而在一个其政府职能受到严格控制的国家,民主的价值自然也就受到了明确的限制,就此而言,非卢梭意义上的"自由民主主义"只是某种意识形态上的标签。

一、"人人生而平等"

"人人生而平等"的观念是近代政治思想发展的结果。古希腊思想家如亚里士多德虽然曾经论及平等问题,不过他们所说的都只是某个特定共同体内部公民之间的平等,因而这种平等实际上以更大范围内不平等的存在为前提。希腊文明晚期的斯多葛学派和犬儒学派在一定程度上表达过人与人之间普遍平等的政治意识,但这种意识既不是他们学说的中心,在当时的政治生活中也没有得到任何体现,因为它反映的不过是那些处于政治边缘或者政治之外的人们的愿望。虽然斯多葛学派的思想对罗马的许多政治家,包括皇帝马可·奥勒留都有相当深刻的影响,而且甚至在罗马法当中也有所体现[1],但作为一种普遍意义上的,即超越性别、等级、民族、国家等等外部特征的平等观念,基本上还是不为人们所知。

一般认为,基督教思想最早明确体现了人与人之间普遍平等的观念,因为上帝面前人人平等是基督教的一项基本教义。正如《圣经》中所说:"并不分犹太人,希利尼人,自主的,为奴的,或男或女。因为你们在基督耶稣里都成为一了。"[2]这种平等观念在奥古斯丁的理论中得到了清晰的反映,他写道:"当他(指上帝。——引者)说'让他们统治海中的鱼群,天空中的飞鸟和地上所有爬行的动物'时,他的意思绝不是让他根据自己的形象创造的理性动物去统治非理性动物之外的其他任何东西——不是人统治人,而是人统治动物。"[3]奥古斯丁之所以把政治视为对上帝的背叛,原因之一也就是政治体现的恰恰不是人与人之间的平等,而是他们之间等级与服从关系。

但另一方面,奥古斯丁又承认政治生活对人类的必要性,并且认为强制与等级制度是和平与秩序的前提。他表示,只要和平与秩序得到维持,被统治者的屈从地位使他们得到的善与统治者因其傲慢而造下的恶一样多。[4] 这样,人与人的平等在很大程度上也就只能停留在精神的王国之内,并且与实际生活中的各种不平等并行不悖。不仅如此,随着教会内部教阶制度的建

---

[1] 参见第四章第一节的有关内容。
[2] 《圣经·加拉太书》,第三章,第28节。
[3] Augustine, *The City of God against the Pagans*, p.942.
[4] Ibid., p.943.

立,宗教组织也逐渐发展成一种与世俗政治组织几乎毫无二致的等级制机构,教徒之间的平等自然也无从谈起。与此同时,等级与服从关系也得到了教会方面的正式承认。托马斯·阿奎那就表示,虽然人作为上帝的创造物具有同样的尊严,但人与人之间的差别同样也是一个不容否认的事实。换言之,上帝面前人人平等与他们具有各不相同的理性能力这两个论断之间并不存在任何矛盾。这样,由理性程度更高的人进行统治就成为一件自然而然的事情。①

但无论如何,基督教教义毕竟使人与人之间的平等成为一种正统性的观念,只要条件成熟,它完全可以为平等的要求者提供他们所需要的理论支持。因此,在中世纪后期那些主张教会改革的思想家当中,平等又作为一项重要的宗教和政治要求被明确地提出来。马尔西利奥就曾经表示,虽然他不否认人的能力有差别,但这种差别并不能成为妨碍他们平等参与宗教与政治生活的理由。马尔西利奥尤其强调,神职人员与普通信众相比没有任何特权,他们在上帝眼中完全平等;教会中任何体现等级与特权的制度都是世俗性的,而从基督教的观点来看,教皇和最低一级的教士在与世俗权力的关系方面并无不同。马尔西利奥这种主张的实质就是回到早期基督教的原则,否定教会内部不平等关系的合法性。

霍布斯首先对真正近代化的、世俗意义上的人人平等的观念进行了清晰的表述。虽然霍布斯本人主张君主制,但在他的理论中,这一制度之所以得到青睐完全是出于现实的考虑而不是因为它有什么神圣的根据,这是霍布斯与费尔默等君权神授论者最大的区别。按照霍布斯的看法,抛开所有的外部条件,即在他所假设的"自然状态"下,人与人之间无论在体力还是智力方面都没有任何明显的差异。他写道:"自然使人在身心两方面的能力都十分相等,以致有时某人的体力虽则显然比另一人强,或是脑力比另一人敏捷;但这一切总加在一起,也不会使人与人之间的差别大到使这人能要求获得人家不能像他一样要求的任何利益,因为就体力而论,最弱的人运用密谋或者与其他处在同一种危险下的人联合起来,就能具有足够的力量来杀死最强的人。"②人们之所以不愿意承认人与人之间的这种平等,不过是因为他们"对自己智慧的自负而已。在这一方面,几乎所有的人都认为自己比一般人强;也就是说,都认为除开自己和少数因出名或赞同自己的意见而得到自己推崇的

---

① Thomas Aquinas, *Selected Political Writings*, p. 103.
② 霍布斯:《利维坦》,第92页。

人以外，其他所有的人都不如自己。"但是，霍布斯表示："这倒是证明人们在这一点上平等而不是不平等。"①他还进一步指出，人与人之间能力上平等的结果就是他们在所要达到的目的和希望方面的平等。既然如此，那么在人与人之间，还有什么是不平等的呢？

当然，霍布斯关于自然状态下人人平等的论断，并没有使他得出应该建立某种平等的政治社会的结论。相反，他是希望以此证明，既然人们在各方面都处于势均力敌的状态，没有任何人在任何方面占有明显优势，并且能够自然产生得到人们公认的权威，那么自然状态必然成为一种一切人反对一切人的战争状态，人们将不得不通过订立社会契约建立国家，以实现和平与秩序。但是，霍布斯的平等理论仍然具有重要的政治意义，因为在他那里，人们首次被完全平等地放置在自然的天平上面，剩下的问题已经不再是人是否真的平等，而是如何对待这种平等——是为了秩序放弃平等，还是通过某种政治设计维护和促进这种平等。

从承认人在自然状态下的平等到承认人在政治上的平等，在这一理论发展过程中迈出了重要一步的是英国内战时期的平等派（the Levellers）。平等派是克伦威尔指挥的国会军中由利尔本（John Lilburne,1614？—1657）和奥维尔顿（Richard Overton,1631—1664）等人为代表的、主要由下级军官和士兵组成的团体。作为新教徒，他们不仅深信上帝面前人人平等，而且认为在政治上同样应该人人平等。他们宣称，耶稣就是平等派的领袖。利尔本在1646年的一本小册子里明确表示：由于人人都是亚当的子孙，所以他们"生而平等并且享有同样的权利和尊严"②。他们向特权者指出："你们宣称自己（的特权）的唯一依据是自然法，但根据自然法，你们无论对这块土地还是对其他任何东西都不比我多一丝一毫的权利。"③

平等派不仅提出了权利平等的政治主张，而且还提出了一系列使这种平等成为现实的政治方案。奥维尔顿尖锐地指出："你们知道，这个国家的法律与一个自由民族的特性根本不相称。我们必须从头到尾对其加以考察，进行严肃的讨论，并且使之成为体现了公众平等的、正确的理性的协议，而这正是每一个政府理应具有的形式及其生命所在。"④平等派主张，应该建立一种为

---

① 霍布斯：《利维坦》，第92页。
② Cf. George H. Sabine and Thomas L. Thorson, *A History of Political Theory*, fourth Edition, Hinsdale, Illinois: Dryden Press, 1973, p.446.
③ C. H. Firth (ed.), *The Clarke Papers*, Camden Society Publications, 1891-1901, Vol. I, p.263.
④ Richard Overton's *Remonstrance*, in C. H. Firth (ed.), *The Clarke Papers*, p.365.

所有人参与政治提供平等的条件并且得到所有人同意的政府。正如一位平等派成员所言:"我的确认为,在英国最卑贱的人应该与最伟大的人过同样的生活。而且,先生,我认为显而易见的是,必须首先经本人同意处于某个政府的管理之下,他才会成为这个国家的一员;同时我也深信,在严格的意义上,如果没有得到他本人的同意,即使最卑贱的英国人也没有必要服从这个政府。"①

作为政治平等的制度体现,平等派主张实现全体男性公民的普选权,并且建立某种形式的民主政府。至于被称为"真正的平等派"的"掘地派"(the Diggers)则伴随着英国革命的发展进一步把平等导入经济领域,认为"没有任何人理应成为压在别人头上的主人或者地主,全部土地都向人类所有的子女开放,使他们能够自由地生活"②。这就成为一种类似社会主义的主张。掘地派的经济平等观念在其代表人物温斯坦莱(Gerrard Winstanley,1609—1660)那里得到了明确的表达。不过,就其与现实政治的关系来看,不论平等派还是掘地派都远远走在了他们时代的前面,他们的要求也因此没有任何实现的可能性。平等派由于支持士兵反对拖欠军饷发生的叛乱,掘地派则因为触犯了土地所有者的利益先后遭到镇压,他们的思想要等到大约两个世纪之后才重新在英国得到广泛传播。

作为英国革命理论上的辩护者,洛克继承了平等派在政治平等方面的某些主张,但总的来说,他还是从后者的立场上大大后退了。洛克与霍布斯一样,以某种自然状态的理论作为其政治学说的基础,同时,他也与霍布斯一样,认为自然状态是一种人人平等的状态:"自然状态有一种为人人所应遵守的自然法对它起着支配作用;而理性,也就是自然法,教导着有意遵从理性的全人类:人们既然都是平等和独立的,任何人就不得侵害他人的生命、健康、自由或财产。"③洛克与平等派和掘地派有一个共同点,那就是把人与人之间的平等归因于他们作为人的共同资格,而不是像霍布斯那样将其理解为人们在体力和智力方面的平均状态。这是一种基督教平等观念的延续,但又超越了这种观念,因为它明显具有实际的社会和政治意义。洛克这种天赋人权的观念后来对美国独立战争和法国大革命都发挥了重要影响。美国《独立宣言》中就以洛克式的语言指出:"所有人生而平等,造物主赋予他们某些不可

---

① C. H. Firth (ed.), *The Clarke Papers*, Vol. I, p.301.
② Cf. George H. Sabine, *A History of Political Theory*, p.453.
③ 洛克:《政府论》下篇,第6页。

出让的权利,其中包括生存、自由和追求幸福的权利。为了保卫这些权利才成立政府,而政府是经过受其治理的人民同意才获得权力的。任何形式的政府一旦变成了这些目的的破坏者,人民就有权加以变更。"

由于洛克设想的自然状态基本上是一种和平和睦的状态而不像霍布斯描述的那种永无休止的战争,人们之所以离开这种状态也不过是为了生活得更好更便利,所以他们显然也就没有任何理由要放弃原先所享有的平等。洛克因此强调指出:"人类天生都是自由、平等和独立的,如不得本人的同意,不能把任何人置于这种状态之外,使受制于另一个人的政治权力。"[1]然而,对人们进入社会状态和建立政府之后如何保证他们之间的平等,洛克却没有太多的论述——经济上的平等自不待言,政治上的平等也模糊不清。洛克提倡的是一种类似君主立宪的政治体制,国家的立法权属于经选举产生的议会,但在议会具体的选举方式这样一个涉及公民政治平等的关键问题上,他又再次表示了沉默。

资产阶级革命时期权利平等思想最重要的辩护者是卢梭。作为一位出身寒微的思想家,卢梭对平等的理解与在他之前和以后的其他许多思想家都不同,倒是与英国内战时期的平等派和掘地派类似,有其强烈的现实政治和社会意义,那就是打破所有的特权。

卢梭实际上把不平等视为人类社会一切邪恶的根源。在他看来,自由与平等这一对人类根本的政治目标中,平等具有更基础、更重要的价值,因为正是平等的丧失导致了人对人的依附与奴役即自由的丧失。卢梭社会契约论的基本目标,就是通过提供某种平等的政治和社会条件,使人类重返自由的状态。他指出,在根据这种社会契约结成的新的共同体中,虽然人们体力与智力方面的自然的不平等仍然会存在,但它将得到人们平等的公民权利的矫正,因为共同体的每一位成员在订立社会契约的时候都被要求放弃原来属于自己的一切外部资源,从而也就相应地放弃了他们之间原有的一切社会意义上的不平等,并且根据社会契约平等地获得作为新共同体的一员拥有的权利和利益。因此,"基本公约并没有摧毁自然的平等,反而是以道德的与法律的平等来代替自然所造成的人与人之间的身体上的不平等;从而,人们尽可以在力量上和才智上不平等,但是由于约定并且根据权利,他们却是人人平等的"[2]。卢梭并且认为,在新的社会和政治共同体中作为主权体现者的"公意"

---

[1] 洛克:《政府论》下篇,第59页。
[2] 卢梭:《社会契约论》,第34页。

具有一种不断接近平等的趋向,因此它能够有效地保证每一位成员的独立。

为了切实保证公民的政治平等,卢梭强烈主张实行民主制。不仅如此,由于卢梭宣称财产权实际上也处于主权者的管辖范围之内,所以在他规划的新共同体中,虽然公民个人仍然能够合法地拥有自己的私有财产,但实际上还有一种经济上的平等存在,以作为政治平等的基础。卢梭曾经明确表示:"事实上,法律总是有利于享有财富的人,而有害于一无所有的人;由此可见,惟有当人人都有一些东西而又没有人能有过多的东西的时候,社会状态才会对人类有益。"①

紧接卢梭之后,潘恩再次为权利的平等进行了明确的辩护。与卢梭不同的是,潘恩不仅强调同代人之间的平等,而且进一步指出在不同世代的人之间也必须完全平等。在他看来,"人权平等的光辉神圣原则(因为它是从造物主那里得来的)不但同活着的人有关,而且同世代相继的人有关。根据每个人生下来在权利方面就和他同时代人平等的同样原则,每一代人同它前代的人在权利上都是平等的"②。他进一步解释,所谓平等就是"所有的人都处于同一地位,因此,所有的人生来就是平等的,并具有平等的天赋权利,恰像后代始终是造物主创造出来而不是当代生殖出来的,虽然生殖是人类代代相传的唯一方式;结果每个孩子的出生,都必须认为是从上帝那里获得生存。世界对他就像对第一个人一样新奇,他在世界上的天赋权利也是完全一样的"③。潘恩的这种平等观具有明显的反宗法制倾向,他不仅据此捍卫每一代人独立自由的地位,更以此对伯克保守主义思想中强调后代对前人的责任和义务的观点进行反驳。

由于美国与法国革命的确认和推动,"人人生而平等"逐步发展成为近代西方世界一项基本的政治原则。但是,在自由主义阵营中,平等主要还是停留在抽象的意义上,表现为一种权利的平等,更多指的是平等的可能而非平等的事实,而且即便是这种形式的平等也受到某些自由主义者的怀疑。比如说在密尔那里,虽然他同样强调平等的权利,甚至主张男女之间的平等,认为"从根本上说,只有当人类的社会关系建立在平等公正的统治基础之上,同时只有当人类在权利与教育的平等方面形成高度共识的时候,其道德复兴才会

---

① 卢梭:《社会契约论》,第 34 页注 2。
② 潘恩:《潘恩选集》,第 140 页。
③ 同上书,第 141 页。

真正开始"①,但非常具有讽刺意味的是他同时又提倡一种不平等的选举权制度,并试图以此限制普通民众对政治的影响②。

总的来说,对自由主义而言,平等与自由之间在某种意义上存在着难以调和的矛盾。政治上的平等必然要求民主,经济上的平等则将导致社会主义。真正要求平等和民主的,实际上是社会主义者。

二、民主的可能性

从强调人在政治上的平等权利出发,一个必然的结论就是要求人们对政治进行平等的参与,这就成为民主主义的政治主张。这样一种民主主义的理论早在马尔西利奥那里就得到了初步表述。他曾经指出,为了获得民众对国家的忠诚与服从,能够保证大众参与的共和国是最好的政体,因为在这种政体之下,人们自然会把法律视为某种他们自己制定并施于自身的规则;同时,也只有民众才是对官吏最好的裁判者。③ 就连马基雅弗利也认为:"民众与君主相比要更少作恶,因此人们应该更相信民众而非君主。"④马丁·路德更是明确指出了平等与民主之间的内在关联,虽然他并没有直接使用民主这个词,而且谈论的也并非世俗的政权而是教会内部的组织原则。他表示:"就对圣谕与神迹的理解而言,我们所有人都具有同等的权威。如果没有教会全体成员的同意,或者没有得到教会大多数成员的授权,任何人都不能拥有执行不论是人还是神所宣称的圣谕或者神迹的权力。"⑤

如果说马尔西利奥和路德关于民主政治主张的面目还不是非常清晰的话,那么到平等派那里,这种思想便得到了非常明确的表达。平等派是当然的民主派,其政治要求就是在国会军取胜后新的政治"安排"中,反映作为下级军官和普通士兵的他们以及他们所代表的社会阶层的利益和愿望。平等派认为,政府的基础归根到底是人民的同意。奥维尔顿在他的小册子《下议院对自由民的呼吁》(*An Appeal from the Commons to the Free People*,1647)中指

---

① Mill, *On Liberty, with the Subjection of Women and Chapters on Socialism*, edited by B. Acton, London: Dent, 1989, p.211.
② 请参见本章第二节的相关内容。
③ Marsilius of Padua, *Defensor Pacis*, Vol.2, pp.46-47.
④ Machiavelli, *Discourses on the First Decade Titus Livius*, in *Machiavelli, the Chief Works and Others*, p.319.
⑤ Bertram Lee Woolf (ed.), *Reformation Writings of Martin Luther*, Vol. I, p.114.

出:政府只有在其行为合乎理性,并且得到理性的人民同意的情况下才是合法的。一方面,"人世间所有公正的权力都是经过人们的普遍同意而被托付和授予的,因为在自然状态下每一个人都被赋予某种自然权利,这种权利不容许其他任何人侵害或滥用"①;另一方面,政府必须基于人民的同意,是因为理性永远在民众的大多数一方。虽然完善的理性只属于上帝,但奥维尔顿相信,在某种程度上所有成年人都具有这样的能力。由于理性平等地为每一个人所拥有,并且构成政府行为的唯一依据,因此任何形式的贵族政治不仅违背上帝的意志,而且没有丝毫的逻辑基础。

奥维尔顿认为,由全体公民选举政府官员,是体现政府民众基础的根本方式。一份由平等派提出的、被称为"人民协议书"(An Agreement of the People)的文件正式提出了这一要求,即国会议员由全体男性公民选举产生。平等派的另外一位代表人物伦勃罗夫(Thomas Rainborough,1610—1648)更是明确表示,仅仅在观念上承认政府的基础在于人民的同意远远不够,只有当人们有权选举国家的立法者,这种基础才可能得到切实的保障。他的理论根据是,法律是适用于所有人的,与所有的人利益相关;同时,由于所有的人都具有理性能力,所以他们也就应该有权决定由什么样的人为他们立法。②

立法者由选举产生的原则在英国经过光荣革命和洛克的论证而被确立下来,但在1688年的英国,距全民选举权的实现还相去甚远。③ 另外,在当时的人们看来,由人民选举国家的立法者也并不等于民主制,当时类似平等派的观点被称为共和主义,它强调的是国家的全民性,但并不主张全民对政治的普遍参与。在资产阶级革命时代,民主思想的真正代表者是卢梭。

不过,对近代民主主义的思想家来说,仅仅在理论上为民主和平等进行辩护只是问题的一个方面,更重要的是必须为民主的实现提出某种具体的制度设计。在西方政治思想史上,围绕这种设计存在着两个方面的关键问题,一是民主的体现方式,二是民主的内部条件。

首先,如果像古希腊那样,把民主的具体形式理解为全民参政,那么近代

---

① A. S. P. Woodhouse (ed.), *Puritanism and Liberty*, London: Dent, 1951, pp. 324, 327.
② Ibid., pp. 53,61,56. 需要指出的是,法律由人民制定,人民服从于他们自己制定的法律所以仍然是自由的人民,这不仅是平等派,实际上也是英国1640年至1688年间"共和主义者"的一项基本主张。不过当时的共和主义者并没有在公民平等的问题上作更多的追究罢了。
③ 据统计,由于财产资格的限制,在1832年议会改革以前,英国有选举权的公民只占总人口的3.1%,改革后,也仅有7%的成年人享有选举权,直到1928年,成年人中享有选举权的人数比例才达到90%。

国民国家远比希腊城邦大得多的地理和人口规模使得这样一种民主几乎没有任何现实的可能性。既然不可能实现全民参政,那么谈论民主还有什么实际意义呢?卢梭便认为,英国式的制度即所谓的代议制根本不能算是民主,因为即使所有的公民都参与选举并且选出自己的代表进行立法,但个人的意志怎么能够被代表呢?"正如主权是不能转让的,同理主权也是不能代表的;主权本质上是由公意所构成的,而意志又是决不可以代表的,只能是同一个意志,或者是另一个意志,而决不能有什么中间的东西。因此,人民的议员就不是,也不可能是人民的代表,他们只不过是人民的办事员罢了;他们并不能做出任何肯定的决定。凡是不曾为人民所亲自批准的法律,都是无效的;那根本就不是法律。英国人民……只有在选举国会议员的期间,才是自由的;议员一旦选出之后,他们就是奴隶,他们就等于零了。"①

因此在卢梭看来,真正能够实行民主制的只能是那些面积很小的国家,小到使全体公民能够经常集会以进行政治决策。但即便如此,也不可能让所有的人都参与国家事务的管理,卢梭于是对主权者与政府进行了区分。主权者自然是全体公民,而且主权不可分割和转让;至于政府,则不过是对主权者制定的法律加以执行的一个办事机构。卢梭强调,主权者即全体公民将制定那些具有普遍适用性的法律,政府的任务则是在具体问题上实施这些法律、指定各方面的官员、宣布战争与和平等等。卢梭认为,政府可以通过选举产生,但他同时又明确指出,这种选举实际上体现的是贵族政治的原则,因为它将把那些最优秀的公民选举出来。对卢梭来说,在真正的民主制度之下,人与人之间的差别不应该具有任何政治意义,正如在选举中每个人不论其智力与财产状况都拥有平等的选举权和被选举权一样。因此,在挑选公职人员方面彻底民主的方法便只能像古代希腊城邦一样,通过抽签来进行。

从主权者与政府的区分这一政治生活的实际要求出发,卢梭还得出了另外一个结论,即在一个地域辽阔的国家,由于风俗习惯各不相同、人们的个别意志差别较大,因而必然要求有一个强大的政府对全社会进行管理,但其结果是公民的自由要受到更多限制。如果人们希望有一个强大的政府,同时又享有尽可能多的自由,那么主权者就必须拥有更充分的制约政府的权力。按照这种逻辑,卢梭对政府体制的问题进行了一些很有意思的推论。他认为,任何政府的管理者都存在着三种意志:他的个人意志、他作为政府管理者与其他管理者分享的公共意志,以及他作为公民与整个共同体共有的公共意

---

① 卢梭:《社会契约论》,第125页。

志。在最理想的情况下，应该是第一种最弱而第三种最强，但卢梭认为，实际情况不可能如此简单。比如在君主政体下，管理者的个人意志与管理者的共同意志是一致的，因此与那些以民众的大多数或者全体民众作为管理者的政府形式相比，管理者的个人意志也会是三种意志中最强的；而在后一种情况下，数量众多的管理者的个人意志与他们共有的公共意志之间的联系要弱得多，但又恰恰是这种政府形式，才能使政府的意志与公共意志达成最大可能的一致。问题是，如果从效率的角度看，政府管理者的人数又应该与公民的总人数成反比，或者说国家越大，政府的权力越应该集中，管理者的个人意志也应该越强，但这又与政府在民主方面的要求相违背。卢梭因此认为，在为一个国家制定宪法的时候，关键的艺术就是如何在民主的要求与效率的要求之间进行不同比例的组合。他表示，传统上所谓的君主制、贵族制和民主制正是对两者进行组合的几种可能方式，而他自己则相信，从一个人的统治到所有人的统治，实际上可能存在无限多的选择。卢梭在此还根据孟德斯鸠的理论对共和制进行了独特的定义，认为所谓的共和国就是依法而治的国家，因此一个共和国在政府形式上可以视其具体情况采用君主制、贵族制或者民主制。显然，卢梭在一个问题上并不是十分清楚的，那就是政体到底是由主权的分配方式还是政府管理权的分配方式来决定。但不管怎么说，他这种借助共和制替换传统民主制的做法，却为西方近代政治思想在民主问题上找到了更大的空间，使后来的理论家得以通过代议民主制的理论解决近代大地域国民国家与直接民主不相容的问题——虽然如前所述，卢梭自己更倾向于小地域的国家，比如像他的出生地日内瓦共和国，因为他认为只有在这样的国家内或许才能实现真正的民主。

至于民主的内部条件，实际上也就是民主制对其公民的基本要求，或者说在民主政体之下公民应该具有的基本素质和道德水平。相比之下，这个问题不仅更让民主政治的提倡者为难，而且正是因为它的存在使不少理论家最终否定了民主的实际可能性。

首先是政体与公民素质和公民道德之间的关系。如前所述，这是西方政治思想中一个从古希腊时期开始就不断引起人们的探索和争论的问题。众多思想家相信，不同政体需要不同的民众意识和道德风尚作为基础。柏拉图最早注意到了各种政体形式下社会主导的道德风尚、价值观念与政治意识的差别，比如理想国家中的正义、贵族政体下的荣誉、平民政体下的欲望等等。这个发现也反过来使他意识到，为了维持某种特定的政治体制，必须在民众当中培育并强化与其相应的观念基础，他在《国家篇》和《法律篇》中对教育和宗教的高度重视就反映了这一点。柏拉图开启的这种思想方式为后世的思想家,特别是亚里士多德以及西塞罗等罗马共和主义者所继承。经过中世纪之后,意大利的早期人文主义者们又重新提起了这个论题,并且普遍认为古典式教育不仅是上流人士唯一可能的教育形式,而且也是他们参加公共生活的必要准备。至于以马基雅弗利为代表的后期人文主义者更是明确表示:"为了确保自由与价值得以维护,最需要扶植教育的并不是一整套有效的制度与法律,而是全体人民的公民自豪感与爱国心。这种情感必须达到使得人人将城市的利益看成是自己的利益、使人人为城市的自由和兴盛贡献出自己的全部力量这种程度。"①

与古代希腊思想家不同,近代的民主主义者是以对民主政治的肯定作为出发点的,但即便如此,他们中也几乎没有人完全相信民主原则可以自然地产生最好的政体,或者能够自动地保证政治上的长治久安。他们同样认为,民主政治必须建立在某种特有的公民道德基础之上。虽然杰斐逊认为,"我不知道除了人民本身之外,还有什么储藏社会的根本权力的宝库。假如我们认为人民的智能不足以审慎地行使他们的管辖权,其补救的方法不是剥夺他们的这种权利,而是通过教育启发他们的辨别能力"②,但真正像他那么乐观的理论家毕竟不多。

卢梭是第一位从正面对民主政治所需要的公民素质进行了具体探索的理论家。他非常详尽地列举了适宜于"立法"(即实行民主政治)的人民的诸多条件:"是什么样的人民才适宜于立法呢?那就是那种虽然自己已经由于某种起源、利益或约定的结合而联系在一起,但还完全不曾负荷过法律的真正羁轭的人民;就是那种没有根深蒂固的传统与迷信的人民;就是那种不怕被突然的侵略所摧毁的人民;就是那种自身既不参与四邻的争端,而又能独力抵抗任何邻人或者是能借助于其中的一个以抵御另一个的人民;就是那种其中的每一个成员都能被全体所认识,而他们又绝不以一个人所不能胜任的过重负担强加给某一个人的人民;就是那种不需要其他民族便可以过活,而所有其他的民族不需要他们也可以过活的人民;就是那种既不富有也不贫穷而能自给自足的人民;最后,还得是那种能结合古代民族的坚定性与新生民族的驯顺性的人民。"③当然,卢梭也非常清楚,要同时具备所有这些条件实在

---

① 昆廷·斯金纳:《现代政治思想的基础》,段胜武等译,北京:求实出版社1989年版,第183页。
② 杰斐逊:《杰斐逊文选》,商务印书馆1963年版,第51页。
③ 卢梭:《社会契约论》,第68页。

太过困难,所以他自己承认:"的确,这一切条件是很难于汇合在一起的;于是我们也就很少能见到体制良好的国家了。"①

不仅如此,卢梭认为,为了能够形成公意即实现真正的民主,这个国家还必须尽可能地创造以下的社会条件。首先是必须避免党派和小团体的出现,因为派别利益必将损害整个共同体的共同利益,同时也会妨碍"公意"的形成。卢梭表示,追求个人和小团体的利益是人的天性使然,与远离个人利益的东西相比,人们总是对自己的和与自己密切相关的东西予以更多的关注。卢梭之所以认为小国更容易达成公意,一个基本的原因,也是因为在这种国家,人们不仅能够真切地感觉到个人利益与公共利益的联系,而且因利益分化形成不同集团的可能性也比较小。其次,在做出政治决定的时候,公民个人必须尽可能地进行独立思考而不应被他人的意见左右。卢梭相信,如果每一个人都得到充分的信息、同时又在不受他人影响的情况下进行独立判断,那么他们自然表达的个人意志必然会指向公意。就此而言,卢梭肯定是现代政党政治最坚决的反对者。最后,卢梭强调公民投票时必须采用公开的、直接的方式,因为只有如此才能通过他们之间的相互监督,保证每一个人对共同体的责任和忠诚。

除上述要求之外,卢梭指出,为了实现真正的民主还必须具备两个不可或缺的前提:一位优秀的立法者和一种"公民宗教"。在卢梭的理论中,立法者承担着牛顿力学中上帝的角色,要为他的共同体提供一个道德的起点。卢梭认为,由于民主政治需要的公民道德不可能是人性的自然产物,所以民主制度也不可能是社会自然发展的结果——当然,这与卢梭的社会契约论多多少少存在着矛盾之处。制度需要从共同体之外引入,道德需要从外部加以灌输,这就使卢梭的立法者肩负着远比一般意义上制定法律的人重要得多的任务。卢梭对此写道:"为了发现能适合于各个民族的最好的社会规则,就需要有一种能够洞察人类的全部感情而又不受任何感情所支配的最高的智慧;它与我们人性没有任何关系,但又能认识人性的深处;它自身的幸福虽与我们无关,然而它又很愿意关怀我们的幸福;最后,在时世的推移里,它照顾到长远的光荣,能在这个世纪里工作,而在下个世纪里享受。"②立法者的伟大使命是:"敢于为一国人民进行创制的人,——可以这样说——必须自己觉得有把握能够改变人性,能够把每个自身都是一个完整而孤立的整体的个人转化为

---

① 卢梭:《社会契约论》,第68页。
② 同上书,第53页。

一个更大的整体的一部分,这个个人就以一定的方式从整体里获得自己的生命与存在;能够改变人的素质,使之得到加强;能够以作为全体一部分的有道德的生命来代替我们人人得之于自然界的生理上的独立的生命。总之,必须抽掉人类本身固有的力量,才能赋予他们以他们本身之外的、而且非靠别人帮助便无法运用的力量。这些天然的力量消灭得越多,则所获得的力量也就越大、越持久,制度也就越巩固、越完美。从而每个公民若不靠其余所有的人,就会等于无物,就会一事无成;如果整体所获得的力量等于或者优于全体个人的天然力量的总和,那么我们就可以说,立法已经达到了它可能达到的最高的完美程度了。"① 如何在人世间找到卢梭要求的立法者姑且不论,十分明显的是,真正的民主制需要的是一种彻底脱胎换骨的人。

关于具体怎样立法,卢梭并没有进行太多论述,他自己倒是尝试过为波兰、科西嘉和日内瓦等地立法,不过最后都是不了了之。除了由立法者为共同体确立基本的政治、社会和道德基础之外,卢梭认为,为了保证公民的政治品质,还必须借助某种"公民宗教"的作用,其理由是如果缺乏对神和对来世的信仰,那么人甚至不可能遵守最起码的道德规范,对无神论者根本谈不上任何社会生活。他指出,公民宗教是"写在某一个国家的典册之内的,它规定了这个国家自己的神、这个国家特有的守护者。它有自己的教条、自己的教仪、自己法定的崇拜表现"②。卢梭表示,公民宗教的好处"就在于它把对神明的崇拜与对法律的热爱结合在一起;而且由于它能使祖国成为公民崇拜的对象,从而就教导了他们:效忠于国家也就是效忠于国家的守护神。这是一种神权政体;在这种神权政体下,人们除了君主之外决不能有任何别的教主,除了行政官之外也决不能有任何别的牧师。于是为国家效死也就是慷慨殉道,而违犯法律也就是亵渎神明;并且让犯罪的人受公众的诅咒,也就是把他供献给了神的震怒:Saceresto(让他去受诅咒吧)"③。

关于公民宗教发挥作用的形式,卢梭写道:"要有一篇纯属公民信仰的宣言,这篇宣言的条款应该由主权者规定;这些条款并非严格地作为宗教的教条,而只是作为社会性的感情,没有这种感情则一个人既不可能是良好的公民,也不可能是忠实的臣民。它虽然不能强制任何人信仰它们,但是它可以把任何不信仰它们的人驱逐出境;它可以驱逐这种人,并不是因为他们不敬

---

① 卢梭:《社会契约论》,第54页。
② 同上书,第177—178页。
③ 同上书,第178—179页。

神,而是因为他们的反社会性,因为他们不可能虔诚地爱法律、爱正义,也不可能在必要时为尽自己的义务而牺牲自己的生命。但如果已经有人公开承认了这些教条,而他的行为却和他不信仰这些教条一样,那就应该把他处以死刑;因为他犯了最大的罪行,他在法律的面前说了谎。"①

卢梭对民主制提出了如此复杂苛刻的条件,以至于连他自己也对民主的现实可能性颇为怀疑,他指出:"就民主制这个名词的严格意义而言,真正的民主制从来就不曾有过,而且永远也不会有。"②他并且表示:"如果有一种神明的人民,他们便可以用民主制来治理。但那样一种十全十美的政府是不适于人类的。"③可见,卢梭之所以认为民主制不适合于人类,就是因为他本人已经意识到,这种制度在根本上与人的自然本性存在着冲突之处。因此,卢梭的共同体虽然具有民主的形式,但又必须以某种超越性的权力(即立法者和公民宗教)为前提。就此而言,虽然卢梭理想中的共同体与柏拉图所描绘的理想国分别以民主制和等级制作为基本特征,但两者之间在某些内容上的相似性也是显而易见的——它们都必须建立在对人性进行彻底改造的基础之上,都强调自然人与政治人的差异从而要求某种外在的约束(即政治性的宗教),也都使政治带上了深厚的道德色彩。正是在这个意义上,很多自由主义者认为卢梭的理论带有相当程度的极权主义色彩。

可以说,卢梭所向往的、能够实现全民政治参与的直接民主,在近代国民国家的基础上基本没有实现的可能性,在这种情况下,代议民主制(representative democracy)便成为一种较为可取的替代方案。作为美国与法国革命的鼓动者、参与者和捍卫者,潘恩最先对代议民主制进行了明确的辩护。当然,潘恩更多是作为一位政治宣传家而非理论家活动的,所以他的民主主义理论缺乏卢梭那样的系统性与深刻性。从根本上说,他是把民主制和君主制作为相互对立的两种政府形式,批判后者并捍卫前者。就此而言,潘恩的理论是洛克理论的翻版。但是,由于潘恩论战的主要对手是近代保守主义的奠基者之一埃德蒙·伯克,所以他在理论上对民主制的"正名"也就具有了特别的意义。

伯克不仅是法国大革命所体现的激进精神的批评者,同时也是民主原则的反对者,当然,这两方面与他的保守主义立场是完全一致的。伯克相信,社

---

① 卢梭:《社会契约论》,第185—186页。
② 同上书,第88页。
③ 同上书,第90页。

会结构、政治制度都是历史和传统的产物,是无数代人智慧的结晶,因此他反对在社会和政治领域进行激进的、与传统彻底决裂的革命。与此相适应,伯克坚持认为,君主和贵族等级作为文明、传统和习俗主要的承载者与体现者理应在社会和政治生活中享有特权地位。另外,贵族与大地产之间的联系还鼓励了人们对所有形式的财产权的尊重。伯克正是在此基础上对贵族政治表示推崇,并且认为民主制只会带来社会的动荡与文明的堕落。①

潘恩明确反对伯克为君主制或者贵族制政体进行的辩护,其中最根本的一点,就是他相信,没有人能够通过世袭继承并且垄断政治的智慧与美德。潘恩指出:"一切时代和一切国家的经验已经证明,要控制大自然对智能的分配是不可能的。大自然随心所欲地赋予人以智能。她按什么规律把智能撒播到人间,这对于人还是一个秘密,要想把人类的美貌与智慧用世袭术固定下来同样都是荒谬的。……在社会的一般群众中总是有足够的智慧去实现一切目的;但就社会的各个部分而言,智慧却在不断改变位置。它今天体现在这个人身上,明天又体现在另一个人身上,很可能轮番来到地球上的每一个家庭,然后又销声匿迹。""自然界既然如此安排,政府也必须循此前进,否则,政府就会如我们看到的那样,退化为愚昧无知。因此,世袭制对人类的智慧正如它对人类的权利一样是互相抵触的;既荒谬又不公道。"②

潘恩相信,与世袭制相反,代议民主制是一种能够真正集中和体现人类智慧的政治制度。他认为,伯克之所以反对法国大革命、反对民主制是因为他"对政府的组成原则知道得实在太少,以致把民主制和代议制混为一谈"③。潘恩本人是民主的拥护者,当然他也承认,国家地域的扩大和人口的增长的确已经使简单的或者说直接的民主制变得不具可行性,君主制和贵族制正是在直接民主制不再适用、而人们又还没有发现代议制的情况下的产物——"只是由于社会变得人口太多和幅员太大,不适合于简单的民主形式,而又缺乏把它的各个部分统一起来的方法,再加上世界其他部分的牧民分散独居,才使得那些不自然的政府体制有机可乘。"④

在潘恩的时代,人们对代议制已经非常熟悉,英国议会就是一种代议机构,问题是英国的代议制是与君主制结合在一起的,而且混入了大量的贵族

---

① 请参见第十一章第一节有关伯克的内容。
② 潘恩:《潘恩选集》,第241页。
③ 同上书,第243页。
④ 同上。

制成分。潘恩认为,最好的政体应该像美国一样,把民主制和代议制结合起来,这是一种"能够容纳和联合一切不同利益和不同大小的领土与不同数量的人口的政府体制","是所有的政府形式中最容易理解和最合适的一种,并且马上可以把世袭制的愚昧和简单民主制的不便一扫而空"①。潘恩宣称,代议民主制"集中了社会各部分和整体的利益所必需的知识","不让知识和权力脱节,而且正如政府所应当的那样,摆脱了一切个人的偶然性,因而比所谓的君主制优越"。另外,"代议制把大量关于政府的知识普及全国,从而扫除了愚昧,杜绝了欺骗。在此基础上无法施展宫廷的鬼蜮伎俩。这里没有秘密;也无从产生秘密。"更重要的是,在代议制政府之下,"每一个人都是政府的经管人,把了解政府情况看作是他的分内之事"②。需要强调的是,潘恩十分重视代议民主制中民主的一面,即这种制度对公民平等的政治权利的尊重。潘恩指出,在代议民主制政体之下,选举必须实行一人一票的原则,不能为选举权设置财产资格限制等,这使他的主张在当时显得相对激进。当然,潘恩把代议民主制的优点归结为可以使共同体中最具智慧的那一部分人掌握政府的权力,这很可能又被卢梭斥为一种改头换面的贵族体制。其实,与潘恩同时代的一些人不仅意识到了代议制的"贵族"特性,而且公开声称这种特性可以与公民之间的政治平等并行不悖。杰斐逊就表示,美国政府体制依靠的恰恰是"天生的贵族"即拥有知识和智慧的普通人。

18世纪在民主问题上像潘恩那样乐观的思想家并不多。古代希腊政治思想中对民主制的非难在人们的观念中仍然具有相当的影响。不少人都是在支持民主的一般性原则的同时,希望找到某种能够对民主潜在的破坏性作用有所限制的机制。除出身于日内瓦的罗姆(Jean Louis de Lolme,1741—1806)之外,法国哲学家和政治学家孔多塞(Marquis de Condorcet,1743—1794)是这种思潮的代表人物之一。他一方面支持全民选举制,另一方面又对城市平民的无知与破坏性心存疑惧,因而主张必须首先对大众进行启蒙教育,然后才能真正实现民主。③ 另一位法国政治思想家西耶斯(Emmanuel-Joseph Sieyès,1748—1836)也表现出与孔多塞同样的担忧,他提出需要设计某种间接选举的机制,以缓和普通投票者的影响。此外,他还提出建议,认为立

---

① 潘恩:《潘恩选集》,第246页。
② 同上书,第246—250页。
③ Keith Michael Baker, *Condorcet*: *From Natural Philosophy to Social Mathematics*, Chicago: The University of Chicago Press, 1975, p.269.

法机构应该每年更换部分成员,并且分为几个彼此独立的部分,以便使其活动能力受到限制。① 事实上,美国的联邦党人在民主问题上大致也持有类似的观点。

进入19世纪之后,随着来自社会底层的民主运动的压力和推动,民主逐步成为一个带有正面意义的政治概念,但民主制所带来的种种理论上的问题仍然引起思想家们不断的争论。在他们当中,法国政治思想家托克维尔(Charles Alexis de Tocqueville,1805—1859)具有独特的地位。作为贵族的后代,托克维尔与伯克一样对民主政治充满了不安;但与伯克不同的是,托克维尔清楚地看到平等与民主已经成为时代的潮流,是大势所趋,不可逆转。正如他所说:"身份平等的逐渐发展,是事所必至,天意使然。这种发展具有的主要特征是:它是普遍的和持久的,它每时每刻都能摆脱人力的阻挠,所有的事和所有的人都在帮助它前进。"②托克维尔意识到,一位严肃的政治学家应该做的不是去阻止民主的实现,而是在对民主进行深入细致的理解的基础上,设法克服民主化带来的社会问题。他正是基于这样的思考对美国的民主制进行了实地考察和研究。

托克维尔对贵族社会的某些价值,比如贵族文化与生活方式,贵族的特权——这里在某种意义上可以理解为自由③,以及社会的相对稳定等等是持认同态度的。比如,他认为:"贵族制度有自我控制的能力,不会被一时的冲动所驱使。它有长远的计划,并善于在有利的时机使其实现。"④与此相比,民主制则不免显得平庸、急躁和注重眼前利益。因此,托克维尔强调,民主制面临的一个紧迫问题,就是如何对其自身加以发展和完善。他急切地呼吁:"在我们这一代,领导社会的人肩负的首要任务是:对民主加以引导;如有可能,重新唤起民主的宗教信仰;洁化民主的风尚;规制民主的行动;逐步以治世的科学取代民情的经验,以对民主的真正利益的认识取代其盲目的本能;使民主的政策适合时间和地点,并根据环境和人事修正政策。"⑤

托克维尔认为,美国是当时民主制的典范,而美国的民主制之所以能够得到相对平稳的发展,又是美国自身社会、经济与文化等诸多方面的特征综

---

① Emanuel Joseph Sièyes, *What Is the Third Estate?* (Trans. M. Blondel, ed. S. E. Finer), London: Pall Mall Press, 1963, pp. 20-21.
② 托克维尔:《论美国的民主》,董果良译,北京:商务印书馆1988年版,第7页。
③ 请参见本章第三节的相关内容。
④ 托克维尔:《论美国的民主》,第264页。
⑤ 同上书,第8页。

合影响的结果。美国宪法中种种精巧的设计虽然发挥了重要作用,比如制约与平衡的机制、政府结构和运作原则中民主制与一定程度上的贵族制①的结合等等,但托克维尔认为,这并不是最根本的原因。他写道,"按贡献对它们分级……自然环境不如法制,而法制又不如民情。"②托克维尔指出,在美国所谓的民情中,对民主制来说最重要的一点就是发端于殖民地时期并且一直保持下来的地方自治和结社的传统,因为它恰恰弥补了民主政体之下一个几乎不可避免的缺陷,即公民对公共事务的冷漠和无责任的现象,而这一缺陷有可能葬送民主制本身。另外,美国人本性中对自由的执着也在相当程度上抵消了民主政治对平等的追求可能导致的专制倾向。至于美国传统的陪审团制度则成为公民意识教育的天然的学校,等等。因此,虽然托克维尔承认总的来说民主制优越于贵族制,但他又倾向于认为这种制度只是美国特殊条件下的产物,比如说,在实行中央集权制的法国,美国式的民主就没有实现的可能,因为法国缺乏有效的民主制度最基本的条件之一——地方自治。③

在自由主义思想家当中,密尔也是代议民主制的支持者。实际上,密尔对待民主的态度是比较复杂的。与托克维尔一样,他也相信民主潮流已经势不可挡,但与此同时,他对直接民主制又表现出非常深刻的担忧——既担忧出现所谓的"多数暴政",也担忧完全由智慧未开的普通民众掌握政权可能导致文明的平庸化和无个性化。基于这样的理由,密尔认为实行代议民主制恰恰可以发挥民主的长处而避免其不良影响。就此而言,代议制在密尔那里已经明明白白成为民主的防范工具了。

密尔关于代议制的理论与他的功利主义哲学思想有密切的关系。从功利主义的角度来看,民主也罢,代议制也罢,无非是达到某种目的——保护个人权利——的手段,它们并没有其自身的价值。密尔明确表示,在近代国民国家的范围内实行直接民主是不可能的,但普通民众可以选举代表对政府行为进行监督,以间接地保护自己的权利,防止少数人利用手中的特权追求自身利益。密尔还认为,为达到保护民众利益的目的,并没有必要实行彻底的代议制,比如说,儿童和妇女即使没有投票权,他们的利益也能够由其他人——他们的父亲和丈夫——提供保护。密尔相信,一种包括人口大多数

---

① 比如说,美国的最高法院就具有典型的贵族制特征。
② 托克维尔:《论美国的民主》,第358页。
③ Philippe Braud et Francois Burdeau, *Histoire de idées politiques depuis la Révolution*, 2e édition, Paris: Montcherstien, 1992, p.196.

的、以财产权为基础的选举制就可以达到这一目的。他指出,在英国实行这种制度有两个方面的好处,一方面可以保护公众利益不受"坏政府"的侵害,另一方面又可以制约已经获得了选举权的下层阶级当中存在的非理性冲动。密尔尤其强调维持一个占人口大多数的中产阶级的重要性,因为他们的稳健和理性是"好政府"的保证。①

　　密尔认为,不能让两种人获得选举权:没有文化的人和没有财产从而不能交税的人。他写道:"我认为任何不会读、写以及——我再加上——不会作普通的算术运算的人参加选举是完全不能允许的。"②密尔承认普及基本教育应该是社会的责任,但他同时又坚持教育的普及必须先于选举权的普及。在财产与选举资格的关系问题上,密尔认为:"同样重要的是,表决全国或地方税的议会,应专由对所加的税作某些支付的人选出。不交税的人,通过他们的投票处置他人的财产,就很有可能造成浪费而不会想到节省。就财产问题而论,他们保有任何投票权都是违反自由政府的根本原则的;这是将控制权力同权力的有益的行使方面的利害关系截然分开的做法。这等于允许他们为了他们认为适合于称之为公共目的的任何目的而把他们的手伸进他人的口袋。"③密尔虽然也提出可以通过改革税收制度,比如说把消费税这样一种间接税改为按人头征收的直接税以扩大享有选举权的人口数量,但他仍然认为:"不管怎样,我认为领取教区救济应绝对取消选举权资格是基本原则所要求的。不能靠自己劳动维持生活的人无权要求随意取用他人金钱的特权。依靠社会其他成员维持生活,这人就放弃了在其他方面和他们具有同等权利的要求。"④

　　密尔当然也指出代议民主制中民主的一面具有某些积极的作用:它可以使人们依靠自己保护自己的权利,提高个人的尊严、独立性、自觉意识以及公共精神。但与此同时他又强调,对公共事务的管理需要专门的知识与杰出的智慧,"在追求某种目标的时候要意识到更长远的目标和远期的后果,就既需要对实际困难有足够的了解,又需要能够对其加以说明的充分的智慧。忽视被经验所证明的传统和智慧,在眼前利益需要时蔑视已经制定的规则的重要

---

① 密尔实际上认为,一个代表"人数众多的中产阶级的政府就是民主的政府"。Cf. John Stuart Mill, "De Tocqueville on Democracy in America", in J. M. Robson (ed.), *Collected Works of John Stuart Mill*, Vol. XVIII, Toronto and Buffalo: University of Toronto Press, 1977, p. 167.
② 密尔:《代议制政府》,商务印书馆1982年版,第129页。
③ 同上书,第130页。
④ 同上书,第131页。

性,这些都是大众政府存在的人所共知的危险"①。为了防止这种危险,密尔要求民主只能体现在选民对代表的选举和代表对政府的监督上面,至于政府的实际运作则应该交给那些拥有专业知识的政治专家进行。他曾经表示,谈论大众对代表的控制是一件自相矛盾的事情。"如果我投某个人的票是因为他是我所知道的最有智慧的人,那么在此之后我也能把自己放在他的监督者的位置上吗?"密尔认为当然不能,否则就与病人指示医生为他开什么样的药方一样荒唐。② 由此可见,密尔思想中具有非常强烈的精英主义倾向。他甚至提出,在选举中除了实行每人一票的一般原则之外,还可以采取其他措施以保证精英的意志得到更充分的反映,比如让精英阶层拥有两票或者更多的票数,因为"作为较聪明或较有道德的人,有权要求其意见具有较大的分量"③。密尔强调,尽管这种特权不能让其享有者获得比全体普通民众更大的力量,但必须足以对后者的意志进行相当程度的平衡。

　　从精英主义的立场出发,密尔之所以支持代议制,一个很重要的理由就是他希望通过这种制度人们能够选出那些最具智慧的、最杰出的人作为他们的代表。代表不仅仅是民众意志的体现者,同时也应该是民众的管理者和统治者。他写道:"我们知道,人民的意志,甚至是他们中大多数的意志最终应该是至高无上的……尽管如此,要判断什么是政治上正确的选择,却不应该依据人民的意志而要依据他们的利益。因此我们的目标是通过劝说而非强制让人民能够自我约束,使他们能够为了自身利益避免直接的、无限制的随意而行。"④密尔强调,政治的目标在于"找寻一种事物的安排方式,使每一个人的利益能够与整体的利益完全吻合——这就是法律与制度的力量,而要做到这一点,必须教育每个人了解他的利益所在"⑤。这种主张与卢梭所提倡的公民教育并非没有相似之处,只不过意志自由这一在卢梭那里至高无上的原则被密尔用"实际的利益"替代了,而且,精英的自由已经压倒了民众的自由。不论如何解释和论证,这种设计与民主原则的冲突是显而易见的,因为政治

---

① John Stuart Mill, "De Tocqueville on Democracy in America", in J. M. Robson (ed.), *Collected Works of John Stuart Mill*, Vol. XVIII, p. 202.
② John Stuart Mill, "Pledges (1)", in A. P. Robson and J. M. Robson (ed), *Collected Works of John Stuart Mill*, Vol. XXIII, Toronto and Buffalo: University of Toronto Press, 1986, p. 490.
③ 密尔:《代议制政府》,第133页。
④ John Stuart Mill, "Pledges (2)", in A. P. Robson and J. M. Robson (ed), *Collected Works of John Stuart Mill*, Vol. XXIII, p. 502.
⑤ J.S. Mill, "Further reply to the Debate on Population", in J. M. Robson (ed.), *Collected Works of John Stuart Mill*, Vol. XXVI, Toronto and Buffalo: The University of Toronto Press, 1988, p. 324.

民主的一个根本前提就是人作为人的平等权利,在这个意义上,基于智力和知识或者道德的不平等与基于财产和身份的不平等并没有任何区别。可以认为,由于对自由的不同理解,在民主问题上两种认识已经出现了相当大的分歧。

三、民主与自由

由于民主政体不能保证在任何情况下都以全体一致的方式进行政治决策,于是就出现了一个民主论者不能回避的根本问题,那就是形成决策的多数与根据民主程序必须接受其决定的少数之间是怎样的关系。具体地说:民主要求少数服从多数,但这种服从是否需要有某种限度;少数是否拥有某些不能被剥夺的权利;等等。从另一个角度看,这里反映的就是民主与自由的关系问题。对此一般有两种回答。卢梭代表了其中的一种,他认为,多数的意志具有道德约束力,是公意的体现,因而理应强迫少数接受,而后者则因此而获得自由;另一种观点则是大多数近代自由主义者的共同立场,他们强调,民主并不必然促进自由,因此在民主政体之下,防止多数人的暴政与防止少数人的专制同样重要。

以卢梭为代表的关于民主与自由之间关系的理论可以称为一种乐观的理论,斯宾诺莎是其较早的表述者之一。他明确指出:"民主政治是最自然的,与个人自由最相合的政体。在民主政治下,没有人把他的天赋之权绝对地转让与人,以致对于事物他再不能表示意见,他只是把天赋之权交付给一个社会的大多数。他是那个社会的一分子。这样所有的人仍然是平等的,与他们在自然状态下无异。"[①]斯宾诺莎这段简单的陈述奠定了卢梭在这个问题上的基调,这就是说,在民主制度下,首先每一个人都是平等的,其次每一个人都平等地服从多数的决定,没有任何一个个体的人能够拥有强迫别人服从的权力,就此而言,民主政体下每一个人都是自由的。只不过,卢梭把这种论证进一步精细化了。

卢梭认为,设计一种真正的政治共同体,意味着"要寻找一种组合的形式,使它能够以全部共同力量来防御和保护每个参加者的人身和财富;并且由于这一结合而使每一个与全体相联合的个人实际上只是服从自己本人,并

---

① 斯宾诺莎:《神学政治论》,第219页。

且仍然像以往一样地自由"。① 卢梭指出,到他那个时代为止人类所有的政治组织形式都没有能够做到这一点,但他相信,如果根据他的社会契约理论,人们就能够最终实现这一梦想。

卢梭首先证明,在订立社会契约组成共同体时,每一个成员都同意放弃自己与他人有关的一切权利、财富和自由,而且由于社会契约是在全体一致的情况下缔结的,所以每一位成员对契约的遵从实际上只是对他自己而非别人的意志的服从,就此而言他仍然像原先一样自由;至于那些不同意社会契约的人则可以不让他们加入共同体。他需要进一步证明的是,在根据这种契约建立的共同体内部,每位成员在其日常的政治和社会生活中,在他们根据民主原则服从与其意见相左的多数决定时仍然保有自由。

卢梭承认,强制是政治的一个基本要素,社会契约同样赋予共同体以一种普遍的强制力,而且与其他的政治体相比,这种共同体因为具有公意的基础,所以其具有的强制力自然更为集中和强大。他相信,"如果国家,或者说城邦,只不外是一个道德人格,其生命全在于它的成员的结合,并且如果它最主要的关怀就是要保存它自身;那末它就必须有一种普遍的强制性的力量,以便按照最有利于全体的方式来推动并安排各个部分。正如自然赋予了每个人以支配自己各部分肢体的绝对权力一样,社会公约也赋予了政治体以支配它的各个成员的绝对权力。"②卢梭这段话的用意,是要证明共同体对其部分成员进行强制的合理性,因为如果共同体的决定是在全体一致的情况下做出的,那么它在实践其意志时并不需要对任何成员进行强制;只有出现共同体的意志与部分成员的意志不一致的情况,才会产生这种强制的需要。那么当共同体内部出现意见分歧的时候共同体的意志如何产生,根据这一意志对不服从者进行强制的合理性又如何理解,就成为卢梭必须回答的问题。为此,卢梭提出了一个重要的概念——公意。③ 卢梭的逻辑是,在共同体内部出现意见分歧的时候,也仍然有可能找到一种体现所有成员根本利益所在的意志即公意,而只要共同体的决定是公意的体现,那么它对任何成员的强制本质上都没有侵害、反而保证了他们的自由。

那么究竟什么是公意?为确切了解卢梭政治理论中的这一关键概念,有必要对其来源进行一点简单的介绍和分析。"公意"(general will, la volonté

---

① 卢梭:《社会契约论》,第23页。
② 同上书,第45页。
③ 卢梭所说的"公意"的"意",主要指的不是"意见",而是"意志",即共同体的意志。

générale，译为"普遍意志"可能更为准确）是一个在17世纪神学文献中广泛使用的词，与个别意志（particular will）相对。在基督教神学中，这对概念来自关于上帝拯救人类问题上的争论：上帝既然是全能的，为什么只救赎有德之人？有理论认为，上帝本来具有拯救全人类的普遍意志，但由于亚当的堕落，这种意志受到损害，因而只能有选择地拯救有德之人，这便是个别意志。这对概念通过笛卡尔的学生马勒布朗希（Nicolas Malebranche）与政治问题联系了起来。他提出的问题是：上帝是按照某种确定而一贯的原则即普遍意志（所谓的自然法）统治世界，还是就每一个具体问题做出不同决断（个别意志）？马勒布朗希持前一种立场，因为在他看来，普遍意志与理性和正义是一致的。①

从17世纪到18世纪，有几位重要的思想家使用过"普遍意志"这个概念。② 首先是孟德斯鸠，他在《论法的精神》一书中对立法权与司法权进行区分时便使用了普遍意志和特殊意志的说法，认为前者体现了国家的普遍意志（la volonté générale de l'Etat），而后者则是对这种普遍意志的执行。他并且在批评意大利一些共和国的时候指出："同一个机构，既是法律的执行者，又拥有立法的一切权力。它可以用其普遍意志来破坏整个国家，又可以用它的特殊意志去摧残每个公民。"在这种情况下，公民权利将受到严重的威胁。③ 另一个人就是狄德罗，他在1755年为《百科全书》撰写的一篇题为"自然权利"的文章中指出：作为"行为规则"的普遍意志，是个人在摆脱情绪影响的前提下对他能够正当地期待于他的同胞，以及他的同胞能够正当地期待于他自己的事物进行理性思考的结果。普遍意志永远不会出错，它是"一切社会的纽带"，"个人如希望了解他如何做人、做公民、做臣民、做父亲、做子女，就必须顺从普遍意志"④。实际上，洛克也使用过"社会的公共意志"（the public will of the society）这样的概念，认为"社会的要素和结合在于有一个统一的意志，立法机关一旦为大多数人所建立时，它就使这个意志得到表达，而且还可以说是这一意志的保管者"⑤。可见，至少在当时的英法两国，"普遍"（general）

---

① Cf. Nicolas Malebranche, *Traité de la Nature et de la Grace*, G. Dreyfus (ed.), *Oeuvres de Malebranche*, Paris: J. Vrin, 1958, Vol. V.

② Cf. Patrick Riley, "The General Will before Rousseau", *Political Theory*, Vol. 6, No. 4 (Nov., 1978), pp. 485-516.

③ 中译文为"一般的意愿"和"个别意志"。参见孟德斯鸠：《论法的精神》，第153页。

④ Denis Diderot, "Droit de la Nature, ou Droit Naturel", Diderot and D'Alembert (eds.), *Encyclopddie*, Vol. 5, pp. 13-133.

⑤ 洛克：《政府论》下篇，第129页。原文为"the essence and union of the society"，可译为"社会的本质与一体性"。

这个词与理性、正义和自然法等概念都是联系在一起的。这是卢梭使用"公意"或者"普遍意志"概念的理论背景,事实上也是他为这个概念赋予的基本含义。

关键问题是,如何才能在一个共同体中找到公意(普遍意志)。首先,卢梭强调公意必须是共同体全体成员意志的表达,这意味着必须由全体公民参与立法。但是,他同时又承认,由于在实际的政治过程中始终要求全体一致是一件不可能的事情,所以在一般情况下,多数的意见即可被视为公意的表达。他指出:除去建立共同体的原始契约之外,"投票的大多数是永远可以约束其他一切人的;这是契约本身的结果"①。那么为什么多数的决定可以被等同于全体的决定?要回答这个问题,就必须了解在卢梭看来,公意的基础到底是什么。

实际上,卢梭认为,公意或者说普遍意志从本质上说是人的一种自然属性,它存在于每一个人精神深处的某个角落。他写道:"公意又何以能总是公正的,而所有的人又何以能总是希望他们之中的每个人都幸福呢?这一点就证明了,权利平等及平等所产生的正义概念乃是出自每个人对自己的自私,因而也就是出自人的天性。这一点也就证明了公意若要真正成为公意,就应该在它的目的上以及在它的本质上都同样地是公意。这就证明了公意必须从全体出发,才能对全体都适用;并且,当它倾向于某种个别的、特定的目标时,它就会丧失它的天然的公正性,因为这时我们判断的便是对我们陌生的东西,于是便不能有任何真正公平的原则在指导我们了。"②

这就是说,公意不是创造出来的,而是根据某种方法从每个人内心中找到的;而对公意的发现,就是对每个人内心深处被各种社会需要扭曲的自然天性的回归。正是从这种认识出发,卢梭特别对公意和众意(个人意志的单纯汇集)进行了区别,认为"公意只着眼于公共的利益,而众意则着眼于个人的利益;众意只是个别意志的总和"③。共同体的一项基本任务,就是保证公民们在表达其意志的时候,自然地倾向于普遍意志而非特殊意志。为此,卢梭设想了一系列方法,比如说不允许党派存在,在投票时必须让每一位公民独立思考,并且在日常生活中通过公民宗教对他们进行教育,等等。具备这些制度性的保障之后,卢梭相信多数意志必然成为公意的体现,即"除掉这些

---

① 卢梭:《社会契约论》,第139—140页。
② 同上书,第42—43页。
③ 同上书,第39页。

个别意志间正负相抵消的部分而外,则剩下的总和仍然是公意"①。

既然多数的意志体现了公意,而公意又代表了理性和正义,那么不同于公意的意见自然就是错误的意见、与公意相左的利益自然就是褊狭的利益。卢梭因此得出结论认为:"为了使社会公约不至于成为一纸空文,它就默契地包含着这样一种规定,——唯有这一规定才能使其他规定具有力量,——即任何人拒不服从公意的,全体就要迫使他服从公意。这恰好就是说,人们要迫使他自由;因为这就是使每一个公民都有祖国从而保证他免于一切人身依附的条件,这就是造成政治机器灵活运转的条件,并且也唯有它才是使社会规约成其为合法的条件;没有这一条件;社会规约便会是荒谬的、暴政的,并且会遭到最严重的滥用。"②他并且指出:"只要臣民遵守的是这样的约定,他们就不是在服从任何别人,而只是在服从他们自己的意志。"③

卢梭由此得出了自由与民主完全一致的结论。这不仅意味着公民在共同体中有可能通过服从公意实现个人自由,而且意味着一位游离于政治共同体之外的人根本没有自由可言,因为孤独的个人永远无法找到公意或者说普遍意志。卢梭写道:"没有自由便不可能有对祖国的热爱,没有道德便不可能有自由,而不首先成为一名公民便不可能有道德,首先创造出公民,然后你才能得到你所希望的一切;没有他们,你除了卑贱的奴隶之外将一无所获,包括国家的统治者在内。"④这样,共同体、道德、公意、自由这些概念在卢梭那里就被有机地联为一体。当然,并不是说卢梭在个人与共同体之间没有预留任何空间,他一方面强调个人对公意以及体现公意的主权的服从,另一方面也承认人们加入共同体时并没有放弃自己的所有权利:"每个人由于社会公约而转让出来的自己一切的权力、财富、自由,仅仅是全部之中其用途对于集体有重要关系的那部分"。但是,他紧接着又指出,"必须承认,唯有主权者才是这种重要性的裁判人。"⑤在这种情况下,个人对主权者、对公意必须服从到什么程度,主权者对个人权利能够干涉到什么程度便都失去了任何清晰的界限,这是卢梭的自由观与霍布斯或者洛克的自由观最根本的差别所在。

---

① 卢梭:《社会契约论》,第39页。
② 同上书,第29页。
③ 同上书,第44页。
④ Jean-Jacques Rousseau, *Discourse on Political Economy*, in *The Social Contract and Discourses by Jean Jacques Rousseau* (translated with introduction by G. D. H. Cole), New York: E. P. Dutton & Co., 1913.
⑤ 卢梭:《社会契约论》,第42页。

就此而言,卢梭也可以被算作是一位社会或者说国家有机体论者,因为在他看来,他所设计的政治共同体绝不仅仅是单个公民的简单聚合,而是一种具有自身意志的道德人格,是个人自由的来源与根本保障。个人只有在他自己所属的政治共同体中,才能不仅维持自己的生存,而且获得自己的自由。应该说,这一观念构成了近代民族主义的基本内核,而且经过法国大革命在欧洲、进而整个世界都产生了普遍影响。美国政治思想史学家邓宁指出:"与以前的哲学相比,卢梭的理论为共同利益和公意的概念赋予了更大的确定性和重要性,它们几乎成为所有国家理论的核心。人们通过这些概念发现,任何科学的政治理论都必须以一个民族的统一与团结为前提。卢梭因此对国民国家的理论做出了重要贡献。"[1]与此同时,卢梭的公意理论也使他成为近现代最激进的民主主义者之一,因为他"在18世纪和19世纪为比以前更多的人提供了一种动力,使他们能够作为主权的一分子采取行动"[2]。

不过,卢梭这种从共同体中理解公民自由,并且把民主与自由统一起来,甚至认为可以通过对少数的强制使其获得自由的理论,代表的只是在自由与民主的关系问题上一种比较乐观的倾向。民主需要少数服从多数的原则,在利益发生冲突的情况下,少数必须做出让步。这种让步的理由,按照卢梭的解释是从长远来看,少数错误地理解了他们的利益,因此他们对多数的服从实际上乃是其根本利益所在。但除此之外还存在着另外一种理解,即少数的服从只是共同体内部在观念和利益发生冲突的情况下不得已而为之的权宜之计,是少数对多数的妥协,是共同体为维系自身的存在不得不采取的实用性规则。根据这种理解,政治决定并不必然与真理问题相关,很多时候不过是不同利益之间的平衡;即使涉及真理问题,多数与少数也并不必然地代表正确与错误,真理同样可能掌握在少数人手里。因此,少数对多数的服从就必须存在某种限度,保证他们在不破坏共同体统一性的前提下得以保留其意见,目的是使有可能掌握在他们手中的真理能够最终被多数人接受。相反,如果多数获得了无限制地强迫少数服从的权力,那么社会就会失去本来可能拥有的改正错误的机会。据此,民主与自由便不再是两个完全统一的范畴,即使是民主的政权,其行为也必须具有某些不可逾越的边界。那么,少数究竟在多大程度上能够拥有不服从多数的自由?这就成为近代自由主义思想

---

[1] W. A. Dunning, *A History of Political Theories from Rousseau to Spencer*, New York: The Macmillan Company, 1920, p.39.

[2] Matthew Josephson, *Jean Jacques Rousseau*, New York: Harcourt Brace, 1931, p.356.

中的一个核心问题。

　　托克维尔是一位较为严肃地考察了在民主制前提下如何保证个人自由这一问题的理论家。他发现,在他所处的时代,"政府比从前无限强大,……自由的原则并没有得到预期的发展"①。同时他也认识到,在民主社会,如伯克所主张的依靠一个贵族等级作为自由的保障②已经是不可能的事情。因此,自由的捍卫者只能是社会自身。托克维尔看到,民主社会能够培养公民们普遍的自我尊重,鼓励他们按照自己的方式进行生活,而正是这一点使自由有可能在民主社会里得到保存。他写道:"使人各自独立的平等,也使人养成只按自己的意志进行个人活动的习惯和爱好。人在与自己相等的人往来当中和作为个人的生活习惯而永远享有的这样完全独立,使人对一切权威投以不满的目光,并很快激起关于政治自由的思想和对于政治自由的爱好。因此,生活在这个时代的人,都沿着一种引导他们走向自由制度的自然趋势前进。"③

　　但是,托克维尔也看到民主可能产生两种倾向:"一种倾向是使人们径自独立,并且可能使人们立即陷入无政府状态;另一种倾向是使人们沿着一条漫长的、隐而不现的、但确实存在的道路走上被奴役的状态。"④在第一种情况下,"如果每个公民随着个人的日益软弱无力和最后不再能单枪匹马地保住自己的自由,并更加无法联合同胞去保护自由,那末,暴政必将随着平等的扩大而加强"⑤。在第二种情况下,人们对公共事务的冷漠可能会导致中央集权,这是托克维尔着重强调的一种危险倾向。为避免出现这种可能,民主社会必须激发每一位公民对自身利益的适度关切,用他自己的话来说就是必须保障一种"正确理解的个人利益"。所谓的"正确"指的是对个人利益的理性认识,不仅关注眼前利益而且同时注重长远利益,不仅关注个人幸福同时注重对公共事务的参与。⑥托克维尔相信,这样一种"正确理解的个人利益"可以在保证个人自由的同时使人变得有德、克制、温和与稳健,因而有利于社会的道德、和谐与繁荣。另外,同样重要的是必须对公民们开展启蒙和教育,帮助他们逐渐习得与民主制相适应的一些必需的公民

---

① 托克维尔:《论美国的民主》,第919页。
② 请参阅第十章第一节的有关内容。
③ 托克维尔:《论美国的民主》,第836页。
④ 同上。
⑤ 同上书,第635页。
⑥ 同上书,第672页。

道德。正如托克维尔所说,"在我们这一代,领导社会的人肩负的首要任务是:对民主加以引导;如有可能,重新唤起民主的宗教信仰;洁化民主的风尚;规范民主的行动;逐步以治世的科学取代民情的经验,以对民主的真正利益的认识取代其盲目的本能;使民主的政策适合时间和地点,并根据环境和人事修正政策"①。

密尔大概是基于自由主义立场对民主与自由的关系进行系统考察的最具代表性的思想家。如前所述,密尔不仅并不反对民主制,而且甚至认为代议民主制是最好的政体,但同时他也认为,在民主政体下存在着两个方面对自由的威胁。第一种威胁来自劳动者掌握政权的可能性,他们因为没有得到足够的教育,所以难以恰当地行使他们所掌握的权力。在这种情况下,不仅社会的整体利益可能受到损害,就是劳动者阶级自身的利益也未必能够得到适当的维护。密尔认为,这方面最大的问题是财产自由可能面临的威胁。他表示,这种危险在美国并不明显,因为美国社会的财富分配比较平均,而且由于在那里财富是勤劳的报酬这样一种观念根深蒂固,穷人对富人的财产不至于有太多非分之想。但英国的情况则不同,在那里,由于劳动阶级的物质状态并不太好,因此代表其阶级利益的国家政权极有可能介入市场。② 对这种危险,密尔提出的主要方法是通过实行代议制对劳动者的政治影响进行某种缓冲来加以防止。第二个方面的威胁来自"多数人的暴政",或者说多数人对少数人的自由的窒息。密尔认为,这种威胁在美国已经明显地体现出来,而其最终结果将导致社会的僵化与停滞。他提出警告说:多数统治的危险"不在于有太多的自由,而在于有太多的服从;不在于无政府状态,而在于有太多的奴役;不在于有太快的变化,而在于像中国一样停滞不前"③。后一种威胁是密尔真正的关切所在。

密尔指出,在专制时代,自由是通过建立代表机构,对统治者的权力进行限制和约束而得到保障的,这是一种使多数免受少数的专制压迫的自由;而在民主制之下,代表机构成为表达大众利益的工具,由于多数统治是民主制的基本原则,因而对少数的利益就没有制度性的保证,在这种情况下,多数的暴政便成为现实的可能。密尔还进一步指出,大众社会多数的暴政主要还不

---

① 托克维尔:《论美国的民主》,第8页。
② John Stuart Mill, "De Tocqueville on Democracy in America", in J. M. Robson (ed.), *Collected Works of John Stuart Mill*, Vol. XVIII, Toronto and Buffalo: The University of Toronto Press, 1977, p.176.
③ Ibid., p.188.

在于政治上的压迫,它会更多地体现为社会舆论对少数的意见的无形压制,而这正是对自由最可担忧的一种威胁。他指出:"深思的人们则已看出,当社会本身是暴君时,就是说,当社会作为集体而凌驾于构成它的各别个人时,它的肆虐手段并不限于通过其政治机构而做出的措施。社会能够并且确在执行它自己的诏令。而假如它所颁的诏令是错的而不是对的,或者其内容是它所不应干预的事,那么它就是实行一种社会暴虐;而这种社会暴虐比许多种类的政治压迫还可怕,因为它虽不常以极端性的刑罚为后盾,却使人们有更少的逃避办法,这是由于它透入生活细节更深得多,由于它奴役到灵魂本身。因此,仅只防御官府的暴虐还不够;对于得势舆论和得势感想的暴虐,对于社会要借行政处罚以外的办法来把它自己的观念和行事当做行为准则来强加于所见不同的人,以束缚任何与它的方式不相协调的个性的发展,甚至,假如可能的话,阻止这种个性的形成,从而迫使一切人物都按照它自己的模型来剪裁他们自己的这种趋势——对于这些,也都需要加以防御。"①

密尔确信,真正的自由乃是每一个人根据他自己的理解、以自己的方式追求自己的利益的自由;只要这种自由不构成对别人同等的自由的障碍,社会就无权对其进行干涉。因此,"关于集体意见对个人独立的合法干涉,是有一个限度的;要找出这个限度并维持它不遭侵蚀,这对于获致人类事务的良好情况,正同防御政治专制一样,是必不可少的"②。密尔指出,为维持这个限度,必然确立以下的原则,"使凡属社会以强制和控制方法对付个人之事,不论所用手段是法律惩罚方式下的物质力量或者是公众意见下的道德压力,都要绝对以它为准绳。这条原则就是:人类之所以有理有权可以个别地或者集体地对其中任何分子的行动自由进行干涉,唯一的目的只是自我防卫。这就是说,对于文明群体中的任一成员,所以能够施用一种权力以反其意志而不失为正当,唯一的目的只是要防止对他人的危害。若说为了那人自己的好处,不论是物质上的或者是精神上的好处,那不成为充足的理由。……任何人的行为,只有涉及他人的那部分才须对社会负责。在仅只涉及本人的那部分,他的独立性在权利上则是绝对的。对于本人自己,对于他自己的身和心,个人乃是最高主权者"③。

为了把上述原则具体化,密尔为国家的行动确立了一些基本界限,并且

---

① 密尔:《论自由》,第4—5页。
② 同上。
③ 同上书,第9—10页。

列举了三个方面应该尽可能限制政府的活动的理由:第一,"所要办的事,若由个人来办会比由政府来办更好一些"。第二,"有许多事情,虽然由一些个人来办一般看来未必能像政府官吏办得那样好,但是仍宜让个人来办而不要由政府来办;因为作为对于他们个人的精神教育的手段和方式来说,这样可以加强他们主动的才能,可以锻炼他们的判断能力,还可以使他们在留给他们去对付的课题上获得熟习的知识。人们之所以主张陪审制度(在非政治性的案件上),主张自由的、居民的地方自治和城市自治,主张由自愿的联合组织来办理工业和慈善事业,这一点乃是主要的理由,虽然不是唯一的理由。这些都不是自由问题,只是在遥远的趋势上和自由问题有关;但它们乃是发展问题。这些事情,在另一场合,还可以作为国民教育的一部分来加以细论;这实在也就是说,它们乃是对于一个公民的特种训练,乃是自由人民的政治教育的实践部分,足以把他们从个人的和家庭的自私性的狭小圈子中拔出来,足以使他们习惯于领会共同的利益和管理共同有关的事情,也就是足以使他们习惯于从公的或半公的动机出发来行动,并以促进彼此联合而不是导致彼此孤立的目的来指导自己的行为"。第三个理由是:"不必要地增加政府的权力,会有很大的祸患。在政府现有职能之外的每一增加,都足以更加扩大散布其对人们希望和恐惧心理的影响,都足以使得活跃而富于进取性的一部分公众愈来愈变成政府的依存者,或者变成旨在组成政府的某一党派的依存者。"[①]

总的来说,密尔坚持,只要是纯粹涉及行为者本人的事情政府和社会就不应该干预,这种对个人自由的严格保障自然构成了对民主强有力的限制。但是,他所提出的激进的自由原则并不能得到所有人的赞同,在一些具体问题上人们很可能持有与其截然相反的立场,比如说酗酒、吸毒甚至驾驶员行车不系安全带等行为到底应该看作是个人性的还是社会性的,它们是否危害了他人以及社会的利益,政府是否应该干预,等等。在密尔看来,尽管这类行动可能涉及别人,但只要他们是"自由自愿的、非经蒙骗的同意和参加的"[②],那就仍然属于个人自由的范畴;但是,反对者却可能认为,即使这类行为并没有直接影响他人,但它们对其他人产生的消极的示范作用,以及它们在福利国家可能导致的社会负担,实际上已经损害了他人的利益,而世界上绝大多

[①] 密尔:《论自由》,第118—120页。
[②] 同上书,第12页。

数国家都对此类行为进行干预,这也是一个基本的事实。另外,密尔极言言论自由的重要性,而且由于他认定言论本身并不会产生直接的社会危害因而排斥对这种自由的任何限制,但对那些煽动性的、实际上直接引起了反社会活动的言论又该怎么办?在诸多关键性的场合,这都成为一次又一次引起政治学家们激烈争论的问题。

第十章
政治中的理性以及对理性政治的反叛

在自由主义的影响日渐上升的同时,欧洲国家出现了一种与之相对抗的保守主义思潮。1789 年的法国大革命,使近代自由主义以及作为其思想基础的理性主义得到了最彻底的体现,而这一重大政治实践也为持相反立场的人们对这些思想观念进行反思提供了重要的素材。保守主义反对人与人之间的普遍平等、反对人们根据理性思维进行政治创造的自由、强调社会联系甚至社会等级、强调发挥国家的社会管制作用、强调历史与经验的政治价值。应该说,保守主义看到了自由主义思想中存在的一些根本性的问题及其所带来的破坏性后果,特别是由于强调抽象的个人权利与自由必然导致的对个人与社会关系的割裂,以及对历史和文化传统的忽视,等等。就此而言,保守主义具有其建设性的因素。法国大革命以后,由伯克奠基的近代保守主义通过黑格尔的政治学说得到进一步的系统化。黑格尔思想的一个重要特点,就是一方面拒绝近代自由主义对个人权利的抽象理解,强调国家和历史对个人自由而言的先在价值,另一方面又把一些保守主义者极度仇视与恐惧的理性主义结合进来,从而使自身与"时代精神"相契合。但是,黑格尔政治思想中对国家权力的理性化和伦理化,以及对所谓的"抽象的"个人权利的排斥,却有可能为一种前所未有的国家主义理论提供思想基础。进入 19 世纪下半叶之后,自由主义政治实践带来的各种负面效果已经明显体现出来,特别是在像德国和意大利这样一些资本主义发展相对落后的国家,自由主义方案在应对各种复杂的社会、经济和政治问题方面举措失当、顾此失彼,从而为各种保守主义甚至极右翼思潮大行其道提供了机会。因此,集极端的国家主义、民族主义和沙文主义于一身的法西斯主义最终在意大利和德国产生并获得政权,应该被理解为当时欧洲政治思想与政治实践具体演变过程的一种结果。

一、保守主义的哲学与政治理论

从马基雅弗利和霍布斯开始的近代政治科学,是建立在对理性的充分肯定基础之上的。[①] 也可以说,近代政治科学既是对人类行为进行理性反思的结果,又是建立在关于人类行为的理性假设基础上的学术体系。对理性的倚重在法国哲学家笛卡尔那里得到了最充分的体现。笛卡尔有一句名言:"我思故我在。"他的意思是,我可以怀疑并否认一切,但无法怀疑"我"这个思想的主体,因为无论怀疑什么或者否定什么,必定都是某个思维主体的行为。这样,思想,也就是理性被他视为人类生存的最终依据或者说本质特征。理性主义相信,由于人类理性与自然和历史存在着某种内在和谐,因此建立在理性基础上的社会科学可以如同自然科学对物质世界的解释一样,对人类的社会行为提供正确的说明;不仅如此,而且还可以通过这种说明,为谐调和控制整个社会提供某种正确的方法,最终为人类提供更美好的生活模式。

不过,虽然自近代以来理性主义在西方是一种主流的思想,但它也从来不缺乏挑战者和反对者。在他们当中,首先需要提及的就是英国哲学家休谟。

休谟的主要贡献不在政治学领域,他是作为一位经验主义者和怀疑论者而在西方学术史上赢得其重要地位的,但他的哲学思想以及他为数不多的政治论著对后世政治学都产生了重要影响。当然,经验主义并不自休谟始,在他之前的洛克也是典型的经验主义哲学家。但是,洛克的经验主义并不如休谟那么彻底,他的思想中往往表现出某种经验主义与理性主义的混合;在政治理论方面,洛克的理性主义要远远多于经验主义。他强调自然权利、主张社会契约论,无一不是理性主义的体现。在这些方面,休谟的立场与洛克完全相反。

休谟经验主义哲学的核心,是认为人类知识的最终依据是经验而非理性,而经验的基础则是人的感觉。如果套用笛卡尔的话,休谟哲学的基本思

[①] 尽管霍布斯也强调人的欲望的重要性,但他注重的是通过人的欲望理解人类行为的一面。

想可以被概括为"我感觉,所以我存在。"休谟相信,人类思维中的所有范畴都是其感觉经验的结果,而概念间的各样关联也无非是自然界原本存在的时间和空间关系的反映。他指出:"当思维从一个客体的观念或印象转向另一个客体的观念或印象的时候,这个过程并非由理性,而是由一些确定的原则所决定的。这些原则把关于各种客体的观念联系在一起,并且在想象中使其成为一个整体。""虽然因果关系作为哲学概念指的是连续性、相继性和确定性,但实际上只有它作为一种自然的联系,而且在我们的观念中形成关联,使我们能够对其进行推理或者从中得出某些结论时才是如此。"①换言之,人类关于因果关系的概念,实际上不过来自于对那些在时间上前后相继的过程的体验;假设整个世界本身就杂乱无章,那么在人类思维中,任何有关逻辑与秩序的观念都必定无从产生。因此,休谟认为人类观念中逻辑的整体性只能这样理解:"一个特殊的观念通过与某种普遍化的范畴相联系而获得普遍性,而后者又在习惯上与诸多其他的特殊观念相联系,并且在想象中与它们恒常地联为一体。"②

如果休谟仅仅停留在这里,那么他的理论对理性主义的破坏力还不至于那么大,因为他还可以像洛克一样,在坚持自然与理性一致性的基础上捍卫理性主义的立场。但休谟同时又是一位怀疑论者,这意味着他相信,自然界表现出来的一切所谓"遵从人类理性"的现象,实际上都没有任何先验的(a priori)保证,而只不过是一定条件下经验性联系的结果;而那些人们已经习以为常的关联,完全也有可能成为另外一种模样。这样,在休谟的理论中,人类的理性认识能力被大打折扣;而在理性与习惯之间,他便明显地偏向后者。休谟明确指出:"习惯就是人生的最大指导。只有这条原则可以使我们的经验有益于我们,并且使我们期待将来有类似过去的一连串事情发生。如果没有经验的影响,那我们除了当下呈现于记忆和感官的事情而外,完全不知道别的事情。我们将永不会知道如何使用自己的手段来达到我们的目的,我们将永不会运用我们的自然的能力来产生任何结果。如果这样,一切行动都会立刻停止,大部分的思维也会停止。"③

休谟当然也不赞成极端的怀疑主义立场,因为他认为这与整个世界的本

---

① David Hume, *A Treatise of Human Nature* (ed. by L. A. Selby-Bigger), Oxford: Clarendon Press, 1978, pp.92,94.
② Ibid., p.22.
③ 休谟:《人类理解研究》,商务印书馆1957年版,第43页。

性不符。"要借论证和推论来消灭理性,那似乎是怀疑者的一种很狂妄的企图。不过这实在是他们一切研究和争辩的最大目的。"①休谟曾经写道:虽然我怀疑一片面包可能不像往常一样为我提供营养,但这并不妨碍我吃下它,同时继续我对其他事物的怀疑。休谟主张一种"和缓"的怀疑主义,他说,"也有一种较和缓的怀疑主义或学院派的哲学是既可以经久而又可以有用的"②,否则人们就会总是过分相信自己的理性与判断,从而变得僵化、固执和傲慢。"这些专断的推理者如果能觉察到人类的理智,即使在最完全的状态下,即在它最精确最谨慎地做出结论时,也是特别脆弱的;则这种反省自然会使他们较为谦和、较为含蓄一些,且会使他们减少偏爱自己的心理和厌恶其对敌的心理。"③

休谟因此并不主张从总体上否定人类知识的有效性,但他认为,只有两类知识是确实的,即关于数量的抽象推论即逻辑判断和有关事实的经验,而除此之外被冠以真理之名的东西对人类则只会有害无益。他写道:"我们如果相信这些原则,那我们在巡行各个图书馆时,将有如何大的破坏呢?我们如果在手里拿起一本书来,例如神学书或经院哲学书,那我们就可以问,其中包含着数和量方面的任何抽象推论么?没有。其中包含着关于实在事实和存在的任何经验的推论么?没有。那么我们就可以把它投在烈火里,因为它所包含的没有别的,只有诡辩和幻想。"④

根据休谟的上述标准,政治学和伦理学等对人类思想和行为的研究显然既非"关于数量的抽象推论",亦非"对事实的判断",因而都不属于确实的知识,但休谟认为,这并不意味着它们没有实际价值。他的观点是,有关道德或者政治问题的知识应该属于另外的范畴,因为它们乃是针对人的心理而非外部世界的判断。休谟指出,道德是推动人们采取某些行为的基本原因,而且从本质上说,它无非是某种"激情"即人们心中对某种对象的向往或厌恶之情的反映。道德与一般激情的不同之处,只在于它并不适合所有对象,而且只针对具体环境起作用。道德这种行为动因的作用是以上所说的两类知识无法提供的,因而"理性是而且也应该是激情的奴隶"⑤。

---

① 休谟:《人类理解研究》,第137页。
② 同上书,第142页。
③ 同上。
④ 同上书,第145页。
⑤ David Hume, "Of the Passions", *The Philosophical Works of David Hume*, Vol. 2, Edinburgh: Printed for Adam Black, 1826, p.169.

休谟与霍布斯一样,强调人的是非善恶观念与其欲望的联系。在他看来,某种具体的欲望本身无所谓好坏,对它们的判断必须看它们出自什么样的信念,或者说与人们的其他欲望是一致还是相反[1];道德上的肯定或者否定来自于我们对某些行为或者观念进行判断时所伴随的心理和感觉。由于行为本身并没有内在的价值内涵,同时休谟也不承认存在普遍适用的道德标准,所以这种独特的心理和感觉便只能由它们之外的、某种"独立于道德感的"其他东西来加以说明。[2]

这种"其他的东西",在休谟看来就是经验。休谟指出,比如像欲望这样一种激情就建立在人们对痛苦与快乐的体验基础之上,因为快乐的经验使人们产生对引起快乐之物的向往,痛苦则相反。不存在先定的真理。人们把能够满足他们欲望的东西冠以"正确"之名,对其有害的东西则斥之为"错误"。当然,也会存在某些对人类普遍适用的行为规范,但休谟坚持认为,它们绝非来自抽象的理性,它们的基础不过是人类经验的共同性;至于人们经验不同的地方则产生了制度的差异性。

休谟于是以习惯和经验来解释各种政治与法律制度的基础。休谟认为,说社会和政府的产生对人类来说是自然的和必然的,是因为它们都基于习惯。"出生于不同家庭中的人,出于必然,出于自然的倾向,同时也出于习惯,必须维持社会的存在;而随着人类进一步的发展,他们便着手建立以公正为目标的政治社会,以在他们之间实现和平、安全与相互之间的交往。"[3]在休谟看来,政治和法律制度并非起源于人的理性设计,它们不过是在长期的实践中人们为求方便有意无意创造出来的各种规则的堆积。他以两个人划船的情况为例证明这一点。如果两个人事先没有约定在什么方向上用力,那么船当然不可能走一条直线。但在实际划船的过程中,他们的行动会自然地相互配合,最后协调一致,因为这对他们双方而言都是最方便而省力的事情;而一旦他们发现这一点,那么在以后的过程中就会照此行事,一项惯例便由此产生了。[4] 休谟强调,从人与人之间相互合作的具体规则到诸如正义这样的抽象概念,人类的各种行为规范都是实践与经验的产物而非相反。

休谟特别重视利益因素在政府的形成和演变过程中发挥的作用,认为人

---

[1] David Hume, *A Treatise of Human Nature*, pp.414-416.
[2] Ibid., p.479.
[3] David Hume, "Of the Origin of Government", in David Hume, *Essay Moral, Political and Literary*, edited by Eugene F. Miller(revised edition), Indianapolis: Liberty Fund Inc., 1987, p.37.
[4] David Hume, *A Treatise of Human Nature*, p.490.

们之所以接受某种政治与法律制度,其根本原因在于他们通过经验认识到后者对自己有利。休谟指出,政府的根本作用在于强迫人们对不同利益进行权衡,在于克服人性中为了短期和眼前利益而牺牲长远利益的倾向。但是,休谟认为,政府为达成其目标,并不需要也不应该改变人性,只需要调整人们对利益的算计;同时政府也不可能把人们都变得大公无私,只能使他们的各种利益相互协调。休谟因此成为功利主义的主要奠基人之一。① 他仍然通过举例说明问题:两个人狭路相逢又互不相让会怎么样?为了彼此的利益,他们显然需要某种能够共同接受的规则,这个规则的内容本身并不重要,关键是必须有一项规则。②

休谟尤其强调规则和秩序的重要性,认为只要存在某种规则,"每个人都会发现自己有所得……因为没有强制性的规范(休谟在这里用了"justice"一词。——引者),社会就会马上解体,而每个人都会因此而陷入野蛮孤独的境地,这比在社会中可能出现的最残酷的状态还要可怕"③。休谟的政治保守主义典型地体现为他的这样一种观念:有规则要比没有规则好,在没有足够的证据表明新规则优于旧规则时应该尊重传统与惯例。他指出:只有习惯和传统能告诉人们什么样的政府是正当的政府;对那些已经长期存在的制度和机构的起源进行争论毫无意义。实际上,休谟认为只要有一个政府存在人们就应该满足,没有必要对它是怎么样建立起来的问题纠缠不休,"几乎没有什么政府能够经得起如此严格的审查"④。如果非要为政府寻找合法性依据的话,那就是时间、传统和习俗。"时间和传统为所有形式的政府和所有王位的继承提供了权威性;而且那些最初仅仅建立在暴力和不义基础上的政府也终究会变得正当与合法。"⑤

休谟因而强调,在政治与道德问题上,人们必须慎用自己的理性,避免使其介入逻辑关系之外的领域,因为理性无法对有关事实与价值的问题进行任何证明。或许理性有助于人们获取某些价值的行为,但它绝对是第二位的,起根本作用的还是激情和感觉。"政府唯一的原则……就是实效,理性不能

---

① 休谟明确指出:"公共效用是正义的**唯一起源**。"[David Hume, *Enquiries Concerning the Human Understanding and Concerning the Principles of Morals* (edited with introduction, comparative tables of contents, and analytical index by L. A. Selby-Bigge), 2nd ed., Oxford: Clarendon Press, 1902, p.183.]
② David Hume, *Enquiries Concerning the Human Understanding and Concerning the Principles of Morals*, p.210.
③ David Hume, *A Treatise of Human Nature*, p.497.
④ Ibid., p.558.
⑤ Ibid., p.566.

为人们的行为提供可靠的指导,因为它总是导致怀疑与矛盾。要是人们被理性所统治,要是人们总是把它作为唯一的行为准则,那么他们肯定还处在原始的、彼此之间没有任何联系的状态之下,而不会服从政府的管理,因为政府唯一的基础乃是权威与先例而非纯粹的理性。打破这些传统的纽带,你就将打破文明社会的一切联系,……"① 由于休谟不认为政府产生于某种一次性的社会契约,所以他一再指出,一种稳定的政府体制总是需要经历漫长的历史过程和艰难的实验才能最终得以确立。这种认识自然加强了他的保守主义倾向。"政治家的教育与努力共同培育了关于忠诚的道德意识,同时让一切叛乱都被贴上了罪恶的标签。"②

不过需要说明的是,休谟虽然在政治上持保守主义的立场,但他同时又是一位社会进步的积极支持者。他以一种非常乐观的态度看待近代经济的发展,以及由此带来的艺术和科学的繁荣,同时认为人类的思想水平也需要不断提高。休谟相信,一个民族思想上的进步与风俗上的完善会减少人们当中导致政治不稳定的因素,同时也能使政府变得更为温和,更少暴戾。③

尽管休谟反复强调将理性运用于政治实践时一定要慎之又慎,但看来人们并没有听从他的劝告。1789年的法国大革命便是一次政治理性化的典型而集中的体现。也可以说,法国大革命成为对近代政治理论进行严格检验的一个重大历史事件。正是在这一时期,围绕革命者的理论与实践,特别是革命给法国政治和社会带来的巨大变动,人们开始对贯穿近代自由民主主义理论的理性精神进行深入反思。在这方面最突出的代表人物当数伯克(Edmund Burke,1729—1797)。可以说,伯克是近代保守主义真正的创始人。

需要说明的是,伯克从来没有一概否认自由、民主等近代政治价值观念,他对北美独立运动的支持、对英国议会缺乏独立性的批判,以及他写作的大量提倡政治改革的作品,都充分证明了这一点;他所批判的,是近代政治理论中过分乐观的理性主义倾向,以及这种倾向在政治实践中的体现。当然,伯克把法国大革命作为批判对象,这使他在某些自由主义者(比如托马斯·潘恩)眼中成为人类进步的敌人。但另一方面,他在革命爆发之后不久便开始对这场涉及法国社会各个方面的运动进行了全面深入的分析,这说明他具有

---

① David Hume, "Of the Coalition of Parties", in David Hume, *Essay Moral, Political and Literary*, edited by Eugene F. Miller (revised edition), pp. 495-496.

② David Hume, *A Treatise of Human Nature*, p. 546.

③ David Hume, "Of the Origin of Government", in David Hume, *Essay Moral, Political and Literary*, edited by Eugene F. Miller (revised edition), pp. 37-41.

相当敏锐的政治洞察力以及异常深邃的历史眼光。不能简单地因为他对革命的批判无视他在这种批判中对政治学提出的一系列非常尖锐的问题。事实上,伯克关于人和社会的若干论断,至今一直是政治保守主义的基本出发点。

也不能因为伯克对法国大革命及其代表的政治理性主义的批判而把他的立场简单地归结为反理性主义,因为从根本上说,伯克的方法仍然是理性的;而且在他看来,人类用以把握社会和政治现象的基本工具也还是理性。伯克的立场可以被概括为某种"理性的保守主义",它承认理性的确能够使观念变得清晰、精细和不受感情的影响,但与此同时又强调人类理性,尤其是个人理性的认识能力存在着某种不可逾越的界限。在政治和社会领域,伯克强调由于人们面对的都是一些非常复杂的综合性现象,它们在总体上超出了个人理性的认识范围,因此任何对其简单化的理解都包含着犯错误的危险性。

伯克在谈及政治学的性质时指出:"与任何其他的实验科学一样,关于建立、革新或者改造一个共同体的科学所需要的知识不可能在**事先**获得。在这项实践的科学中,一些短时间内得到的经验也不足以作为我们行动的指南,因为道德行为的结果往往不是马上就能看出来的。那些初看上去不如人意的事物往往在长时间之后表现得极为出色,而这种出色甚至就来自于它们最初产生的负面作用。相反的情况也会发生,那些看上去极为可行、而且刚开始进行非常顺利的计划,其最终的结果可能会让人悲叹。……由于政治科学具有如此之强的实践性,又以实践为目的,因此需要任何人即使毕其一生也无法获取的大量经验的支撑,无论他是多么的智慧与敏锐。不管是谁,如果尝试冒险推翻一幢经过漫长的岁月、以任何可以接受的标准来说都满足了社会共同需要的大厦,或者在他眼前没有任何经过证明的确有效的模型却又试图将其重建起来之前,一定要慎之又慎。"①当然,伯克这么说,并不意味着对政治现象的研究和把握是一件人力所不及的工作,但是,进行这种研究首先"需要对人性以及人类的需求有足够深入的了解"②。

伯克这种理性的保守主义在他的传世之作《反思法国革命》中得到了充分体现。当然,这部小书本身并非系统的理论著作,或者说,它并不是为了阐明某种抽象的理论,而是为了在大革命所涉及的一系列具体问题上表明作者

---

① Edmund Burke, *Reflections on the Revolution in France*, in *Select Works of Edmund Burke*, Vol. II, Indianapolis: Liberty Fund Inc., 1999, pp. 152-153.
② Ibid., p. 152.

的立场,并且为其提供依据。伯克写这部书有两个方面的目的:一是对英国国内的法国革命支持者进行反驳,后者相信法国人继承了英国1688年光荣革命的精神;二是对革命者采取的各项措施及其理论基础进行分析和批判,因为伯克相信,法国人的所作所为已经对整个基督教文明产生了威胁。

伯克明确批判了那些把英法两国的革命混为一谈的人。伯克认为,在英国人和法国人之间存在着一个根本性的区别,那就是英国人并不是根据抽象的理论,而是依照过去的实践即历史的经验提出他们的政治要求;他们同样追求自由,但根据的是"英国人的权利、是作为祖先的遗产继承下来的权利,而非'人权'一类的抽象原则"①。伯克指出,作为一种传统,英国人总是通过认识过去寻找现实问题的解决方案,而英国的全部体制也都是历史积淀的产物。② 每一代的英国人都把自己视为一个不间断的历史过程、一个在这个过程中生长的体制的暂时保有者而非"完全的"主人。对英国人来说,历史不能割断更不能被抛弃,他们没有权利让"后人从他们手中继承一片无法栖居的废墟"③。

伯克同时反对社会契约论和自然权利理论。他相信,人们实际上根本不可能借助那些抽象的原则,解决他们在社会政治过程中遇到的各种具体问题,甚至就像少数服从多数这样一项基本的政治规则也根本不是什么人性的自然体现,而"不过是实在法中最惊人的虚构之一"④。作为一位政治上的保守主义者,伯克强调政府并非人类自由的产物,而是对其欲望进行控制的工具。"政府并不是根据自然权利建立起来的,后者的存在可以而且的确与政府完全无关,(与实际权利相比)它们更为清晰,而且更具有抽象的完美;但是,这种抽象的完美正是其在实践中的缺陷。……政府是人类智慧的产物,其建立是为了满足人们的欲望。人类有权利使他们的欲望通过这种智慧得到满足,但其中就包括一个文明社会对他们的欲望加以有效控制的要求。社会不仅要求个人的欲望得到控制,而且甚至也要求作为群体的人们的意向与个人一样,受到经常的节制;他们的意志和欲望都要受到约束。这只有借助

---

① Edmund Burke, *Reflections on the Revolution in France*, in *Select Works of Edmund Burke*, Vol. II, p. 120.

② 对英国政治思想史上的这种倾向,可参见 J. G. A. Pocock 的重要著作 *The Ancient Constitution and the Feudal Law: A Study of English Hstorical Thought in the Seventeenth Century*。

③ Edmund Burke, *Reflections on the Revolution in France*, in *Select Works of Edmund Burke*, Vol. II, p. 191.

④ Edmund Burke, "An Appeal from the New to the Old Whigs", in Burke, *Further Reflections on the Revolution in France*, Indianapolis: Liberty Fund, Inc., 1992, p. 164.

一种存在于他们之外的权力才能实现,这种权力在行使过程中必须不受本来应该在其控制之下的人们的意志和欲望的操纵。从这个意义上说,对人的约束与他们的自由一样,都是他们的权利的一部分。"①伯克因此对那些被他认为只会空谈自由与权利的理论家,尤其是宣称人有权利根据自己的意志选择政府的社会契约论者极为不满。他以充满讽刺的笔调写道:"你们这些文人和政治家,以及我们中那些已经开化的人,……对别人的智慧没有丝毫的尊重,倒是对自己的智慧充满十足的自信。……他们非常系统地认为,所有恒久的东西都是恶,故而与所有已经建立起来的东西打斗不休。他们以为政府与衣服式样一样可以变来变去而不会产生任何不良后果;他们还以为对国家的制度而言,除了满足眼前的便利,不需要任何忠诚的原则。"②

从上述立场出发,伯克与休谟一样认为,在政治上使用是否合乎理性这样的判断标准本身就有失妥当,因为"政治问题首先涉及的并非真理与错误,它们仅与善恶相关。其结果可能是恶的东西,在政治上就是错误;能够创造善的东西,在政治上就是真理"③。当然,伯克的这一观点并不表明他赞同马基雅弗利的逻辑,他强调的只是实践本身比任何抽象的理论具有更大的发言权。"传统的制度已经经历过对其实效的检验。如果一个民族生活得幸福、团结、富裕而强大,我们应当可以推知其他的一切。我们认为,为善之先必须了解善之所由。"④伯克认为,国家的目的是尽可能为全体人民谋取幸福,使大多数人陷入苦难的东西显然完全背离了这个目的。同时,用人民自身的感情和体验、而不是任何关于权利的抽象理论作为对他们的幸福或者痛苦的判断依据,这必须成为政治家行为的准则。

伯克指出,法国人在大革命中的所作所为表明,他们对政治与历史的理解与英国传统正好截然相反。如果把国家与公民之间的关系比喻为父子之情的话,那么"那个国家的子民们竟然在一阵狂热的冲动之下把自己的年迈的父辈劈为碎片,置于巫师的魔瓶之中,只因为他们希望通过自己邪恶的巫

---

① Edmund Burke, *Reflections on the Revolution in France*, in *Select Works of Edmund Burke*, Vol. II, pp. 151–152.
② Ibid., pp. 182–183.
③ Edmund Burke, "An Appeal from the New to the Old Whigs", in Burke, *Further Reflections on the Revolution in France*, Indianapolis: Liberty Fund, Inc., 1992, p. 163.
④ Edmund Burke, *Reflections on the Revolution in France*, in *Select Works of Edmund Burke*, Vol. II, p. 279.

术、狂野的诅咒,能够更新他们父辈的制度,重塑他们父辈的生活"①。伯克把法国人这种狂热举动归因于自然权利理论。与霍布斯相似,伯克认为,实际上所谓的自然权利不过是人们在自然状态下以极不完善的方式行使的权利,因为没有国家的作用,人们不可能始终对那些侵害了自己权利的人进行有效的制裁。当人们结成社会之后,这种权力便"交由社会保存",并且构成人的政治权利(civil rights)的基础。因此,人走向社会也就永久"放弃了自然人最根本的权利,即充当自己的仲裁人并且维护自己的利益的权利",而且"在很大程度上放弃了自我保护的权利——自然状态下的第一律令。"伯克强调,人们组成社会、建立国家并不是为了对后者进行限制,相反是因为需要某种独立于他们的权力,用以控制他们那些具有潜在破坏性的个人意志。②

伯克表示,他也承认人应该享有某些基本权利,但与法国革命者不同,他相信这些权利不应诉诸抽象的原则,它们只能来自传统与习俗,是一种社会的、历史的结果。另一方面,之所以建立政治社会,并不在于实现人们的自然权利,而是因为自然状态根本无法满足人们的一些基本需要。这类需要首先是社会的、经济的、文化的和宗教的,只有这些需要得到满足,人们才能"生有所获,死有所慰"③。至于政治方面的权利,像"分享权力和权威,指导国家事务的管理"等根本就不是什么自然权利,它们不过是"需要通过习俗来加以解决的问题"④。

正因为伯克强调历史的作用,强调政治和法律制度并非理性契约而是历史的产物,是习惯的结果,而且一种社会性习惯的形成需要漫长的时间点点滴滴的积累,所以他也明确反对对现存制度进行革命性的变更,反对人们彻底打碎原有的社会联系并且建立一种全新制度的尝试,因为这意味着打断了一个共同体历史的延续性,破坏了这个共同体从野蛮到文明的进步中所取得的全部成果,其结果只能是一切从头开始。"当人们打破……那种为他们提供联合的方式并为一个国家赋予力量的最初的契约或者协议之后,他们便不再构成一个民族;他们也不再是一种集体的存在……他们将变为一些茫然的,彼此无关的个人,……在这种状态下,每一个人只要他愿意都可以拥有一

---

① Edmund Burke, *Reflections on the Revolution in France*, in *Select Works of Edmund Burke*, Vol. Ⅱ, p. 192.
② Ibid., p. 150.
③ Ibid.
④ Ibid., p. 151.

种权利,那就是保持他孤独的存在。"①这是一种霍布斯曾经描绘的一切人反对一切人的战争状态。在这种状态下,"科学和艺术方面的蒙昧、生产和技艺方面的无知注定会取代对扎实的教育和确定的原则的追求,而共同体也必定会在几代人之内迅速崩溃,变成毫无关联的个人堆积而成的一盘散沙,而且终究随风飘散"②。因此在伯克看来,法国人正在进行的革命只能说明他们"根本不清楚,在他们能够(重新)把自己塑造为一个具有真正的、政治上的人格的整体之前,需要经历多么艰难的过程"③。

赋予历史以一种超越个人理性的力量,这是伯克保守主义,也是一般而言政治保守主义的基本特征。在这里,伯克表现出与休谟的区别:如果说休谟是从经验论的角度出发强调历史和传统的重要性的话,那么,伯克的思想中则存在着一种类似宗教性的对历史和传统的神秘化倾向。伯克相信,历史为社会共同体"既提供了一种进步的原则,同时又提供了一种坚实可靠的继存和传承的原则"。"正如我们享受我们的财产和生命并将其传递我们的后代一样,我们接受和保有我们的政府以及我们独有的权利,并将其传递给后人。"因此,历史本身就是一个自然的过程,一个被一代又一代人的智慧、情感乃至生命所浸润的过程,一个生生不息、与每一个进入这个过程的人血肉相连的过程。"通过选择这样一种传承的方式,我们使自己的政治体具有一种类似于血缘关系的性质,使我们国家的制度与我们最亲密的家族关系联为一体,使我们的基本法融入我们对亲人之爱,让它们永不分离,并且以我们相互之间的仁慈和温暖呵护它们,因为那是我们的国家,我们的家园,我们的坟墓,也是我们的祭坛。"④

在伯克的作品中,"风俗"、"习惯"乃至"偏见"都是出现频率相当高的词汇。他使用这样一些范畴,描述一个共同体内部通过不断的社会化过程、而非个人的理性思考形成的共同的思想和行为模式。伯克指出:"如果说文明社会是习俗的产物,那么习俗就是它的法律。这种习俗必须限制和修正在它

---

① Edmund Burke, "An Appeal from the New to the Old Whigs", in Burke, *Further Reflections on the Revolution in France*, Indianapolis: Liberty Fund, Inc., 1992, pp. 164-165.

② Edmund Burke, *Reflections on the Revolution in France*, in *Select Works of Edmund Burke*, Vol. II, p. 192.

③ Edmund Burke, "An Appeal from the New to the Old Whigs", in Burke, *Further Reflections on the Revolution in France*, Indianapolis: Liberty Fund, Inc., 1992, p. 164.

④ Edmund Burke, *Reflections on the Revolution in France*, in *Select Works of Edmund Burke*, Vol. II, pp. 121-122.

之下产生的所有制度,它是任何一种立法、司法和行政权力的创造者。"①伯克认为,一种制度与习俗能够经过漫长的历史过程被保留下来,显然是因为它们具有某些特殊的优越性,尽管对此未必能够通过个人理性予以确切的说明。② 这是典型的亚里士多德式的立场。伯克曾就英国的制度指出:"我们的制度是一种承传的制度,这一制度唯一的权威来自于它已经经历的超出人们想象的时间。……传承不仅是一切财产权最有力的理由,同时也是政府这一财产保护者的最有力的理由。……民族并不是一个简单的地域观念、亦非个人机械的堆积,它是一种连续的观念,在时间上、数目上与空间上一同生长。它不是在一天之内由一群人进行决定的产物,更非轻率匆忙的选择的结果。它是一种经过久远的时间和无数代的人精心淘汰而成的制度,是一种比选择好千万倍的方法产生的制度。它是在独特的环境下,独特的机会中,以独特的方式、独特的构造,由一个民族独特的道德、文化和社会习俗构成的。它只有通过漫长的时间才会完全展示自身的全部风采。……个人是愚蠢的,大众在某些时候如果贸然行事的话也是愚蠢的,但是,作为类的存在,他们是智慧的,而且如果假以时日,他们会是一个几乎永远正确的物种。"③

在伯克的政治理论中,宗教占有极其重要的位置,因为他把宗教视为人类社会最伟大的精神纽带之一。伯克宣称:"我们知道,所幸是从内心深处知道,宗教是文明社会的基础,是一切善行和安宁的根源","我们知道,而且骄傲地知道,人在根本上是一种宗教的动物,无神论不仅与我们的理性,而且与我们的本能格格不入,因此它不可能长久。"④伯克自己是一位非常虔诚的基督徒,而他的政治观念中也渗透了浓厚的宗教意识。他相信,宗教"是公共的圣殿,是心灵的寄托。它孕育了人们的希望。当一些人的财富和傲慢使另一些地位低下、囊中羞涩的人因自己的卑贱而自暴自弃的时候,它却使最不幸的人也能通过它找到自己的价值和尊严"⑤。

伯克之所以极其重视历史和习俗、强调对国家的尊重,部分原因就在于

---

① Edmund Burke, *Reflections on the Revolution in France*, in *Select Works of Edmund Burke*, Vol. Ⅱ, p. 151.

② J. G. A. Pocock, "Burke and the Ancient Constitution: A Problem in the History of Ideas", in Pocock, *Politics, language and Time*, Chicago and London: The University of Chicago Press, 1989.

③ Edmund Burke, "Reform of Representation in the House of Commons", in *Select Works of Edmund Burke*, Vol. Ⅳ, Indianapolis: Liberty Fund, Inc., 1999, pp. 20–21.

④ Edmund Burke, *Reflections on the Revolution in France*, in *Select Works of Edmund Burke*, Vol. Ⅱ, pp. 185–186.

⑤ Ibid., p. 195.

他把历史视为上帝意志的体现,而把国家看作上帝手中一种使人的精神得以升华的工具。从这个意义上说,社会与政治体制乃是整个自然秩序的有机组成部分,它们都要为某个更崇高的目的服务,不管人们是否能够对其加以认识。正是从这样一种观念出发,伯克相信,国家与人们在买卖胡椒、咖啡粉之类的商品时为了暂时利益结成的伙伴关系完全不同,"它是一种在所有科学中、在所有艺术中、在所有美德及其完善中结成的伙伴关系","它不仅是活着的人们之间的,而且也是活着的、死去的和尚未出生的人之间的伙伴关系"①。正因为人们已经被预先置入某种普遍的、永恒的关联之中,所以"每一份在具体情况下订立的个别的契约,不过是那个建立了永恒社会的伟大的原初契约的一项条文……"②任何人根本不可能根据自己的意志选择成为或者不成为他的国家的一员,反过来,如果允许这样的选择,那么国家就根本不可能存在。因此,如果说有自然法的话,那么就应该承认这样一项原则,那就是:任何人都没有权利解除他从父母那里得到生命之时便已经承诺的对那个原初契约的义务,根据这一契约每个人自出生之日起就是他所属的共同体的一员。伯克表示:"我不理解,有些人怎么会得到这样一种观念,认为他的国家不过是一张可以任由他在上面随意涂抹的空白菜单。"③

也可以认为,伯克政治思想的核心是一种宗教性的秩序观念。在他看来,整个宇宙都依照上帝制定的道德律运行,因而体现为有序的和谐状态,而社会与政治秩序不过是人们通过长期实践对宇宙秩序的体认,是后者在局部上的体现。伯克认为,就此而言政治具有其自身的理性,但这种理性并非抽象思考的结果,而是历史的产物,它反映在一个民族经历漫长过程建立的制度与形成的习俗和传统之中。"我们中很多睿智之人,他们不是打破偏见,而是运用自己的聪明才智,去发现偏见中潜在的智慧。如果他们发现了自己寻找的东西——实际上他们很少失败,他们就会认为保留那些偏见以及其中所包含的理性,远比抛弃偏见的外套,仅留下赤裸裸的理性要好得多。因为包含着理性的偏见能够为理性提供实践的动力,以及使其永存的情感。"④伯克与休谟一样,是法国百科全书派激烈的批判者,是抽象理性的反对者。

伯克之所以反对政治上抽象的理性主义者,是因为他认为后者忽视了人

---

① Edmund Burke, *Reflections on the Revolution in France*, in *Select Works of Edmund Burke*, Vol. II, p. 193.
② Ibid.
③ Ibid., p. 261.
④ Ibid., p. 182.

类生活的具体环境与条件,忽视了像自由与权利一类的问题只有在特定的社会环境中才能得到恰当的理解。他表示,英国人以其独特的方式理解他们的自由,即将其视为"我们从我们的父辈那里继承而来,然后再传递给我们的后人的遗产"①。伯克强调:"事实上正是环境(某些先生总是对它不屑一顾)为每一项政治原则提供了独特的色彩和特殊的作用,也正是环境决定了每一项社会或者政治设计到底对人类有利还是有害。"②伯克同时还提醒人们注意,自由不仅是一般性的政治原则,而且还必须最终体现为具体的个人行为。因此,谈论自由,首先就必须了解那些获得自由的具体的个人是否会滥用他们的自由,必须认清谈论的是什么人、在什么时间和什么地点的自由。伯克问道:"是否因为抽象的自由可能被列入人类福祉之中,我就应该严肃地对一位摆脱了监护、逃离了他那黑暗可怕的囚禁之所而重获自由的欢愉的精神失常之人表示祝贺呢?我是否要向一位越狱而出、重获其自然权利的强盗或者杀人犯道喜呢?"③他进一步写道:"我的确可以在某些民族那里看到极大的自由,但是,在更多的民族那里,如果不是绝大多数的话,我看到的是压迫和可耻的奴役。没有智慧与美德的自由是什么呢?它只会是所有可能的邪恶中最坏的一种,因为它在没有教化与约束的时候就是愚昧、是堕落、是疯狂。任何了解有德的自由是什么样的人,绝对不能容忍这种自由仅仅因为一堆漂亮的言辞就失身于那些无能之辈。"④

由于伯克反对抽象地理解人性,所以他也是民主政治的反对者。他认为,人都是具体的人,是有所差别的人,因而他相信社会必须由一个文明的、有教养的阶级加以统治。他不无蔑视地说:"在宣称一切事物都值得尊敬的时候,我们已经默认了在趣味上的某些差别。理发匠或者小商贩的职业对任何人来说都不可能成为值得尊敬的对象,更不用说其他比之低贱的职业了。这些人处于国家的统治之下不必满腹牢骚,因为要是让他们进行统治——不论作为个人还是群体——的话国家就会受到压迫。如果在这一点上你以为自己是在反对偏见的话,那么你反对的其实是自然。"⑤伯克尤其对那些在民主政体下只知道向民众示好、而不顾其社会和政治负责的政治家充满反感,

---

① Edmund Burke, *Reflections on the Revolution in France*, in *Select Works of Edmund Burke*, Vol. Ⅱ, p.121.
② Ibid., p.93.
③ Ibid.
④ Ibid., p.361.
⑤ Ibid., pp.139-140.

"如果领导人把自己视为一场公众拍卖中的竞价者,那么他们的智慧在国家建设中将毫无作用,他们自己也将成为献媚者而非立法者,成为民众的工具而非领袖"①。伯克甚至断言:"在民主制之下,如果国内发生了严重分裂,民众的多数有可能、实际上在多数情况下肯定会对少数进行最残酷的压制,而且这种压制会从少数扩展到多数,其疯狂的程度甚至在君主制之下也根本难以想象。"②这是对法国大革命之下暴力与恐怖的某种真实写照。

需要指出的是,虽然伯克是一位典型的保守主义者,但他并非一味反对变革。伯克深知:"一个无从变革的国家亦无从保守。"③他曾经表示:"我关于政治家的标准是既善于守成,又勇于创新。"④他强调的是,革新必须进行充分的准备,而且必须点点滴滴、循序渐进地进行,可以不变的话还是保留现状为好。因此伯克认为:"好的爱国者和真正的政治家考虑的,总是如何能够最大限度地利用他的国家现有的可能性。"⑤

总之,在伯克看来,一方面政治家和思想家必须谨慎地对待理性的作用,另一方面对普通人的理性更是不能估计过高,社会秩序绝对不能建立在每一个人都是理性的存在这一假设基础之上,因为事实证明,人们更多表现出的并非理性与克制,而是欲望和冲动。"建立一个自由的政府,就意味着在自由与强制这两类相互对立的因素之间寻求一种具有内在一致性的调和方式。它需要大量的思考,深入的探究,以及睿智、坚强和健全的思想。"⑥

二、理性、历史与国家

伯克通过对历史和传统的重视流露出来的那种历史神秘主义因素,在近代德国的哲学和政治思想中被更加明确地体现出来。与此同时,德国思想家们渐渐把启蒙主义者赋予个人的理性转移到作为一种历史产物的民族和国家的身上,并且试图以这种特殊的方式解决后者普遍面临的理性与经验之间的矛盾。这种倾向在黑格尔(Georg Wilhelm Friedrich Hegel,1770—1831)的国

---

① Edmund Burke, *Reflections on the Revolution in France*, in Select Works of Edmund Burke, Vol. Ⅱ, p. 362.
② Ibid., p. 225.
③ Ibid., p. 108.
④ Ibid., p. 262.
⑤ Ibid., p. 261.
⑥ Ibid., p. 362.

家理论中发展到了顶峰。

概括起来,有三个方面的重要因素影响着近代德国的思想历程。第一个因素是宗教与哲学在德国思想传统中的特殊关系。尽管德国是宗教改革运动的发源地,而在德国思想中也存在某种怀疑主义因素,但宗教神学在德国并没有像在英国和法国那样,受到来自理性主义或者经验主义的系统批判。因此从总体上说,近代德国的思想家们基本上都没有达到彻底的无神论,相反倒是有不少人试图在宗教与理性之间寻找一种更高层次的综合,18世纪著名的美学家莱辛(Gotthold Lessing,1729—1781)就是一个突出的例子。[①] 莱辛一方面不满意从中世纪继承下来的神学理论和宗教形式,但另一方面又承认人的宗教冲动是一种先于任何教条与神学理论的根本的、真实存在的力量。他相信,人类通过一系列前后相继的历史过程,将会越来越接近启示真理。莱辛的思想中包含了两个方面的假设——宗教中存在着某种形式的终极真理,以及对真理的认识需要一种历史的进程。对这两个假设的认同,成为近代德国思想的一个普遍特征。

第二个因素是德国思想家对个人自由与民族历史之间关系的独特认识。德国近代思想中的历史主义传统起源于赫尔德(Johann von Herder,1744—1803),他通过对人类语言的研究表达了历史、民族与个人之间的内在关联。语言能力是人区别于其他动物的基本特征,这是一个自亚里士多德以来众多西方学者公认的论断。那么,为什么只有人才具备这种能力,能否教会其他高等动物人的语言?这在18世纪成为一些西欧学者激烈讨论的问题。赫尔德的《语言的起源》(1769)就是这场争论的产物。与大多数机械论者不同,赫尔德指出,一方面语言作为一种符号,只有在人们对它所表征的事物形成某种概念之后才可能被创造出来,另一方面人们也只有通过使用这一符号才能形成它所反映的概念,这是同一个问题的两个侧面。赫尔德因此认为:"人在他第一次自发的反思活动中便创造了语言。"[②]他由此出发,强调人类语言的发展与人类自身的进步即文化之间的历史同一性。在他看来,语言即文化,是使用这种语言的人群独特的生活经历与情感体验的反映;语言不是一个停

---

① 实际上,近代德国思想中的这种倾向一直持续到了20世纪。当代许多著名的德国思想家,比如本雅明、霍克海默、阿多诺甚至哈贝马斯都不同程度地表现出对理性与宗教(reason and revelation)进行综合的企图。

② Herder, "Essay on the Origin of Language", in *Herder on Social and Political Culture* (translated, edited and with an introduction by F. M. Barnard), London: Cambridge University Press, 1969, pp.134-135.

滞的储藏库,甚至也不是一份不断增加的资产,而是一种来自语言又归结为语言的观念的不断流动,是一个统一的文化传统的重要组成部分。赫尔德指出:"可以说,文化是伴随着整个民族一同生长的……它存在于这样一个事实,即'人类思想创造的任何东西都永远不会消失。'"[1]赫尔德这一发现的意义远远超越了单纯的语言学范畴,因为语言与文化的内在关联意味着:第一,语言的差异即文化的差异;第二,民族文化的成长是一个有机的历史进程。可以说,这种文化观念通过强调语言的独特性而强调民族文化和价值观念的独特性、强调个人的价值观念对民族历史和文化传统的依赖性,与启蒙主义所体现的普适主义显然是相互对立的。

第三个因素是近代德国思想家们对古代希腊文化的一种强烈认同感。这方面一位早期的代表人物是温克尔曼(Johann Winckelmann,1717—1768),他在1764年出版的《古代艺术史》虽然是一部美学著作,但其中也清晰地表达了他的社会与政治理想。在他看来,古代希腊是一种政治民主、社会和谐、艺术与宗教成为每一位社会成员的本质需要的社会。与此相对,近代发达的社会分工虽然带来了生产的发展,但同时不仅造成了每一个人自身的片面化,而且使人们彼此分离,也使他们的个人意识与整个共同体的意识相互分离。哲学家席勒(Friedrich Schiller,1759—1805)也表达了类似的思想:"为什么每一位希腊人都能够代表他的时代,而一位现代人可能就不敢妄称有这样的能力呢?因为前者拥有完整统一的本性,但后者只能获得分裂的智慧,只代表它们不同的形式。"[2]至于古代希腊社会之所以具有这种独特的精神禀赋的原因,几乎所有的德国哲学家都认为,从美学上说,是因为古代希腊艺术保证了其创造者与欣赏者的统一,而从政治上说,就是因为古希腊保证了个人与社会高度的一致性。

可以看出,近代德国哲学从以上三个不同的方面走向了同一个问题,那就是个人与社会、民族和国家的关系问题。由于深受法国启蒙运动的影响,近代德国思想家们都非常强调个人自由的重要性,但是,在当时已经形成的把个人与民族、国家和历史联系起来的思想文化背景之下,德国人不大可能像英国自由主义者一样,从个人与国家、社会与国家之间相互对立的角度来理解个人自由。当然,德国当时还处于小邦分割的状态、近代国民国家尚未

---

[1] Herder, *Origin of Language*, in *Herder on Social and Political Culture*, pp.170-171.

[2] Friedrich Schiller, *On the Aesthetic Education of Man*(translated with an introduction by Reginald Snell), London: Routledge & K. Paul, 1954, p.108.

建成的现实,以及德国资产阶级的相对软弱,也是德国自由主义不如法国,尤其是英国那样彻底的一个重要原因。德国政治思想家们最大的期望,是能够找到一种使个人与民族、国家和历史相统一的理论上和实践上的表达方式。这个任务是由黑格尔完成的。

黑格尔的哲学思想和历史观是其政治理论的基础。黑格尔构筑了一个囊括自然界与人类社会各个方面的庞大哲学体系,作为这一体系基础的是他关于理念的理论。黑格尔认为,理念是整个物质和精神世界的根本,其本身处于一种通过自我扬弃螺旋上升的过程中。理念的上升过程可以分为三个大的阶段:逻辑、自然和精神阶段;精神阶段又分为主观精神、客观精神和绝对精神三个小的阶段。客观精神阶段就是人类社会的阶段,它被进一步区分为三个基本环节,即法律、道德和伦理,与它们相对应的实体性社会组织则分别是家庭、社会与国家。

虽然黑格尔宣称理念的发展没有时间性,但人对理念的反思却只能通过时间过程体现出来。换言之,人类由于其认识能力所限只能以历史的方式对理念的发展加以认识,只能通过其自身发展的历程对理念加以把握。反过来看,人类的精神史只能体现为理念向人类展示自身、或者说理念反思其自身的历史。人类精神状态从简单到复杂、从不完善到完善的进步,折射的其实是理念本身从简单到复杂、从不完善到完善的逻辑展开。黑格尔哲学正是在这个意义上提供了一种不同的历史观。因为人类历史作为理念的发展或者说自我展现过程的反映,同样处于一种不断上升的运动中,以往的所有过程都是现在和未来的基础与准备。与此相适应,处于任何历史发展阶段上的人都具有其确定的命运,他们既不能超越历史,也无法创造奇迹。黑格尔的历史观与理念论在此合二为一,并且为他的政治哲学提供了一个基本出发点。

把黑格尔的历史哲学与政治哲学结合在一起的是他的国家理论。在黑格尔看来,理念在历史中的展开最终需要通过国家全面体现出来,因此,"国家是伦理理念的现实——是作为显示出来的、自知的实体性意志的伦理精神,这种伦理精神思考自身和知道自身,并完成一切它所知道的,而且只是完成它所知道的。国家直接存在于风俗习惯中,而间接存在于单个人的自我意识和他的知识和活动中。同样,单个人的自我意识由于它具有政治情绪而在国家中,即在它自己的实质中,在它自己活动的目的和成果中,获得了自己的实体性的自由"[①]。由此,黑格尔把理念、历史和国家编织为一个整体,一切道

[①] 黑格尔:《法哲学原理》,范扬、张企泰译,北京:商务印书馆1961年版,第253页。

德的和政治的问题都必须围绕国家得到解决。至于为什么国家具有如此神圣的资格,黑格尔并没有进行事先的解释,他的方法是虚拟了一个伦理精神的发展从家庭经过市民社会而最后终止于国家的过程,并以此证明国家在一切人类组织中至高无上的性质。①

作为法国启蒙主义精神上的继承人,黑格尔讨论国家问题的一个基本立足点是自由的概念。他宣称,人类生存的目的就是获得自由,"善就是被实现了的自由,世界的绝对最终目的"②。但是他又马上指出,通过对历史的研究可以发现存在着一种让人获得自由的伟大蓝图,这一蓝图只有通过历史的辩证运动、通过作为"伦理理念的现实的"国家的作用才可能逐步成为现实。因此,个人自由的前提就在于对通过国家及其各种机构体现出来的理念的认识;人们获得了这种认识,同时也就获得了自由。正是在这个意义上,黑格尔认为单个人的自我意识只有在国家中才能获得"实体性的自由"。

黑格尔对国家与公民自由之间的关系进行了如下说明:"自在自为的国家就是伦理性的整体,是自由的现实化;而自由之成为现实乃是理性的绝对目的。国家是在地上的精神,这种精神在世界上有意识地使自身成为实在,至于在自然界中,精神只是作为它的别物,作为蛰伏精神而获得实现。只有当它现存于意识中而知道自身是实存的对象时,它才是国家。在谈到自由时,不应从单一性、单一的自我意识出发,而必须单从自我意识的本质出发,因为无论人知道与否,这个本质是作为独立的力量而使自己成为实在的,在这种独立的力量中,个别的人只是些环节罢了。神自身在地上的行进,这就是国家。国家的根据就是作为意志而实现自己的理性的力量。"③

具体说,黑格尔认为近代国家为自由提供了完整的形式,因为在这里,个人享有一系列的自由,同时这种自由与公共利益又能够保持一致,因此这是一种"现实的"自由。黑格尔表示,自由在现代世界包括三个层面:抽象的或者说个人的自由、良心或者说客观的道德以及伦理或者说社会的生活。在个人自由阶段,人们把自己视为"无限制的选择者",视世界为他们可以随意施展个人意志的场所。黑格尔称这种状态下的法为抽象的法,意即虽然这些法律保证了个人的若干权利,但后者却无法得到真实的实现,同时人们也并不关注这些权利的目的。与此相对,成熟的人格自然要通过某种普遍价值规范

---

① 因此也可以认为,黑格尔理解的国家是一种理念中的国家而非现实的国家。
② 黑格尔:《法哲学原理》,第132页。
③ 同上书,第258—259页。

自身的行为,由此便进入了良心或者说"客观道德"的范畴。黑格尔认为,这种普遍价值主要体现为个人的内在约束,但其有效性还必须以它所体现的行为规范得到社会机构的承认和保护为前提,当两者相统一时,自由就发展到了它的第三个层面,即"伦理的生活",也就是国家或者说社会的生活。用黑格尔自己的话来说,"无论法的东西和道德的东西都不能自为地实存,而必须以伦理的东西为其承担者和基础,因为法欠缺主观性的环节,而道德则仅仅具有主观性的环节,所以法和道德本身都缺乏现实性。只有无限的东西即理念,才是现实的。法不过是整体的一个分支或是像藤类植物,攀缘在自在自为地屹立着的树上"①。

根据这样一种理论,自由绝不是对理念的超越而是对它的体认。虽然人的目的是完全的自由,但这种自由只有当所有人都在理念的指导下生活时才能实现。既然国家是"伦理理念的现实",是上帝实现其目的的尘世间的工具,那么真正的个人自由也就只能来自于个人依照这一目的对自身行为的规范、来自于个人对国家意志的服从、来自于个人利益与国家利益的融合。"人们应当尊敬国家,尊敬这一整体,而他们是其中的肢体;要做到这点,当然最好是使他们对国家的本质有哲学的洞察。"②在他看来,个人只有通过作为一位公民存在,只有通过把他与国家联为一体,才能实现自己生存的价值,也才能实现真正的自由。黑格尔强调,国家这种"实体性的统一是绝对不受推动的自身目的,在这个自身目的中自由达到它的最高权利,正如这个最终目的对单个人具有最高权利一样,成为国家成员是单个人的最高义务"③。他因此指责个人主义的政治理论"只见树木不见森林",即看到了个人自由却忽视了共同体本身的存在;他也批评自由主义理论导致人们对个人意志与能力的盲目乐观,使人们误以为能够根据自己的愿望创造他们所喜欢的制度,其结果只能导致社会的动荡甚至革命。

从哲学上说,近代自由主义的确存在一些根本性的矛盾。这种政治学说既是理性主义的、也是经验主义的,并且带有强烈的机械论倾向。它认为,人的行为与自然界的运动一样,必须服从于某些确定的规律,比如霍布斯发现的人类趋利避害的规律。那么既然人类行为如机械一样受制于这些不可更

---

① 黑格尔:《法哲学原理》,第162—163页。黑格尔这里所说的"自在自为的树"即伦理观念的体现者国家。
② 同上书,第281页。
③ 同上书,第253页。

变的规律,谈论人的自由又有什么意义?霍布斯曾经把自由定义为不存在外部障碍的状态,即当人们在自然规律支配下采取某种行动时,如果没有来自外部的阻碍他便是自由的。因此,霍布斯认为,法律并没有使人失去自由,因为法律基于自然法,所以它对人的约束就不应被视为"外在"的约束。当一个人服从法律的时候他是自由的,这与水按照自然规律从高处向低处流动是自由的一样;而当一个人在了解违背法律的后果之后,如果仍然做出了法律所禁止的行为,那应该理解为一种自愿选择,所以法律也并没有真正限制他的自由。但问题是,首先法律未必总能体现自然法的精神,在一切政治社会中都不同程度地存在某些不合理、不公正的法律。当这类法律成为人们行为的障碍时,他还是自由的吗?另外,人之为人,一个重要的方面就在于他总是希望,而且在一定条件下也的确能够超越自然规律和社会规范的约束,也就是说人具有所谓的"意志的自由"。倘若仅仅把自由理解为对必然律的服从,那么意志的自由又被置于何处?最后,由于自由主义者一般都是从自然权利理论出发理解自由概念,所以他们通常把自由理解为一种先于并且外在于国家的范畴,国家只是为保护公民的个人自由而被创造出来的工具,而且由于国家往往会侵害个人自由,所以在不得不需要国家的同时又必须把国家权力限制在最小可能的限度之内。但是,自由这种事实上必须由国家提供保护的公民权利,又如何能够超越于国家?在没有国家保护的情况下,被理解为自然权利的自由是否具有真实的意义?

卢梭对上述问题提供了一种独特的回答:自由在于对公意的服从,因为公意总是真理的体现。对于不服从公意的人,人们可以"强迫"他们"自由"。与霍布斯相比,卢梭的自由概念体现出两个方面的特点。首先,作为政治共同体成员的公民,他们享有的自由与自然状态之下的自由已经没有任何必然的联系,也就是说,公民的自由只可能是政治的自由。这样,公民个体与政治共同体之间的联系被重新建立起来,但与此同时,他们必须付出一笔不小的代价,即个人自由的空间已经被大大压缩。其次,在自由的外延方面,卢梭强调的重点在于"意志"的一面而非"客观规律"的一面,因此他实际上对自由的含义进行了某种置换。这种处理,一方面使人的意志自由有可能被纳入政治自由的概念之内,从而在一定意义上扩展了政治自由的范畴,但另一方面又因为意志本身可能存在的随意性而在客观上大大增加了自由的不确定性,因为按照卢梭的理解,人只有正确行为的自由,却没有犯错误的自由。卢梭遇到的矛盾表明,他实际上并没有真正解决自由概念中存在的问题。

在黑格尔那里,卢梭的公意被理念所替代,自由与国家和历史联系了起来。按照黑格尔的体系，理念的客观性足以克服公意的主观性和随意性，个人道德（意志自由的一个方面）与客观的法律规范统一于国家这一伦理性的实体之中。① 从逻辑上看，这不失为一种比较周全的处理方法，但黑格尔的理论一旦具体化就会遇到无法克服的困难，因为在实际的政治生活中人们根本无从判断什么样的国家才是理念的体现，而生活在那些"不合格"的国家统治之下的人又将如何自处。由于黑格尔哲学中不允许个人享有任何对抗国家的自由，因此个人自由事实上完全成为国家——无论是什么样的国家——的恩赐。对此，黑格尔的回答就只能是"凡是合乎理性的东西都是现实的；凡是现实的东西都是合乎理性的"②。这就难怪有不少人从黑格尔那里找到了法西斯主义的根源。至于黑格尔的自由观念中"意志的自由"在很大程度上已经替代了行动的自由这一点，则使包括马克思在内的众多思想家得出结论认为，黑格尔的自由不过是一种虚伪的自由，借用他本人的话说，就是一种"抽象的自由"。

　　黑格尔把自由主义者提倡的个人自由批评为"抽象的自由"，同时他也反对卢梭所向往的那种直接民主的制度。黑格尔的一个基本观点是，个人意志的总和并不能等同于国家意志，个人也不能直接对国家、而只能通过某种中介表达意志。这种观点一方面是他的哲学体系使然③，另一方面也表现了他对普鲁士传统的认同。黑格尔指出："有人说，一切人都应当单独参与一般国家事务的讨论和决定，因为一切人都是国家的成员，国家的事务就是一切人的事务，一切人都有权以自己的知识和意志去影响这些事务。这一看法是想给国家机体灌输没有任何合理形式（可是只有这种形式才能使国家成为机体）的民主因素，它之所以这样引诱人，是因为它死抱住每一个人都是国家成

---

① 黑格尔说："由于国家是客观精神，所以个人本身只有成为国家成员才具有客观性、真理性和伦理性。**结合**本身是真实的内容和目的，而人是被规定着过着普遍生活的；他们进一步的特殊满足、活动和行动方式，都是以这个实体性的和普遍有效的东西为其出发点和结果。"（《法哲学原理》，第254页。）

② 黑格尔：《法哲学原理》，第11页。当然不能因此认为黑格尔对一切现在的事物都予以承认，可以参照他的另一段话："一个坏的国家是一个仅仅实存着的国家，一个病躯也是实存着的东西，但它没有真实的实在性，一只被砍下来的手，看来依旧像一只手，而且实存着，但毕竟不是现实的。真实的现实性就是必然性。凡是现实的东西，在其自身中是必然的。"（《法哲学原理》，第280页。）但不管怎么说，黑格尔理论中对现实妥协的一面也是不可否认的。

③ 黑格尔哲学中对任何逻辑过程都追求一种"正题"、"反题"、"合题"的三阶段发展，以至于到了十分机械的程度，因此在政治表达的问题上，也必须是公民-市民社会-国家的过程。他表示："从直接伦理通过贯穿着市民社会的分解而达到了国家——它表现为它们的真实基础——这种发展，这才是国家概念的科学证明。"（《法哲学原理》，第252页。）

员这种抽象的规定；而肤浅的思维就正是抓住抽象概念不放的。合乎理性的观察即理念的意识是具体的，所以它符合真正实践的意义，而这种实践的意义本身不外是合乎理性的意义，即理念的意义。……具体的国家是分为各种特殊集团的整体；国家的成员是这种等级的成员；他只有具备这种客观规定才能在国家中受到重视。他的普遍规定都包含着双重的因素。……个人是类，但是他只有作为最近的类才具有自己内在的普遍的现实性。"[1]

黑格尔认为，能够在个人与国家之间扮演中介角色的，是市民社会以及其中存在的各种社会组织与机构。黑格尔关于市民社会的理论明显受到苏格兰启蒙运动的影响，他正是从亚当·斯密（Adam Smith，1723—1790）、亚当·福格森（Adam Ferguson，1723—1816）和斯图尔特（James Stuart，1712—1780）等人那里得到了市民社会这个概念。[2] 不过与他们不同，黑格尔对市民社会与国家进行区分的依据是前者只涉及个人特殊利益的范畴，而后者关注的则是社会价值的领域。人们在市民社会中联合起来是为了满足"共同的私人利益"，在他们的行为不损害公共利益的前提下，国家可以对其不予干预。但是，在涉及社会价值或者说公共利益的一切领域，市民社会及其所有的组织与机构都必须服从于国家。黑格尔明确表示："在现实中国家本身倒是最初的东西，在国家内部家庭才发展为市民社会，而且也正是国家概念本身才划分自身为这两个环节的。"[3] 从这种理解出发，黑格尔虽然反对国家过分集权，比如大革命之后的法国的情形，但也不愿意看到国家之外的特殊利益过分强大。因此，在黑格尔的理论体系中，市民社会既为公民个人提供了与国家相联系的唯一渠道，同时也为国家对公民个人的统治提供了方便的结构形式，是普鲁士等级会议传统的某种折射。就此而言，黑格尔关于市民社会、社会组织在国家中的作用的理论，与后来的政治多元主义是有根本差异的。

根据黑格尔的哲学和政治学的基本逻辑，可以推想他理想中的政体是君主立宪制。按照黑格尔的设想，在君主立宪国家中，权力受到宪法约束的君主（主权自由的人格化）、职业行政官员，以及由不同等级的民众代表参加的立法会议构成国家体制的三个基本要素，它们综合了历史上出现过的君主制、贵族制和民主制三种政体的特征，并且体现了理念的单一性、特殊性和普遍性三个环节，因而是现代国家最完美的结构，即"国家成长为君主立宪制乃

---

[1] 黑格尔：《法哲学原理》，第326页。
[2] 请参阅第八章第一节的内容。
[3] 黑格尔：《法哲学原理》，第252页。

是现代的成就,在现代世界,实体性的理念获得了无限的形式"①。只不过,在很多人看来,黑格尔描绘的这种理想政体完全是对当时普鲁士国家的神化。

黑格尔去世之后,他生前盛极一时的黑格尔学派虽然很快解体,但其思想方法却对后世的众多理论家产生了深远影响。黑格尔强调个人与社会的密切关联,强调个人不可能离开社会独自生存,自由也不能被理解为对单纯的个人私利的追逐。黑格尔认为,权利与自由都是社会性的而非个体性的概念,是具体的而非抽象的范畴,因此它们与个人和社会的联系、个人在社会中的地位密切相关,与国家更是互为表里。一批注重个人自由同时又反对放任状态的自由主义者,从黑格尔的理论中找到了通过国家力量进行某种社会改良的依据;而不同倾向的保守主义者们则通过黑格尔对个人、社会、国家和历史的整合找到了他们原先缺乏的思想资源。

在受到黑格尔影响的自由主义思想家中首先应该提到的是格林(Thomas Hill Green,1836—1882)。格林从黑格尔那里得到的一个重要启示,就是自由在于个人权利与社会利益的谐调,这一点体现在他的思想的各个方面;而格林理论工作的核心,就是通过重塑现代国家的制度与职能,以达成这两者之间的和谐。

格林理论的出发点是他对人性本质的理解。格林认为,人与其他动物的根本区别,在于人具有自我意识,即对其动物性生命活动的反思。知识并不仅仅是对实际发生的物质和精神过程的反映,而且还包含了对真理与错误的区分,因此,善与恶是人所独有的概念。它不仅仅是,而且主要不是霍布斯和功利主义者所理解的物质利益的得失或者肉体上的痛苦与快乐的反映,而是一种道德的范畴。格林相信,人之所以具有道德意识,从根本上说是因为存在某种规范着所有关系的普遍原则,而它的创造者则是上帝。

格林同时还相信,道德上的善只有在社会中,只有当所有人都保持其个人独立性、同时又与其他人一同结合为一个整体的时候才能实现。在社会之外,人们所拥有的只是力量(power)而非权利(right),或者说人们能够凭借其自身能力自由地做他们希望做的事情,但不具备任何道德上的正当性。意识不到这一点,正是社会契约论者如霍布斯等人的根本错误所在。格林曾经批

---

① 黑格尔:《法哲学原理》,第287页。

评霍布斯完全把个人自由理解为一种脱离社会存在的范畴①,并且认为:"除非人们意识到,被他们视为善所追求的利益是这样一种事物,即每个人对它的获取,或者说每个人获取它的过程都是对其他所有人获得这一事物的贡献,社会生活都将继续是一场战争。"②

格林认为,道德的社会性这一至上原则决定了人们在社会中可能的生活方式以及他们之间可能具有的相互关系。如果把权利理解为人们相互关系的规范,那么权利本身也就必须是一个道德的和社会的范畴。格林指出:"权利的必要性在于,道德人格,即个人把共同善作为个人的善的能力必须得到发展,而这一点又要以权利为前提,因为道德人格的发展过程,就是社会成员相互之间就他们能够对共同善做出贡献的能力达成共识,并据此对这些能力进行调节的过程。"③因此,个人权利既非绝对的、亦非抽象的,它从根本上取决于社会认可的道德目标,并以此为前提,任何"反社会的权利都是不可能的"④。同时,在人类历史的进程中,人们对于何者为善的判断,以及哪些权力(power)应该被视为权利、谁应该享有这些权利的观念都在不断地扩展,而人类的道德也就随之不断进步。作为个人,则只有在作为社会成员,并且与其他成员一同将共同善作为他们的生活目标的情况下,才可能拥有其权利,即一种具有正当性的对他人和对社会的要求;而一种权利,也只有当其直接或间接地推动社会成员把个人的善与共同善结合起来的时候,才是合法的权利。格林因此得出结论认为,权利和义务实际上是一个统一体的两个方面,社会和政治义务是人类生存必然法则的一个组成部分,政治机构与社会生活则是道德观念的具体体现形式。格林据此提倡一种对自由的"积极的"(positive)理解。这种"积极意义上的自由",格林通常也称之为"真正的自由",它意味着个人的自我掌控、自我实现和自我完善。⑤ 他强调,积极意义上的自由意味着"一种从事或者享受任何值得从事或者享受的活动的权力或能力,也

---

① T. H. Green, "Lectures on the Principles of Political Obligation", in Paul Harris and John Morrow (eds.), *Lectures on the Principles of Political Obligation and Other Political Writings*, Cambridge, New York: Cambridge University Press, 1986, pp. 44–45.

② T. H. Green, "Lectures on the Principles of Political Obligation", in *Lectures on the Principles of Political Obligation and Other Political Writings*, p. 279.

③ Ibid., pp. 25–26.

④ Ibid., p. 110.

⑤ T. H. Green, "Lectures on Liberal Legislation and Freedom of Contract", in *Lectures on the Principles of Political Obligation and Other Political Writings*, p. 200.

(意味着)某种我们与其他人共同从事或者享受的活动"①。

由于格林强调人的社会性,因此在个人自由与国家行为的关系问题上,他也摒弃了传统自由主义把两者完全对立起来的立场。格林指出,虽然道德行为必须坚持自由自愿的原则,但并不必然与国家的存在及其活动相互排斥,因为国家可以通过对公民权利的保护促进其自由,也可以通过确立一定的规则禁止某些行为从而保证其他行为的自由,另外更重要的是,国家还可以通过消除一些人对经济、社会或者政治权力的滥用,以及由于无知、贫穷和奴役的传统对人们造成的障碍而扩大自由。格林由此把个人自由与国家和社会联系在一起,他指出:"公共(civil)生活机构的作用,在于它们为这些(道德的)能力提供了现实性,使它们能够被践行。……除去偶尔的例外,它们一般而言能够保证一个人在不被各种外部力量驱使的情况下,以他满意的方式为自己做出决定,从而使那种被称为意志的力量变为现实;同时它们还能够让每一个人实现其理性,即通过作为一个社会组织的成员行动,在每一个人都为其他所有人的完善做出贡献的情况下,实现他自己关于自我完善的理想。当它们做到了这一点,它们在道德上就是正当的,或者也可以说是符合'自然法'的。自然法(jus naturae)这个概念只有如此才能得到理解。"②

因此,格林一方面强调个人自由和权利只能在社会中得到理解,并通过国家的作用得以实现,从而把国家视为"社会关系的完成形态"、是"社会发展的更高级的阶段"、是"社会中的社会"③;但另一方面又强调,国家的基础并非暴力,而是它作为公意体现者的地位、是它为公民的共同利益提供的服务。一句话,国家的根本原则是自愿而非强制。"对共同善的关注是政治社会的基础,没有这种关注,任何权威都不可能要求得到人们共同的服从。"④他针对卢梭的主权理论指出:"可以以为公民的大多数能够行使一种至高的强制力,但不能认为他们拥有主权。因为主权意味着对在不同程度上推动人们相互交往的公共善的无私关注。"⑤格林自己则认为:"只有把公意与最高权力这两个概念结合在'主权'这一术语之下,我们才可以说,人民是'法律上的'主权

---

① T. H. Green, "Lectures on the Principles of Political Obligation", in *Lectures on the Principles of Political Obligation and Other Political Writings*, p. 199.
② Ibid., p. 16.
③ Ibid., p. 110.
④ Ibid., p. 79.
⑤ Ibid., pp. 78–79.

者,即使不是'事实上的'主权者。"①

从这样一种立场出发,格林认为对国家行为进行判断的标准,就是看国家机构是否促进了每一位公民道德品质的完善,以及是否为此提供了必要的条件。如果答案是肯定的,那么这就构成了政治义务的基础,亦即人们对国家表示服从的理由。格林认为:"道德和政治服从……具有共同的根源,这就是一些人理性地认识到……存在一种作为他们的利益的共同利益,这一点不以某个具体的时候他们中的某个人是否倾向于它为转移。这一认识通过法律体现出来,目的是使个人的偏好得到控制,同时使为共同利益服务的相应的自由行动得到保障。"②这就是说,政治服从的基础在于道德上的服从,在于国家本身的道德力量。具备了这种道德力量,国家权力作用于个人便如同风行草上,无须任何强制力的支撑。格林表示:"决定人们这种习惯性的服从的,是存在于共同意愿中的一种力量,以及人们对人应该由社会关系所决定、应该对彼此利益相互关心、应该为共同目标行动的理解。如果一种权力能够使这些普遍理性高于个人的嗜好,那么它基本上不需要以强制力作为后盾。"③

在公民与国家的关系上,格林的基本态度是,只要国家忠实于它的道德义务,那么人们就没有理由对其行为进行反抗。④ 他指出:"虽然国家并没有创造权利,但仍然可以说一个国家的成员是从他们的国家那里得到其权利的,而且没有权利对抗国家。……任何权利都来自于某种社会关系……只要这些社会权利根据一项普遍的法律原则得到管理与谐调,而这一法律原则又得到多数人的承认,并且能够有效地防止来自内部和外部的破坏,国家对每一位公民来说就是这些权利由以产生的社会关系的复合体。……公民也没有任何反对国家的权利,如同他们不是这个社会的成员一样。因为国家对公民来说是一切社会中的社会,是使他们相互之间的一切要求能够得以调整的社会……因此,只要具有实效的法律在任何地点和任何时间能够实现国家的目标,就不存在任何对其不服从的权利,或者说,除为国家利益之外,不可能存在任何不服从国家法律的权利。所谓为了国家的利益,就是指从现有法律的观点来看,使国家行为更切合于它的目标或者理念,即做好由人们的社会

---

① T. H. Green, "Lectures on the Principles of Political Obligation", in *Lectures on the Principles of Political Obligation and Other Political Writings*, p. 78.
② Ibid., pp. 92-93.
③ Ibid., p. 74.
④ Ibid., p. 110.

关系所产生的权利的协调者和保护者。"①

当然,格林强调公民对国家的服从与保守主义者是不同的。他所不愿看到的,是过分的民主和过分的个人主义②,以及马克思主义在劳动阶级中获得越来越大的影响。但是,他并不主张对国家的崇拜和无条件的服从,更不赞成从在民主与自由方面已经取得的成果后退,这也是他与黑格尔的不同之处。格林反复强调,国家毕竟是为社会利益服务的,从根本上说不过是人们为了实现公共利益与个人利益的一种工具。他指出:"准确地讲,与其说公共意志就是主权,不如说法律作为一种保护权利的规则体系是公共意志的表达。能够最终制定法律并使其具备效力的主权者,不管是一个人,还是一些人,从长远来讲,从总体上看,只是公共意志的一种工具——是为实现这种意志服务的"③。格林所希望的,是回复被古典自由主义者严重扭曲的个人与社会的关系,即在不受约束的甚至野蛮的个人主义与无限制的国家专制之间寻找某种平衡。

格林的理论标志着一种时代性的变化,或者说预示着一个新的时代的到来。在这个新的时代,个人与社会、个人与国家的关系都将得到与古典自由主义时期不同的认识和理解。同时,由于这一理论更多强调的是道德与共同利益而非单纯的个人私利,因而比起纯粹的功利主义要具有更大的道德感召力。另外,格林的理论注意到权利的社会性和历史性,在国民国家的时代,在各个社会共同体内部人们实际享有的权利的确表现出某种差异的情况下,也具有更强大的理论上的说服力。事实上,无论黑格尔还是格林,他们都看到了一个被古典自由主义者所忽视的问题,即个人权利的具体性、个人权利与社会和国家的联系,这是他们的贡献所在。但与此同时,他们的理论也存在自身的问题,那就是没有能够在国家权力与个人权利之间划分出明确的界限,因而在现代社会个人与国家之间本来就存在着严重力量失衡的情况下,客观上使国家极其容易利用道德上的正当性、以社会的名义强化对个人的控制,而与此同时这种理论并没有为个人提供任何有效的监督与制衡国家权力的手段。因此,当法西斯主义打着社会、民族和国家利益的旗号做出了大量

---

① T. H. Green, "Lectures on the Principles of Political Obligation", in *Lectures on the Principles of Political Obligation and Other Political Writings*, pp. 109-111.

② 因此,在格林看来,普遍民主并不是一个理想国家的必要条件,相反,在这种国家中,哲学家始终负有一种启迪民众的责任。

③ T. H. Green, "Lectures on the Principles of Political Obligation", in *Lectures on the Principles of Political Obligation and Other Political Writings*, p. 75.

严重损害个人自由的行径之后,不仅黑格尔的理论受到传统自由主义者的严厉批判,甚至以格林为代表的主张"积极权利"的理论,也在自由主义阵营中受到不少攻击。①

当然,与黑格尔具有类似思想方法,或者受到他的影响的,还有保守主义的思想家们。他们从对历史和传统的强调出发,通过对古典自由主义的自然法及自然权利理论的批判,进而得出了否定民主和平等,甚至是复辟旧王朝的结论。托马斯·卡莱尔(Thomas Carlyle,1795—1881)就是这方面的代表人物之一。卡莱尔是针对19世纪英国的社会问题和社会运动展开其著述的。他既反对自由主义者关于小政府的理论,也反对民主主义者要求给予劳动阶级以全部政治权力并建立民主制政府的主张。他认为,这一正一奇两种倾向实际上具有内在的联系,因为在社会精英不能通过政府对社会进行全面有效的管理的情况下,民众自然会试图寻求一种替代形式,即由他们自己管理社会的形式。在卡莱尔看来,民主化的最终结果只能是一种无政府状态,因为它让政权掌握在了那些其本身恰恰最需要领导和管理的人的手中,民主则不过是这种可悲状态的美丽的伪装。卡莱尔像伯克一样宣称,他也承认人们享有某些"自然权利",但是,他强调其中最重要的就是接受有效管理的权利——"无知的人受到比他们更具智慧者的指导,并且通过不管是温和的还是强制的方法使他们走上正道的权利。"②卡莱尔相信,这才是自然法的精要所在。他认为,在社会迅速变化,而且日益不稳定的情况下,对国家强大有力的领导显得尤其重要,而民主制只能产生软弱无力的政府。他呼唤像克伦威尔或者普鲁士的弗里德里希大帝那样的政治强人的出现。

在19世纪下半叶的西欧,卡莱尔的思想并非稀有之物。法国思想家莫拉斯(Charles Maurras,1868—1952)就持有一种比他还更保守的立场。在莫拉斯的青年时代,法国正值内外交困之机——国内有巴黎公社起义,对外有普法战争的失败以及由此带来的阿尔萨斯和洛林的割让。包括莫拉斯在内的法国保守主义者们从这一系列事件中感觉到的是法兰西文明的堕落,是祖国的深重危机。究其原因,他们认为,万恶之源就是从启蒙运动开始越来越盛行的民主制、共和制和个人主义,而能够拯救法国于危难之中的,则只有君主制和天主教。

---

① 参见第十三章第二节关于伯林的内容。
② Thomas Carlyle, *Selected Writings*, edited by Alan Shelston, Harmondsworth: Penguin, 1980, p.189.

莫拉斯认为,不平等与依附是人类最基本的特征,这种特征要求一种等级制的社会关系与之相适应。自由、平等、博爱等观念实际上完全违反了自然规律,从而导致了道德上和政治上普遍的混乱状态。他指出:"革命的遗产摧毁了家庭,革命的中央集权扼杀了共同体的生活,选举制度则炸毁了整个国家。"总之,"民主就是罪恶,民主就是死亡。"①莫拉斯与卡莱尔一样相信,"一个民族对首脑的需要,与一个人对面包的需要完全一样"②,"劳心者治人,劳力者治于人"乃是亘古不变的规律。为了法兰西民族的生存,必须打碎民主制的共和国而回复到君主制。③

莫拉斯在大力宣扬保守主义的同时鼓吹法兰西民族的优越性,他的思想是极端的民族主义与保守主义的混合。19世纪下半叶的欧洲,在民主自由主义与社会主义获得广泛影响的同时,保守主义、民族主义乃至种族主义思想也都有不小的市场。认识到这样一个事实,也许能够为了解法西斯主义的兴起提供一些发人深省的线索。

三、法西斯主义

广义的法西斯主义包括墨索里尼在意大利鼓吹的法西斯主义和希特勒等人在德国炮制的纳粹主义即国家社会主义。本书就采用这个广义的概念。"法西斯主义"一词有两个方面的起源,它部分来自拉丁文"fasces",是古罗马国家权力的标志,其形象是由一束短棍环绕的斧头;部分起源于意大利文"fascio",意思是群体或者组织。墨索里尼在1914年10月建立他的政党时首先采用了这个名称,但法西斯主义的第一份纲领直到1919年才正式出现。从思想的角度来看,法西斯主义并非一个统一的理论体系,而是通过对当时流行于欧洲的一些理论的拼凑,以及对另外一些理论的攻击形成的大杂烩,因此不仅缺乏严密的内部逻辑,而且其中不乏自相矛盾之处。就此而言,法西斯主义与其说是对某种政治学说的阐发,不如说是为德国和意大利的极权主义政权进行辩护的说辞。墨索里尼曾经自豪地表示:"我们不相信教条的纲领,不相信那些僵化的框架能够容纳复杂多变的现实……随着环境的变迁、

---

① Charles Maurras, "Romanticism and Revolution". in J. S. McClelland (ed.), *The French Right from de Maistre to Maurras*, London: Jonathan Cape, 1971, p. 254.

② Cf. Philippe Braud et Francois Burdeau, *Histoire de idées politiques depuis la Révolution*, pp. 256-257.

③ Ibid., p. 257.

时间的推移、我们生存与活动的历史条件的变化,我们荣幸地使自己既是贵族主义者又是民主主义者,既是保守主义者又是进步主义者,既是反革命者又是革命者,既是非法主义者又是合法主义者。"①因此,不仅意大利的法西斯主义和德国的国家社会主义有所区别,而且它们各自在成为正统的国家意识形态之前和之后也表现出不同特征,并且随着这两个政权面临的具体政治形势不断发生变化。

法西斯主义是伴随着德国和意大利极权主义势力的发展而形成的,而墨索里尼(Benito Mussolini, 1883—1945)也曾经表示:"人不可能回到过去。法西斯主义理论并没有把梅斯特(19世纪法国著名的种族主义者和保守主义者。——引者)作为它的预言者。君主专制……已经是明日黄花。"②但是,法西斯主义与19世纪末和20世纪初欧洲各种保守主义思想之间仍然存在着不容否认的联系。或者说,构成法西斯主义理论内核的一些基本成分在19世纪后半期的欧洲都已经陆续出现了。

当时欧洲基本的政治形势是,自由民主主义的发展使旧有的特权阶级日益感到他们的地位与利益受到威胁,大众政治参与的提高则使传统的贵族文化及其生活方式濒临灭亡的危险③,马克思主义的传播和工人运动的发展使大资产阶级惶惶不可终日,资本主义生产方式的迅速扩展又让手工业者和小资产阶级随时笼罩在破产的阴影之下并且举步维艰。总的来说,整个社会都处于一种躁动不安、不满现实的状态。这些矛盾,在资本主义发展相对落后的国家,比如德国和意大利表现得尤为突出。也可以说,自由主义的政治实践在英法等国导致的社会矛盾,在这些后起的资本主义国家以被放大的方式体现出来。从国际关系来看,19世纪下半叶是整个欧洲范围内民族主义高涨的时代。这种思潮强调民族利益高于一切,强调国家的力量与政府对国家的统一领导,反对民主与个人自由,本身就具有极强的破坏力。民族主义导致欧洲国家之间的相互对抗,相互敌视和军备竞赛,而紧张的国际环境反过来又强化了各国内部的极端主义情绪,并且最终导致了1914年爆发的第一次世界大战。尽管战争给各参战国带来了沉重灾难,但战后欧洲的民族主义并没有任何衰减的趋势。

---

① Quoted in Herman Finer, *Mussolini's Italy*, London: Victor Gollancz, 1935, pp.17-18.
② Benito Mussolini, "Die Lehre des Faschismus", in *Theorien über den Faschismus*, Köln, Berlin: Kiepenheuer & Witsch: Herausgegeben von Ernst Nolte, 1967, p.216.
③ 实际上,如何使大众政治与某种形式的贵族文化并存也是像密尔和托克维尔等自由主义者关心的一个主要问题。请参见第九章的相关内容。

在这个时期,欧洲社会政治思想中的某些流派也表现出反民主的倾向。首先是以斯宾塞(Herbert Spencer,1820—1903)为代表的社会进化论。社会进化论认为,达尔文在生物界发现的"物竞天择、适者生存"的法则在人类社会中同样有效,因此一种合理的社会体制就不应该为人与人之间的自由竞争设置任何障碍,如此才能通过优胜劣汰达成最好的社会结果。社会进化论也可以被理解为一种极端形式的自由主义。这种理论相信,不仅在个人之间,而且在民族之间同样也存在一个不间断的为生存而残酷竞争的过程。法国思想家戈比诺(Arthur de Gobineau,1816—1882)就明确宣称:"种族问题决定了历史上其他所有的问题,而种族间的不平等……则足以解释一切民族的命运。"①

另外是法国社会学家孔德(Auguste Comte,1798—1857)的实证社会学。孔德把人类社会的历史划分为神学、形而上学和科学三个顺次发展的阶段,并且认为,在科学的时代,社会就必须依照科学原则进行管理,而管理者自然就是少数了解实证政治学的精英。大众服从于他们的统治,满足于社会的秩序是社会进步的前提。孔德政治学的关键词是"秩序与进步",虽然他并不认为秩序就是停滞不前,但他一再强调秩序是一切进步的条件,而进步的目的则始终是某种新的秩序。孔德明确指出:"简单地说,进步就是秩序的演进,在自然秩序中已经包含了所有可能的进步的种子。"②这种理论使他自然地成为民主主义的反对者。孔德自己就表示:"实证主义不承认个人有任何其他的权利,除了不断地履行其义务之外。"③为保证政治精英的统治,实证政治学要求人们在思想和信念上保持一致,因为"如果不确立没有某种统一的、一致的观念,……便没有一个社会的存在"④。

最后就是黑格尔的国家和历史学说。这种学说把历史、民族与国家联系在一起,强调国家利益而反对"抽象的"个人自由,与民族主义有其内在的契合之处。在黑格尔之后,他的政治理论通过德国政治学家特赖奇克(Heinrich Von Treitschke,1834—1896)得到了进一步发展。特赖奇克秉承亚里士多德的观点,认为人是一种政治的动物,因此,"国家是本源性的、是必然的,它与历

---

① Cf. Philippe Braud et Francois Burdeau, *Histoire de idées politiques depuis la Révolution*, p. 232.
② A. Comte, *A General View of Positivism*, translated by J. H. Bridges, edited by Frederic Harrison., London: G. Routledge, 1908, p. 116.
③ Cf. Philippe Braud et Francois Burdeau, *Histoire de idées politiques depuis la Révolution*, p. 226.
④ Ibid.

史一样久远,而且与语言一样构成人类的本质特征"①。特赖奇克表示,一个民族的政治制度与其语言一样,代表了这个民族独特的生活方式以及他们对外部环境的独特反应。总之,国家是一种自然的历史事实,它的历史性构成了它的合法性。它是一代又一代的人在生活中的创造,而绝非一纸社会契约的产物。另外,在特赖奇克看来,说人是政治的动物,还因为一个人自其出生之日起便被置于他的历代先祖所构建的某种特定的社会政治结构之中,他的义务是生于斯、长于斯、并将其传诸后代。当然,他也有可能与其他人一道对其所处的社会环境有所调整,但其前提是必须保证传承的延续性。任何一代人都没有权利仅仅因为他们的特殊利益抛弃其中的任何一个部分。

正如一切有代表性的保守主义者一样,特赖奇克是与自由主义如影随形的普遍主义的坚决反对者。他以拟人化的方式指出:"国家必须被理解为一个历史性的伟大的集体人格,能够为其行为承担所有责任。……正如一个人无论付出多大努力也无法改变与生俱来的个性一样,国家的特性也不容更改。"②现实中的人们具有丰富多彩的性格,同时又没有一个人能够集一切完美的道德品质于一身,国家也是如此。"在一个国家之内,也不可能穷尽文明的全部特性,没有一个民族能够同时兼备贵族制和民主制的美德。所有的民族,正如所有的人一样,都存在其局限,但人性的真实正是通过这些虽则有限但异彩纷呈的个性得以彰显。上帝神圣的光芒通过各民族无数侧面的折射撒向人间,每一个方面都代表着对整全各不相同的认知和理解。每一个民族都有权利相信,神圣理性的某些部分在它的身上得到了最完美的呈现。"③

特赖奇克不仅通过对国家与个人的类比反对普遍主义、坚持各民族的独特性,而且还以个人身上必定存在的个人主义倾向证明民族主义的正当性。他宣称,既然国家与个人具有类似之处,那么,作为个人生存基本标志的自我意识和个人意志在国家身上自然也应该存在并且发挥作用;既然每个人的自我意识和个人意志之间必定存在着天然的对立关系,那么也可以推知的国家的本质就在于"它不可能容忍在它之上存在任何合法的力量"④。因此,和平主义与世界主义不过是一种弥天大谎。

特赖奇克认为,自然赋予国家以两个方面的使命:对内维护社会的秩序

---

① Heinrich von Treitschke, *Politics* (trans. by Blanche Dugdale & Torben de Bille), New York: Macmillan, 1916, Vol. I, p. 3.
② Ibid., p. 17.
③ Ibid., p. 19.
④ Ibid., p. 26.

和稳定,对外保证自己民族的独立。这两项任务中无论哪一个方面都要求国家具有强大的实力。为此,国家"必须拥有充分的自由获得各种各样的物质资源,以有效抵御各种敌对势力的影响"①。特别重要的是,国家可以完全正当地扩展自己的领土,使其足以保证本民族生存所需的人力物力,并且足以抵抗来自其他民族的威胁,否则,一个国家便只能永远处在丧失自己的国家特性的边缘。特赖奇克强调指出,历史已经反复证明,无论就物质力量的强盛还是文化艺术的发展而言,大国都具有小国无可比拟的优越性,"欧洲政治的发展已经毫无疑问把那些二流国家逐入了后台"②。

特赖奇克由此认为,国家为了扩展自己的力量而相互争斗完全是自然规律的体现,是不可避免的必然;相反,一个和平而没有斗争的世界不过是幻想家的乌托邦。虽然国际法体系试图约束国家的行为,但事实上,只要一个国家保持着自己的独立地位,就没有任何力量可以强迫它改变其意志。是否承认或者加入某种国家间的条约完全是一个国家自由的选择,而且,即使它曾经加入某个国际条约也不妨碍它可以更改以前的决定。总之,一切均以国家的利益为转移。特赖奇克明确表示:"国家并非一所艺术学院。如果它为了鼓励某些理想主义的激情而忽略了自身的力量,它便背叛了自己的本质并将自取灭亡。""拥有武装的权利使国家区别于其他一切集体生活的形式,那些不能为自己拿起武器的民族不配被称为国家。"③

需要指出的是,特赖奇克的国家理论中不仅表现出强烈的军国主义倾向,而且与此相适应,他表示,为了维护国家的力量与统一,保证少数有知识有能力的人对绝大多数普通人的绝对统治是一项必不可少的条件。他写道:"简而言之,民众必须永远保持其民众的地位。没有女厨便不可能有文化。没有人干粗活显然就不可能有教育的繁荣。为了少数人能够进行写作、绘画与研究,必须有成千上万的人去耕田、冶炼和挖掘。这听起来很刺耳,但永远都是事实。抱怨和牢骚一丝一毫都改变不了这一点。"④

特赖奇克的政治理论在当时的德国思想界实际上非常具有代表性。19世纪末,德国产生了一个特殊的知识分子阶层,他们身上带有两个方面的特质。首先是对旧的社会等级制度的批判,他们以"精神贵族"自居,反对以出

---

① Heinrich von Treitschke, *Politics*, Vol. I, p. 26.
② Ibid., p. 33.
③ Ibid., pp. 24, 30.
④ Ibid., p. 42.

身或者财产决定人们的社会地位。其次,他们对当时西欧的流行文化,尤其是其中透露出来的物质主义追求(即所谓的小资产阶级生活方式)持激烈否定的态度,对功利主义与科学研究中所谓的客观中立也极为反感。他们认为,自己的使命是"开创一个社会新纪元,在认可个人主义有效因素的同时坚持社会导向的整体秩序"①。为此,大批德国知识分子重温古希腊哲学,特别是柏拉图的哲学和政治理论,并且出现了大批研究柏拉图的专著。柏拉图关于个人与国家关系的理论、关于公民教育的理论、关于知识精英的政治特权的理论都成为被热烈讨论的话题,国家主义、精英主义的呼声甚嚣尘上。这一切对后来德国知识分子中出现的所谓"保守革命"的思潮产生了直接影响。

在特赖奇克之后,另一位有影响的德国政治学家是施密特(Carl Schmitt, 1888—1985)。施密特继承了特赖奇克的国家观,认为国家并非一般意义上的社团,也不是单纯的社会,而是一种"统一体"(unity),是最高的、最紧密的统一体,是超越于法律之上、具有最终决定权的机构。"由于国家所具有的生杀予夺之权,政治共同体升至其他所有的共同体或者社会之上。"②施密特认为,要理解作为人类最高共同体的国家,就必须首先理解政治,因为政治在逻辑上先于国家。他对政治的含义进行了独特的分析,认为如同道德的基点在于善与恶的区分、美学的基点在于美与丑的区分,政治的基点,或者说"能够作为政治行为和政治动机的出发点的区分,就是敌与友的区分"③。施密特认为:"政治可以从人类生活无限广阔的领域汲取力量,从宗教的、经济的、道德的以及其他存在着相互对立的领域汲取力量。政治并不专属于人们行为的某个特殊范畴,它只与人类联合与分离的强度相关,至于人们联合或者分离的动机则可能是宗教、民族(在族群或者文化意义上)、经济等,同时人们也可能在不同的时间形成不同的联合或者分离。真正意义上的敌友划分从本质上说是如此强烈以及如此具有决定性,以至于当一种非政治的对立产生了这种区分的时候,它马上取代了之前'单纯的'宗教、'单纯的'经济、'单纯的'文化标准和动机,并且从属于一种全新的、特殊的条件,这种条件从'单纯的'宗教、'单纯的'经济或者其他任何'单纯的'观点来看通常是高度矛盾的甚至

---

① Wilhelm Dilthey, *Gesammlte Schriften* (eds., Helmut Johach and Frithjof Rodi), Göttingen, 1982, pp. 303-304.
② Carl Schmitt, *The Concept of the Political* (trans. and ed. by George Schwab), New Brunswick, NJ.: Rutgers University Press, p. 48.
③ Ibid., p. 38.

是'非理性的',这种变化的结果就成为政治的处境。"①

施密特的政治概念强调政治作为一种领域的独特性与独立性。他指出,敌友的区分不一定与道德的、经济的、宗教的区分相关。"政治的敌人并不必然是道德上的邪恶之人,也不必然是美学上的丑陋之人。他并不必然以经济上竞争者的姿态出现,而且甚至与他做生意可能还有利可图。他不是别的,就是他者,是异类,他在某种特别强烈的意义上、在存在的意义上是他者,是异类,仅此足矣。因此在极端情况下与他的冲突不可避免,而这种冲突不可能通过事先确立的一般性标准加以衡量,也不可能通过某个'超然'的因而'公正'的第三者加以判断。"②另外,政治上的敌人是一个民族的公敌,他绝非个人恩怨、利益纠葛的产物。"敌人……并非某个人出于厌恶之情而加以仇视的私人性的对立者。敌人指的是一群人,他们在终极的意义上,作为一种真实的可能性,与另一群具有同样本质的人对立。敌人只会是公敌,因为与另一群人相关的、在特殊情况下与整个民族相关的事务只可能是公共事务。"③

施密特因而对自由主义的政治观念进行了激烈的批判,认为自由主义最根本的问题就在于它"篡改了并且贬低了"原本的政治概念。④"在自由主义思想中,斗争的政治概念在经济层面变成了竞争,在'精神'层面则变成了讨论,似乎永恒的竞争与永恒的讨论取代了'战争'与'和平'这两种截然不同的状态之间泾渭分明的区分。国家变成了社会,从伦理—精神的角度看成为一种'全人类'的意识形态的—人道主义的概念,从另外的角度看则成为一种由统一的生产和交换体系构成的技术—经济统一体。"⑤自由主义之所以遭到施密特如此强烈的反感,与他对德国魏玛共和国时期政治经济混乱的切肤之痛密切相关。在他看来,以民主和自由作为两面旗帜的魏玛共和国实际上已经成为一个总体性国家。因为在魏玛宪法体制下,国家和社会的界限不复存在,国家不再区别于并独立于社会之上,它本身已经成为一种"社会的自组织形式"。施密特认为,当一切都被包容进国家之中的时候,一切也都被置于国家之外了。⑥

---

① Carl Schmitt, *The Concept of the Political*, p. 48.
② Ibid., p. 27.
③ Ibid., p. 29.
④ Ibid., p. 68.
⑤ Ibid., pp. 70–71.
⑥ 因此,施密特所说的总体性,与自由主义批判的"总体主义"即极权主义是有区别的。

由于施密特坚持认为政治以区分敌友作为基本特征,所以一个国家的存在自然也以其他国家的存在为前提。施密特与特赖奇克一样相信,世界国家是一种从概念上说就无法成立的乌托邦,至于人道主义则既非政治上的概念,也与一切政治统一体或者共同体的根本特性相矛盾,因为人道主义没有敌人。① 反过来,战争的目的只是为了维护特定人群的利益与安全,任何以道德理由发动战争的行为无非是一种欺骗。

施密特的立场决定了他根本不可能是一位和平主义者。他表示:"战争决非政治的目标,亦非政治的内容,但作为一种真实的可能性,它依然是一项始终存在的预设,它以一种特殊的方式决定着人类的行为与思想,并且由此形成了一种特殊的政治关系。"② 因此只有在战争中,政治的意义才得以彰显出来。"极端情形(指战争。——引者)就其揭示了事物的核心而言具有决定性的意义。因为恰恰只有在真实的冲突中,政治上的敌友区分才能把它最具极端性的结果展现出来。正是在这种最极端的可能性中,人类生活才获得了它特有的政治的张力。"③ 施密特理论中关于敌我的区分、关于决断、关于国家的至上性、关于战争的观念,与纳粹主义的亲缘性已经显而易见了。施密特本人于1933年5月1日加入纳粹党,这也可以被视为他的思想的一种归宿。

总起来说,在19世纪下半叶和20世纪初的欧洲,一些对现实不满而又不愿接受社会主义思想的力量一步一步地提出了一种十分保守的、反现实的政治和社会理论。这种理论强调民族和国家历史传统的神圣性质、批判自由民主主义带来的政治上的无力和文化上的堕落以及个人主义的泛滥对民族和国家利益的侵蚀。这种理论同时也强调本民族相对于其他民族的优越性,相信在诸民族的竞争与斗争中只能通过战争维护自身的生存和发展,因而强烈地反对和平主义和国际主义,它最推崇的口号就是"武力、荣誉和组织"。法国最著名的民族主义者巴雷(Maurice Barrè,1862—1923)写道:"我感觉到法国的民族性正在衰退,正在消失,而这正是我所忠诚的一种力量,没有它我只有一死。"④ 为了实现国家力量的强大,他相信必须抛弃只能带来国家的无力与混乱的民主政治、重新建立强大有力的国家政权,甚至要求恢复君主制度。巴雷同时还宣称:"民族主义拥护决定论……不存在什么思想自由。我只有

---

① Carl Schmitt, *The Concept of the Political*, pp. 54–55.
② Ibid., pp. 34–35.
③ Ibid., p. 35.
④ Cf. Philippe Braud et Francois Burdeau, *Histoire de idées politiques depuis la Révolution*, p. 248.

追随我的先辈行动。我和他们所共有的土地早就为我确定了方向。"①

事实上,就连后来成为德国纳粹主义一项重要内容的反犹主义也在这个时期出现了。在法国,一些著作家把犹太人视为大革命之后社会的投机者和受益者,认为他们已经操纵了法国的社会、政治和经济生活从而成为法兰西民族的敌人。一位法国傅立叶主义者图斯内尔(A. Toussenel)1843 年出版的《犹太人:时代之王》(Les Juifs, rois de l'époque)和希拉克(Auguste Chirac)在 1883 年出版的三卷本长篇大论《共和国之王:犹太人史》(Les Rois de République, histoire des juiveries)都是这种思潮的早期代表。另外一位种族主义理论的先驱是法国人戈比诺。在其《论人类的不平等》一书中,戈比诺提出,一个种族的能力主要由肤色决定,其顺序当然是从白种人到黄种人再到黑人,他把犹太人和黑人归为一类。戈比诺与他那个时代的许多保守主义者一样相信欧洲文明正在堕落,而堕落的原因则是不同种族之间的通婚。在他看来,雅利安人是白人种族中最高贵的人种,其中又数条顿人最为优秀。当然,就他而言是试图证明法兰西民族的优越性。此外,1886 年问世的德吕蒙(Edouard Drumont)所著《犹太人的法国》(La France juive)一书,更是竟然在不长的时间内就出了 201 版,成为 19 世纪下半叶最畅销的一本书,这一事实在相当程度上反映出当时欧洲反犹主义思潮的泛滥。该书列举了犹太人的三大"罪状":他们是法国文明衰落的罪魁祸首和旧制度下法兰西伟大精神和基督教文明的破坏者;是法国大革命的实际受益者,因为他们在大革命之后垄断了全部资本并且使整个法国陷入贫困的境地;他们还是那些邪恶狡诈的民族的代表,其最终目的就是奴役雅利安民族。至于英裔德国人张伯伦(Houston Stewart Chamberlain,1855—1926)更是种族主义的狂热鼓吹者,他在其 1899 年出版的《19 世纪的基础》一书中为德意志民族大唱赞歌,认为所有创造了世界历史的伟人都有德国血统,这个民族是世界上最伟大的民族,理应统治整个人类,而犹太人则是世界文明最大的威胁。

法西斯主义最基本的文献是 1929 年墨索里尼和金蒂尔(Giovanni Gentile,1875—1944)合作发表的《法西斯主义的起源及其学说》、墨索里尼本人在 1932 年为《意大利百科全书》撰写的词条"法西斯主义学说",以及希特勒 1925—1927 年写的《我的奋斗》等等。当然,在意大利和德国法西斯政党相继掌握政权之后,不少御用文人又对这一理论进行了大量的修饰和发挥,但总

---

① Philippe Braud et Francois Burdeau, *Histoire de idées politiques depuis la Révolution*, p. 248.

的来说，法西斯主义的主要内容，在上述几篇文献中已经得到了比较完整的表述。

墨索里尼在"法西斯主义学说"一文中曾经指出，法西斯主义是一种运动，所以不可能对其进行精确的理论描述，只有行动才是它最好的说明。它是一种信仰，人们为之奋斗和献身。法西斯主义的理念将伴随着运动一同发展，并由不同时期面临的问题决定它的具体内容。① 尽管如此，还是可以把法西斯主义的基本主张归纳为以下四个主要方面。

第一，就是对国家或者民族的崇拜。国家崇拜是意大利法西斯主义一个十分显著的特点，它将国家视为一种"观念和感情的精神遗产，每一代人从前人手中接过它，并把它传于后代"②。法西斯主义宣称，按照其原则组建的国家提供了某种在个人和共同体之间最完美的综合，通过这种综合，一个民族获得了它的"生命的延续，使人们把自己与历史和永不间断的代代相传的使命联为一体，从而超越了个人的生命空间"③。金蒂尔也表示，国家乃是一切价值与一切权利的来源，就此而言，"法西斯主义是总体性的，而法西斯主义国家则是一切价值的综合与统一"④。1927年意大利法西斯主义者大会提出的《劳动宪章》中写道："意大利民族是一个有其生命、目的和行动手段的有机体，在其力量与生存能力方面超过任何组成它的个人，无论是个体，还是个体的联合。它是一个道德的、政治的和经济的整体，在法西斯主义的国家中实现了它的统一。"⑤

墨索里尼的一段话非常典型地说明了国家在法西斯主义理论中所处的地位，他称国家为"人类在其历史存在中的普遍意志和意识"，表示："对我们法西斯主义者而言，国家不仅仅是保护公民个人安全的卫士，也不仅仅是一种以满足单纯的物质需求——比如保持一定水平的福利和生活的和平环境——为目标的组织，因为任何简单的管理机构都可以做到这一切。它也不是一种纯粹的政治创造，与作为个人和整个民族生活的现实条件的复合体毫不相关。法西斯主义所理解和创造的国家本身就是一种精神和道德的事实，

---

① Benito Mussolini, "Die Lehre des Faschismus", in *Theorien über den Faschismus*, p. 203.

② *The Political Doctrine of Fascism*, in *International Conciliation Pamphlet No. 223*, Carnegie Endowment for International Peace, 1926.

③ Ibid.

④ Giovanni Gentile, *The Origin and Doctrine of Facism*, in Adrian Lyttleton (ed.), *Italian Fascisms from Pareto to Gentile*, London: Cape, 1973, p. 307.

⑤ "The Doctrine of Fascism", in Michael Oakeshott, *The Social and Political Doctrines of Contemporary Europe*, New York: The Macmillan Company, 1944, p. 184.

因为它既具体地存在于民族的政治、司法和经济组织之中,同时其起源和发展又是这一精神的体现。国家是内外安全的保护者,而它在数百年间,通过语言、风俗和信仰而获得发展的过程中,同时又是民族精神的守护者和传递者。国家也不仅仅是存在于当下的一种有生命的现实,它同时也与过去特别是未来密切相连,从而超越了个人短暂生命的限制,代表着民族永恒的精神。国家表达它们自己的方式可能会变化,但使它们必须采取这些方式的力量却永世长存。正是国家教育其民众懂得公民美德,为他们赋予使命感并且使他们团结起来,通过法律和正义协调他们各不相同的利益,同时他们把在科学、艺术、法律和人际联系方面所获得的成果传诸后世。它引导人们从原始的部落生活发展到人类力量的最高表达方式即帝国;它把那些在数百年间为了它的生存和为了捍卫它的法律而献身的成员们的名字连为一体,它珍藏着对那些曾经为其开疆拓土的领袖和以荣誉光耀于它的天才的记忆,为后代提供了光辉的榜样。"①

德国的国家社会主义即纳粹主义在国家问题上与意大利法西斯主义稍有区别,它宣称对国家没有任何神化的意图,也宣称要抛弃黑格尔的国家理论,但它与此同时又制造了大量对民族(Volk)的崇拜。"民族"在纳粹主义理论中是一个核心概念,而且也是一个具有浓厚的神秘主义色彩的概念,与其相关的则是纳粹主义关于"血与土"(Blut und Boden)的思想。简单地说,在纳粹的理论中,土地、民族与国家成为个人之上并把他们紧密联系在一起的纽带。因此,虽然从纳粹主义的角度来看,国家只是德意志民族的一种工具,其存在的意义主要在于为保证"统治种族"的繁荣扩展其"生存空间",并且消灭那些劣等种族,但正因为这一任务,所以它仍然具有不可替代的作用。

纳粹主义同时还宣称,虽然"统治种族"从总体上高于其他各个种族,但由于他们个人的能力各不相同,因此其中的绝大部分应该处于那些具有"创造性思想"的个人领导之下。这些人具有超凡的远见,能够维护整个种族的利益,他们控制着整个国家并要求群众的服从。在世界范围内创造一种以"统治种族"为顶点的种族等级制的前提,是在"统治种族"内部首先建立起严格的等级制度。

第二,反对民主与自由,强调国家的绝对权威以及个人对国家或者"元首"的绝对服从。墨索里尼本人明确指出:"法西斯主义反对民主主义意识形

---

① Benito Mussolini, "Die Lehre des Faschismus", in *Theorien über den Faschismus*, pp.217–218.

态的整个体系,批判它的理论前提,也批判它在实际中的运用。法西斯主义否认多数仅仅因为其人数众多就能够为人类社会提供指导,它也否认仅仅凭数量上的优势就可以通过一种定期选举的方式获得统治权。法西斯主义肯定人类不可改变的、有益的和富有成果的不平等,这种不平等根本不可能仅仅通过诸如普遍选举这样的机械过程就被永远消除。可以说,尽管民主政体时常给人们一种主权掌握在他们手里的假象,但真正有效的主权却始终被另外一些隐蔽的、不负责任的力量所控制。"①

法西斯主义反对自由民主主义的目的,是要建立国家的绝对权威。因此,法西斯主义者又把他们建立的国家视为一种"有组织的、集中的、权威性的民主体制",认为这种国家能够使全体民众团结为一个有秩序的整体,一种"集体主义的"、"精神性的"而非"个人主义的"和"物质主义的"整体。② 在墨索里尼和金蒂尔的构想中,重塑国家与公民的关系是法西斯主义政治的一项核心任务。他们反对仅仅把国家视为满足公民个人需要的工具,认为国家的复兴要求其自身获得一种至高无上的地位。国家是"绝对的,在它面前,个人和群体都是相对的"③。"帝国需要纪律,需要对力量的谐调,需要义务感和牺牲精神。"④

在法西斯主义者看来,个人自由的前提是对国家的绝对服从。墨索里尼表示:"我们的自由概念是个人必须为国家的利益而完善其人格,因为国家的发展,决定了社会生活的永恒的复合体中那些细小的和转瞬即逝的成分的生长。就此而言,个人和阶级的正当自由有一个前提,就是它的行使必须符合作为整体的社会利益、服从社会的需要,自由与其他的个人权利一样,是国家(对个人的)一种让步。"⑤墨索里尼还有一种奇怪的逻辑,他提出:"在法西斯主义国家中,个人不是被取消而是被极大地丰富了,这正如一位士兵置身于一个军团之中其力量不是减小了而是由于他的战友的存在而增强了。法西斯主义国家把整个民族组织起来,但同时为个人自由保留了足够的空间;个人只被剥夺了那些无用的而且可能有害的自由,但是保留了最根本的部分。当然,在这个问题上,必须由国家而不是个人来做出决定。"⑥

---

① Benito Mussolini, "Die Lehre des Faschismus", in *Theorien über den Faschismus*, p. 214.
② Ibid., p. 217.
③ Ibid.
④ Ibid., p. 220.
⑤ *International Conciliation Pamphlet No. 223*, p. 4.
⑥ Benito Mussolini, "Die Lehre des Faschismus", in *Theorien über den Faschismus*, p. 219.

金蒂尔也认为,只有在法西斯主义的国家中个人才可能实现真正的自由:"对自由与权威之间的矛盾,法西斯主义有其自身的解决方法。国家的权威是绝对的。它不妥协,不讨价还价,也不把自己领域中的任何部分出让给宣称仅仅涉及个人良心问题的道德或者宗教原则。但在另一方面,国家只能通过其公民的个人意识才能成为现实。因此法西斯主义的合作主义国家提供了一种比以往的其他任何设计都更真实的、也更联系实际的代表制度,它比旧的自由主义国家更自由。"①法西斯主义者相信,19世纪是自由主义、民主主义和社会主义的时代,20世纪则将成为权威与集体主义的时代,成为"国家的世纪"。

第三,种族主义与民族主义。种族主义是德国纳粹主义思想的重要内容,其中,对于德意志民族的神化与对犹太民族的大肆诬蔑则是一个硬币的两面。希特勒的种族主义结合了达尔文的生存竞争理论,认为世界历史就是不同种族为生存而相互斗争的历史,这种竞争的最后结果是最优秀的种族脱颖而出。希特勒认为,在全世界存在着三个大的种族,首先是包括斯堪的那维亚人、丹麦人、英国人和德国人在内的雅利安人,他们是创造文化的种族,是最高级的种族。其次是传播文化的种族,他们虽然没有创造力,但也不至于使文明在他们手中堕落,日本人是其代表。最后则是破坏文化的种族,即黑人与犹太人,他们要为文明的堕落承担罪责,而他们实现其毁灭世界的目的的方式,就是与高等种族通婚。雅利安人作为文明的创造者与捍卫者,有义务消灭那些破坏人类文明的种族。

在德国,为纳粹的种族主义理论进行系统论证的人是罗森贝格(Alfred Rosenberg,1893—1946)。在其《20世纪的神话》(1930)一书中,他提出,世界历史就是一部创造文化的雅利安人与毁灭文化的种族,特别是犹太人斗争的历史,而且这种生存与毁灭之间的斗争仍在继续。犹太人现在不仅继续采用与雅利安人通婚的办法,而且炮制出马克思主义、民主主义与资本主义等工具企图摧毁雅利安文明。罗森贝格宣称,德意志人的道德必须取代犹太人的道德,成为世界的道德规范,如果有人认为德意志人的道德不可理解,那正好说明了人的意识为其所属的种族所决定。

虽然意大利法西斯主义开始并没有提出反对犹太人的主张,直到1938年才以法律形式把反犹主义确定为一种官方政策,但墨索里尼的政治构想中也

---

① Giovanni Gentile:"The Philosophic Basis of Fascism", *Foreign Affairs*, Vol. 6, No. 2, 1928, pp. 300-304.

充满了浓厚的极端民族主义色彩,而他提出的政治目标就是意大利民族的新生,是在现代意大利重新恢复古代罗马帝国的荣光。这种民族主义与国家主义紧密地结合在一起,正如墨索里尼所说:"法西斯主义国家就是一种追求权力和统治的意志。在它的传统中罗马是一个有力的理想。根据法西斯主义学说,帝国不仅意味着领土、军事和商业的扩张,同时也意味着一种精神和道德。……对法西斯主义来说,帝国的倾向即民族扩张的倾向是其生命力的体现;它的反面,即固守家园则是堕落的象征。那些奋起或者重新奋起的民族都是帝国主义者,被消灭的民族只能让人哀叹。法西斯主义对那些像意大利民族一样,在多年来被异族遗弃和奴役之后又重新奋起的民族来说,最能够代表他们奋斗的目标。"①

第四,军国主义。无论希特勒关于种族斗争的理论还是墨索里尼的国家理论都大肆宣扬民族之间的仇恨,不遗余力地鼓吹战争。法西斯主义相信,那些不能自我扩张的民族最终的命运只能是灭亡,而战争则能够使人变得勇敢和高尚,使那些没有生气的和正在堕落的民族重获新生。希特勒与墨索里尼都是战争狂人,墨索里尼曾明确表示:"只有战争才能使所有人的能力发挥到最大限度,并且为那些有勇气直面它的人打上高贵的印记。所有其他的考验都不过是些代用品,它们根本不能把人放在这样一个必须做出生死抉择的位置上。因此,宣扬和平幻想就是与法西斯主义为敌。"②

虽然从总体上说,法西斯主义已经伴随着法西斯政权的覆灭成为历史的垃圾,但这一现象的本质却一直是学者们争论不休的话题。有人从它得到大地主和大资本家的支持这一事实认为,法西斯主义体现了特权阶层挽救其濒于灭亡的垄断体制的最后挣扎;另外一些学者则把法西斯主义视为一切对现存秩序不满的人的总爆发,比如债务人对债权人、农民对银行家和工厂主、小商人对金融寡头和垄断资本的反抗等等;当然也有人认为法西斯主义是对共产主义的一种反击,是极度失望的民众爆发出来的沙文主义狂潮。可以说,这些解释都反映了问题的不同侧面。但必须看到的是,法西斯主义思想并非凭空产生,从某种意义上说,将其视为19世纪末20世纪初出现在几乎所有欧洲国家的那些右翼思潮及其政治实践的极端化表达也许更为恰当。这样一种理解方式有助于人们正视近代西方政治思想中存在的一

---

① "The Doctrine of Fascism", in Michael Oakeshott, *The Social and Political Doctrines of Contemporary Europe*, p. 178.

② Benito Mussolini, "Die Lehre des Faschismus", in *Theorien über den Faschismus*, p. 212.

些基本问题,比如个人自由与国家权力到底应该如何协调、政治平等与经济平等的关系应该如何处理、应该如何看待国民国家的地位与作用,以及民族之间和国家之间的关系究竟应该遵循什么样的准则,等等。实际上,时至今日,也不能说这些问题已经得到了完满的解决,因此法西斯主义的理论与实践仍然值得人们警醒。

第十一章
社会改良、社会批判与社会运动

近代国民国家建立在平等的公民权利基础之上,或者说资产阶级革命在观念上使每一位旧时的臣民都平等地成为他所在国家的公民。但是,公民这种法律意义上的平等却又被人们在现实生活中政治、经济与社会等各个方面实际的不平等所取消。随着19世纪西欧工业化和城市化的发展以及由此带来的巨大的社会分化,各种各样的社会矛盾和社会问题迅速爆发出来。法律上的平等与实际上的不平等一方面构成了对现存社会秩序的讽刺,另一方面也为处于社会底层的阶级对这种社会秩序的反抗提供了现成的依据。面对激烈动荡的社会形势,在当时的欧洲出现了三种不同的政治主张。首先是社会改良主义。这是当时处于"正统地位"的思想,它主要体现了工商业阶级的利益,试图以一种功利主义的态度对现存社会制度进行修补,通过逐步扩大普通民众的政治参与权利、同时由国家为贫困者提供一定的社会保障来缓和社会矛盾和社会冲突。19世纪的社会改良主义使自由主义发展到一个新的阶段,在一定程度上改变了传统自由主义一味排斥国家干预的立场,所以也被称为"新的自由主义"(new liberalism)。① 其次是流行在广大工人中间的各

---

① 为了区别于20世纪末西方出现的另外一种不同的政治主张即所谓的"neo-liberalism"(汉语也译为"新自由主义"),本书把"new liberalism"称为"新的自由主义"。与"新的自由主义"相反,"新自由主义"要求减少国家干预,充分发挥市场机制的作用。

种形式的社会主义。社会主义不同于资产阶级的改良主义,它们的一个共同特征是在经济上要求实现公有制、在政治上则主张以合作或者自治为基础的直接民主制。社会主义者认为,只有通过这两个方面的途径,公民们才有可能获得真正意义上的平等。最后就是马克思主义。马克思主义作为一种社会主义,与其他的社会主义流派具有许多共同的立场,但与后者不同的是,马克思主义对资产阶级国家具有完全不同的判断。它认为,一方面,无产阶级不可能在资产阶级国家制度的框架内实现他们的全部要求,因而最终不可避免地必须以暴力的方式推翻现有的国家政权;另一方面,无产阶级革命胜利后不需要、也不应该继续利用国家这种压迫性的政治形式组织社会生产和社会生活,新的社会将是一种消灭了国家的社会。此外,马克思主义认为,社会主义对资本主义的替代不需要借助人们的道德、良心与仁慈,而是历史规律的要求。因此,马克思主义的创始人把他们的社会主义理论称为"科学社会主义"。

一、社会改良主义

1688年光荣革命之后,英国进入了一个保守主义的时代。虽然革命确立了议会主权,但由于议会实际上被土地贵族把持,加上选举资格的限制和选区划分上的歧视,工商业阶级和广大劳动群众基本上仍然处于政治的边缘。整个18世纪,与法国从启蒙运动到大革命之间剧烈的思想和社会激荡相比,英国在政治和思想上处于相对停滞的状态。至于法国大革命本身,虽然在当时的英国也引起了不小的震动,但反对的声音明显占据上风,伯克对大革命的批判就是最典型的代表。但是,停滞的表面下却又蕴涵着社会变化的潜流。从19世纪中叶起,西方社会进入了一个与以往任何时代都不同的新的历史阶段,即工业社会的阶段。工业社会的来临,给整个社会带来了全面的变化,并使刚刚稳定下来的自由主义政治秩序再次受到了严峻的挑战。

首先,工业社会带来了社会阶级结构的根本性改变,它意味着商人和工厂主阶层替代了仍然支配着国家政权的土地贵族成为经济上的主导力量,并且使两者之间的矛盾发展到异常尖锐的程度。掌握了经济权力的工商业阶层迫切要求改变旧的权力结构,最终上升为政治上的统治阶级,使自己的利益能够转变为国家的意志。与此同时,另一个新的阶级即工人阶级也伴随着工业化的进程产生和壮大起来。他们不仅与工商业阶级一样面临着政治上无权的局面,而且在经济上更是一无所有。这个阶级的出现,以及他们作为一种独立的政治力量登上历史舞台,使他们自己、也使整个社会都日益清楚地意识到:如果不对现存政治经济结构进行大规模的改变,就根本无法满足他们的要求,从而也根本无法避免社会的激烈冲突与对抗。

其次,工业社会带来的另外一个重大变化就是城市化,它同样深刻地改变了人们的生活方式、生产方式、交往方式甚至思想方式。城市化的过程同时也是一个激烈的社会分化过程,是大批农民破产和涌入城市沦为产业工人、城市规模迅速膨胀的过程。在这个过程中,贫困、失业,以及居住、生活、卫生、交通状态的恶化等问题都使城市成为社会矛盾的焦点,而人们在城市里集中的生活又使他们能够通过直接的相互交流和相互对比产生强烈的自我意识,英国作家和政治家狄斯累里曾经引用柏拉图的话,说19世纪英国的伦敦实际上存在着"两个民族"(two nations)。因此,城市化为工人阶级提供了非常便利的条件,不仅使他们非常自然地形成阶级意识,而且使他们能够作为一个阶级联合采取政治行动,以各种方式表达他们对工业社会或者说资本主义社会的反抗。

在这种情形之下,工商业阶级不仅需要进一步扩大自己的政治权力,同时还必须缓和各种社会矛盾与冲突,为此,他们选择的是一种改良主义的路线,而科学主义与理性主义则为他们的改良主义提供了思想基础。

近代工商业阶级不仅代表着一种新的经济力量,而且还是近代理性精神和科学技术的受益者,也是科学的巨大作用的崇拜者。他们相信,掌握科学知识不仅意味着获得了改变物质世界的工具,同时也发现了改变社会生活的途径。在伯克之后,理性再一次战胜传统成为人们的信仰,法国大革命的精神经过半个多世纪之后,终于在英国以社会改良的形式体现出来。改良主义者把自己视为社会进步的推动力量,相信他们的阶级利益与社会的整体利益完全一致。他们看到,尽管早先的自由主义曾经假设自由的政治秩序能够自发带来社会的繁荣与进步,但现实已经粉碎了这种幻想。因此,如何使自由主义的一些基本政治原则与社会的进步统一起来,就成为改良主义的自由主义者们面临的一个新问题,而这一时期在英国发展起来的功利主义理论(utilitarianism),就是他们对这个问题的一种回答。

功利主义最基本的政治观点是,一种好的政治设计应该以增进社会的整体福利为目的。自由、平等和民主这些政治价值之所以受到推崇,并非因为它们自身有什么特别的价值——比如说作为自然法或者绝对理性的体现,而是因为它们具有某些实际的功用或者说效用(utility),因而能够增进社会的利益。

把政治设计立足于实际效用基础之上的思想其实可以一直追溯到霍布斯。霍布斯曾经断言，人从本性上说是一种趋利避害的动物，对和平与安全的追求是推动人们离开自然状态建立政治秩序的根本动力。不过，一般意义上的近代功利主义却是从基督教哲学中起源的，其中较有影响的是英国人威廉·帕利（William Paley, 1743—1805）。在其《道德和政治哲学原理》一书中，帕利提出了可以通过"普遍幸福的增减"看出上帝对人世的态度的观点①；而对于幸福，他的定义是"快乐的总和超过了痛苦的总和"的状态②。帕利的主要结论是，无论对个人还是政府而言，判断其行为是否符合上帝的意志，唯一的标准就是看它们是否增进了普遍幸福。当然，作为基督教理论家，帕利并没有忘记道德的绝对价值，但他同时又认为，道德与幸福是统一的，因此，所谓有德就是"依照上帝的意志，为了永恒的幸福对人类行善"③。

在世俗学者中，英国哲学家休谟对功利主义的发展发挥了重要的推动作用。休谟提出，政治的目的就是满足某个特定共同体成员们所追求的利益，而所谓的正义不过是人们为能够满足这种利益的行动贴上的标签，是一种"人为"产生的价值。休谟并且明确使用了"效用"这个词，认为政府的责任无非是增进"公共的效用"。休谟的这种理论在法国哲学家爱尔维修（Claude-Adrien Helvétius, 1715—1771）那里得到了进一步发挥。爱尔维修事实上已经初步提出了后来的功利主义最重要的关于效用的公式，即道德就在于"公共利益"的实现，是"最大多数的人"的利益的实现。爱尔维修是一位唯物主义者，他相信个人利益是人类行为的基本动力，因此公共利益必须与个人利益相一致。他的名言是："道德主义者不断地谴责人性的恶，但这只能表明他们在这个问题上是多么的幼稚。人并不恶，他们只是由其利益所驱动。道德主义者的谴责自然不可能改变人性中的这种动力。需要谴责的不是人性的恶，而是立法者的无知，因为他们总是把个人利益放在与共同利益相对立的位置上。"④

真正使功利主义成为一种具有深远影响的哲学思想的，是英国哲学家和政治学家边沁（Jeremy Bentham, 1748—1832）和詹姆斯·密尔（James Mill, 1773—1836），詹姆斯的儿子斯图亚特·密尔（John Stuart Mill, 1806—1873）和

---

① William Paley, *The Principles of Moral and Political Philosophy*, 14th edn, London: Pall Mall Press, 1803, Vol. 1, p. 69.

② Ibid., p. 22.

③ Ibid., pp. 50–51.

④ Claude Helvétius, *De l'esprit*, Paris: Durand, 1769, p. 117.

另外一位政治学家西奇威克(Henry Sidgwick,1839—1900)则使这种理论发展到了顶峰。边沁承认自己受到休谟和爱尔维修很大的影响①,而另一位曾经启发过他思想的人则是意大利哲学家贝卡里亚(Cesare Beccaria,1738—1794)。后者曾在出版于1764年的《犯罪与惩罚》一书中提出建立一种基于效用最大化原则的刑法体系的主张,认为"法学家和政治学家的任务是确立政治上的正义与非正义,即对社会有利与对社会有害的事物的标准"②。边沁正是依据这一原则展开对英国习惯法体系的批判并且阐发他自己的政治理论的。

边沁表示:"我们所生活的时代是一个繁忙的时代,知识正在迅速地朝向完整的方面发展。"③因此,只要采取适当的态度和方法,在社会科学领域同样可以获得与自然科学领域一样巨大的成就。所谓适当的态度就是以批判的精神对待现存事物,并且不断追求进步和革新,这决定了边沁作为改良主义者的基本立场。他指出:"这点是肯定的:一种制度如果不受到批判,就无法得到改进;任何东西如果永远不去找出毛病,那就永远无法改正;如果我们做出一项决定,对每件事物不问好歹一味赞成,而不加任何指责,那么将来一旦实行这项决定,它必然会成为一种有效的障碍,妨碍我们可以不断期望的一切追加的幸福;如果过去一直在实行这项决定,那么我们现在所享有的幸福早就被剥夺了。"④边沁相信:"无论如何,自然界的发现如果还有发展的余地,而且如果发表出来也有益处,那么在道德界倡导改革,便也大有可为,而且益处也不会小于前者。"⑤他对保守主义持明确的批判态度,认为"没有一种安排可达到'一切事物都各得其所',因为这种说法,不但跟理性冲突,跟功利原则冲突,而且也是自相矛盾的。这种说法所表露的陈腐的理由,既不能谴责现存的一切,实际上,也不能为现存的一切作辩护;因为凡是现在已经确立的,都曾经一度是革新的"⑥。至于适当的方法,自然就是功利主义。

---

① 当然,真正的功利主义者与休谟之间还是存在着一点根本性的区别,那就是休谟在政治问题上更多的是一位自然主义者或者说保守主义者,而从边沁开始的功利主义者不仅相信政府的目的在于增进公共效用即幸福,正义与道德是效用的函数,而且相信效用可以通过计量得到准确的体现,而人们则可以根据这些计算的结果对政治制度进行积极的改进。
② Cesare Beccaria, *On Crimes and Punishments and Other Writings*, ed. Richard Bellamy, trans. Richard Davis, Cambridge: Cambridge University Press, 1995, p.5.
③ 边沁:《政府片论》,沈叔平等译,北京:商务印书馆1994年版,第92页。
④ 同上书,第99—100页。
⑤ 同上书,第92页。
⑥ 同上书,第100页。

边沁功利主义的出发点是霍布斯式的,即假设人都有趋利避害的本能,而正是这种本能决定了人的一切行动。边沁写道:"自然使人们处于两位君王的支配之下,它们就是痛苦与快乐。只有它们能够向我们指出什么是我们不能做的,同时决定什么是我们应该做的。无论是对与错的标准,还是因与果的链条都紧紧系于它们的王座之上。……功利主义承认这种支配并以此作为理论基础,其目的是以理性与法律之手织出幸福的锦罗。"①边沁对功利主义的几个基本概念进行了如下阐释:"现在讲到一般的行为,在这些行为中,没有任何特性能够像这些行为所具有的趋向性或背离性(如果可以这样说的话)那样,如此容易地吸引观察者并牢牢抓住他们的注意力,从而可以称为一切行为的共同目标。我所说的目标,就是幸福。任何行动中导向幸福的趋向性我们称之为它的功利;而其中的背离的倾向则称之为祸害。"②

在此基础上,边沁没有进行太多论证便提出了功利主义的一项基本原则:"最大多数人的最大幸福是正确与错误的衡量标准。"③他曾经对功利即效用的原则进行过如下阐述:"这项原则表明,所有利益相关者的最大幸福是任何情况下人类在行动上正当的、唯一正确的和最可取的目的,对于行使政府权力的某个机构或者某些机构而言尤其如此。"④边沁是一位彻底的功利主义者,因此他拒绝了功利主义的先驱们对功利和道德加以区分的尝试。在他那里,功利、道德与逻辑结成了一个内在统一的整体。

功利主义在政治上的意义是明显的。在边沁看来,功利从来就是政治的唯一目标,也是政府存在与活动的根据。他拒绝接受自然权利理论,认为权利只能由政府提供,在自然状态下没有任何权利可言;而且,权利只有在其"对社会有利的情况下"才能得到承认。自然权利学说之所以有害,是因为它不符合功利原则,而且为政府行为带来了人为的障碍。边沁对自然法理论同样持否定态度,认为自然法理论在政府的起源与合法性问题上纠缠不休,但真正的问题是如何使政府能够通过它的活动增加社会的总体幸福,而这一点取决于政府制定适当的法律并增进社会效用的能力。法律恰恰是一种促使

---

① Jeremy Bentham, *A Fragment on Government with An Introduction to the Principles of Morals and Legislation*, Oxford: Basil Blackwell, 1967, p.125.
② 边沁:《政府片论》,第115—116页。
③ 同上书,第92页。
④ Jeremy Bentham, *A Fragment on Government with An Introduction to the Principles of Morals and Legislation*, p.125, note 1.

人们按照幸福最大化原则行动并阻止他们采取相反行动的有效工具。① 人们服从法律,并非出于什么特别的原因,"为什么必须服从,那是因为服从可能造成的损害小于反抗可能造成的损害"②。换言之,政府之所以被服从是因为它们已经被服从,并且能够为社会提供服务,与道德或者抽象的理性完全无关。边沁特别指出,从这个标准衡量,英国的习惯法(某些学者称之为自然法的具体体现)离一套良好的法律体系实在相去甚远,因为它已经严重阻碍了英国的社会变革。

边沁并不满足于对旧的政治和法律理论进行单纯的批判,他的目的是在对现实世界进行功利主义性质的解释的同时,提供一些社会改造的方案。边沁相信,功利主义的原则为个人、也为政治家特别是立法者提供了一套单纯统一的、同时也是科学的行为基准,从而能够在政治科学研究与实际政治过程之间建立直接的联系。在边沁看来,功利主义有三个层面的内容。首先,它是一种对人类行为进行解释的心理学理论;其次,它是一种对政治和法律问题加以说明的政治学理论;最后,它还是一门实用科学,即帮助立法者通过其政治活动引导公众行为、增进社会公共福利的实践的知识。他真正关注的其实是第三个层面的内容。由于边沁相信,有效的法律与政治制度必须立足于人的基本心理机制,以便诱人为善和禁其为恶,所以他强调,在立法与政治改良中一项基础性的工作就是对人的心理进行充分研究,找到其基本的反应模式,从而使法律与政治制度能够与其相吻合,达到如同数学一般的精确程度。

作为这一工作的出发点,边沁首先尝试确定人类心理活动的一些基本单元。他自己曾经表示:"找出可能影响人类感知的程度和偏好的广度的刺激和制约因素,确定其中每一种因素的界限,把它们从与之相混杂的其他因素中分解出来,向读者展示它们各自的作用,如果不是道德心理学中最难的工作,至少也是最难的工作之一。"③为此,边沁对人类的心理活动进行了详细的划分,区别出32种受到环境影响的情绪、14种简单的快乐(意识、财富、技艺、友情、名誉、权力、虔诚、善心、恶意、记忆、想象、期待、社交和安慰)、12种简单的痛苦(穷困、意识、笨拙、敌意、恶名、虔诚、善心、恶意、回忆、想象、期待和社

---

① Jeremy Bentham, *A Fragment on Government with an Introduction to the Principles of Morals and Legislation*, pp. 281–435.
② 边沁:《政府片论》,第155页。
③ Jeremy Bentham, *A Fragment on Government and The Principles of Morals and Legislation*, p. 166.

交,因为某些心理因素可能带来快乐也带来痛苦,所以它们同时被边沁放在了两个范畴中)、4种好的动机、5种坏的动机等,并且对其中的每一种又作了进一步的细分。边沁其实并不认为他已经真正完成了这项工作,他写道:"不要希望能够严格地遵循这个过程。但是,应该时刻想到它,而且实际的研究过程越接近于它,那么我们的研究就越接近事物的真实状况。"①

边沁认为,在认清了人类基本的心理类型之后,立法过程应该是这样的:首先针对某个共同体进行一次全面细致的调查统计,估算即将制定的法律希望鼓励或者禁止的每一种行为可能导致的结果及其所影响到的人数;然后,根据功利原则对这项立法可能带来的幸福与痛苦进行正负相抵的计算;最后以此为依据制定法律。② 在这种设想之下,立法者更多地不再是政治家而变成了数学家和技术员。边沁相信,只有经过这样的程序制定出来的法律才可能真正有效。他呼吁大规模地展开类似的立法活动,以明确的法典替代英国的现有法律体系,因为在他看来,后者充满了诸多早已陈旧过时的、不科学的内容。

但是,这种方法遇到的一个问题是,由于对不同的人,同样的行为带来的幸福与痛苦的程度可能各不相同,因而仅仅依据共同体的幸福和痛苦的总量作为立法的依据,会导致一些即使从常理来看也不合逻辑的结果。举例来说,一个有1000人的共同体中,100人具有较高的文化修养,在通过立法规定该共同体是资助古典音乐还是流行音乐之前,人们需要对两种情况下共同体的幸福和痛苦的总量进行估算。假设在资助古典音乐的情况下,100个有文化修养的人每人可以得到被计量为10个单元的快乐,而其他900人每人也能得到1个单元的快乐,这样共同体在资助古典音乐的情况下能够得到总共1900个单元的快乐;在资助流行音乐的情况下,100名有修养的人每人有1个单元的痛苦,其他的900人每人得到10个单元的快乐,则经快乐与痛苦平衡之后共同体最后可以得到8900个单元的快乐。那么是否能够依照这样的计算得出结论认为该共同体应该立法资助流行音乐呢? 当然,实际的政治过程还要比这个简单的例子复杂得多。边沁也意识到不可能进行如此简单的统计,他提出在计算时必须考虑到下列7个方面有关幸福或者痛苦的因素,即它们的强度、持久性、确定性、距离、内容的多少、纯度和其影响的范围。③ 但这

---

① Jeremy Bentham, *A Fragment on Government and The Principles of Morals and Legislation*, p. 153.
② Ibid., p. 133.
③ Ibid., p. 152.

样一来,不仅进行计算和比较将困难到无法操作的程度,而且幸福和痛苦的个体性问题也还是没有能够得到解决。边沁自己承认:"一个人的幸福肯定不会是别人的幸福;一个人的痛苦也决不会是另一个人的痛苦:(把它们相加)与把20个苹果和20个梨相加没有什么区别。"①

为此,边沁晚年时对"最大多数的最大幸福"原则提出了一项重要修正,或者说为运用这一原则补充了两项操作性的规则:首先是如果可能的话应该平均分配所增加的幸福;其次是在如果不能平均分配的情况下则把它们分配给最大多数的人。他明确指出:"最大多数的最大幸福是任何政府的唯一正确和妥当的目标,它意味着:只要所有人的幸福都能在不减少任何人的幸福的情况下得到增进,则应该追求所有人的幸福;在一些人的幸福只有通过减少其他人的幸福而得到增进的情况下,则应该追求最大多数人的幸福。"他在另外一个场合再次指出:"在可能的情况下应该无例外地增进所有人的幸福;在实际条件不允许平等地增进每一个人的幸福的情况下,则为他们中最大多数的人增进最大可能的幸福。"②这个思想已经非常接近于后来成为福利经济学基础的帕累托最优原理。

从根本上说,边沁关注的焦点是个人而不是集体,因为他采用的是一种原子主义的社会观。这带来了功利主义的第二个问题。边沁表示:"集体只是一种虚构,它是由作为其成员的每一个个体构成的。集体的利益因而就是其所由构成的那些成员的利益的总和。"③因此,"某件事当其倾向于增加某人的快乐总量时便可以被认为是增进了这个人的利益。与此类似,如果政府的某项措施所增进的集体的快乐多于它所减少的部分时,我们便可以认为它是有利的,或者说是在功利原则的指导下进行的"④。但是,"最大多数的最大幸福"原则在很多情况下是自相矛盾的,这从某种意义上看实际上也就是平等与效率的矛盾。人们常常发现,一项政策并不能同时满足最大多数和最大福利这两项要求,比如说平均主义的分配政策就是一个最大多数的人得到福利而福利总量可以低于按劳分配政策的例子。

---

① Jeremy Bentham, *Unpublished manuscript*, Cited in John Dinwiddy, *Bentham*, New York: Oxford University Press, 1989, p.50.
② Jeremy Bentham, *First Principles Preparatory to Constitutional Code*, Oxford, NY.: Oxford University Press, 1989, p.3; Jeremy Bentham, *Parliamentary Candidate's Declaration*, p.7, cited in Fred Rosen, *Jeremy Bentham and Representative Democracy: a study of the Constitutional code*, Oxford: Clarendon Press; New York: Oxford University Press, 1983, p.212.
③ Jeremy Bentham, *A Fragment on Government and The Principles of Morals and Legislation*, p.24.
④ Ibid., p.127.

边沁把功利主义上升为政府的一般性原则,"共同体全体成员的幸福是立法者心目中的目标,并且是唯一的目标"①。"政府的任务就是通过惩罚与奖励促进社会的幸福。"②具体来说,他认为政府应承担四项基本任务:保障个人的生存、生活的富足、安全和相互之间的平等。③ 边沁认为,自由市场经济基本上可以满足前三项要求,但是,平等的要求却只有通过在一定程度上限制市场的作用才能实现。当然,边沁也清楚,采用对财产进行定期重新分配的方法保障平等可能会导致社会的不稳定,因为人无恒产则无恒心,从而也就带来了某种形式的痛苦。边沁因此并不主张彻底的平等,但是他坚持不能出现极端的不平等,因为一方面在这种情况下富有的少数人享有的快乐已经远远不能抵消贫困的大多数承受的痛苦,从而使社会的总体幸福不能实现最大化④;另一方面社会中可能会普遍产生权力与金钱相互交易的现象,因为拥有大量财富的人自然会企图通过垄断政治权力为自己谋取更多的利益。据此,边沁提出了一些在市场经济的前提下带有社会福利性质的改革方案,比如由政府制定生活必需品的最高价格标准以保证满足人们基本的生存需要、增加货币投放量以刺激生产和消费、强制储蓄、政府对银行进行监督、保险业国有化等。⑤ 可见,边沁虽然主张尊重市场原则,但已经与经济放任主义者有很大的区别,他相信政府可以通过某种形式的市场干预促进经济与社会的平衡。⑥ 边沁自己说:"我从来没有,也永远不会……对政府之手伸向经济感到恐惧。"⑦从这个意义上说,边沁已经开启了凯恩斯主义的先河。

但是,在这一方面,功利主义也存在一些问题。首先,边沁虽然承认自由与平等的重要意义,但他认为,它们只具有从属的而并非绝对的价值,它们必须以最大幸福原则为基本依据。因此,边沁从功利主义的前提出发强调政府的权威,反对为政府设置过多的障碍,认为对政府行动的"任何限制都是与普

---

① Jeremy Bentham, *A Fragment on Government and The Principles of Morals and Legislation*, p.147.
② Ibid., p.70.
③ Bhikhu Parekh (ed.), *Bentham's Political Thought*, London: Crook Helm, 1973, p.196.
④ 边沁对此提出的解释是,财富每增加一个单元所带来的快乐是不断递减的,这意味着对富人和穷人来说,同样数量的财富增加额其实际效用并不相同,它们掌握在穷人手里要比在富人手里具有更大的作用——这就是后来成为效用经济学理论基础的边际效用递减定理。
⑤ Jeremy Bentham, *Economic Writings*, London: Allen & Unwin, 1952-1954, Vol.3, pp.257-258.
⑥ Jeremy Bentham, *Manual of Political Economy* (1793-1795), in Stark (ed.), *Economic Writings*, Vol.1, pp.270-271.
⑦ Jeremy Bentham, *A Fragment on Government and The Principles of Morals and Legislation*, pp.257-258.

遍幸福的原则相矛盾的"①。同时边沁也反对权力制衡或者混合政府的原则，认为如果权力真的互相牵制，那么它也就不可能发挥作用了，政府机构便会因此而处于无所作为的状态。②

对功利主义原则的执着决定了边沁的精英主义立场。在他看来，好的立法者应该比法律实施的对象即共同体的成员更了解他们的利益所在，更了解如何以法律和政治的手段使其趋利避害，达到共同体效用最大化的目标。因此，虽然边沁从功利的角度认为妇女与没有受过教育的人也应该享有选举权、从而具有某种激进平等主义的倾向，但从根本上说他不可能成为民主主义者而只能是一位技术统治论者。边沁写道："人们在其管理之下的政府主要是通过教育发挥作用的；对国家的全体成员来说，管理者承担着像教师一样向他们指出何处存在着希望，何处潜藏着威胁的角色。"③

边沁的功利主义由于否认自然权利的观念，以功利最大化作为政府行为的依据，因而便潜藏着为了功利最大化而限制甚至剥夺个人自由的可能性。边沁对此是有所意识的，因此他又在不同场合一再强调尊重个人自由的重要性，强调效用的确实性，强调只有客观的而非想象的痛苦才是立法应该予以限制的对象。另外，为了调和功利主义与个人自由的矛盾，他也多次承认个人是其自身利益最好的判断者，让每一个人自由地追求他们的利益可以自然地导致社会效用的最大化。④ 就此而言，如果某种政治和法律制度能够最大限度地保证人们的自由，那么按照边沁所提出的功利主义原则，它便可以被视为最正当的制度。边沁曾经提出："寻求享乐手段的事情应该基本上完全留给个人去做，政府只管保护他免受痛苦。"⑤他在晚年时期还进一步强调必须建立某种代表机构对立法者进行监督，必须完善官僚系统的责任制度，必须通过言论和出版自由保证公众对政府的控制，等等。

边沁是一位不知疲倦的改革者，也是他自己学说最积极的践行者。他曾

---

① Jeremy Bentham, *Constitutional Code*, John Bowring (ed.), *The Works of Jeremy Bentham*, Edinburgh: William Talt, 1843, p.119.

② Jeremy Bentham, *A Handbook of Political Fallacies*, New York: Harper and Brothers, 1962, p.164.

③ Jeremy Bentham, *A Fragment on Government and The Principles of Morals and Legislation*, p.182. 如果说这种精英主义的倾向在边沁的思想中还不是太明显的话，那么比他稍后的孔德就将其表露无遗了。在孔德看来，科学技术对社会的作用完全足以证明，民主已经成为过时的口号；为了社会的进步，管理者只能是少数精通技术的精英。

④ Jeremy Bentham, *A Fragment on Government and The Principles of Morals and Legislation*, pp.244, 159.

⑤ Ibid.

经与欧文（Robert Owen,1771—1858）一起提出设立新模范工厂的建议,推动了开挖苏伊士运河和巴拿马运河的计划,还曾经向英国议会提出过进行监狱改革的方案。不过,在其有生之年,他的改良设想实现的并不多。大致说来,功利主义理论在边沁之后沿着两个方向继续发展。一个方向体现在法国的实证主义当中,这种理论把边沁对科学方法的迷信进一步推向极端,相信存在一种类似自然科学那样,能够对社会现象提供准确说明,并且可以用来控制与改造人类生活的社会科学。孔德是这种思想的典型代表。英国19世纪最重要的政治思想家斯图亚特·密尔则代表了另一个方向。他纠正了边沁学说中某些激进的成分,重新强调政治生活中自由与道德情操的价值,从而在向古典自由主义回归的同时,又把自由主义推进到了一个新的发展阶段。

密尔虽然在其成长过程中深受边沁以及他的父亲詹姆斯·密尔的影响,但成熟时期的密尔的哲学和政治思想却是以对功利主义某种意义上的修正作为起点的。当然,对功利主义的批判并非从密尔开始,与边沁大致同时代的人像科勒律治（Samuel Taylor Coleridge,1772—1834）和卡莱尔（Thomas Carlyle,1795—1881）都曾经指出边沁的功利主义过于机械,而且贬低了人性以及社会关系的精神价值,后者根本就不承认人生的目的仅仅在于追求快乐。即使那些赞同功利主义的人,也对边沁把一切价值都最终归结于快乐与痛苦的做法颇为不满。密尔虽然对边沁一直非常尊重,但他同时也意识到,为了从整体上拯救功利主义,就必须认真考虑上述对这一理论的批评。他因此一方面坚持可以把快乐作为衡量道德价值的某种标准,另一方面又承认从心理学的意义上说,快乐本身并不能被当做目标,因为快乐不过是在实现其他目标的时候所获得的某种心理体验。密尔相信,至少就人类的大多数来说,如果把追求快乐作为自觉意识到的生活目标只能意味着自我欺骗。与此相联系,他对利己主义能否作为人类行为的一种普遍的和充分的解释原则这一点也提出了质疑,这实际上意味着否定了边沁的功利主义把道德与心理学联系在一起的做法。

由此出发,密尔对边沁的功利主义进行了两个方面的修正:一是在心理学方面为利他主义保留了更大的空间;二是让道德原则能够被功利主义所接纳。当然,这两个方面又具有内在的一致性。

密尔认为,边沁重大的贡献在于把人的快乐这一基本概念导入了政治学的范畴之内,至于快乐的具体内容,则是一个需要进一步加以精细化的问题。所谓的精细化,一个重要方面就是澄清不同种类的快乐之间实际存在的质的差别,强调既有"高级的"快乐,也有"低级的"快乐。密尔表示,没有认识到这一点,是边沁在把快乐量化的过程中导致了诸多混乱的一个重要原因。他指出:"承认快乐的某些种类比其他种类更可取和更有价值这个事实与功利主义的原则是非常一致的。在衡量其他一切事物的时候把质与量混为一谈是荒唐的,快乐必须以质而论。"①

密尔不仅强调快乐质的一面,而且认为对快乐的判断只能由那些具体体验着快乐的人来进行,而且必须充分注意到不同人达致快乐体验时具体追求的不同目标。因此,他反对边沁曾经尝试过的对各种快乐与痛苦进行简单加减的运算方法,同时主张功利主义应该主要适用于行动的原则而不是具体的行为本身。② 在一篇题为《论边沁》的短文中,密尔写道:"我们认为,如果不通过其他中介的话,功利或者说快乐便会成为一种过于复杂和不确定的目标。……那些把功利作为标准的人除了通过一些中介原则之外,基本上不能将其运用于实际;而拒绝功利标准的人一般则不过是把那些中介性的原则变成了第一原则。"③因此,密尔既承认功利原则最终的决定意义,同时又希望经过修改的功利主义注意到人们实际上各不相同的价值追求,显而易见,这是一种在功利主义与道德主义之间寻求妥协的立场。

密尔的这些修正虽然去除了功利主义的一些极端化的色彩,但从实际运用的角度来看,只能使问题变得更为复杂,从而与边沁功利主义的基本目标出现了矛盾,因为后者恰恰希望能够提供一套普遍有效而又简单易行的客观标准对快乐与痛苦进行统一的衡量。与此同时,密尔对"高级的"快乐与"低级的"快乐的区分也不可避免地带有明显的主观倾向。另外,他认为利他主义是一种比利己主义更高级的快乐,但这样做的结果却瓦解了边沁功利主义的一个核心判断,即利己主义是人性的普遍特征。密尔还把审美和知识方面的快乐列入高级的快乐,认为"现在在我的伦理和哲学信条中,感情的熏陶已经成为核心内容之一"④。为此诗歌和音乐具有重要的作用。强调道德修养和人格熏陶固然能够使功利主义更容易被大多数人接受,但与此同时却又使密尔的功利主义与边沁的版本相比带上了更浓厚的精英主义色彩。这种精英主义与密尔在政治上对自由的竭力推崇以及对代议制政府的提倡是完全

---

① J. S. Mill, "Utilitarianism", in J. M. Robson (ed.), *Collected Works of John Stuart Mill*, Vol. X, Toronto: The University of Toronto Press, 1969, p. 211.
② Ibid.
③ J. S. Mill, "Bentham", in *Collected Works of John Stuart Mill*, Vol. X, pp. 110-111.
④ J. S. Mill, "Autobiography", in J. M. Robson and Jack Stillinger (eds.), *Collected Works of John Stuart Mill*, Vol. I, Toronto and Buffalo: The University of Toronto Press, 1981, p. 146.

一致的——自由是为了让"高级的"快乐能够被更多的人接受;代议制则为那些有条件理解和享受"高级的"快乐的人提供了掌握国家政权的更大可能,使他们有更多的机会增进整个社会的幸福。

在政治学中,密尔也对边沁激进的功利主义进行了若干修正,指出不能把功利原则无条件地运用到各个方面。比如在正义问题上,密尔认为存在着两种不同的正义:"一种是行为的规则,另一种是赞同这一规则的意识。"①密尔相信两者具有同等的重要性,因此,即便某种不守规则的行为能带来较大的效用,也不能因此放弃规则本身。他据此认为,正义"是某种道德要求,它从总体上位于社会功利的较高层次,因而意味着具有比其他的社会功利更强的约束力"②。在关于自由的问题上密尔也持同样的立场。他表示,虽然在某些特定条件下自由可能减少而不是增进人们的快乐,但由于人的自由能够有效促进个人独立人格的发展,从长远来看有利于社会进步,并且最终将带来更大的幸福。因此,在这里就不能机械地套用功利原则。当然,密尔认为这一点在总体上与功利主义并无矛盾之处,因为尽管功利原则被"我们用以作为基本的道德原则,但我们需要一些从属性的原则来对其加以运用"③。就此而言,自由就是这样一种"从属性"的原则,人们可以用功利原则对自由问题加以说明,但在对具体行为进行判断时还是应该采用自由原则或者其他处于同一层次的原则,而不是直接对该行为的效用进行衡量。另外,密尔还把社会发展作为效用的一个重要方面。因此,政府的目的就不仅仅是最大限度地满足人们现有的需求,而且必须着眼于社会的进步,这不是某种确定不变的目标,而是一个不断趋于完善的演化过程。④

二、"社会问题"与社会主义运动

在工商业阶级及其思想的代表人物以功利主义为理论依据着手推动社会改良的同时,与他们一同登上历史舞台的城市工人阶级也开始独立地提出了自己的政治主张。虽然这种主张最初同样要求某些方面的社会改良,但与资产阶级的改良主义却表现出相当的区别,因为后者是在自由主义的框架内

---

① J. S. Mill, "Utilitarianism", in *Collected Works of John Stuart Mill*, Vol. X, p. 249.
② Ibid., p. 259.
③ Ibid., p. 225.
④ John Stuart Mill, *Utilitarianism, On Liberty and Considerations on Representative Government*, Oxford: Clarendon Press, 1983, p. 185.

提出的,因而对个人自由的维护便成为一切具体的社会政治方案不能逾越的基本界限。自由主义的个人主义强调个人相对于国家和社会的独立性,与平等和民主的政治主张存在着某种内在的矛盾。对于政治上没有权力,经济遭受剥削的工人和其他劳动阶级来说,法律上的自由与平等无异于空洞的政治口号,因为它们并没有反映到实际的社会经济生活当中,并不能改变普遍存在于社会中的、每一个人都可以感觉到的压迫与奴役。因此,争取真正的社会权利和社会平等,正是19世纪出现的社会主义运动的基本目标。

应该说,社会主义在西方具有相当深远的历史根源,其部分思想内容甚至可以一直上溯到古代希腊罗马时期。不过,社会主义的理论并不严格地从属于在它之前的任何一个思想传统,它是吸收各种思想流派中强调人的社会性和人的平等性的因素、再对其加以创造性发展的结果。所以,柏拉图的共产主义、基督教的平等观念固然为社会主义提供了思想素材,而近代自由民主主义,特别是以法国大革命为代表的"自由、平等、博爱"的观念也成为社会主义思想的重要组成部分,除此之外,功利主义与近代自然科学的发展对社会主义思想的演变也产生过重要影响。

在系统讨论19世纪的社会主义之前,有必要首先简单地介绍早期社会主义者的思想,而他们之中最著名的就是托马斯·莫尔(Thomas More,1478—1534)和康帕内拉(Tommaso Campanella,1568—1639)。

莫尔是英国资本原始积累时期的思想家,他虽然曾经官居英国下议院议员和王室法律监督官等高位,但对当时英国所谓的"羊吃人"现象以及资本原始积累所带来的各种深刻的社会问题有着非常清醒的认识。他于1534年因为反对王室的宗教政策而被处死。

莫尔的名作是《乌托邦》①,这部书还有另外一个书名——《关于最美好的国家制度即乌托邦新岛》(*De optimo Reipublicae statu, deque nova insula Utopia*)。在书中,莫尔借一位来自他幻想的岛国乌托邦的游客之口,既猛烈地抨击了英国的社会现实,又介绍了他自己设计的理想的社会、政治和经济制度。他通过描述和分析现实社会中各种不公正不合理的现象,得出结论认为私有制乃是人世间一切罪恶的根源。"我觉得,任何地方私有制存在,所有的人凭现金价值衡量所有的事物,那么,一个国家就难以有正义和繁荣。"②在这种制

---

① Utopia,这是一个莫尔自己造的希腊语单词,由 ou-topos 两个希腊字构成,意思是不存在的地方,后来成为幻想中的国度的代称。

② 莫尔:《乌托邦》,戴镏龄译,北京:商务印书馆1982年版,第43页。

度之下,人人都不遗余力地追求自身财富的增加,社会正义则沦为个人贪欲的牺牲品。同时,在争夺财富的斗争中,由于富人拥有金钱和权力的优势,所以他们总能够越来越富,穷人则由于无权无势,因而尽管终日劳作却难得温饱。莫尔认为,私有制之下的国家权力无非是一伙有钱人的阴谋组织而已。这些人以国家的名义,打着公共利益的招牌维护他们的一己私利。因此,"如不彻底废除私有制,产品不可能公平分配,人类不可能获得幸福。私有制存在一天,人类中绝大的一部分也是最优秀的一部分将始终背上沉重而甩不掉的贫困灾难的担子"[1]。

与现实的国家制度相对,莫尔提出了他著名的关于乌托邦社会制度的设想。这个国家最基本的特征是公有制,劳动是这里的基本宗教,人们被组织到家庭中从事生产,一切贸易和交换活动都被严格禁止。总的来说,莫尔的乌托邦与柏拉图的理想国在社会和经济制度方面有诸多相似之处,人们的生产、生活和教育都受到来自国家的严密控制。莫尔本人在书中也反复提到柏拉图,可以看出后者对他的影响。不同之处在于,乌托邦实行一种民主的政治制度,国家的各级官吏都由民选产生,最高权力机关元老院由每个城市选举三名代表组成,他们都应该是年长者和品行端正之人。

康帕内拉是意大利人,曾因为反抗当时的西班牙占领者而被长期监禁和迫害,他最重要的著作《太阳城》(La città del Sole)就是在狱中写成的。《太阳城》是一部与《乌托邦》非常类似的作品,作者在书中同样借一位旅行者之口,对现实的国家和社会制度进行批判并提出关于理想社会的构想。康帕内拉与莫尔一样,也认为私有制是万恶之源,财富"使人们傲慢、自负、无知、背信"[2]。他指出,私有制是对人的本性,也是对神的意志的背叛,因为只要从动物的生活方式中就可以看到,只有财产公有才是自然而合理的。

因此,康帕内拉设想的太阳城自然以公有制为基础。人们"都成为富人,同时又都是穷人;他们都是富人,因为大家公有一切;他们都是穷人,因为每个人没有任何私有财产"[3]。太阳城的全部生产和生活资料都属于公有,同时实行集体劳动和按需分配的原则。国家同时承担着经济、教育和宗教等各方面的职能,而且后两方面具有十分重要的地位。太阳城的领导人被称为"太阳",他同时是政治和宗教领袖,由选举产生,但终身任职,在三位专家的帮助

---

[1] 莫尔:《乌托邦》,第44页。
[2] 康帕内拉:《太阳城》,陈大维等译,北京:商务印书馆1980年版,第27页。
[3] 同上。

下指导国家的日常事务。任何公民只要年满20岁都有资格参加国民大会,享有选举权以及监督和提出撤换国家公职人员的权利。

虽然莫尔和康帕内拉对现实社会的批判异常尖锐和深刻,但在他们的时代,这两位思想家关于新社会的构想却找不到一种有效的社会力量的支持。不过,这种情况随着资本主义经济的发展,以及城市工人队伍的迅速壮大而发生了变化,社会主义者作为工人阶级利益的代表,自然成为莫尔和康帕内拉思想最合适的继承人。

为18世纪末和19世纪初的社会主义思想提供理论和实践背景的,除莫尔和帕康内拉等人代表的早期空想社会主义思潮之外,还有下面几个因素。一是近代工业发展带来的社会结构变化,这主要表现为集中生活在城市并且在工厂中劳动的城市工人阶级的出现。这种历史上未曾有过的新的共同生产和生活的模式,离早期空想社会主义者提出的设想只有一步之遥——只要废除私有制而代之以公有制就足够了。二是自然科学的发展对社会科学的普遍影响。这种影响当然带来了两个方面的结果,一方面是让有的学者比如说斯宾塞根据达尔文的进化论得出了一种激进版本的政治自由主义,认为只有不受政府任何干预的绝对的自由竞争才能促进社会进步;另一方面则让社会主义者们看到了进行某种科学的社会组织设计的可能性。第三就是功利主义和其他社会改良主义思潮的影响。功利主义者在自由主义的框架之内已经把国家对社会事务的管理发挥到了最大限度,只要沿着他们的思路再往前走一步,人们就很难避免会得出某种社会主义的结论。

马克思主义出现之前最重要的社会主义者(后来被称为空想社会主义者)是圣西门(Clade Henri de Saint-Sinom,1760—1825)、傅立叶(Chavles Fourier,1772—1837)和欧文(Robert Owen,1771—1853)。

圣西门是"法国大革命的产儿"[①],正是法国大革命的理想与王政复辟后法国社会现实之间的巨大反差成为他的社会批判的起点。圣西门认为,资本主义生产方式的兴起使"实业家"阶层和学者在社会财富的创造中开始发挥重要作用,他们应该相应地成为社会的领导者,而"目前的行政管理机构主要由贵族、法学家和军人控制。但是这三个阶级完全坐食实业的产品,他们不仅没有能力领导生产者的活动,而且在许多方面串通一气,共同反对实业获

[①] 恩格斯:《社会主义从空想到科学的发展》,载《马克思恩格斯全集》第二版(本书引用《马克思恩格斯选集》全部使用中共中央编译局编,人民出版社1995年版,简称"第二版",以下不一一注明),第3卷,第725页。

得成功"①。

圣西门理想的社会就是所谓的"实业社会"。通过圣西门关于"实业社会"的设想,可以看出他对科学与实业这两种推动近代社会发展的力量极力推崇,以至于相信在新社会中,它们应该构成政治权力的基础。他写道:"我认为,政府应由两个阶级分掌;一个阶级以管理社会的精神福利为目的;另一个阶级则调整社会的物质福利。物理科学和数学方面的学者,应同艺术家联合起来,负责国民教育和以改进社会成员的集体智慧与个人智慧为目的的一切工作。农场主、工厂主和商人,主要应当负责管理社会的物质福利。世俗权力和精神权力应当彼此独立,但在财产方面例外,在这方面,精神权力应当从属于世俗的权力,……应当把精神权力交给有真才实学的学者和他们所联合的艺术家。农场主和工厂主应当联合商人主要负责领导世俗权力。"②

学者和实业家的领导资格来自于他们的能力。"实业社会"是消灭了一切特权的社会,同时也是鼓励所有人充分发挥自己的能力的社会。实业制度建立在"完全平等的原则上,它否认一切以出身为基础的权力,不承认各种特权"③。"一切才华出众的人,不管他们的家庭出身使他们处于什么地位,都将被这条原则性规定提到首位上来。"④不仅如此,社会还必须保证每一个人都能够获得工作的机会,以改善贫苦阶层的社会处境,但与此同时也不允许存在社会寄生现象,所有社会成员都具有从事体力劳动的义务。

圣西门表示:"政治学是关于生产的科学,也就是目的在于建立最有利于各种生产的事物秩序的科学。"⑤据此,"实业社会"中国家最重要的工作就是对生产活动的管理。圣西门提出,在"实业社会"中必须实行计划经济,由国家为整个社会制订明确合理的生产计划,以消除经济中的无政府状态。不过,圣西门并不要求废除私有财产,也不反对宗教在"实业社会"中发挥净化人们的心灵、鼓励人们积极上进的重要作用。

傅立叶是法国的另一位空想社会主义者。由于他本人长期从事商业活动,因此对资本主义经济生活中丑恶的一面有非常深刻的体验。傅立叶通过自己手中的笔非常经典地揭露了这种经济制度下的荒唐逻辑:医生盼望每个人都生病、律师盼望每个家庭都打官司、建筑师希望一场大火烧毁整个城市

---

① 圣西门:《圣西门选集》第二卷,董果良译,北京:商务印书馆1962年版,第4页。
② 同上书,第15—16页。
③ 同上书,第80页。
④ 同上书,第46页。
⑤ 圣西门:《圣西门选集》第一卷,王燕生等译,北京:商务印书馆1979年版,第169页。

为他们带来生意,玻璃商则希望一场冰雹打碎所有的门窗从而为他们带来发财的机会。傅立叶指出,造成这种荒唐逻辑的根本原因,就是资本主义制度下个人利益与集体利益的矛盾和对立,而这种制度的最终结果则是大多数人的贫穷和极少数人的富裕。

傅立叶相信,这样一种自诩为"文明"的制度由于其内在矛盾必然会被新的社会结构取代。他呼吁人们"怀疑文明制度,怀疑它的必要性,它的优越性、它的完善性以及它的持久性"①。傅立叶强调,新的社会制度应该建立在对人性的科学理解基础之上,在这方面,功利主义对他的思想发挥了明显影响。与边沁类似,傅立叶认为人类行为的根源在于人的"情欲",而情欲又是上帝的意志在人身上的体现,人的幸福则在于其情欲能够得到满足。傅立叶划分了三种基本的情欲,第一种是物质的或者说感性的欲望,第二种是情感方面的欲望,第三种则是高级和或者说"发挥"的欲望,比如对竞争、多样化和创造的欲望等等。傅立叶认为,这三种基本欲望的满足还能够创造出一种最高的欲望,即个人与社会高度一致的"和谐的欲望"。

傅立叶构想了一种在他看来能够充分满足人的"情欲"的新的社会组织方式。根据他的描述,这种新社会的基本单元是"法朗吉",它具有满足人的所有欲望的功能。每个法朗吉由1600人到2000人构成,占地1平方公里。根据他对情欲的分类,每个"法朗吉"也被相应地进一步划分为一些更基础的、能够分别使人在不同方面的欲望得到满足的功能性组织"谢利叶"。谢利叶由年龄、财产状况、性格、知识等方面都各不相等的人构成,其目的是能够吸引人们相互交往、参加劳动、创造福利和提供社会和谐。

法朗吉实际上是一个基本的生产、消费和生活单元,它为其成员从事各方面的活动从而满足他们的各种欲望提供了可能性。比如说,使他们在同一天内既从事农业活动,又参加工业生产;既从事脑力创造,也从事体力劳动,等等。这样,由于劳动使人的欲望得到了满足,因而也就成为一种享乐而不再是不可逃避的重负。

在如何建成法朗吉的问题上,傅立叶则持十分谨慎的态度。一方面,他并不要求废除私有财产,在法朗吉的分配权重中,劳动、资本和才能各占5/12、5/12和2/12的比例;另一方面,傅立叶希望人们能够自愿地进行他所设计的实验。傅立叶的学说也的确吸引了不少追随者,但他们的实验基本上都以失败告终。

---

① 傅立叶:《傅立叶选集》第一卷,赵俊欣等译,北京:商务印书馆1979年版,第4页。

空想社会主义的最后一位理论家是欧文。欧文出身于英国北威尔士,家境贫寒,后来依靠自己的努力在企业界颇有所成。尽管如此,他并没有因此接受资本主义市场经济的逻辑而是成为这种逻辑最激进的批判者之一。欧文非常敏锐地抓住了资本主义经济关系中财产私有制这个基本矛盾,指出:"目前,私有财产是贫困的唯一根源,由于贫困而在全世界引起各种无法计算的罪行和灾难。它在原则上是那样不合乎正义,如同它在实践上不合乎理性一样。"①由于资本主义经济制度建立在对私有制的绝对保护基础之上,所以"现存的制度实质是依靠人们违反自然法所制定的奖惩规则来支持和管理的一种制度,这种制度是人为的,它始终在创造犯罪和灾难,犯罪和灾难日益增加,因而又要求制定新的法律来纠正旧法律所必然给社会带来的祸害,人们就是这样永无休止地增加人为的法律来反对自然法,但始终毫无所成"②。欧文指出,资本主义的政治制度同样违反人的本性,因为"一切政府至今仍然是使用暴力和欺骗的政府,为了领导创造财富和培养人的性格的工作,要有仁慈、明智和善心而不使用个人奖惩办法的政府。为了使当今一代和以后世世代代的幸福而迅速地改造社会的工作,已经成为刻不容缓的事情"③。

作为对现存社会制度的替代方案,欧文提出建立一种新的社会组织即"劳动公社"。劳动公社是建立在生产资料公有制基础之上的、自给自足的生产和消费组织。每个劳动公社由 300 人到 2000 人组成④,主要从事农业生产。人们在公社中按能力承担相应的劳动,并根据需要分配各种必需品。"这种社会的成员将通过简易、正常、健康和合理的工作,生产出满足消费欲望还有余的为数极多的剩余产品,因此可以让每个人都随便到公社的总库去领取他们需要的任何物品。"⑤欧文强调,在劳动公社中人们必须遵循以下原则:人人平等、真诚相待、婚姻宗教和信仰自由等等。劳动公社由全体成员实行民主管理,但年长的成员享有较高的社会地位。欧文设想这种劳动公社将作为新社会的基本组织单元,它们在一定数量的基础上结成联盟,最后扩大到整个欧洲。

欧文不是一位纸上谈兵的思想家。他利用自己办工厂的所得,首先在英

---

① 欧文:《欧文选集》第二卷,柯象峰等译,北京:商务印书馆 1981 年版,第 13 页。
② 同上书,第 14 页。
③ 同上书,第 61—62 页。
④ 对公社的规模,欧文的说法并不统一,有时又说是 500—1500,还有时候说几十家、几百家或者几千家。
⑤ 欧文:《欧文选集》第一卷,柯象峰等译,北京:商务印书馆 1979 年版,第 355 页。

国的新拉纳克,后来又在美国的印第安纳和墨西哥等地进行了被他称为"新和谐公社"的试验。虽然这些试验先后以失败告终,但却又在很长时间内得到人们的向往和推崇。

社会主义思想和运动得名于它的基本主张,即在社会范围内解决人与人之间不平等的问题,因为人们发现,资本主义制度确立之后建立的政治法律秩序,以及人们在这种秩序之下获得的政治和法律平等,并不能真正体现为社会和经济地位的平等。早期的社会主义者提出用以取代现存政治组织,以实现其社会、经济和政治目标的正是各种自由的工人结社,因此从实践上看,19世纪早期社会主义在欧洲的传播是与"结社主义"的迅速发展紧密联系在一起的,"1836年之后,人们越来越多地谈论起结社,越来越多地谈论到由工人组建的、以维护自身权益为目的的那些团体。在论及社会主义者有关劳动的第一部史学著作草稿中,西尔维亚·罗达·吉保迪指出,由于新的生产工具加重了对雇佣劳动者的剥削,人们只能通过劳动者的协会来改变局面;1830年至1848年之间实现的理论建树集中体现在劳动方面,这种劳动是指与利润和地租相对立的雇佣劳动,尤其是工厂中的雇佣劳动。使劳动联合起来意味着以不同的方式进行生产,意味着不去追求资本的利润;对于劳动者来说,只要联合起来,就能够向雇主要求工资、休息和自由的权利。不相信结社的人不能自称为社会主义者"。①

1848年以后,关于结社与社会主义问题的著作大量增加,其中包括M. G. 哈伯德的《关于救济会或互助会的组织及其所由建立的科学基础》(1852)以及安德烈·科许的《劳动协会》(1851)等。前者认为,各种结社团体完全可以发挥社会功能,并能够有效改善工人阶级的地位;后者则指出,在国务活动家们口头上空谈改革、理论家们在书本里讨论改革的时候,卑微的劳动者们为了改善自己的地位,已经在进行一场前所未有的民主试验。一时之间,结社的思想和实践风靡西欧各国。正如意大利政治思想史研究者马斯泰罗内所说:"这种社会革新的运动在欧洲得到扩展。在革命运动的浪潮下,看来很难反对结社的共同愿望;结社主义被视为一种文明生活的制度,结社团体可以成为民主生活的中心。"②面对这一"结社大潮",甚至像密尔那样的自由主义

---

① 萨尔沃·马斯泰罗内:《欧洲政治思想史——从十五世纪到二十世纪》,黄华光译,北京:社会科学文献出版社1992年版,第306—307页。
② 马斯泰罗内:《欧洲民主史——从孟德斯鸠到凯尔森》,黄华光译,北京:社会科学文献出版社1994年版,第114—115页。

者也认为,各种协会中的工人会在未来的某一天选出他们自己的领袖人物,并在他们的领导下从事劳动;这些协会不仅将把生产工具委托给工人,而且能够推动社会的进步;工人协会应该发展为合作社,并且成为对工人阶级进行知识和社会教育的重要工具;只有"合作"才能保证社会的稳定。

在这一背景下,欧洲出现了大批社会主义运动的领袖人物和思想家,而且他们往往同时兼理论家和社会活动家于一身,如蒲鲁东(Piere-Joseph Proudhon,1809—1865,著有《社会问题的解决》、《什么是财产权》及《经济体系的矛盾,或贫困的哲学》等书)、拉萨尔(Ferdinand Lassalle,1825—1864,德国社会民主党拉萨尔派的领袖人物,著有《工人纲领》、《致工人的公开信》及《资产阶级经济学批判》等小册子)、马志尼(Giusseppe Mazzini,1805—1872,"青年意大利党"的创始人,《结社与自由》、《论人的义务》等书的作者)等。19 世纪 40 年代以后,各种各样的社会主义理论流派在欧洲纷纷登场,各种工人团体和协会也如雨后春笋一般大量涌现。据称在 1859—1860 年间,结社团体在欧洲翻了一番,而参加团体的人数则增加了 10 倍;在 1860 年,仅英国就有 25000 多个结社团体,会员共有 300 万人左右。①

从国家管理民主化的角度来看,结社运动的先驱是 19 世纪 40 年代在法国出现的要求权力下放的运动。这首先是法国某些民主党人的主张,他们提出了发展"市政组织"的设想,认为由此即可通过人民的"直接立法"实现其参与国家管理的目标。到 1848 年之后,在民主派的语言中,"市政府"成为国家的对立面。他们谈论市政自治、市政解放、市政运动、市政联邦、市政计划等等,目标是使公民们能够在市政府中参与政治生活和社会生活,并在那里实现民主,体现人民政府的性质与特点。比如说,1850 年,德国独立社会民主主义者里廷豪森(Moritz Rittinghausen,1814—1890)就在孔西代朗(Victor Prosper Considérant,1808—1893)主办的《和平民主报》上发表了一系列有关市政自治的文章,后来这些文章汇集成册,以《人民的直接立法》(Die direkte Gesetzgebung durch das Volk)为题出版。该书指责法国共和党人对代议制这种资产阶级政体的迷信,提出单纯依靠普选并不能改变资产阶级政府的本质,唯一的出路在于重新采用城市自治的制度,并且把行政管理性的市政机构发展成参与性的机构,使人民能够直接行使立法权以及立法动议权。

显而易见的是,市政自治的主张与结社运动是互为表里的。民主党人指出,结社团体是民主的基层结构,公民应该在市镇中和平地结合起来,工人则

---

① 参见马斯泰罗内:《欧洲民主史——从孟德斯鸠到凯尔森》,第116页。

应该参加结社组织,经济生产应该由结社组织来协调,整个道德生活都应该是结社性质的。这样,基于博爱观念对人道主义和团结友爱精神的呼吁,便转化成了政治与社会性质的结社运动,劳动者们借此联合起来进行彼此间的救济,而公民们则得以通过组建自由联合的自主团体来改造社会。

在工人结社与国家的关系问题上,社会主义者之间则出现了不同的回答。一些人把结社运动视为国家政治生活民主化的唯一途径,同时呼吁社团与国家合作。这种思想在德国有较大影响,1862年拉萨尔起草的《工人纲领》便把建立一个以普选制为基础的、旨在保障全体公民的工作与福利的"人民国家"作为德国工人运动的目标。这种观念直接反映在1875年德国社会民主党的《哥达纲领》之中,后来曾经受到马克思的严厉批评。

但也有一些社会主义者从结社运动中得到灵感,不仅反对中央集权,而且反对国家本身,把结社作为国家最适当的替代物,蒲鲁东是他们的典型代表。他在发表于1848年的小册子《社会问题的解决》中指出,作为现实,人民是一个整体,而且正如卢梭所言,人民主权不可能通过简单的普选得到实现,因为这种表面上的民主制实际上只不过是"改头换面的贵族制","劳动的解放不可能由国家来完成"①;与之相反,在真正的共和国之中,一切活动都应该是自由的,它们应该"立足于交换而非权威、互助而非统治、社会契约而非主权的基础之上"②。蒲鲁东在稍后出版的《一个革命家的自白》③一书中提出:政府和各个政党应该自动引退,把活动领域交给每个公民,以便让大家通过自由行动来形成秩序。蒲鲁东推崇一种以市镇自治为单位、并由劳动人民直接参加的联邦制,反对一切形式的中央集权以及国家权威。他把反国家的思想推向极端,成为近代无政府主义的代表人物之一。

可以说,在19世纪的结社主义者或社会主义者当中,结社、民主与平等构成了一个三位一体的东西,虽然不同的人在这三方面各有侧重。1848年,法国人皮埃尔·勒鲁(Pierre Leroux,1797—1871)起草了一份名为《民主、社会宪法草案》(Projet d'une constitution démocratique et sociale)的文件,明确地把民主问题与社会问题联系在一起。从结社的实践来看,每一个社团内部都奉行民主原则,同时也遵循平等与互助的原则,人们实际上把结社视为据以对整

---

① Proudhon, *Solution du problème social*, Oeuvres complete de P.-J. Proudhon, tome Ⅵ, Paris: Librairie des Sciences Politiques et Sociales, Marcel Riviere, 1929, p.62.

② *Humanité*, September 21, 1919. Quoted in Bouclé Guy-Grand, "L'ère Proudhon", Michel Augé-Laribé(ed.), *Proudhon et notre temps*, Paris: É. Chiron, 1920, p.3.

③ Proudhon, *Les confessions d'un révolutionaire*, Oeuvres complete de P.-J. Proudhon, tome Ⅸ.

个社会加以改造的蓝本。正如马志尼所说,社会主义者主张的结社是"彼此了解、彼此尊重的人们建立在一定基础之上的、自由的、自愿的结社,这种结社不是强制性的,不是由政府当局强加的;这种结社团体是由你们的代表以充满兄弟情谊的共和制方式加以管理的,它不会屈从于国家的专制,不会屈从于随意组建的、无视你们的需要和习惯的某个等级统治集团的专制"。①

19世纪欧洲形形色色的社会主义者和社会主义运动把人们的注意力从政治领域引向了社会领域,但随着运动的深入,他们中的不少人最终又意识到如果不解决国家问题实际上根本无法解决社会问题,这是他们的一项重大贡献。法国的空想社会主义者巴贝夫(Francois-Noël Babeuf,1760—1797)可能是最先为世人指出这个问题的人,他因从事推翻拿破仑政府的密谋活动而被逮捕。在对他的审判中,巴贝夫利用法庭对当时法国的现实进行了猛烈批判——1795年的新宪法缩小了普选权的范围、旧特权不断地得到恢复、大革命的自由与平等精神正在遭到颠覆。巴贝夫指出:"社会的目标是其成员的福利"②,这个目标在革命的早期阶段并没有得到实现,而在拿破仑政府之下则已经被完全抛弃。他尖锐地指出:"革命并没有结束,因为富人们已经独占了包括政治权力在内的一切革命成果,而穷人却在悲惨与痛苦中过着奴隶一般的生活,他们在国家中根本一钱不值。"③巴贝夫宣称,他的奋斗目标就是要建立一个由人民掌握全部权力、并能够满足其公正平等的社会和经济要求的"平等人的共和国"。

总的来说,马克思主义出现之前的各种空想社会主义思潮有一个共同点,那就是它们虽然往往非常深刻地看到了资本主义制度下各种社会、政治和经济问题的根源所在,但又总是把对社会的改造寄托在人们善良愿望的基础之上,这也是它们被称为"空想"学说的主要原因。但另一方面,就它们对资本主义社会各种矛盾的揭露、对新社会极富天才的设想来说,它们又为马克思主义的产生准备了重要条件,并且在事实上成为后者的三个来源之一。

---

① 马志尼:《结社与进步》,转引自马斯泰罗内:《欧洲政治思想史——从十五世纪到二十世纪》,第345页。
② Francois-Noël Babeuf, *The Defense of Gracchus Babeuf*, ed. and trans. by John Anthony Scott, New York: Schocken Books, 1972, p.44.
③ Ibid., p.47.

三、马克思主义

空想社会主义为马克思主义提供了诸多理论养分,但两者又具有根本性的区别。作为一个完整的思想体系,马克思主义的政治理论与其他组成部分之间存在着密切的联系,而其中最重要的就是马克思主义的政治经济学。

马克思主义认为,生产力是社会发展的基本动力,它决定着与其发展阶段相适应的生产关系和上层建筑。人们在生产活动中所处的地位(即对生产资料的占有情况)使他们被区分为不同的阶级,而国家政权就是占有生产资料的阶级为保护其物质利益建立的暴力工具,因此是社会分化为阶级之后的产物。马克思曾经对这一基本逻辑进行过如下总结:"我的研究得出这样一个结果:法的关系正像国家的形式一样,既不能从它本身来理解,也不能从所谓人类精神的一般发展来理解,相反,它们根源于物质的生活关系,这种物质的生活关系的总和,黑格尔按照18世纪的英国人和法国人的先例,称之为'市民社会',而对市民社会的解剖应该到政治经济学中去寻求。"① 关于国家产生和存在的条件,恩格斯认为:"国家并不是从来就有的。曾经有过不需要国家,而且根本不知国家和国家权力为何物的社会。在经济发展到一定阶段而必然使社会分裂为阶级时,国家就由于这种分裂而成为必要的了。"② 具体地说,国家的产生遵循了这样一个过程,即生产发展—剩余产品—私有制—阶级—国家。

马克思和恩格斯证明,原始社会末期生产力的发展使一些人私自囤积相对剩余的公共产品(包括战争中捕获的奴隶)成为可能,从而导致了氏族公社内部私有制的产生。财产占有在部落或氏族成员之间的不平等分配以及这种不平等的加剧,最终使占有财富者与不占或较少占有财富者变成了两个互相对立的阶级,因而"私有制是阶级矛盾的根源和破坏古老公社的杠杆"③。恩格斯指出,阶级的产生与几次大的社会分工联系在一起。第一次大分工即畜牧业与农业的分工导致了"第一次社会大分裂,分裂为两个阶级:主人和奴隶、剥削者和被剥削者"④;第二次大分工即手工业与农业的分工,这次分工则

---

① 马克思:《政治经济学批判》,载《马克思恩格斯全集》第13卷,第8页。
② 恩格斯:《家庭、私有制和国家的起源》,载《马克思恩格斯选集》第4卷,第174页。
③ 恩格斯:《致卡·考茨基》,载《马克思恩格斯全集》第26卷,第143页。
④ 恩格斯:《家庭、私有制和国家的起源》,载《马克思恩格斯选集》第4卷,第161页。

使奴隶制"成为社会制度的一个根本的组成部分"①;而在第三次社会大分工即商业独立化之后,"奴隶的强制性劳动构成了整个社会的上层建筑所赖以建立的基础"②。到这个时候,社会的阶级结构与早期原始社会相比,已经发生了本质的变化,因而"氏族制度已经过时了。它被分工及其后果即社会之分裂为阶级所炸毁。它被国家代替了"③。

氏族公社制度之所以被国家取代,是因为它无法有效保护占有者阶级的特权,即既不能镇压被剥夺者的反抗,亦不能在相互对立的阶级之间维持相对的平衡。恩格斯写道:"国家是社会在一定发展阶段上的产物;国家是承认:这个社会陷入了不可解决的自我矛盾,分裂为不可调和的对立面而又无力摆脱这些对立面。而为了使这些对立面,这些经济利益互相冲突的阶级,不致在无谓的斗争中把自己和社会消灭,就需要有一种表面上凌驾于社会之上的力量,这种力量应当缓和冲突,把冲突保持在'秩序'的范围以内;这种从社会中产生但又自居于社会之上并且日益同社会相异化的力量,就是国家。"④

国家的起源也就说明了它的本质。"由于国家是从控制阶级对立的需要中产生的,由于它同时又是在这些阶级的冲突中产生的,所以,它照例是最强大的、在经济上占统治地位的阶级的国家,这个阶级借助于国家而在政治上也成为占统治地位的阶级,因而获得了镇压和剥削被压迫阶级的新手段。因此,古希腊罗马时代的国家首先是奴隶主用来镇压奴隶的国家,封建国家是贵族用来镇压农奴和依附农的机关,现代的代议制的国家是资本剥削雇佣劳动的工具。"⑤对于国家作为在经济上占据统治地位的阶级维护其特权的暴力工具这一基本特性,马克思和恩格斯始终是十分明确的,他们曾就资产阶级国家的本质指出:这种国家"不外是资产者为了在国内外相互保障各自的财产和利益所必然要采取的一种组织形式"⑥;是统治阶级"理想的总资本家"⑦、"管理整个资产阶级的共同事务的委员会"⑧。

不过,在坚持国家具有其确定的阶级属性的同时,马克思和恩格斯也注

---

① 恩格斯:《家庭、私有制和国家的起源》,载《马克思恩格斯选集》第4卷,第163页。
② 同上书,第168页。
③ 同上书,第169页。
④ 同上书,第170页。
⑤ 同上书,第172页。
⑥ 马克思、恩格斯:《费尔巴哈》,载《马克思恩格斯选集》第1卷,第132页。
⑦ 恩格斯:《反杜林论》,载《马克思恩格斯选集》第3卷,第629页。
⑧ 马克思、恩格斯:《共产党宣言》,载《马克思恩格斯选集》第1卷,第274页。

意到,在某些特定的历史时刻,国家有可能表现出某种超然于社会各阶级之上的姿态,对整个社会或者行善或者作恶。他们主要指出了两种情况。首先是相互冲突的社会各阶级势均力敌、相持不下的时候。恩格斯曾经列举过下面的实例:"……也例外地有这样的时期,那时互相斗争的各阶级达到了这样势均力敌的地步,以致国家权力作为表面上的调停人而暂时得到了对于两个阶级的某种独立性。17世纪和18世纪的专制君主制,就是这样,它使贵族和市民等级彼此保持平衡;法兰西第一帝国特别是第二帝国的波拿巴主义,也是这样,它唆使无产阶级去反对资产阶级,又唆使资产阶级来反对无产阶级。使统治者和被统治者都显得同样滑稽可笑的这方面的最新成就,就是俾斯麦国家的新的德意志帝国;在这里,资本家和工人彼此保持平衡,并为了破落的普鲁士容克的利益而遭受同等的欺骗。"①其次是当社会处于相对和平发展阶段的时候。马克思指出:国家"一直是一种维护秩序、即维护现存社会秩序从而也就是维护占有者阶级对生产者阶级的压迫和剥削的权力。但是,只要这种秩序还被人当做不容异议、无可争辩的必然现象,国家政权就能够摆出一副不偏不倚的样子。这个政权把群众现在所处的屈从地位作为不容变更的常规,作为群众默默忍受而他们的'天然尊长'则放心加以利用的社会事实维持下去"②。

另一方面,马克思和恩格斯不仅把国家视为阶级统治的产物,而且也将其视为社会分工的一种体现形式。恩格斯曾写道:"第一,一切政治权力起先都是以某种经济的、社会的职能为基础的,随着社会成员由于原始公社的瓦解而变为私人生产者,因而和社会公共职能的执行者更加疏远,这种权力不断得到加强。第二,政治权力在对社会独立起来并且从公仆变为主人以后,可以朝两个方向起作用。"③他不仅提到了"从事单纯体力劳动的群众同管理劳动、经营商业和掌管国事"等行业之间的分工④,而且明确指出:"政治统治到处都是以执行某种社会职能为基础,而且政治统治只有在它执行了它的这种社会职能时才能持续下去。"⑤马克思也曾经指出,国家的活动"既包括执行由一切社会的性质产生的各种公共事务,又包括由政府同人民大众相对立而

---

① 恩格斯:《家庭、私有制和国家的起源》,载《马克思恩格斯选集》第4卷,第172页。
② 马克思:《〈法兰西内战〉二稿》,载《马克思恩格斯选集》第3卷,第118页。
③ 恩格斯:《反杜林论》,载《马克思恩格斯选集》第3卷,第526页。
④ 同上书,第525页。
⑤ 同上书,第523页。

产生的各种特殊职能"①。可见,国家的存在,除了它的阶级基础之外,还具有其社会分工的基础,即社会职能的基础。正由于国家权力具有某种独立性,又是社会分工的一种体现,从而它也就有可能形成自己的、不同于任何一个社会阶级(包括统治阶级)的利益,马克思因而称之为"市民社会身上的""寄生赘瘤"②。与此相适应,马克思和恩格斯关于无产阶级革命胜利后国家消亡的学说也就包括两个方面的内容,即作为统治阶级暴力工具的国家和作为社会分工形式的国家的消亡。马克思在谈到巴黎公社采取的措施时就曾经表示,旧式的中央政府职能应该区分为两个方面:一是"政府控制人民的权力",二是"由于国家的一般的共同需要而必须执行的职能"③。在无产阶级取得革命胜利后,"政府的压迫力量和统治社会的权威就随着它的纯粹压迫性机构的废除而被摧毁,而政府应执行的合理职能,则不是由凌驾于社会之上的机构,而是由社会本身的负责任的勤务员来执行"④。

由于马克思和恩格斯主要采用在一定历史时期占支配地位的生产关系作为划分国家形态基本依据,因而与人类阶级社会发展的几个主要阶段相适应,相继有奴隶制国家、封建国家、资本主义国家以及东方国家的概念。⑤ 他们认为,资产阶级民主制国家是国家发展的最高和最后阶段,也是无产阶级革命的政治基础。除了反复强调这种国家形态的阶级本质之外,他们还着重指出了它与旧国家相区别的两个基本特点以及随之而来的两大矛盾。

第一,资产阶级国家以法律上的"公民"概念作为政治基础,从而实现了国家的"普遍化"。马克思指出,资产阶级"政治革命打倒了这种专制权力(指专制国家权力。——引者),把国家事务提升为人民事务,把政治国家确定为普遍事务,即真实的国家;这种革命必然要摧毁一切等级、公会、行帮和特权,因为这些都是使人民脱离自己政治共同体的各种各样的表现。于是,政治革命也就消灭了市民社会的政治性质"⑥。这里所谓"消灭了市民社会的政治性质"是指政治权力与市民社会的分离,是指资本主义国家直接建立在获得了

---

① 马克思:《资本论》,载《马克思恩格斯全集》第 25 卷,第 432 页。
② 马克思:《〈法兰西内战〉初稿》,载《马克思恩格斯选集》第 3 卷,第 91 页。
③ 马克思:《〈法兰西内战〉二稿》,载《马克思恩格斯全集》第 25 卷,第 438 页。
④ 马克思:《〈法兰西内战〉二稿》,载《马克思恩格斯选集》第 3 卷,第 122 页。
⑤ 在没有阶级与国家的原始社会之后,顺次为奴隶社会、封建社会、资本主义社会和社会主义社会,社会主义之后的共产主义社会再次消灭了阶级和国家,除此之外,马克思和恩格斯还单独列出了一个"东方社会"的概念,指中国、印度等与西欧社会发展模式不同,长期停留在专制主义状态的社会形态。
⑥ 马克思:《论犹太人问题》,载《马克思恩格斯全集》第 1 卷,第 441 页。

公民权利的个体基础之上这一事实。"正如古代国家的自然基础是奴隶制一样,现代国家的自然基础是市民社会以及市民社会中的人,即仅仅通过私人利益和无意识的自然的必要性这一纽带同别人发生关系的独立的人,即自己营业的奴隶,自己以及别人的私欲的奴隶。现代国家就是通过普遍人权承认了自己的这种自然基础。而它并没有创立这个基础。现代国家既然是由于自身的发展而不得不挣脱旧的政治桎梏的市民和社会的产物,所以,它就用宣布人权的办法来确认自己的出生地和自己的基础。"①

也就是说,资产阶级国家以平等的公民权利为基础,但与此同时,由于资产阶级国家仅仅承认公民法律上的身份平等,因而这种平等便与经济上的剥削与奴役出现了不可调和的矛盾,国家的普遍性与市民社会的特殊性之间也随之产生了无法解决的张力。马克思明确指出:"在政治国家真正发达的地方,人不仅在思想中,在意识中,而且在现实中,生活中,都过着双重的生活——天国的生活和尘世的生活。前一种是政治共同体中的生活,在这个共同体中,人把自己看做社会存在物;后一种是市民社会中的生活,在这个社会中,人作为私人进行活动,把别人看做工具:把自己也降为工具,成为外力随意摆布的玩物。"②因此,在资本主义制度下,不仅存在国家与市民社会的对立,而且也还存在着一种更为根本的对立,即资产阶级社会也就是所谓的"市民社会"③与人类社会生活本质的对立,是被分割与保护起来的个人私利与人类共同利益的对立。马克思就此写道:"人作为特殊宗教的信徒,跟作为公民的自身,跟作为社会整体的一分子的其他人发生冲突,这种种冲突就归结为政治国家和市民社会的世俗分裂。对于作为 bourgeois(市民社会的一分子)的人来说,'在国家中的生活只是一种假象,或者是本质和通则的瞬间例外'。的确,bourgeois(市民社会的一分子)和犹太人一样,只是诡辩地处于国家生活中,正像 citoyen(公民)只是诡辩地是犹太人或 bourgeois(市民社会一分子)一样。可是这种诡辩不是个人性质的,而是政治国家本身的诡辩。宗教信徒和公民的差别,就是商人和公民、短工和公民、地主和公民、活的个人和公民之

---

① 马克思、恩格斯:《神圣家族》,载《马克思恩格斯全集》第 2 卷,第 145 页。
② 马克思:《论犹太人问题》,载《马克思恩格斯全集》第 1 卷,第 428 页。
③ 马克思是在黑格尔的意义上使用"市民社会"这个概念的,在马克思与黑格尔时代的德国,这个词与其字面意义一样,具有"资产阶级社会"(bürgerliche Gesellschaft)的含义。

间的差别。"①要克服这种矛盾,无产阶级就必须同时"为消灭(aufhebung②)国家和市民社会而斗争"③。

第二,资产阶级国家通过宣布法律面前人人平等而建立了民主制度,但资产阶级的利益却又阻碍着这种国家中真正意义上的民主的发展。马克思肯定民主制的积极价值,同时也肯定民主制与国家本质相对的一面:"在君主制中是国家制度的人民,在民主制度中则是人民的国家制度。民主制是国家制度一切形式的被猜破了的哑谜。在这里,国家制度不仅就其本质来说是自在的,而且就其存在,就其现实性说来也日益趋向于自己的现实的基础、现实的人、现实的人民,并确定为人民自己的事情。国家制度在这里表现出它的本来面目,即人的自由的产物。"④因此,"在真正的民主制中政治国家就消失了"⑤。但现实的资产阶级国家制度却表现出与之相反的性质:"现代工业的进步促使资本和劳动之间的阶级对立更为发展、扩大和深化。与此同步,国家政权在性质上也越来越变成了资本借以压迫劳动的全国政权,变成了为进行社会奴役而组织起来的社会力量,变成了阶级专制的机器。"⑥对无产阶级来说,由于一方面现存的国家政权依旧不过是阶级压迫的工具,另一方面真正的民主必将冲突国家的外壳,因此马克思和恩格斯明确宣布:"共产党人不屑于隐瞒自己的观点和意图。他们公开宣布:他们的目的只有用暴力推翻全部现存的社会制度才能达到。"⑦在无产阶级夺取政权之后,他们也不会把国家作为自己获得政治解放的工具,"要实现与绝对自由相等的真正的主观自由,需要的是其他的实现形式,而不是国家"⑧。"国家再好也不过是在争取阶级统治的斗争中获胜的无产阶级所继承下来的一个祸害;胜利了的无产阶级也将同公社(指巴黎公社。——引者)一样,不得不立即尽量除去这个祸害的最坏方面,直到在新的自由的社会条件下成长起来的一代有能力把这全部国家废物抛掉。"⑨

---

① 马克思:《论犹太人问题》,载《马克思恩格斯全集》第1卷,第429页。
② Aufhebung 通常被译为"扬弃"。马克思在这里所指的,是人类社会新的发展将超越国家与市民社会的分裂,在更高层次上实现两者的统一。
③ 马克思:《关于现代国家的著作计划草稿》,载《马克思恩格斯全集》第42卷,第238页。
④ 马克思:《黑格尔法哲学批判》,载《马克思恩格斯全集》第1卷,第280页。
⑤ 同上书,第281页。
⑥ 马克思:《法兰西内战》,载《马克思恩格斯选集》第3卷,第53页。
⑦ 马克思、恩格斯:《共产党宣言》,载《马克思恩格斯选集》第1卷,第307页。
⑧ 恩格斯:《集权和自由》,载《马克思恩格斯全集》第41卷,第392页。
⑨ 恩格斯:《〈法兰西内战〉导言》,载《马克思恩格斯选集》第3卷,第13页。

正因为国家自身所包含的矛盾在资产阶级民主制之下已经全面展开,所以马克思和恩格斯认为这种国家制度乃是无产阶级社会主义革命的基础。这意味着无产阶级首先必须与资产阶级一道建立并巩固资产阶级民主制,然后在此基础上进行社会主义革命。他们曾就德国工人阶级的任务表示:"在德国,只要资产阶级采取革命的行动,共产党就同它一起去反对君主制、封建土地所有制和小市民的反动性。"①恩格斯自己也认为:"在德国,资产阶级和专制君主制之间的决战还在后面。但是,共产主义者不能指望在资产阶级取得统治以前就和资产阶级进行决战,所以共产主义者为了本身的利益必须帮助资产阶级尽快地取得统治,以便尽快地再把它推翻。"②

马克思和恩格斯认为,国家作为阶级斗争的产物在资本主义社会将最终走完其生命的全部历程,未来取代资本主义的社会主义将是一种没有国家的社会。恩格斯就此明确地写道:"当无产阶级还需要国家的时候,它需要国家不是为了自由,而是为了镇压自己的敌人,一到有可能谈自由的时候,国家本身就不再存在了。因此,我们建议把'国家'一词全部改成'共同体'(Gemeinwesen),这是一个很好的古德文词,相当于法文的'公社'。"③也正是出于这样一个基本判断,所以马克思严厉批评了1875年德国社会民主党《哥达纲领》中提出的"自由国家"的概念。④ 恩格斯更是一针见血地指出:"既然国家只是在斗争中、在革命中用来对敌人实行暴力镇压的一种暂时的设施,那么,说自由的人民国家,就纯粹是无稽之谈了。"⑤

马克思主义政治理论的另外一个重要组成部分是对如何推翻资本主义国家和建立社会主义社会的大量说明,这就是马克思主义关于无产阶级革命和无产阶级专政的思想。马克思和恩格斯认为,空想社会主义者最大的失误,就是在两个关键问题上都没有得出正确的答案,即资产阶级国家与社会的关系问题、社会革命与政治革命的关系问题。

马克思和恩格斯充分肯定结社主义者或者社会主义者竭力宣传的通过社会本身解决政治和经济问题的主张,同时始终反对把解决社会问题的希望寄托在资产阶级国家身上。马克思曾明确表示:"要解放劳动群众,合作劳动必须在全国范围内发展,因而也必须依靠全国的财力。但是土地巨头和资本

---

① 马克思、恩格斯:《共产党宣言》,载《马克思恩格斯选集》第1卷,第306页。
② 恩格斯:《共产主义原理》,载《马克思恩格斯选集》第1卷,第246页。
③ 恩格斯:《给奥·倍倍尔的信》,载《马克思恩格斯选集》第3卷,第324—325页。
④ 参见马克思:《哥达纲领批判》,载《马克思恩格斯选集》第3卷,第313页。
⑤ 恩格斯:《给奥·倍倍尔的信》,载《马克思恩格斯选集》第3卷,第324页。

巨头总是要利用他们的政治特权来维护和永久保持他们的经济垄断的。他们不仅不会促进劳动解放,而且恰恰相反,会继续在它的道路上设置种种障碍。……夺取政权已成为工人阶级的伟大使命。"①

马克思和恩格斯之所以明确反对通过资产阶级国家实现社会改造,出于他们对这种国家性质的基本判断。如上所述,马克思和恩格斯深刻揭示了资产阶级国家与"市民社会"的对立,但与此同时,他们又指出了在资本主义社会两者之间的内在一致性——"那些决不依个人'意志'为转移的个人的物质生活,即他们的相互制约的生产方式和交往方式,是国家的现实基础,而且在一切还必须有分工和私有制的阶段上,都是完全不依个人的意志为转移的。这些现实的关系决不是国家政权创造出来的,相反地,它本身就是创造国家政权的力量。"②"现代的资产阶级财产关系靠国家权力来'维持',资产阶级建立国家权力就是为了保卫自己的财产关系。"③马克思和恩格斯明确指出,在资本主义制度下,根本没有可能依靠旧国家完成无产阶级的解放事业,因而"哪里的政权落到资产阶级手里,哪里的无产阶级就必须把它推翻"④。在"市民社会"范围内进行的任何改良,都不能从根本上扭转无产阶级受奴役与受压迫的地位。

无产阶级革命是马克思和恩格斯始终坚持的一个基本立场。革命就是明确反对改良,反对从资本主义制度中可以自动产生新的社会制度的任何幻想,革命同时还是对整个社会关系乃至社会中每一个人的全面、彻底的改造。它既是政治革命,同时又是社会革命,因而是与资本主义制度的彻底决裂。马克思和恩格斯写道:"无论为了使这种共产主义意识普遍地产生还是为了达到目的本身,都必须使人们普遍地发生变化,这种变化,只有在实际运动中,在革命中才有可能实现,因此革命之所以必需,不仅是因为没有任何其他的办法能推翻统治阶级,而且还因为推翻统治阶级的那个阶级,只有在革命中才能抛掉自己身上一切陈旧的东西,才能建立新社会的基础。"⑤

马克思和恩格斯坚持无产阶级革命的原则,当然并不仅仅是因为他们相信"革命"是"社会进步和政治进步的强大发动机"⑥。更主要的是,革命乃是

---

① 马克思:《国际工人协会成立宣言》,载《马克思恩格斯选集》第2卷,第606页。
② 马克思、恩格斯:《德意志意识形态》,载《马克思恩格斯全集》第3卷,第377—388页。
③ 马克思:《道德化的批判和批判化的道德》,载《马克思恩格斯全集》第4卷,第331页。
④ 同上。
⑤ 马克思、恩格斯:《德意志意识形态》,载《马克思恩格斯全集》第3卷,第78页。
⑥ 恩格斯:《德国的革命与反革命》,载《马克思恩格斯选集》第1卷,第512页。

资产阶级国家机器的阶级本质为无产阶级改造社会提出的唯一选择,因为它不可能放弃对自身阶级利益的保护。马克思和恩格斯指出,政治革命是社会革命的前提,而政治革命的特点决定了它主要将具有一种暴力的性质。当然,马克思和恩格斯一直认为在某些特殊情况下无产阶级可以采用和平手段夺取政权。恩格斯早在《共产主义原理》中,就对"能不能用和平的方法废除私有制"的问题做出了"但愿如此"的回答。① 马克思晚年,随着西欧各国民主制度的发展,他进一步认为在像美国、英国和荷兰那样的国家,"工人可能用和平的手段达到自己的目的"②。但与此同时,马克思和恩格斯始终也没有否定暴力革命的必要性与必然性。马克思曾就英国革命问题明确表示:"英国资产阶级在它还垄断着表决权时,总是表示准备接受多数的决议。但是,请您相信,一旦当它在自己认为是生命攸关的重大问题上处于少数时,我们就会在这里遇到新的奴隶主的战争。"③恩格斯晚年也特别警告说:"我认为,如果你们宣扬绝对放弃暴力行为,是决捞不到一点好处的。没有人会相信这一点,也没有一个国家的任何一个政党会走得这么远,竟然放弃拿起武器对抗不法行为这一权利。"④

作为无产阶级革命的重要一环,马克思和恩格斯强调无产阶级在反对资本主义制度的斗争中建立独立革命政党的必要性。1848年成立的共产主义者同盟是第一个具有明确纲领的国际性无产阶级政党。马克思和恩格斯在它的成立宣言即《共产党宣言》中揭示了无产阶级组建政党的必然性:"无产者组织成为阶级,从而组织成为政党这件事,不断地由于工人的自相竞争而受到破坏。但是,这种组织总是重新产生,并且一次比一次更强大,更坚固,更有力。"他们并且强调指出,无产阶级革命政党与一般的无产阶级群众性政党存在以下区别:"在实践方面,共产党人是各国工人政党中最坚决的、始终起推动作用的部分;在理论方面,他们胜过其余无产阶级群众的地方在于他们了解无产阶级运动的条件、进程和一般结果。"⑤

1848年革命失败后,马克思和恩格斯在总结革命的经验时认为,每个国

---

① 参见恩格斯:《共产主义原理》,载《马克思恩格斯选集》第1卷,第239页。
② 马克思:《关于海牙代表大会》,载《马克思恩格斯全集》第18卷,第179页。
③ 马克思:《卡·马克思同"世界报"记者谈话的记录》,载《马克思恩格斯全集》第17卷,第688页。
④ 恩格斯:《致理查·费舍》,载《马克思恩格斯全集》第39卷,第401页。
⑤ 马克思、恩格斯:《共产党宣言》,载《马克思恩格斯选集》第1卷,第281、282页。需要指出的是,在马克思和恩格斯看来,无产阶级革命政党从性质上说仍然是一种群众性政党,这与后来列宁所提倡的先锋队的党和职业革命家的党是有所区别的。

家的无产阶级都应该建立自己独立的革命政党,而且这个党不应该是共产主义者同盟简单的翻版。1849年第一个国民国家范围内的无产阶级政党——德国社会民主党成立之后,恩格斯又再次重申:"各地的经验都证明,要使工人摆脱旧政党的……支配,最好的办法就是在每一个国家里建立一个无产阶级政党,这个政党要有它自己的政策,这种政策将同其他政党的政策显然不同,因为它必须表现出工人阶级解放的条件。"①

马克思和恩格斯指出,无产阶级在夺取政权之后,必须首先经过一个"无产阶级专政"的过渡时期,然后才能逐步废除国家。"无产阶级专政"这个概念是他们在1848年革命之后开始大量采用的②,不过在此之前,恩格斯曾经在《共产主义信条》中使用过"过渡时期"的提法,强调从资本主义财产私有制向共产主义财产公有制过渡的"第一个基本条件是通过民主的国家制度达到无产阶级的政治解放"③;在稍后的《共产主义原理》中,恩格斯又进一步提出"无产阶级革命将建立民主的国家制度,从而直接或间接地建立无产阶级的政治统治"④。在《共产党宣言》中,马克思和恩格斯虽然尚未直接使用"无产阶级专政"的概念,但已经明确指出无产阶级必须在革命后建立自己的政治统治,并且出现了诸如"国家即组织成为统治阶级的无产阶级","无产阶级用暴力推翻资产阶级而建立自己的统治",共产党人的最近目标是"使无产阶级形成为阶级,推翻资产阶级的统治,由无产阶级夺取政权","工人革命的第一步就是使无产阶级上升为统治阶级,争得民主"等语句。⑤

1848年以后,马克思和恩格斯开始明确使用"无产阶级专政"的提法,指无产阶级革命胜利后由这个阶级独掌全部国家政权的过渡性的政治制度。马克思写道:"在革命之后,任何临时性的政局下都需要专政,并且是强有力的专政。"⑥随后,他又在《1848年至1850年的法兰西阶级斗争》一文中首次完整地提出了"无产阶级专政"的概念。该文指出,法国六月起义的失败使工人阶级"确信这样一条真理:它要在资产阶级共和国范围内稍微改善一下自己的处境只是一种空想,这种空想只要企图加以实现,就会成为罪行。于是,

---

① 恩格斯:《弗·恩格斯致国际工人协会西班牙联合委员会》,载《马克思恩格斯全集》第17卷,第304页。

② 在此之前,法国社会主义者布朗基(Auguste Blanqui)曾经使用过"真正的功利主义者的专政"的概念。(George Lichtheim, *The Origins of Socialism*, London: Weidenfeld & Nicolson, 1968, p.67.)

③ 恩格斯:《共产主义信条》,载《马克思恩格斯全集》第42卷,第379页。

④ 恩格斯:《共产主义原理》,载《马克思恩格斯选集》第1卷,第239页。

⑤ 马克思、恩格斯:《共产党宣言》,载《马克思恩格斯选集》第1卷,第293、284、285、293页。

⑥ 马克思:《危机与反革命》,载《马克思恩格斯选集》第1卷,第313页。

原先无产阶级想要强迫二月共和国予以满足的那些要求,那些形式上浮夸而实质上琐碎的、甚至还带有资产阶级性质的要求,就由一个大胆的革命战斗口号取而代之,这个口号就是:推翻资产阶级!工人阶级专政!"①马克思在这篇文章中还指出了无产阶级专政的基本特征:"这种专政是达到消灭一切阶级差别,达到消灭这些差别所由产生的一切生产关系,达到消灭和这些生产关系相适应的一切社会关系,达到改变由这些社会关系产生出来的一切观念的必然的过渡阶段。"②1852年,马克思在总结自己关于阶级和阶级斗争问题的基本观点之后指出:"我的新贡献就是证明了下列几点:(1)阶级的存在仅仅同生产发展的一定历史阶段相联系;(2)阶级斗争必然要导致无产阶级专政;(3)这个专政不过是达到消灭一切阶级和进入无阶级社会的过渡。"③

1871年巴黎公社的实践为无产阶级专政理论带来了一次新的发展。巴黎公社是无产阶级夺取政权并且按照新的原则进行社会改造的第一次前所未有的尝试。恩格斯认为,公社的实践已经超越了当时在法国工人阶级中颇有影响的蒲鲁东主义和布朗基主义的教条,"蒲鲁东派或布朗基派,都遭到历史的嘲弄,做了恰恰与他们那一派的学说相反的事情"④。马克思因而对公社进行了充分肯定,认为公社"是终于发现的可以使劳动在经济上获得解放的政治形式"⑤。恩格斯更是明确指出:"近来,社会民主党的庸人又是一听到无产阶级专政这个词就吓出一身冷汗。好吧,先生们,你们想知道无产阶级专政是什么样子吗?请看巴黎公社。这就是无产阶级专政。"⑥

马克思和恩格斯对巴黎公社在政治、经济和社会诸方面的政策和实践进行了大量分析和总结,这些内容构成了马克思主义无产阶级革命和无产阶级专政理论的重要组成部分。到1875年马克思写作《〈哥达纲领〉批判》时,该理论已经发展成为一个完整的体系。正是在这一篇重要文献中,马克思经典地总结了他与恩格斯关于过渡时期无产阶级政权的思想,并且明确指出:"在资本主义社会和共产主义社会之间,有一个从前者变为后者的革命转变时期。同这个时期相适应的也有一个政治上的过渡时期,这个时期的国家只能

---

① 马克思:《1848至1850年的法兰西阶级斗争》,载《马克思恩格斯选集》第1卷,第400页。
② 同上书,第462页。
③ 马克思:《马克思致约瑟夫·魏德迈》,载《马克思恩格斯全集》第28卷,第509页。
④ 恩格斯:《〈法兰西内战〉导言》,载《马克思恩格斯选集》第3卷,第10页。
⑤ 马克思:《法兰西内战》,载《马克思恩格斯选集》第3卷,第59页。
⑥ 恩格斯:《〈法兰西内战〉导言》,载《马克思恩格斯选集》第3卷,第13—14页。

是无产阶级的革命专政。"①

总结马克思和恩格斯关于无产阶级专政的性质及任务的大量论述，可以认为这一理论大致包括以下四个方面的内容。

第一，无产阶级专政是国家体制与政治体制的统一，是无产阶级革命胜利后向无国家的社会转变过程中必经的一种过渡性的政权组织形式。无产阶级专政的思想与蒲鲁东、巴枯宁等无政府主义者的主张，以及拉萨尔的所谓"自由国家"、"现代国家"的主张直接对立。它的根本规定性在于：首先，它是一种过渡性的政权；其次，必须由无产阶级单独掌握这个政权的全部。马克思和恩格斯认为，无产阶级革命胜利后随之而来的任务是对整个社会进行革命性的改造，消灭生产资料私有制，消灭阶级统治以及阶级本身，最终建立生产资料公有制。要实现上述目标，无产阶级只能借助于有组织的国家政权的力量，"必须实行无产阶级专政作为达到废除阶级并和阶级一起废除国家的过渡"②，"必须经过长期的斗争，必须经过一系列将把环境和人都加以改造的历史过程"③，而且这一斗争"必须持续到阶级存在的经济基础被消灭的时候为止"④。恩格斯曾经全面地总结过上述基本立场，他写道："马克思和我从1845年起就持有这样的观点：未来无产阶级革命的最终结果之一，将是称为国家的政治组织逐步解体直到最后消失。这个组织的主要目的，从来就是依靠武装力量保证富有的少数人对劳动者多数的经济压迫。随着富有的少数人的消失，武装压迫力量或国家权力的必要性也就消失。同时我们始终认为，为了达到未来社会革命的这一目的以及其他更重要得多的目的，工人阶级应当首先掌握有组织的国家政权并依靠这个政权镇压资本家阶级的反抗和按新的方式组织社会。"⑤针对要求立即取消国家的无政府主义者，恩格斯明确指出："他们要求把废除权威作为社会革命的第一个行动。这些先生见过革命没有？革命无疑是天下最权威的东西。革命就是一部分人用枪杆、刺刀、大炮，即用非常权威的手段强迫另一部分人接受自己的意志。获得胜利的政党如果不愿意失去自己努力争得的成果，就必须凭借它以武器对反动派造成的恐惧，来维持自己的统治。要是巴黎公社面对资产者没有运用武装人

---

① 马克思：《〈哥达纲领〉批判》，载《马克思恩格斯选集》第3卷，第314页。
② 恩格斯：《论住宅问题》，载《马克思恩格斯选集》第3卷，第199页。
③ 马克思：《法兰西内战》，载《马克思恩格斯选集》第3卷，第60页。
④ 马克思：《巴枯宁〈国家制度和无政府状态〉一书摘要》，载《马克思恩格斯选集》第3卷，第291页。
⑤ 恩格斯：《致菲·范派顿》，载《马克思恩格斯选集》第4卷，第656页。

民这个权威,它能支持哪怕一天吗?反过来说,难道我们没有理由责备公社把这个权威用得太少了吗?"①

第二,虽然无产阶级专政是无产阶级为镇压资产阶级的反抗、对社会进行改造而行使的有组织的暴力,但作为国家政权,它仍然必须按照民主的并且不同于一切旧官僚国家机器的形式组织起来。恩格斯早在1847年就表示:"首先无产阶级革命将建立民主的国家制度,从而直接或间接地建立无产阶级的政治统治。"②稍后的《共产党宣言》中,马克思和恩格斯又再次明确指出:"工人革命的第一步就是使无产阶级上升为统治阶级,争得民主。"③恩格斯直到晚年依然强调:"民主共和国甚至是无产阶级专政的特殊形式。"④至于无产阶级专政的民主共和国在制度上应该具有什么样的基本特征这一问题,马克思和恩格斯认为巴黎公社已经通过自己的革命实践给予了最好的回答。

根据马克思和恩格斯的总结,无产阶级专政首先应该以直接民主的形式加以体现。巴黎公社吸引人民大众直接参与对国家事务的管理和监督,并且对国家工作人员实行选举制、撤换制和普通工人的工资制,使直接民主在近代第一次成为现实。马克思指出:巴黎公社的措施表明了通过人民自己实现的人民管理制的发展方向。"公社的真正秘密就在于:它实质上是工人阶级的政府,是生产者阶级同占有者阶级斗争的产物,是终于发现的可以使劳动在经济上获得解放的政治形式"⑤,是"由人民自己当自己的家"⑥。

无产阶级专政同时是对作为一种特殊形式的社会分工的旧国家的否定,而且在国家政权内部也克服了种种不必要的分工。公社取消了警察和常备军,代之以人民的武装;公社废除了享有种种特权的各级官吏,代之以人民的公仆;在国家政权内部,公社中止了立法权与行政权的分工,使自己成为"同时兼管行政和立法的工作机关"⑦。马克思高度评价了公社这些开创性的措施,指出:"它不是为了把国家政权从统治阶级的这一集团转给另一集团而进行的革命,它是为了粉碎这个阶级统治的凶恶机器本身而进行的革命。"⑧也

---

① 恩格斯:《论权威》,载《马克思恩格斯选集》第3卷,第227页。
② 恩格斯:《共产主义原理》,载《马克思恩格斯选集》第1卷,第239页。
③ 马克思、恩格斯:《共产党宣言》,载《马克思恩格斯选集》第1卷,第293页。
④ 恩格斯:《1891年社会民主党纲领草案批判》,载《马克思恩格斯全集》第22卷,第274页。
⑤ 马克思:《法兰西内战》,载《马克思恩格斯选集》第3卷,第59页。
⑥ 马克思:《〈法兰西内战〉初稿》,载《马克思恩格斯全集》第17卷,第565页。
⑦ 马克思:《〈法兰西内战〉二稿》,载《马克思恩格斯选集》第3卷,第121页。
⑧ 马克思:《〈法兰西内战〉初稿》,载《马克思恩格斯全集》第17卷,第587页。

正是在这个意义上马克思认为,巴黎公社最重要的经验就是"工人阶级不能简单地掌握现成的国家机器,并运用它来达到自己的目的"①。

无产阶级专政还应该用建立在地方自治基础上的中央集权制代替旧的官僚集中制。马克思列举了巴黎公社在这个方面的主要措施:"公社将成为甚至最小村落的政治形式","每一个地区的农村公社,通过设在中心城镇的代表会议来处理它们的共同事务;这些地区的各个代表会议又向设在巴黎的国民代表会议派出代表"。马克思指出,这样一种国家结构形式将"消灭以民族统一的体现者自居同时却脱离民族、凌驾于民族之上的国家政权","把靠社会供养而又阻碍社会自由发展的国家这个寄生赘瘤迄今所夺去的一切力量,归还给社会机体",它"自然而然会带来地方自治",而中央政府则仅仅行使那些"为数不多但很重要的职能"②。

第三,就无产阶级专政国家的社会职能问题,马克思曾写道:"在共产主义社会中国家制度会发生怎样的变化呢?换句话说,那时有哪些同现在的国家职能相类似的社会职能保留下来呢?这个问题只能科学地回答;……"③马克思和恩格斯本着严谨的态度,没有过于具体地预言无产阶级专政国家的社会职能;但在《共产党宣言》中,他们还是集中列举了革命胜利后无产阶级政权在社会领域内将采取的一些措施,主要是"对所有权和资产阶级生产关系实行强制性的干涉","一步一步地夺取资产阶级的全部资本,把一切生产工具集中在国家即组织成为统治阶级的无产阶级手里,并且尽可能快地增加生产力的总量",以及消除城乡之间的差别,实行公共教育等。④ 马克思和恩格斯强调指出,"这些措施在不同的国家里当然会是不同的"⑤,而且他们都认为,无产阶级专政国家的社会职能应该是一个由实践而非理论推演来解决的问题。

第四,无产阶级专政是过渡性的国家政权,亦即消亡中的政权。随着阶级差别与阶级对立的逐渐消除,无产阶级专政国家也将逐步失去它的政治职能以至最终走向消亡。上文一再指出,马克思和恩格斯始终反对把国家当做理想的社会管理形式,始终将国家视为一种政治压迫的工具,因而坚持革命的无产阶级只要一有可能,就应该立即废除国家本身。马克思对巴黎公社在

---

① 马克思:《法兰西内战》,载《马克思恩格斯选集》第3卷,第52页。
② 同上书,第56—58页。
③ 马克思:《〈哥达纲领〉批判》,载《马克思恩格斯选集》第3卷,第314页。
④ 详见马克思、恩格斯:《共产党宣言》,载《马克思恩格斯选集》第1卷,第293—294页。
⑤ 马克思、恩格斯:《共产党宣言》,载《马克思恩格斯选集》第1卷,第293页。

这个方面的实践进行了如下评价:"公社——这是社会把国家政权重新收回,把它从统治社会、压制社会的力量变成社会本身的生命力;这是人民群众把国家政权重新收回,他们组成自己的力量去代替压迫他们的有组织的力量;这是人民群众获得社会解放的政治形式,这种政治形式代替了被人民群众的敌人用来压迫他们的假托的社会力量。"① 正是在这个意义上,恩格斯指出:巴黎公社"已经不是原来意义上的国家"②。这表明马克思和恩格斯都坚决反对任何把国家神圣化的企图——无论它被掌握在哪个阶级手里。恩格斯非常明确地表明了这样一种立场:"人们以为,如果他们不再迷信世袭君主制而坚信民主共和制,那就已经是非常大胆地向前迈进了一步。实际上,国家无非是一个阶级镇压另一个阶级的机器,而且在这一点上民主共和国并不亚于君主国。国家再好也不过是在争取阶级统治的斗争中获胜的无产阶级所继承下来的一个祸害;胜利了的无产阶级也将同公社一样,不得不立即尽量除去这个祸害的最坏方面,直到在新的自由的社会条件下成长起来的一代有能力把这全部国家废物抛掉。"③

最后需要说明的是,如上所述,马克思和恩格斯除了看到国家作为阶级压迫的工具这个方面之外,实际上也注意到了任何国家政权都承担着某些社会职能的事实。但是,关于国家行使这两种职能分别可能采取的方式、这两种职能能否从国家结构方面加以区分、国家消亡以后(亦即国家的政治职能消失以后)原来由国家行使的社会职能应该由什么样的机构取代、在无产阶级专政时期这两种职能又应该如何体现等等问题,他们并没有进行详尽的论述,而后来的马克思主义者也在很大程度上忽视了对它们的深入研究。列宁在十月革命之前曾经设想社会主义国家的职能将会大大简化,甚至不需要由专门的机构加以行使,但苏维埃国家短暂的直接民主实验,很快就因为它所带来的低效与混乱而被放弃了,后来走的则是一条由国家承担大规模社会职能的道路。在西方学者当中,像马克斯·韦伯等人认为,等级制的官僚体系是现代社会不可避免的产物,它的产生与继承与阶级统治无关。这种观念有不少变种,如帕累托(Velfredo Pareto)的统治精英论和后来加尔布雷思(John Keenth Galbraith)的技术官僚论等,并且在西方有很大的影响。

从根本上说,国家的两种职能(即政治职能和社会职能)能否用两套完全

---

① 马克思:《〈法兰西内战〉初稿》,载《马克思恩格斯选集》第3卷,第95页。
② 恩格斯:《给奥·倍倍尔的信》,载《马克思恩格斯选集》第3卷,第324页。
③ 恩格斯:《〈法兰西内战〉导言》,载《马克思恩格斯选集》第3卷,第13页。

不同的组织机构来行使——一方面是等级制的、镇压性的机构,另一方面是平等的、合作性的机构,这是有关无产阶级国家政权的一个关键问题。也正是在国家的政治职能与社会职能的关系方面,众多西方学者认为,马克思和恩格斯关于无产阶级专政国家的结构与职能的理论表现出某些矛盾,或者说在他们的理论中存在两种互相矛盾的"模式"——即巴黎公社式的人民直接管理的模式和《共产党宣言》与《〈哥达纲领〉批判》中所提出的国家管理的模式。① 法国政治思想家列菲伏尔非常具有代表性地写道:"马克思并没有很好地区分组织(l'organisation)与制度(l'institution)。他是否设想了一种没有制度的组织呢?人们可以坚持这一点,但这很容易遇到一个危险的悖论。马克思并没有看到国家制度化(l'institutionsalisation)的过程,也没有看到作为合理化(这是韦伯的概念。——引者)和制度化结果的国家。他没有看到社会之上的制度,而只看到了它所反映的组织。除此之外,在他看来,从属于(市民)社会的国家与无产阶级专政又是同义语。……难道管理着如此之多的重要事务的国家,不会变成一种'上层建筑',……变成一种占压倒优势的政治实体吗?"② 应该说,对马克思主义国家理论提出的这个问题并非无中生有。直到现在为止,世界各国的马克思主义者和社会主义者都不断地针对社会主义和资本主义国家的实践,在为它提出不同的解答,同时也在不断地探索使国家政权尽可能摆脱官僚化和自主倾向③的制度形式。

---

① Cf. Neil Harding (ed.), *The State in Socialist Society*, London: The Macmillan Press LTD., 1984, pp. 11-12, and David Held, *Political Theory and the Modern State: Essay on State Power and Democracy*, Cambridge: Polity Press, 1989, p. 36.

② Henri Lefebvre, *De l'État*, tome Ⅱ, *De Hegel à Mao par Staline*, Paris: Union Générale d'Éditions, 1976, pp. 289-290.

③ 所谓"国家自主性"(the autonomy of the state)是20世纪末西方部分政治学家(包括一些西方马克思主义者)对国家与社会的关系进行研究时得出的结论,指国家在一定程度上独立于各种社会力量的控制与支配而行动的情形。根据美国学者斯考奇波尔的说法,所谓"国家自主性",就是说国家"具有它自身的、并不必然等同于或者混同于社会中统治阶级或者政治体(polity)全体成员利益的逻辑和结构"。(Theda Scokpol, *State and Social Revolution*, New York: Cambridge University Press, 1979, p. 27.)

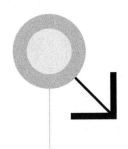

第四部分

20 世纪西方政治思想

第十二章
理性、政治与自由

对西方政治思想的发展而言,20世纪具有特别的意义,因为在这一百年间,人类的政治思维对政治实践的影响超过了历史上的任何时代。无论是两次世界大战,还是社会主义与法西斯主义的出现,这些在性质上极其不同的重大事件都与之前几个世纪西方政治思想的发展变化、各种思潮的冲突激荡密切相关,就此也可以认为,20世纪是一个思想转变为行动的世纪。但是,正当一部分人充满对人类理性能力的信心,根据他们设计的理想蓝图对社会进行大规模改造的时候,另一部分人却对此类社会改造行动充满怀疑。特别是当社会主义的计划经济与西方的福利国家分别遇到了难以克服的困难时,这种怀疑以及在此基础上对政治中理性主义的批判上升到了顶峰。这些批判与政治上对所谓的专制主义和极权主义的诘责相互呼应;而社会主义传统模式产生的大量严重问题以及法西斯主义造成的巨大灾难又使其在东西方都能得到普通民众一种几乎是出于直觉的同情。

当然,20世纪西方政治思想中表现出来的理性怀疑,除了来自对具体政治实践的反思之外,还具有其深厚的思想基础。19世纪末20世纪初自然科学和哲学思想中相对主义影响的上升,以及由此而来的客观性与确实性观念在西方思维体系中地位的下降,也为人们从不同角度对理性主义的再认识提供了理论背景,并且通过一些联结自然科学与社会科学的学者,比如卡尔·波普(Karl Popper,1902—1994)的工作对西方政治思想产生了明显的影响。另一方面,以德国社会学家马克斯·韦伯(Max Weber,1864—1920)为代表的关于现代社会价值领域分裂的理论,也在相当程度上剥离了理性主义对人类行为提供指导的可能性。在这两种思想倾向的影响之下,政治中的理性只能被定义为"目标合理性"①,超越这种手段-目的模式的理性思维,在政治中即使不被斥为专断,至少也会受到"非科学"的指责。

20世纪同时是一个意识形态的世纪,各种政治思想分别被贴上不同的政治标签,被划分为不同的阵营。在西方,大多数思想家都被区分为自由主义者或者保守主义者,似乎意识形态的斗争中并不存在中立地带。② 但需要指出的是,这两个概念的内涵在20世纪已经发生了比较大的变化。比如,一些通常被称为自由主义者的思想家,如哈耶克往往从对人类理性能力的批判性分析出发,反对政治中过分理性化的行为,而这实际上是传统保守主义的基本立场。③ 反过来,一些具有明显保守主义倾向的思想家,如奥克肖特,其政治思想的核心却是力求限制政府的行动领域,为公民争取尽可能多的个人自由,这显然又是传统自由主义的主张。就此而言,把20世纪的思想家们简单地以"主义"相区别,显然会抹杀他们思想中一些根本性的相通之处,同时也会掩盖一些类似的政治主张背后根本性的差异。

总的来看,在整个20世纪,西方政治思想中的相对主义或者怀疑主义是一种十分强劲的思潮,而政治中的理性主义所遭受到的贬谪也是显而易见的。除此之外,再加上后现代思想对启蒙主义和理性主义的全面批判,更使"理性"二字在当代西方政治思维中几乎被打入另册。在这样一种思想氛围之中,以哈贝马斯为代表的批判理论始终坚持政治中的理性主义立场(当然

---

① 请参阅本章第三节的有关内容。
② 在20世纪的西方有几个非常容易引起人们误解的概念。自由主义(liberalism),指基本上继承传统自由主义观点,在一般意义上反对国家干预、强调个人自由的主张,其代表人物如伯林;新的自由主义(new liberalism),是一种强调个人权利的社会性,要求通过发挥国家的作用实现和增进个人自由的主张,其代表人物如格林与霍布豪斯;新保守主义(neo-conservatism),主要指在经济上强调个人自由、政治上和道德上强调国家乃至宗教作用的主张,代表人物如贝尔(Daniel Bell)等;新自由主义(neo-liberalism),这是70年代之后出现的同时要求政治上和经济上的自由,而且要求把这种自由秩序从西方扩展到全世界的政治思想,代表人物是以发表《历史的终结》一书闻名的福山(Francis Fukuyama)等;自由至上主义(libertarianism),强调尽可能限制政府的作用,甚至要求国家从一些起码的社会管理和社会服务范围撤退,也反对国家在社会公正方面的职能,代表人物如诺齐克等。至于一些主要的思想家,则很难简单地把他们的思想归入以上的某个范畴。
③ 哈耶克自己认为,他的许多主张常常被称为保守主义,但这只是因为自由主义者与真正的保守主义为了反对对他们不同理想的威胁而走到了一起。(F. A. Hayek, *The Constitution of Liberty*, Chicago: The University of Chicago Press, 1960, p.397.)

与传统的理性主义有所区别),无疑既需要巨大的勇气,也具有重要的理论价值。

一、政治中的理性与经验

1974年,奥地利经济学家和政治思想家哈耶克(Friedrich von Hayek, 1899—1992)获得了诺贝尔经济学奖。这是一个具有象征性的事件。它预示着西方国家政治气候的变化,即从第二次世界大战以后具有明显民主社会主义特征的福利国家建设,转向强调"小政府、大社会"的新保守主义政治经济模式以及后来的新自由主义模式。至于在这种政治气候的变化后面,则潜藏着更深层面的思想变化,即在对政府职能与个人自由等问题上,一种与凯恩斯主义或者以格林为代表的新的自由主义完全不同的思想倾向渐趋上风。这种变化来自于西方社会内部的变迁,也来自于当时社会主义阵营内部各种矛盾的渐次暴露。此后,随着西方国家社会经济结构的进一步调整,以及传统社会主义模式危机的不断加深以至于最后崩溃,哈耶克所代表的这种思想倾向一时之间成为西方主流的政治意识形态。

哈耶克早年在维也纳大学学习法律和心理学,后转攻经济学,1923年获博士学位,并且曾于1923—1924年在美国纽约州大学进修,随后回到奥地利任奥地利经济研究所所长。1931年,哈耶克流亡到伦敦,先后任教于伦敦大学和伦敦经济与政治科学学院。1950—1962年,哈耶克在芝加哥大学担任社会和伦理学教授,退休后又返回奥地利,任弗莱堡大学教授。他的主要著作包括《价格与生产》(*Prices and Production*,1931)、《通往奴役的道路》(*A Road to Serfdom*,1940)、《纯粹资本理论》(*The Pure Theory of Capital*,1941)、《自由的构造》(*The Constitution of Liberty*,1960)①、《法律、立法与自由》(*Law, Legislation, and Liberty*,1978)、《失业和货币政策:论政府作为商业周期的根源》(*Unemployment and Monetary Policy: Government as Generator of the Business Cycle*,1979),等等。

---

① 该书中文译名有《自由宪章》和《自由秩序原理》两种,似乎都不太符合哈耶克的原意,constitution还是被解释为"构造"、"结构"比较妥当,哈耶克自己曾经说过:"我在广义上使用'结构'这个术语,其含义与我们说一个人的身体处于健康状态的时候的用法相同。"(F. A. Hayek, *Law, Legislation, and Liberty*, Vol. I, *Rules and Order*, London: Routledge, 1982, p. 3.)

哈耶克政治思想的核心是通过对人类知识的整体性反思,对政治中的理性主义进行批判,强调尊重集体行为中所谓的"自发秩序",以及在此基础上反对政府干预与重申个人自由。哈耶克的政治理论,是通过他对经济问题的思考体现出来并且引申开来的。从某种意义上说,可以认为哈耶克的经济思想是在20世纪的政治经济条件下对亚当·斯密古典自由主义经济学的还原。亚当·斯密本人以经济学家名垂后世,但他的经济理论却具有深刻的政治含义。斯密相信,市场经济具有其自身的内在逻辑。在完全市场经济的条件下,每一个人自由追求自身利益的社会结果是整个社会利益的自然增进,因此政府不需要、也不应该对经济进行过多管制,这就是他关于市场经济的"看不见的手"的著名论断,而这也正是哈耶克的一个基本信念。哈耶克相信,如同市场中的自由竞争是实现资源配置的最佳方式一样,自由竞争的社会环境也是对个人行为进行协调的最好途径,是"在没有强制和专断干预的情况下,使我们的行为相互协调的唯一方法"①。

当然,哈耶克的思想并不是对古典政治经济学的简单重复,他在数十年的时间内构筑了一个非常庞大的理论体系。从渊源上讲,哈耶克的经济理论发端于经济学界独树一帜的奥地利学派。这个学派坚定地捍卫自由经济原则,并且为其提供了独特的社会学与心理学解释。在哈耶克之前,奥地利学派的一些代表人物,如门格尔(Carl Menger)和米塞斯(Ludwig von Mises)就已经非常自觉地把人类思想和行为中的不确定性和不完整性作为经济研究的出发点。正因为注意到了人类理性能力的局限,因此他们在自己的经济与社会设计中便为自发的、无意识的行为保留了充分的空间。门格尔在他的《经济学与社会学问题》一书中明确指出,在某些情况下,无意识的行动可能会产生比有意识的计划更好的结果。②

除继承奥地利学派的理论资源之外,哈耶克的经济与政治理论还有一套独特的哲学认识论基础。哈耶克的认识论包括以下三个方面的基本内容。第一,人的意识世界归根到底是整个自然世界的组成部分,但是对其"在这一

---

① F. A. Hayek, *The Road to Serfdom*, Chicago and London: The University of Chicago Press, 1972 (renewed edition), p. 36.

② Cf. C. Menger, *Problems of Economics and Sociology* (ed. L. Schneider, trans. F. J. Nock), Urbaba: University of Illinois Press, 1963, esp. book iii and appendix vii.

更大的自然秩序中的确切位置我们并无法确定"①。这种不确定性的原因在于,我们在解释人类思维活动的同时,不可能再对我们如何能够进行这种解释提供进一步的说明。② 第二,哈耶克反对从柏拉图开始的传统形而上学对"现象"与"本质"的区分。他指出,这种区分不过是人类感觉经验的结果,没有理由认为其中一种比另一种更确切或者更真实。任何真实性的标准,比如说物理科学的标准"会迫使我们认为各种物理结构要比我们所看到的和触摸到的东西更'真实',甚至让我们把'真实'这一属性赋予那些根据定义我们实际上根本不可能完全了解的事物"③。这在实际上已经完全颠倒了"真实"二字的含义。第三,哈耶克强调,人对事物的认识方式,即通过对外部对象的分类与简化对其进行把握,决定了这种认识结果的局限性和不确定性。哈耶克认为,这是人类认识不可避免的缺陷,它决定了人类意识的主观世界不可能完全重现外部世界的全部要素。④

大体上说,哈耶克的认识论秉承了休谟开创的经验论与怀疑论传统。对于这种理论而言,它所做出的批判要比它的正面主张更有价值。哈耶克着力批判的,是近现代西方认识论中以培根、霍布斯,尤其是笛卡尔为代表的理性主义和绝对主义,哈耶克也把这种理性主义称为"建构主义的理性主义"(constructivist rationalism)⑤,因为它主张人类的知识必须根据某种自明的原

---

① F. A. Hayek, *The Sensory Order: An Inquiry into the Foundations of Theoretical Psychology*, London: Routledge, 1952, p. 5.
② 哈耶克曾多次提到这一结论与数学家哥德尔(Kurt Gödel)提出的所谓"哥德尔不完备原理"的相似性。Cf. F. A. Hayek, *Studies in Philosophy, Politics and Economics*, London: Routledge & Kegan Paul, 1967, p. 62.
③ F. A. Hayek, *The Sensory Order: An Inquiry into the Foundations of Theoretical Psychology*, p. 5.
④ Ibid., p. 131.
⑤ 实际上,哈耶克对现代认识论的基本模式都有所批判。在他的最后一部著作《致命的自负》中,哈耶克列举了建构主义内部所包含的四种思想类型,即理性主义、经验主义、实证主义和功利主义,并分别对它们进行了批判。所谓的理性主义,亦即"建构主义的理性主义",只承认那些通过精神的"自然光芒"能够直接把握的清晰的概念,以及按照逻辑关系从它们之中导出的结论。经验主义则只承认那种通过经验过程即与外部世界的感觉性联系获得的单纯的观念或者在这种经验基础之上通过内省而得到正当化的判断。所谓的实证主义在实际上不过是理性主义与经验主义之间的折中,它把经验观察的结果与逻辑的结合视为知识。至于功利主义则是一种把行动的正当性归结为它所引起的快乐与痛苦的计算与对比的思想,某种行为如果不能通过功利标准进行计算便失去了它的正当性。哈耶克认为,这些看上去相去甚远的思想方式,之所以都被包含在建构主义之内,是因为它们具有一个共同特点,即采取了"验证主义"或者"正当化主义"的立场;它们都从某种所谓的确定的前提出发,并且把在此基础之上根据一定的操作规则构成的判断视为真正的知识。参见哈耶克:《致命的自负》,冯克利等译,北京:中国社会科学出版社2000年版,第66、75页。

则、通过逻辑演绎建构而成,不能被纳入这种逻辑结构中的所有观念都被视为错误并受到排斥。根据建构主义的理性主义的立场,知识应该以命题的方式被明确表达出来,同时任何人都能够对其加以验证。因此,人类的知识本身也完全能够被系统化,被集中管理,统一运用。

哈耶克认为,自近代以来,在人类思维方法的最深处一直潜藏着这种建构主义的倾向,而把建构主义带入政治领域中的人,就是霍布斯。由于建构主义者不承认存在于"建构"之前的知识的正当性,因而他们也无法想象根据"习惯"——或者说根据休谟所谓的无意识的约定——构成社会或者国家以及任何秩序的可能。建构主义者的基本信念是:"人类一切有用的制度都是、也应该是理性有意识的创造物。"①他们并未意识到的是,作为建构过程起点的"第一原理",即他们所谓的"自明的"原初概念本身——比如"自我保存的欲望"、"自然权利"、"人权"等——却并非理性而是传统和经验的产物。哈耶克强调,正是"建构主义的理性主义"这一近代以来西欧文化传统中的基本要素,为全面管理与控制社会的企图提供了思想依据。

哈耶克表示,这种建构主义的理性主义存在着根本性的缺陷。"由于它拒绝承认人类理性的局限性,它在实际上使人类理性低于它能够发挥的能力。"②哈耶克因此也把这种思想传统称为"幼稚的理性主义"。③ 与之相比,哈耶克更倾向于一种所谓的"进化论的理性主义"。在这种理性主义看来,构成人类社会活动基础的知识恰恰是分散的、它们难以用命题的形式表达出来。这种知识的大部分甚至对它们的拥有者来说也难以觉察。它们只有在人的具体行动中才会体现出来,只有通过例示的方法才能加以揭示,比如哈耶克常常用来作例子的打台球的知识和语言的知识就是如此。这种知识由于其自身的特性,只有通过模仿才能得以传递,从而也就在根本上排除了对它们进行集中管理的可能性。因此,在认识论问题上,哈耶克的立场与他的朋友卡尔·波普很接近:即人们无法确定他们是否能够掌握绝对真理,因此

---

① F. A. Hayek, *Studies in Philosophy, Politics and Economy*, p.85.
② Ibid.
③ Ibid.

对人类理性必须持谨慎的态度。① 哈耶克有的时候也采用卡尔·波普的说法,称这样一种认识论原则为"批判的理性主义"(critical rationalism)。②

"进化论的理性主义"与"建构主义的理性主义"的一个根本区别,在于后者明确地把世界划分为"自然"与"人为"两个部分,而前者则容许一个既非自然亦非人为的领域的存在。哈耶克认为,这种领域的产生是进化的自然结果,是通过"个体使其适应于仅仅直接影响到他们中一部分的环境而产生的,而且这种环境就其总体而言不需要被任何人所认识"③。这是一种"人类创造的、但并非人为设计的产物",哈耶克称之为"自发秩序",或者"cosmos",它指"一种事物的状态,在其中各类不同的因素相互联系在一起,使我们能够通过对其全体的某些空间或者时间的组成部分的认识,而对剩余部分进行具体的推测,或者至少获得一些有机会证明其为正确的推测"④。哈耶克强调,这个"自发秩序"的领域在时间上、逻辑上甚至心理上都存在于建构之前,是人类

---

① 卡尔·波普在现代哲学特别是认识论领域中具有相当大的影响,他基本上摧毁了哲学中实证主义的统治地位。在真理的标准问题上,他提出了一种与实证主义者及其以前的绝大多数哲学家都不同的理论即"证伪"理论。总的来说,他认为,科学是那些在逻辑上能够被证伪而不是被证实的论断。在此基础上,他提出了科学发展的模式,即首先由研究者提出问题,其次,科学家们针对问题提出不同的假设也就是理论,然后,各种理论之间通过竞争与相互批判,并且接受观察与试验的检验,从中筛选出某种解释能力相对最强的理论,最后,这种新的理论将会伴随着科学的进一步发展被证伪,然后又出现新的问题,如此循环往复。因此,科学发展的基本模式就是"猜想与反驳"的不断重复。至于社会科学的情况则与此不同,因为对社会科学特别是历史科学来说,不存在类似自然科学中作为演绎前提的普遍规律,即使假设存在这种普遍规律,作为规律发生的条件的未来社会状况也往往难以预料,所以在社会科学领域更不存在产生确切知识的可能。波普对人类知识体系的逻辑考察,使之得出了以下几个方面结论:第一,人类历史的进程受到人类知识增长的影响;第二,人们不能用合理的或者科学的方法预见科学知识本身的增长;第三,人们不能预见人类历史的未来进程。"我们严格的逻辑证明,人们不可能预言历史的未来"。"社会科学家想把古老的梦想——预言历史的未来变成科学是不可能的。"(卡尔·波普:《开放社会及其敌人》,陆衡等译,北京:中国社会科学出版社1999年版,第164页。)
从这样一种认识论出发,波普在政治上对极权主义采取了一种毫不妥协的批判态度。他强调,既然人类不能预言未来,其知识本身又具有不可避免的缺陷,因此历史上那些主张国家对社会进行全面控制与管理的政治主张便没有任何依据。人们从原则上不可能设计出一种完美的政治制度,也不可能指望出现完美无缺的政治家,政治学的任务只能是设计出一套能够对统治者的权力尽可能加以约束的体制。他表示:"甚至最好的人也可能被权力腐蚀;而能使被统治者对统治者加以有效控制的制度却将逼迫最坏的统治者去做被统治者认为符合他们利益的事。正因为这样,设计甚至使坏的统治者也不会造成太大损失的制度是十分重要的。"(卡尔·波普:《猜想与反驳》,上海译文出版社1986年版,第491页。)
② F. A. Hayek, *Studies in Philosophy, Politics and Economy*, p. 94.
③ F. A. Hayek, *The Sensory Order: An Inquiry into the Foundations of Theoretical Psychology*, p. 41.
④ Ibid., p. 36. 波普的证伪理论有一个前提,即任何对现有知识进行的证实实际上只能证明到现在为止这种知识的有效性,但这种有效性不能向未来延伸。哈耶克这里是在波普的证伪理论与实证主义之间进行了一定的妥协,即人们可能通过已知的部分对求知的部分进行某种猜测,但既然是猜测,便一定具有其不确定性。

社会一切知识与秩序能够成立的条件。

被哈耶克归入"自发秩序"之列的,包括语言、传统、工具、法律和市场等等。其中,语言是最典型的"自发秩序",因为它绝非任何单一理性设计的结果,同时又具有自律性和高度复杂的结构,而且还规范着人们的社会活动。另外,传统与工具也是经过无数世代演变的自发生成物,它们作为传送知识的媒介发挥着作用。哈耶克指出,每一个人通过思考与经验直接获得的知识,对人们的社会活动而言实际上远远不够,正是因为有了传统,或者通过对工具的使用,人们在知识上的匮乏才得以弥补。哈耶克因此认为,在社会领域,真正发挥作用并且应该成为社会科学研究对象的,恰恰是那些通过漫长的时间过程中进化而来的"自发秩序":"社会科学开始于某种有序结构的存在,它是众人行为的结果,但并不是人类设计的产物。也唯有如此,社会科学才有其存在的意义。"①可以看出,哈耶克对"自发的秩序"的理解与传统保守主义者,比如休谟和伯克对传统的认识有相似的一面,不同之处则在于哈耶克为其提供了更为精细的逻辑证明。

哈耶克依据他的"自发秩序"理论,对为什么一些自发性行为往往会比有意识的行为产生更为可取的结果这一问题进行了解释。他认为,在人们自发行动的时候,一些确定的社会规则或者说"秩序"仍然在发挥作用,只不过人们没有意识到而已。这些规则与秩序可能存在于左右人们行动的精神法则中,也可能存在于约束人们行动的社会规范中,当然还可能同时存在于这两个方面。人们正是因为顺从自己的本性或者社会已经确定的规则行事,从而在实际上与"自发秩序"相默契,并且取得最佳的行为结果。②

从这一思想出发,哈耶克既反对政府对个人行为与社会道德的控制和管理,也反对经济上的计划与干预。哈耶克认为,政府的作用应该限于确保社会中存在一系列公平的原则,其目的是为个人确定其可以自由行动、不受他人或者政府侵犯的领域。"在这种条件下,行为对象或者行为环境都成为一个人或者一些人受到保护的领域的一部分。接受这些原则使得某个社会的任何成员能够决定在受保护的领域内行动的内容,同时也使他们能够判定什么是属于他们的领域而什么不是。"③哈耶克并且强调,这些原则只能是一般性的,因为过于细密的规定本身就带有专制的倾向。哈耶克把这类普遍性的

---

① F. A. Hayek, *The Sensory Order: An Inquiry into the Foundations of Theoretical Psychology*, p. 37.
② 可以考虑哈耶克的这一观点与中国道家"无为而无不为"的思想的相似之处。
③ F. A. Hayek, *The Constitution of Liberty*, p. 140.

原则与"命令"明确区分开来。他认为,命令是直接的,是针对具体个人的,并且带有命令发出者的明确意图。与此相反,普遍性的原则"针对的是不确定的对象,它们与任何具体的时间与场合无关,它们适用于在任何时间和任何场合都可能出现的情形"①。具体地说,这类原则具有以下特征:一般性和抽象性、可知性和确定性,并且尊重个人在法律面前的平等。按照哈耶克的理解,如果政府依据这些普遍性原则进行管理,社会便处于法治的状态之下;而人们依从这些原则行事,就意味着他们享有了自由,因为"法律之下的自由的概念……基于这样一种主张:当我们遵从法律,即那些并非专门针对我们而制定的一般性抽象原则的时候,我们并没有服从于其他任何人的意志,因此我们是自由的"②。

哈耶克高度评价法治传统对西方社会的贡献:"可能没有任何一种单独的力量比法律的相对稳定性对西方的繁荣做出的贡献更大。"③实际上,哈耶克对法治的理解也与他的"自发秩序"理论紧密相关。他认为,在法律领域中,典型的自发生成物就是习惯法。这是一种在法官的判断与众人的期待的相互作用中,经过各种细微的修正而生成的规则体系。它既非主权者或者立法者的意志与命令的产物,亦非统一计划的结果,但与此同时,它又为所有个人的互动提供了一套合理的、可预期的并且具有内在一致性的框架。哈耶克把习惯法体系中体现出来的这种精神实质称为"自由的法"或者"nomos",它指的是一些存在于实际立法过程之前的法则,是任何立法者都必须遵从的基本依据。因此哈耶克认为,法治从根本上说"并非法律的统治,而是关于法律应该具备什么特性的规则,是一种法律之上的法律原则或者说一种政治理想"④。

具体来说,哈耶克所谓的法治状态包括以下这么一些特征。⑤ 第一,在这种状态下,法律主要是消极的,它只告诉人们不做什么而不是应该做什么,只有关于比如征税、某些强制性的服务以及普遍义务的法律除外;第二,它们只提供一种让每个人都能够在其中形成其具体计划的抽象的框架⑥;第三,它们

---

① F. A. Hayek, *The Constitution of Liberty*, p. 150.
② Ibid., p. 153.
③ Ibid., p. 208.
④ Ibid., p. 206.
⑤ Cf. Anthony de Crespigny and Keeneth Minogue (eds.), *Contemporary Political Philosohpers*, London: Methuen & Co., 1975, p. 62.
⑥ F. A. Hayek, *The Constitution of Liberty*, p. 152.

不应该过分限制个人自由,它们不仅约束被统治者,同时也应该约束那些制定法律的人;第四,它们应该具有普遍的适用性而不只针对某些特殊的人和事,因为法律的正当性"不在于它的每一次实施";①第五,法律必须无例外地付诸实施,因为只有如此,人们才能彼此预见对方的行为;第六,虽然法律保护的是人们的私人利益,但还是应该由每一个人自己决定在什么时间他们利益中的什么部分可以得到法律的保护;②第七,一项具体行为是否公正,应该参照整个法律规则体系加以判定,而一套法律规范的正当性标准,则应该是"当这个规则体系认可的行为真正发生的时候其相互之间的一致性"③。

哈耶克对计划经济的坚决反对也与他的"自发秩序"理论密切相关。实际上,早在20世纪30年代由奥地利经济学家米塞斯发起的一场关于社会主义计划经济可行性的经济学大争论中,哈耶克就明确提出了反对计划经济的观点。而且与当时计划经济的众多反对者不同,哈耶克认为,计划经济之所以不可行,并不是因为政府不可能掌握制订计划所需的全部信息,即出于信息收集和计算方面的困难,而是因为计划经济需要的"关于环境的知识从来就不是以一种集中的或者完整的形式存在的,相反,它们只能作为全部相互独立的个体所拥有的分散的、不完整的,甚至是相互矛盾的知识片断而存在"④。所以,计划经济这个概念在逻辑上就不成立。

哈耶克认为,实际上市场与语言一样,是典型的自发生成物,它本身就是一种为人们提供知识和传递信息的系统⑤,也是使分散在无数个人之间、在很多情况下根本没有被人们意识到的知识能够得到有效运用的唯一的体系,其复杂程度远远超出了人类理性能够加以理解和说明的范围。因此,任何企图用某种人为的、建构的秩序替代市场的尝试,只会使市场的复杂性降低到设计者个人理性的水平,从而使这个体系有效作用的范围也降低到设计者知识能力的界限之内。换言之,如果政府试图追求一种行之有效的计划,就必须满足以下两个条件之一:或者要求计划者拥有对人类来说根本不可能的超常的知识,或者对被管理者进行无穷无尽的控制,最终对其期望与行为进行约

---

① F. A. Hayek, *The Constitution of Liberty*, p. 159.
② Ibid., pp. 139–140.
③ F. A. Hayek, *Studies in Philosophy, Politics and Economics*, p. 166.
④ F. A. Hayek, *Individualism and Economic Order*, Chicago: University of Chicago Press, 1980, p. 77.
⑤ 哈耶克认为,在市场经济中,商品的价格以一种特殊的方式为人们及时提供有关其他人行为的信息,从而使每一方都可以迅速做出反应。

束。既然前者没有实现的可能性,那么在实践中出现的就只会是后一种选择。这就是说,要计划生产,只有首先对人们的需求进行计划;如果计划者无法预先了解人们需要的是什么,那么只好让他们服从于某种可以被控制的需求模式。因此,"中央计划意味着经济问题必须由社会而非个人解决,而这自然会导致以下的结果,即必须由社会,或者说由社会的代表决定不同需求的相对重要性"。在这里,经济问题最终变成了政治问题。①

总的来说,哈耶克的基本观念是,正因为人的知识是有限的,人在其理性判断的过程中出现错误是不可避免的,所以一种能够最大限度保证个人自由的社会与政治结构就具有重要的意义。因为只有自由的个人,才能对其他人的要求及其在一个复杂社会中的行动具有充分的敏感性,并对其做出迅速的反应。相反,计划与命令体制并不能使人与人之间相互作用的利益最大化,因为它在这么做的时候产生的只会是无效与专制。

由于20世纪70年代之后世界局势的变化,哈耶克的政治思想成为自由主义和新自由主义者最重要的理论资源,而他的影响力也上升到了顶峰状态。当然应该承认,哈耶克的思考能够为人们带来诸多的启示,但同时也必须看到,他的思想中存在着极端性的一面。首先,在现代社会完全反对计划,与全面的计划一样,都是根本不可能的事情。正因此,奥克肖特对哈耶克思想有这样的一种评价:"反对所有计划的计划可能比它的对立面要好一些,但它们仍然属于同样的政治风格。"②哈耶克坚决反对政府对个人的强制,但对私人领域以及市场经济中存在的大量强制现象却熟视无睹,并且坚持即使它们会带来不公正,也不能通过国家干预而只能依靠私人力量加以解决。对很多人都认可的极度的经济不平等可能导致贫困者对富有阶级的依附的观点,哈耶克也表达了不同的看法。他相信,只要财产分布足够分散,只要"一个人不依附于另一个特定的个人,即只有后者能够满足前者的需要或者雇佣前者",依附便不会存在。③ 哈耶克甚至对国家的社会公正职能也持反对意见,他一再强调,政府不能以公正之名介入社会再分配的过程。政府运用其强制力的根据只能有一个,那就是为了实施某些具有普遍性的法则,而"如果一个自由社会为所有人都提供某种最低标准的福利话,那么这个社会就与以下原

---

① Cf. F. A. Hayek, *The Road to Serfdom*, pp. 91–92.
② M. Oakeshott, *Rationalism in Politics and other Essays*, Indianapolis: Liberty Fund, 1991, p. 26.
③ F. A. Hayek, *The Constitution of Liberty*, p. 141. 为了说明自由市场中根本不存在强制的问题,哈耶克甚至特意对强迫(compulsion)和强制(coersion)进行了区分,认为只有国家才会强制,客观环境则只会强迫。市场上存在强迫,但几乎不存在强制。

则相矛盾,即根据某种预先确定的正义原则获得收入"①。哈耶克还认为,对于个人可以合法拥有的财产限额,根本就不存在任何客观标准,在这个方面任何的判断都缺乏充分的依据:如果政府制定了这类标准的话,那它反映的只能是政府的专断,因此他也反对累进税制度。

其次,哈耶克对理性乐观主义的批判,有助于消除人们盲目的理性崇拜,也有助于人们对传统与习俗、对市场经济体系中包含的集体智慧保持充分的尊重,并且对其进行更深入细致的理解。但是,哈耶克完全把人类文明理解为一种自发进化产物的基本立场却是有问题的,因为它根本无视人类为改善自身处境——人与人的关系以及人与自然的关系而进行的自觉努力。从根本上说,可以认为人类的一切进步都来自其自我改善的意识,来自其对自由(并非哈耶克意义上的自由)的追求。因此,即使认同哈耶克关于"自发秩序"的观点,也不能由此推论出人们在个人或者集体事务中必须彻底放弃理性的指导作用。实际上,那些被哈耶克称为"自发秩序"的因素,也并非如哈耶克所说,是"人类创造的、但并非有意创造的结果";准确地说,它们是人类有意创造的、但常常超越了创造者自身意图的结果。另外,哈耶克强调在人类进步过程中不存在任何全面的计划,但他同时又承认理性仍然是每一个人进行选择的时候无法放弃的依据;他在明确反对整个社会范围内进行"理性建构"的同时,又承认小范围内计划的必要性,这就使他的理论中出现了一道鸿沟:他刻意进行的小群体与大群体(即社会)的区分到底应该如何确定,具体说,多少人可以被算是一个小群体从而具有对未来进行计划的资格,而超过了多少人就成为"社会"从而必须放弃对未来进行规划的权利?

再次,对理解哈耶克的政治思想非常重要的一点是,虽然哈耶克被很多人视为20世纪个人自由最坚决的捍卫者之一,但他本人并不认为自由本身具有任何终极性的价值。在哈耶克看来,自由既非自然权利的体现,亦非深藏于人类本性之中的追求。他之所以强调自由的重要性,只是因为他相信自由个体的自发试验乃是"自发秩序"产生与发展的根源,是人类进化的基本动力。② 哈耶克明确表示:"之所以必须保障个人自由,主要是基于这样一种认

---

① F. A. Hayek, *The Constitution of Liberty*, p. 303.

② 哈耶克本人当然倾向于自由主义立场。在他看来,保守主义与自由主义的区别就在于前者反对变革,同时注重权威与维护特权,而这两方面都是自由主义所反对的。因而,保守主义往往在变革面前迷失方向,而自由主义者必须追问的,恰恰是我们应该向什么方向发展的问题。(F. A. Hayek, *The Constitution of Liberty*, p. 398.)但事实上,人们并不认为哈耶克很清楚人类"应该向什么方向发展"。

识,即对我们要达到的目标和实现的福利所依赖的绝大多数条件,我们所有人都存在着必然的无知。"①这意味着自由之所以得到承认,是因为不存在任何确定的知识;如果有这种知识,自由当然也就失去了存在的意义。哈耶克自己说过:"如果存在全知全能之人,……那么基本上也就不需要自由了……自由之所以必要,就因为它能为不可知性和不可预见性提供相应的空间。"②因此,虽然哈耶克反复强调必须保护个人自由,但他的思想中同时又体现出一种强烈的精英主义倾向。实际上,哈耶克对人性估价甚低,他基本上继承了休谟和亚当·斯密等苏格兰启蒙运动思想家的观点,相信人就其本质而言不过是一种"懒惰的、放纵的、短视的和挥霍的"动物,只有在环境逼迫之下他们才有可能表现得理智,甚至连所谓的"经济人"假设也被哈耶克嗤之以鼻,认为那不过是边沁的功利主义的虚构。③ 在哈耶克的思想中,个人更多地被理解为对社会进化能够有所贡献的力量而并非权利的主体。就此而言,很难把哈耶克称为洛克式自由主义的继承人。

与此相联系,哈耶克相信民主不过是一种形成公共决定的手段,而非值得人们努力追求的社会政治目标。他实际上认为,民主可能是极权主义的,而权威主义的政治也可能是自由的。民主的危险性在于,多数统治的原则和人民主权的教条有可能被用来使反自由的政策合法化,从而使私人领域受到侵害。虽然哈耶克表示他清楚人们对民主进行的各种辩护,但他仍然倾向于认为,民主制弊大于利。因此,在他设计的"模范政府"中,掌握最高权力的立法会议是这么构成的:成员任期15年,每年改选一次,而每一位公民一生中只能拥有唯一一次选举和被选举的机会,即当他年满45岁时从他的同龄人中选举立法会议成员。哈耶克认为,这种设计可以保证立法者能够超越党派之争,并且具有智慧与远见④,但在不少评论家看来,这倒是更类似于一种中老年人的寡头统治。

最后,哈耶克的思想中缺乏通常意义上对文化或者文明的理解,虽然他大谈"进化",但这只是一种没有历史的、生物意义上的进化。在哈耶克身上,明显缺乏传统保守主义者那种对他们所属文化共同体的忠诚感与归属感。

---

① F. A. Hayek, *The Constitution of Liberty*, p. 29.
② Ibid.
③ F. A. Hayek, *Individualism and Economic Order*, pp. 11,15.
④ F. A. Hayek, *Law, Legislation and Liberty*, Vol. 3, *The Political Order of a Free People*, London: Routledge, 1979, p. 113.

当然,这也许是他作为一位长期身处异乡的学者的经历使然。① 哈耶克相信,文明与人性及人的努力无关,它并非"由人类根据理性,运用已知的手段,向着确定目标的努力所达成的"。文明是自发生长的结果,是任何人希望之外的产物。因此,"最好把进步理解为一个人类智识(intellect)不断地形成并得到修正的过程,一个不断适应与学习的过程。在此过程中,不仅为我们所认识的可能性,而且我们的价值与目标都在不断变化"②。因此,进步不仅不意味着某种计划的实现,甚至也不能用人们通常理解的欲望的满足程度来加以衡量。"进步既然意味着对未知领域的发现,那么其结果便是不可预知的。"③进步不是"过去的成功的结果,而是在未来并且为了未来而生活,在这个过程中,人类的智识证明着它自己。进步就是为运动而运动(movement for movement's sake)"④。

虽然在哈耶克看来,制度(比如法律与市场规则)的建立本身可以减少强制的因素,但如果离开了传统与文化,制度本身就是一种强暴。哈耶克对自由的定义是:"人类的一种社会处境,在其中某个人受到的来自他人的强制被减少到可能的最低限度。"⑤然而,一种制度能够减少强制无非只有两种选择。要么是顺从人的本性,但离开了文化(广义的文化,包括对政治生活至关重要的正义感),人的本性就只剩下了动物性,整个社会就成为达尔文的动物世界。要么是立足于某种文化传统,立足于共同体内部人与人之间的相互性,立足于制度本身的公正。正是在后一方面,奥克肖特提供了一些有意义的思考。

奥克肖特(Michael Joseph Oakeshott,1901—1990)是哈耶克之外⑥另一位对近代理性主义进行了深入批判的思想家,他先后任教于剑桥大学、牛津大

---

① 在哈耶克就任弗莱堡大学教授的演讲中,曾经提到过他的这种经历对其学术生涯的影响——使他能够客观地、超然地对各种社会政治变动进行观察和思考。但很可能,这种客观与超然也使他失去了一种深刻的文化与历史意识。Cf. *The Economy, Science, and Politics*, in F. A. Hayek, *Studies in Philosophy, Politics and Economics*.
② F. A. Hayek, *The Constitution of Liberty*, p. 40.
③ Ibid.
④ Ibid., p. 41.
⑤ Ibid., p. 11.
⑥ 有意思的是,虽然奥克肖特与哈耶克两人在思想上有很多相似性,但他们彼此极少提及对方。当然,他们的立场也存在一些根本性的差异,即奥克肖特明确反对哈耶克那种以一种系统的思想乃至制度反对极权主义的做法,即提出一种"反对所有计划的计划"。奥克肖特更倾向于以实用的、保守主义的态度对待政治问题。从更深层次来说,哈耶克思想中表露出来的"工具主义"倾向,恰恰是奥克肖特重点批判的对象。

学,最后在伦敦经济学院度过了长达40年的学术生涯。奥克肖特的主要学术著作包括《经验及其形态》(Experience and Its Modes, 1933)、《理性主义与政治》(Rationalism and Politics, 1962)、《论人类行为》(On Human Conduct, 1975)和《论历史》(On History, 1983)等。

与哈耶克一样,奥克肖特政治思想的基础也是他独特的认识论,或者说正是他的认识论决定了他基本的政治主张,虽然他在进行其政治著述的时候也有现实的针对性,比如苏联和其他社会主义国家的实践、他的祖国英国所出现的一些带有社会主义性质的变革(特别是1945—1951年工党政府的社会改革实践)等等。奥克肖特的认识论特别强调两个方面的基本思想:首先,人类的知识并不是对客观现实的反映;其次,各种知识体系之间具有不可通约的特征。

在第一个方面即认识与外部世界的关系问题上,奥克肖特主张,人类思维能够理解的只是人通过各种感官与外部世界的相互作用,至于"客观的"外部世界则是一个超越人类理解能力的领域。奥克肖特因此反对哲学上对主体与客体的截然区分,认为"主体和客体……被区分开来之后便降低为一些抽象物。不存在……与主体分离的客体,也不存在独立于客体的主体"①。奥克肖特强调,认识论中的一些基本问题,比如我们是如何知道外部世界的存在的、它们与人的思维是如何联系起来的,等等,实际上"不仅是一种误导,而且在我看来毫无意义"。经验即经验着的主体与被经验的客体的"具体的统一"才是唯一的事实(reality)。②

既然人类无法把握客观的外部世界即康德意义上的"物自体",那么知识也就不可能像英国传统的经验主义者如洛克所认为的那样,是对客观事物的模仿或者反映。奥克肖特认为,知识不过是人类对经验的一种规范,而人类的认识活动也就是从某个预设的前提出发,根据逻辑规则对经验加以组织的过程。因为认识活动的对象并非外部世界而只不过是人类的经验本身,所以知识的有效性标准即真理标准也就不可能是认识与外部世界的一致性,而只能是知识体系内部的自洽性(coherence),即知识的各个构成部分在逻辑上能够相互贯通。用奥克肖特自己的话说,真理乃是一个给定的观念世界的内在统一性或者自洽性的函数;人类智识工作的任务,就是使一个给定的观念世

---

① Michael Oakeshott, *Experience and Its Modes*, Cambridge: Cambridge University Press, 1933, p. 60.
② Ibid., p. 58.

界尽可能地实现内在的统一。简单地说,在奥克肖特看来,事实即经验,而真理性则是观念在逻辑上的一致性。当人们基于某种确定的前提,获得了一个具有内在一致性的观念体系,就可以说他们发现了事实、掌握了真理。人们对此可能提出一个问题,即是否能够把知识与经验的一致性作为真理标准?奥克肖特也拒绝了这种可能性。他的理由是:首先,知识并非对经验的反映而是对经验的组织;其次,从根本上人们说也不可能找到某种超然的、对人类知识进行判断的标准(知识),因为无论如何寻找这类标准,它也都只能是人类认识活动的产物,是知识的一个部分;最后,人类的知识、行为及判断本身已经受到并且无法摆脱各种经验的影响和制约。总之,奥克肖特认为,人类的经验与人们思维过程中对这些经验进行的判断根本无法区分,人们不可能站在自己的思想之外反过来对自己的思想进行考察。因此,知识的真理性标准只能是一种相对的标准。

从认识主体的角度来看,奥克肖特认为,人们的知识或者说对经验的把握并非外部世界在其头脑中的消极印象的产物,而是人们不同的文化模式、实践样态乃至美学判断发挥作用的结果。就此而言,甚至也可以说,我们所生活的世界本身就是我们的思想的创造物,因为我们以一种具有连贯性的方式在观念中为这个经验世界提供了某种秩序。正是在这个意义上,奥克肖特认为需要对"理性"的概念进行重新定义。在他看来,理性并非单纯的抽象逻辑,当人们的行为"与相关活动的习惯相适应的话",他们的行为就可以被视为"理性"的。①

在第二个方面即知识体系的相互关系问题上,奥克肖特首先强调,人类的经验本身是一个整体,需要以整体性的视角加以理解,这是哲学的工作。②但是,奥克肖特也不排除人们通过某种特定的视角对经验获得部分理解的可能性。这种从某些特定、有限的(奥克肖特称之为抽象的)、它们自身并不能予以证明的前提出发对经验的认识和把握,被奥克肖特称为经验的"样态"(mode)③,其实也就是人们通常所说的认识与实践的不同领域。经验的各种样态分别建立在不同的特殊假定基础之上,并且修正着作为整体的经验的特性。经验的样态有多种,奥克肖特对其中的三种进行了较多论述,它们分别是历史、科学与实践。奥克肖特认为,虽然经验样态是从特殊的角度对经验

---

① Michael Oakeshott, *Rationalism in Politics and Other Essays*, pp.130-131.
② Michael Oakeshott, *Experience and Its Modes*, p.48.
③ Ibid., p.72.

的把握,但其认识对象仍然是经验的整体。"经验的样态并非实在的某些独立的部分,而是从某个特定的视角所看到的全体。它不是在被称为经验的大海中的一片孤岛,而是对经验全体的某种特定的理解。它不是(字面意义上的)部分而是抽象的存在。实际上,经验没有'部分',可以分离的经验'领域'这种东西根本就不存在。"①

奥克肖特通过对以上三种经验样态的分析表明了它们各自的特性及其局限性。作为一种经验样态的历史乃是历史学家通过文字进行的创造,是一种对过去事件的建构(construction)。② 历史学家试图发现的并非"过去发生了什么",而是得到的"证据要求我们相信什么"③。因此,历史(history)与过去发生的事情(past)不同。两者的区别在于,在历史学的视野中,"材料所揭示或指明的每一个事件都具有它应该的位置,没有任何事情被排除在外,没有任何事情会显得毫无意义"④。

如果说历史是经验的过去的(praeteritorum)部分,科学则是经验的量的(quantitatis)部分。科学建构的是一种"共享的、可交流的经验世界,……关于这个世界人们之间能够达成普遍一致"⑤。在奥克肖特看来,类似社会学和经济学等学科也完全可以成为科学,但其前提是必须使它们超越不确定的个人经验的范畴。在科学知识的确实性问题上,奥克肖特与众多科学主义者不同。他指出,科学的基本特征,是从可观察的对象出发,追求一种超越了这些对象并且依然有效的知识,因此科学结论只具有或然性。科学的世界只是一个"假设的"世界,它"对我们关于事实的知识毫无贡献"⑥。

最后一种受到奥克肖特重视的经验样态就是实践,而关于实践的理论也是他的哲学思想中一个最具特色的部分。奥克肖特认为,实践是经验的意志的(voluntatis)部分,是意志的运用,是人与人之间交往的世界,而且是自主的个体的世界,因而人的自由是实践的基本条件。但是,实践的世界并不因此而成为一个放任无序的领域,因为人们的共同生活及其相互作用的相对稳定

---

① Michael Oakeshott, *Experience and Its Modes*, p.71. 有研究者认为,奥克肖特哲学思想的基本特征在于它试图超越传统逻辑对普遍与特殊、思维与感觉、理论与事实之间的严格划分。因而,这种哲学也可以被称为以"具体的普遍性"为基础的哲学。Cf. Paul Franco, *The Political Philosophy of Michael Oakeshott*, New Haven and London: Yale University Press, 1990, p.17.
② Michael Oakeshott, *Rationalism in Politics and Other Essays*, p.180.
③ Michael Oakeshott, *Experience and Its Modes*, p.107.
④ Michael Oakeshott, *Rationalism in Politics and Other Essays*, p.169.
⑤ Michael Oakeshott, *Experience and Its Modes*, p.169.
⑥ Ibid., pp.215,217.

性要求他们之间的关系不可能是随机的、暂时的,而是必须拥有某种确定的结构。这种结构同样是实践的一个基本方面,它由规则或者类似规则的观念,如原则与习惯等构成。①总起来说,"实践可以被定义为一套与人类的言行有关的思想、举止、行为方法、习俗规范、格言警句、原则条令,以及制定有用的程序或者规定责任与义务的政府机构的总体"②。就此而言,实践为人类行为提供一套参照框架,规定人们必须遵守的责任与义务,所以也可以将其视为一个把实然转变为应然的世界、一个价值的世界。不过,奥克肖特强调,这些价值与规范并不在严格意义上(即因果关系的意义上)决定人们的言行举止。用奥克肖特的用语来说,它们只是在"状语"(adverbial)的意义上规定人类行为③,即只规定人们在追求自己的目标时必须满足的条件。在实践的世界中,道德规范或者宗教律令的所谓"真理性"是通过价值而得到理解的。④

在上述各种经验样态的关系方面,奥克肖特认为,由于它们各自具有不同的前提假设,并且遵循各不相同的原则、规范与标准,因此虽然它们都能够获得各自领域内的正当性,也就说能够达成内部的自洽,但是,各种样态之间并不存在某种使它们能够相互沟通的媒介,它们之间也就没有可能进行任何有建设性的、真实意义上的对话。这意味着,在某种经验样态下被认为是事实、真理的东西,在另一种样态之下就可能变得"毫无意义"⑤。奥克肖特强调指出,由于各种经验样态之间的这种相对独立性,所以在一种样态中运用其他样态的标准和方法就会导致巨大的错误。比如说,一位采用了科学方法的历史学家,他写出的作品只会是一堆毫无意义的胡言乱语。

奥克肖特认为,与经验诸样态不同,"哲学意味着无保留的、不需要前提的经验。……对于任何偏离彻底的一致性的观念世界的事物,它都保持一种绝对的、无须说明的不满"⑥。也就是说,哲学没有其自身的、与其他经验样态不同的基础,"它不过是能够对自身进行批判的经验,是由于自身的原因而被

---

① Michael Oakeshott, *On Human Conduct*, Oxford: Clarendon Press, 1975, p. 24.
② Ibid., p. 55.
③ Ibid., p. 184.
④ Michael Oakeshott, *Experience and Its Modes*, p. 309.
⑤ Ibid., pp. 73-76.
⑥ Ibid., p. 82. 在另外的地方,奥克肖特还对哲学进行过如下的定义:哲学是一种经验,是"不需要前提与保留,也不需要克制与修正的经验",是"彻底批判性的,不被任何附加物、部分物和抽象物所阻碍和干扰的经验"。(Michael Oakeshott, *Experience and Its Modes*, pp. 2-3.)

探究和追问的经验"①。因此,哲学不仅能对经验的整体进行统一的理解,同时也能对经验的各种形态进行考查,探明它们的结构、从总体上对它们加以把握、标明它们的概念的界限,揭示它们各自的假设,等等。② 但是,哲学也具有其自身的局限性,这表现在一方面哲学并不能解决我们在日常生活中遇到的各种难题,而只能帮助人们澄清那些阻碍着他们进行清晰思考的概念上的混乱③;另一方面,与不同的经验样态之间彼此独立一样,哲学与经验诸样态之间也存在着一种类似的独立性,这意味着任何一方的知识都不可能为另一方提供参考或者借鉴。另外,哲学并不能以各种经验样态之下得出的结论的综合者的身份出现,当然,哲学的观念也不应该在这类结论的基础上受到批评。哲学的存在有赖于它能够维持对于一切外部事物的独立性,特别是对某些特殊兴趣的独立性。从这一认识出发,奥克肖特反对任何把哲学运用于某个特殊经验领域的企图。在他看来,科学哲学或者历史哲学这一类东西形同怪兽④;而所谓的道德哲学则根本就不存在,也不应该存在⑤。

奥克肖特的认识论表明,人类的经验样态亦即人类的知识具有其内在的不完善性。奥克肖特承认并且强调这一点,但他又表示,这"不是什么悲剧,甚至也不是什么缺陷,除非把它和一种能够得以完善的人的本质相比,而这种本质与人性本身是相矛盾的"⑥。另外,人类也不必因为其经验样态的局限性而无所事事、消极观望,因为还有另外一种力量,它能够在事实上贯通经验的不同样态,把它们联为一个整体,并为人类行为提供指南,这就是传统。

之所以有不少学者把奥克肖特归于保守主义的阵营,而他自己也乐于接受"保守主义者"这个称号⑦,并且把自己视为西方政治思想中亚里士多德传

---

① Michael Oakeshott, *Experience and Its Modes*, p. 82.
② 在奥克肖特后期的著作中,他越来越少地使用哲学的概念,而代之以理论(theory)这个术语。所谓理论,指的是通过一系列假设对某一事件(going-on)进行逻辑上具有一致性的解释或者说理论化,因而理论包括两个阶段,提出和说明假设。(Cf. Michael Oakeshott, *On Human Conduct*, pp. 17 - 19.)
③ Michael Oakeshott, *Experience and Its Modes*, p. 355.
④ Ibid., p. 354.
⑤ Ibid., pp. 337-338. 一个有意思的问题是,如果按照奥克肖特的这一逻辑,政治哲学又是否应该存在呢? 在他发表于1951年的伦敦经济政治学院就任演说即《论政治教育》一文中,他实际上使用了这个概念来概括他对政治问题的思考,但他仍然强调,政治哲学作为一种哲学,不可能对政治实践提供任何评价或者指导。(Cf. Oakeshott, *Rationalism in Politics and Other Essays*, p. 65; Michael H. Lessnoff: *Political Philosophers of the Twentieth Century*, p. 119.)
⑥ Michael Oakeshott, "Scientific Politics", *Cambridge Journal*, Vol. 1, March 1948, p. 356.
⑦ Michael Oakeshott, *Rationalism in Politics and Other Essays*, p. 423.

统的继承人①,其根本原因在于他与亚里士多德和伯克一样,非常重视传统在塑造人类观念和行为方面发挥的重要作用。但与他们不同的是,奥克肖特对传统采取了一种更为"后形而上学"②的态度,如他所说,自己的保守立场与"自然法或神定秩序无关,亦与道德和宗教无关"③。可见,在他眼中,传统虽然重要,但已经不再具有任何神秘主义或者本质主义的色彩。奥克肖特认为,传统"既不是固定的,也不是完成式的。它没有不变的核心可资认识,没有至上的目的可供理解,也没有永恒的方向让人追随。传统中没有可供复制的模式,没有需要实现的理想,也没有能够遵循的法则。传统中的某些部分可能变化稍慢一些,但没有什么能够万世不易。一切皆流,一切皆变"④。

但奥克肖特同时又坚持,传统这样一种高度流变的特性并不意味着它超越于人类的认识能力之外。传统虽然从整体上看变动不居,但由于它的各个部分变化速度不同,因而在变易中仍然具有其延续性与整体性,并且能够为人们所体认。因此,传统的原则就是延续的原则。传统"分散在过去、现在和未来之间,在旧的、新的以及尚未出现的人与事之间。它是稳定的,因为虽然它在运动,但并不只在运动;虽然它会静止,但仍然深藏变动的潜流"⑤。传统体现于一个社会的各种风俗习惯、生活习性、思维方式以及行为模式之中,它使经验构成一个整体,并且以整体的方式体现出来。它如同一张复杂的大网,既约束了人们的思想与行为,又使人们能够相互理解,彼此交往,因而对人类的实践活动尤其必不可少。作为传统发挥作用的结果,形成了一个社会中得到大多数人认可的处理公共事务的方式,而正是这种方式,使共同体保持着自身的认同,并区别于其他的共同体。⑥

在很多情况下,传统作为一种特殊的知识发挥着作用。奥克肖特认为:"任何一种科学、任何一种艺术、任何一种实践活动都需要某些方面的技能,事实上,人类的一切活动都包含着某种知识。"⑦奥克肖特重点区分了两类不同的知识,即技术知识与实践知识。技术知识的特点是能够"被总结为规律,也能够被人们有意识地加以学习和掌握,并且最终付诸实践","无论它是否

---

① Cf. Michael Oakeshott, *On Human Conduct*, pp. 118-119.
② 这是在一般意义上使用这个词,指一种不承认任何绝对标准或者终极价值的思想倾向。
③ Michael Oakeshott, *Rationalism in Politics and Other Essays*, pp. 423-424.
④ Ibid., p. 61.
⑤ Ibid.
⑥ Ibid., p. 56.
⑦ Ibid., p. 12.

得到准确的表达,它的根本特征都在于它能够被准确表达"①。奥克肖特认为,人们并不能简单地把技术知识运用于实践之中,因为技术知识总是抽象的,而实践则是具体的。实践知识的特点是,它没有办法用简单的方式表达出来,甚至没有办法完全付诸语言。② 这种知识只能在实践中予以领会,以一种类似师徒相授的方式得到掌握和继承。实践知识构成了传统的重要组成部分,奥克肖特也称之为"实践性的判断"(practical judgment)。奥克肖特反复强调,在实践领域中,传统即实践的判断具有尤其重要的意义。③

奥克肖特认为,一个不幸的事实是,至少从文艺复兴时期以来,传统在西方便一直受到歧视。导致这一现象的原因,就是理性主义的泛滥以及人类由此而来的一种集体性浮躁(collective impatience)。奥克肖特把近代理性主义称为"文艺复兴以后欧洲最令人瞩目的智识上的时尚"④。理性主义追求确实性(certainty),一切不具确实性的东西都被剥夺了存在的资格,唯有理性被尊为至高无上、无所不能的认识、理解和支配世界的法宝。在奥克肖特看来,培根和笛卡尔就是这种思想倾向的代表性人物。理性主义者"代表着一种除了服从'理性'的权威之外反对任何义务的思想。……他是权威、偏见、传统和习俗的敌人。他的精神态度既是怀疑主义的,又是乐观主义的。作为怀疑主义者,他不相信任何观念、任何习惯、任何信仰、任何事物能够具有牢不可破的地位,他会毫不犹豫地使用被他称作'理性'的东西对它们加以质疑与判断。作为乐观主义者,他从不怀疑'理性'的能力,相信它一旦得到正确的运用,就能够决定事物的价值、观念的真相,乃至行动的意义。而且,他相信这种'理性'通行于整个人类"⑤。奥克肖特认为,这种理性主义之所以成为"最大的时尚",是因为近代以来西方自然科学的发展及其成就对很多人产生了极大的诱惑,使他们总是企图把科学技术的方法直接运用于人类事务。⑥ 奥克肖特对这种倾向提出了尖锐的批判,认为它代表了"一种对人类知识本质的错误理解,实际上导致的是人类精神的崩溃"⑦。他指出,理性主义正是人

---

① Michael Oakeshott, *Rationalism in Politics and Other Essays*, p. 12.
② Ibid., pp. 14–15.
③ 奥克肖特曾多次用烹调作为例子表明,有大量关于人类实践活动的知识是不可能用技术性语言加以表达、并且以教科书的方式加以传授的。Cf. Michael Oakeshott, *Rationalism in Politics and Other Essays*, p. 13.
④ Michael Oakeshott, *Rationalism in Politics and Other Essays*, p. 5.
⑤ Ibid., p. 6.
⑥ Ibid., p. 29.
⑦ Ibid., p. 37.

类"集体性浮躁"的根源,因为它使人们相信,值得他们掌握的只有那些能够速成的技术,至于那些需要时间与耐心养成的技艺则被视为无用并受到排斥。奥克肖特强调,这种态度已经使人类的生活及其对自身的认识都受到了严重的扭曲。①

奥克肖特认为,从严格的意义上说,知识的技术化实际上是不可能的,因为"没有任何东西,即便是那些几乎完全不涉及外部知识的技术(比如说竞技规则),能够在事实上被植入一个空空如也的大脑。被植入的东西总是受到已经存在于那里的东西的滋养"②。这种"已经存在于那里的东西"就是传统。因此从实践上看,那些抛弃了传统与习俗的理性主义者的行为,便如同一个人进入房间后关了灯又大呼黑暗,东撞西突,其结果只能是不断犯错,给人们带来"战争与混乱"③。

从以上的哲学认识论基础出发,奥克肖特特别强调传统在政治生活中具有不可替代的作用。作为实践活动的一种,政治的依据不是抽象的原则,而是每一个共同体所特有的风俗、习惯和规范。政治意味着在诸多可能性中做出选择与判断,但永远也不可能找到一项确定不变的指导原则及唯一正确的方向。因此,政治也是一种永远带有偶然性的、没有终结的过程,它"不是为社会奠定万世之基业的科学,它是一种艺术,通过它,人们可以获得对一个已经在传统中存在的社会的认识,并了解其下一步的走向"④。因此,在奥克肖特看来,政治学乃是一门关于传统的学问,"对政治的研究就是对历史的研究"⑤。好的政治家,就如同一位出色的厨师,只有通过对他所从事的工作的全部复杂性的了解和体验,才能获得高超的技艺。

因此,对政治的理解不在于追求其确定性与普遍性,而应该具体到那些由特定的生活方式所决定的情景中进行。或者说,政治乃是一种内在地包含着诸多可能性的解释学的存在;而所谓的政治活动,就是对传统由以构成的无数规范性选择的权衡,对传统的体认与参与,以及在相信某种选择能够达到希望中的结果时对人们进行的说服。因此从本质上说,政治乃是一种要求

---

① 有研究者因而把奥克肖特所批判的"理性主义"称为技术理性,并且认为奥克肖特对理性主义的一般性批判打击面太广。Cf. Paul Franco, *The Political Philosophy of Michael Oakeshott*, p.115.
② Michael Oakeshott, *Rationalism in Politics and Other Essays*, p.17.
③ Ibid., p.114.
④ Ibid., p.406.
⑤ Ibid., p.63. 不过,考虑到奥克肖特本人一再强调的历史只可能是实践的历史、当下的历史的观点,他这一论断的含义可能就有些令人费解了。因为到底是当下决定了历史还是历史决定了当下,这成为在奥克肖特的理论中一个无法解开的结。

具有高度技巧性的实践活动,它必须以"具体的"、"传统的"知识为依据,是以传统作为资源的"最高的艺术"。奥克肖特强调,政治"活动并不出自瞬间的要求或者一般性的原则,而是来源于行为方式的现有传统;政治活动唯一能够采取的形式,便是在充分认识和理解现存秩序内在精神的基础上对它们进行修正。使一个社会中的政治活动成为可能的秩序包括习俗、制度、法律或者外交决定等,它们既具有一致性,同时又相互矛盾;它们构成某种模式,同时又激起人们对那些尚未完全成型的事物的追求。政治活动就在于探寻这种追求,然后通过相关的政治思辨,令人信服地展示这种已经出现但尚未充分实现的追求,并且令人信服地证明当下正是认可这种追求的最好时机"①。

然而,近代的理性主义者却在完全相反的方向上理解政治。虽然无论培根还是笛卡尔对政治问题都没有太多论述,但他们的思想方法对政治理论仍然产生了极为有害的影响。奥克肖特事实上认为,在人类行为领域中,没有哪一个领域像政治那样,在理性主义侵蚀之下遭到如此深重的灾难。一方面,理性主义者总是试图用一些普遍化的原则来把握和规范政治生活,并且力图使政治脱离具体生动的实践情景,成为达到某些抽象目标,比如普遍人权的手段。他们没有意识到的是,他们所提出的种种"普遍原则"和"根本目标",实际上不过是从具体的政治活动传统中抽象出来的结论,它们根本不足以构成人们未来活动的指南。用这类"目标"与"原则"来指导政治实践,意味着结果与原因的"本末倒置"②。至于理性主义者所构想的那些企图对社会进行全面改造与控制的乌托邦,更是被奥克肖特讽刺为通天塔式的狂想。③ 另一方面,在理性主义者看来,政治就是"对问题的解决",是在政治生活中对理性的运用,其原理与工程师操纵或者维修机械没有什么区别。④ 政治家行为的依据不应是历史的惯俗("prejudice",这是一个伯克使用过的概念),而是

---

① Michael Oakeshott, *Rationalism in Politics and Other Essays*, pp. 56–57.
② 与伯克类似,奥克肖特也指出,比如像自由这样的权利并不是从某种抽象的人的概念演绎出来的逻辑结果,而是反映在一系列法律和惯例中的安排与程序。Cf. Michael Oakeshott, "On education", in *Rationalism in Politics and Other Essays*. .
③ Cf. Michael Oakeshott, *Rationalism in Politics and Other Essays*, p. 465. 通天塔的故事出自《圣经·创世纪》第11章。远古时期的人居住在同一地方,讲同样的语言,为了扬名,他们企图建造一座通天塔(the tower of Babel)以连接人间与天堂。此举激怒了上帝,后者认为如果此塔建成,人类将无所不为,因而轻施薄罚,让人们开始说不同的语言从而彼此不能沟通,建造通天塔之事也因此半途而废。
④ Michael Oakeshott, *Rationalism in Politics and Other Essays*, p. 9.

最新的技术手段(science)。这种倾向导致理性主义者们企图把原本丰富多彩的政治传统压缩到一册袖珍版小书(pocket-size book)的程度,并且让"书本中的政治"替代历史上政治家们对政治的实践性理解和具体判断。① 奥克肖特把政治中对技术性知识的运用称为"意识形态"②,并且认为这种理性主义的谬误已经深刻地影响了近代以来人类的整个政治生活,"不仅我们的政治罪恶是理性主义的,而且我们的政治美德也是理性主义的。我们的各种计划在目的与特性上大体是理性主义的。更重要的是,在政治上,我们整个精神态度都理性主义化了"③。

奥克肖特表示,理性主义向来是一种受到"政治上头脑简单的人"欢迎的政治形式。自从16世纪起传统社会开始崩溃以后,那些不再可能或者没有兴趣从政治传统中获取智慧的人们,像专制君主、资产阶级和无产阶级等等,被相继投入了政治的海洋,而政治中的理性主义正好作为一种替代品,弥补了他们所欠缺的品质,因而大行其道。一种把实践的偶然性替换为技术的确实性的新的气质,自此席卷了整个欧洲。受这种"意识形态"影响的政治家们既不懂妥协,也不思权变,更不善于根据具体的情境进行判断与选择,因为他们只会一味追求纯粹、完善与一致性。政治中的极端主义与极权主义正是这种"意识形态"的产物。

奥克肖特特别对自由主义这一近代理性主义在政治上的体现提出了尖锐的批评。他承认,虽然自由主义有不少政治主张与他的观点相似,但这种政治思想存在着两个方面的问题。首先是它的普遍主义特征,即无视时间地点与条件试图把自由的价值推向整个世界的倾向,其次是自由主义从一些抽象原则出发理解政治与权利的做法。奥克肖特指出:"我们的自由由权利与义务建构而成,它们是经过漫长而痛苦的努力才在我们的社会中确立起来的。"个人自由与政府权力根本不像自由主义理解的那样,处于对立的两端。"个人自主的条件并非(对政府权力的)限制,没有什么可以限制的。对这些条件的调整也并非(对社会的)干预(除非它们来自国家的专断),它们乃是我们所取得的成就的延续。"④奥克肖特指出,自由主义代表的,无非是一种"野

---

① Michael Oakeshott, *Rationalism in Politics and Other Essays*, p. 27.
② Ibid., p. 16.
③ Ibid., pp. 25-26.
④ Michael Oakeshott, "Contemporary British Politics", *The Cambridge Journal*, Vol. 1 (1947-1948), p. 488.

蛮的、消极的个人主义"①。而且,他对与自由主义纠缠在一起的物质主义或者说经济主义也表示明确的不满,认为"自由民主制最成问题的因素"就在于那种可以被称为它的"道德理想"的东西,即"似是而非的生产力伦理"②。在这些方面,可以看出奥克肖特与哈耶克之间明显的区别。

奥克肖特通过对人类实践的分类说明政治行为与政治组织的特性。他认为,存在两类不同的实践,即"思虑性的"(prudential)与"道德性的"(moral)③实践,与前者具有确定的共同目标不同,后者完全是非工具性的。由于人类一切联合体的建立都出自实践的需要,因此也就相应地存在两种相互区别的人类联合模式:思虑型或者事业型的(enterprise)联合,以及道德型或者实践基础上的联合。根据奥克肖特的定义,"事业型联合体是一种'管理型'的组织,其成员由于碰巧具有共同的目标或者利益而在选择行为方式的实质性活动中结合在一起"④。这种联合体既不会强迫成员加入,也不会强迫成员接受其决定,因而是一种与人的自由相一致的联合体。道德型联合体的基本特征则在于,它是一种建立在"共同的实践权威"基础之上的联合体。从另一个角度看,可以认为前者的目的在于达致某些被选定的目标,同时也只由认可并愿意追求这些目标的人构成;后者则提供并且维护某些强制性的规则,但其成员在遵守这些基本规则的前提下,可以完全自由地追求他们各自的生活目标,因为这种联合没有任何特殊的目的需要实现。⑤

奥克肖特认为,政治正是一种道德性的活动,而政治联合体即国家也相应地应当是一种道德型的组织。在政治哲学家当中,奥克肖特对霍布斯倍加推崇,同时也倾向于接受霍布斯对政治的理解,即政治不过是一些个人为了获得安全与秩序而共同创造的实践形态,即"对一群由选择或机缘聚集在一起的人进行一般性管理的活动"⑥。奥克肖特指出,在一个自由社会中,人们拥有不同的观念与追求,它们之间往往相互冲突。某些人可能认为一现象既

---

① Michael Oakeshott, *The Social and Political Doctrines of Contemporary Europe*, New York: Macmillan Co., 1942, p. xvii.
② Ibid., p. xx.
③ 奥克肖特对"道德"这个概念的用法比较特殊。在他看来,"道德上的关系并不是为了达成某个共同目标形成的联系,……它只是一种与在试图满足任何一种欲望的过程中必须予以服从的条件相关的关系"。也就是说,道德只决定行动必须满足的条件而非行动的内容本身,所以"它以'自由的'行为体的存在为前提,并且也不具备剥夺他们的自由的力量"(Michael Oakeshott, *On Human Conduct*, pp. 60, 62, 78)。
④ Michael Oakeshott, *On Human Conduct*, p. 115.
⑤ Cf. Bhikhu Parekh, *Contemporary Political Thinkers*, pp. 105-106.
⑥ Michael Oakeshott, *Rationalism in Politics and Other Essays*, p. 44.

无序又浪费,因而幻想通过政府向公民们强加某些约束以实现整个社会的和谐一致。奥克肖特表示,一名保守主义者不会认同这种方案,他将接受社会的多样性与复杂性,并且要求国家将其职责只局限于维持基本的秩序,如同比赛的裁判,只负责比赛规则得到遵守。①

奥克肖特创造了公民联合体(civic association)这一概念以表明他对国家职能的理解。在奥克肖特看来,所谓的公民联合体是这样一种组织,它没有任何明确的、单一的目标,或者说构成联合体条件的实践规范无论对哪一种目的而言都不具工具性。人们成为这种联合体的成员,只是因为他们共同认可一套基本的规则体系。这些规则虽然在成员决定其行为的时候发挥作用,但绝不会带来具体的行为结果。它们是联合体成员出于公共关切而予以承认的法的体系,是他们共同接受的、并把对它们的遵守视为自身道德义务的权威性规范。在公民联合体中,"每一个成员以'像我这样的人'的方式生活,每个人都进行无规则的、不可预见的选择。他们可以没有共同的目标与事业,甚至也可以彼此互不相识,他们追求的目标与他们自己一样千姿百态,他们之间可以没有任何共同点,除了彼此之间这种道德上的忠诚"②。

奥克肖特认为,公民联合体的基本特征,是其权力范围由法律(lex)加以限定,其决定由某种具有强制力的机构予以保障得到实施,对于违反法律的行为则通过确定的程序进行处罚,而所谓的统治(ruling),就是保证公民联合体的规则能够得到"足够的服从"③。奥克肖特使用了"respublica"(罗马意义上的共和国)来指代公民联合体的整个规则体系,而当其成员们超越对个人具体目标的考虑、共同承认公共关切的权威、并以此作为自己的义务的时候,他们便被称为公民(cive)。"使公民们相互联系并构成公民联合体的是他们对共同体权威的认可,以及愿意把服从它的条件作为自身的义务。"④

奥克肖特强调,在公民联合体中,自由与法治是两根重要的支柱。奥克肖特推崇自由的价值,这是他的哲学思考的自然结果。正因为知识是相对的,道德同样是相对的,人们不可能以理性的方式解决政治与道德上的差异,所以相互之间保证一种自由选择的空间就显得异常重要,只要这种空间的存

---

① Michael Oakeshott, *Rationalism in Politics and Other Essays*, pp. 425–427.
② Michael Oakeshott, *On Human Conduct*, p. 129.
③ Ibid., pp. 141 ff.
④ Ibid., p. 149.

在与安全和秩序相协调。① 也正因此,他也把自己称为自由至上论者(liberterainist)。② 至于法治的原则则已经内在地包含于奥克肖特对公民联合体特性的规定之中,因为这种联合体的基础就是其成员把遵从法律作为他们的普遍义务。在这里,法既不被视为真理的体现,也不被视为实现某种目标的手段,更不被理解为立法者的意志,它只是作为非工具性的联合体得以维系的、不能加以妥协的最高权威而存在。③

奥克肖特认为,从哲学上看,法治是人类的知识状况,即我们不能为每一个问题都给出确定答案的结果,同时也是一个社会对其传统表示尊重的体现,这与哈耶克的观点有相似之处。从实践上看,法治的政府"是在运用权力方面最经济的政府。它蕴涵了一种过去与现在之间、统治者与被统治者之间的伙伴关系,从而防止了专断产生的可能;它鼓励一种对权力不断集中的危险倾向进行抵抗的传统,这种传统比任何强力的冲击都更有效,同时又不至于打断事物的伟大进程;它为一个社会能够对其政府寄予希望的有限而且必需的服务进行了实践性的界定,从而使我们能够免除无用而危险的期待"④。

奥克肖特要求,这种作为公民联合体的国家,其职能必须仅限于保证联合体本身得以维持的最起码的条件;而人们能够向国家要求的,则不过是"和平、亦即能够让人类永久生存下去的唯一前提"。他拒绝任何精英型的或者保护型的国家观念,坚持国家不应该为社会成员提供幸福的生活方式,或者改变他们自己所选择的生活,更不应该把某种道德规范强加于人。它必须承认并且尊重每一个人的生活及其选择的多样性,它的目标只是达成"对每一个人都有利的安排"⑤。奥克肖特指出,国家"过分关注某个具体的问题,不管这个问题有多么重要,在政治上都是危险的,除非在战争状态下。没有一个社会的生活能够简单到可以在不受损失的情况下把某个问题作为中心,并且

---

① 需要指出的是,在自由的价值问题上,奥克肖特的态度并不像哈耶克那样彻底的"工具主义"。奥克肖特在把自由理解为人类知识缺欠的某种不可避免的结果的同时,又承认自由首先意味着个人在道德上的自律。他曾经表示:"在康德的法学理论和其他政治著作中,可以找到个人主义政治理论的一种真正的哲学版本。"(Michael Oakeshott, *Morality and Politics in Modern Europe*: *The Harvard Lectures*, New Haven and London: Yale University Press, 1993, p.64.)

② Michael Oakeshott, *On Human Conduct*, p.245, note 2.

③ Cf. Michael Oakeshott, *On History and Other Essays*, Oxford: Basil Blackwell, 1983, pp.119–164.

④ Michael Oakeshott, *Rationalism in Politics and Other Essays*, p.390.

⑤ Michael Oakeshott, "The Masses in Representative Democracy", in Albert Hunold (ed.), *Freedom and Serfdom*: *An Anthology of Western Thought*, Dordrecht: D. Reidel Publishing Co., 1961, p.157.

让一切政治活动服务于它的程度。"①

国家两个方面的基本特征,即强制性与非目的性,使其与军队、村落共同体、工会、政党、教会或企业等为了共同的实质性目标而结成的事业型联合体明确区分开来。② 虽然在后一种联合体中也有规则存在,但那不过是一些为满足成员的共同目标而被人为设计或者选择出来的规范而已。因此,事业型联合体的成员只是在认同其目标的情况下才从属于这个组织,一旦联合体的目标被放弃,组织本身也就归于瓦解。从两类联合体的根本区别出发,奥克肖特明确反对任何由国家出面组织的社会计划,包括计划经济、社会公正与社会福利等等,因为这意味着把国家理解为一种事业型联合体(或者叫"事业联合体的国家"),并且把某些目标不适当地置于国家强制力的保护之下,从而在事实上剥夺了公民个人选择的自由。③ 这一立场使奥克肖特对民主政治也表示疑虑。他认为,近代以来民主的扩展,普选制的实现,使获得政治权利的个人有可能把代议民主制转变成一种完全不同的东西,即"大众政府",这种政府代表多数的利益行动,与"强制性的事业型联合体"毫无区别。

奥克肖特指出,16世纪以来的政治观念中一直存在着某种把国家理解为事业型联合体的倾向,其原因来自多个方面,比如战争的推动、统治机构的扩展、中世纪领主观念的残余、具有强烈依附心理的大众社会的产生等等。作为其结果,在社会主义国家以及广大的第三世界,这种作为事业型联合体的国家已经成为现实。在欧洲,由于政府对社会的广泛干预,以及福利国家的产生和发展,公民联合体的国家也正在不断嬗变。实际情况是,任何一个现代国家身上都混合了两种不同类型的联合体的成分,都表现出两种不同的倾向——当然,一种保障着自由,而另一种则将导向奴役。奥克肖特声称,人类的自由最终就取决于这两种倾向斗争的结果。

应该说,奥克肖特对两种不同性质的人类联合体的区分及其对政治共同体特性的论述具有深刻的意义,它有助于人们把政治与人类其他方面的公共

---

① Michael Oakeshott,"Contemporary British Politics", *The Cambridge Journal* 1 (1947-1948), p. 476.

② 当然,奥克肖特也承认,在面临外部的特别是军事威胁的时候,公民联合体也可能把捍卫自身的生存作为一项重要的目标。(Cf. Michael Oakeshott, *On Human Conduct*, p. 146.)

③ 奥克肖特表示,国家的统治者"既不占有也不管理国家的财产,因为国家中根本就没有这样的角色。同时,他既不经营也不监督国家的活动,因为在国家中根本就没有什么活动需要加以管理。"(Michael Oakeshott, *On Humen Conduct*, pp. 202-203.)在社会公正问题上,他也认为:"在公民联合体中没有所谓的'分配正义'的问题……法律不可能成为这样的分配原则,公民领袖与分配无关。"(Ibid., p. 153.)

事务区别开来,同时也以一种完全不同于自由主义者的方式提醒人们警惕国家职能的随意扩展。当然也应该看到,奥克肖特所做出的区分恐怕只是在类型学的意义上才能成立,因为任何一个实际的人类联合体都不可能被简单地归入这两种类型之一;或者说,大多数人类群体都具有上述两种联合体的特征,只是其偏重有所不同。那些可能被奥克肖特称为"事业型联合体"的组织为了维护其存在或者达致其目标也会在不同程度上对成员进行强制;而国家这种道德的联合体也不可能完全放弃对某些特定目标的追求。奥克肖特没有注意到的另一个问题是,这两种联合体之间还有可能相互转化。比如说,原来的实践型联合体在后来的发展中,当其成员之间形成了共同的利益、共同的情感、共同的关注,并且开始形成某些共同的追求的情况下,就会向事业型联合体转变。①

奥克肖特强调政治中传统与经验的独特性与重要性,这与从亚里士多德开始、经过孟德斯鸠与伯克得到发展的注重"实践的智慧"的传统是一脉相承的。和大多数现代人以理性之名对政治以及广义上的人类事务的简单化的、机械的理解相比,他的思想具有某种振聋发聩的作用。另外,把政治理解为传统、经验与实践的智慧,也有助于重新扩展被近代理性主义,尤其是技术主义大大压缩的政治可能性的空间。

但另一方面,奥克肖特在很大程度上又通过对政治目标的排斥以及对传统的过分倚重把这种空间再度封闭起来了。② 由于他坚持拒绝政治生活对任何具体目标的追求,从而在根本上取消了人们的政治想象力与创造性,自然也严重地限制了政治本身的可能性。事实上,奥克肖特对人类理性以及人类政治都表现出一种极度悲观的态度。他表示,从实践生活的角度来看,我们这个世界的特点就是让人不断失望,因为人们的希望或者梦想总是不断地遭到挫折,不断地被粉碎。人们虽然会不时取得某种成就,但总会面临新的问题,在"实然"与"应然"之间始终存在一道永远无法弥合的鸿沟。道德、宗教、美、秩序、统一等等只能存在于哲学之中,至于现实生活则不过是一堆彼此毫无关联的杂乱无章的欲望,以及偶然而随机的行动。同样,政治本身也并不

---

① Cf. Bhikhu Parekh, *Contemporary Political Thinkers*, p. 121. 那种试图囊括一切公共与私人事务,把所有成员联合成一个大"我"的联合体被奥克肖特称为"universitas"。

② 需要注意的是,无论哈耶克,还是奥克肖特,虽然从政治倾向上来说他们都把对个人自由的捍卫视为头等大事,但是,由于他们对习惯、传统或者说"自发秩序"的倚重,他们所说的自由就只可能是"自发秩序"或者传统中的自由,而非抽象的、普遍的自由,即古典自由主义意义上的自由,尽管他们肯定没有十分清楚地意识到这一点。就此而言,对他们的理论完全可以进行相反方向的发挥。

完满(the politics of imperfection①),"人们漂泊于一片无边无涯的海上,既没有可供抛锚停泊的港湾,也没有起点与指定的终点。(政治)的任务就是保证这艘船能够平稳地航行。大海既是朋友也是敌人,而航海术就在于利用传统的行为方式提供的可能性,在每一个可能的敌对者出现之时使其变为朋友"②。

在这样一种观念中,政治的发展与进步就成为一件难以解释的事情。当然,奥克肖特也为政治预留了某种动力机制,即对暗示的追求(the pursuit of intimation)③,它体现为人们在政治过程中对那些通过传统延续下来的、人们无法拒绝的联系的感悟,它在某种意义上使人们能够判明政治的方向。奥克肖特曾经以妇女普选权的实现说明他的这一观点。在他看来,这一变化根本不是某种抽象原则的结果,而是因为在当时的政治实践中,妇女们事实上已经享有了很多其他方面的权利,因而普选权的实现,从根本上说不过是对社会政治生活中一个明显的缺口的补救,因而也是一致性要求的体现。但是,如果接受这样一种解释的话,那么又如何说明"其他方面"的权利的起源呢?如果同样认为这是对"暗示"的追求的结果,那么就只能导致一种不断后退的逻辑,并且在事实上使政治成为一种从一开始就被注定的、没有偶然性、也没有自由意志的封闭的过程。

二、"得过且过"的自由④

哈耶克与奥克肖特的学说表明,20世纪一些政治思想家之所以强调个人自由的重要性,在很大程度上已经不是因为他们像19世纪之前的自由主义者那样,相信个人自由能够导致个人品德的完善,而是因为他们认为,人类理性的有限性决定了个人自由乃是政治上一种不得不接受的选择。除哈耶克与奥克肖特之外,还有另一位类似的思想家,即伯林(Isaiah Berlin, 1909—

---

① Cf. Anthony Quinton, *The Politics of Imperfection: The Religious and Secular Traditions of Conservative Thought in England from Hooker to Oakeshott*, London and Boston, Mss.: Faber & Faber, 1978.
② Michael Oakeshott, *Rationalism in Politics, and Other Essays*, p. 60.
③ Ibid., p. 66. 奥克肖特用这个概念表示人们从政治传统中体会、感悟未来的政治目标与政治方向的过程,他也称之为与传统的"对话"。Cf. ibid., pp. 184-185, 488-490.
④ "*modus vivendi* liberalism",这是英国政治思想家约翰·格雷对伯林自由主义的概括。Cf. John Gray, *Two Faces of Liberalism*, Cambridge, UK.: Politics Press, 2000.

1997)。他进一步表明,在一个祛魅的①、多元化的世界上,杜绝政治生活中对人生价值的追究,让每一个人自主决定其生活方式与生活道路(包括是否追求自由),乃是避免强制与暴政的唯一选择。伯林发现,甚至人们对自由的刻意追求也往往以悲剧性的结果告终,其根本原因就在于,通常被人们冠以自由之名的物事,其中有相当一部分就包含着对自由本身的压制。这种可能压制自由的自由,伯林称之为"积极自由";而与之相对,那种不受外来干涉、也不干涉别人的自由,伯林则称之为"消极自由"。伯林在政治思想学界声名鹊起,很大程度上就是因为他对这两个概念进行的阐发和分析。

伯林出生于俄罗斯帝国统治下的拉脱维亚,1920年随全家移民到英国,他本人也在牛津大学接受高等教育,后来任教于这所大学的不同学院。伯林最初的研究领域是分析哲学,后来他的兴趣转向了观念史和政治理论方面,主要的政治学著作包括《卡尔·马克思:其生活与环境》(*Karl Marx*：*His Life and Environment*)、《历史必然性》(*Historical Inevitability*)、《启蒙时代》(*The Age of Enlightenment*)、《自由四论》(*Four Essays on Liberty*)、《维科与赫尔德:观念史两论》(*Vico and Herder*：*Two Studies in the History of Ideas*)以及《扭曲的人性:思想史论》(*The Crooked Timber of Humanity*：*Chapters in the History of Ideas*)等。

伯林的生平对其思想的影响往往被人们夸大,虽然他的确亲身见证过十月革命之后苏维埃俄国的"红色恐怖",但当时的他还少不更事。不过,第二次世界大战期间伯林作为英国外交官员在苏联的工作,应该使他对社会主义的理论和实践有进一步深入的体验。此外,德国和意大利法西斯政权的暴行也使他对个人自由在人类社会政治生活中的重要性有深切的理解。这些经历,应该是他在第二次世界大战期间把自己的研究领域由哲学转向政治学的一个重要原因。

"消极自由"与"积极自由"这一对概念,是伯林1958年10月在牛津大学发表的一次著名演说中首先加以系统阐述的②,这次演讲的内容后来以《论两种自由概念》为题出版,后来又经过修订收入《自由四论》一书。《论两种自由概念》出版之后,迅速在英美学术界引起了广泛反响。虽然不乏批评的声音,

---

① 这是韦伯提出的概念,指一种宗教和形而上学已经不在日常生活中发挥支配作用,人们完全以世俗的观念理解宇宙和人世的社会状态。

② 继康德提出自由的"积极概念"之后,首先提出"积极自由"这一概念的是英国政治思想家格林,当然,法国思想家贡斯当在《论古代人的自由与现代人的自由》一文中也已经以"古代人的自由"和"现代人的自由"之名暗示了"积极自由"与"消极自由"的区分。

但其自由主义经典作品的地位已经被牢固地树立起来。究其原因,一方面固然是因为这本薄薄的小书辨析了自由概念中很多令人迷惑的问题,另一方面也是因为伯林通俗生动且不乏戏剧化的语言、把自由一分为二的多少有些简单化的方法十分容易让人理解和接受,并且使他的观点产生了比其他许多关于自由问题的艰深复杂的理论广泛得多的影响。

斯宾诺莎曾经表示,"儿童虽然受到强制,但他们却不是奴隶"。因为"他们所服从的命令,是为了他们的利益而下的";"一个真正的共同体的人民也不会是奴隶,因为这个共同体的利益里已经包含了他们自己的利益"①。伯林以此为例说明积极自由观念的特性,即认为自由的障碍不仅来自外部力量,比如说一道高墙让我不能随意出入,自由的障碍还来自于个人的心灵世界,比如说对物质利益的过分追求让我不能充分享受精神生活的乐趣。因此,人要获得真正的自由,就必须同时在两个方向上努力,而且后者更为重要。这种观念暗示着必须把一个人一分为二,一部分是自由的主体,而另一部分则是自由的敌人,要使前者成为现实,就必须让它战胜后者。伯林就此指出:"认为自由即是'自主'的'积极的'自由观念,由于暗示了自我的分裂与对立,非常容易地导致了把人格一分为二的结果:一半是超越性的、支配性的控制者,另一半则是一堆需要加以约束和管理的经验性的欲望与激情。"②

伯林指出,把人类精神世界一分为二并指出其高下之判的,乃是西方文明传统中源自柏拉图哲学思想的理性主义与一元主义。③ 理性主义的基本特点是把人的观念区分为理性和非理性两个部分,并且认为只有通过理性,人才能获得对外部世界以及对其自身的正确认识;也只有在理性指导之下,每个人才能享有幸福而有德的生活、真正实现人生的价值。从这种观点来看,所谓的自由就不可能是率性而为、放任自流。伯林引用法国政治学家、著名的实证主义者孔德提出的问题:"既然在化学或生物学中,我们不容许自由思想存在,为什么在道德与政治中,我们就必须允许它的存在?"④伯林认为,这一问题本身典型地反映了理性主义的基本信念,即人类只有依从理性生活的义务,而没有逆理性而行的自由;或者说只有依据理性法则行动才是人类真正的自由所在。比如,理性主义之所以要求人们摒弃对物质财富的追求并献

---

① Cf. Isaiah Berlin, *Two Concepts of Liberty*, p. 32.
② Ibid., p. 19.
③ 这当然是一种误解,应该说,类似对人类精神世界的区分存在于人类一切文明之中,不过其表达方式各不相同罢了。
④ Isaiah Berlin, *Two Concepts of Liberty*, p. 36.

身于精神生活,是因为它认定唯有后者才是真正合乎理性的生活,从而也是一种自由的生活。因而,对自由的追求就意味着战胜每一个人身上那些为理性所排斥的部分,即物质的、感官的部分,或者说"低俗的"部分,使理性的部分居于统治地位。用通常的话来说,积极自由的实现就意味着一个人成为自己的主人。

伯林承认,一个人希望成为自己的主人、希望自我主宰或者自我实现、希望让自己身上正确的一面获得统治、希望自己能够听从良心的召唤,这一切作为个人追求的确没有理由受到谴责。但伯林认为问题在于,积极自由的观念不仅把一个人的精神世界一分为二,而且也把所有的人一分为二,即区分出能够主宰自己的人与必须被人主宰的人。在这种情况下,"操纵者通过巧妙地玩弄对人的定义,可以如其所愿地让自由获得他所希望的内涵。近代历史已经充分证明,这个问题不只是个学术问题而已"①。经验表明,积极自由的拥护者不仅主张自我主宰,而且主张"我知道什么对 X 有好处,而他本人并不知道",甚或说"我为了 X 本人好,才忽视他的愿望"。也就是说,人们常常会把 X 实际选择并追求的东西和假如 X 是另一种人或他尚未发展成的那一种人可能会去选择的东西武断地区分开来。伯林认为,这是一种可怕的作伪,而且完全有可能使一种强调自我支配的思想,发展为公然主张以自由之名对他人进行强制的思想。②

积极自由的观念之所以可能最终导致对他人的强制,一个根本的原因就在于理性主义与一元论的内在关联(至少是在西方思想传统中的关联)。一元论者相信,对任何事物都只可能存在唯一一种真理性的认识,而真理性的认识之间必然具有合乎逻辑的内在一致性,矛盾与冲突在任何情况下都只会是错误认识的结果或者体现;而且,真正的理性应该是唯一的、普遍有效的。理性主义与一元论的结合在实践哲学方面导致了以下几个方面相互联系的基本立场:"第一,所有人都有一个而且只有一个目标,即理性的'自我指导'。第二,所有理性人的目标必然汇合于某个单一的、普遍而和谐的模式,同时某些人比其他人更具有察觉这种模式的能力。第三,所有的冲突,以及由此引起的所有的悲剧,都起因于个人或者团体生活中理性与非理性或者不完整的理性,即生命中不成熟的或者尚未充分发展的部分之间的冲突。但是,这些冲突在原则上可以避免,而且它们也不可能发生在具有理性的人们之间。最

---

① Isaiah Berlin, *Two Concepts of Liberty*, p.19.
② Ibid., p.18.

后,当所有的人都拥有理性的时候,他们就会遵从自己天性中的理性法则,而这一法则在每一个人心中都是同样的,因此他们在完全服从法律的同时获得了完全的自由。"①

伯林认为,上述逻辑使积极自由的观念不可避免地转变为一种政治行动。因为根据这一观念,那些对自身利益进行了错误判断的人并非自己的主人,他们已经在客观上失去自由,所以应该受到掌握真理的人们的指导。②历史上也的确总是存在这么一些人物,他们不仅相信自己已经发现了通往自由之路,而且自信也为别人找到了这样的道路;如果后者不认同他们的选择,他们就会坚持自己可以而且也有义务对其加以强制。在这些人看来,"自由不是去做不理性的事情、愚蠢的事情或者错误的事情的自由。强迫那些经验性的自我走向正确的方向并非暴政,而是解放"③。这种逻辑必然还会诱使某些人认为,一种体现了理性的指导或者在理性之人指导下、而且拥有足够的强制力的政府,一定能够最大限度地增进人类社会的自由与福祉。比如像"拿破仑、卡莱尔,以及浪漫的权威主义者,或许崇拜其他的价值,而无论如何,他们都以为,他们凭强制力所建立的秩序,才是唯一通往'真正的'自由之路"④。伯林指出,这实际上是现代许多政治理论共有的基本思路。它们在假定任何问题都存在"单一而真正的解决之道"的基础上,一步一步地从主张"个人责任"与"个人自我完善"的伦理学说,转变成宣扬国家对社会进行全面控制的极权主义学说。⑤

伯林持一种与理性主义和一元论完全对立的立场:"试图操纵人类,驱使他们去完成你(社会改革者)意识到的、而他们可能没有意识到的目标,就等于否定了他们的人性本质,将他们当做没有自我意志的物体看待,从而也就贬抑了他们的人格。"⑥因此,那种借积极自由之名而行的统治实际上是人们能够想象出来的最残暴的专制。它对下述信念构成了侮辱,即作为一个人,我有权利决心按照我自己的目的去生活;这一目的未必是合理的或有益的,但毕竟是我自己的目的;尤其重要的是,别人应该承认我有如此生活的权

---

① Isaiah Berlin, *Two Concepts of Liberty*, p.39.
② Ibid., p.17.
③ Isaiah Berlin, *Four Essays on Liberty*, London and New York: Oxford University Press, 1969, p.148.
④ Isaiah Berlin, *Two Concepts of Liberty*, p.36.
⑤ Ibid., pp.36-37.
⑥ Ibid., p.22.

利。① 而且，从实践结果上看，人类社会多种多样的愿望和理想也会因为对积极自由的追求而受到忽略甚至压制，统治者往往会打着人们的"真实"自我的旗号，去欺凌、压迫、折磨他们。②

伯林用以反对理性主义与一元论的是他的多元主义，这种多元主义不是政治上的而是哲学上的。③ 他多次提到，自己是通过意大利思想家马基雅弗利和维柯、德国思想家赫尔德的著作认识到这种多元主义的。伯林认为，马基雅弗利是近代第一位明确指出人类生活方式多元特征的思想家，因为他发现："基督教的国家观在措辞上就是自相矛盾的：一个人不可能同时既是基督教徒又是英雄的罗马市民。基督教徒必须保持谦卑的姿态，又常常可以粗暴无礼，这是一种不可调和的二元论。古罗马人成功地抵制了这种自相矛盾的要求。人们可以选择一种生活或者另一种生活，而不能同时过两种生活；没有更为根本的标准用来决定正确的选择：既然选择这种也行，选择那种也行，在客观上就不能说一种生活优于另一种生活。它是人们想做什么和成为什么的问题。这就朝两种以上的可能性打开了大门，它正是多元论的观点。"④

伯林认为，价值观的多样性实乃人类历史文化的固有特征，因为不同社会的文化传统本身造就了不同的目标和价值，以及与之相关的不同的个人能力。每一种社会模式都有其自身的特点，具有其独特的提升人的精神境界的方式，它们各有其自身的价值而并非通向某种更高形式的生活的不同阶段。正因为每一种社会模式都具有内在的完整性，所以也就不可能把它们结合为一个无冲突的统一体。人们完全可以以不同的甚至相互矛盾的方式过一种有道德的生活，而且事实上他们必须在这些不同的方式中择一而从。

从这种多元主义的立场出发，伯林认为在政治和道德领域，一个基本的事实是人们所追求的各种价值，如自由、平等、公正、民主等都具有"最高价值"的特性，而且这一点"既不需要解释，也不需要论证，因为它们说明了其他

---

① Isaiah Berlin, *Two Concepts of Liberty*, p. 42.
② Ibid., p. 18.
③ 关于政治上的多元主义，请参阅第十五章第一节的内容。另外需要指出的是，伯林之所以信奉多元主义，相信与他的个人经历是密切相关的。作为一位出生在俄国并且深受俄罗斯文化影响，同时又在西方接受教育并且对西方的历史和文化传统具有同样深刻的理解的学者，他以自己的亲身经历证明了文化的共存与相互理解的可能性。
④ 拉明·贾汉贝格鲁：《伯林谈话录》，杨祯钦译，南京：译林出版社2002年版，第41页。

的规则或者伦理原则"①。既然都是"最高价值",它们就既不可能彼此从属,也不可能相互推演,而且它们之间往往激烈冲突,这是人类生活中一个无法回避的事实。伯林强调:"我有一种深信不疑的看法,有些道德的、社会的和政治的价值是相互抵触的,任何一个社会总有些价值是不能被彼此调和的。换句话说,人们赖以生存的某些最终的价值,不光在实践上,而且在原则上、在概念上都是不可兼得的,或者说是不能彼此结合的。"②一句话:"诸善不会相互谐调,人类的一切理想更不会彼此一致。"③

既然各种价值之间彼此矛盾,因而对待不同价值的现实态度只能是在它们之间进行妥协,或者有所取舍。"我们不可能拥有一切,这出于必然,而非暂时性的真理。"④"必须在各种绝对性的要求之间进行选择,这是人类处境的一个无可逃避的特性。"⑤因此,人们必须考虑:"是不是要以牺牲个人自由为代价来促进民主?或者牺牲平等以成就艺术、牺牲公正以促成仁慈、牺牲效率以保护自发性、牺牲真理与知识而达致幸福、忠诚与纯洁?"⑥伯林并且强调,不论人们作何选择,其结果都只能是顾此失彼、非此即彼,不可能两全其美。一部分理想的实现、需求的满足,必然要以其他部分的牺牲为代价,毫无缺憾的世界根本就不存在。"所失"就是"所失",不可能由其他方面"更大的所得"来补偿。伯林坚持,人们必须接受这一悲剧性的事实,即所有的选择都会带来损失,所以都会有痛苦。"为了某些终极价值而牺牲另一些",这是"人类困境的永恒特征"⑦。另外更重要的是,我们选择了一种价值而没有选择另一种价值,并非出于某种更高层次的价值原则,实际上不过是"因为我们发现自己还没有准备好过一种不同的生活"⑧。

伯林基于多元主义的立场对理性主义和一元论进行了批判。他表示反对这样一种假设:"对一切真正的问题的真正的解决方案必然相互兼容。不仅如此,而且它们必须结成一个整体。"⑨伯林指出,这种普遍和谐的观念可能

---

① Isaiah Berlin, "The Pursuit of the Ideal", in *The Proper Study of Mankind: An Anthology of Essays* (ed. by Henry Hardy and Roger Hausheer), New York: Farrar. Straus and Giroux, 2000, pp. 10-11.
② 拉明·贾汉贝格鲁:《伯林谈话录》,第131页。
③ Isaiah Berlin, *Two Concepts of Liberty*, p. 53.
④ Isaiah Berlin, *Four Essays on Liberty*, p. 120.
⑤ Isaiah Berlin, *Two Concepts of Liberty*, p. 54.
⑥ Isaiah Berlin, *Four Essays on Liberty*, p. 45.
⑦ Ibid., p. li.
⑧ Isaiah Berlin, *Against the Current: Essays in the History of Ideas*, New York: Viking Press, 1980, p. 78.
⑨ Isaiah Berlin, *Two Concepts of Liberty*, p. 31.

来自于物理世界和自然科学的成就，但与人类社会的实际不相符。在人类生活领域，"完善的整体、一切善的事物最终能够找到共存的形式这类观念"本身就是自相矛盾的。"追求完美，这在我看来如同一张血腥的处方。"那种关于能够实现人类所有潜能的完善社会的观念同样"不仅是一种乌托邦而且在逻辑上自相矛盾"，"根本就是荒唐的"①。"一切以为对人生问题可以求得最终解决的狂热信念，只能导致灾难、痛苦、流血和可怕的压迫。"②

多元主义也为伯林的消极自由观提供了最终依据。在一个多元的价值世界中，人们拥有各种不同的选择，而且不得不做出不同的选择，这一事实要求每个人必须不受干预地决定自己的生活方式，因为没有任何人、任何力量能够让另一个人确信他已经为后者提供了唯一正确的答案。反过来，对任何一个人来说，在没有更高层次的标准可供诉求的情况下，进行自主的、不受干预的选择乃是他作为人最基本的权利，也是最基本的尊严，更是人作为道德的人必须承担的义务。伯林因此强调："我必须拥有一个领域，我在其中不会遭受挫折。……一个人如果被别人限制到自己希望的事情没有一件能够做到的话，他无论如何也不能算是一位'道德的行为者'。在这种时候，即使病理学家、生物学家甚至心理学家还倾向于把他视为一个人，但从法律或道德观点来看，他已经不能再被称为'人'了。"③

这个"必须拥有"的领域，就是伯林所谓的消极自由的领域，即当每个人依据自己的选择采取行动的时候，不受来自他人的妨碍的领域。为了进一步说明消极自由的基本内涵，伯林曾经设计了一对比较拗口的问题，使之与积极自由相对比："消极自由和对以下这个问题的解答有关，即'在什么样的限度以内，某个主体（一个人或一群人），可以或应当被容许做他所能做的事，或成为他所能成为的人，而不受到别人的干涉？'""积极自由则和以下这个问题

---

① Isaiah Berlin, *Vico and Herder: Two Studies in the History of Ideas*, London: Hogarth Press, 1976, p. 212, *Four Essays on Liberty*, p. li.

② 拉明·贾汉贝格鲁：《伯林谈话录》，第132页。伯林还从逻辑上指出了一元论的内在缺陷，他认为，人类的生活太复杂、太多样化、太丰富多彩，不可能通过某一种哲学进行把握；反过来，任何一种哲学体系在对现实进行说明和解释的时候，也都不可避免地对后者进行了扭曲。伯林提出了以下三个相互联系的观点。第一，因为没有一种哲学体系能够把握现实的整体，因此它具有其内在的缺陷。第二，对逻辑统一性的追求与对现实进行如实描述的目标之间存在着冲突。哲学家必须意识到这一点，虽然它意味着痛苦的选择。第三，哲学家不一定把体系建构作为最高目标，因为现实是丰富而复杂的，所以他们可以探索和阐明不同的经验领域，而不必使他的哲学观念体系化。Cf. Bhikhu Parekh, "The Political Thought of Sir Isaiah Berlin", *British Journal of Political Science*, Vol. 12, No. 2, Apr., 1982, p. 221.

③ Isaiah Berlin, *Two Concepts of Liberty*, p. 46.

的答案有关：'什么东西或什么人有权控制或干涉，从而决定某人应该去做这件事、成为这种人，而不应该去做另一件事、成为另一种人？'这两个问题的答案，虽然可能有重叠之处，但却显然是不同的问题。"①

简单地说，消极自由回答的是"我是什么样的领域的主人"这样的问题，而积极自由回答的则是"什么样的人可以成为主人"的问题，因而是对自由主体的资格的一种提问。② 因此，如果积极自由涉及的是对某个行为主体的控制（无论这种控制来自于自己还是他人）的问题，那么消极自由涉及的则是在什么程度上某个人能够免于被控制（同样的，无论这种控制是来自于自己还是他人）的问题。在这个意义上，伯林也简单地把这两种自由分别称为"去做某些事情的自由"与"免受某些干预的自由"。两相比较，伯林认为，消极自由具有更为根本的地位。他坚持："一个社会，只有它在一定程度上受到以下两个相互关联的原则的支配，才有可能获得自由：首先，没有任何一种权力，而只有权利被认为是绝对的，因此所有的人，无论他们受到什么样的权力的统治，都有绝对的权利拒绝做出非人的行为；其次，必须存在某种并非人为划定界限，在这个界限之内人们不受侵犯。"③

事实上，在伯林看来，消极自由不仅能够为人们提供一个相对和平有序的平台，使其对各种相互冲突的目标加以选择④，而且对消极自由的保障本身就是一种道义上的要求，因为"人的本质就在于他们是一种自主的存在"，正是在这种自觉的、对各种价值的选择过程中体现了人类的道德责任⑤；而人能够选择而非被选择，并且能够在自身选择的基础上实现和完善他自己，这一点决定了人的自主性。⑥ "正是这种自主能力决定了他们是人，同时也决定了他们所追求的价值至高无上的地位。"⑦对这种自主选择的妨碍因而就是"一种罪过，因为这违反了他是一个人、一个具有其自主的生命的存在这一真理"，是"对人性的否定"，是对人格的"贬低"⑧。因此伯林强调："我希望为自己做主，而不希望被别人所左右，不管这个人是多么的智慧或者仁慈。我自己的

---

① Isaiah Berlin, *Two Concepts of Liberty*, pp. 6-7.
② Ibid., p. 7.
③ Isaiah Berlin, *Four Essays on Liberty*, p. 165.
④ Isaiah Berlin, "Does Political Theory Still Exist?" in Peter Laslett and W. G. Runciman (eds.), *Philosophy, Politics, and Society*, 2nd edition, Oxford: Blackwell, 1969, p. 8.
⑤ Isaih Berlin, *Two Concepts of Liberty*, p. 54.
⑥ Isaiah Berlin, *Four Essays on Liberty*, p. 178.
⑦ Ibid., p. 138.
⑧ Ibid., pp. 127, 137.

行为具有不可替代的价值就在于这样一个单纯的事实：这是我自己的行为，而非被强加于我的行为。当然，我绝对不是一种自足的存在，也不可能在前行的道路上完全消除我的同伴的行为对我产生的障碍。但是，与他人的全面的调和，对拥有自己独立人格的我来说是一件不可接受的事情。"①

伯林之所以强调消极自由的价值，是因为他意识到，在政治社会中，由于组织、机构与国家对个人的强制普遍存在，而且这种强制可能以积极自由的名义行使，加上无论是共同管理（民主）还是自我管理（自治）都不可能脱离与其他人的关系，所以为个人保留一种完全个体性的、私人性的、不受任何外部力量干预的领域，才能为国家和集体对个人的控制设定一道界线，才能保证任何个人在强制面前都拥有某种进行自卫的武器，也才能使人们有机会自由地追求其他的价值。"消极自由起作用是由于没有消极自由，就会有压制。消极自由意味着，排除或者不存在种种多余的障碍以实现其他最终的人类价值。……消极自由的作用还在于，没有了它，其他价值也都会化为乌有，因为没有了去实践它们的机会，没有了各种相互歧异的价值，到头来就没有了生活。"②因此，伯林强调："我们必须维持最低限度的个人自由，才不至于'贬抑或否定我们的本性'。"③套用卢梭的一句话，就是如果放弃了这种基本的自由，那么我们也就放弃了做人的资格。④ 当然，伯林也承认，什么是"做人的资格"这个问题又可能引起无穷无尽的争论，但我们仍然可以通过常识理解，这种资格就是我们用自己的方式追求自己的利益的自由。⑤

伯林实际上认为，在现代社会，积极自由已经对消极自由构成了现实的威胁。因此，虽然他并不否认积极自由也具有正面的价值，但他担心的是，对积极自由的追求可能使人们牺牲消极自由这一更基本的、保证了人类尊严的价值。他就此曾经做出过如下的解释："对福利国家与社会主义的论证，既可以在消极自由的基础上进行，也可以在积极自由的基础上进行，如果说从历史上看人们很少从消极自由的角度来理解福利国家与社会主义的话，其原因在于人们总是把消极自由作为一种武器来反对暴政而不是反对自由放任主

---

① Isaiah Berlin, *Four Essays on Liberty*, p. xliii.
② 拉明·贾汉贝格鲁：《伯林谈话录》，第138页。
③ Isaiah Berlin, *Two Concepts of Liberty*, p. 11.
④ 卢梭的原话是："放弃自己的自由，就是放弃自己做人的资格，就是放弃人类的权利，甚至就是放弃自己的义务。"（卢梭：《社会契约论》，第16页。）
⑤ Isaiah Berlin, *Two Concepts of Liberty*, p. 11.

义。"①"有人怀疑我捍卫消极自由而反对积极自由,以为消极自由更文明,那只是因为我觉得,积极自由在正常生活中虽然更重要,但与消极自由相比更频繁地被歪曲和滥用。"②

伯林因此为"消极自由"几乎赋予了某种绝对的地位。他在终极的意义上指出:"所有的强制行为,虽然或许能借以防止比它更大的恶事,然而就它阻遏了人们的欲望而言,它却是不好的;而和强制行为相反的不干涉,虽不是唯一的善,然而就它不阻遏人类的欲望而言,它却是好的。"③"自由概念的本质,无论是在'积极的'还是'消极的'意义上,都意味着对某人或者某物的拒斥。"④尽管他清楚,从逻辑上说,一种绝对免于干预的自由应该包含了允许人们拥有去做那些也许被我们视为错误的事情的自由,以及不去追求那些也许被我们视为正确的目标的自由,但他仍然坚持认为,正是这种可能性使消极自由具有不可替代的价值。如果从消极自由的领域中排除了这种可能性,那么它与积极自由之间的差别也就荡然无存了。伯林明确表示:"为摆脱加于其身的枷锁而斗争的个人与为反抗强制之下的奴役状态的民族不需要有意识地以某种未来状态为目标。一个人不需要知道他将如何运用他的自由,他希望的只是摆脱枷锁。阶级与民族也一样。"⑤他尤其不能同意的,是那种认为积极自由与消极自由可以被同时增进的观点,强调两者之间只会是一种此消彼长的关系,即"要求增加自由在某种程度上就意味着威胁着自由:获得就是失去;我可以做的越多,在实际上我能做的就越少"⑥。因此,"如果积极自由充分地实现,消极自由就会被减少。关于两种自由之间要保持平衡,尚未有明确的原则对此予以阐述"⑦。

伯林同样也不认为为了其他的社会价值就可以付出消极自由的代价,或者说不相信其他社会和政治价值的增进可以导致消极自由的增加。"正如任何事物是什么就是什么一样,自由就是自由。自由并非平等、亦非公平、正义、人类的幸福或者良心的安宁。如果我自己的或者我的阶级的或者我的国家的自由要建立在大多数其他人的痛苦的基础之上,那么促成这种情形的制

---

① Isaiah Berlin, *Four Essays on Liberty*, p. xlvi.
② 拉明·贾汉贝格鲁:《伯林谈话录》,第37页。
③ Isaiah Berlin, *Four Essays on Liberty*, p. 175.
④ Ibid., p. 158.
⑤ Ibid., p. xliii, note 1.
⑥ Cf. Gary Frank Reed, "Berlin and the Division of Liberty", *Political Theory*, Vol. 8, No. 3, Aug. 1980, p. 365.
⑦ 拉明·贾汉贝格鲁:《伯林谈话录》,第38页。

度就是不公正和不道德的。但是,如果我为了减少这类不平等的耻辱而减少了或者丧失了我的自由,却又没有能够因此实际增加其他个人的自由,那么就会发生一种自由的绝对损失。虽然这种损失可以通过获取正义、幸福或良心的安宁来加以补偿,但是,失去的毕竟是失去了。如果硬要说我虽然失去了'作为权利'的个人自由,但是别种形式的自由,即'社会的自由'或'经济的自由'却增进了的话,那么这种说法不啻是混淆价值。虽然为了保证一些人获得自由,有时候必须限制其他一些人的自由这一点仍然是正确的,但问题是这种限制应该根据什么原则进行?如果自由是一种神圣不可侵犯的、绝对不容颠覆的价值的话,那么就不可能存在这样一项绝对的原则。"①

最后,伯林也不认为政治参与是个人自由的必要条件。他指出,从逻辑上看,民主或者共和政体之下的政治参与同个人自由之间并不存在必然的联系,甚至国王或者征服者也可能为人们提供某个让他们进行自由选择的领域。② 伯林承认,参与型的政治的确有助于保护消极自由,因而有可能为这种政治形式提供正当性依据,但他又认为,参与保护了自由这一点并非逻辑上的结果,而只是一种经验的总结。关键是,伯林坚持不能出于任何理由强迫人们进行政治参与。他表示:"我们承认有可能,而且在某些情况下有充分的理由为实现某些目标(比如说公正或者公共卫生)而对人们进行强制,但其前提是如果受到进一步的启发,他们自己也会追求这些目标,而并非因为他们盲目无知或者品行败坏。"③

当然,伯林承认消极自由的领域还是必须有所限制。他曾经提到,英国传统的自由主义思想家们都同意自由不能漫无边际,因为如果这样的话,一切人都可以毫无约束地干涉一切人的行为;这种"自然的"自由只会导致社会崩溃,使人类最低限度的需求都无法得到满足,要不就是弱者的自由完全被强者所剥夺。同时,由于他们意识到人类诸多的目标与活动不会自动趋于和谐,所以无论他们公开信奉的是什么样的学说,他们都会对其他的一些社会目标,诸如公正、幸福、安全及不同程度的平等赋予较高的价值,而且愿意为这些价值、为创造他们认为可欲的人际联合(实际上也就是为自由本身)而限制自由。④ 由此看来,对消极自由的保护并非"唯一的,甚至也不是主导性的

---

① Isaiah Berlin, *Two Concepts of Liberty*, p. 10, note.
② Isaiah Berlin, *Four Essays on Liberty*, p. 130.
③ Isaiah Berlin, *Two Concepts of Liberty*, p. 17.
④ Ibid., p. 9.

社会行为标准"。至于这种自由能够被限制到什么程度,则取决于"我们的道德、宗教、文化、经济以及审美的价值。它们不同程度上与我们对人的概念以及他出于自然本性的基本需要的理解相关"。另外,自由的要求也需要与平等、公正、幸福、安全及公共秩序的要求相平衡。伯林表示,伯克要求人们必须不断地补偿、不断地协调与平衡,原因正在于此。但是,伯林始终坚持一条原则,那就是自由只能因为自由本身而受到限制。①

总的来说,伯林从人们追求的诸种价值之间存在着无法调解的冲突这一多元主义的基本立场出发,强调必须为每一个人保证其进行自身选择的基本权利,反对把某种价值判断强加于人的"家长式统治",这是他坚持捍卫消极自由而对积极自由充满警惕的根本原因。② 应该说,在一个理性主义和一元主义渗透到人类生活的各个领域、人们的生活方式和价值观念的多样性不断受到来自各个方面的威胁的时代,伯林的这一呼吁具有积极的意义。但是,伯林的理论中也存在着一些难以回答的或者说令人困惑的问题,它们不仅影响了伯林理论的统一性,同时也使他的立场表现出某种模棱两可的特征。

首先,伯林并没有非常清楚地阐明,自由,特别是消极自由,到底是一种相对的还是绝对的价值。从伯林本人的理论逻辑来看,他毫无疑问认为消极自由与其他价值相比具有较为基础的地位。③ 伯林一再重申:"必然存在着某种任何人都不允许逾越的边界。决定这一边界的规则被人们冠以不同的名称:自然权利、上帝的意志、自然法、功利的要求,或者'人类的永恒利益'等。我基本上相信它们是先验地存在的,或者宣称它们构成了我的最高目标或者我们的社会与文化的最高目标。这些规则或者要求的共同之处是:它们被如此广泛地接受,它们在历史上伴随人类一同发展所以扎根于人的自然本性如此之深,以至于现在它们已经成为我们的观念中一个正常人的基本因素。真正相信人类的自由有一个最低限度的不可侵犯的领域,就必须相信这样一些绝对的标准。"④

但是,伯林是从多元主义这一更为基础的立场出发论述消极自由的绝对地位的,而在多元主义的视野中,消极自由必然只能是"多元"中的"一元",它

---

① Isaiah Berlin, *Two Concepts of Liberty*, p.9.
② 伯林相信,由于多元主义崇尚宽容,能够避免不同价值及其追求者之间的冲突,因而要比一元论"更真实,更富有人性"。(Isaiah Berlin, *Four Essays on Liberty*, p.171.)
③ Isaiah Berlin, "Montesquieu". *Proceedings of the British Academy* 41, 1955, pp.287-288.
④ Berlin, "Two Concepts of Liberty", in *The Proper Study of Mankind: An Anthology of Essays*, edited by Henry Hardy and Roger Hausheer, New York: Farrar. Straus and Giroux, 2000, pp.235-236.

不可能拥有君临一切的特权。这是伯林在逻辑上面临的一个基本矛盾,而这一矛盾使他受到了来自两个方面的批评。一方面不少学者认为,伯林为消极自由赋予了过于重要的地位这一事实,使他的多元主义在本质上成为某种"绝对主义":消极自由观念不可超越的地位导致他的多元主义缺乏开放性,不允许相互竞争的价值之间的交流与对话,而他的政治与道德世界也因此被分裂为一些彼此毫无联系的孤岛,分别由某一项绝对价值实行统治。这是一种"多元的绝对主义"而非真正的多元主义。①

另一方面,很多学者则认为伯林的多元主义具有某种相对主义的倾向。英国政治学家约翰·格雷(John Gray)因此对伯林从多元主义导出自由主义的方法表示质疑:"激进的多元主义……不会单纯地支持自由主义所特有的关于个性以及自主选择的价值。"②美国政治学家桑德尔(Michael Sandel)也认为,伯林"差一点就陷入了相对主义的困境"。"伯林假定道德宇宙具有悲剧性的构造,问题是,自由理想难道不也和其他相互竞争的理想一样,都要受到价值的终极不可通约性的约束?若是如此,为什么自由理想能具有优越的地位?而如果自由不具有道德上的优越地位,如果它只是众多价值之一,那还能用什么来支持自由主义?"③格雷也认为:"价值多元论对伯林建立一种纯粹公平的哲学的计划是一个致命的打击。"④并且,"从价值多元论导出的结论便是:自由主义制度不可能具有普遍的权威性"⑤。格雷进而指出,伯林以后各种为自由主义找寻绝对根基的努力,即所谓"基础主义的自由主义"(foundational liberalism)都将归于失败;自由主义已面临"后自由主义"⑥的问题,也就是如何在放弃同一性哲学(identity philosophy)的前提下坚持自由主义信仰的问题。

---

① Cf. Bhikhu Parekh, *Contemporary Political Thinkers*, Oxford: Martin Robertson, 1982, p.43.
② John Gray, *Isaiah Berlin*, Princeton: Princeton University Press, 1996, pp.159-161.
③ Michael Sandel, *Liberalism and its Critics*, Oxford: Blackwell, 1984, p.8.
④ John Gray, *Isaiah Berlin*, p.155.
⑤ Ibid., p.163.
⑥ 参见 John Gray, *Post-liberalism: Studies in Political Thought*, New York: Routledge, 1993。哈贝马斯对罗尔斯的一段批评用到伯林身上也非常合适。哈贝马斯认为,罗尔斯混淆了规范与价值这两个概念。两者之间的区别在于:规范对应的是规则主导的行动,它只是对是与非进行判断,要求绝对服从;而价值对应的则是目的性行为,它可以以一种渐变的等级进行衡量,其约束力只是相对的。(Cf. Jürgen Habermas, "Reconciliation Through the Public Use of Reason: Remarks on John Lawls's Political Liberalism", *The Journal of Philosophy*, Vol. XCII, No.3, March 1995, p.115.)伯林的理论中同样存在这个问题,而且可以说比罗尔斯更严重。当然也可以认为,伯林的多元主义使他只能谈价值而不谈规范,但这就是相对主义。

伯林自己当然也意识到了这个困难,所以他辩解道:价值多元主义的观念"不过是我们这个正在衰落的资本主义文明晚近的成果。远古时代以及原始社会都不承认这一观念,而我们的子孙后代也只会对此表示惊异,虽然他们可能同情,但不大会理解。情况可能如此,但我也不会得出怀疑主义的结论。原则并不会因其持久性得不到保证而减少神圣性。……我们时代一位令人尊敬的作家写道:'意识到我们的信念的相对性,同时又毫不妥协地捍卫它们,这是文明人与野蛮人最根本的区别。'"①正是这一段文字使施特劳斯对伯林进行了如下批判,认为它"典型地体现了自由主义的危机,这一危机的根源在于自由主义放弃了它的绝对主义基础,并且试图成为一种彻底的相对主义。"②在施特劳斯看来,伯林这样一种试图在相对主义基础上捍卫自由主义绝对价值的努力注定会遭到失败。当然,这里涉及的是一个所有自由主义者都会面临的两难,并非伯林的理论独有的缺陷。这种两难通过下面这个问题能够被清晰地反映出来:自由主义给不给其反对者以自由?

其次,伯林也没有清楚地阐明,积极自由与消极自由之间到底存在一种什么样的关系。伯林强调,与积极自由相比,消极自由具有更根本的价值,而且两者之间此消彼长,人们只能两者择一。伯林强调:"民主与个人自由间的关联,远比两者的拥护者所认为的稀薄。想自己管理自己,或者在某种意义上参与对个人生活进行控制的过程的愿望,可能和希望求得一个自由行动的空间的愿望同样深刻,而且从历史的角度来看可能更为古老。但是,两者追求的并非同样的东西。实际上,它们的区别非常巨大,以至于造成了今天主宰着我们这个世界的各种意识形态的冲突。因为在'消极的'自由观念的信奉者看来,在某些情况下,恰恰是'积极的'自由观念,即参与的自由而非免于干涉的自由,已经成为一种残酷暴政的华丽伪装。"③他在很多时候认为,积极自由与消极自由"并非同一概念的两种不同理解方式,而是两种从根本上说相互区分的、无法协调的对生活目标的态度。虽然现实生活中必须在它们之间达成某种妥协,但必须意识到实际上它们是无法真正协调的。因为它们中的任何一方都要求绝对地实现自己,而双方又不可能同时得到充分的满足。"④

---

① Isaiah Berlin, *Two Concepts of Liberty*, p. 57.
② Leo Strauss, "Relativism", in Thomas L. Pangle (ed.), *The Rebirth of Classical Political Rationalism: An Introduction to the Thought of Leo Strauss*, Chicago: University of Chicago Press, 1989, p. 17.
③ Isaiah Berlin, *Two Concepts of Liberty*, pp. 15-16.
④ Isaiah Berlin, *Four Essays on Liberty*, p. 166.

但是,伯林把这两种自由完全对立起来的做法导致了以下几个方面的矛盾。

第一,消极自由的概念要能够成立,其中必须包含某种"最小限度"的积极自由的内涵。伯林一再声称消极自由就是每一个人自己进行选择的自由,但选择便包含着某种肯定的因素在内,如果一个人根本不希望去做什么、不希望成为自己的主宰的话,那么从逻辑上来说他就不会反对别人替他进行选择。伯林自己有一段话证明了这一点:"'自由'这个词的'积极'意义源自个人成为自己的主人的愿望。我希望我的生活与选择取决于我自己的决定,而不是任何外部力量。我希望成为我自己的而不是别人的意志的工具。我希望成为行为的主体而不是他人行为的对象;我希望我的行为出自我自己的理性、出自我自己有意识的目的,而不是由外来的原因所驱动。我希望具有独立人格,不愿意随波逐流;我希望成为一个'行为者'——自己做决定,而不是由别人所决定;我希望处于我自己的指导之下,而不是被外部自然力或者其他人所推动,似乎我不过是无法扮演作为人的角色的一件物品、一只动物或者一名奴隶。所谓作为人的角色,指的就是为自己设定目标与决策,并且去实现它们。当我说我是理性的,当我说理智使我成为一个人,而有别于世界其他事物时,我所指的至少有一部分就是上述的意思。从根本上说,我所需要的就是能够意识到我自己是一个有思想的、有意志的、能够有所行动的人,我能够为我自己的选择承担责任,并且能够根据我自己的思想和目的对我的选择做出解释。我对上面这一切感觉越真实,我就会感到自己越自由;反过来,我对这些感觉越少,我就越感到自己受到奴役。"① 当伯林表示像自律、内在和谐、理性的自我控制等等都是"自由的条件"的时候,便表明了这两种自由之间的内在联系。② 在另外的地方他甚至表示,积极自由与消极自由在本质上不存在相互冲突,只是同一问题的不同提法③,承认积极自由是一种体现人类尊严的、"不容侵犯的人类价值"④。"无论从历史上还是道德上说",消极自由与积极自由当中"任何一方获得完全实现的要求,都完全有平等的权利被列入人类最根本的利益之中,意识不到这一点,就是缺乏基本的社会和

---

① Isaiah Berlin, *Two Concepts of Liberty*, p. 16.
② Isaiah Berlin, *Concepts and Categories: Philosophical Essays*, Oxford: Oxford University Press, 1980, pp. 191–192.
③ Ibid., p. 16.
④ Cf. Isaiah Berlin, "A Reply to David West", *Political Studies*, Vol. 41, Issue 2, June 1993, p. 297.

道德意识。"①

第二,消极自由毕竟是一种政治自由,即一种规范人与人之间相互关系的范畴。"政治的自由只有与其他人一起并且在其他人的陪伴之下才能实现,离开了他们就没有意义。以其他的自由为代价强调消极自由只能导致对政治自由的一种不平衡的理解。"②消极自由意味着不受来自外部的力量(其实是指他人和政府)的干预,因此在一个社会群体内部,当这种自由得到最大限度的保护时,人与人之间的相互关系也就不复存在,社会将回复到每个个体之间毫无关联的"自然状态"。另外,由于政治自由的相互性,所以我的消极自由得到的保护越多,就意味着除我之外的其他人对公共事务的参与越少,因此消极自由事实上就成为公民相互之间不履行必要的政治义务、不参与任何政治行动的权利。但是,当每一个人都只关注于固守自己孤立的城堡的时候,他们就会心甘情愿地把决定其命运的权力交给那些他们并不了解的官僚,并且失去抵御自由的敌人的共同力量。这正是政治思想家汉娜·阿伦特的观点,虽然伯林对她不屑一顾。

第三,消极自由不仅意味着反对来自他人的干预,更重要的是反对来自政府的干预,但是考虑到人与人之间普遍存在的不平等这一人类的"基本状况",一种完全排斥政府通过社会干预,为弱势群体提供基本的生存与发展条件的政治,最终只会导致严重的社会分化与社会冲突。如果在一个社会中,某些人的自由需要以另一些人最起码的生存条件的丧失为代价,那么这种自由显然不具备起码的道德基础。伯林当然也注意到了这个问题的存在,但他坚持认为,物质手段的匮乏可能影响自由的价值但并不影响自由的实质本身。那些缺乏相应物质条件的人尽管无法充分享受、但毕竟拥有属于他们的自由。伯林指出,那种把自由等同于其物质条件的观点会导致这样的结论,即认为创造了后者也就创造了前者,但情况并非如此,因为自由具有另外的制度前提。换言之,伯林强调的是自由的可能而不论自由是否成为现实,这意味着保证人们拥有某种自由的权利,但不必去实现这种自由。③ 伯林没有充分意识到的是,物质条件的匮乏也很可能是某些制度条件、而非自然的结果。麦克弗逊就坚持,基本物质生活手段的匮乏必然减少消极自由即一个人

---

① Isaiah Berlin, *Four Essays on Liberty*, p. 166.
② Bhikhu Parekh, "The Political Thought of Sir Isaiah Berlin", *British Journal of Political Science*, Vol. 12, No. 2, Apr. 1982, p. 225.
③ Isaiah Berlin, *Four Essays on Liberty*, pp. xlii–xliii.

不受干预的领域。他并且认为,伯林这种对自由主义的理解已经与斯宾塞的社会进化论版本的自由主义毫无二致。①

总之,消极自由与积极自由之间虽然的确表现出彼此矛盾和冲突的一面,但也的确存在相互保障的一面。关键在于为这两种自由找到一种相互平衡的位置。在这一点上,颇受伯林推崇的法国思想家贡斯当(Benjamin Constant,1767—1830)的观点更为可取。他虽然也强调公民免于干涉的自由,但又多次表示:"我们不必削弱安全,但我们必须扩展乐趣。我们并不喜欢放弃政治自由,而是要求在得到其他形式的政治自由的同时得到公民自由。"②放弃两种自由中的任何一种都是愚蠢的,"我们必须学会把两种自由结合在一起"③。每一个人不仅需要"独善其身",还应该考虑"兼济天下"。

伯林理论中的最后一个问题,也是最根本的问题在于,他始终没有能够清楚地表明人类是否拥有某些共同的价值目标。一方面,伯林刻意回避给人一种相对主义的印象,承认在人类共同生活中某些基本价值规范仍然发挥着必不可少的作用。比如他认为,一个社会处理自由与强制关系的方式体现的是这个集体的道德判断。我们强迫孩童受教育,同时我们也不准动用私刑,这些都是对自由的某种约束。我们之所以认可这些约束,原因在于我们相信,无知的蒙昧、野蛮的教育、残酷的享乐和刺激,比我们约束它们之时不免受到的压制更不可取。这类判断,取决于我们如何认定何者为善、何者为恶,即取决于我们的道德、宗教、理智、经济与美学的价值;而这些价值又与我们对人类的看法,以及对人类出于天性的基本需求的看法,即我们对"什么样的人生才是完满的人生"的理解息息相关,它有意或无意地指导着我们的行动。

基于这样一种认识,所以伯林在坚持多元主义的同时,也承认人类具有某些共同的价值追求。比如他曾经表示:"我理解普遍的道德准则就是大多数国家大多数人长期以来都共同遵守的道德。对这些道德的认可使人们能够共同生活。"④他还比较具体地指出:"我们能够理解不同民族和地区人们的生活方式(即使他们的生活方式跟我们的差异很大,即使他们憎恨我们或有时候被我们所谴责),这样的事实表明,我们大家能够穿越时空进行沟通。当

---

① C. B. Macpherson, *Democratic Theory: Essays in Retrieval*, Oxford: Clarendon Press, 1973, p. 102.
② 邦雅曼·贡斯当:《古代人的自由与现代人的自由》,阎克文等译,上海:上海人民出版社2003年版,第63页。
③ 同上书,第67页。
④ 拉明·贾汉贝格鲁:《伯林谈话录》,第101—102页。

我们认为理解了那些与我们在文化上有很大差别的群体的时候,即意味着某种强大的富于同情心的理解、洞察和 Einfühlen('共感'或者'移情',赫尔德发明的一个词)的存在。即使其他文化排斥我们,依靠移情的想象力,我们也可以设想,为什么他们会产生这样的思想和感情,并采取相应的行动达到预定的目标。"①

伯林甚至从以上事实得出结论说:"人与人之间以及社会与社会之间的差异,可能被过分夸大了。据我了解,没有哪一种文化缺少善与恶、真与假的概念。"②伯林认为,比如各个民族之间至少可以在以下的意义上对人权观念达成大致相同的理解:"了解自己及他人,懂得理性的方法、掌握作为知识和全部科学基础的证据,以及力图验证直观确定性,这些对我们来说都有着根本的重要性。人权这个观念建立在一个正确的信念之上,那就是普遍存在着某些特定的品性——自由、正义、对幸福的追求、真诚、爱——这符合整个人类的利益,而不只是符合作为这个或那个民族、宗教、职业、身份的成员的利益。满足这些要求、保护人们这些要求不被忽视或否认,都是正当的。这些东西是人之为人所必然要求的,不管他们是法国人、德国人或中世纪的经院学者,只要他们是过着人的生活的男人和女人。""我认为,一切存在过的文化都认可或在最低限度上认可有这样的人权。不过,把这种最低限度扩展到什么范围,对此可能有不同意见。"③

但另一方面,伯林为了维持他的整个理论大厦不至于轰然坍塌,在原则上仍然不肯放弃多元主义的基本立场。所以在回应施特劳斯那样的理性主义者对他的批判时,伯林的态度是非常明确的:"他诋毁文艺复兴以后的世界

---

① 拉明·贾汉贝格鲁:《伯林谈话录》,第33—34页。在这个问题上,伯林受到了赫尔德很大的影响。赫尔德认为,通过感情的移入,人们对那些"即使与我们自身的文化具有相当大的差别的文化,甚至那些与我们的文化相对立的文化也可以形成一种理解,理解为什么从属于其他文化的人们拥有他们自身的思想、怀着他们自身的感情、追求他们自身的目标、采取他们自身的行动。"伯林也相信,通过感情移入的方式,人们能够超越自身文化的限制,与在其他文化传统中生活的人们达成共识,并且对多样性予以尊重。当然,与他者能够具有共感的前提,是在不埋没他者的前提下对于自他区别的保持。也就是说,伯林认为,康德的道德自律是赫尔德的共感能够产生的前提,但它本身却必须受到共感的调节。这反映到政治自由的问题上,就可以发现消极自由即一种仅仅消除了外部障碍的自由并不足以保证共感的产生。这就引入了积极自由的概念,按照伯林的说法,"在'积极'意义上的自由观念……是一个民族或者社会的自身发展的核心,它激活了我们这个时代最强大有力的公众运动"(Isaiah Berlin, *Two Concepts of Liberty*, p. 54)。但是,即使把共同的价值观念归于共感或者移情这样一些心理因素,也不能因此否认这些观念的理性价值。
② 拉明·贾汉贝格鲁:《伯林谈话录》,第34页。
③ 同上书,第36页。

被实证主义和经验主义无可救药地败坏了,在我看来,这是近乎荒谬的。""他无法使我相信有永恒的、不可改变的绝对价值,有放之四海而皆准的东西,诸如上帝赋予的自然法之类。"①从根本上说,伯林对人类道德完善的可能性极度悲观。他曾经表示,一些哲学家把自然界视为一个和谐的整体,并由此引申出人与人之间理应和谐共存的结论,但实际上在自然界"植物彼此倾轧、动物互相蹂躏、到处都有暴虐现象,而最坏的动物就是人。同种动物之间一般不会互相残杀,只有人类才互相残杀,没有什么东西能阻止人杀人。人是所有动物中最残酷的一种动物。因此,自然界不过是一个战场。""把自然界说成是协调而美好的并不合乎事实。"②社会也如此。从这种悲观的态度出发,他对人类进步的观念也深表怀疑:"在20世纪(无疑是历史上最坏的世纪之一),谁能相信人类是连续不断进步的?或者总的来说是持续进步的?……我们不能接受这么一个整体进步的历史观。"③他引用康德的话表示:"从来没有人能够用人性这一扭曲之材造出任何中规中矩之物。"④

就此而言,伯林对消极自由的捍卫,其根本原因在于他实在无从断定什么是人类必须共同追求的基本目标,看不到人类未来的希望所在,因此他要求的只是不让人类的处境变得更糟。约翰·格雷曾经把当代自由主义区分为两个大的类型,即得过且过的自由主义与积极进取的自由主义。伯林便是前者的代表,它仅仅把自由主义视为不同生活方式之间和平共存的一种手段。⑤

三、理性、自主与团结

20世纪西方政治思想中对理性主义的怀疑甚至拒斥,以及价值多元主义的确立,使大批有影响的政治理论家转而强调严格保护伯林意义上的消极自由。他们宣扬个人选择至高无上的地位、反对国家对私人事务的干预,其负面结果则是使政治的公共性大大削弱、人们共有的价值观念失去理性的基础、社会目标趋于瓦解,公民团结面临威胁,政府面对大量不可避免具有公共性的问题明显无能为力。哈贝马斯就此写道:"在西方法治国家,政治已经失

---

① 拉明·贾汉贝格鲁:《伯林谈话录》,第29页。
② 同上书,第71页。
③ 同上书,第32页。
④ Isaiah Berlin, "The Pursuit of the Ideal", in *The Proper Study of Mankind*, pp. 15-16.
⑤ John Gray, *Two Faces of Liberalism*, p. 2.

去了方向感和自信心。……华丽的辞藻背后是事实上的懦弱无为。即使在那些成熟的民主国家,现存的自由制度也不再免于挑战,尽管这些国家的民众要求的是更多而非更少的民主。"①

在这一系列根本性的挑战面前,人们是继续恪守消极自由的原则,麻木不仁、听天由命,让政治在价值问题上继续保持沉默、成为空白,还是重建一种新的公共性,在这个似乎已经被不可摆脱的宿命支配的世界上重新确立道德与人格的尊严,找回人类决定自身未来的能力?是因为理性被误用与滥用而像"得过且过"的自由主义者那样对其退避三舍,还是坚守理性这一人类曾经赖以发展和进步的指导力量,并在对其批判性运用的基础上重建人类共同的行为规范、谋划人类新的未来?这是一些具有深刻的政治责任感、同时对人类未来尚未丧失信心的思想家始终高度关注的问题。在他们之中,哈贝马斯(Jürgen Habermas,1929—)具有十分突出的地位。

哈贝马斯是一位思想异常丰富而且多产的作家,其理论亦是一个极其复杂的体系。② 作为这个体系出发点的,是他对时代的基本判断。哈贝马斯大致接受韦伯的观点,认为在现代社会,人类精神领域出现了两大基本趋势,即合理性逻辑的扩展与价值领域的分化。合理性(Rationalität)是哈贝马斯理论体系中的一个基础概念,指的是"具有语言能力和行为能力的主体的一种素质,它表现在总是能够得到充分证明的行为方式当中"③;是人类在理性基础上对其选择或者行为进行论证与说明的方式。

根据合理性逻辑对人类实践的改造即合理化。在西方社会学家中,韦伯是最早用"合理化"这一概念把握现代化进程的人。对于"合理化",他一方面表示认可,但另一方面也表现出诸多无奈。哈贝马斯的立场与韦伯类似,即一方面肯定合理化进程的积极意义,因为他相信人类社会的进步就表现为生

---

① Jürgen Habermas, *Faktizität und Geltung: Beiträge zur Diskurtheorie des Rechts und des demokratischen Rechtsstaats*, Frankfurt am Main: Suhrkamp Verlag, 1998, p.13. 参见哈贝马斯:《在事实与规范之间——关于法律和民主法治国的商谈理论》(以下简称《在事实与规范之间》),童世骏译,北京:生活·读书·新知三联书店2003年版,第7页。

② 虽然一般认为哈贝马斯是法兰克福学派第二代理论家中最具重要的一位,但从其思想发展的轨迹来看,他实际上在20世纪70年代已经脱离了该学派的传统论题即对资本主义的文化和意识形态批判,而转向一种建设性的理论——交往行为理论,所以他自己在1981年重返法兰克福大学的时候也曾表示,他已经无意于保持一个学派的概念。

③ 哈贝马斯:《交往行为理论》第一卷:《行为合理性与社会合理化》,曹卫东译,上海:上海人民出版社2004年版,第22页。

活世界①的不断合理化,另一方面又强调近代西方的合理化是一种片面的过程,因为在其中占据支配地位的,乃是一种特殊的合理性即目标合理性(Zweckrationalität, instrumental rationality),也就是对手段与目的之间关系的算计②。这个片面的合理化过程使生活世界内部分化出一个按照目标合理性原则组织和行动的领域,哈贝马斯称之为"系统",其中两个最核心的部分就是官僚制的国家机构与资本主义的市场经济体系。"系统"渗透并支配生活世界的过程,就是哈贝马斯所谓的生活世界的殖民地化过程,它表现为"认知—工具合理性逾越了经济领域和国家领域渗透到了其他的生活领域,并以牺牲道德—实践合理性和审美—实践合理性为前提而获得了优先性"③。

哈贝马斯认为,系统的扩张与生活世界的殖民地化在社会与个人两个层面上都产生了极为严重的后果。在社会层面,国家的行政官僚体系以及市场经济关系全面侵蚀了人类社会生活;在个人层面,由于技术性知识与目标合理性逻辑对人类精神的控制,导致人们在价值和规范问题上无批判的、被动接受的态度,人的个体自主与精神独立不断受到威胁,从而造成了韦伯所说的自由的丧失。这两个层面的影响相互强化,不断加深国家对社会的控制与个人对官僚国家机构的依赖,资本主义早期阶段为社会发展提供活力与动力的公众自主精神日益消失,人们越来越缺乏对政治公共生活进行参与和批判的动机。哈贝马斯特别指出,现代福利国家已经成为生活世界殖民地化的典型案例,因为它成功地把公民从积极的政治参与者变成了消极的公共物品消费者。

价值领域的分化也是韦伯社会学的一个基本主题。这种分化表现在两个层面上。一方面,形而上学或者宗教性质的对世界的终极性解释已经不再有效,人们放弃了对世界万象背后"第一原因"进行探究的努力。另一方面,

---

① "生活世界"这一概念是哈贝马斯从德国哲学家胡塞尔那里借用的,指的是一种未经反思的人类联系方式的总体,它由个体生活的历史与主体间的生活方式一同构成。哈贝马斯对生活世界的特征进行了如下说明:它是人们所熟悉而又透明的,从而不引人注意的整体,它形成并决定了人们认识世界的历史性视域以及人们特有的生活方式。(哈贝马斯:《后形而上学思想》,曹卫东、付德根译,南京:译林出版社 2001 年版,第 17 页。)

② 韦伯曾经把合理性分为目标合理性与价值合理性两个大类。另外,目标合理性这个概念也有人译为目的理性或者工具理性(后者主要来自英语的 instrumental rationality),但严格地说应该是"合理性"。Rationality 与 reason 并不相同,后者才是通常意义上的"理性"。哈贝马斯本人也对这两个概念(在德文中分别是 rationalität 和 Vernunft)进行过区分(参见哈贝马斯:《交往行为理论》第一卷:《行为合理性与社会合理化》,第 1 页),但实际上他也常常把两者混用,比如说既使用"交往合理性"(kommunikative Rationalität),也使用"交往理性"(kommunikative Vernunft)的说法。

③ 哈贝马斯:《交往行为理论》第一卷:《行为合理性与社会合理化》,第 224 页。

随着对世界的统一理解的瓦解,人类的价值领域也相应地发生了分化,诸善合一(即真善美的统一)的信念已经破灭,"每一个价值领域——科学、法律和道德、艺术和批判——服从的都是自身的逻辑——事实问题、公正问题以及趣味问题"①。由于超越各价值领域之上的终极权威不再存在,所以在价值领域的冲突(韦伯称之为"诸神的斗争"②)中"起主宰作用的绝对不是'科学',而是命运"③。

如果说目标合理性逻辑的扩展给人们带来了自由的丧失的话,那么价值领域的分化则为人们带来了"意义的丧失",这也被韦伯称为"祛魅"(Entzauberung, disenchantment)的过程。由于理性不再能够为统一的道德判断提供基础,个人在伦理生活领域内失去了普遍化的意义依据,意义问题因而成为每一个人只能自己面对、自己解决的问题。在这种情况下,生活变成了盲目的存在性选择,政治则变成了权力与决断的场所。

哈贝马斯引用韦伯的观点概括了两个"丧失"给人类社会生活带来的结果:"韦伯把'自由丧失'和'意义丧失'视为存在意义上对个人的挑战。社会秩序内部已经不再有任何救赎的可能,剩下的只是狂妄的个人主义毫无根据的希望。在合理化的、支离破碎的社会中,只有顽强自立的主体才有可能在幸运的情况下维持自身完满的生活方式。面对持续的、无法调和的社会冲突,这些义无反顾的个体即使满怀绝望的英雄主义气概,也只能在他们自身的生活历史中获得一种私人性的自由。"④

根据以上对人类精神状况的分析,哈贝马斯认为当前已经处于一个所谓的"后形而上学"时代。在这个时代,"能够创造意义的形而上学—宗教世界观的同一性已经土崩瓦解了,这就使得现代生活世界的同一性成了问题,进

---

① 哈贝马斯:《后民族结构》,第185页。
② 马克斯·韦伯:《学术与政治》,冯克利译,北京:生活·读书·新知三联书店1998年版,第45页。
③ 转引自哈贝马斯:《交往行为理论》第一卷:《行为合理性与社会合理化》,第236页。
④ Jürgen Habermas, *The Postnational Constellation: Political Essays*, translated (ed. by Max Pensky), Cambridge, MA: The MIT Press, 2001, p.140. 参见哈贝马斯:《后民族结构》,第187页。英国学者约翰·基恩对于近代社会这种合理化的结果进行了如下的描述:"资产阶级合理化过程在消灭和取代了其他形式生活的同时,本身也倾向于变成一种目的。在这种过程的垄断性影响下,当代资本主义社会把自己结成一个自我奴役的'铁笼子'。日常生活的一切领域都倾向于慢慢变得取决于纪律严明的等级制度、合理的专业化和不受个人情感影响的抽象的一般统治制度的不断调整。官僚主义的统治是当前的命运,它的将来可能更是如此。一个'冰冷黑暗的极地之夜'像幽灵一样徘徊在现代世界上。"(约翰·基恩:《公共生活与晚期资本主义》,马音等译,北京:社会科学文献出版社1992年版,第236页。)

而严重危及到了社会化主体的认同及其社会团结"①。对个人而言,"主体性摆脱了道德实践理性的约束,这一点具体表现为'没有精神的专业人士'(Fachmenschen ohne Geist)与'没有灵魂的享乐人士'(Genussmenschen ohne Herz)的两极分化"②。

尽管对后形而上学时代的基本特征做出了比较消极的估计,但哈贝马斯还是对这一时代的到来表示有批判的接受。具体说,他肯定合理化的进步价值,但反对把单纯的目标合理性逻辑扩展到社会生活的一切方面;他也接受人类精神领域价值分化的事实,但并不认为分化后的诸领域已经完全游离于理性把握之外。哈贝马斯认为,韦伯之所以对现代化得出十分悲观的结论,是因为他把目标合理性理解为合理性的全部,从而既否定了合理性的积极内容,又否定了人类生活其他领域合理化的可能性。③ 哈贝马斯的观点是:"独立文化价值领域的分化在资本主义产生阶段是非常重要的,而目标合理性行为亚系统的日渐独立则是18世纪后期以来资本主义社会发展过程的典型特征。这是两种不同的趋势,但韦伯把它们结合为一种对现时代的存在主义—个体主义的批判。他用意义丧失的主题概括前一方面的内容,用自由丧失的主题概括后一方面的内容。两个主题合在一起,直到今天依然支配着一些社会科学家的基本意识形态及其对进步的怀疑态度,这些人在宣称科学主义的同时,又企图提出某种世界观念。"④

哲学中的实证主义就是这种科学主义倾向的产物。哈贝马斯认为,实证主义的根本问题在于它认定只有像自然科学那样,以人们能够从经验上加以观察和验证的事物为对象的研究才算是科学的研究,只有观察与实验的方法

---

① 哈贝马斯:《交往行为理论》第一卷:《行为合理性与社会合理化》,第329页。
② 同上书,第333页。
③ 哈贝马斯认为,被韦伯合理化理论所忽略的现代化进程的一个重要方面,就是所谓的"世界观的合理化"。哈贝马斯指出,在启蒙的顶峰时期,人们同时也把理性的发展视为"社会生活的理性化"、政治解放以及人类的道德完善的重要途径。虽然这种观念过于简单幼稚,但表现了一种积极的信念,即合理化包含着解放的力量。当然,哈贝马斯也承认,目标合理性过分扩张的主要责任并不在韦伯,而是因为"资本主义合理化模式的选择性"。也正是从这一观点出发,哈贝马斯不同意把西方的现代化等同于现代性本身,他明确表示:"对世界的现代理解的确是建立在一种普遍的合理性结构基础之上的,但是现代西方社会推进的却是一种局限于认知-工具层面的、被扭曲的对合理性的理解,就此而言,它是特殊的。"(Jürgen Habermas, *Theorie des kommunikativen Handelns*, Band I, *Handlungsrationalität und gesellschaftliche Rationalisierung*, p.102;参见哈贝马斯:《交往行为理论》第一卷:《行为合理性与社会合理化》,第66页。)
④ Jürgen Habermas, *Faktizität und Geltung*: *Beiträge zur Diskurtheorie des Rechts und des demokratischen Rechtsstaats*, p.333;参见哈贝马斯:《交往行为理论》第一卷:《行为合理性与社会合理化》,第233—234页。

才是真正意义上的科学方法。按照这一标准,对价值问题的探讨自然被逐出科学研究领域之外,因为价值判断本身既无法通过经验观察手段予以把握,也不能借助逻辑方法获得证明。这意味着一方面科学不能把价值问题作为研究对象,另一方面研究者也不能对其研究对象进行任何价值判断,这被韦伯称为科学研究"价值中立"的要求。至于在真理标准的问题上,实证主义持一种"符合论"的观点,主张真实的陈述必须是与外部观察对象即"事实"相符的陈述,主体性的判断应予以彻底排除。

实证主义对人类知识的影响是显而易见的,它极大地限制了能够加以理性讨论的问题的范围,使道德伦理、价值规范、审美判断等等都不再具有科学的或者说理性的地位,从而也就在事实上鼓励人们对现实的社会问题采取回避态度,使理论研究者成为社会问题的旁观者,而且也在无形中助长了社会上的相对主义乃至犬儒主义倾向。

哈贝马斯对实证主义持明确的批判态度,他指出,实证主义所谓的真理性陈述即与事实相一致的陈述并非人类语言实践中唯一的有效性[1]陈述,还有另一类关于"正当性"的陈述即各种规范性陈述。当一个理性的行为者宣称他的行为具有正当性之前,必须证明他所依据的正当性标准。[2] 实证主义继承韦伯的传统,把这一类陈述归入主观性的价值判断领域而拒绝对其有效性进行讨论,哈贝马斯则提出了这样的问题:是否有可能建立一种与实证主义不同、但同样立足于理性基础之上,并且能够为人类的社会行为提供规范性指导的知识?或者说,在多元主义条件下,能否"建立一种道德的观点,使那些相互竞争的规范性要求能够通过它得到公平的、公正的调整"[3]?哈贝马斯通过对德国解释学遗产的批判性继承证明,这种知识完全是有可能的。

解释学的主要奠基人狄尔泰(Wilhelm Dilthey,1833—1911)有一个重要观点:与自然科学相比,精神科学的基本特点不在于对事实的观察,而在于对

---

[1] 有效性亦即传统意义上的真理性。按照哈贝马斯的定义,所谓的有效性,指的是一种不存在强制的同意(Jürgen Habermas, *Moral Consciousness and Communicative Action*, trans. C. Lenhardt and S. W. Nicholsen with an Introduction by Thomas McCarthy, Cambridge, MA: The MIT Press, 1995, p. viii.)。或者说,"有效性要求包含着一种论断,即某事值得承认"(波勒语,Jürgen Habermas, *Theorie des kommunikativen Handelns*, Band I, *Handlungsrationalität und gesellschaftliche Rationalisierung*, p. 196. 哈贝马斯:《交往行为理论》第一卷:《行为合理性与社会合理化》,第135页)。由于哈贝马斯反对实证主义的真理观,所以他通常也用"有效性"替代"真理性"这样的说法。

[2] Jürgen Habermas, *Autonomy and Solidarity* (revised edition), edited and introduced by Peter Dews, London and New York: Verso, 1992, p. 307.

[3] Jürgen Habermas, *Moral Consciousness and Communicative Action*, p. viii.

社会现象的理解和解释。哈贝马斯对狄尔泰的思想进行了如下总结：在自然科学中，人们可以借助于规律假设，根据已揭示的基本条件解释给定的事件，这是一种把理论运用于事实的过程，同时，事实对理论而言具有独立性，与之相反，对人类生活的认识则是一种"理解"活动，在这种活动中，经验和理论性的把握是融为一体的；自然科学运用因果分析的方法，借助构想建立事件之间的假设性联系，而精神科学的理解性的方法，则不可避免地必须从一种预先给定的联系出发；自然科学揭示的事物之间的联系对研究者来说是外在的，而精神科学面对的事实与研究者之间却保持着内在的联系，而且研究者只有从参与者的立场出发才能找到进入文化历史世界的途径；自然科学的任务是揭示通常与直觉相反的规律性认识，而精神科学由于与社会整体和文化传统的密切联系，往往与参与者的直觉知识相关。总之，精神科学所理解的，恰恰是它自身所创造的东西。[1]

哈贝马斯指出，精神科学的这一基本特性从根本上决定了研究者不可能像自然科学家一样，以客观中立的身份，对一个在通常意义上不受其影响的外在对象进行观察。精神科学的研究影响着研究对象，同时研究者也不可避免地受到其研究对象的影响，从而使这种研究成为一种主体间的过程。哈贝马斯引用狄尔泰的话说："对我来说，根本不存在仅仅是对象的人和物——那种不包含压力或者动力、奋斗目标或者意志约束，对他人的尊重或者对关爱的渴求、内心的亲近或者疏远和敌对的人和物。"[2]

通过对解释学、美国的实用主义知识学和弗洛伊德的精神分析理论的研究，哈贝马斯证明，社会科学研究不仅必须采用与自然科学不同的即主体间性的方法，而且还必须确立一种与实证主义的"符合论"不同的真理观，即所谓的真理"共识论"。这种观点认为，所谓的真理，"作为某一论断中包含的有效性要求的证明，与经验的客观性不同，它不表现在能够加以反馈性控制的活动中，而只表现在富有成效的论证中。"也就是说，"命题的真理性""并非是在世界上发生的事件的过程中、而是在通过论证取得的共识中得到证明"。[3]哈贝马斯表示："正是在通过论证来兑现有效性要求这样一种形式层面上，理性的同一性在合理化价值领域的多元性中得到了保障。"[4]

---

[1] 哈贝马斯：《后形而上学思想》，第35页。
[2] Jürgen Habermas, *Erkenntnis und Interesse*, Frankfurt am Main: Suhrkamp Verlag, 1977, p. 192; 参见哈贝马斯：《认识与兴趣》，郭官义、李黎译，上海：学林出版社1999年版，第145页。
[3] Jürgen Habermas, *Erkenntnis und Interesse*, p. 388; 参见哈贝马斯：《认识与兴趣》，第319页。
[4] 哈贝马斯：《交往行为理论》第一卷：《行为合理性与社会合理化》，第239页。

哈贝马斯事实上倾向于认为,规范性陈述自不待言,即使是事实性陈述的真理也具有主体间的特性。① 因此,虽然他完全赞同康德哲学的普遍主义原则,但又认为这种哲学具有严重缺陷,即缺乏主体间性的基础,因而成为"独白式的"哲学。② 他曾经表示,尽管某一立场已经拥有"良好的根据",但"根据是否'良好',只有在参加论证的人的观点兑现时才能确定,而不是通过对参加对话的甲或乙认为有良好根据的事物的不偏不倚的观察"③。"不是把任何我自己希望成为普遍律令的准则施于其他所有人,而是必须把我自己的准则交给其他所有人,以便让他们能够以论辩的方式对其普遍性要求加以检验。这样,着重点就从什么是所有人在没有矛盾的情况下都希望成为普遍律令的东西,变成了什么是所有人都愿意在同意的基础上使其成为普遍规范的东西。"④

哈贝马斯强调,规范性的知识虽然是主体间性的,但同时也可以是程序性的。他相信"程序合理性"是后形而上学时代理性主义最基本的体现形式,因为它能够最大限度地包容各种不同的,甚至相互矛盾或者相互冲突的价值取向,为主体间的共识提供最广泛的基础。如果能够坚持程序合理性的要求,那么即使道德领域或者审美领域的判断也并非"不可理喻",因为"行为者在面对批评的时候,可以通过诉诸价值判断对其度假的愿望、对秋天景色的喜爱、对武力的拒斥或者对同僚的嫉妒等加以澄清,从而使这些价值判断获得令人信服的基础。价值标准虽然不具备那些获得主体间认可的规范的普遍性,但也绝不完全是私人性的。当一个文化共同体或语言共同体的成员对其欲求加以说明的时候,我们总还是能判断出他们对这些标准的运用是否合理"⑤。"谁的立场和评价如果过于具有私人色彩,以致无法通过诉诸价值标准得到澄清和证实的话,他的行为就缺乏合理性。"⑥

---

① Cf. Mary Hesse, "Habermas' Consensus Theory of Truth", *Proceedings of the Biennial Meeting of the Philosophy of Science Association*, 1978, Vol. 2, p. 388.
② 哈贝马斯认为,从笛卡尔开始的近代西方理性主义都具有这种"独白式"的特征,因而也称之为"主体性"哲学。
③ 哈贝马斯:《重建历史唯物主义》,郭官义译,北京:社会科学文献出版社 2000 年版,第 288 页。
④ Jürgen Habermas, *Moral Consciousness and Communicative Action*, p. 67.
⑤ Jürgen Habermas, *Theorie des kommunikativen Handelns*, Band Ⅰ, *Handlungsrationalität und gesellschaftliche Rationalisierung*, p. 36;参见哈贝马斯:《交往行为理论》第一卷:《行为合理性与社会合理化》,第 16 页。
⑥ Jürgen Habermas, *Theorie des kommunikativen Handelns*, Band Ⅰ, *Handlungsrationalität und gesellschaftliche Rationalisierung*, p. 37;参见哈贝马斯:《交往行为理论》第一卷:《行为合理性与社会合理化》,第 17 页。

哈贝马斯的上述观点表明,虽然他并不试图追求一种形而上学意义上的"大一统"理论,但仍然执着于一种"弱"的意义上的统一性,这表现在两个方面。首先,在每一个价值领域内部仍然能够确立某种得到人们普遍接受的有效性标准;其次,在各种不同的有效性标准之间仍然存在共同的逻辑结构。在哈贝马斯看来,确立这些有效性标准、寻找这种逻辑结构,就成为哲学在后形而上学时代的根本任务,而他的交往行为理论就是这种哲学的体现。①

交往行为理论是哈贝马斯后期思想的核心,也是其社会政治思想的基础。这一理论是哈贝马斯在美国社会学家米德的交往理论的基础上提出来的,当然也吸取了许多其他的研究成果,比如他的朋友和同事阿佩尔的交往行为理论等等。实际上,哈贝马斯在比较早的时候就已经注意到了人类语言性交往行为所具有的独特性,即其中包含的主体间性因素,不过真正对这种行为进行全面研究并使之上升到系统理论高度的,还是他1981年出版的《交往行为理论》一书。

交往行为理论立足于对人类行为模式的划分。哈贝马斯认为,从总体上可以把人类行为区分为两个大类,即目的行为和交往行为。目的行为指行为主体通过选择与使用恰当手段达致预定目标的行为,遵循的是以经验知识为基础的技术规则即目标合理性原则。虽然一般而言目的行为主要针对非人格的物理对象,但如果某个行为主体认为其他人某种方式的存在或者行动对达成自己的目标有利并且通过效果计算促成后者以这种方式存在或行动的时候,它也完全可能转变成针对其他人的行为。哈贝马斯把针对人的目的行为称为策略行为,认为"这种行为模式奠定了经济学、社会学以及社会心理学的决策理论和博弈论的基础"②。

与目的行为不同,交往行为并不以实施参与者中任何一方事先设定的计

---

① "交往行为理论"在德语中称为"Theorie des kommunikativen Handelns"。所谓的"交往行动"(kommunikative Handlung),指以最终达成相互理解为目标的、人与人之间在思想与观念方面的语言性交流与沟通行为。哈贝马斯自己表示:"达成理解(Verständigung)的目标是形成一致(Einverständnis),从而形成一种主体间的相互理解,共有的知识,相互的信任,以及彼此之间的和谐。……可以说理解这个词有点模糊性。在其最狭隘的意义上,它指的是两个主体以同样的方式对一个语言表达进行理解;而在最宽泛的意义上,它则指在这两个主体之间,在他们共同享有的规范背景之下,就某一论断的正当性达成了共识。"(Jürgen Habermas, *Communication and the Evolution of Society*, p. 3;参见哈贝马斯:《交往与社会进化》,第3页。)因此"交往行为"这个汉语翻译并不是太贴切,可能"沟通行为"更贴近于原意一些,但考虑到约定俗成的问题,本书还是采用了这个说法。

② Jürgen Habermas, *Theorie des kommunikativen Handelns*, Band Ⅰ, *Handlungsrationalität und gesellschaftliche Rationalisierung*, p. 127;参见哈贝马斯:《交往行为理论》第一卷:《行为合理性与社会合理化》,第83页。

划为目标,它指的是行为主体通过语言性交流与其他人就有关事物达成共识的行为。在交往行为过程中,两个或者两个以上具有语言和行为能力的主体"使用(口头的或口头之外的)手段,建立起一种人际关系。行为者的目标是寻求对其行为环境及行为目标的理解,并在此基础上通过达成一致协调行动"①。

哈贝马斯尤其注重交往行为的语言特性,认为交往行为的基本规定性是由语言本身的特点决定的,虽然单纯的语言行为并不构成交往行为。他表示,交往行为的本质在于通过交往主体之间的对话、商谈、论证与说服达成相互理解和一致,而这一点正是人类语言的"终极"目标。② 也可以认为,交往行为乃是人类语言行为中最基础的部分,而且它已经内在地包含于人类对语言的使用中,其他语言行为则是附着在这种行为模式基础之上的。这样,交往的原则也就被还原为语言本身的原则,哈贝马斯后期思想中对语言学的倚重被人们称为他的"语言学转向",同时也使他的交往行为理论带上了某种"语言学本体论"的色彩。

与目的行为依从目标合理性相对,交往行为必须接受交往合理性的约束,需要交往参与者面对批评能够对其陈述进行有效性的证明,因为非此则不可能在参与者之间达成共识。哈贝马斯认为,在任何一个语言陈述中,交往合理性的有效性要求都包括三个方面:第一,"所作陈述是真实的";第二,"就现有的规范性语境而言言语行为是正当的";第三,"言语者所表现出来的意向必须言出心声"③。他强调,上述要求具有普遍性,因而是超越文化和历史差异的。④ 另外,虽然一般来说人们可以对任何语言性陈述提出三个方面

---

① Jürgen Habermas, *Theorie des kommunikativen Handelns*, Band Ⅰ, *Handlungsrationalität und gesellschaftliche Rationalisierung*, p.128. 参见哈贝马斯:《交往行为理论》第一卷:《行为合理性与社会合理化》,第84页。

② 哈贝马斯:《交往行为理论》第一卷:《行为合理性与社会合理化》,第275页。

③ Jürgen Habermas, *Theorie des kommunikativen Handelns*, Band Ⅰ, *Handlungsrationalität und gesellschaftliche Rationalisierung*, p.143. 参见哈贝马斯:《交往行为理论》第一卷:《行为合理性与社会合理化》,第100页。在别的地方,哈贝马斯也指出这四种有效性的要求:即可理解性、真实性、真诚性和正当性。Cf. Jürgen Habermas, *Vorstudien und Ergänzungen zur Theorie des kommunikativen Handelns*, Frankfurt am Main: Suhrkamp Verlag, 1984, p.138.

④ 实际上,至少从休谟开始,西方就存在着一种把人类知识领域加以区分的传统,这种传统在康德哲学中发展到顶点。以康德的三大批判为标志,纯粹理性(数学的和逻辑的知识)、实践理性(伦理道德的知识)、判断力(审美的知识)这三个领域被彻底地区分开来。人们相信,这三个领域中的知识具有不同的对象、不同的体现形式、不同的验证方式即正确性标准。哈贝马斯提出的三种有效性标准显然受到了从休谟到康德的传统、韦伯关于价值领域的分裂的理论的影响。

的有效性要求,但在实际交往过程中,就某个具体陈述而言,可能会有一种有效性要求居于主导地位,因而也可以据此将其归入以下三种类型之一,即描述性陈述、规范性陈述与表达性陈述。①

为了兑现交往合理性的有效性要求,交往行为必须依从主体间性原则和自由讨论的原则。哈贝马斯写道:"交往合理性概念的内涵从根本上说意味着一种对论争性商谈所具有的非强制性联合的、达致共识的力量的核心体验。在其中,不同参与者克服了他们原有的纯主观的立场,而且,由于建立在理性基础上的信念具有相互性,因而保证了客观世界的统一性以及他们的生活世界的主体间性。"②哈贝马斯基于对交往行为语言学本质的理解,还进一步提出了交往合理性以下两个方面的基本要求:首先,交往行为必须是"论辩性"的(diskursive)③;其次,交往行为必须是"施为性"的(performatif)。

交往行为的"论辩性"指的是,如果交往过程中某位参与者被问及之所以持某种观念或者立场的理由,那么他应该对此提出合乎逻辑的陈述,即证明其有效性;而提问者也应该对此陈述的内容做出或者肯定,或者否定的回应。换言之,在交往行为过程中,对任何一个陈述都可能"从正当性、真诚性和真实性这三个角度出发"加以质疑。④

所谓"施为性"指的是交往参与者必须言行一致。施为性是英国语言学家、语言行为理论的奠基人奥斯丁(John Austin)提出的概念,指"说某事即意味着做某事,或者在说某事的时候我们在做某事"⑤。语言行为理论是哈贝马斯重要的思想资源之一,其核心内容是,人们之间的语言交流不仅是纯语言现象,而且还具有触发交谈者采取行动的效果,因此应该被理解为一种行为。语言的施为性具体表现在两个方面:对说话者而言,他必须言出必践,否则就犯了言行不一(performative contradiction)的错误;对听话者而言,他在理解一

---

① 参见哈贝马斯:《交往与社会进化》,张博树译,重庆:重庆出版社1989年版,第67页。
② Jürgen Habermas, *Theorie des kommunikativen Handelns*, Band Ⅰ, *Handlungsrationalität und gesellschaftliche Rationalisierung*, Frankfurt am Main: Suhrkamp Verlag, 1981, p.28. 参见哈贝马斯:《交往行为理论》第一卷:《行为合理性与社会合理化》,第10页。
③ 论辩即德语中的Discurs,英语和法语分别翻译为discourse和discussion,日语翻译为"討議",多多少少带上了翻译者对这个概念不同的理解,中国学者一般将其译为"话语"或者"商谈"。根据作者的研究以及与国外一些哈贝马斯研究者(比如Thomas McCarthy)的探讨,这个概念带实际上有很强的论争性意味,强调在语言性交性过程中支持与反对(pros and cons)两种意见的交锋。因此,在本书中,一概用"论辩"这一说法来加以表达。
④ Jürgen Habermas, *Nachmetaphysisches Denken*, p.148. 参见哈贝马斯:《后形而上学思想》,第132页。
⑤ John Austin, *How to Do Things with Words*, Oxford: Oxford University Press, 1975, pp.5-6.

个有意义的语句后应该采取相应的行动,即"只有当接受者不仅懂得被言说句子的意义,而且实际进入了言说者所欲求的关系时,一个言语行为才能是成功的"①。

从哈贝马斯的逻辑来看,交往行为的施为性排除了交往参与者"言行不一"和"纸上谈兵"的可能,他正是在这个意义上认为,"语言行为发挥着一种对其他行为的协调机制的作用"②。也正因为交往行为被认为是一个同时对参与交往的各方都发挥着实际影响的过程,所以哈贝马斯强调:"在主体间的相互理解与相互承认过程中,交往理性表现为一种规范性的约束力量。同时,它又明确了一种普遍的共同生活方式。"③

可以认为,在交往行为理论的整个逻辑体系中,语言的论辩性与施为性特征具有一种枢纽的地位,因为正是这两者把"语言"与"行动"联为一体,决定人们参与交往的过程同时也就是通过论辩对自己的观点与信念进行检验和修正,并且相应地不断调整自身行为的过程。这就使交往行为本身成为一种社会协调行为,而交往行为理论也具有了实践哲学的意义。正如哈贝马斯所说:"自然语言不仅开启了社会化的个人置身于其中的特定世界的视域,而且强迫主体付出自己的努力,在这个世界上进行一种必须满足有效性要求的实践,使预先设定的世界意义不断接受检验。作为交往行为源泉的生活世界和作为其结果的生活世界之间形成了一个循环过程,在其中,先验主体纯属多余,而且变得无影无踪。"④哈贝马斯因此认为:"如果语言行为以言施为的约束力能够用于协调不同行为者的行动计划,那么语言自身所具有的理想化效应就获得了一种行动理论的意义。"⑤

哈贝马斯指出,交往行为的上述特点使之成为人的个体化与社会化的重要途径。也就是说,个人不仅通过交往行为实现了社会化,同时也通过社会化实现了个体化。"在交往行为中,自我决定和自我实现的论题具有严格的

---

① 哈贝马斯:《交往与社会进化》,第60页。

② Jürgen Habermas, "Was heisst Universalpragmatik?" in K. O. Apel (ed.), *Sprachpragmatik und Philosophie*, Frankfurt am Main: Suhrkamp Verlag, 1976, pp. 294–295.

③ P Jürgen Habermas, *Der philosophische Diskurs der Moderne: Zwölf Vorlesungen*, Frankfurt am Main: Suhrkamp Verlag, 1985, p. 377;参见哈贝马斯:《现代性的哲学话语》,第376页。

④ Jürgen Habermas, *Nachmetaphysisches Denken*, p. 51;参见哈贝马斯:《后形而上学思想》,第42页。

⑤ Jürgen Habermas, *Faktizität und Geltung: Beiträge zur Diskurtheorie des Rechts und des demokratischen Rechtsstaats*, Frankfurt am Main: Suhrkamp Verlag, 1998, p. 33;参见哈贝马斯:《在事实与规范之间》,第21页。

主体间意义:所有进行道德判断和从事道德行为的人、所有在承担着道德义务的生活历史中实现自我的人,都必须等待一个无限的交往共同体的同意和承认。只有当我作为这样一个人得到这样一种认可,我的自我认同,即我作为一个自主的行为者与个体化的本质的自我理解,才能最终得以确定。"①

交往行为因此成为一种重要的社会整合力量,"社会归根到底必须通过交往行为得到整合"②。哈贝马斯对交往行为的社会功能进行了如下总结:"交往行为从达致理解的功能的角度看传递传统并更新了文化知识,从协调行动的角度看达致了社会整合并巩固了社会团结,从社会化的角度最终形成了个人认同。"③至于策略性的互动,即契约论或功利主义借以建构社会秩序的人类行为类型,则不仅只能"出现在已经建构起来的生活世界的视域中,而且不过是失败的交往行为的替代物。它们只是作为后来者进入已经由交往行为建构的生活世界,获得其社会空间和历史时间的"④。

哈贝马斯认为,在一个后形而上学的、多元化的社会中,交往行为对于重建社会团结具有不可替代的作用。他在 1990 年《公共领域的结构转型》再版序言中指出:后传统社会中"不存在基本信仰的同质性,不存在假设的共同阶级利益,相反,相互角力的平等的生活方式具有无法透视的多元性。可以肯定的是,在主体间性的团结概念中,普遍的同一性与整体性含义已经不复存在了。这一概念强调对可以检验的有效性要求(Geltungsanspruche)的领会,强调个人主体有说'不'的权利。即便在这个抽象概念中,'团结'一词也不会引发卢梭式的意愿形成的错误模式,后者明确了,在何种条件下,市民个人的经验意愿能够直接转化成为道德公民以共同利益为转移的理智意愿"⑤。

哈贝马斯把交往行为区分为两个不同层次,即一般意义上的交往行为和论辩,后者是在交往共同体的基本规范受到质疑的情况下发生的语言性交流与论争,因而也可以被视为高层次的交往行为。在论辩过程中,"参与者以思

---

① Jürgen Habermas, *Nachmetaphysisches Denken*, p. 233;参见哈贝马斯:《后形而上学思想》,第 213 页。

② Jürgen Habermas, *Faktizität und Geltung: Beiträge zur Diskurtheorie des Rechts und des demokratischen Rechtsstaats*, p. 43;参见哈贝马斯:《在事实与规范之间》,第 31—32 页。

③ Jürgen Habermas, *Theorie des kommunikativen Handelns*, Band Ⅰ, *Handlungsrationalität und gesellschaftliche Rationalisierung*, Band 2, *Zur Kritik der funktionalistischen Vernunft*, Frankfurt am Main: Suhrkamp Verlag, 1988, p. 208.

④ Jürgen Habermas, *Nachmetaphysisches Denken*, p. 97;参见哈贝马斯:《后形而上学思想》,第 83 页。

⑤ 哈贝马斯:《公共领域的结构转型》,曹卫东等译,上海:学林出版社 1999 年版,第 22 页。

辩的态度继续他们的交往行为,其目的在于恢复那些已经失去的共识。道德论辩因而能够通过达成共识的方式解决行动中的冲突"①。当然,哈贝马斯强调,论辩必须遵从一系列规范,哈贝马斯称之为"交往伦理"或"论辩伦理"②,它们是交往合理性的具体体现,是规范交往或者论辩过程的"道德原则,它具有与经验科学论争中的归纳原则类似的作用"③。

从康德的立场出发,哈贝马斯强调论辩伦理作为一种道德规范,必须具有普遍性、认知性和程序性。据此,他提出了作为论辩伦理集中体现的普遍化原则即所谓的 U 原则。U 原则的基本内容是:"一项规范,只有当它得到(或者能够得到)所有实践性论辩过程的参加者的同意,才能被认为是有效的。"④可以看出,U 原则是康德"绝对命令"在交往行为理论中的翻版,但与后者的不同之处在于,U 原则把主体间的同意置于重要地位。在后来出版的《包容他者》一书中,哈贝马斯对主体间性及社会的多元性予以了更多的关注,并且对 U 原则作了进一步的修正:"一项规范,如果它在得到普遍遵循的时候,为每一个个体的利益及其价值取向方面带来的可预见的正反两个方面的效果都能够被所有相关者共同接受,才是有效的。"⑤与前一个表述相比,"每一个个体"替代了"所有人",突出了多元化的立场;在"利益"之外又加上了"价值取向"一项,强调的是文化上的异质性。但是,对普遍性本身,哈贝马斯并没有做出任何让步。

"普遍化原则"要求任何一项社会规范都必须得到可能受其影响的所有社会成员在交往基础上的一致同意;如果社会成员对某一规范产生了不同意见并在他们之间产生了争执,那么这一规范的重新确立或者可能的新规范的产生也必须以社会成员的共同接受为前提。哈贝马斯把这一要求称为论辩

---

① Habermas, *Moral Consciousness and Communicative Action*, p. 67.

② 虽然哈贝马斯曾经交替使用"交往伦理"与"论辩伦理"这两个不同的概念,但从根本上看,两种"伦理"的基本内容实际上是一致的。当然,从逻辑上说,因为论辩乃是一种反思性的、在"理想条件下的"交往,而一般意义上的交往则是在非反思的情况下进行的,所以交往的条件或者规则的意义,主要是在论辩过程中体现出来。可能也正是因为这个原因,在哈贝马斯后期的著作中,一般都使用"论辩伦理"这样的说法。

③ Habermas, "Discourse Ethics: Notes on a Program of Philosophical Justification", in Seyla Benhabib and Fred Dallmayr (eds.), *The Communicative Ethics Controversy*, Cambridge MA: MIT Press, 1990, p. 68.

④ Habermas, *Moral Consciousness and Communicative Action*, p. 66.

⑤ Jürgen Habermas, *The Inclusion of the Other*, edited by C. Cronin and P. De Greiff, Cambridge MA: The MIT Press, 1998, p. 42;参见哈贝马斯:《包容他者》,曹卫东译,上海:上海人民出版社2000年版,第45页。

原则即所谓的 D 原则。D 原则可以视为 U 原则在论辩条件下的运用,他对该原则的表述是:"任何有效的规范都必须得到所有相关者的同意,如果他们能够参与一种实践论辩的话。"①

哈贝马斯着重论述了论辩在主观和客观两个方面的条件。就主观条件而言,除了参与者的所谓"交往能力",即选择陈述性语句、表达本人意向、实施言语行为的能力②之外,哈贝马斯还强调了另外一项基本要求,即参与者必须以一种理想的方式承担他们在论辩中的角色,这意味着"每一个人都被要求采取其他所有人的视角,并以此使他自己投射到所有其他人对自己和对世界的理解之中;从这种相互交织的视角中能够形成一种理想化的、经过扩展的'我们'的视角,透过它,所有人都得以一同检验他们是否愿意让一项争议中的规范成为他们共有的实践的基础;在此过程中,应该包含对语境与需要进行解释的语言的适当性的相互批判。在成功实现的抽象化的过程中,一种普遍化的利益核心将一步一步地呈现出来。"③

至于论辩的客观条件,则可以根据哈贝马斯在不同场合的论述将其概括为以下四项基本原则:第一,反思性和开放性原则,即所有参与者都对他们原先可能具有的偏好进行质疑并且超越这种偏好;第二,自主性原则,即所有参与者自由地参与论辩,并且拥有平等的机会提出自己的主张或者反驳别人的见解;第三,权力中立化原则,即参与者在实际生活中的任何不平等都不允许被带到论辩中来,而且论辩过程本身也必须排除各种内在和外在强制,以保证其结果只取决于更好的论据本身的力量④;第四,透明性原则或者真诚性原则,即所有参加者都必须公开表明他们的目标与意图,不允许策略性行为在论辩中出现,每一位参与者既不能欺骗别人,也不能自欺⑤。

总的来看,哈贝马斯认为,论辩的过程应该是一种通往理解的"反思性的

---

① Habermas, *Moral Consciousness and Communicative Action*, p. 121.
② 哈贝马斯:《交往与社会进化》,第 29—30 页。
③ Habermas, "Reconciliation through the Public Use of Reason: Remarks on John Rawls's Political Liberalism", in *op. cit.*, pp. 117-118.
④ 由于实际的各种不平等可能会影响参与者在论争中的平等地位,所以哈贝马斯也暗示理想的论争环境应该包括实质性的社会平等。参见 Jürgen Habermas, *Faktizität und Geltung: Beiträge zur Diskurtheorie des Rechts und des demokratischen Rechtsstaats*, p. 374;哈贝马斯:《在事实与规范之间》,第 382 页。
⑤ 参见 Jürgen Habermas, *Moral Consciousness and Communicative Action*, p. 89; Jürgen Habermas, *Justification and Application: Remarks on Discourse Ethics*, Cambridge, MA: MIT Press, 1993, p. 30;哈贝马斯:《包容他者》,第 47 页。

持续的"行为过程。① 除对真理的共同探求之外,论辩参与者必须排除其他一切动机。正是在这种反思性的、开放的论辩过程中,正义、自由与公共利益等方面的规范将接受理性的检验,而公民的个体自由也恰恰体现在他们能够以这些经过公共论辩检验的规范进行自我约束。反过来,由于交往和论辩具有开放性与包容性,所以对那些人们不能通过充分的论据予以反驳的观念,参与者必须持完全宽容的态度。哈贝马斯表示,甚至在宗教问题上,由于"交往合理性抛弃了排他性",所以"只要它找不到更好的语词、以有理有据的方式表达宗教所言说的内容,就既不支持,也不反对宗教,而是保持克制,与之共存"②。

哈贝马斯对论辩伦理的阐述表明,他在价值和规范问题上持彻底的理性主义态度。他始终强调人们必须放弃"每个独立的个人"都是其自身利益最好的判断者这样一种带有欺骗性的观念③,要求个人偏好需要得到合理的论证;同时一切社会规范以及其他被人们视为他们的共同需求的东西,都必须获得论辩性共识的保障。④ 也正是这一点,把他与一般意义上的自由主义者,比如说罗尔斯区别开来。⑤

从某种意义上说,可以认为哈贝马斯的交往行为理论意味着通过哲学或者社会学对政治学的替代,因为这种理论试图把人与人之间的协调过程尽可能地转变为一种语言过程即交往和论辩过程而非暴力性的强制过程。但尽管如此,哈贝马斯还是在交往行为理论的基础之上提出了自己的一套政治观念,即所谓的"论辩民主"(discursive democracy)理论。

在政治上,哈贝马斯始终对现实采取批判态度,虽然其晚年思想不再像早期那么激进。在他眼中,虽然"强调平等和个体的普遍主义是欧洲现代性

---

① 在其早期著作《认识与兴趣》中,哈贝马斯对论辩环境进行了如下描述:"论辩是为检验意见(和规范)的有问题的有效性要求服务的。论辩中唯一允许的强制性力量是更好的论证;唯一允许的动机是通过合作寻求真理。论辩借助其交往结构摆脱了行为强制,它不为单纯获取信息的过程保留空间;论辩免除了行为的压力,也不受经验的约束。……论辩过程唯一产生的只有各种论据。"(Jürgen Habermas, *Erkenntnis und Interesse*, p.386;参见哈贝马斯:《认识与兴趣》,第 318 页。)

② Jürgen Habermas, *Nachmetaphysisches Denken*, p.185. 参见哈贝马斯:《后形而上学思想》,第 168 页。

③ Jürgen Habermas, *Zur Rekonstruktion des Historischen Materialismus*, Frankfurt am Main: Suhrkamp Verlag, 1976, pp.344—345.

④ Jürgen Habermas, "Wahrheitstheorien", in *Wirklichkeit und Reflexion*, Pfullingen: Neske, 1973, p.252.

⑤ 参见第十三章第一节的有关内容。

当中不容忽视的成就"①,但当代西方的政治制度与政治观念却面临着某些根本性的危机。这种危机表现在以下几个方面:第一,"人被当做一种做出合理决策的经营者,剥削自己的劳动力";第二,"这个社会容忍边缘化、拒绝和排斥";第三,"民主的经济学观念:把国家公民还原为一个市场社会的成员,把国家重新定义为向当事人和顾客提供服务的企业";第四,"一种策略性的要求:除了自发形成的政策之外,再没有更好的政策了"②。造成这些现象的根本原因,就在于自由主义错误地把人理解成一种孤独的、自足存在的个体。哈贝马斯自己则明确表示:"人的社会性是我的哲学反思的出发点。……要指出人的社会性中哪一种具有特别的意义,我们就需要把亚里士多德的名言,即人是一种 zoon politikón,从字面上翻译为人是政治的动物,就是说人是一种只能在政治中,在公共空间中存在的动物。"③

从交往行为理论出发,哈贝马斯把现代西方政治面临的矛盾概括为人权和人民主权之间、私人自主与公共自主之间的矛盾,即自由与民主之间的矛盾。他曾经表示:"至今为止,没有人成功地在基本概念的层面上把私人自主与公共自主令人满意地协调起来。"④"政治哲学从来没有真正地在人民主权与人权之间,或者说'古代的自由'与'现代的自由'之间达成一种平衡。"⑤

哈贝马斯认为,在人权与人民主权的关系问题上,自由主义的认识是片面而且错误的。首先,自由主义把政治仅仅理解为不同利益的妥协,因而不具备任何规范性价值。出于其个人主义本质,自由主义把个人权利置于绝对优先的地位,"现代法律体系建立在个人权利基础之上。这种权利的特点是,通过精细的划分,使法人得以摆脱道德义务"⑥。从交往行为理论的角度来看,自由主义政治的"选票输入和权力输出对应的恰恰是策略行为的模式:'同商议相反,策略性互动着眼于协调而非合作。从根本上说,它要求人们只考虑自己的利益。它借助的是讨价还价而非论据的交换。它进行说服的工

---

① 哈贝马斯:《后民族结构》,第160页。
② 同上书,第155页。
③ Jürgen Habermas, *Zwischen Naturalismus und Religion*: *Philosophische Aufsätze*, Frankfurt am Main: Suhrkamp Verlag, 2005, p.17.
④ Jürgen Habermas, *Faktizität und Geltung*: *Beiträge zur Diskurtheorie des Rechts und des demokratischen Rechtsstaats*, p.111. 参见哈贝马斯:《在事实与规范之间》,第105页。
⑤ Jürgen Habermas, *The Inclusion of the Other*: *Studies in Political Theory*, p.258;参见哈贝马斯:《包容他者》,第299页。"古代的自由"与"现代的自由"是法国政治思想家贡斯当提出的概念,请参见本章第二节的内容。
⑥ Jürgen Habermas, *The Inclusion of the Other*: *Studies in Political Theory*, p.256;参见哈贝马斯:《包容他者》,第297页。

具不是提出问题与说明理由,而是有条件地提供不同的好处。无论体现在正式的投票与契约中,还是非正式的社会活动中,策略性行为的结果都不代表集体理性的判断,而不过是一种力场中的矢量和。'"①

其次,自由主义的政治逻辑使个人自由成为一种"前政治"的领域,甚至政治无法触及的领域,从而使人权与人民主权之间产生了明显的张力。这样,在自由主义的理论中,民主从逻辑上就受到了两个层面的限制:一是个人权利居于政治民主之上,二是前政治领域与政治领域的划分约束了民主政治可能发挥作用的范围。

最后,把政治与道德完全剥离开来,最终也将动摇自由主义政治秩序的合法性基础。因为"法律只有其作为正义之源的时候才具有合法性的力量"②。但是在自由主义的政治结构中,"人像自然客体一样,变成了仅仅追逐自身物质利益的、自私自利的算计性动物。这种把政治和道德割裂开来的做法,泯灭了人们对一种善的正义的生活、在公正地建立起来的理性秩序下和谐生活的愿望与追求"③。当然哈贝马斯也承认,在自由主义传统内部,有不少理论家意识到道德问题在政治上的重要性,但他们最终都遇到一个共同的难题,即"单纯依靠合理性的动机,他们无法说明道德义务的强制性,这种强制性超出了精打细算的约束力"④。哈贝马斯就罗尔斯的方法表示,后者试图从一些非道德的前提得出道德结论的方法注定归于失败,因为"如果理性的公民不能采取一种共有的道德立场,一种独立于并且超越于他们因各不相同的观念体系而获得的视角的道德立场,那么他们就没有可能达成某种重叠共识。合乎理性这种说法要不就太空洞,以致无法充分表明得到主体间承认的政治正义概念的有效性特征;要不就被赋予太多内涵,以致无法将实践上合理的事情与道德上正当的事情区分开来"⑤。

除自由主义之外,哈贝马斯对 20 世纪 80 年代以后出现的另一种试图对

---

① Jürgen Habermas, *Faktizität und Geltung: Beiträge zur Diskurtheorie des Rechts und des demokratischen Rechtsstaats*, p.331(引言出自 F. I. Michelman);参见哈贝马斯:《在事实与规范之间》,第335页。

② Jürgen Habermas, *Faktizität und Geltung: Beiträge zur Diskurtheorie des Rechts und des demokratischen Rechtsstaats*, p.180;参见哈贝马斯:《在事实与规范之间》,第178页。

③ 哈贝马斯:《理论与实践》,第51页。

④ Jürgen Habermas, *The Inclusion of the Other: Studies in Political Theory*, p.13. 参见哈贝马斯:《包容他者》,第14页。

⑤ Jürgen Habermas, *The Inclusion of the Other: Studies in Political Theory*, p.77. 参见哈贝马斯:《包容他者》,第92页。

自由主义进行替代的政治理论即共和主义也进行了分析和批判。① 共和主义的基本出发点是共同体内部人与人之间在历史上形成的文化的、传统的联系，以及由此产生的个人对其他人和对共同体的义务。哈贝马斯认为，与自由主义相比，共和主义有其不可否认的理论优势，因为后者强调"社会乃是由通过交往联合起来的公民组成，而不是把集体目标回溯到相互竞争的私人利益之间的'交易'，从而保持了社会的激进民主意义"②。另外，共和主义强调公共领域在政治生活中的积极作用，这也是能够引起哈贝马斯共鸣的。"在共和主义的观念中，政治性公共领域及作为其基础的公共社会获得了一种战略性的意义；它们将确保公民们达致理解的实践所具有的整合力量与自主性。"③在共和主义看来，"政治是整个社会化进程的构成因素。政治是实质性伦理生活的反思形式。政治是一种媒介，借助政治，自发团结的共同体成员意识到他们之间的相互依赖，并且作为公民通过充分的商谈，把现有的相互承认的关系，进一步发展和塑造成自由平等的参与者在法律基础上的联合体。自由主义关于国家和社会的建筑术因此发生了重大改变。在主权国家等级制的权威管理机构和分散的市场管理机制之外，也就是说，在行政权力和私人利益之外，团结作为社会整合的第三种原动力出现了"④。

哈贝马斯在承认共和主义的优势的同时又指出，这种理论也存在明显的不足，那就是它"过于理想化，并让民主过程依赖于公民们投身于公共事务的美德。由于政治首先关注的并非伦理的自我理解问题，因此共和主义观念的错误就在于，它用道德论辩限制了政治论辩"⑤。哈贝马斯虽然强调道德因素在公共生活中具有不可取代的地位，但是他坚持不能把它视为先验的、不可更变的政治前提。正如他自己所说："我之所以反对共和主义传统，仅仅是因为我把实践理性之有效性的合法性论证从公民的心理状态转移到政治的话语形式当中。然而……这种程序主义并不意味着公民的自决实践没有任何

---

① 严格地说，哈贝马斯所谓的共和主义在美国更多地被人们称为共同体主义（communitarianism）。至于共和主义，则指那些支持汉娜·阿伦特和列奥·施特劳斯政治主张的人们的理论，他们有一份刊物就叫《新共和》。本书根据哈贝马斯的用法仍然采用"共和主义"这一称呼。

② Jürgen Habermas, *The Inclusion of the Other: Studies in Political Theory*, p. 244；参见哈贝马斯：《包容他者》，第 284 页。

③ Jürgen Habermas, *Faktizität und Geltung: Beiträge zur Diskurtheorie des Rechts und des demokratischen Rechtsstaats*, p. 32；参见哈贝马斯：《在事实与规范之间》，第 332 页。

④ Jürgen Habermas, *The Inclusion of the Other: Studies in Political Theory*, p. 240；参见哈贝马斯：《包容他者》，第 280 页。

⑤ Jürgen Habermas, *The Inclusion of the Other: Studies in Political Theory*, p. 244；参见哈贝马斯：《包容他者》，第 284—285 页。

规范意义。"①因此,如果说自由主义最大的问题是它在政治中没有给人类的交往行为保留基本空间的话,那么共和主义最大的问题则在于它把公民的政治道德置于政治活动之上,"对政治商谈进行了一种伦理的限制"②,从而也同样相当程度上取消了交往行为在形成道德共识方面可能发挥的作用。就此而言,共和主义虽然不同于自由主义,但在导致了政治空间的自我封闭这一点上却与自由主义殊途同归。

针对自由主义与共和主义的缺陷,哈贝马斯提出了一种替代性的理论,即所谓的"论辩民主"、"商谈民主"或称"后自由主义民主"(以下统称"论辩民主")。③ 论辩民主是哈贝马斯把交往行为理论,特别是论辩伦理学中的普遍化原则与论辩原则引入民主理论的结果。据此,民主主要不再被理解为多数决定的规则,而是在全体一致基础上形成政治意志的过程,因为它不仅"通过一套权利体系保障每个人都有平等的机会参与立法"④,而且要求"只有那些在依法进行的立法论辩过程中能够得到全体公民同意的法律条文才具有合法性"⑤。

根据哈贝马斯的论述,论辩民主具有四个方面的基本特征。首先,公众的交往行为是共同体意见形成与意志形成的基本途径,国家的法律必须以此为依据,这是人民主权的原则的具体体现。哈贝马斯表示,交往行为理论在这个意义上可以替代社会契约论,成为现代民主理论的基础。"今天,在语言学转向之后,论辩理论为道德规范提供了一种义务论的理解。因而,论辩或者商谈的模式替代了契约论的模式:法律共同体不是通过社会契约,而是在论辩性共识的基础上把自身构建起来。"⑥

其次,论辩式民主具有广泛的包容性和开放性,它的基础结构是由多种

---

① 哈贝马斯:《后民族结构》,第232页。
② Hambermas, "Three Normative Models of Democracy", in Seyla Benhabib (ed.), *Democracy and Difference*: *Contesting the Boundaries of the Political*, Princeton, NJ: Princeton University Press, 1996, p. 23.
③ 哈贝马斯表示:"我用后自由主义民主一词来指代一种旨在通过论辩及多样化的社会联系形成公共空间,并提升公民能力的民主形式。"(Cf. Mark Warren, "Liberal Constitutionalism as Ideology: Marx and Habermas", *Political Theory*, November 1989, p. 512.)
④ Jürgen Habermas, *Faktizität und Geltung*: *Beiträge zur Diskurtheorie des Rechts und des demokratischen Rechtsstaats*, p. 142;参见哈贝马斯:《在事实与规范之间》,第135页。
⑤ Jürgen Habermas, *Faktizität und Geltung*: *Beiträge zur Diskurtheorie des Rechts und des demokratischen Rechtsstaats*, p. 141;参见哈贝马斯:《在事实与规范之间》,第135页。
⑥ Jürgen Habermas, *Faktizität und Geltung*: *Beiträge zur Diskurtheorie des Rechts und des demokratischen Rechtsstaats*, p. 663;参见哈贝马斯:《在事实与规范之间》,第685页。

多样的公共领域组成的公共讨论的网络,使阶级、性别、年龄、民族及文化等因素都能够得到充分的体现。同时,论辩民主允许人们对任何政治问题进行公开的、平等的、没有时间限制的讨论即"论辩"。在理想状态下,论辩式民主应该保证"所有相关的问题、议题与建议都被提出来,并且在最充分的信息与论据的基础上进行论辩和协商"①,其最终目标则是达成公民主体间的共识。

再次,论辩民主把多数决定的决策方式理解为了实用目标而对论辩过程的暂时中断,而且从原则上说可以在任何时候重新开始。哈贝马斯强调,民主政治意味着具有不同利益、观点和意见的人们相互遭遇,并且通过论辩与商谈重新考虑和相互修正个人的和集体的意见和立场。由于这种遭遇通常是在知识不完备、不确定的环境下发生的,而共同体往往又必须在一定的时间范围内做出决策并采取行动,很难保证在全体一致的基础上形成解决方案,因而任何一次的决定都具有暂时性,并且必须对未来的修正保持开放。就此而言,实际的民主过程中最重要的就不是一致而是论辩。"合法的决定并不代表所有人的意愿,而是所有人讨论的结果。"②

哈贝马斯认为,论辩民主能够为解决自由主义政治理论中民主与宪政之间或者说公共自主与个人自主之间的矛盾关系提供了新的思路。按照自由主义的理解,个人权利优先于政治民主,并且成为民主力所不及的领域,从而使人民主权与宪政之间出现了无法弥合的裂痕——"民主程序必须内置于一些它本身无法规范的情境之中"③。论辩民主则提供了一种不同的视角,即把民主立宪视为一个未完成的过程的开端,而宪政框架之下持续进行的民主实践则是这个没有终点的立宪过程的现在形式。"从这一长远观点来看,民主法治国体现的就不再是某种完成了的结构,而是一项精细敏感的,尤其是可错的和可修正的事业,其目标是在变动的环境中更新权利体系,即更好地对其加以解释、更恰当地使其制度化、更彻底地发掘它的内涵。"④由此出发,哈贝马斯强调公民权利并不先于民主的意志,同时也并不对其构成限制;相反,对这些权利的维护本身是公共意志真正具有民主性质的前提条件。用哈贝

---

① Jürgen Habermas, *Faktizität und Geltung: Beiträge zur Diskurtheorie des Rechts und des demokratischen Rechtsstaats*, p. 210;参见哈贝马斯:《在事实与规范之间》,第 208 页。
② 哈贝马斯引 B. Manin 语。见哈贝马斯:《公共领域的结构转型》,第 23 页。
③ 哈贝马斯引 Joshua Cohen 语,意即民主不能为自身制定程序。Cf. Jürgen Habermas, *Faktizität und Geltung: Beiträge zur Diskurtheorie des Rechts und des demokratischen Rechtsstaats*, p. 370;参见哈贝马斯:《在事实与规范之间》,第 379 页。
④ Jürgen Habermas, *Faktizität und Geltung: Beiträge zur Diskurtheorie des Rechts und des demokratischen Rechtsstaats*, p. 464;参见哈贝马斯:《在事实与规范之间》,第 473—474 页。

马斯的话来说,就是:"法治内在于政治性的自我立法之中,正如绝对命令……内在于道德的自我立法之中一样。"①他认为,以权利为中心的宪政民主恰恰对什么是真正的民主进行了规定,或者说规定了什么是民主的自我立法。

在此基础上,哈贝马斯提出了民主与法治的"同源论"。"民主与法治之间的内在联系在于,一方面,公民只有在受到平等保护的私人自主、即充分独立的基础上,才有可能适当地运用其公共自主;另一方面,只有他们作为公民适当地运用其政治自主,才有可能平等地享有私人自主。因此,基本的自由权利与政治权利是不可分的。……自由权与公民权的同源性,乃是西方式合法性的实质。"②"如果没有保障公民私人自主的基本权利,也就没有能够使公民们运用其公共自主的条件制度化的媒介。因此,私人自主与公共自主互为前提,无论是人权,还是人民主权,都不能宣称自己具有优先性。"③

哈贝马斯也把论辩民主的价值基础称为"爱宪主义"④。爱宪主义的一个根本特点,就是一方面要求公民们超越单纯的个人私利,在公共政治生活中以相互理解和相互合作作为基本目标;另一方面要求公民们超越自身的历史和文化传统,对外部世界与未来保持开放态度,因此与传统意义上的爱国主义有所区别。简言之,"爱宪主义"强调把公民之间形成的对宪法原则共同的理解和忠诚作为其一体化的基础,"公民的政治整合保证他们忠实于共同的政治文化,而后者则是从一个民族的历史传统出发对宪法原则进行理解的结果"⑤。

最后,论辩民主以一个活跃的、健康的公共社会的存在为前提。⑥ 由于公

---

① Alessandro Ferrara, "Of Boats and Principles: Reflections on Habermas's 'Constitutional Democracy'", *Political Theory*, Vol. 29, No. 6, December 2001, pp. 778-779.

② Jürgen Habermas, *The Postnational Constellation: Political Essays*, p. 118;参见哈贝马斯:《后民族结构》,第138页。

③ Jürgen Habermas, *The Inclusion of the Other: Studies in Political Theory*, p. 261;参见哈贝马斯:《包容他者》,第302页。

④ Verfassungspatriotismus,中文一般译为"宪法爱国主义"。但是,考虑到哈贝马斯提出这个概念的初衷就是希望澄清对国家的忠诚与对宪法原则的忠诚之间的差别,强调培养一种超越民族利益的普遍主义政治情感,所以本书改译为"爱宪主义"。

⑤ Jürgen Habermas, *The Inclusion of the Other: Studies in Political Theory*, p. 225;参见哈贝马斯:《包容他者》,第260页。

⑥ 哈贝马斯强调把公共领域与自由主义意义上的市场社会区别开来:论辩理论"与自由主义模式一样尊重'国家'和'社会'之间的边界.但同时又把作为自主性公共领域基础的公共社会(Zivilgesellschaft)与经济行为系统和公共行政系统同时区别开来"(Jürgen Habermas, *Faktizität und Geltung: Beiträge zur Diskurtheorie des Rechts und des demokratischen Rechtsstaats*, p. 363;参见哈贝马斯:《在事实与规范之间》,第372页)。

共社会中形成的交往共识必须成为法律和政府行为的基础,因此公共社会与国家并非完全分离;但与此同时,它又必须保持对国家(及市场)的独立性,以保证公共论辩不受后者干扰。哈贝马斯也称这种公共社会为"政治性公共领域",其存在对论辩民主的重要意义在于,它是产生交往权力的基本的场所。交往权力这个概念是哈贝马斯从阿伦特那里借用的①,他明确肯定"一切政治权力都来自于公民的交往权力"②,因为"通过论辩产生的、并以主体间的形式共享的信念同时也是一种推动力。尽管它只是一种好的理由的弱的推动力,但由此毕竟可以看出交往自由的公共运用具有一种权力潜力发生器的作用"③。

除了作为孕育交往权力的基础之外,公共领域的存在对一个民主社会的健康运行还具有重要的保障作用。哈贝马斯认为,政治过程虽然可以做出具有强制力的决策,但由于受到各种法律程序的约束,其能力范围受到一定限制;另外,政治系统本身并不能保证相关信息的充分流动,也未必总是能够发现需要解决的问题。因此,论辩民主的实践就必须依赖一个非制度化的、作为"发现的语境"的公共领域的存在。它贴近基层,能够发现需要通过政治系统加以解决的问题。虽然它不能做出政治决策,但其长处是能够对任何论题展开论辩,所以适合于"通过合作探求真理"。与此同时,大量不需要立即转变为政治行动的公共交往的存在,也会大大减轻民主社会政治体系可能承受的压力。哈贝马斯因此强调,不能简单地认为公共领域不过是公众谈论政治的场所,它的作用也不仅限于为政治过程提供信息。由于语言所具有的施为性功能,公共领域的论辩对最终的政治决策,甚至对改变人们的思想与行为都发挥着关键作用。

正如哈贝马斯自己所说,与自由主义和共和主义相比,论辩民主理论在一定程度上克服了前者排斥政治和贬低民主的一面,使公共性、民主和参与这些概念获得了新的政治价值;同时也避免了后者因为过分强调个人对共同体的归属而可能对公民基本自由的忽视,因为通过论辩民主,能够把政治过

---

① 阿伦特认为:"当人们共同行动的时候,权力就从他们之间产生,而一旦他们分离,权力也便归于消失。"(Hannah Arendt, *The Human Condition*, Chicago and London: University of Chicago Press, 1958, p.200.)

② Jürgen Habermas, *Faktizität und Geltung: Beiträge zur Diskurstheorie des Rechts und des demokratischen Rechtsstaats*, p.209;参见哈贝马斯:《在事实与规范之间》,第207页。

③ Jürgen Habermas, *Faktizität und Geltung: Beiträge zur Diskurstheorie des Rechts und des demokratischen Rechtsstaats*, p.183;参见哈贝马斯:《在事实与规范之间》,第181页。

程中的相当一部分内容从国家机构手中转移到公共社会的空间内,从而使一种非中心化的政治成为可能。

同时,由于论辩民主理论从交往行为而非权力政治的角度理解民主,从而在一定程度上解决了民主政治中多数与少数、政治与法律关系问题上的困难。至于对民主论辩性质的强调,也为人们更加注重政治进程中的协商因素提供了理论上的依据。尤其是在一种多元的社会环境中,论辩民主注重立场和观点的协调而非政治博弈或者利益交换,因而对缓解社会矛盾具有积极的意义,对和平解决各种社会集团之间乃至国与国之间的冲突都具有重要的借鉴价值。最后,在国家官僚机构对社会的管理与控制程度越来越深,范围越来越广的现代社会,论辩民主也为公民们捍卫自己的权利与自由提供了有力的推动。近年来在西方国家,论辩民主(discursive democracy)或者商谈民主(deliberative democracy)理论得到人们越来越多的关注,并且成为一种方兴未艾的实践进程,应该说与哈贝马斯的理论工作是有着密切关系的。

哈贝马斯是一位具有世界影响并且在各方面都引起了广泛争论的思想家,但绝大多数人都会同意,他对现实抱有非常真诚的关注、对现代社会人类面临的诸多共同问题具有深切的忧患意识,这使他的工作得到了很多即使不同意或者不完全同意他的理论的人的尊重。总的来说,哈贝马斯的理论贡献主要表现在以下三个方面。

第一,交往行为理论为在后形而上学时代重新确立理性的地位指出了一条富于中庸色彩的道路,或者说希望"捍卫一种带怀疑色彩,但并不悲观失望的理性概念"。① 哈贝马斯表示,他主要是继承了康德的立场,从人道主义出发对待理性问题,并且试图用语言哲学来拯救理性概念,因为"康德首先表明,对理性的批判正是其自身的工作。理性的这一重含义来自于一种反柏拉图主义的激进观点,即没有一种更高更深的东西可供我们诉求,因为我们已经被自己语言性地建构的生活形式所包围。"② 当然,在现代社会对理性的重建必须以对理性的批判为前提,"需要一种对启蒙的经过启蒙的怀疑,一种合乎逻辑的对西方理性主义的批判,以及一种对'进步'所带来的得与失的精细

---

① Jürgen Habermas, *Nachmetaphysisches Denken*, Frankfurt am Main: Suhrkamp Verlag, 1992, Vorwort;参见哈贝马斯:《后形而上学思想》,前言。
② Jürgen Habermas, *Faktizität und Geltung: Beiträge zur Diskurtheorie des Rechts und des demokratischen Rechtsstaats*, p. 11;参见哈贝马斯:《在事实与规范之间》,第5页。

的权衡。在今天,理性再一次必须通过对理性的批评加以捍卫"①。哈贝马斯把理性区分为主体性的即独白式理性与主体间性的即交往式理性两种形式,也正是希望以此在后形而上学时代为理性赢得合法的地位。他明确表示,自己的理论中有一种对理性的"偏爱"。也正因此,有人把他称为"最后一位伟大的理性主义者"②。

与宣称西方社会已经进入后现代时期的思想家相反,哈贝马斯坚持认为,如果把现代化理解为一种启蒙的话,那么这个过程尚未完成,其根本原因则是合理性在这个过程中被误用。韦伯和早期法兰克福学派的思想家将合理性片面地归结为目标合理性,将理性与压制等同起来,将合理化视为物化的根源,结果是由对目标合理性的批判发展到对理性本身的抛弃。从这一基本判断出发,哈贝马斯在与后现代主义者们的大量论战中反复指出,当代社会之所以出现各种矛盾和问题,其根源不在于启蒙,而在于启蒙的不彻底、不完全。

第二,交往行为理论在多元主义的时代重新开启了对普遍性道德原则的理性讨论。哈贝马斯的一个基本信念是:"道德真空中的生活,不再了解道德为何物的犬儒主义的生活,是一种不值得去过的生活。"③从现实的角度看,哈贝马斯理论关注的核心是多元社会的团结问题。虽然他接受甚至欢迎社会的多元化,但并不认为多元主义就意味着相对主义。相反,他强调在一个多元社会中,规范显得比任何时候都更加重要,因为"为语言对局与生活方式的多元性欢呼而意识不到普遍规范的必要性,与夸大普遍规范的作用,因而不能客观地对待多元化、差异性和他者性同样危险"④。如果像自由主义或者后现代主义主张的那样,听任每一个人做出自己的价值判断,仅仅追求一种自身圆满的伦理生活,那么社会矛盾与分裂便不可避免,不同群体、民族、国家之间的冲突也势所必然。

---

① Thomas McCarthy, "Translator's Introduction", in Habermas, *The Theory of Communicative Action*, Vol. One: *Reason and the Rationalization of Society*, trans. Thomas McCarthy, Boston: Beacon Press, 1984, pp. vii-viii.

② Ibid., p. viii.

③ Jürgen Habermas, *Die Zukunft der menschlichen Natur: Auf dem Weg zu einer liberalen Eugenik?* pp. 124-125.

④ Richard J. Bernstein, "Fred Dallmayr's Critique of Habermas", *Political Theory*, Vol. 16, No. 4, November 1988, p. 591.

也可以认为,交往行为理论体现了某种向理性主义道德的回归。哈贝马斯表示,交往行为理论的目标,就是证明在后形而上学时代仍然有可能建立一种理性基础上的道德规范,并使之发挥积极的社会整合作用,即通过解放内在于交往结构之中的规范性潜能,借助交往合理性建立一个"合理社会",最终使政治"重新道德化"①。因此,哈贝马斯的哲学与政治理论之间具有高度的一致性。他提出的论辩伦理虽然是一种程序性的原则,但同时也具有道德规范的意义,因为它一方面是康德的绝对命令在多元社会的体现,另一方面仍然维护了普遍主义的基本价值。哈贝马斯相信,在这一原则支配之下,通过论辩,人们有可能为一些冲突中的问题找到最佳的解决方案。

第三,交往行为理论为协调个体自主与社会团结开辟了一条具有建设性的道路。作为现代主义者,哈贝马斯认可后形而上学时代价值观念的多元性,因此对他而言,个人自主与社会团结具有同等重要的价值。为协调这两个方面的要求,交往行为理论提供了一种可能性,使人们得以在不必诉诸更基础的规范、也不必诉诸策略性个人互动的情况下,通过论辩寻求共识。哈贝马斯在把交往行为理论与罗尔斯的正义论相比较时认为,前者既有相对中庸的一面,也有相对来说更富有进取性的一面。"之所以相对中庸,是因为它完全致力于理性公用的程序方面,并且是从这种理性公用的法制化理念中得出权利体系的。它可以使更多的问题保持开放状态,因为它很愿意把问题托付给合理的意见和意志形成的过程。"②因而有评论者认为,哈贝马斯关于程序性共识的理论通过提倡一种同时保证自主与团结的解放性的政治,既超越了文化背景,又承认背景因素的作用,从而避免了理性的分裂。③

在提倡和捍卫思想与文化多元性的同时,交往行为理论又避免了主观主义和相对主义。哈贝马斯指出,人们参与合理论辩的能力表明,他们事实上能够通过无限制的语言性交往对个人观念进行修正,并使之从意见上升到共识性的真理。这样,交往行为理论以辩证的方式统一了两种对立的立场:既承认观念的多元性,又承认单一的、客观的真理的存在。④ 这是该理论相对富

---

① Jürgen Habermas, *Anotomy and Solidarity: Interviews*, p. 71.

② Jürgen Habermas, "Reconciliation through the Public use of Reason: Remarks on John Rawls's Political Liberalism", in *op. cit*, p. 131.

③ Gerard Delanty, "Habermas and Occidental Rationalism: The Politics of Identity, Social Learning, and the Cultural Limits of Moral Universalism", *Sociological Theory*, Vol. 15, No. 1, March 1997, p. 34.

④ Margaret Canovan, "A Case of Distorted Communication: A Note on Habermas and Arendt", *Political Theory*, Vol. 11, No. 1, Februry, 1983, p. 106.

于进取性的一面。它表明,多元社会中的任何一方都没有理由把自己的价值观念与道德标准视为普遍规范,并且在不经论辩的情况下强加于人;它同时也向人们提示,对话、倾听别人的声音在一个多元社会中具有重要价值。正是在这个意义上,哈贝马斯对一个社会的合理性提出了如下标准,即看它在多大程度上鼓励了批评性的道德与政策争论,以及在多大程度上消除了结构性的暴力。①

如果哈贝马斯的努力获得成功,人们就有可能在交往合理性的基础上对传统道德进行一次彻底的检验,并且为那些通过检验的成分提供一种更为坚实的、得到主体间认同的基础。哈贝马斯正是在这个意义上认为:"只有在后习俗的条件下,前习俗阶段形成的世界观念的真理性才得到提示。换言之,人们只有通过构成论辩基础的理想化的相互性,才有可能把握正义观念。"②麦卡锡就此提出,哈贝马斯希望构建的是一种"比我们的政治文化中'既成的信念'"更为广泛的"关于正义的概念"。这一概念将表明,"我们基本的道德直觉来自于某种更深的、更普遍化的东西,而并非我们的传统中偶然的成分"③。

如上所述,哈贝马斯的理论在诸多方面为人们提供了新的思路,但同样也在诸多方面引起人们的质疑乃至批判,而其中影响较大的一种观点,就是认为交往行为理论过于空想,有批评者甚至更是把这一理论称为新的乌托邦,而批评的主要目标,就是关于理想的交往条件的问题。

理想的交往条件即上文介绍的论辩得以发生的主客观条件,哈贝马斯也称之为"理想的对话场景"。当然,哈贝马斯本人也并不认为这些条件在实际交往活动中能够完全实现,而是把它当做一种类似物理学中的理想模型加以看待,因为他相信只有通过对理想状态的建构,才能反过来揭示真正的交往行为必须具备的基本前提。如他所言,"即使是在有利的条件下,也没有哪一个复杂社会能够与纯粹的交往性社会联系模式相吻合。但我们也不可忘记,这个模式只是一种方法论的虚构,其目的在于揭示社会复杂性中那些不可避免的惰性特征,即交往性社会联系的对立面。即使对参与者自己而言,他们

---

① Jürgen Habermas, *Legitimation Crisis* (Trans. by Thomas A. McCarthy), Boston: Beacon, 1975, p. 113.

② Jürgen Habermas, *Moral Consciousness and Communicative Action*, p. 165.

③ Thomas McCarthy, "Introduction", in Jürgen Habermas, *Moral Consciousness and Communicative Action*, pp. ix–x.

也会因为对交往行为的理想化假设而忽视这个对立面的大部分"①。

但是,即便人们认可哈贝马斯这种思维方法,也还是会发现他的确忽视了某些不应被忽视的因素。首先是关于"好的论据"的问题。哈贝马斯强调,在"理想的对话场景"中,只有"好的论据"才能够发挥"非强制性的强制"作用。但在现实生活中,由于价值观念或者利益的冲突,"好的论据"未必总是有效。在这种情况下,哈贝马斯提出了两种可供选择的方案。第一种方案是通过公平谈判的办法暂时达成妥协。然而经验表明,人们并不愿意用这种方式解决一些涉及基本价值判断的问题,比如堕胎、色情、同性恋、动物权利、死刑、安乐死等,而且更重要的是,这些问题似乎也不适于通过妥协加以解决。②

第二种方案是把论辩上升到一个更高、更抽象的层次,比如说,从对不同偏好的讨论上升到对选择自由问题的讨论,从对具体信仰的讨论上升到对良心自由问题的讨论等。但这种方案最终会面临一个无法回避的问题,即多元社会在保证自身团结的前提下,到底能够容纳多大程度的价值冲突。另外,人们常常会发现,他们在任何一个价值领域内部都面临着大量难以调解的冲突,但在更高层次的规范问题上却存在高度的共识。比如拥护选择自由的人可能对不同的偏好展开争论,信奉良心自由的人可能为不同内容的信仰公开冲突。在很多情况下,这恰恰是多元社会的实际状态。在这里,不同的选择与偏好背后常常会包含一些难以完全通过理性加以说明的力量,或者说社会生活中总是存在某些理性论辩力所不及的领域。因此,美国政治学家伯恩施坦认为:"抽象地看,哈贝马斯所谓的'更好的论据的力量'具有很大的吸引力,但是,如果我们自问它意味着什么,又提出了什么的话,情况就不一样。"③"每一个社会都必须拥有某些处理不能通过论辩解决的冲突的程序,即使当各个方面都致力于合理论辩时也是如此。"④

其次是交往行为的开放性以及共识的必然性问题。哈贝马斯强调,交往行为应该具有在时间与空间两个维度上的开放性,它不能因为任何非交往的

---

① Jürgen Habermas, *Faktizität und Geltung: Beiträge zur Diskurtheorie des Rechts und des demokratischen Rechtsstaats*, p.396;参见哈贝马斯:《在事实与规范之间》,第403页。

② Thomas McCarthy, "Kantian Constructivism and Reconstructivism: Rawls and Habermas in Dialogue", *Ethics*, Vol. 105, No. 1, October 1994, p. 56.

③ Richard J. Bernstein, *The New Constellation: The Ethicl-Political Horizons of Modernity/Postmodernity*, Cambridge, MA: MIT Press, 1992, p. 220.

④ Ibid., p. 221.

原因而被中止;由于各种策略性考虑而导致的交往中断都以其在原则上可以被恢复为前提;同时,已经达成的一致也可以接受任何进一步的修正。他相信,如果这些条件得到满足,那么交往过程最终将会在共识基础上形成一种真正的道德规范。但是,在实际生活中,决策的需要往往使论辩参加者不得不在一定的时间界限之内中止讨论,并且根据多数意见做出决定;而少数服从多数的规则又包含了争论可能被无限期中止的预期,因为接受多数的决定就有可能改变未来的论辩环境。① 此外,对话和交往环境的不断变化也使论辩过程变得十分复杂和难以控制,人们总是在一个问题尚未解决的情况下被迫面对另一个问题,而环境的变化也使旧的问题不断增加新的内容,因此,人类生活的自然与社会环境的变化过程总是远远快于人们达成共识的过程,这就从逻辑上使开放性论辩与共识的形成之间出现了相互排斥的关系。罗尔斯就认为,没有理由期望"具有充分理性能力的、正直善良的人们,如果通过自由的讨论,就能够达成完全一致的结论"②。

哈贝马斯自己也意识到:"在这个受时间的压力必须以这样那样的方式做出各种决定的现实世界里,我们不能无限期地等待建构性观念的产生。如果我们的前提是正确的,那么,在这个没有希望的情境中,我们所谓'唯一正确答案'的假设(一般是有效的)实际上是一张以后才能兑现的支票。"但与此同时他又坚持认为,在人类的这种现实处境中要达成共识和实现和解,论辩与商谈仍然是唯一可能的途径。③ 他曾经表示:"如果我们放弃这一假设,民主过程就会失去其程序合理性和合法性力量。然而,在后形而上学思想的条件下,我看不出有什么东西能够取代这个假设。"④

另外,如果把论辩伦理付诸实践也会带来一些无法克服的困难,比如是否存在道德上的依据,让论辩参与者等待并说服最后一个持不同意见的人?在传统的道德理解中,很可能这个个体早已因为多数舆论的压力放弃了自己的立场,但根据普遍化原则和论辩原则,他却完全有理由要求其他人提供"更好的论据",或者坚持说服其他所有的人。相反的情况也同样真实,即由于要求普遍一致,少数的观念可能始终受到排斥和压制。因此有批评者认为,哈

---

① 考虑这样一个极端的例子可能有助于说明问题:多数决定禁止克隆人并且同时禁止公开对这个问题进行讨论,这种时候,"原则上可以恢复"就失去了其真实的意义,因为少数已经在很大程度上失去了他们改变多数决定从而使讨论能够重新开始的基本资源。
② John Rawls, *Political Liberalism*, New York: Columbia University Press, 1993, p.58.
③ Jürgen Habermas, *Moral Consciousness and Communicative Action*, p.322.
④ 哈贝马斯:《后民族结构》,第254页。

贝马斯关心的,只是那些在某个给定的交往共同体中,从人们普遍接受的标准来看能够确立其合理性的文化性需要,而对其他问题的任何讨论都可能因为不具合理性而被排除。这就意味着哈贝马斯提出的论辩结构实际上具有内在的保守倾向,它很难容纳新观念的产生和发展。艾里斯·扬就此指出,交往理论由于把民主性的讨论局限于说理(argument),因而包含了某种"在实践中导致排外行动的潜在的文化偏见"①。

最后是关于语言的施为性问题。语言的施为性在交往行为理论中具有重要地位,因为它一方面保证说话者"言出心声",另一方面保证听者"从善如流",从而使交往行为能够达成共识,并且发挥社会化与社会协调作用。但从实际情况来看,人类的语言表达不可避免地具有某些内在缺陷,即语言未必在任何时候和任何条件下都能够准确表达人们的意念,而人们也未必在任何时候和任何条件下都能够通过语言准确地表达他们的情感与愿望。② 虽然哈贝马斯用"交往能力"这个概念对交往参与者这方面的基本条件进行了规定,但在一个人具有多种相互冲突的观念,同时自己也不能非常清晰地辨明这些观念之间的关系的情况下,或者即使说话者本人以为做出了确切判断,但实际上仍然存在偏颇之处的情况下,交往的结果就可能会导致误解。

另一方面,一种更常见的情况是,人们即使同意某种观点或者判断,但由于各种原因(可能是客观条件不允许,也可能是主体意志的脆弱)并不能据此行动。但只要语言的施为功能不如哈贝马斯想象的那么大,交往行为理论作为一种行动理论就必须接受相应的修正。事实上,哈贝马斯也意识到这是一个现实问题:"由于道德行为者的自我控制系统具有不确定性和高度的抽象性,同时一般来说由于提供这种自我控制能力的社会化过程具有变动不居的特点,因此从知识到行动的转化具有其不确定性。就此而言,一种道德规范如果仅仅依赖于人格结构中那些比较有利的基本结构,即不能在内在化之外以其他的方式激励行为者动机的话,其效力是有限的。所谓其他方式,指的就是一种制度化的法律体系,它能够弥补理性道德规范在行动效力上的不足。"③

---

① Iris Marion Young, *Intersecting Voices: Dilemmas of Gender, Political Philosophy and Politics*, Princeton: Princeton University Press, 1997, p. 64.

② 正是因为存在这种可能性,所以中国传统文化一直强调"听其言,观其行",强调"君子不以言举人,不以人废言"(《论语·卫灵公第十五》)。

③ Jürgen Habermas, *Faktizität und Geltung: Beiträge zur Diskurtheorie des Rechts und des demokratischen Rechtsstaats*, p. 146;参见哈贝马斯:《在事实与规范之间》,第 139 页。

由于语言与理性在哈贝马斯的交往行为理论中具有核心地位,非语言与非理性的因素(比如直觉的、情感的、欲望的、宗教的等等)在人类行为与相互关系中的作用多多少少被这一理论边缘化了(当然,进入21世纪之后哈贝马斯的观点有所变化)。但是,正如沙林所说,让理性"脱离生活经验等于肢解了理性","不能从感觉上加以说明并且被排除了情感因素的知识可能是合理的(rational)、但却是不合逻辑的知识(reasonable)"①。欣内肯也指出:"几乎所有的合理性行为都受到情感的影响,同样几乎所有的情感行为背后也能够找到合理性的影子。"②因此,"如果把个人带入一种预定的合理性,同时不考虑环境中可能的偶然条件,那么由更好的理由这一唯一的强制达成的一致仍然是一种强制性的一致"③。这是一个非常重要的观点,因为理性本身具有某些不能由它自身加以说明的前提。有人因此不无讽刺地指出:"哈贝马斯设想的人没有肢体,也没有感情,他们的'人格结构'就表现在认知、语言和互动之中。"④因此,"理性要防止自己走到极端,就必须接受感性的启蒙,情绪的激荡、欲望的升华。一句话,它必须对客观的不确定性保持敏感"⑤。虽然哈贝马斯在很多场合也表示:任何一个理性的社会都"是可错的、是对可能的自我纠正开放的"⑥,但是,在他的理论中仍然没有为不确定性、非论辩性,以及情感和直觉等等预留足够的空间⑦。

总的来说,以上三个方面比较明显地反映了交往行为理论的理想化成分。其实哈贝马斯也认为:"交往理性概念中还留存着先验表象的阴影。由于交往行为的理想化前提不能被转变为未来某种确定的、拟人化的理解状态,因此必须对这个概念抱着充分的怀疑态度。"⑧他表示:"一个建立在交往基础之上的社会,其乌托邦性质表现为未受损害的主体间性的形式方面。就其提出了具体的生活方式而言,甚至连'理想的对话场景'这样的表述也具有

---

① Dmitri N. Shalin, "Critical Theory and the Pragmatist Challenge", *American Journal of Sociology*, Vol. 98, No. 2, September 1992, pp. 255-256.
② J. van Ginneken, *Collective Behavior and Public Opinion: Rapid Shifts in Opinion and Communication*, Mahwah, NJ: Lawrence Erbaum, 2003, p. 14.
③ Dmitri N. Shalin, "Critical Theory and the Pragmatist Challenge", in *op. cit.*, p. 269.
④ Agnes Heller, "Habermas and Marxism", in John B. Thompson and David Held (eds.), *Habermas: Critical Debates*, London: Macmillan, 1982, p. 22.
⑤ Dmitri N. Shalin, "Critical Theory and the Pragmatist Challenge", in *op. cit.*, p. 271.
⑥ Jürgen Habermas, *Autonomy and Solidarity*, pp. 126, 144.
⑦ Dmitri N. Shalin, "Critical Theory and the Pragmatist Challenge", in *op. cit.*, p. 274.
⑧ Jürgen Habermas, *Nachmetaphysisches Denken*, p. 184;参见哈贝马斯:《后形而上学思想》,第167页。

误导性。能够以规范形式勾画出来的只不过是日常生活中交往实践得以发生的必要的、一般性的条件，以及通过论辩形成（公共）意志的程序，它们能够为参与者自身提供一些具体的条件，使他们得以享有基于他们自身愿望的、与他们自身的需要与观念相一致的、更好的、较少受到威胁的生活。"①但是，这种有所保留的态度并没有使哈贝马斯放弃对自己的理论的信心。他坚持说："交往理性的确是一叶摇摆不定的小舟，但它不会沉没于偶然性的大海，尽管在大海中颠簸是它'克服'偶然性的唯一方式。"②

在他后期的著作中，哈贝马斯越来越倾向于采取一种康德式的立场，即认为对未来人们有义务抱有希望。③ 他曾经明确表示，真正的交往行为要求的"完整主体间性是自由的、相互承认的对称关系的表现。但是，不应该把这种观念描绘成幻想中的生活方式的总体性，也不应该把它作为乌托邦抛到遥远的未来。它所包含的仅仅是对一些必要条件的程序性描述，用来表明完美的生活难以预期的形式。与先知的预言不同，这些生活方式既非近在咫尺，亦非遥不可及。对此我们所知道的只是，即使它们真的能够成为现实，也必须通过我们自己团结一致、共同创造，虽然在此过程中难免冲突"④。哈贝马斯甚至认为，在现代社会，"上帝的观念被改造为一种逻辑的概念，这种概念支配着信仰者的共同体以及一个自我解放的社会的理想的生活概念。'上帝'成为一种理想的交往结构的名字，他迫使人们超越其偶然的、经验性的间接相处的形式，也就是说，超越那种其实与他们的本性无关的客体性，如果他们不希望丧失其人性的话"⑤。

无论如何，如果一种理想状态离现实生活太过遥远的话，那么对这种状态的构建即使能够帮助人们认识现实中存在的矛盾，但也有可能把人们的努力引向错误的方向，这也正是人们对乌托邦观念持批判态度的基本原因。哈

---

① Jürgen Habermas, *The New Conservatism: Cultural Criticism and the Historians' Debate*, Cambridge, MA: MIT Press, 1989, p.69.

② Jürgen Habermas, *Nachmetaphysisches Denken*, p.181. 参见哈贝马斯：《后形而上学思想》，第167页。

③ 康德认为，虽然上帝保证人类事务从总体上说不会由好变坏，而只会逐渐地由坏变好，但毕竟上帝不能替代人的工作，因此，他呼吁人们承担一种希望的义务，或者说充满希望地行动的义务，即"一种影响后代使他们能够持续进步的生来的义务"（Immanuel Kant, *Political* Writings, translated by H.B. Nisbet, Cambridge: Cambridge University Press, 1991, p.128）。

④ Jürgen Habermas, *Nachmetaphysisches Denken*, p.186；参见哈贝马斯：《后形而上学思想》，第168—169页。

⑤ Jürgen Habermas, *Legitimation Crisis*, trans. Thomas McCarthy, Boston: Beacon Press, 1975, p.121.

第十二章 理性、政治与自由

贝马斯本人也非常清楚,由于系统对生活世界的殖民地化,交往行为赖以存在的公共领域已经大大萎缩,而人们思想中"公共性"的观念也已经十分淡薄,因此在今天,"认同的动力只能有待于创造——公共性必须加以'制造',它已不再'存在'"①。那么这种创造该如何进行,是依靠交往行为本身,还是借助于其他的力量,如果选择后者的话,那么其"合法性"基础又从何处寻找?这正是哈贝马斯的政治理论中存在的问题。

哈贝马斯强调政治的交往行为特征,其目的不仅在于希望通过论辩与商谈实现公民启蒙与社会团结,同时也希望尽可能地把政治从官僚主义的桎梏中解放出来,以减少政治的强制与社会中的暴力。根据这一理论,绝大部分政治过程实际上是在一种"准政治"的空间即公共领域之内发生的。制度化的国家机构在很大程度上只能体现公共领域之内形成的基本共识。当然,哈贝马斯并不认为一切政治意志的形成都必须基于公共领域的论辩行为,他仍然坚持在政治论辩与道德论辩之间进行区分,从而为政治保留某种独立性。但是,交往行为理论并不能说明道德论辩的结果为何还需要进一步被法律化并且得到国家强制力的保证,因为这与语言的"施为性"功能假设相矛盾;其次,它也不能说明在什么情况下,在什么程度上,那些非交往性的因素可以被纳入政治领域,而政治的强制力又在什么情况下能够被合法地加以运用。

有一个问题是哈贝马斯必须予以回答的,即在现代社会如何创造出"理想的交往条件"?哈贝马斯提到过制约着交往行为的诸多障碍,比如说人与人之间各种各样的不平等、"关键性的机制"的缺乏、"关键的社会化"的缺乏,以及"贫困、慢待和堕落"等。② 要改变这种状态,恐怕更多地需要政治与法律手段而非一般意义上的交往。哈贝马斯自己曾经表示:"在复杂社会中,要在素不相识的人们之间形成一种具有道德约束力的、相互尊重的关系,法律仍然是唯一可资凭借的媒介。认识到这一点对哲学家而言就已经足够了。"③那么谁能够意识到这种需要,谁又能制定法律满足这种需要?可以肯定,制定法律的,并非这些素不相识的人们自己,因为他们既然"素不相识",也就不可能通过论辩而立法。

---

① 哈贝马斯:《公共领域的结构转型》,第236页。
② 不可否认的是,经济社会条件的不平等,以及文化上的不平等,都严重地阻碍着人们之间的有效交往,特别是后者,虽然不易被人察觉,但更具有深刻的影响。在这个方面,同样关注语言问题的福柯和赛义德的研究具有发人深省的价值。
③ Jürgen Habermas, *Faktizität und Geltung: Beiträge zur Diskurtheorie des Rechts und des demokratischen Rechtsstaats*, p.677;参见哈贝马斯:《在事实与规范之间》,第698页。

政治之所以存在,恰恰是因为人们不可能仅仅通过商谈或者论辩解决那些使他们发生分歧或者分裂的问题,同时共同体又不能因此被瓦解。这种不可能性或者因为时间的限制(必须在有限的时间内形成政治决策),或者因为人性中的某些弱点(总有人希望自己成为例外),或者还有其他因素。如果语言行为的本质是通过交往达成共识的话,那么政治的本质恰恰是通过强制达成一致。有不少研究者指出,在当代世界政治舞台上发挥着重要影响的女性主义与环境保护主义运动都不是按照交往合理性模式赢得其影响力,而是通过实际的政治(权力)斗争和冲突而得到社会的关注与认可的。① 甚至对哈贝马斯来说至关重要的公共空间,主要也是通过"冲突、竞争乃至排斥的方式"形成的,论辩与共识对此并没有发挥明显的作用。② 这意味着哈贝马斯"缺乏一种对政治变化所必需的权力关系的具体化理解"③。在这个问题上,福柯有一段明显是针对哈贝马斯的批评显得不无道理:"问题不在于试图把(权力关系)消解在完美的、透明的交往乌托邦之中,而是在于……设计出一系列法律规则,管理技术以及相应的伦理,……使权力的对局能够以最小的强制进行。"④

哈贝马斯显然在某种程度上忽视了政治本身的逻辑。这种逻辑被有的学者称为"政治理性的相对自主性",指的是政治"能够而且也应该不依赖于一种关于生活的无所不包的哲学,或者宣称它能够解决关于生活方式的各种争论,包括关于自然与理性能力的争论"⑤。虽然哈贝马斯也意识到"民主体制下立法者的意见形成和意志形成依赖于一个论辩和商谈的复杂网络,而不仅仅取决于道德论辩","与道德律令清晰明确的规范的有效性要求相比,法条以及立法实践的合法性基础是复杂而多样的"⑥,但从根本上说,这种"复杂而多样"的基础并没有被真正纳入他的理论体系之中。

---

① Cf. Paul Wapner, "Environmental Activism and Global Civil Society", *Dissent*, Vol. 41, No. 23, 1994.

② Geoff Eley, "Nations, Publics, and Political Cultures: Placing Habermas in the Nineteenth Century", in Craig Calhoun (ed.), *Habermas and the Public Sphere*, Cambridge, MA: MIT Press, 1992, p. 307.

③ Bent Flyvbjerg, "Habermas and Foucault: Thinkers for Civil Society?" *The British Journal of Sociology*, Vol. 40, No. 2, January, 1998, p. 215.

④ Michel Foucault, "The Ethic of Care for the Self as a Practice of Freedom", in James Bernauer and David Rasmussen (eds.), *The Final Foucault*, Cambridge, MA: MIT Press, 1988, p. 18.

⑤ Joshua Cohen, "Reflections on Habermas on Democracy", *Ratio Juris*, Vol. 12, No. 4, December 1999, p. 387.

⑥ Jürgen Habermas, *Faktizität und Geltung: Beiträge zur Diskurtheorie des Rechts und des demokratischen Rechtsstaats*, p. 667;参见哈贝马斯:《在事实与规范之间》,第 688—689 页。

总的来说，哈贝马斯基本的理论目标是在后形而上学时代重建公共道德的理性基础，以实现个人自主与社会团结的平衡，同时通过一种具有道德内涵的、包容性的政治结构与政治过程为这一基本的社会目标提供保障。但是，由于哈贝马斯执着于一些现代主义的基本价值规范，比如说严格的程序主义、个人权利的至上性、语言学本体论基础上的普遍主义、具有某种狭隘性的理性主义等等，因而他所提出的每一个目标都被他能够诉诸的手段所限制，并且使他的理论具有很强的空想性质。当然，哈贝马斯对他的方案最终能否获得成功也并不十分肯定，但他仍然相信有些事情值得人们去努力，用他的话来说，就是成功的事情我们无从知晓，"但至少我们必须试一试"[①]。

[①] Jürgen Habermas, "Europe's Second Chance", in *Jürgen Habermas Interviewed by Michael Haller: The Past as Future*, Lincoln and London: University of Nebraska Press, p. 97.

第十三章
政治中的权利与正义

　　现代自由主义强调个人权利的绝对优先性,并且尽可能地阻止任何社会性的价值,比如公正、互助与团结等等进入政治领域。自由主义这一基本倾向不仅与"本体论个人主义"相关,也是"程序主义"原则的产物。就后者而言,可以说自由主义与韦伯关于"价值中立"、"程序正义"的主张遥相呼应。这种"程序主义"也被称为"义务论"(deontology),它最早来自康德,强调个人权利的平等,但不对权利的内容进行任何规定,因而通常被人们概括为"权利先于善"的理论。众多自由主义者认为,义务论使自由主义政治理论能够在权利平等的基础上与最广泛的个人自由相容。但是,进入 20 世纪之后,国家对社会生活的广泛干预在西方成为一种普遍的而且已经无法改变的事实,而国家干预的基本出发点就是对某些基本的社会价值即公共善,比如社会公正加以保护和促进。在凯恩斯主义影响下,干预型国家或者福利国家通过再分配政策,特别是在经济领域获得了巨大的权力,而且事实上国家的社会职能已经深入到公民生活的各个方面。可以认为,传统自由主义的个人权利概念不仅已经远远落后于政治现实,而且也已经明显有悖于人们的常识与直觉。①面对这一矛盾,一些思想家,比如罗尔斯,试图在不突破自由主义的基本框架,即个人主义与"义务论"的前提下更新该理论,特别是为其提供一种更广泛的道德基础。但与此同时,仍然存在一批坚持自由至上论的政治思想家,他们根本无意对自由主义的基本逻辑进行任何修改,而且试图从各个方面摧毁国家干预职能的理论基础。与伯林和哈耶克主要基于人类理性能力的局限性要求保留尽可能多的个人自由不同,他们从严格的"义务论"出发,否定任何意义上的社会公正在道德上的正当性,诺齐克是其代表人物。

一、自由社会中的正义

传统的自由主义思想家通常对社会正义问题采取回避态度,或者说,在他们看来,自由主义政治秩序之下公民的机会均等已经实现了社会正义的要求。所谓机会均等,即每一位公民在法律和政治权利方面的平等。机会均等不能被理解为起点的平等,事实上,它只能保证没有任何人因为制度性的歧视被剥夺参与某些社会性活动的权利。但是在实际的社会生活中,这种抽象的权利平等很容易就因为经济上的不平等而消弭于无形,其自然结果是高度的贫富分化与激烈的社会矛盾和社会冲突。资本主义制度下法律和政治权利的平等与人们实际处境的不平等,是19世纪社会主义运动的一个基本出发点,而正是在各种社会主义运动的触动之下,包括密尔在内的一批自由主义者开始严肃地思考自由社会中的正义问题。这种倾向被称为"新的自由主义"或者现代自由主义(modern liberalism)。现代自由主义基本上秉承了格林的思想传统,从人的社会性出发,强调国家对每一个人人格完善所负有的基本义务。英国政治学家霍布森(John Atkinson Hobson,1858—1940)曾经非常经典地表述了现代自由主义的基本立场,即"只有为个人的自我发展提供平等的条件,才能使(每一个人)更充分地享受个人自由"。② 另外一位现代自由主义的代表人物霍布豪斯(Leonard Trelawny Hobhouse,1864—1929)也明确表

---

① 实际上,罗尔斯的《正义论》出版之时,凯恩斯主义的需求管理模式已经表露出危机的迹象,以至于有学者认为,"我们现在所生活的世界在关键性的方面已经处于罗尔斯正义理论的范围之外"(John Rodman, "Analysis and History: Or, How the Invisible Hand Works with Robert Nozick", *The Western Political Quarterly*, Vol. 29, No. 2, June 1976, p. 200)。

② J. A. Hobson, *The Crisis of Liberalism: New Issues of Democracy*, London: P. S. King and Son, 1909, p. xi.

示:"自由……不在于 A 向 B 要求独自行动的权利,而在于 B 有义务把 A 作为一个理性的存在加以对待。"①可以看出,这样一种对自由的理解真正关注的,显然是处于社会底层的人们的现实处境,它要求国家积极介入社会经济生活,克服公民实际的社会平等方面那些自然的或者人为的障碍,同时承担某种经济再分配的职能,以"保证人的思想和个性能够发展其自身的条件"②。

美国哲学家杜威(John Dewey,1859—1952)也曾经在 20 世纪 30 年代发表《新旧个人主义》一书。③ 杜威在该书中指出,19 世纪的自由主义捍卫的实际上是一种建立在"旧个人主义"基础之上的消极的自由,即个人在不妨碍他人的前提下自由行动的权利。杜威表示,在当时的社会条件下,由于大部分的政治权力还掌握在少数旧贵族手里,加之封建时代的各种陈规陋习仍然在各个方面束缚着人们的行动,所以这种"消极自由"具有积极意义。但是,由于工业社会的到来使人与人之间的社会联系日益扩大和加深,特别是工业化导致了人对生产工具的从属现象,大多数的个人在社会中变得越来越无能为力,已经不可能完全通过自由竞争满足他们的物质与精神需要。事实上,在现代社会的条件下,旧的自由观念及相关制度已经变为少数人以多数人的利益为代价,在经济上和政治上获得成功的保护伞,甚至成为社会分裂的根源。

因此,如何使用社会整体的力量帮助个人,尤其是那些处于社会较低阶层的个人摆脱他们所面临的困境,就成为一个不容回避的问题。杜威在他的另一部著作《人的问题》中写道:"(新的)自由主义知道个人不是确定的、给予的、现成的东西。它是培养出来的东西;它不是孤立地培养出来的东西,而是通过物质的和文化的情况的协助与支援而培养出来的东西;所谓'文化的',不仅包括科学和艺术,而且包括经济的、法律的和政治的制度。这种自由主义知道社会情况可能限制、歪曲和差不多阻止个性的发展。所以它关心那些对于个人的生长有积极的或消极的影响之社会制度,其目的是使个人不仅在抽象理论上,而且在事实上,将是倔强的人格。它不仅关心于消除虐待和公然的压迫,而且关心于积极改造那些有利于法律的、政治的和经济的制度。"④杜威像格林一样,相信"消极自由"应该为"积极自由"所代替,而且在他看来,所谓的"积极自由"意味着个人自由是相对的而非绝对的,每一个人的自由以

---

① L. T. Hobbouse, *Liberalism*, edited by M. Oakeshott, Oxford: Basil Blackwell, 1960, p.66.
② Ibid., p.83.
③ Cf. John Dewey, *Individualism Old and New*, New York: Prometheus Books, 1999.
④ 杜威:《人的问题》,傅统先、邱椿译,上海:上海人民出版社 1965 年版,第 109—110 页。

他的行为对社会整体利益有所贡献为前提,只有如此,他的自由才成为一种权利。

可以看出,现代自由主义对个人自由的理解已经超越了古典自由主义的抽象性,并且触及多数人与少数人之间、自由与公正之间的关系问题。而且,随着第二次世界大战之后凯恩斯主义的需求管理政策在西方国家的普遍运用,以及大规模的福利国家建设,各国政府不同程度上都介入了社会公正领域,从而使现代自由主义的一些基本主张成为国家的日常实践。正是在此背景下,英国社会学家马歇尔(Thomas Humphrey Marshall,1893—1981)在20世纪40年代末提出了所谓"社会权利"的概念,强调公民除有权利得到平等的法律保护(基本人权)、获得平等的机会参与政治生活(政治权利)之外,还应该有权利从国家得到必需的救济、社会保障与教育机会等。① 此后,社会权利的概念在西方被广泛使用,成为公民的法律权利、政治权利之外的第三种权利。

尽管如此,现代自由主义在自由与社会公正的关系问题上仍然面临着一些理论上的困难。首先,格林的思想传统中体现出来的社会本位倾向使大多数现代自由主义者望而却步,因为如果接受社会本位的立场,则自由主义最根本的伦理基础,即个人主义就有遭到颠覆的危险。其次,由于科学主义和韦伯关于价值中立的主张在20世纪50年代至70年代对西方政治学产生了压倒性的影响,格林思想传统中明显的伦理色彩也往往被诸多政治思想家视为不够科学的标志。为了避开上述理论上的风险,大多数思想家都采用功利主义的方法论证社会公正的必要性及其基本价值。② 功利主义的优点是既不会威胁自由主义的个人主义基础,同时也绕开了对价值问题的讨论,但这种方法在长时期内一直受来自两个方面的激烈批评。一方面,功利主义在相当程度上忽视了每一个个体自身不可替代的价值,也忽视了人与人之间明显存在的差别;另一方面,通过功利算计导出道德规范(比如正义原则)的做法,与人们普遍接受的康德的伦理思想相矛盾,因为康德认为,道德行为最根本的特征就是其自律性,即个人必须超越各种外部因素的考虑为自身立法,就此

---

① Cf. Thomas Humphre Marshall, *Citizenship and Social Class and Other Essays*, Cambridge: Cambridge University Press, 1950.

② 与边沁和密尔等古典功利主义者对社会总体功利最大化的关注不同,现代功利主义者把平均功利最大化作为社会的基本目标,并根据这一假设认为,一种平均主义的分配模式最有利于实现平均功利的最大化。罗尔斯曾经对后一种主张的一位代表人物哈尔萨尼(John C. Harsanyi)的观点进行过批判。

而言,道德行为与功利行为之间存在着某种不可调和的冲突。① 最后,如果承认平等在某些情况下必须超越自由(比如在对个人财产征收累进税的时候),那么是否存在某种明确的、可以从理论上加以说明的标准,以保证国家在增进一部分人的社会利益的同时,又不至于过分侵害另一部分人的自主领域,这也是现代自由主义没有能够确切回答的一个关键问题。②

1971年罗尔斯(John Rawls,1921—2002)所著《正义论》③一书的出版,在西方尤其是美国政治思想领域引发了一场深入持久的争论,并被认为是西方政治哲学复兴的标志,有人甚至将该书视为"第二次世界大战以后在美国出现的最重要的政治哲学著作"④。这部著作之所以能够产生如此广泛的影响,恰恰就因为罗尔斯在当时深受科学主义和行为主义影响、以价值中立作为基本学术规范的美国政治学界,再次明确肯定了政治生活中正义原则的核心位置,并且通过经验主义和分析哲学的方法对这种价值进行论证。他的方法是否可行、他的结论能否成立,就成为这场大争论的焦点问题。

事实上,罗尔斯对正义问题的探究是与20世纪50年代以后美国社会政治的变化同步的。他在第一篇公开发表的论文《伦理决策程序概要》中,就已经提出了作为他一生关注焦点的问题:在现代社会各种价值相互竞争甚至相互冲突的条件下,是否有可能寻找一系列得到普遍认同的政治与道德原则。⑤《正义论》一书,则是他把自己从50年代开始的思考加以系统总结的结果。罗尔斯明确承认他的理论关注与社会现实之间的关系,声称这部著作的目标就是要"解决社会面临的基本问题,特别是协调、有效和稳定这三大难题"⑥,而要解决这些问题,首先就必须对正义原则加以探明,因为正义原则是其他

---

① 康德认为:"道德的、因而定言的命令式说的是:即使我不想要任何别的东西,我也应该如此这般行动。"(康德:《道德形而上学的奠基》,载《康德全集》第四卷,第449页。)
② 实际上也可以认为,正是社会正义的提倡者们在这些问题上的摇摆不定,使像伯林那样的思想家宁可坚守消极自由与积极自由之间不可逾越的界限。
③ John Rawls, *A Theory of Justice*, first edition by Harvard University Press in 1971, revised edition by Harvard University Press in 1999.
④ Norman P. Barry, *An Introduction to Modern Political Theory*, London and Basingstoke: The Macmillan Press Ltd., 1981, p.112. 罗尔斯在1999年荣获美国"全国人文科学奖章",当时的美国总统克林顿在授奖时表示,罗尔斯的工作"让整整一代有教养的美国人复活了他们对民主本身的信念"。
⑤ John Rawls, "Outline of a Decision Procedure ofr Ethics", *Philosophical Review*, Vol.60, No.2, April 1951.
⑥ 罗尔斯后来把他的努力概括为协调公民的自由与平等,即政治哲学中洛克和卢梭的传统,并且在它们之间达成某种沟通。Cf. J. Rawls, "Kantian Constructivism in Moral Theory", *Journal of Philosophy*, Vol.77, No.9, 1980, pp.517,519.

一切社会政治原则的基础和出发点,也是对一切社会政治安排进行判断的根本依据。"正如真理性是对各种理论体系进行判断的首要标准一样,正义也是社会结构的第一要义。无论多么精致多么简洁的理论,如果不具备真理性,都必须被放弃或者修改;同样,无论多么完备有效的法律与制度,如果不符合正义的要求,都必须被改变或者废除。"①因此,"正义所保障的各项权利,不受政治交易或社会利益的考虑所左右"②。

作为政治哲学的一个基本概念,正义一般而言"意味着一种特殊的道德判断,特别是关于赏与罚的分配的判断。简而言之,正义就是给某个人他(或者她)所'应得'之物"③。对正义概念的讨论,是西方政治思想的一个重要组成部分。比如柏拉图认为正义就是和谐,是通过政治性安排让具有不同天分的人处于不同的社会等级,并且使他们各安其位、各尽其职。亚里士多德则强调正义在于根据不同的具体情况对人与人之间的平等与差异进行适当的平衡。当然除此之外,历史上还出现过各种关于正义的认识,其中不少柏拉图在《国家篇》中实际上已经有所提及,并且依次进行过讨论和批驳。在近代,比较有影响的是康德对正义概念的理解。他认为,对个人而言,正义即自由,也就是为每一个人保证其自然享有的权利;而从社会的角度来看,正义意味着保证拥有自由意志的个人之间能够相互协调的各种条件的总和。总的来讲,历史上对正义原则的讨论可以分为两个大类,一类以柏拉图为代表,把正义理解为一种社会政治安排,即国家向个人分配各种资源时所遵循的基本依据;另一类以霍布斯为代表,把正义理解为一种对个人的道德要求。至于前一种理解中是否包含了道德因素,则不同思想家的看法各不相同。

罗尔斯对上述两种不同的正义原则进行了明确区分,他表示:"对制度而言的正义原则不能混同于适用于个人及其在特定环境下的行为的正义原则。"④罗尔斯所关心的,主要是制度正义的问题。他因而做出了如下规定:"对我们来说,正义的主要问题是社会的基本结构,或者更确切地说,是社会的主要制度在分配基本权利与义务、通过社会合作产生利益时所遵循的方式。"⑤

---

① John Rawls, *A Theory of Justice*, revised edition, p.3.
② Ibid., p.4.
③ Andrew Heywood, *Political Ideologies: An Introduction* (second edition), Basingstoke: Macmillan, 1998, p.33.
④ John Rawls, *A Theory of Justice*, revised edition, p.47.
⑤ Ibid., p.6.

罗尔斯相信,只要人们结成社会,正义问题就会自然而然产生。不过,与柏拉图将正义理解为等级和秩序不同,罗尔斯倾向于从公平的意义上规定正义(justice as fairness),因为他认为,在相互合作又彼此竞争的平等的个人之间,特别是在一个价值多元的社会,公平具有重要意义,是这种竞争中的合作能够持续进行的必要条件。那么什么是公平? 非常遗憾的是,罗尔斯对这个至关重要的概念并没有进行非常清晰的定义。他在1958年的论文《作为公平的正义》中表示:"当自由的、彼此没有权威关系的个人决定参与某项联合行动,并且在他们之间达成或者采用某些规则,用以规范这一行动、同时决定每个人在其中所应分享的利益与分担的责任时,公平的问题便产生了。"①罗尔斯并且通过示例表明公平的含义:"当人们说公平竞赛、公平竞争、公平协商"时,指的就是合作或者竞争参与者之间的一种"正当关系"(right dealing)。② 公平原则在社会合作中的意义在于,"如果没有公平地贡献出我们的那一份,我们就不能从其他人的合作劳动中获得好处"。③ 总的来说,根据罗尔斯在不同场所的论述,所谓公平,指的是一种排除了各种外部力量和偶然因素影响的、人与人之间应该存在的关系,一种人与人关系中的"对称性"。④ 也就是说,公平原则强调的是社会合作中人与人之间的相互性⑤、强调每一个成员必须承担的权利和义务,就是"来而无往非礼也"。罗尔斯认为,公平与正义这两个概念具有相似性,而且也常常被很多人混为一谈,但两者之间实际上存在某些重要的区别,因为"公平更具体地适用于那些人们能够选择是否参与的实践活动(比如对局或者商业竞争)中,而正义则适用于那些没有选

---

① John Rawls, "Justice as Fairness", *Philosophical Review*, Vol. 67, No. 2, April 1958, p. 178. 这篇论文是罗尔斯对其正义原则的最初表述。
② Ibid., p. 178.
③ 罗尔斯曾经根据正义原则对公平进行过如下定义:"在以下两项要求得到满足的前提下,每个人都必须根据某些制度化的规则贡献其力量。这两项要求是:制度本身是公正的(或者公平的),即满足了正义的两项原则;人们自愿地接受制度安排为其所带来的利益,或者利用这种安排带来的机会增进了他们的利益。"(John Rawls, *A Theory of Justice*, revised edition, p. 96.)虽然在这里他把公平与正义混同在一起,但关于公平原则的基本含义还是清楚的。
④ John Rawls, *A Theory of Justice*, revised edition, p. 11.
⑤ 罗尔斯所说的"相互性"即 reciprocity。在《正义论》中,"相互性"是保证人与人之间的平等和相互尊重以及社会共识达成的基本条件(Cf. John Rawls, *A Theory of Justice*, revised edition, pp. 447, 155-156, 340);在《政治自由主义》中,他进一步强调"相互性"乃是公平的社会合作的基础(John Rawls, *Political Liberalism*, New York: Columbia University Press, 1993, pp. 16, 50);而在他的最后一篇重要论著《公共理性观念再探》中,"相互性"成为一个出现频率相当高的概念,并且成为正义原则和公共理性的基础。

择性的实践活动(比如说是否维持奴隶制)"①。

罗尔斯指出,作为公平的正义是功利主义无法说明的问题,同时也是契约论虽然涉及、但又以错误的方式提出的问题。② 与此相适应,罗尔斯的正义理论也就具有两个方面的基本目标:首先是澄清并批判功利主义在正义问题上的错误③,其次是拯救传统社会契约论的基本原则。为此,他为作为公平的正义观念提供了一种类似本体论的背景,即导致这一原则的对人与社会关系的基本理解。罗尔斯写道:"按照公平的正义原则,社会被理解为一种为促进相互利益而结成的共同事业,其基本结构是一套公共规则系统,它定义了一系列行为方式,人们据此联合行动可以产生更大的总体利益,并且使每一个成员在此过程中有权要求获得自己应得的一份。每个人的行为取决于这一公共规则赋予他的资格,而他的资格又取决于他的行为。由此形成的分配方式,将鼓励人们在这些合法期望的基础上进行活动时所提出的要求。"④

罗尔斯相信,正义之所以能够或者说必须在公平的意义上进行理解,其根本原因在于,如果提供了某种公平的起始条件,人们会自然倾向于选择正义原则(即罗尔斯提出的两项正义原则)以规范他们之间的相互关系。为了证明这一点,罗尔斯设计了一种理想化的情景,这就是他关于"起始位置"⑤的理论。起始位置是正义原则产生的条件,其作用是保证社会合作的参与各方具有完全公平的相互关系。起始位置与传统社会契约论中的"自然状态"有相似之处,但与后者不同的是,它的基本特征既非人与人之间的自然平等,亦非"一切人反对一切人的战争",而是对人与环境两个方面的某些特殊限定。罗尔斯假定,在起始位置上,一方面人们被一层"无知之幕"部分地遮住了视线,从而使他们全都处于相对无知的智识状态;另一方面人与人之间的仁爱以及自然资源都具有适度匮乏的特点——前者意味着人与人之间既不存在普遍的博爱主义道德规范,也不至于彼此仇视与相互忌恨;后者则意味着相对于人们的需要,自然资源既非多到像空气一样不需要分配,亦非少到根本无法分配的程度。罗尔斯在这个意义上把起始位置称为"正义的处境"(circumstances of

---

① John Rawls, "Justice as Fairness", in *op. cit.*, p. 179.
② Ibid., p. 164.
③ 罗尔斯在《正义论》的第一版序言中明确表示,该书的目标是提供一种"可操作的、系统的道德概念以对抗"功利主义(John Rawls, *A Theory of Justice*, revised edition, p. xvii)。
④ Ibid., pp. 73-74.
⑤ "起始位置"(original position)这个概念中文一般译为"原初状态",并且被广泛使用,包括本书的第一版。但经作者反复考虑罗尔斯本人的原意及这个概念的实际用法,认为还是译为"起始位置"似乎更为妥当。

justice)。① 他相信,这两个方面的假定结合在一起,使人们在从事社会合作的时候必须选择某种分配原则,而且必然选择作为公平的正义原则。

关于起始位置,特别是无知之幕的假设是理解罗尔斯正义理论的关键,同时也是围绕这一理论的各种争论的焦点。罗尔斯认为,由于无知之幕的作用,起始位置上每一个人的智识都受到同等的限制,既缺乏对他们的要求、利益、技术和能力等方面的清晰认识,也缺乏对他们在社会中相对地位的了解;同时,他们也不清楚社会对什么样的人存在歧视或者对什么样的人表示尊重,因而对现实社会中导致人与人之间相互冲突的因素——比如种族、宗教甚至肤色等等方面的差异也不甚了了。人们对自己以及外部世界的这种相对无知,保证了他们在进行价值和利益选择的时候不受任何特殊倾向的影响。但另一方面,他们又并非绝对无知。罗尔斯假设人们在起始位置上拥有基本的经济与心理学知识,能够进行合理性(rational)思考。他们既了解自己的利益所在,也了解如何使用适当的手段实现个人的目的,同时还具有基本的"正义感"(sense of justice),即心理学意义上对公平的感知。

"无知之幕"的存在导致了如下结果:每一个人都从自我出发对利益问题进行判断,或者说他们都是只关心自己的人(self-interested man),但由于他们不具备足够的自我意识,所以并非自私自利之人(egoist)。对这种"只关心自己的人",罗尔斯有四项重要的规定。第一,他们仅仅对那些"每一位理性人都会追求的"、无论其选择什么样的生活计划"通常都是有用的"②物质和制度条件提出要求,这些条件被罗尔斯称为"基本善"(primary goods),其内容包括自由与机会、收入与财富,以及自尊的社会基础等等,罗尔斯并且假定,人们倾向于获得更多的而非更少的基本善。③ 第二,他们不嫉妒别人,也就是说,他们只关心如何最大限度地增加自己的基本利益,但并不受别人境况的影响。第三,由他们的智识状态决定,他们对风险持相对保守的态度。由于在"无知之幕"的遮蔽下,人们并不清楚冒险的得与失,更没有可能利用有利的自然与社会条件为自己谋取利益,因此,他们总是在各种可能采取的行动方

---

① John Rawls, *A Theory of Justice*, revised edition, pp. 109ff. 罗尔斯表示,正义的环境这一概念来自休谟。参见休谟:《人性论》,关文运译,北京:商务印书馆1980年版,第三卷第二章第二节"论正义与财产权的起源"。

② John Rawls, *A Theory of Justice*, revised edition, p. 54.

③ Ibid., p. 123. 罗尔斯指出:"对基本善的偏好仅仅来自于对合理性和人类生活状况的最一般性的假设。依照正义原则生活即依照绝对命令生活,因为无论我们追求什么样的具体目标,它们都普遍适用。"(Ibid., p. 223.)

案中选择损失最小而非利益最大的一种。罗尔斯称这种选择依据为最大最小原则(maximin rule),它要求人们按照各种选择方案可能导致的最坏结果对这些方案排序,然后选取最坏结果最好的备选方案。① 第四,他们依从合理选择(rational choice)的原则②,清楚为了达到已经确定的目标需要寻找什么样的合乎理性(reasonable)的手段。

罗尔斯认为,在这种智识状态下,人们会倾向于平等分配基本的社会产品即基本善,除非某种或者所有社会产品的不平等分配能够使所有人受益。③ 罗尔斯把这一规则称为一般意义上的或者弱的意义上的公正原则,因为它能够通行于任何社会内部。在此基础上,罗尔斯又进一步论证了一种在发达的西方民主国家可能采纳的正义原则,即特殊意义上的或者强的意义上的正义原则。这种正义原则的特殊之处在于,它要求某些确定的社会产品即所谓的基本自由必须无条件地平均分配。这意味着对上述一般性正义原则的修正,因为按照强的正义原则,纵然某种不平等的分配方式能够使所有人受益也不会被接受。也就是说,强的正义原则要求基本社会善的平等分配具有绝对优先性,这被罗尔斯称为"词典式排列的优先原则",因为只有当这些基本的社会产品按照平等原则进行分配之后,才有可能考虑对其他社会善的不平等分配。按照罗尔斯的表述,强的正义原则包括两项内容:

第一,每个人都拥有平等的权利,以尽可能多样化的方式享受平等的基本自由,只要不与其他人对自由的类似享受相冲突④;

---

① John Rawls, *A Theory of Justice*, revised edition, p. 133.
② 罗尔斯表示:起始位置的假设"不仅使我们把理论置于合理性选择准确、合理的基础之上,而且对参与者几乎不提出任何要求"(Ibid., p. 510)。
③ 罗尔斯的表述是:"所有社会性的基本善——自由与机会、收入与财富以及自尊的基础——都应平等分配,除非对某些或所有社会基本善的不平等分配有利于最少受惠者。"(Ibid., p. 303.)
④ 这是1999年版的《正义论》的表述。1971年版的表述是:"每个人都有平等的权利获得与其他人相同的最广泛的基本自由。"(John Rawls, *A Theory of Justice*, Cambridge, MA: The Belknap Press of Harvard University Press, 1971, p. 60.)由于哈特等人指出,罗尔斯对基本自由的上述表达,即"与其他人相同的最广泛的"这种说法忽视了各种基本自由相互冲突的可能性(H. L. A. Hart, "Rawls on Liberty and Its Priority", *University of Chicago Law Review*, Vol. 40, 1973, pp. 542–547),所以罗尔斯在后来的《政治自由主义》一书中又对该原则的表达方式进行了修正,即"每个人都有权要求拥有内容充分广泛的、平等的基本权利与自由的配置形式,只要这种配置与所有人类似的配置相容;在这种配置中,平等的政治自由,也只有平等的政治自由的公平价值必须得到保证"(John Rawls, *Political Liberalism*, p. 5)。1999年版的表述是在此基础上的进一步修正,它表明罗尔斯在后来的思考中进一步强调多元社会的特征,即允许人们在享有内容相同的基本自由的同时,对这些自由进行不同形式的排列,并且根据自己的价值标准在它们之间有所选择、有所偏重。

第二，对社会与经济的不平等应该按如下方式加以安排,使其(1)有理由期望这种安排对所有人有利,以及(2)只与对所有人开放的地位和职位相关。①

这两项原则中,第一项所谓的"基本的自由",即政治自由、言论与结社自由、良心的自由、思想的自由、人身和财产自由、根据法律不受随意监禁和羁押的自由等。② 罗尔斯认为,这些基本自由独立于任何价值选择,"是每一位被公平地赋予道德人格的公民都会承认的、为实现合作原则"所必须具有的权利。③ 第二项主要适用于社会和经济领域,包括对收入和财富的分配,以及对那些建立在权威与责任差异基础上的机构的设计。④ 罗尔斯强调,这几项原则在实际运用中必须按照以下顺序排列:第一项优先于第二项,在第二项中,第二条又优先于第一条,这意味着机会平等的权利优先于受惠最少的社会成员地位的改善。

这几项正义原则中,引起人们兴趣最多的是第二项的第一条,即所谓的"差别原则"(difference principle),而对罗尔斯的正义理论来说,它也的确具有某种核心的地位。可以说,在正义的两项原则中,第一项原则即平等原则不仅在西方社会,而且已经被几乎所有国家作为基本的宪法原则确定下来,成为人们政治与法律观念的基础;至于第二项原则中的第二条,即机会平等的原则,同样也已经作为自由主义的基本信念被普遍接受。因此,真正具有挑战性的恰恰是"差别原则"。这一原则的意义在于它强调,除基本权利之外,任何不平等的社会政治安排,只有在对所有社会成员的利益都有所增进的前提下才可能被接受。差别原则的提出,不仅把罗尔斯与传统自由主义者明确区分开来,而且也使他的正义理论与功利主义表现出明显的差异,因为后者或者强调整体功利的最大化,或者强调平均功利的最大化,但都忽略了具体来看每一位社会成员的利益是得到了增进还是受到了损害,而差别原则则为每个人的利益都设置了明确的保障。

应该承认,罗尔斯的正义理论在解决现代自由主义面临的矛盾方面的确

---

① John Rawls, *A Theory of Justice*, revised edition, p.53. 按照罗尔斯的反思的均衡的方法,他在后面的论述中对第二项原则即差别原则进行了若干修正,即"社会与经济的不平等应该按照以下方式加以安排,使其(A) 在与公正的储蓄原则相一致的情况下让处境最差的人得到最大利益,(B) 在公正的机会平等的前提下,只与那些对所有人开放的职位与地位相关。"Ibid., p.266.

② Ibid., p.53.

③ Ibid., p.185.

④ Ibid., p.53.

取得了一些进展。首先,现代自由主义的伦理倾向在很大程度上被淡化。由于罗尔斯试图用一种完全的程序主义方法对正义问题进行说明,因而他的正义原则看上去并不需要道德主义、利他主义或者博爱主义的前提。① 按照罗尔斯对起始位置的规定,一些原本互不相关并且可能具有各不相同的生活计划的个人,只要他们希望联合在一起,分享社会合作的成果,同时也愿意承担相关责任的话,他们自然就会倾向于选择作为公平的正义原则。这样,正义原则与多元社会的现实之间就取得了某种逻辑上的相容性。其次,罗尔斯在某种程度上克服了功利主义的论证方法,善(good)或者说功利(utility)与正义(justice)得到明显的区分,个体的因素也受到了充分的尊重。最后,罗尔斯为处理自由与平等的关系提供了一项比较清晰的标准即差别原则,使人们在实践中对两者进行平衡的时候至少获得了某种相对明确的方向。这些都是罗尔斯对当代西方政治哲学的重要贡献。但与此同时,罗尔斯的《正义论》发表之后引发的大量争论也表明,政治思想家们对罗尔斯的论证方式及其基本结论仍然存在着极大的分歧②,这主要表明在以下几个方面。

首先是关于起始位置的假定。在罗尔斯对起始位置的设计中,"无知之幕"发挥了关键作用。如上所说,人们在起始位置上相对的信息匮乏,是他们在考虑分配原则的时候倾向保守的基本原因。对外部环境与自身能力的不确定,使他们愿意选择一种在任何情况下都为每一位成员分配起码的份额,并以此保证自己的权利不至受到损害的方式。同时,也正因为他们对自己以及对他们可能代表的委托者具体的心理倾向与价值偏好的相对无知,所以他们又才会把适用于平等原则的物质和制度条件仅限于"基本善"方面,至于其他的"善",则留给每一位拥有了这些基本善的社会成员自己去追求。因此,如果说罗尔斯为了论证作为公平的正义原则在社会政治安排中的基本地位而特意采用了起始位置这一理论模型的话,那么上述关于"无知之幕"的假设就具有"阿基米德点"的地位,如果这个假设不成立,罗尔斯的全部理论也就失去了基本依据。

罗尔斯认为,对于起始位置的假设,可以通过所谓的"反思的平衡"(reflective equilibrium)的方法进行反复修正,即人们可以依据他们在现实生活中

---

① 罗尔斯表示:"有关起始位置的观念在于确立一种公平的程序,以便在这种状态下得到认可的任何原则都是正义的。其目标是,运用纯粹程序性的正义概念作为正义理论的基础。"(John Rawls, *A Theory of Justice*, revised edition, p.118.)

② 当然,罗尔斯的正义理论引起的争论以及由此导致的西方政治学界对规范问题的重新关注,同样应该被列入他对当代政治理论的重大贡献。

的道德观念对起始位置的条件进行反思,也可以根据起始位置的假设对现实生活中的道德原则进行调整。由于反思的平衡可以持续不断地进行,因此起始位置并不完全是理论上的虚构,而是对我们在现实生活中将会予以确认的道德原则的逻辑前提进行的推断。① 这种方法保证在罗尔斯设想的起始位置上,人们的心理与智识状况恰好能够使他们选择作为公平的正义原则。

但是,正如众多评论者所指出的,人们在起始位置上的处境既非经验观察的总结,亦非严格的逻辑推演,而是一种很强的假设。首先,它要求参与者都是一些自由的、理性的人。他们必须是自由的,因为惟其如此才能在没有任何外在约束的情况下进行选择;他们必须是理性的,这样才能根据自身的目标选择最有效的途径。② 其次,参与者们必须预期社会合作能够为他们带来好处,同时还必须肯定契约能够为每一个人所遵守。按照罗尔斯的假设,在起始位置上,人们已经结成了某种基本的社会,而"所谓的社会,是由人组成的多多少少具有自足性的联合。其成员在他们相互关系中认可某些具有约束性的行为规则,而且在很大程度上据此行动。"③在社会中,"每一个成员都接受并且了解其他成员会接受同样的正义原则,而基本的社会制度能够满足并且人们也都了解它们的确满足这些原则。"④这表明在起始位置上人与人之间已经存在着一种强烈的社会性及相互性。最后,"无知之幕"要求人们一方面必须对自己及别人的处境、偏好以及生活预期茫然无知,但另一方面又必须非常确定,人们的思想倾向、价值偏好与生活计划必然各不相同,而每一位社会成员利益的增进肯定都伴随着其他社会成员利益的损失,因为非此则不可能提出对正义原则的要求。这种对起始位置上参与者智识状况带有极强选择性的规定,意味着人们必须洞悉人性中的很多方面,却又不了解作为具体个人的他们自己及他们的同伴。

无论如何,社会的存在,对罗尔斯的正义理论而言是一个非常关键的前提。但是,构成社会所必需的那些基本共识——对正义观念大致相同的理解、社会成员之间起码的相互信任,以及对社会规则约束力的相互预期,又是如何成为起始位置上人们基本的心理和智识要素的? 在早期的自由主义思想家那里,自然法为上述基本共识提供了必要的保障,罗尔斯本人虽然采用

---

① John Rawls, *A Theory of Justice*, revised edition, p. 18.
② Ibid., pp. 13,123-128.
③ Ibid., p. 5.
④ Ibid., p. 397.

了契约论传统的论证方式,却又有意识地排除了其中自然法的相关内容,这当然是他的基本出发点,即在一个多元社会(意味着人们可以持有不同的宗教观念与相互差异甚至彼此冲突的哲学体系)探讨正义原则必须满足的方法论要求。但是这样一来,上述那些人们只有进入社会之后才有可能产生的心理与智识要素,在罗尔斯的理论中就成为"前社会"的、先验的成分。因此看起来,他并没有如其所希望的那样,从休谟的前提得到康德的结论,即没有能够为这些"无中生有"的道德原则提供足够的理论基础。①

由于起始位置实际上包含了明显的假设成分(比如与霍布斯设想的"自然状态"相比,其规定性要复杂得多),因而是一种与人类的实际生活相距太远的状态。这个起始位置是怎么来的? 人们是被外力驱使,还是被某种自觉的意识推动结成社会? 如果是前者,则使人们联为一体的力量不可能不在他们的考虑之内;如果是后者,那么人们将不可避免地必须回溯到曾经给予他们第一推动的基本原则,而罗尔斯的推论也会不断倒退,但这种情形与他的基本目标,即超越任何形而上学的观念建立某种正义原则,也必将渐行渐远。

起始位置这种极强的虚拟性带来的一个必然结果是,即使人们在"无知之幕"的屏蔽下达成某项协议或者进行某种选择,但一旦他们被真实世界的光芒所照耀,即只要获得哪怕一点点对现实世界和对他们自己的知识,他们就会立即放弃原先在他们之间形成的一切。美国法学家和政治学家德沃金(Ronald Dworkin)指出了这一点。他认为,起始位置并不能为罗尔斯的两项正义原则提供充分的依据,因为在一种无知无识的状态之下达成的协议不可能具有任何道德上的约束力。"虚拟的契约原本就是苍白的契约,也可以说,它根本就不是契约。"②就此而言,罗尔斯关于起始位置的假设与柏拉图的洞穴比喻恰好形成了奇妙的对比。

当然,罗尔斯本人对起始位置上人类智识的特征具有不同的理解。他表示,尽管对起始位置的描述不过是一种"思想实验",但它恰恰揭示了现实生活中人类实际的知识状态,因为根本没有任何人能够完全准确地认识他自己及其自然与社会环境。罗尔斯明确表示:"正义的基本原则完全依赖于人在社会中的自然事实。通过对起始位置的描述可以使这种依赖性一目了然,即

---

① Leonard Tivey and Anthony Wright (eds.), *Political Thought Since 1945: Philosophy, Science, Ideology*, Hants: Edward Elgar Publishing Limited, 1992, p. 203. 桑德尔因此把罗尔斯的正义论称为"具有休谟面孔的义务论"(Michael Sandel, *Liberalism and the Limits of Justice*, p. 14)。

② Ronald Dworkin, *Taking Rights Seriously*, Cambridge, MA.: Harvard University Press, 1977, p. 151.

各方的决定是依据一般性的知识做出的。而且,起始位置的各种构成因素都建立在对人类生存处境的诸多判断基础之上。"①他甚至认为:"正义的环境恰恰反映了人类社会的基本特征。"②应该承认,罗尔斯的上述判断的确符合事实。但问题在于,对人们在起始位置上所进行的选择,真正具有决定意义的不是他们实际的智识状况,而是他们对这种状况的主观判断。换言之,人类的智识状况与人们对这种状况的主观认识是两个完全不同的问题。事实证明,人类知识的局限性并不排斥有人自认为与别人相比,自己对自身、对社会与对自然拥有更多或者更准确的了解,也不排斥有人明知存在诸多不确定因素,但仍然愿意冒险做出一些可能更有利于自己的选择。这样的人并不需要很多,事实上只要有一位社会成员不按照"最大最小原则"进行选择,罗尔斯整个正义理论的大厦就会轰然坍塌。③

这一点,只要通过把霍布斯的自然状态理论与罗尔斯的起始位置理论进行对比就能够得到非常清楚的说明。在霍布斯设想的自然状态下,虽然人类的知识同样并不完善,但这并不妨碍他们总是倾向于选择对自己利益最大而非损失最小的行为方式,他们总是不断索取并且永远不知餍足。显而易见,这两种对于人类智识和心理状态的不同假设,会导致极为不同的对人类行为模式的预期。从霍布斯的前提出发,人们最终将陷于一场毫无希望的普遍战争从而不得不建立国家,以提供最起码的社会秩序;而根据罗尔斯的假设,人们将倾向于通过相互提供保证的方式,实现某种基本的社会公正。这两种假设中哪一种更接近于人性的实际状况?恐怕大多数人的回答是前者。

实际上,罗尔斯设想的起始位置并非制度上的真空,因为在这个位置上,参与者进行目标合理性的思考、具有完备的财产权观念、按照市场原则进行交易,并且通过讨价还价达成妥协。这其实至少是一种现代西方意义上的市场状态,典型地体现了自由主义的个人主义世界观念。④ 不能想象,如果没有某种成熟的法律体系,这种起始位置如何能够被创造出来。罗尔斯认为,在排除一切偶然的外部条件之后,人们在起始位置上的状况应该最接近于人类

---

① John Rawls, *A Theory of Justice*, revised edition, p. 137.
② Ibid., p. 112.
③ 就此而言,甚至也可以认为,人类社会之所以需要正义原则,恰恰正是因为始终有那么一些社会成员,他们总是企图利用某种自然的或者社会的条件,使自己获得比别人更多的利益,尽管他们客观上并不一定对自己和对社会有更确切的理解。
④ Cf. Thomas Nagel, "Rawls on Justice", in Norman Daniels (ed.), *Reading Rawls: Critical Studies on Rawls' A Theory of Justice*, New York: Basic Book, 1975, pp. 9–10.

的真实处境,但这种"真实处境"不仅从来不曾出现过,而且永远也不会出现。

其次是公平与正义之间的关系。罗尔斯把正义理解为公平的一种体现形式,从而在某种程度上把正义问题还原为公平问题。但是,他自始至终都没有对公平原则进行充分的证明,只是在事实上将其作为某种"自明"的前提加以对待。这一点不仅体现在罗尔斯对正义原则的抽象演绎中,也反映在他对该原则的实际运用方面。可以说,正因为人们在起始位置上已经被有意识地置于某种"公平的"处境之中(他们不仅都"公平地"被无知之幕屏蔽,而且"公平地"具有类似的智识结构与心理预期),所以他们才会倾向于选择某种公平的分配模式。有学者因此认为,由于罗尔斯的正义理论实际上已经预设了人们在起点处的平等状态,他所作的不过是证明他们在不违背正义原则的前提下能够偏离这种平等有多远。①

在讨论差别原则的实际运用时,罗尔斯认为,一般来说,帕累托最优原理②是对社会资源进行分配的最佳原则,而在没有外部性③的情况下,完全自由的交换就可以达到资源的最优配置,因为它不会让任何人的利益受损。但另一方面,罗尔斯又指出,由于帕累托最优原理并没有对起始状态提出任何规定,所以是不充分的。比如说,按照这一原理,如果废除奴隶制损害了奴隶主的利益,那么一部分人就只能永远停留在奴隶状态。罗尔斯的意思是说,人们实际的财富分配状态是由诸多偶然因素,比如过去遗留下来的不平等和政治权力的实际分配等等决定的,因此,在起始条件不平等的情况下,帕累托最优原理不足以保证基本的社会公正,自由市场原则必须受到机会平等原则的约束。应该说罗尔斯的上述批判在逻辑上是成立的,但问题是,对帕累托的责难同样也适用于罗尔斯自己的差别原则。在一个实际上已经相当不平等的社会中,如何确定什么是平等的分配?是对最贫困的人与最富有的人进行相同数量的分配,还是采取一种更照顾贫困者的分配方式(affirmative action)?后一种做法显然不平等,但人们会倾向于认为它更公平。这样,罗尔斯的差别原则在实际运用过程中就会面临这样的难题:是使用该原则对生活中各种不平等的分配结果进行检验,并矫正一切与之不符的财富与资源分布

---

① Cf. Michael H. Lessnoff, *Political Philosophers of the Twentieth* Century, Oxford and Malden: Blackwell Publishers Ltd., 1999, p.246.

② 意大利社会学家帕累托提出的一项分配原则,强调最佳分配方式应该是在不减少任何人利益的情况下增进社会的总体利益。

③ 福利经济学的概念,指福利国家中人们侵蚀公共福利的状况,比如在公共交通中常常出现的搭便车者(free rider)现象等。

状况;还是在认可现有不平等的前提下从某个时间点开始实施新的原则即差别原则?前一种方案恐怕太激进,以至罗尔斯也不会予以考虑;后一种方案则太保守,因为它根本无助于改变现状,特别是在一个存在极度贫富差距的社会。

再次是关于差别原则本身的问题。差别原则要求任何不平等的社会分配都必须以对所有人有利为前提。罗尔斯在证明这一原则时强调的是,导致各种不平等分配的因素当中,有相当部分,比如家庭、阶级、智力、容貌,甚至单纯的好运等①,实际上并非相关个人所能够控制,亦非个人所"应该得到"②,也就是说与个人的努力及其道德人格无关,所以这些因素可以视为归社会所有,它们所带来的收益也必须由社会占有并通过社会进行再分配,而不应该由相关个人独占。罗尔斯表示:虽然正义原则"仍然允许财富和收入的分配由能力和天赋的自然分配所决定"③,但是"被自然所青睐的人,不论他们是谁,只有在那些不如他们幸运的人的处境也因此而得到改善的前提下,才能从他们的好运中获得利益。天生幸运的人不能仅仅因为他们的天赋而获得利益,他们必须为那些不那么幸运的人承担训练与教育的成本,必须为帮助他们而运用自己的天赋,并由此获得自己的利益。任何人都不应该仅仅因为优越的自然条件而有所得,也不能因此在社会上占据更为有利的起点。……我们希望建立这样一种社会制度,使任何人都不会因为他在自然禀赋分配中的偶然位置,或者他在社会中的起点而有所得或者有所失,同时不付出或者接受相应的利益补偿"④。

罗尔斯的这一思考虽然不乏合理之处,也在一定意义上符合人们的"简单直觉",但在仔细推敲之下却招致了很多反对意见。关键是什么才算一个人"应该得到"的利益?如何对其加以界定?实际上,由于没有任何人的任何一次获得可以完全排除偶然因素的影响,而且说到底,所有人来到这个世界上也都并非出于他们本人的意志,所以如果严格按照罗尔斯的逻辑,人们不可避免地会面临着一种无限倒退的推论。诺齐克强调指出了这个方面的问题。他认为,"差别原则"的运用将迫使人们重新审查一切实际存在的不平

---

① 罗尔斯称之为"个人禀赋"(assets)。
② John Rawls, *A Theory of Justice*, revised edition, p. 13.
③ Ibid., p. 64.
④ Ibid., p. 87.

等,从而在逻辑上产生无穷无尽的麻烦。① 桑德尔则在诺齐克观点的基础上认为,罗尔斯的逻辑最终将取消道德主体的地位,因为如果一个人不具备充分的理由正当地拥有他通过自己的努力所获得的一切,那么同理他似乎也不应该独立承担因为他的过失而必将面临的惩罚,一名罪犯因此就能够堂而皇之地把他的罪行归咎于社会而拒绝承担责任。② 换一个角度来看,也许罗尔斯所列举的那些个人禀赋的确并非在完全充分的意义上"应该"为其占有者所拥有,但如果连它们"形式上"的占有者都没有资格获得它们所带来的利益,其他人的资格又从何说起?③

当然,这种观点可能显得过于极端。支持罗尔斯的人会像他一样,认为不能无限制地倒退推论,同时坚持人之所以应该受到同等的尊重就因为他们是人类的一员。但既然如此,对每一个人所拥有的、出于自然的禀赋又为什么不能给予同等尊重?是否受到尊重的,只能是抽象的人而非具体的每一个人?是否只能尊重他们与其他人相同的共性的一面、而不承认他们作为具有不同天赋的人的个性的一面?桑德尔认为,罗尔斯这种把个人禀赋与个人人格区分开来的做法具有严重的逻辑矛盾:我拥有的越少,我的人格越独立,但一个一无所有(包括基本的道德品性)的人的"人格"又应该如何理解?桑德尔指出,罗尔斯之所以坚持这样一种思想路线,是因为他过分忠实于"权利先于善"这一康德的义务论原则,为此他不得不取消具体人的道德品性以达至各色人等权利平等的结论。

在此出现了罗尔斯正义理论中一个具有根本性的矛盾。罗尔斯假定,在起始位置上,人们是一些彼此没有任何先在联系的个体,既没有相互关心,也没有相互忌妒;在"反思的平衡"的另一端,这种人与人之间的关系表现为多元社会各不相同甚至相互矛盾和彼此冲突的价值体系。可以说,在逻辑的起点和终点,罗尔斯对人类社会状态的描述是类似的:人们虽然谋求社会合作所带来的利益,但对他们来说,社会的存在仅仅具有工具性的价值,对每一位个人的人格构成来说并不具有本体论的意义。为此,罗尔斯剥夺了起始位置上人们任何可能的社会理解。但是,为了论证差别原则,他又不遗余力地强

---

① 罗尔斯在后来发表的《政治自由主义》中对这个问题进行了一些说明,表示只有那些"正常的、充分合作的社会成员"才有资格享受按照差别原则进行的分配,但何谓"正常",什么程度才算"充分"又成为一个罗尔斯更难于回答的问题。Cf. John Rawls, *Political Liberalism*, p.20.

② 桑德尔认为,罗尔斯的理论虽然以维护道德人格的地位为目标,却又最终摧毁了这种人格。Cf. Michael Sandel, *Liberalism and the Limits of Justice*, pp.89-92,95.

③ 请参见本章第二节关于诺齐克的部分。

调社会在本体论意义上的存在及其作用,不仅认为个人不同的自然禀赋与地位都应该属于社会所有,而且甚至以一种亚里士多德式的语言反复强调:"人的社会性特征就在于,仅靠自己的话,我们只是我们能够实现的目标状态的一部分。我们必须依靠其他人获得我们所缺少的卓越性,否则只能是一些残缺的个体。"①"只有在社会联系中个体才得以完善"②,人们只有被纳入各种超越时空的社会联系形式,才能"实现他们共同的本质"③,"自我价值只有通过众多自我的活动才能得到实现"④。桑德尔就此认为,罗尔斯的差别原则实际上已经假定起始位置上的人们之间存在着某些"先验的道德联系",否则的话,它只能意味着使一部分人成为另一部分人的工具,而这一点又正是罗尔斯的正义原则万万不能接受的。⑤

尽管罗尔斯可能会辩解说,他的理论本身并不排斥人的社会性,他只希望提供某种"最弱"意义上的正义原则,而人们完全可以在满足这些原则的前提之下追求社会的共同价值,因为起始位置上的人们固然并非共同体主义者,但亦非个人主义者。或者如罗尔斯自己所说:"当然,在整个良序社会中会存在某种通过国家权力支撑的集体目标,因为良序社会即一种共同的正义观念得到普遍认可的社会。在这个框架之内,共同体主义的目标有可能得到追求,而且很可能被绝大多数人追求。"⑥但是,这种社会必定不是一种本体论意义上的多元社会,从而在"反思的平衡"的两个端点上都与罗尔斯的思考相矛盾。

最后是关于罗尔斯的方法的问题。作为一位自由主义思想家,特别是康德道德理论的追随者,罗尔斯在他的政治哲学论证中一直有意识地坚持价值中立的立场,相信"自由的基础完全独立于各种现存偏好"⑦;即"在民主宪政体制下,公众对正义的理解应该尽可能地独立于各种相互对立的哲学或者宗

---

① John Rawls, *A Theory of Justice*, revised edition, p. 464.
② Ibid., p. 460 note.
③ Ibid., p. 462.
④ Ibid., p. 495.
⑤ Cf. Robert Nozick, *Anarchy, State, and Utopia*, New York: Basic Books, Inc., 1974, p. 228; Michael Sandel, "The Procedural Republic and the Unencumbered Self", *Political Theory*, Vol. 12, No. 1, 1984, p. 89.
⑥ John Rawls, "Fairness to Goodness", *The Philosophical Review*, Vol. 84, No. 4, Oct. 1975, p. 550.
⑦ John Rawls, *A Theory of Justice*, revised edition, p. 395.

教学说"①。他表示,关于善的概念的多元性是我们这个世界的基本事实,而且由于"判断的重负"使人们无从区分哪一种价值选择优先于其他的选择,所以"人们无法期望具有充分理性能力的、正直善良的人们,如果通过自由的讨论,就能够达成完全一致的结论"②。与此同时,罗尔斯也反对道德上的直觉主义,认为这种方法只为具有理性判断能力的人们留下了极为狭小的思想空间,而且常常容易陷入循环论证。因此,罗尔斯希望提供的,是一种能够独立于各种相互冲突的哲学乃至宗教观念、同时又建立在经验和理性基础之上的道德理论,这种理论"不追求独立于权利的善,或者不把权利理解为善的最大化"③。相反,在这种理论中,权利(right)具有独立于善(good)的地位,因而也被称为"权利优先于善"的理论④,它要求"正义的概念不能从某种自明的前提或者对原则的限定中得出,相反,对它的证明应该在于诸多考虑的相互支撑,在于把每一方面都结合起来、并使之成为一种具有内在一致性的观点"⑤。

　　罗尔斯遵循了一种严格的程序主义的方法。为此,无知之幕的假设发挥了关键性的作用。首先,通过无知之幕的屏蔽,除那些最基本的社会需要即"基本善"之外,各种使人们相互冲突的价值追求都被排除在他们的视野之外,同时他们也不需要诉诸任何具有形而上学特征的道德原则(终极原则)为其选择提供依据,从而保证了起始位置上的选择结果与多元社会的事实彼此相容。其次,由于对自身、对他人和对社会的相对无知,人们没有可能进行任何意义上的功利算计,这就保证了他们的选择与判断能够尽可能少地受到外部因素的干扰或者他们自身所处的特殊历史和社会条件的支配,因而有助于发现在最接近自律的状态下人们将会进行什么样的价值选择。⑥ 用罗尔斯的话来说,起始位置的假定可以被认为是"在经验理论的框架内对康德的自律概念及绝对命令的一种程序性解释。目的王国内部的规范性原则就是在起始位置上被选择的原则。因此,对这一位置的描述使我们能够解释为何依据这些原则行事,就体现了我们作为自由、平等、理性的人的本质。这些观念不再是纯粹先验的,并且缺乏与人类行为之间的解释性联系,因为起始位置的

---

① John Rawls, "Justice as Fairness: Political not Metaphysical", *Philosophy and Public Affairs*, Vol. 14, No. 3, 1985, p. 223.
② John Rawls, *Political Liberalism*, pp. 54-55, 58, 144, 153.
③ John Rawls, *A Theory of Justice*, revised edition, p. 26.
④ 罗尔斯也明确表示:"作为公平的正义中,权利的概念优先于善的概念。"(John Rawls, *A Theory of Justice*, revised edition, p. 28.)
⑤ John Rawls, *A Theory of Justice*, revised edition, p. 19.
⑥ Ibid., p. 225.

程序性概念使我们建立了这类联系"①。在《政治自由主义》中,罗尔斯还特别强调起始位置上的个体作为社会代表的身份,即他们将各自代表一部分社会成员为某个社会选择分配原则,但同时对他们所代表的人们,以及这些人的欲望与追求同样一无所知。② 这一假设进一步强化了正义原则的选择者们在价值问题上的不确定性,以及他们的选择结果的代表性与普适性。

罗尔斯的这种考虑固然具有方法论上的价值,但对于作为实践哲学的道德理论来说似乎并没有太大意义。因为任何道德理论真正需要考虑的,恰恰不是在取消外部约束的情况下人们可能如何行事,而是在面对各种外部干扰的条件下,一个道德主体应该进行什么样的选择。在这里,外部条件并非可以随意消除的偶然干扰(即所谓可以在思考中予以"控制"的"干扰变量"),而是人类必须通过道德原则规范其社会生活的本体论前提。这一点其实才是休谟关于正义环境的理论之本意所在。就此而言,罗尔斯关于起始位置和无知之幕的理论设计虽然精美,但实属多余,完全可以被"奥卡姆剃刀"予以剃除。③ 哈贝马斯就认为,罗尔斯的这种设计,即对参与者所拥有的信息的"系统剥夺",损害了它可能取得的成果。如果说交往行为理论的目标是通过对交往参与者的解释性视野进行理想化的扩展,以最终达成共识的话,罗尔斯的理论却把共识建立在对各方信息的限制基础之上,因而从一开始就排除了参与者解释性视野的多样性。④

另外,罗尔斯也希望借助关于起始位置的构想,证明人们能够通过合理化选择(rational choice),从对个人利益的关注出发,最终在社会正义方面达成共识。罗尔斯试图证明,正义之所以重要,并非因为它本身是一种先验价值,而是因为它乃是一个多元(复杂)社会中人们协调共存不可或缺的条件。桑德尔因此认为,罗尔斯正义理论的基础是认识论的而非伦理学的。⑤ 但这种方法不能从根本上放弃对道德直觉主义的依赖,因为罗尔斯也承认,即使在起始位置上,人们也还是具有某种起码的正义感,因为正义感"首先是一种人们以某种方式主导自己的欲望,是一种在其内部包含了自身的优先性的努

---

① John Rawls, *A Theory of Justice*, revised edition, p. 226.
② John Rawls, *Political Liberalism*, New York: Columbia University Press, 1993, pp. 76,106.
③ Occam's Razor,中世纪哲学家奥卡姆的威廉提出的一项论证原则,即"如无必要,勿增实体",指在其他条件相同的前提下,应该追求尽可能简单的理论,那些与结论无关的部分都必须予以剔除。
④ Jürgen Habermas, "Reconciliation through the Public Use of Reason: Remarks on John Rawls's Political Liberalism", in *op. cit.*, pp. 115,116.
⑤ Cf. Michael Sandel, *Liberalism and the Limits of Justice*, p. 16.

力"。"为了实现我们自己的本质,我们别无选择,只能赋予正义感一种支配其他目标的力量。"①同时,起始位置上的人们也能够接受康德的绝对命令,即"不仅把别人当做手段,同时也把他们作为目的"②。罗尔斯把具备这些要求的社会称为"良序社会"(well-ordered society)。按照他的说法,所谓的"良序社会"是"以增进其成员的福利为目标,并且在一种公共的正义观念指导下的社会。在这种社会中,一方面每一个人都接受同样的正义原则,同时了解其他人也都接受这些原则;另一方面基本的社会制度满足了这些原则,同时人们也知道它们能够满足这些原则"③。更有甚者,"根据作为公平的正义,人们同意分享彼此的命运"④。

起始位置的这些道德特征自然使罗尔斯面临着理论上"自相矛盾"的指责。针对来自各方面的批评,罗尔斯对自己的理论进行了一定的修正。一方面他承认,权利先于善的原则只限于政治领域⑤,因为在"合理的多元主义",即各种合理的(reasonable)但同时又彼此互不相容的观念体系同时并存的情况下,设想一个能够"保证作为公平的正义的良序社会是不现实的"⑥。另一方面,罗尔斯强调,正义理论的道德基础实际上乃是现实社会中存在的某种"重叠共识"(overlapping consensus)。"因为作为公平的正义目的在于为民主社会提供一种政治上的正义观念,所以它尽量只立足于民主宪政体制之下渗透到政治制度之中的直觉性的意识,以及公众传统上对它们的理解。作为公平的正义之所以是一种政治观念,部分就因为它以某种确定的政治传统作为出发点。"⑦罗尔斯的这些修正意味着,作为正义原则基础的,既非暧昧的直觉,亦非抽象的论证,而是一种社会的现实,是所谓的"良序社会"的一个侧面。在1980年的时候罗尔斯还坚持认为,在现代社会,"人们没有可能就以下问题达成一致,即什么样的基本社会制度能够与作为道德人格的公民的自由与平等相适应"⑧,并且认为这是他之所以选择休谟的前提、试图以非道德

---

① John Rawls, *A Theory of Justice*, revised edition, p. 503.
② Ibid., p. 156.
③ Ibid., p. 397.
④ John Rawls, *A Theory of Justice*, original edition, p. 102. 在1999年的修订版中,罗尔斯删去了这句话。
⑤ John Rawls, *Political Liberalism*, p. 199.
⑥ Ibid., p. xvii.
⑦ John Rawls, "Justice as Fairness: Political not Metaphysical", *Philosophy and Public Affairs*, Vol. 14, No. 3, 1985, p. 225.
⑧ John Rawls, "Kantian Constructivism in Moral Theory", *Journal of Philosophy*, Vol. 77, No. 9, Sep. 1980, p. 517.

的方式导出正义原则的初衷①,但是,"重叠共识"这一概念的提出,却使他最初版本的正义理论原有的价值丧失殆尽了。

"重叠共识"、"良序社会"这些概念意味着,对正义问题的讨论不可能是抽象的、非历史的和超越文化的。② 正如罗尔斯自己所说,"政治哲学依赖于作为它的听众的社会"③。同时,"正义的观念只有当它提供了一种理性的方法,把一个宪政国家公共政治文化中所渗透的深层共识统一成为逻辑一致的观点,并且得到这个国家所坚守的信念认可时才是可能的"④。最后,在实践中对什么样的社会符合正义要求这个问题的回答,也需要考虑到"每一个国家的传统、制度与不同的社会力量"⑤。实际上,早在《正义论》的第一版中,罗尔斯为了避免复杂的社会政治环境可能造成的"判断的重负",就已经把自己的理论限定在一个"与外部世界相隔绝的封闭社会"中⑥,但是这样一来,罗尔斯就完全背离了他的初衷,因为这意味着他最终没有能够超越相互冲突的哲学、宗教和价值观念,没有能够使他的正义原则独立于"现有的欲望和现存的社会条件",因而也没有真正找到一个他以为已经找到的"无须求助于任何先验原则或者至善论原则的阿基米德支点"⑦。

罗尔斯不愿承认又最终不能不承认的事实是:"正义原则的道德力量来自于一个特定共同体或者特定传统共同拥有、普遍分享的价值观念。"⑧因此,"正如独立的个人面对那些他无法摆脱的目标与归属的时候,会发现其局限性一样,正义在包含了参与者的认同与利益的共同体中,也发现了它自身的局限性"⑨。就此而言,罗尔斯能够证明的,只是他所在的国家的正义原则,这种正义原则内部"深藏着西方资产阶级自由主义生活方式的偶然偏好,因而

---

① 正如桑德尔所指出的,在罗尔斯的正义理论中,人的多元样,即他们之间的差异是先验的、是无须证明的前提,而他们之间的一致性不过是一个有待经验证实的结果。(Cf. Michael Sandel, *Liberalism and the Limits of Justice*, pp. 54-55.)因此,一旦这些人被赋予某种先验的、统一的道德意识,罗尔斯的理论体系就面临着坍塌的危险。

② 罗尔斯承认,在对一个制度进行判断时,必须考虑到"每一个国家的传统、制度以及各种社会力量"的问题(John Rawls, *A Theory of Justice*, revised edition, p. 242)。

③ Cf. Leonard Tivey and Anthony Wright (eds.), *Political Thought Since 1945: Philosophy, Science, Ideology*, p. 207.

④ Rawls, "Justice as Fairness: Political not Metaphysical", *Philosophy and Public Affairs*, Vol. 14, No. 3, 1985, p. 229.

⑤ John Rawls, *A Theory of Justice*, revised edition, p. 242.

⑥ Ibid., p. 7.

⑦ Ibid., p. 232.

⑧ Michael Sandel, *Liberalism and the Limits of Justice*, p. x.

⑨ Ibid., p. 181.

所得出的原则归根到底也不过是流行价值观念的产物"①。美国哲学家罗蒂则明确表示:罗尔斯的理论并非如其所说,"为民主制度提供了哲学基础,而不过是试图为典型的美国自由主义原则及其制度进行系统化"②,从而在某种意义上成为"彻底的历史相对主义和反普遍主义的"观点③。

同时,把正义原则的基础限定在"重叠共识"之上还导致了另外一个方面的问题,那就是正如哈贝马斯的批评所指出的,政治因此只能成为某种"前政治"过程的结果,从而严重地限制了政治的可能性。虽然罗尔斯在《政治自由主义》中提出了公共理性(public reason)的问题,并且在以后的论著中进行了扩展性的阐发,以作为对批评者们的某种让步,但由于他并没有放弃多元社会这一具有本体论性质的出发点,所以公共理性的运用范围也受到严格的约束。④ 一方面,"公共理性的观念从属于一种具有良好秩序的宪政民主社会的概念"⑤,而之所以需要公共理性,是因为"公民们意识到在他们各自拥有的无法协调的整全性思想体系基础之上,他们不可能达成一致,甚至也不可能相互理解,所以当根本性的政治问题出现时,他们必须考虑能够彼此提出一些什么样的合乎理性的理由"⑥。另一方面,公共理性能够讨论的,也只是涉及社会"公共论坛"的问题,具体体现在三个方面:法官在裁定前进行的讨论,政府官员,特别是主要行政官员与立法者的讨论,以及公共职位竞争者之间的论辩与政策声明等。至于基本的正义原则,则仍然不能被纳入公共理性的领域。⑦ 因此从根本上说,公共理性的概念,并没有从根本上改变罗尔斯最初的基本立场。桑德尔就此指出:"自由主义通过把自我置于政治之外,使个人成为信仰的目标而非(政治生活)持续关注的对象,使之成为政治的前提而非政治的不确定的成果。这么做固然避开了政治中的悲伤,但同时也错失了政治最激动人心的潜力。它忽视了这样一种危险,即在政治堕落的时候,导致的不仅是个人的失望,而且是人性的沦丧;它同时也忘记了这样的一种可能,即

---

① Michael Sandel, *Liberalism and the Limits of Justice*, p. 27.
② Richard Rorty, "The Priority of Democracy to Philosophy", in Merrill D. Peterson and Robert C. Vaughan (eds.), *The Virginia Statute for Religious Freedom: Its Evolution and Consequences in American History*, Cambridge and New York: Cambridge University Press, 1988, p. 268.
③ Ibid., p. 262.
④ Charles Larmore, "Public Reason", in Samuel Freeman (ed.), The Cambridge Companion to Rawls, Cambridge: Cambridge University Press, 2003, pp. 389–340.
⑤ John Rawls, "The Idea of Public Reason Revisited", in *Collected Papers*, edited by Samuel Freeman, Cambridge, MA., and London: Harvard University Press, 1999, p. 573.
⑥ John Rawls, "The Idea of Public Reason Revisited", in *op. cit.*, p. 573.
⑦ John Rawls, *Political Liberalism*, p. 225.

当政治清明之时，我们能够共同发现到作为独立的个人永远无法了解的善。"①这一批评不仅对认识罗尔斯，而且对认识所有的自由主义思想家都具有发人深省的价值。

二、自由至上论

在罗尔斯的众多批评者当中，他的同事、哈佛大学哲学系教授诺齐克（Robert Nozick，1938—2002）的观点比较具有代表性。诺齐克与哈耶克和奥克肖特等人一同被称为自由至上论者或者保守主义的自由至上论者，但他的理论与后两者又表现出明显的区别，那就是，如果说哈耶克和奥克肖特主要是从认识论的角度阐明个人自由的重要性的话，那么诺齐克则主要从个人主义伦理、合理选择理论以及市场交换法则入手，对罗尔斯的正义理论进行全面批判，并且重申了传统自由主义坚决反对国家干预的基本立场。

诺齐克于1974年即罗尔斯发表《正义论》之后的第三年出版了他的《无政府、国家与乌托邦》一书，主要是通过对罗尔斯正义论的反驳提出他自己的政治观念。与罗尔斯的基本论点，即在多元社会的前提下，正义原则是具有不同利益、观念与追求的人们协调共存的基本前提，因而国家有必要在社会公正领域进行强制干预相反，诺齐克试图证明，任何一种社会性的正义原则，特别是涉及对财富的再分配，在本质上都是不正义的。"我认为，我们的任何行为都存在着一些道德的边界约束这一点，反映了我们作为相互分离的存在这个事实。它们表明，在我们之间不可能进行任何道德的权衡；不可能因为某些更广泛的社会善而使一种生活方式在道德上优先于另一种生活方式。无法证明我们中的某些人应该为另一些人做出牺牲。"②边界约束的存在，意味着每个人都是不可替代的善的享受者和恶的承受者，一个人承受到的恶不可能通过得到其他人享受的善得到补偿。因此，诺齐克强调，在国家的社会职能问题上，必须认真对待无政府主义的观念，即国家必然"侵犯个人权利，因而从本质上说是不道德的"③。无论在什么样的社会条件下，国家的权力与职能范围都不能随意扩大，个人自由仍然必须享有尽可能广泛的空间。

---

① Michael Sandel, *Liberalism and the Limits of Justice*, p. 183.
② Robert Nozick, *Anarchy, State, and Utopia*, Oxford: Blackwell, 1974, p. 33. 所谓"边界约束"，指的是"他人的权利决定了你的行为的界限"（Ibid., p. 29）。
③ Robert Nozick, *Anarchy, State, and Utopia*, p. xi.

为了证明自己的观点，并且推翻正义理论的道德基础，诺齐克也采用了一种契约论的论证方式，说明国家即公共权力的基础及其规范。与罗尔斯关于起始位置的假设相比，诺齐克的契约论在三个方面更接近于传统的社会契约论。首先，诺齐克明确肯定被罗尔斯放弃的自然权利学说，即不仅坚持在自然状态下每个人都拥有某些不能被剥夺的"天赋权利"，而且强调对这种权利的维护与增进是任何政治结构的合法性基础。其次，诺齐克认为，人们的智识与道德水平在自然状态与社会状态之下并不存在任何根本性的差别；他们在自然状态下，根据道德直觉与理性判断选择的基本社会规范，完全适用于将来一切可能的社会联系。最后，诺齐克明确放弃了罗尔斯理论中潜在的人的社会性假设，与传统的特别是洛克和霍布斯版本的社会契约论一样，诺齐克仅仅把安全作为人类必须进行社会性合作的唯一推动力，正义原则因而成为他们是否接受合作的前提而非彼此合作的结果。当然，诺齐克的理论与传统契约论也有不同之处，那就是他相信，对国家的产生过程完全可以借助市场机制进行理解，因为国家所提供的服务在本质上与其他商品没有任何差别，除了这种商品的产生基于暴力之外。通过在契约过程中引入完全的市场机制，使诺齐克理解的国家只能拥有甚至比洛克意义上的"守夜人的国家"更少的社会职能。

诺齐克模拟了国家从自然状态中，通过市场机制"看不见的手"的作用逐步形成的几个阶段。与洛克类似，他把自然状态描绘为一种人类"能够合理期望的最好的无政府状态"①。但是，虽然自然状态下人们能够依据基本的道德原则行事，却仍然存在着洛克所指出的不便之处，即每一个人都必须依靠自己的力量保护其天赋权利，并且对破坏这种权利的人进行处罚。为克服这种不便，人们最初会在小范围内组成一些以相互提供保护为目的的团体（protective association），在有需要的时候"所有人都会应每一个人的要求保护或者实施其权利"②，并且对侵犯者进行惩罚。但是，诺齐克相信，这是一种既缺乏效率又无法保证公平的方法。因此，在以后的发展中，按照劳动分工的原则，"一些人会被雇佣来从事保护性的职能，而一些组织也会以出售保护性的服务为业"③。这些在市场上出售保护的组织根据受保护者不同的需要，按照不同的价格，向人们提供内容各不相同的服务。诺齐克称这种状态为"无政府

---

① Robert Nozick, *Anarchy, State and Utopia*, p. 5.
② Ibid., p. 12.
③ Ibid., p. 13.

资本主义的解决方案"(anarcho-capitalist solution)。

诺齐克认为,与一切区域性市场一样,在保护性服务市场内部,各个"企业"会相互竞争,同时它们提供的服务也可能相互冲突,而最糟糕的可能就是两位发生纠纷的雇主找到不同的保护性组织,而这两个组织又做出了各不相同的决定。这种情形的出现与保护性组织自身的宗旨相矛盾,并且表明保护性服务市场不可能长期处于多个"企业"相互竞争的状态。诺齐克推演,有三种可能的出路:或者某个组织战胜其他所有竞争者;或者不同的保护性组织划地而治;或者它们之间通过协议建立一个类似上诉法院那样的机构,以便在它们做出的相互矛盾的决定时进行仲裁。无论出于哪一种情况,最终在每一个地区都只会剩下最后一个"支配性的保护性组织"①。诺齐克认为,可以把这种"支配性的保护组织"称为"超小限度的国家"(the ultraminimal state)。② 之所以说"超小限度",是因为它只为那些愿意花钱购买其服务的对象提供保护,这就意味着,与这种"超小限度的国家"并存的,还有一些愿意自己为自己提供保护的或者无钱购买保护的独立的个人(independents)。因此,从严格意义上说,"超小限度的国家"尚不能称为国家,只有当它进一步发展,开始向那些不对其付出报酬的对象也提供保护、同时在某个特定地域范围内完全垄断暴力使用权的时候,才成为"最小限度的国家",也就是既具备了国家的一切条件,同时又对自己的职能进行了严格限制的国家。③

从完全的自然状态到"超小限度的国家"的产生,"劳动分工、市场压力、规模经济以及理性的自我利益"④始终是发挥着支配作用的因素,因而在诺齐克看来,这整个过程由于没有任何对个人的强制、没有违反任何"道德的边界约束",因而是自然而且正当的。但是,要从"超小限度的国家"过渡到"最小限度"的国家,即要向那些不愿意或者不能花钱购买其保护性服务的人同时也提供保护,就会遭到两个方面的困难。第一,强迫那些不愿意或者不能支付保护费用的个人接受保护意味着超越了"道德的边界约束",这就出现了这种强制的正当性问题。第二,向没有支付保护费用的个人提供保护,意味着对已支付者某种意义上的剥夺,从而出现了再分配的问题。

诺齐克认为,虽然存在上述两个方面的困难,但是从"超小限度的国家"

---

① Robert Nozick, *Anarchy, State and Utopia*, pp. 16-17.
② Ibid., p. 26.
③ Ibid., pp. 52-53.
④ Ibid., pp. 16-17.

向"最小限度的国家"的过渡仍然是正当的,而且也可以得到理论上的证明。首先,那些选择自助的独立的个人往往不具备相对公正和可靠的司法程序,以对所受到的侵害进行判断并决定适当的惩罚。因为正如洛克所指出的,任何人为自己充当仲裁者的时候都会倾向于做出有利于自己的决定,而这种状况的存在,就使那些已经接受"超小限度的国家"保护的个人在与"独立的个人"发生争执时,仍然面临受到不公正处罚的危险性。"超小限度的国家"为了对它的"客户"提供更全面、更彻底的服务,只能别无选择地禁止"独立的个人"继续行使他们自我保护的权利,同时作为交换,由它本身向这些人提供保护。① 当然,对那些并未购买保护的人来说,"超小限度的国家"所提供的服务具有某种类似再分配的性质,但诺齐克认为,这不是再分配,而只是对他们失去的"自然权利"的补偿。② 诺齐克因而相信,最小限度的国家产生的整个过程"在道德上是正当的,而且没有损害任何人的权利"③。所以,"国家应该甚至优越于最好的无政府状态,……(它)不需要经过任何道德上不允许的步骤从中演化出来"④。

诺齐克对国家产生过程的理论模拟有一个基本意图,即证明任何超出公共安全之外的国家权力与国家职能,或者说任何比最小限度的国家更大的国家,都不具备道德上的正当性,也不能得到理论上的证明。⑤ 诺齐克表示,人们之所以认为国家必须干预社会经济生活,一个最主要的理由就是相信国家必须介入社会再分配的过程。因此,他在论述国家的起源及其基础之后,便转入对两种人们比较熟悉的分配原则的批判。一种是所谓的"结果原则"(end-state principles)或者"当下原则"(current time-slice principle),另一种则被他称为"模式原则"(patterned principles)。

"结果原则"的基本特点是,它"认为分配是否正当取决于对象的分配是如何按照某些关于正当分配的结构性原则进行的"⑥。显而易见,这里指的实际上就是类似罗尔斯那样的正义原则(特别是差别原则),它们的共同特征,是只看重财富或者其他社会资源分配的最终(当下)状态是否符合某种外在

---

① 诺齐克实际上认为,当"独立的个人"与已经交纳保护费的个人发生冲突时,"超小限度的国家"也可以对前者提供保护,但对"独立的个人"之间发生的冲突相应地如何处理,他并没有明确的态度。
② Robert Nozick, *Anarchy, State and Utopia*, pp. 110 ff.
③ Ibid., p. 113.
④ Ibid., p. 5.
⑤ Ibid., p. 53.
⑥ Ibid., p. 153.

的标准,而不问这种分配状态的来历。

诺齐克指出,差别原则作为一种结果原则,并不关心各种不同形式的财产究竟是通过什么样的具体方式被人们所获得的,它关注的是当前时间点的财产分布状态与某种先定的结构性原则是否相一致,似乎各种各样的财富完全是从天而降,它们中没有包括任何人为的努力,只等众人设计出某个方法对其加以分享。① 另外,由于差别原则只关心财产的占有结构,因此对财产的实际占有状态,即谁占有什么财富毫无兴趣,也就是认为 A 占有 10 个单位的财富、B 占有 5 个单位的财富,与 A 占有 5 个单位的财富、B 占有 10 个单位的财富并没有任何区别。诺齐克则坚持认为,不能不问财产是怎么来的,因为当下的财富分布状态是以往的财富获取与分配过程的最终结果。因此虽然从直观上人们也许会倾向于用差别原则对每一个时间断片上的财富进行分配,但问题是某人获得并且转移财产的每一个环节都可能具有其正当性的根据,也有可以加以证明的意图和道德上的理由。因此,诺齐克的观点是,只要在获取财富的整个过程中不存在不公正、不合法的环节,那么其最终的分布状态即使表面上看起来如何不合理或者不平等也应该受到尊重,比如说继承权的问题就是这样。与之相反,由于在罗尔斯的差别原则中,财富的创造者或者让渡者一方的立场完全没有得到考虑和尊重,因而这完全是一种需求者单方面的正义原则,根本不具备公正的性质。

之所以出现这样的结果,按照诺齐克的解释,就是因为在罗尔斯导出差别原则的逻辑起点,即起始位置上人们的"无知之幕"取消了一切历史的事实。按照罗尔斯的规定,在这种状态下的人们对"自身的情况或者自身的历史一无所知",所以他们自然"只能或者直接同意进行一种结果状态的分配,或者同意采取其他某项原则进行分配;而即使他们同意采用其他某项原则,其考虑的出发点仍然只能是结果状态的分配"②。换言之,"正因为没有一丝一毫资格原则③的成分被置入人们在起始位置的处境当中,所以这类原则也就根本没有可能被他们选中"④。这意味着罗尔斯的论证方式已经从逻辑上排除了诺齐克所强调的"权利来源"问题在起始位置上被参与各方认真予以考虑的可能性。但是,"权利来源"虽然没有被置入起始位置,并不等于它实

---

① Robert Nozick, *Anarchy, State and Utopia*, pp. 198–199.
② Ibid., p. 202.
③ 请参照本书第 498—500 页。
④ Robert Nozick, *Anarchy, State and Utopia*, p. 204.

际上不重要。在诺齐克看来,为了推翻罗尔斯的正义理论,根本就不需要追溯权利形成的整个过程,因为只要在这个过程中有一个环节是正当的、是结果状态的分配不可忽视的,那么罗尔斯这种取消一切历史的论证方法就失去了正当性。

诺齐克所说的"模式原则"则可以被简单地表述为"按……分配"的原则,比如按劳分配、按能力分配或者按需分配等。[①] "模式原则"要求,财富与公共服务的分配,必须根据某种社会活动的"内在目的"进行。诺齐克认为,"模式原则"限制了财产的自由转移,也妨碍了人们自由地使用其财产,因此,"自由排斥任何模式"。[②] 诺齐克唯一认可的一项模式原则,就是"取其所愿,予其所需"。[③]

诺齐克着重批判了"模式原则"中按照需要进行分配的原则,因为这种原则是社会福利计划的主要依据。通常的逻辑是,既然某种社会服务的"内在目的"是为了满足某些方面的社会需要,那么当这种需要产生的时候,就有必要对此类服务进行分配,比如说医疗服务的内在目的是对健康的维护,因此当某个人的健康状态恶化的时候便产生了对这种分配需要。这意味着,对该原则的支持者来说,医疗这种公共服务的分配,与作为其代价的支付能力应该没有关系。诺齐克则认为,虽然从需求方的角度来看,像医疗这样的行业应该被纳入公共服务的范畴,但如果从医生的角度来看,它同时又是一种以赚钱为目的而进行的市场行为。因此,只考虑需求方的利益,对供给方的意图与目的完全不予考虑的做法,即使不去追究"内在目的"这个概念中存在的形而上学问题,也很难称得上是一种公正的分配。[④]

诺齐克认为,无论结果原则还是模式原则,最终都必然会通过国家的再分配职能体现出来。[⑤] 他的立场是,国家的再分配不仅有违基本的社会公正,而且必然带来各种政治上的恶果。一方面,如果国家非要维持某种分配方面的平等原则,那么它势必会不断地对个人的收入和分配进行干预,因为人的自然倾向使财富占有的结果总是不断偏离政府人为设定的平等标准,这就使国家不得不衍生出越来越多的强制性功能,对越来越多的社会领域进行干涉和控制,最后导致国家的集权和个人自由的丧失。另一方面,由于人们普遍

---

① Robert Nozick, *Anarchy, State and Utopia*, p.156.
② Ibid., p.160.
③ Ibid.
④ Ibid., pp.233-235.
⑤ Ibid., p.168.

认为财富分布的不平等导致了社会权力的不平等，所以通常也会倾向于认为国家的再分配是不可避免的事情。但诺齐克强调，这种观念在逻辑上是错误的。财富之所以谋求与权力相结合，从根本上说恰恰因为国家本身对社会干预太多，因为这种国家能够给掌权者带来更多的财富和机会。因此，为了防止这类现象的出现，最根本的方法是尽可能限制国家的职能范围，而不是让国家握有巨大的支配与控制财富的权力。"取消那些不合法的提供有差别的经济利益的权力，人们就可以取消或者在相当程度上限制谋取政治影响力的动机。"① 就此而言，最小限度的国家由于不具备任何干预经济行为的手段，对那些试图通过权力非法占有财富的人来说自然没有丝毫吸引力，因而应该是一种最理想的、能够有效控制财富与权力的结合的国家。② 为打破两者的联姻而扩展国家的职能范围，在诺齐克看来完全无异于一种火上浇油的方法。

与上述两种分配原则相对，诺齐克提出了他所谓的"资格理论"（entitlement theory）。资格理论的对立面，显然就是罗尔斯的正义论，特别是其中的差别原则。差别原则的核心是对传统自然权利学说的否定，假设"人们同意把自然禀赋的分配视为一种共同资产，并且同意分享这种分配带来的任何利益"③。差别原则认为，由于个人的自然禀赋（天赋或者能力）在人群中的分布完全由偶然因素决定，所以个人独占因此得到的利益就不具备道德上的正当性，或者说个人没有任何资格要求独占这些利益。在此情况下，只能把个人禀赋视为一种社会的共同资产，并且让整个社会共同拥有由此得到的全部利益。诺齐克的立场则与之截然相反，他明确表示："无论从道德的观点来看个人禀赋的分布是否具有随意性，人们都有资格拥有它们，并且获得它们所产生的各种结果。"④

诺齐克认为，资格理论为人们对财产的拥有提供了唯一正当的依据，因为资格理论支持一种历史性的⑤同时又并非模式化的分配原则。资格理论关注的并不是最终占有状态是否公正合理，而是人们在实现其占有的过程中是否每一步都合理合法；同时，资格理论也排斥单纯的模式化分配原则，允许人

---

① Robert Nozick, *Anarchy, State and Utopia*, p. 272.
② Ibid.
③ John Rawls, A Theory of Justice, original editon, p. 101. 在修订版中，他把这段话改为："人们同意在某些方面把自然禀赋视为共同资产，并且分享因这些资产相互补充而带来的更大的社会和经济利益。"（John Rawls, *A Theory of Justice*, revised edition, p. 87.）
④ Robert Nozick, *Anarchy, State and Utopia*, p. 226.
⑤ Ibid., p. 153.

们自由地对财产进行占有、交易、转让和使用。为了证明自己的观点,诺齐克区分了两个概念,即应得(desert)和资格(entitlement)。他在一般意义上同意罗尔斯关于应得的观点,即承认个人拥有的各种自然禀赋与机会的确出于偶然,即没有任何人应该得到(deserve)他们不同的自然禀赋或者特殊的社会条件;但他并不同意罗尔斯由此得出的结论,即他们因此也没有资格(entitled)得到这些特殊的自然或者社会条件为其带来的各种利益(或者不利)。因为如果说"碰巧"拥有这些自然禀赋或者社会条件的人尚且没有"资格"获得它们带来的利益的话,那么那些并不拥有这些条件的人的"资格"就更是无从谈起。仅仅因为这些条件的所有者不"应该"得到它们,就得出结论认为社会有"资格"共同占有它们,这在逻辑上显得十分勉强。

在诺齐克看来,差别原则尤其不能让人接受的地方在于,自然或者社会赋予每一个人的只是一种潜在的可能性,要把它转变成为现实的利益,个人努力是一个必不可少的环节。但在罗尔斯的理论中,即便个人的努力本身也是环境(比较说家庭与社会)的产物,从而同样不能构成个人占有的道德依据。诺齐克指出,如果把这种逻辑贯彻到底的话,就会得出下面的结论:即每一个人所具有的一切与众不同的特质,甚至包括他的理性能力和道德修养都可以收归社会,因而也就没有任何道德上的依据可以使它们的拥有者获得特殊的利益或者承认。问题是把这些使每一个个体与众不同的特质剥离之后,剩下的"人"还具有什么样的道德价值、他们是否还具有统一的人格?诺齐克甚至危言耸听地表示,如果无限制地采用罗尔斯的理论,那么"使处境不利者的利益最大化的原则在实践中的运用甚至有可能导致对人体器官的强制性再分配('你能看东西都那么多年了,现在需要把你的一只或者两只眼睛让给别人看一看了');或者提前杀死某些人以便用他们的肢体拯救那些有可能夭折的青年人"[1]。诺齐克因此不无讽刺地写道:"对于把自然禀赋作为共同财富这一点,不同的人会有不同的看法。有的人大概会把罗尔斯对功利主义的批判颠倒过来,批判他'没有认真考虑人与人之间的差别';另外一些人则会质疑,把个人的能力与天赋视为其他人的资源,这样一种对康德理论的重构又是否合适?"[2]

诺齐克认为,说一个人没有资格占有他所获得的荣誉与财富,与说一个人不应该得到他因犯罪而面临的惩罚并没有任何实质性的区别。"如此贬低

---

[1] Robert Nozick, *Anarchy, State and Utopia*, p.206.
[2] Ibid., p.228.

个人在其行为中的自律与自我责任,对一种同时又希望维护自律存在(即道德的个人。——引者)的尊严与自尊的理论来说无疑是一种冒险;尤其对那种如此依赖个人选择的理论(包括善的理论)来说更是如此。人们会怀疑,罗尔斯的理论假定的、并以之为基础的那样一幅如此不堪的人类图景,是否能够与它希望予以确立并且加以具体化的人的尊严相吻合。"①因此,对诺齐克来说,占有问题实际上包括了深刻的道德内涵,而为了维护占有过程及其结果的道德价值,唯一可能的原则只能是资格原则,即只要来历正当,占有自然正当。他就此表示:"的确,某个人只有在获得 Y 的过程中已经拥有(或者应该拥有)他为此而使用的资源(包括自然禀赋),他才拥有 Y(有权利收藏一幅他自己绘制的油画、获得因写作《正义论》而受到的赞扬等等)。但是,他所使用的某些东西可能不过是仅仅为他所占有,当然不是非法占有。应得的事物的基础其本身并非一定也应该得到,这可以一直类推下去。"②

诺齐克对国家起源与资格原则的阐述意在表明,"最小限度的国家"是一种必不可少的、最经济的而且在道德上唯一正当的国家,也是现实社会生活中最可取的国家,因为这种国家只"限于防止暴力、偷盗、欺骗,以及强制契约得到遵守等极少量的功能"③。它仅为社会提供最起码的保护,不会干涉任何与公共安全无关的社会行为。诺齐克尤其强调,国家绝对不应该介入财产的分配领域,财产权不能因为社会正义原则受到侵犯。比如,国家通过强制性税收实行社会福利政策的做法就意味着强迫性的财产让渡,而在诺齐克看来,"对劳动所得征税无异于强制劳动"④。让一个人交出其正当所得(或者其中的一部分),不仅形同偷盗,而且意味着某种意义上的奴役,因而是一种不正义的行为。⑤ 诺齐克坚持"占有的正义"(justice of holding),对这一正义原则唯一的补充就是矫正的原则,即对那些不正当的财产获取方式进行矫正。总的来说,诺齐克的基本立场是:首先,个人应该依从自己的意志自由行使其权利,其次,在满足这一前提的条件下进行社会选择。在这里,权利实际上成为高耸在社会选择与个人自由之间的界碑。当然,按照诺齐克的原则,社会选择的可能性实际上几乎已经被剥夺殆尽了,所以他紧接着添加了一个条

---

① Robert Nozick, *Anarchy, State and Utopia*, p. 214.
② Ibid., p. 225.
③ Ibid., p. ix.
④ Ibid., p. 169.
⑤ Ibid., p. 172.

件:"如果还有必要进行选择的话。"①

诺齐克表示,"最小限度的国家"之所以是最理想的国家,还不仅因为这种国家里没有强制性的再分配,同时也因为它让任何美好的社会计划(乌托邦)都有付诸实施的可能,因为"最小限度的国家"有可能"包容广泛多样的共同体,人们如果被接纳,他们就可以加入,而如果他们不愿意,也可以退出,他们并且还可以根据自己的愿望对其加以改造。在这个社会中,人们得以推行各种乌托邦的实验,尝试不同的生活方式,也可以或者单独或者一同追求彼此相异的善的目标"②。诺齐克没有说明的是,根据这种乌托邦计划,"最小限度的国家"内部,是否有可能产生某种"最大限度的国家"。

必须承认,诺齐克的确指出了罗尔斯式的正义理论在逻辑上存在的若干困难,因此在他的著作发表之后,任何主张社会正义的学者都不可能不考虑如何回答诺齐克可能的反驳,而罗尔斯本人也显然在诺齐克的影响下对其理论进行了很多细节上甚至表述上的修改。当然,诺齐克的理论体现出一种极端的个人主义倾向,在很多方面也明显地与现代社会人们普遍接受的政治与道德原则相违背,因此导致了不少批评。诺齐克本人后来也表示:"现在看来,我原先提出的自由至上主义的观点,是存在着严重缺陷的。"③下面只是针对他的理论本身,指出存在的几个问题。

首先,诺齐克描绘的自然状态已经是一种完善的市场状态,他称之为个人主义的无政府状态(individualist anarchism)或者说无政府的资本主义状态(anarcho-capitalism)。④ 这意味着在自然状态下虽然没有稳定的政治秩序,但基本的自然法原则,比如说诺齐克反复提及的康德的"绝对命令"仍然在起作用,市场原则也有效地规范着人与人之间,以及对国家的产生过程来说具有重要意义的个人与竞争性社会保护组织之间,还有这些组织相互之间基本的交易活动。相反,如果这是一个没有基本的交往规则的弱肉强食的世界,那么"超小限度的国家"就不可能通过相对和平的竞争,获得它在提供保护性服务方面的垄断地位,而只能通过暴力征服以及对暴力的垄断来消灭或者排除它实际的和可能的竞争者。按照诺齐克的推论,由于自然状态以及平等交易

---

① Robert Nozick, *Anarchy, State and Utopia*, p. 166.
② Ibid., p. 307.
③ Robert Nozick, *The Examined Life: Philosophical Meditations*, New York: Simon and Schuster, 1989, p. 292.
④ 这种思想来自于这样一些作者,像 Murray Rothbard, John Hospers, James Martin 和 David Friedman 等。Cf. Robert Nozick, *Anarchy, State, and Utopia*, chapter 2, n. 4, pp. 335–336.

的市场法则是公正的,所以在这种状态下自然产生的"最小限度的国家"也是公正的和合法的。但是,稍微具备政治学常识的人都清楚,诺齐克这样一种高度虚拟性的理论模型与国家产生的真实过程实在相去甚远,因为没有哪一个国家在其产生的过程中是没有冲突、暴力与征服相伴随的。由于诺齐克的主要意图并不在于单纯地提出某种关于国家产生过程的解释,而是试图通过对国家产生过程的演绎,从理论上说明国家的基础及其职能范围,因此既然这种模拟毫无事实依据,那么由此得出的理论也就没有任何理论和现实价值。而且,即便接受诺齐克的这种模拟,他的整个理论体系也仍然显得非常缺乏包容性,因为它甚至不允许在国家的产生乃至日常运作过程中出现任何"不公正"的情况,比如通过暴力方式夺取和垄断暴力的使用权。这种异常僵硬的逻辑与人们对政治的常识格格不入。尽管罗尔斯对起始位置的假设因为远离人类社会的实际而使其逻辑力量大打折扣,但人们毕竟能够通过反思的平衡的折射,领会正义原则所需要的社会基础;而诺齐克对自然状态下保护性服务产生与发展过程的推演,却根本无助于说明国家的社会基础,因为国家的基本特征不仅在于它能够使用强制力,而且更重要的是它能够合法地垄断这种强制力。这是国家之所以区别于一帮强盗、又区别于某个保安公司的关键之处。①

当然,把国家的产生过程甚至运作机制完全还原为市场行为,这恰恰是诺齐克最大的理论创新之处,但这么做便意味着取消了政治的独立地位,实际上也就取消了政治。一种试图取消政治的政治理论,对于人们理解政治来说并没有太大助益。另外,按照市场原则把国家的行动领域限制到最小可能的范围,就同时把政治性公共领域限制到了最小范围,而每一个人能够对公共事务表达意见与意志,并且对其施加影响的可能性因此也被限制到了最小范围。实际上,诺齐克的道德"边界约束"和"资格理论"从逻辑上已经基本排除了公共事务存在的可能性,并且在事实上剥夺了政治的生存空间。"因为政治必须处理公共事务,而在商业企业与其顾客的关系中,并没有公共空间存在的位置。"②问题是,在这种政治民主肯定没有任何价值、因而也不会有任何地位的国家中,人们又能够依靠什么力量,可以有效阻止统治机构(尽管诺

---

① 有学者因此认为,也许诺齐克的理论用来说明某个保安公司的产生过程还比较合理,但用来解释国家的社会基础则太过牵强。Cf. Karen Johnson, "Government by Insurance Company: The Antipolitical Philosophy of Robert Nozick", *The Western Political Quarterly*, Vol. 29, No. 2, June 1976, p. 176.

② Karen Johnson, "Government by Insurance Company: The Antipolitical Philosophy of Robert Nozick", *The Western Political Quarterly*, Vol. 29, No. 2, June 1976, p. 176.

齐克从理论上将其规定为"最小限度的"国家)为自己攫取更多的权力,并且最终转变为一种专制的力量?就此而言,桑德尔等人从共同体主义的立场出发对罗尔斯的批评更适用于诺齐克。

其次,与此相联系,诺齐克在解释从"超小限度的国家"向"最小限度的国家"的过渡时,认为"支配性保护组织"可以对那些不愿意"购买"其保护的人进行强制,并且最终垄断在某个特定地域的强制力。但在这里存在着一个逻辑上的跳跃,因为无论如何这是强制而非自愿,即便"支配性保护组织"对那些被强制者提供了相应补偿。除非诺齐克认为这种强制具有道德意义上的正当性,同时这种正当性又并非来自于非自愿的市场交易,但这是他的理论所不允许的。另外,这种强制为何在大多数人已经接受"支配性保护组织"提供的服务之后才出现,而并非出现在它开始具备绝对或者相对优势的强制力的时候?这个时间点的选择,似乎表明诺齐克暗示了某种少数服从多数的民主原则,但这也是他的理论所不允许的。很多学者因此认为,诺齐克并没有能够真正说明,从一种洛克式的自由状态如何自然地衍生出国家来。

关键问题在于,国家的产生过程及其职能基础不可能通过市场机制来进行模拟。出于彻底的个人主义立场,诺齐克在解释国家的产生过程时,把它提供的服务完全理解为一种直接针对"消费者"个体的现象,但事实是这种服务在很多情况下恰恰是非个人的,或者说公共服务具有不可分性。[①] 假设在诺齐克的自然状态下,某个"保护性组织"为某位愿意花钱购买其服务的消费者提供保护,那么它有两种可能的选择:或者只对这位消费者提供保护,比如只负责替他看好屋子,但并不阻止盗贼闯入其他人的住宅(只惩罚某一次特定的行为);或者对任何进行盗窃的侵害者进行处罚(对犯罪行为本身进行惩罚)。前一种选择虽然保护了某位特定消费者的安全,但在客观上会促使盗贼只去光顾那些没有购买保护的社会成员的家庭,因此在实际上恶化了这些成员的安全环境,这种做法在道义上不可取,也不可能被其他社会成员所接受。虽然诺齐克可以解释说这是市场法则的自然结果,而且这种情况的出现将促使那些"独立的个人"购买保护性组织的服务,但毕竟这里已经暴露出来自市场的强制,与诺齐克宣称的市场机制"自由"、"自愿"的原则相矛盾。后一种选择可以使某个社区的全体居民成为受益者,并且具有道义上的正当性,但其前提是出现了诺齐克不允许的再分配。与此相关的另一个问题是,

---

① Cf. Geoffrey Sampson, "Liberalism and Nozick's 'Minimal State'", *Mind*, New Series, Vol. 87, No. 345, Jan. 1978, pp. 93-97.

如果仅仅把国家提供的服务理解为按照市场原则出售的商品,那么在"最小限度的国家"出现之后,它是否可以开出不同的价格向不同的人提供不同的保护,或者说具有不同经济能力的人可以购买不同程度的服务(如同在"无政府资本主义"状态下那样)?国家这么做显然并不违反市场法则,但与人们对国家本质的理解明显对立,因为法律面前人人平等是现代国家的一项基本原则,而这一原则的前提仍然是国家的再分配职能——当然,如果按照诺齐克的逻辑,法律面前人人平等也会成为一种不公正的现象。对此如何认识,他并没有做出适当的说明。

最后,诺齐克的"资格理论"强调获取与让渡的公正就意味着占有的公正。虽然他对此也提出了一个限定(他称之为"洛克的限制条件")①,即看这种占有与永久性的财产制度是否让那些不能占有的人的状态因此恶化,但是他的实际倾向是,由于资本主义市场体制创造了不断增加的社会财富、同时又提供了不断扩大的就业机会,所以应该不会出现满足这一限制条件的情况。② 批评者因而指出,诺齐克其实是假设人世间的财物曾经处于一种无人占有的原始状态,或者曾经存在一种所有人都公正占有其财产的起始状态,然后人们再按照他的"资格理论",或者逐步将这些无主财产据为己有,或者增减他们的占有,并且在每一步上问"是否有人的情况因此恶化"③,然而这不是历史的真实。事实上,财产在世界上的任何地方最初都不是以个人单独的形式占有的,或者说几乎在所有的原始人群中人们找到的都是一种类似公有制的占有形式,那么诺齐克的理论如何解释由这种公有制向私有制的转化?他又如何理解历史上数不胜数的抢劫与掠夺?难道他真的能够肯定现有的财产占有状态的确是通过"合法"的方式获得、然后通过"合法"的方式转让而来的?④ 另外,诺齐克只看到根据市场原则进行的交易符合正义原则,却没有看到市场原则的确立本身恰恰是国家强制与法律规范的结果,因而市场原则

---

① Robert Nozick, *Anarchy, State and Utopia*, p.151.
② Ibid., p.182.
③ 有学者认为,诺齐克的理论中有一个暗含的假设,即人们在自然状态下的财产占有状况是完全公正的,而且这一假设在他的整个理论中占有重要地位,虽然他并没有明确提出什么是公正的标准。因此,虽然他对"结果原则"进行了系统的批判,但他的理论中却也在相反的方向上采用了类似的原则。(Emily R. Gill, "Choice is not Enough", *The Western Political Quarterly*, Vol. 29, No. 2, June 1976, p.195.)
④ Cf. Michael Lessnoff, "Robert Nozick: Anarchy, State, and Utopia", in Murray Forsyth and Maurice Keens-Soper (eds.), *The Political Classics: Green to Dworkin*, Oxford: Oxford University Press, 1996, p.257.

当中已经不可避免地带上了强制因素;至于个人偏好以及市场价值的形成过程中社会和政治因素的作用,则更是没有进入他的视野。① 因此,虽然诺齐克强调"资格理论"是一种历史性的理论,但不能不说,他恰恰对财产权进行了一种典型的非历史的理解。②

在"资格理论"的基础上,诺齐克反对一切形式的国家再分配,认为这种再分配不仅类似盗窃,而且近于奴役。在此,诺齐克理论中的偏执暴露无遗。因为最低限度的国家再分配,比如国家为每一位公民提供平等的安全保护,与由国家实施的平均主义分配计划具有不可忽视的区别;而国家对处于饥饿边缘的人们提供起码的社会保障,使他们能够延续其生命,并在此基础上实现生命的价值,与普遍的社会福利计划也不可同日而语。因此,对后者的批判不能简单地转化为对前者的否定。诺齐克虽然一再强调生命的价值在于自由的选择,但对于那些没有基本的生活资料、濒临死亡的人来说,没有生命,又何来价值?③

对比罗尔斯和诺齐克的理论,可以看出,对罗尔斯来说,在起始位置上选择出来的两项正义原理具有某种绝对性,它们规定了权利的内容与形式;而对诺齐克来说,个人权利是绝对的,正义原则不过是个人权利的引申。如果说罗尔斯的正义理论内在地包含了对人的社会性的承认,那么诺齐克理论的逻辑前提,就是自然人永远不可能成为社会人这样一个基本预设,他提出的道德"边界约束"明确地体现了这一点。诺齐克坚持,道德的"边界约束"来自康德的"绝对命令",因此"在不经某人同意的情况下不能将(其利益)加以牺牲或者用作达致其他目的的手段"④。根据这一约束,对一个人的利益的损害,不能因为另一个人得到了更大的利益,甚至也不能因为"普遍的社会利益"得到了增进而被正当化⑤,正所谓"拔一毛而利天下,不为也"⑥。诺齐克

---

① 比如,没有强制力的支撑,来自欧洲的移民对印第安土著的剥夺就不会成为"合法"的资产;没有知识产权法的约束南非就不需要花费巨资从西方国家的制药商那里购买用以拯救生命的防治艾滋病药物。

② John Rodman, "Analysis and History: Or, How the Invisible Hand Works with Robert Nozick", *The Western Political Quarterly*, Vol. 29, No. 2, June 1976, p. 200.

③ Cf. Michael Lessnoff, "Robert Nozick: Anarchy, State, and Utopia", in Murray Forsyth and Maurice Keens-Soper (eds.), *The Political Classics: Green to Dworkin*, Oxford: Oxford University Press, 1996, p. 256.

④ Robert Nozick, *Anarchy, State and Utopia*, p. 33.

⑤ "我们中的某些人为另一些人做出的牺牲根本不可能得到正当化。"Robert Nozick, *Anarchy, State and Utopia*, p. 33.

⑥ 《孟子·尽心上》。

正是在此基础上同时批判功利主义与罗尔斯的正义原则,因为在他看来,享受幸福与承担痛苦的永远只是独立的个人。

因此,不能像桑德尔那样,简单地把罗尔斯作为主张"权利先于善"的义务论代表人物进行批判。罗尔斯对正义原则的论证中虽然包容了极强的义务论的色彩,但由于差别原则明确体现了实质平等的要求,因而与平等原则体现的权利优先性之间毕竟还是形成了某种平衡的关系。罗尔斯的问题是无原则的平等主义,以至于无视人与人之间无法消除其实也无须消除的那些差异成分。相反,在诺齐克的理论中,权利与作为私有财产的"善"(good)倒是取得了高度一致,但这种理论只承认一种"善",或者也可以说只有权利没有"善"。因此,诺齐克的问题在于过分看重自然与社会的偶然条件下形成的个人禀赋,而无视社会对个人人格不可忽视的塑造作用,以及个人在达成其生活目标的过程中社会的支持作用。在诺齐克的理论中,其他人的任何行为,即使客观上使某人受益,也不能成为对后者进行任何强制的理由。① 可以说,罗尔斯与诺齐克各自代表了一种对人性的理解,而这两种观点被推到极端,便都显露出某些荒谬之处。正如一个被剥离了任何特殊个性,完全消失于芸芸众生之中的人已经失去其作为人的意义一样,一个把自己与社会完全隔离、不允许社会介入其任何个人禀赋的人也没有生存的价值,毕竟一个人的天赋也罢、成就也罢,只有在社会中才可能获得,也只有在社会中并得到社会的认可才有意义。

另外需要提及的是,桑德尔在对罗尔斯进行批评的时候,大量引述了诺齐克的观点,这本身也是一个值得注意的现象。桑德尔对罗尔斯的批评包括三个基本的方面:第一,罗尔斯未能把潜藏于他的理论深处的社会概念突显出来;第二,罗尔斯因此不能正确处理社会共同价值观念与政治的关系;第三,罗尔斯不能正视人与人之间合乎理性与合乎道德的差异。问题是,如果说社会因素在罗尔斯的理论中还算半遮半掩的话,那么这种因素在诺齐克的理论中就荡然无存了。罗尔斯在自由主义的框架内没有可能把隐含的社会

---

① 诺齐克假设了这么一个例子:"假设你的邻居中一些人(364位成年人)建立了一套公共广播系统,并且决定建立一项公共娱乐制度。他们张贴出一份名单,每人有一天轮流负责管理这套系统,……播放录音、提供信息、讲述他所听到的有趣的故事,等等,而你的名字被列于其上。138天过去了,之前所有人都完成了他们的工作,现在轮到你。你有义务承担你的那一份吗? 你已经从中受益,因为你会偶尔打开窗户收听广播,欣赏音乐,或者收听某人讲述的趣事。别人已经贡献了他们的那一份。但是轮到你的时候你是否必须响应大家的要求,为他们提供服务? 绝不。"(Robert Nozick, *Anarchy, State and Utopia*, p. 93.)

前提突显出来,而诺齐克则把个人主义的逻辑贯彻到底从而干脆彻底取消了社会的位置。因此,桑德尔这种批评方式本身,已经表明他所代表的共同体主义①在个人自由与社会公正之间采取了一种游移不定的态度,而这种态度决定了它在与自由主义的争论中,只能是防守多于进攻。比如,共和主义强调政治与公共性的意义、强调社区精神、强调公共责任等等,虽然这些观点在今天的西方社会能够引起相当的共鸣,但其具体主张最终也只能停留在坚持"就我们在道德与宗教方面的差异体现了人类关于善的观念具有终极的多元性而言,一种明辨慎思、相互尊重的模式能够使我们更好地理解我们不同的生活方式表达的各不相同的善"②。可以看出,与其批判对象相比,共同体主义也并没有为政治提供更多的空间,尤其不能正视政治作为道德基础之上的强制这样一个基本事实。之所以出现这样的局面,最根本的原因就在于共同体主义所能够利用的理论资源,基本上都是从自由主义阵营中借用过来的,所以近代意义上的个人权利观念依然是这种理论无法逾越的界限。就此而言,无论是以罗尔斯为代表的强调社会公正的理论(平等主义的自由主义),还是以诺齐克为代表的自由至上主义(市场自由主义),或者是以桑德尔为代表的共同体主义,都是现代自由主义这个大的理论阵营中不同的流派,而它们各自的理论困境已经明显体现出社会团结与自由主义的局限③之间的张力。

---

① 桑德尔本人并不愿意接受这个称呼,但在学术界他似乎已经被公认为共同体主义的代表人物之一。(Cf. Michael Sandel, *Liberalism and the Limits of Justice*, pp. ix-x.)另外,根据布坎南的总结,共同体主义对自由主义的批判包括以下几个主要方面:一、对于人类良好的公共生活来说,共同体具有根本性的、不可替代的价值,而这一点被自由主义所忽视或者贬低了;二、公民的政治参与对于个人的良好生活来说具有内在的价值,而自由主义仅仅把政治参与视为一种工具性的手段,从而贬低了政治生活的地位;三、公民个体对共同体(国家)的忠诚与义务在根本上维持了共同体的持续存在,而且这种忠诚与义务并非契约或者妥协的产物,自由主义则不承认这些基本价值;四、公民个体的人格在某种意义上是由共同体的传统与文化价值观念所建构的,自由主义则把个体理解为抽象的、无差别的原子式的个人;五、正义只具有补偿意义而且只是在共同体的最高价值体系崩溃之后才发挥作用的政治价值,而自由主义则将其视为社会机制的首要原则。(Cf. Allen E. Buchanan, "Assessing the Communitarian Critique of Liberalism", *Ethics*, Vol. 99, No. 4, July 1989, pp. 852-853.)

② Michael Sandel, *Liberalism and the Limits of Justice*, p. 218.

③ 这里套用了桑德尔著作的书名即"自由主义与正义的局限"。

第十四章
民主政治的理念与现实

19世纪下半叶以后,西方进入了民主化的时代。但是,现代民主的体现方式即代议民主制却不可避免地使统治者与广大民众之间存在着某种明显的断层。在人们已经明确意识到,国民国家的规模已经使类似古代希腊城邦的直接民主制没有任何现实可能性的前提下,以拉斯基为代表的规范的多元主义者试图通过充分发挥各种社会团体的作用,同时减少国家对公共事务的垄断以及国家权力的神秘性,以增加公民的社会和政治参与,切实保障公民的权利和自由。另一方面,也有一些学者试图为现代民主正名,认为在现代社会的条件下,由多个代表不同利益的权力中心竞争国家统治权,同时通过民众在它们之间进行选择而实现对自身利益的保护,亦不失为一种可取的民主形式,这就是被理解为多头政治的多元主义民主模式。当然,现代民主主义也不乏批判者。来自精英主义的批判者指出,无论民主化发展到什么程度,人类社会生活的一个基本事实,是政治权力永远只可能掌握在极少数社会精英的手里,因为这是由民众心理以及权力现象的基本规律决定的一种无可改变的倾向。部分精英主义者把民主斥为对大众的蒙蔽和欺骗,这固然有逆时代潮流而动的一面;但也有另一些精英主义者通过大量的实证研究,揭示出西方社会权力仍然被极少数人垄断的事实。应该说,特别是在20世纪后半期,当民主在西方已经成为一种意识形态的情况下,这种对现实的批判性理论具有令人警醒的积极作用。从20世纪90年代之后,西方各种强调公民参与和社会协商的新民主运动的兴起(比如协商民主、共识民主等等),表明人们已经不再满足于对现实消极地接受或者单纯地批判,而是开始积极探索在现代社会条件之下,一些能够尽可能实现真正的政治民主、保护公民权利的替代性选择。

一、多元主义与现代民主的社会基础

多元主义(pluralism)是19世纪末出现的一种新的政治理论,也是一种对自由民主主义的解释性或者说补充性的理论。多元主义的出发点,是代议民主体制下由于不可能实现全体民众直接参与政治决策而产生的统治者与被统治者之间的断层,因此其基本特征是在认可民主的政治价值的前提下,试图通过在统治者与被统治者之间架起一种政治和社会的桥梁,以克服代议民主制的制度性缺陷。被多元论者找来作为这种桥梁的,就是那些存在于个人和国家之间的社会组织。当然,多元主义之所以产生于19世纪后半期的西欧,也是因为当时广泛出现的各种社会组织与社会运动为其提供了现实基础。

首先可以看出的是,早期的多元主义明显受到黑格尔等思想家的政治理论的影响。根据黑格尔的政治学说,家庭、市民社会和国家分别是伦理观念发展的三个阶段,同时也是社会的三个组织层面。其中,市民社会的一个重要特点就是,它既是满足个人利益的主要场所,同时又是公民参与国家政治生活的中介。不过,在黑格尔的理论中,市民社会的各种组织相对于国家来说,只具有一种被动的和服从的地位,而多元主义者则为它们赋予了主动的和积极的特性。它们将介入政治活动,分享国家政权,或者监督国家行为。对某些多元主义者来说(比如拉斯基),社会组织甚至几乎享有与国家同等重要的价值。

根据其具体主张可以把多元主义分为两个大类。第一类是规范性的多元主义。这种理论声称,只有通过多元的社会政治结构,才能实现公民对国家政治生活的监督和参与,亦即尽可能地实现民主政治的目标。英国政治学家拉斯基(Harold Joseph Laski,1893—1950)是这种理论的代表。他明确表示,"我们的目标要求广泛地分配权力。为了建立实现这一目标所需要的制度,必须有一种新的关于国家的政治哲学"。[1] 第二类则是描述性的多元主

---

[1] H. J. Laski, *The Foundation of Sovereignty and Other Essays*, London: George Allen and Unwin, 1921, p.29.

义。与规范性的多元主义不同,描述性的多元主义关注的重点并不在于如何创造一种多元的社会政治结构,以实现民主政治的理想;相反,它认为这种多元结构已经是现代民主国家的基本现实。因此,描述性的多元主义强调的是,不能根据传统的民主主义理想来认识和理解现代民主社会,否则便无法解释这种社会中明显存在的统治者与被统治者的对立关系;但另一方面也不能因此否定现代社会的民主性质,关键在于为现代民主提供一种新的即多元主义的理解。描述性的多元主义认为,在现代民主社会中,各种社会组织在公民个人与国家之间发挥着重要的中介与协调作用,它们的存在与活动使国家权力不可能被长期垄断在某些确定的少数人手里,正是在这个意义上可以将其视为一种独特的民主制,即多元民主制。这种多元主义理论的代表人物是美国政治学家达尔(Robert Dahl,1915—)。

规范性多元主义的逻辑前提,是对传统主权论的否定,而这也正是拉斯基政治理论的一个基本出发点。传统主权论认为,在国家中必须存在一种至高无上、不可分割、不可转让的权力,即主权;这种权力的存在是国家区别于一切其他社会政治组织的本质特征。与此相反,拉斯基明确表示,形而上学意义上具有自身意志的国家不过是理论上的虚构,"对现代国家的现实主义分析表明,被我们称为国家行为的东西实际上是政府的行为"[①]。进一步说,"国家不过是一个共同体中占据支配地位的群体或者阶级认为政治上正确的事物的代名词"[②]。拉斯基同时也强烈反对像黑格尔的理论那样,赋予国家某种宗教的或者伦理的色彩。他表示:"国家意志之所以超越于其他群体的意志,其原因不过是它被认为具有足够的智慧以获得普遍认同,但也仅此而已。"[③]拉斯基认为,实际上,除了构成共同体的个人和团体利益的算术集合之外,国家并没有自己独立的意志或者目的。因此,必须"在道义上同等对待国家行为和其他社会组织的行为"[④]。

拉斯基是最先把多元主义这个概念从哲学引入政治学的学者,在这方面,美国哲学家、实用主义者和多元论者詹姆士(William James,1842—1910)曾经对他产生过一定的影响。哲学中的多元主义主张,世界的构成无论在精神还是物质方面都是异质性的。拉斯基则认为,多元主义的概念可以方便地表

[①] H. J. Laski, *Authority in the Modern State*, New Haven: Yale University Press, 1919, p.30.
[②] Ibid., p.81.
[③] H. J. Laski, *Studies in the Problems of Sovereignty*, New Haven: Yale University Press, 1917, p.14.
[④] H. J. Laski, *The Foundation of Sovereignty and Other Essays*, p.245.

达他自己的政治信念。但是,政治上的多元主义与哲学上的多元主义之间的联系大概也就如此而已,所以拉斯基自己说:"无论在任何意义上我都不是一个詹姆士主义者。"[1]拉斯基之所以把他的理论冠以"多元主义"之名,就是强调这一理论不承认任何统一的、至高无上的政治权威,也就是所谓的国家主权;而否定国家主权的目的,是为了提升各种社会组织的地位并为它们的活动创造更广泛的政治和社会空间。

拉斯基的多元主义理论基于两个方面的认识。一方面是他所看到的近代西方国家政治生活的实态,即社会团体与国家分享着某个共同体内部各方面的权力,这一事实使主权理论成为"建立在错误根据基础之上因而注定要破产的抽象"[2]。另一方面则是他认为针对第一次世界大战后国家权力日益集中的趋势,多元主义是发挥民众对国家政权的监督和控制、尽可能地实现民主主义的唯一途径。拉斯基表示,进入20世纪之后,即使在英国,自由放任的国家也已经成为历史。伴随着政府职能和机构以惊人的速度迅速扩展,人们越来越从属于行政权力,而社会组织在单一化的同时也越来越失去自主性,因此虽然通过19世纪下半叶开始的各种社会改良运动,劳动者阶级的政治权力有所扩大,但民主主义的理想仍然很有可能成为一纸空言。更为危险的是,这样一种倾向的继续会导致人们日益丧失对自由的追求和增加对独裁的容忍,甚至有可能最终葬送自由民主的政治制度。针对这一形势,拉斯基大声疾呼:"我们的国家在其拥有的权力方面完全可以少一点黑格尔主义的色彩,少一点主权。"[3]

拉斯基是一位坚定的自由主义者。对他来说,个人人格自由的完善,是包括国家在内的各种社会政治组织必须为之服务的根本目标,而多元主义正是保障这一目标能够得以实现的一种必不可少的手段。他曾经表示:"看来历史经验已经证明,人们为实现其最好的社会性的自我应该采取多样化的途径。我们的任务,就是试图为这种自我创造一套与其要求的多样性相适应的表达结构。"[4]因此,拉斯基多元主义的要点就是,在承认现代国家的社会功能

---

[1] Mark de Wolfe Howe (ed.), *The Correspondence of Mr. Justice Holmes and Harold J. Laski, 1916-1935*, 2 Vols., Cambridge, Mass.: Harvard University Press, 1953, Vol.1, p.71.

[2] H. J. Laski, *Studies in the Problems of Sovereignty*, p.235.

[3] H. J. Laski, *The Foundation of Sovereignty and Other Essays*, London: George Allen and Unwin, 1921, p.152.

[4] H. J. Laski and W. Lippmann, "Authority in the Modern State", *New Republic*, 19 (1919), p.150.

的前提下，为防止国家权力过分集中、捍卫和扩大公民的民主与自由权利，并且尽可能地实现公民人格的"自我完善"，必须尽可能地发挥各种社会团体，比如工会和其他职业团体以及各种协会的社会政治作用。需要指出的是，在拉斯基的多元主义中，各种社会团体主要不是作为公民个人与国家政权之间的中介而出现的，它们更准确地讲是一些与国家并列，只是分工不同的组织。"虽然国家的各种命令往往比其他社会组织的决定得到更多的遵循，但这只是程度的差别而并非实质的不同。"① 虽然国家拥有的强制力是其独有的特征，但这种特征并不能使它在"在道义上"超越于其他社会团体。总之，拉斯基设想的社会是一种"权威以协作而不是以等级制的方式存在的社会"②。

　　拉斯基多元主义的一个重要内容是对国家与社会进行严格的区分。在他看来，卢梭和黑格尔国家理论的根本问题就在于把国家混同于社会，并且把国家作为共同意志的体现。与他们相反，拉斯基明确表示，超越个人意志的所谓共同意志根本就不存在。自由就是排除了强制的状态，无论国家以共同意志之名强迫公民服从，还是如卢梭所说的共同体以公意之名强迫公民自由，实际上都取消了自由。③ 在个人自由的问题上，拉斯基基本上与密尔持相同的立场，即相信只要有可能就必须尽量扩大公民自由的领域；他与密尔不同的地方，在于他同时也接受格林的观点，认为可以通过国家的作用保护和促进公民自由。④ 从某种意义上说，可以认为拉斯基的多元主义是一种站在洛克式的古典自由主义和卢梭式的共同体主义之间的理论形态。这一点，可以从他对两种公民权利的区分中看出来。拉斯基认为，公民权利是人们获得自我实现的必要条件。⑤ 这些条件被他区分为两种不同的层次。第一个层次是公民为了获得自我实现必须具备的基本物质前提，比如说最低工资标准和起码的教育水平等。但是拉斯基认为，如果公民要获得真正完美的自我实现，那么仅有这些还不够，还必须辅之以第二个层次的条件，即公民之间的合作以及他们对共同目标的追求。从这个意义上说，个人的权利又必须根据共同体的目标加以理解。比如说所有权就属于这种情况。实际上，拉斯基甚至得出结论认为："除非同时伴随着经济上的实质性平等，否则政治平等不过是

---

① H. J. Laski, *Studies in the Problems of Sovereignty*, first published in 1917, reprinted by George Allen and Unwin, 1968, p.17.
② H. J. Laski, *Authority in the Modern State*, p.74.
③ H. J. Laski, *A Grammar of Politics*, 5th edition, London: George Allen and Unwin, 1967, p.33.
④ 从拉斯基著作中对格林的大量引用可以看出后者对他的影响。
⑤ H. J. Laski, *A Grammar of Politics*, p.91.

一句空话"。①

拉斯基正是从为公民的自我实现提供基本保障这一角度来看待国家职能及其本质的。他认为："国家就是为使消费者获得必要的物质产品而对其利益进行组织的团体。……国家应该维持人作为人生存的基本生活水准。从行政管理的角度来说,国家无非是由成员们的共同需要决定其行动的政府部门。为了满足这些共同需要,它必须对其他的集团进行控制,以保证从它们那里得到所需的服务。"②因此,拉斯基并不赞同古典自由主义严格限制国家职能,并且过分倚重社会和市场作用的立场。按照拉斯基自己的说法,在一个多元社会中,国家的基本职能应该是作为"消费者"的利益代表采取行动,并且为各种社会团体和组织的和谐关系创造必要的社会和政治条件。但与此同时,作为一位多元主义者,拉斯基对国家权力的极度膨胀始终保持充分的警惕。他也一再强调,虽然国家负有特殊使命,但从本质上来说,它也不过是一个代表了某个方面的社会利益的特殊集团。国家根据社会需要凭借其手中掌握的强制力对最低工资、基本劳动时间等等做出规定,同时对一部分产业进行国有化,但决不能因此把自己的权力扩展到社会的全部领域。拉斯基相信阿克顿勋爵(John E. E. D. Acton, 1834—1902)的著名论断,即权力的集中必然导致权力的滥用,因此,他主张必须尽可能对权力进行限制与分散。拉斯基认为："因为社会以联合的方式构成,权威也必须以联合的方式构成。"③

拉斯基设想的这种权力高度分散的国家具有以下几个方面的基本特征。首先,凡是国家行为所涉及的社会集团都组成相关的常设咨询机构,由它们提出有关的法律草案和政府活动方案,同时监督法律的执行。其次,中央政府只能行使一些基本的、由法律所赋予的权力,其他权力则交由地方和社会团体行使。在经济活动方面,国家将对那些具有高度公共性的产业,如石油、煤炭工业等实行国有化,而一般消费品的生产则由各种劳动组合管理,其他部门可以保持私人经营。但是,无论在国营还是私营企业中,都必须保证劳动者能够参与生产决策的制定和对生产过程进行管理。拉斯基认为,正如国家权力必须受到约束一样,对资本家的权力也必须进行限制。这同样是多元主义国家观的一个重要方面。

---

① H. J. Laski, *A Grammar of Politics*, p. 162.
② Ibid., pp. 69-70.
③ Ibid., p. 71.

拉斯基对国家权力的多元主义理解，使他能够直接把这种权力还原为某个阶级或者集团对社会的支配，同时也使他清楚地看到了西方社会中政治统治与经济支配之间的密切联系，从而十分容易得出一些与马克思主义非常类似的结论。拉斯基政治思想的一个重要方面，就是对劳动者地位的关心和对劳动组织作用的强调，因此具有很强的社会主义倾向（实际上，拉斯基本人就是英国工党重要的理论家，并且曾经担任过工党执行委员会主席）。他曾经针对19世纪末20世纪初英国的社会现实指出，尽管当时出现了各方面的社会立法，但在生产领域还根本没有任何民主化的迹象。为了在这个方面有所突破，他提出的具体方案是，"把职业联盟作为构成整个新的产业秩序的唯一单元"①，并且按照这种组织形式对国家权力进行"广泛的分配"，最终使每一个人都能够感觉到自己存在的意义。

　　可以看出，拉斯基的多元主义包含了政治、经济和社会各个方面的内容，既要求国家政治权力的高度分散，也要求对资本的经济权力进行控制。当然，拉斯基非常清楚，整个社会的多元化不会一帆风顺，因为广泛的公民政治参与、民众对国家政治生活的控制与资本主义经济追求利润的逻辑是存在着内在矛盾的，而且这种矛盾最终会不可避免地爆发出来，并且迫使其中的一方做出退让。拉斯基表示："对类似英国那样的资本主义民主国家中的统治阶级来说只有两种可能的选择：是为了维护自己的特权地位而挣扎，还是表现出自己有能力不断改善（大众）的生活。统治阶级如果不能提高大众的生活水平，就不可能满足普遍选举制之下（掌握政权）所需要的基本条件。在这种情况下，统治阶级就只有或者放弃民主的实验（这时革命将不可避免），或者根据多数的意志做好准备放弃自己的特权——除此之外别无他途。"②在他1937年为《政治典范》一书第四版所写的序言中，拉斯基表示，多元主义的目的是使国家成为与其他团体一样的社会组织，但是，这种理论在一定程度上忽视了国家作为阶级关系的体现这一本质特征。也就是说，资本主义国家实际上是为了维护经济上占统治地位的阶级的利益而对强制力进行垄断的，不打破这种垄断就谈不上权力的分散化。拉斯基因此认为："如果国家不过是生产资料占有者阶级的工具这一点是事实的话，那么多元主义的目标只有在消灭了阶级的社会中才能实现。"③得出了这一结论的拉斯基认为，自己已经

---

① H. J. Laski, *Authority in the Modern State*, p. 87.
② H. J. Laski, *Democracy in Crisis*, New York, AMS Press, 1969, pp. 226-227.
③ H. J. Laski, *A Grammar of Politics*, p. xii.

成为一名马克思主义者。

与拉斯基的多元主义不同,作为一种描述性理论,达尔的多元主义主要是试图为现代民主政治提供一种非传统的解释。达尔理论的出发点,是现代社会被冠以民主之名的国家没有一个真正处在人民的直接统治之下这个自相矛盾的事实。他认为,出现这种矛盾的原因,是人们一直沿用产生于古希腊直接民主时代的民主概念来说明或者规范当代西方的政治体制。"在两千多年的历史过程中,人们看到典型的民主(指直接民主。——引者)过程只适用于像古希腊和中世纪的意大利城邦那样范围很小的国家。从17世纪开始在国民国家范围内不断增长的对民主政治的要求,需要一种与城邦国家非常不同的新的政治制度;而新的制度也应该促进对民主政治本身的思考的发展。但是,由于人们往往采用老观念来描述新形式,政治意识方面的变化便显得非常混乱和难以把握。在今天,民主这个概念就如同一间堆满了两千五百年来几乎一直在使用的各种杂物的厨房。"[1]达尔进一步指出,实际上存在着两种对民主的不同理解。一种理解"把民主视为一种理想或者说一种理论体系,这种体系可能需要人们把他们的能力发挥到极限,甚至超越了人类能力的极限"[2],这就是对民主的传统理解。达尔相信,这样一种理解显然不适合现代国民国家的实际情况。另一种理解则是"现实的"、"相对民主的"理解,即达尔提出的对现代民主的替代性理解,认为现代民主的实质是一种所谓的"多头政治"(poliarchy)。

为了说明"多头政治"的特征,达尔把现代民主国家的政治过程与其他两类典型的政治模式,即"由统治者进行控制的等级制"(hierarchy)和"统治者之间相互控制的交涉制"(bargaining)进行对比,认为多头政治与它们之间的区别在于能够实现"对统治者的控制"。具体说,在多头政治之下,"统治者必须通过相互之间的竞争得到非统治者的支持以获取自己的统治权",或者说"非统治者阶层可以把他们的支持从现有的统治者转向它的竞争者"[3]。就此而言,多头政治虽然不能被等同于古典意义上的民主制,但却仍然可以被视为政治独裁或者政治垄断的对立物,它意味着一种政权既不掌握在人民手中,也不完全掌握在某个特定的集团或者个人手中,而是分散在几个不同的、

---

[1] Robert A. Dahl, *Dilemmas of Pluralist Democracy: Autonomy vs. Control*, New Haven and London: Yale University Press, 1982, p.5.

[2] Ibid., p.6.

[3] Robert A. Dahl and Charles E. Lindblom, *Politics, Economics and Welfare*, New York: Harper and Bros, 1953, p.233.

相互竞争的集团之间的政治体制模式。

多头政治的概念是达尔在 1953 年出版的《政治、经济与福利》一书中首先提出的,但一直到他 1961 年发表《谁在统治?》时才得到完整的阐述。多头政治理论是达尔对以下问题思考的结果。这就是,在现代西方社会,虽然已经普及了全民选举权,但除此之外,在知识、财富、获取公职的机会以及其他的政治资源方面,人与人之间仍然存在着明显的不平等。这种情况下到底是谁在进行统治?既然公民之间在政治资源方面存在着严重的差别,那么他们影响政治决策的力量是否也因此明显不同?如果公民们的政治影响力的确各不相同,那么民主的政治机制到底又是如何发挥作用的?① 对这些问题,达尔在《谁在统治?》一书中提供了系统回答。

《谁在统治?》是达尔对美国康涅狄格州纽黑文市进行大量实证研究之后完成的一部著作。他在该书中指出,从对纽黑文的政治历史和现实的分析中可以看出,在这里实际存在的,是一种政治资源由不同集团分享的多元主义政治体制。因此,一方面这里的政治现实明显不同于寡头政治,但另一方面与人们所信奉的民主政治也存在相当的差距。虽然不能说这个城市处于某一个或者某一批特定的政治精英的独断统治之下,但也不能说在这里存在着严格意义上的民主政治。达尔为自己提出的进一步的问题就是,在这种政治的框架之下,具体到底是谁在统治?

对这个问题进行回答的时候,达尔在承认美国社会存在不平等的同时又把不平等区分为两种不同的情形,即积累性的不平等和非积累性的不平等。达尔认为,对纽黑文的研究表明,在一个世纪以来的历史过程中,这个城市的居民之间积累性的不平等在向非积累性的不平等转化;也就是说,这个城市正在从原来那种由同一批政治领袖支配的寡头政治向由众多不同领袖支配的多头政治转化。达尔在这一发现的基础上进一步总结了一种与非积累性的不平等(即分散的不平等)相对应的政治体制的六项基本特点:(1) 不同的公民可以利用众多不同的渠道对公共机关发挥影响;(2) 这些渠道不平等地在公民之间分配;(3) 对于某种特定渠道的利用具有优势的个人常常在利用其他种类的渠道方面不存在明显优势;(4) 在所有重要的政治决策方面与其他渠道相比影响力都要大的影响力渠道不存在;(5) 虽然有例外,但一般来说,某个影响力渠道虽然不能在所有问题领域都具有影响力,但总可以在几个特定的问题领域具有特殊的影响;(6) 无论个人还是集团,对于任何影响力

---

① Robert A. Dahl, *Who Governs?* New Haven: Yale University Press, 1961, p.1.

渠道都无法接近的情况不存在。总的来说,就是虽然不同社会集团在某个具体的问题领域影响力各不相同,因而有可能表现出一种影响力的等级,但在不同的领域中,这种等级本身就各不相同。达尔认为,这正是多头政治体制中政治资源分配的基本特征。

达尔后来就是通过"多头政治"这一概念对多元主义民主进行了如下定义:"多元主义或者多元的这一概念指的是一种组织上的多元主义,也就是说,指在一个国家的范围内有一种相对自治的(独立的)组织(子系统)的多元存在。""一个国家如果在多头政治的意义上是民主的,并且其重要的组织是相对自治的,那就是多元民主的国家。"[1]

也就是说,在达尔看来,在多元政治(即多头政治)体制下,虽然少数拥有较多政治资源的人在实际上掌握着决策权力,但他们并不能无视民主政治的规则并完全按照自己的意志进行统治。当然,达尔同时也意识到,政治资源的多元分配尚不足以构成多头政治的充分条件,一种稳定的多头政治体制或者说多元主义民主制还必须具备若干必不可少的制度性保证。达尔后来对这种制度性保证进行了如下概括:第一,由选举产生的决策者拥有受到宪法保障的决策权;第二,政府官员通过定期的、公正的选举产生并且进行和平的更替;第三,成人普遍选举权的制度化;第四,保证对政府、政治经济和社会体制以及支配的意识形态表达意见,包括批评在内的自由;第五,保证公民具有多样性的获取信息的手段;第六,保证公民组织政党和利益集团等自治团体的结社自由,以及通过这些团体发挥影响力的自由。[2] 当然,随着达尔本人对多头政治认识的变化,他所列举的多头政治的制度条件也有所不同。比如说,在1989年出版的《民主制及其批评者》一书中,他强调了以下四个方面:自由公平的选举、普遍的选举权、自治组织的存在和政治精英的责任制度。不过也可以看出,基本内容还是大致相同的。[3]

达尔认为,把民主政治理解为多头政治或者说多元主义民主,不仅能够为现代民主提供一个相对客观和实用的衡量尺度,而且还可以为在不同政治

---

[1] Robert A. Dahl, *Dilemmas of Pluralist Democracy: Autonomy vs. Control*, p.5.
[2] Robert A. Dahl, *Democracy and its Critics*, New Haven: Yale University Press, 1989, p.233.
[3] 在发表于2005年的一篇文章中,达尔又提出了六条对民主国家的"最低要求",包括:(1)选举产生的政府官员;(2)自由、公平、间隔较短的定期选举;(3)表达自由;(4)民众有可能接触来自政府之外的其他信息;(5)结社自由;(6)广泛的公民权。(Robert A. Dahl, "What Political Institutions Does Large-Scale Democracy Require?" *Political Science Quarterly*, Vol.120, No.2, Summer 2005, pp.187-188.)

体制之间就其民主程度进行比较提供某些确定的依据。换言之,达尔已经认识到,多头政治体制本身有一个成熟的过程。这就使他进一步试图为多头政治或者说多元主义民主在某种政治变迁——即从权威主义政治(封闭的垄断体制,closed hegemony)到民主政治之间的发展——的轨道上,确定其相应的位置。①

不过,达尔对他提出的所谓多头政治或者说多元主义民主的模式也不是完全没有疑问的。从现实政治的层面来说,20世纪50—60年代美国国内政治的相对稳定、较高水平的政治认同以及持续的经济增长是达尔多元主义理论的基本前提。但是,进入70年代以后,美国经济的停滞以及各种社会问题的增加在很大程度上破坏了人们对美国民主制的乐观估计。在他1982年出版的《多元民主的困境:自主与控制的对抗》一书中,达尔提出了这样一种思考:自主性社会集团的存在以及结成和参加这种集团的自由,同样是社会多元化是一个基本条件,非此则不可能出现多头政治。但是问题在于,这些自主性集团的存在及其活动本身又具有一种固化社会中本来就存在的不平等、扭曲公民意识、限制政治决策的选择范围,从而最终剥夺公民对政治进行控制的权利的倾向。比如大型垄断企业就是一个典型的例子。达尔承认,如何解决各种自主性组织的存在及其活动与公民对政治权力的控制之间的矛盾,是多头政治体制真正民主化必须解决的一个重要问题。为此,他甚至认为,培养一种开放型的公民意识,以及改革经济结构,吸引劳动者参与企业管理等措施可能为多元主义民主的发展提供最佳的路径。达尔并且表示,在威胁着多元主义民主的各种因素中,经济不平等已经成为一个必须引起广泛关注的现象。他写道:"如果经济和经济组织是社会性的,如果它们真的是一种公共的实体,如果这种经济组织像一个城市、州或者国家的政府那样行使着巨大的权力,如果它们构成了一种政治结构,那么到底应该怎样对这些'公共'组织进行管理?如果经济剩余是经由社会定义的并且是社会创造的,那么应该通过什么样的方式、按照什么样的原则对它们进行分配?""看来,这些问题不可能永远逃逸于美国的政治讨论之外。在对经济组织的私人性理解和它们的社会性与公共性之间存在的鸿沟,产生了一种很有可能难以处理的不协调。"②

事实上,多元主义民主能否实现公共福利,集团与派别利益是否会僭越

---

① Robert A. Dahl and Charles E. Lindblom, *Politics, Economics and Welfare*, p.41.
② Robert A. Dahl, *Dilemmas of Pluralist Democracy: Autonomy vs. Control*, pp.184-185.

并且替代公共利益,这是多元主义民主理论面临的一个关键问题。有部分学者认为,多元主义民主或者说压力集团政治的最后结果是所有人的利益都受到损失。例如,美国政治经济学家奥尔森就曾经指出:"即使众多压力集团的存在可以防止其中任何一个压力集团获得明显的优势,从而形成一种权力平衡,但这并不意味着压力集团活动的结果就是无害的或者说与人们的愿望相符的。就算这样一种压力集团体系能够十分完美地运行,它也会倾向于导致效率的丧失。"[1]达尔本人也表示,20世纪70年代美国政治中出现的政治碎片化(fragmentation)和政治整合的削弱表明,在美国存在着明显的"利益集团政治"(interest-group politics),这种社会政治结构妨碍了政治与社会的多元主义。[2]

不过,对多元主义的批判,主要还是从精英主义的角度进行的。达尔早先的合作者林德布洛姆(Charles Lindblom)就认为,虽然在多头政治体制中存在各种各样的利益集团,但其中经济利益集团具有举足轻重的力量,它们实际上已经成为一种"精英集团",并且具有比其他利益集团大得多的政治影响力。这一结论,与达尔关于多元民主社会中不存在政治影响力的积累性不平等的论断自然是矛盾的,从而也就有力地消解了多元主义的说服力。这表明,虽然在西方各国的政治体制是否能够保护基本的公民权利与自由这个问题上学者们并没有太多争议,也就是说人们一般都认可这些国家的自由主义体制,但另一方面,当人们从政治民主的角度对这些国家进行评价的时候普遍还是比较悲观的。问题的关键还是在于现代代议民主制与理想中的直接民主之间的差距,在于从什么意义上可以认定这些国家的民主性质。如果多元主义不能提供符合实际的描述和解释,人们就必须重新寻找某种替代性的标准。[3]

---

[1] Mancur Olson, *The Logic of Collective Action: Public Goods and the Theory of Groups*, Cambridge, Mass.: Harvard University Press, 1965, p.124.

[2] Robert A. Dahl, *The New American Political (Dis)order: An Essay*, Berkeley: Institute of Governmental Studies Press, 1994. pp.1-23.

[3] 从20世纪90年代以来,西方学者对多元主义民主在理论上和体制上的缺陷有进一步的分析和批判。从目前的情况来看,一种替代性的民主模式,即所谓的商谈民主(discursive democracy)正引起人们越来越多的关注。这种探索和发展中的民主模式有不同的名称,比如说"共识民主"(consensus democracy,主要是在西欧国家使用)、协商民主(deliberative democracy,主要在美国使用)等,但其核心都是强调通过民主程序协调不同社会群体的利益、在各种政治观点与立场之间达成共识,当然同时也强调民主的直接性。这说明人们已经不再像达尔那样满足于代议民主制,同时也注意到多元主义模式反民主的一面,试图寻找某种使政治真正民主化的途径。

二、谁在统治:精英主义对现代民主制的批评

精英主义与多元主义一同产生于19世纪末。随着当时代议民主制在西欧各国的发展,人们对这一新的制度从不同角度提出自己的判断。如果说多元主义认为,通过社会政治制度的多元化可以在代议民主制的框架内尽可能地实现民主政治的理想的话,那么精英主义者则指出,代议制不过是一种虚幻的民主,因为人类社会政治生活的本质表明,实际上掌握着统治权力的人始终只可能是社会中的极少数,真正的民主也因此注定成为永远无法实现的幻想。当然,大多数精英主义者都表示,他们既非民主政治的反对者,亦非精英政治的支持者,他们不过是揭示了社会中某个方面的真相。他们并且相信,他们对社会进行的精英主义解释是唯一科学的解释,是"揭开由感情蒙在事实之上的面纱"[1]的唯一途径。

早期精英主义的代表人物是意大利学者帕累托(Vilfredo Pareto, 1848—1923)、莫斯卡(Gaetano Mosca, 1854—1941)和德国学者米歇尔斯(Roberto Michels, 1876—1936)等。不过有意思的是,人们一般认为,现代精英主义的奠基人莫斯卡主要的灵感来自空想社会主义者圣西蒙。后者曾经表示:"在所有有组织的社会中权力都被分为两种类型——一种是对精神和道德进行控制的权力,另一种则是物质的力量。这两种权力分别由两批有组织的少数人行使,他们一起形成了统治阶级。"[2]虽然如此,但精英主义作为一种对人类社会和政治生活进行系统说明的学说,毕竟是莫斯卡等人的理论工作的结果。

精英主义首先否定了作为近代民主政治理论基础的自然法与自然权利学说,认为这类理论纯属虚构,因为没有任何证据可以表明在国家出现之前,什么地方的人类社会曾经拥有过自然权利,并且遵从自然法,而在当今世界上任何地方也找不到任何一个处于文明早期发展阶段而又能够保证其社会成员享有所谓的自然权利的社会共同体。其次,精英主义认为,作为民主政治基础的共同利益或者说"公意"这样的东西也根本不存在,因为它们同样不能被证实。实际上,没有任何一种政治上的善对任何人都是善;如果说社会

---

[1] Vilfredo Pareto, *The Mind and Society: A Treatise on General Sociology* (trans. by Andrew Bongirno and Arthur Livingston with the advice and active cooperation of James Harvey Rogers, ed. by Arthur Livingston), New York: Dover, 1935, Vol. IV, p. 10.

[2] Cf. Gaetano Mosca, *Histoire des doctrines politique depuis l'antiquite jusqu'a nos jours*, Paris: Payot, 1936, p. 239.

中的确存在某些共同价值,比如说安全与秩序等等的话,那么这些东西在所有的政治制度之下都不同程度地存在,所以并不能构成民主制独特的标准。精英主义者指出,通过严密的观察还可以发现,作为近代民主主义理论基石的两个关键概念即自由与平等在实际上也是互相矛盾的。人如果被赋予自由,那么他们便不可能平等;而如果要强制人们互相平等,那么就必须剥夺或者限制他们的自由。精英主义者强调,一个基本的社会事实是人并不平等,也不可能平等。无论在什么时代和在什么地方,总有少数人由于他们所占有的财产、拥有的知识或者美德脱颖而出。这种精英与大众的不平等不仅是不可避免的,而且对人类社会的发展来说也是必需的。

在否定民主政治基本前提的同时,精英主义者也提出了一些他们认为可以被经验证实的政治结论。首先,在任何社会,真正进行统治的——无论是在政治、经济还是文化等社会生活领域——永远只是少数人。莫斯卡指出:"在所有人类社会中……都毫无例外地存在着两个阶级——一个阶级进行统治而另一个阶级被统治。第一个阶级通常人数较少,执行着所有的政治功能,垄断着政治权力,并且享受政权给他们带来的种种利益。与此同时,第二个阶级,人数较多的一个阶级,却只能被第一个阶级所控制和领导。"①他还进一步表示:"在一切有政府存在的、有规则地组织起来的人类社会中,我们可以发现所有的权威都是以全体人民、全体贵族或者某个单独的主权者的名义加以行使的……但与此同时我们也可以发现一个颠扑不破的真理,那就是统治阶级,或者说那些拥有并行使公共权力的人永远只是少数。在他们之下,可以发现一个人数众多、但从来没有在任何真正的意义上参与政治而只是服从于他们的阶级,后者可以被称为被统治阶级。"②需要指出的是,虽然莫斯卡使用了阶级这一概念,但这个概念在他那里并没有经济上的含义。也就是说,他区分统治阶级与被统治阶级的标准并不是根据他们与生产资料的关系,而是他们在一个特定社会中所具有的政治地位,也就是他们与政权的关系。因此,所谓的统治阶级就是由不同行业中占支配地位的人共同组成的社会精英。在对统治精英的界定方面,帕累托进行了十分形象的说明。他表示,精英实际上存在于社会的各个阶级和行业中,警察有警察的精英,盗贼也

---

① Gaetano Mosca, *The Ruling Class* (trans. by Hannah D. Kahn), New York, Toronto and London: McGraw-Hill Company Inc., 1939, p.50.

② Gaetano Mosca, *Teorica dei governi e sul governo parlimentare*, Turin: 1884, p.16, cited from Lewis A. Coser (ed.), *Pareto & Mosca*, Englewood Cliffs, NJ.: Prentice-Hall, Inc., 1965, pp.5-6.

有盗贼的精英。强调社会总是由少数精英统治,同时又不承认这种精英与经济上的统治阶级相重合,这是所有精英主义者的基本特征,也是精英主义区别于马克思主义的一个重要方面。

精英主义者认为,不论在哪一种规模的社会组织当中,民众都没有能力统治他们自己。相反,大众从心理上存在着一种对领袖的需要和依赖。按照帕累托的说法,社会只能由少数精英统治的原因,是人与人的不平等这一基本的社会事实。这种不平等不仅表现在人们的社会地位方面,同时也表现在人们与生俱来的各种资质和能力方面。他表示,政治统治者必须具备一定的基本素质,而勇敢与狡诈是其中最重要的两个方面。① 不具备这些素质的人无论如何也不可能成为统治者。另外从根本上说,大众的行为都是非理性的,因而所谓的人民的自治便不过是一种神话。民主主义者的错误就在于他们没有看到或者说不承认人在进行政治统治的能力方面的巨大差异。

莫斯卡则认为,社会之所以只能由少数精英统治,是因为与一般民众相比,他们拥有独特的政治和社会资源,比如说能够在自己当中形成某种形式的组织、具有高度的政治技术和明确的目的意识等。而且,这些资源本身是可以积累的,通过获得政治权力,统治精英使他们所掌握的政治资源尽可能地增加并且凝固化。统治精英较小的圈子和他们之间密切的相互联系,使他们比起人数众多、差异明显、缺乏想象力和目的性的民众来说具有突出的组织与行动方面的优势。② 用莫斯卡的话来说,就是"有组织的、协同行动的少数,将永远战胜无组织的、没有共同的意志和缺乏动力的大多数"③。精英主义者并且认为,政治资源在不同的时代可能有所不同,在现代工业社会,起关键作用的是财富、知识和统治能力。

虽然精英主义者坚持任何社会都可以被区分为掌握了统治权力的少数与被统治的多数,但与此同时他们也认为,占据着统治地位的少数即政治精英并不能永久垄断自己的特权地位。随着时间的推移,总会有新的精英集团在原有的统治精英之外产生,并与后者争夺统治地位。政治过程因而就成为一个新旧精英集团不断争夺统治权的斗争过程,而精英以这种方式的交替则带来了社会的逐步发展。帕累托是上述观点的代表人物。他认为,统治精英

---

① 这种说法来自马基雅弗利,他认为一个成功的政治家必须同时具有狮子一般的勇敢与狐狸一般的狡诈。
② Gaetano Mosca, *The Ruling Class*, pp. 411-412.
③ Mosca, *Eeorica dei governi e sul governo parlimentare*, Turin, 1884, p. 19, cited from Lewis A. Coser (ed.), *Pareto & Mosca*, p. 6.

之外的其他社会集团可以被视为产生新的精英的"黑暗的坩埚"。它们对上升的精英而言就如同树根为绽放的花朵提供营养一样。只要树根不受损害，就能够花开花谢，代代相替。① 这就是帕累托最先提出的关于精英循环的理论。他就人类社会早期，即贵族政治时代的精英循环指出："贵族阶级只有通过不断地自我更新，并且从下层阶级中吸收那些最突出的个人进入自己的行列，才能保持他们的（统治）地位。作为一条规则，可以发现任何封闭的贵族等级在有限的几代人之后就会迅速衰落。这一事实对整个社会的进步来说具有十分重要的意义。"②

帕累托表示，不论在什么样的政府形式之下，一个共同的事实是统治精英都将利用他们手中所掌握的权力最大限度地追求其个人私利，民主政治也不可能改变这一基本规律。"说选民们'选出'他们的代表，这个表述实在是非常不准确。真实的情况是，代表是让选民们把他选出来的，……或者说是他的朋友们使他被选出来的。"③帕累托认为，在民主政治下，精英统治与循环的过程仍在继续，只不过改变了一下表现方式，即不再是精英集团内部的秘密交易，而成为一种公开的政治过程。但即便如此，民主政体下的一切政治活动也不过是统治精英们通过各种神话、谎言和意识形态对民众进行的利用、操纵和控制。帕累托明确宣称，少数的统治精英"存在于并统治着所有的社会，即使那些表面上高度民主的社会也完全如此"④。纵观整个世界历史，人们从来还没有发现一种可以反映全体民众利益的政体形式。也可以说，人类历史还没有产生能够使真正的民主政治成为现实的社会基础。精英主义者相信，少数统治多数，这是人类社会无法超越的一项社会学法则。无论在什么样的社会结构中——从家庭、教会、俱乐部到政党和国家，都存在着一种权力向少数人手里集中的趋势。这一法则被米歇尔斯概括为所谓的"寡头政治铁律"。

虽然有些精英主义者认为马克思主义关于阶级斗争的理论是人类思想史上的一项伟大发现⑤，但精英循环论与马克思主义的阶级斗争学说之间存

---

① Pareto, *Les systèmes socialistes*, Paris: Giard & Briere, 1902, pp. 31–32.
② Vilfredo Pareto, *Cours d'économice politique*, Lausanne: F. Rouge, 1896–1897, Vol. II, p. 29.
③ Gaetano Mosca, *The Ruling Class*, p. 154.
④ Vifredo Pareto, *Sociological Writings* (ed. S. E. Finer, trans. Derick Mirfin), London: Pall Mall Press, 1966, p. 155.
⑤ 帕累托曾经表示："社会主义者在赋予'阶级斗争'以极大的重要性，并且把它视为主宰历史的关键因素方面是完全正确的。"Cf. *Cours d'économice politique*, Vol. II, p. 385.

在着重要的差别,而其中最关键的一点就在于精英主义并不认为相继而起的统治精英之间有什么根本性的区别。另外,一些精英主义者表示,代议民主制的出现从某种意义上提供了一种新的精英循环方式。也就是说,虽然少数经济上占据支配地位的精英依然在事实上操纵着选举过程,因而现代社会仍未改变精英统治的本质,但是代议民主制毕竟在一定程度上加速了社会的垂直和水平流动,从而也就相应地加快了精英循环的过程。莫斯卡就曾指出:"民主的倾向,只要其行动不是太极端和太排他的话,实际上代表的是一种通常所说的保守力量。因为它通过吸引那些愿意并且能够行使控制权力的新的因素,为统治阶级补充了新的血液,从而避免了身份制意义上的贵族在耗尽其内在潜力之后可能导致的社会灾难。"①

除此之外,早期精英主义者也意识到代议民主制和现代工业社会的出现,为精英的流动与循环带来了一些新的特征。帕累托认为,在他所处的时代,社会中的新贵,即所谓的"财阀"(plutocracy)与处于他们操纵之下的民众结成联盟,其结果是产生了一种所谓的"大众财阀政治"。他表示,这种最初针对传统的财产占有者阶级的联盟构成了近代代议民主制的重要基础。用帕累托自己的说法就是:"近代代议制无论从哪一个方面来说都是大众财阀统治的有效工具。通过选举和在议会中的政治交易,那些具有组织才能的人获得了相当广泛的活动余地。的确,现在已经可以清楚地看到,近代代议民主制的命运已经与财阀政治的命运紧密地联系在了一起。"②

虽然早期精英主义者一般都宣称他们的理论只是对社会现实的一种客观的、科学的描述,他们自己并没有任何价值倾向,但对他们中的不少人来说,精英社会实际上恰恰是他们自己理想中的社会。这一点在帕累托身上表现得非常明显。帕累托对墨索里尼的上台表示欢迎,并且把后者视为代表了团结、秩序与纪律的民族英雄,相信他能够复兴意大利国家的道德基础。莫斯卡虽然不像帕累托那么极端,但也把精英的统治与社会道德的更新联系在一起。在莫斯卡看来,近代民主制的负面效果之一,就是某些政治精英为取悦民众而导致了社会道德的堕落。他认为,为了改变这种状况,虽然不能取消民主制,但有必要呼唤新的政治精英的出现,他们将"形成一种人数较少的道德和知识的贵族,使人类避免因自私自利与物质欲望的侵蚀而不断堕落的

---

① Mosca, *Elementi di scienza politica*, Turin, 1938, Vol. II, pp. 126-127, cited from Lewis A. Coser (ed.), *Pareto & Mosca*, p. 158.

② Pareto, *Sociological Writings*, p. 315.

命运"。他们"必须意识到自己是一个处于统治地位的阶级,并且对自己的权利与义务有清晰的认识,……然后才能学会对他们的领袖的行为进行正确的判断,并且使其在大众眼中渐渐重新赢得已经丧失殆尽的威信"①。同时,还必须进行相应的制度设计与调整,以保证这批新的精英阶层能够切实占据统治地位,比如说引进一种不同权数的投票方法,使那些"贫穷无知的人的票数"不同于"那些有教养的人和能够通过正当途径获得财富的人"的票数。②

第二次世界大战后精英主义的代表人物包括美国政治学家拉斯韦尔(Harold Dwight Laswell,1902—1978)和戴伊(Thomas Dye)等。他们继承了早期精英主义者的基本立场,认为:"精英统治并不是民众缺乏教育或者贫困以及'军工集团'活动的结果,也不是资本家对大众传媒的控制或者任何其他特殊的社会问题的产物。社会组织中领导的必然性是一项普遍适用的规律。……所有的社会都是精英的社会。在所有大型的社会组织中,权力都集中在居于这些组织顶端的少数人的手里。"③不过,与早期精英主义者不同的是,战后的精英主义者一般都集中在美国,都认同于民主的政治价值,并且更多地把自己的理论视为对社会现实的一种揭露和批判。至于战后精英主义主要被美国学者继承的原因,一般认为,由于在欧洲左派力量比较强大,因而对社会中存在的特权现象,人们倾向于接受阶级分析的解释;相反,在美国马克思主义的影响较弱,并且这个国家历史上阶级斗争的色彩也并不浓厚,所以精英主义的分析往往比较容易被接受。

战后的精英主义者认为,与人们对美国作为一个民主国家的印象相反,这个国家的政治权力实际上被掌握在极少数人手里。拉斯韦尔与早期精英主义者一样认为,任何大规模的社会组织中权力总是被少数人垄断这一规律表明,不管政府以谁的名义而存在——一个人、少数人还是多数人,一个基本的社会事实是:政府永远是少数人的政府。戴伊则明确声称,在美国掌握政治权力的不过是占据着全国大约7000个关键职位的6000人左右。④ 另外一位政治学者亨特的结论更为极端,他认为,这个数字还是太大了,真正掌握权

---

① Mosca, *The Ruling Class*, p. 493.
② Mosca, "The Crisis in Parliamentarism and How It May Be Overcome", in *The Development of the Representative System in Our Time, Five Answers to An Inquiry Instituted by the Inter-Parliamentary Union*, Lausanne, 1928, p. 84.
③ Thomas R. Dye, *Who's Running America?* 3rd edition, New Jersey: Prentice-Hall, INC., 1983, pp. 5–6.
④ Ibid., p. 270.

力的只有100—200人。①

美国当代的精英主义者主要指出了以下几个方面的事实。首先,美国政治的实际情况是权力与金钱的密切结合。虽然美国标榜自己为民主国家,但参与政治活动,尤其是较高层次的政治活动必须花费的大量金钱使这些活动与普通民众完全绝缘。按照戴伊的统计,福特和卡特在竞选中就分别花费了大约220万美元的经费。这一事实使参与政治在事实上成为那些拥有或者能够得到巨额财产的人们的特权。其次,在现代政治中,大众传媒是一种几乎与金钱同等重要的政治资源,但能够操纵传媒的恰恰也只有少数人。虽然人们总是把传媒所反映的东西称为"公众舆论",但根据戴伊的说法,在美国,人们平常所听到和所看到的各种新闻却在事实上被CBS(哥伦比亚广播公司)、NBC(全国广播公司)和ABC(美国广播公司)等几家大的传媒托拉斯决定。问题还在于,这些大新闻托拉斯本身就是大资本家集团,它们根据自己的利益决定宣传什么或者批评什么。最后,真正的民主制必须以公民之间的相互平等作为基本前提,但是从实际情况看,这种平等在美国社会中并不存在。还是根据戴伊的统计,不到全国人口总数1%的上层等级占据了25%的公共职位和大公司中30%的管理职位;而占人口绝大多数的下层等级只能竞争5%的公共职位和3%的大公司管理职位。从经济上说,占人口1/5的高收入者掌握着全部国民财富的40%,而在另一个极端,占人口总数1/5的最低收入者只占有国民财富的5.4%。这还没有涉及有色人种和少数民族所受到的歧视问题。

可以看出,与早期精英主义者不同的是,当代精英主义者的分析重点不再是历史经验或者民众心理,而是社会现实本身。因此,虽然他们通常也表示精英统治乃是人类社会的普遍规律,但实际上这种理论还是带有十分浓厚的社会批判色彩。另外,当代精英主义主要的批判对象就是多元主义或者多头政治理论。当代多元主义虽然承认西方国家的政治权力总是掌握在少数人手里,但他们同时又坚持这批掌握着权力的少数并不构成一个封闭的集团,相反,它是开放的和流动的;另外,多元主义者强调政治和社会资源的分散性,相信人们总可以通过一定的方式找到反映自身利益的渠道,并且对政治施加影响。当代精英主义者着力批判的,正是多元主义的上述结论。甚至有精英主义者与达尔一样对纽黑文的社会、政治和经济结构进行不同方式的

---

① Cf. Floyd Hunter, *Community Power Structure*: *A Study of Decision Makers*, Chapel Hill: University of North Carolina Press, 1973.

调查,并且得出了与达尔截然相反的结论:"社会和经济精英之间的分离程度大概不像达尔所说的那么大。"①美国社会学家,精英主义者怀特·米尔斯(Wright Mills)认为,"在军事、大公司和政治领导这三个权力领域中占据支配地位的人们,倾向于共同形成一种美国的权力精英"。他并且进一步明确指出,这批权力精英实际上已经形成了"一些错综复杂又相互重叠的小集团"②。米尔斯因此断言,当代美国社会权力的集中程度已经达到了历史上的最高水平。

就是说,当代精英主义者发现,在西方国家的实际政治生活中,社会、政治和经济资源不是分散的而是集中的,而权力精英集团也不是开放的而是封闭的。套用达尔的术语,这意味着存在一种"积累性"的不平等。这是当代精英主义的一项基本主张,它不仅把精英主义与多元主义清楚地区分开来,而且实际上也使当代精英主义的立场比早期精英主义更为激进。在这方面,戴伊的研究显得比较有说服力。他从影响美国社会、政治与经济生活各个领域的各有关机构中选择了7314个被认为最重要的职位,并且对担任这些职位的5778个人进行了具体考察。他的结论是,美国政治实际上并非多元政治或者说多头政治,而是一种寡头政治。他对这种模式下的政策形成过程进行了如下的描述:"对国家政策进行设计、研究、计划、组织和实施的最初动力是公司或者私人的财富。这种财富以不同方式作为资金被引入基金会、大学和政策研究机构,在这些机构的管理部门中,公司代表和超级富豪们行使着最高权力。因此,这种资金成为分析社会问题、决定国家的优先选择和设计新的政策方向的'本金'。大学和知识分子个人根据其决定的重点进行研究,而他们的研究结果总是支持那些已经事先确定的倾向。一些有影响的提出政策的机构,如对外关系委员会、商业圆桌会议、经济发展委员会和布鲁金斯学会等可能也会邀请大学的研究人员对全国性问题进行分析,但它们更重要的功能是在精英中形成共识,也就是说使公司、金融机构、大学、基金会和重要的律师事务所的上层人物、有影响的知识分子、大众传媒以及政府中有影响的人物达成一致。他们最后的任务是提出行动方案——能够得到精英一致支持的明确的行动方案。这些方案将被提交给'相关的决策者'和大众传媒。这

---

① Scott M. Soloway, "Elite Cohesion in Dahl's New Haven: Three Centuries of the Private School", in G. William Domhoff and Thomas R. Dye (eds.), *Power Elites and Organization*, Newbury Park, California: Sage Publications, 1987, p.106.

② C. Wright Mills, *The Power Elite*, New York: Oxford University Press, 1956, p.9.

个时候,联邦行政机构才开始对由基金会和政策计划组织提出的方案进行'研究',所以,各种公共机构的角色不过是填补早已决定的政策方向中的一些细节。最后,联邦行政机构与知识分子、基金会的领导人以及政策计划组织的代表一起准备好具体的立法提案,并把它们送入'相关的立法者',即白宫和国会委员会成员之手。"① 由此可见,以戴伊为代表的当代精英主义者强调的是在政府的整个决策过程中财富所发挥的重要作用,这也是戴伊之所以把美国的政治模式称为"寡头政治"的根本原因。

一般而言,精英主义总是把民主政治斥为空想或者假象,但在西方也存在一种试图调和民主主义与精英主义的倾向,这就是所谓的"精英民主论"。精英民主论一方面承认政治权力始终只能掌握在少数精英人物手里,另一方面又认为,在现代西方国家,尽管广大民众并不能直接参与统治,但他们仍然可以通过各种方式对政治精英施以一定程度的控制与影响,并且使他们自身的利益得到体现与维护。因此,这种理论虽然把自己归于"精英主义",但在实际上却接近多元主义的观点。

根据精英民主论的一位代表人物熊彼特(Joseph Schumpeter, 1883—1950)的观点,民主主义自近代以来之所以受到各种批评并且存在许多难以克服的矛盾,根本原因就在于它为民主确定了一个太高以至于无法真正达到的标准。熊彼特认为,民主主义要求政府必须反映人民的意志,成为实现选民利益的工具,这种观念不是过于理想化,而是过于脱离现实,因为它的前提是假设存在着某种统一的公众意志,但现代社会的一个基本事实,却是各种不同利益以及反映这些利益的意志相互并存与彼此冲突。另外,民主政治需要民众具有高度理性的政治态度,而在实际上,熊彼特与帕累托一样认为,尽管在涉及公众个人利益的时候,他们也许会表现出相当的理性能力,但在公共事务方面,大众行为总是倾向于非理性。这两个基本事实的存在,使人们设想的那种真正的民主制完全没有实现的可能。

不过,熊彼特与早期精英主义者的区别在于,尽管他指出了经典民主理论存在的缺陷,但他仍然坚持民主制具有其正面价值,问题是需要对这种制度进行重新定义。熊彼特认为,最好把民主制理解为"政治家的一种规则"而非大众的直接参与,"民主的方法就是达成政治决策的一种制度性安排,依靠它,一些人通过竞争民众的投票而获得决策的权力"②。换言之,民主的本质

---

① Thomas R. Dye, *Who's Running America?* pp. 274–275.
② Joseph Schumpeter, *Capitalism, Socialism and Democracy*, London: Allen & Unwin, 1976, p. 269.

不在于使政府体现民众的意志,而在于一种竞争性的选举过程。在这个过程中,选民们虽然基本上没有机会决定相互竞争的各种纲领和政策,但仍然可以在它们之间进行选择,从而也就是在提出这些纲领政策的政党之间进行选择。就此而言,民主就意味着民众可以为他们自己选择一个政府。当然,这种选择的可能性大小本身是由被选择者所决定的,所以其意义的确非常有限。但熊彼特坚持,这一点足以使民主政体与其他的政治体制区别开来,即在民主制之下存在着政治竞争,并且存在着某种最低限度的政治责任;另外,在民主制之下也必须存在一定限度的自由,使人们能够自愿地结成政治组织,自由地表达并且宣传自己的政治观点。精英民主论的这种观点意味着,统治已经无可置疑是少数精英的事情,而民主不过是对由什么样的精英进行统治加以选择。

熊彼特认为,可以用市场经济对政治民主进行类比。在自由市场经济条件下,每一个厂商都根据自身的计划和市场的需要生产并向消费者提供自己的产品。这些产品在市场上自由竞争;消费者则根据自己的需要与各种商品的性能、价格等因素决定自己的选择,并且最终影响厂商未来的生产策略。民主政治的过程与此相似。选民手中的选票就是他们的"政治货币":他们投了谁的票,也就等于在政治市场上购买了他的政治商品。与市场上的情况一样,虽然政策消费者对决策过程没有任何直接的决定权,但他们在政治市场上的选择本身却能够对政策制定发挥一定的影响。这种民主政治与市场经济的类比后来由安东尼·唐斯在其《经济民主论》[①]一书中加以进一步阐释,在西方政治学界产生了十分广泛的影响。

[①] Anthony Downs, *An economic theory of democracy*, New York: Harper & Row, 1957.

第十五章
批判的政治思想

在20世纪的西方政治思想发展历程中,除主流的自由主义与保守主义之外,还存在诸多非主流的、批判性的思想流派,包括社会民主主义、女性主义、环境保护主义与绿色运动、存在主义和后现代主义等。这些思想流派从不同的角度,对当代西方的政治原则与政治制度进行了不同程度的批判,同时它们相互之间也存在着不同形式的内在联系。大致来说,前面的三种思想流派在对现实进行批判性分析的同时,也提出了它们各自的建设性方案,而后两种思潮则主要以批判为主。特别是对后现代主义思想而言,由于它以对一切形式的"宏大叙事"和整体建构的瓦解作为出发点,所以自身的理论建构对它来说也就成为一件不合逻辑的事情。因此,本章主要对前三种思潮进行一些简单的分析和介绍。

一、社会民主主义[①]

社会民主主义(也称为民主社会主义)是当代西方最主要的社会批判思潮和社会运动。在19世纪下半期,马克思和恩格斯对于经过他们的批判与帮

[①] 社会民主主义既是一种理论,更是一种实践,因此其主张有相当部分是通过各国社会民主党(工党)的纲领政策和文件等体现出来的,但由于本书性质所决定,主要介绍的仍然是其理论部分。

助之后,转变到马克思主义立场上的欧洲(特别是德国)社会民主主义运动,曾经非常明确地表示完全支持的态度,社会民主主义因此一度成为马克思主义的同义语。事实上,社会民主主义这个名称原本的含义,也集中反映了马克思主义的社会和政治主张,即无产阶级不仅要求政治上的民主与平等,而且要求对社会经济领域进行改造。由于马克思主义充分揭露和批判了资本主义民主以政治上的平等掩盖社会经济不平等的事实,因此社会民主主义这一提法本身就与资产阶级民主表现出相互对立的关系。

但是,20世纪的社会民主主义,却是19世纪末社会主义运动内部的争论以及原来这一运动中工联主义与改良主义思想进一步发展的产物。在19世纪晚期,特别是马克思和恩格斯相继去世之后,社会主义者们在其面临的诸多问题上出现了不同认识,而最终促成这个运动分裂至今的,大致可以说是两个方面的问题。第一个问题是,随着资本主义社会的进步,尤其是普遍选举制的实现和政治民主的扩大①,无产阶级是否仍然必须坚持以武装斗争的方式推翻资本主义和建立社会主义。对这个问题,虽然恩格斯在世的时候曾经做出过非常清楚的回答,即承认存在着无产阶级通过和平方式夺取政权的可能,但并不以此否认武装斗争的必要性,但是社会主义者内部的认识实际上仍然相当不一致。可以说在这个问题上,马克思主义的影响比较弱,而具有典型的工联主义和改良主义倾向的英国社会主义者的立场,才真正决定了大多数社会民主主义者后来的态度。

英国的社会主义者于1884年在韦伯夫妇(Beatrice Webb,1858—1943和Sidney Webb,1859—1947)的领导下建立了费边社。② 根据费边社的观点,社会主义应该是自由资本主义和平的、自然的发展的产物,是政治与教育活动的结果。为此,必须建立一个社会主义的政党,但这个党的任务并非领导工人阶级进行暴力革命,而是通过与现有政党的和平竞争、通过在议会中获得多数而最终掌握政权。这样一种对待资产阶级国家政权的态度与马克思主义是有明显差别的,因为它把国家视为某种中立的、既能够为资产阶级服务也可以为无产阶级利用的工具。西德尼·韦伯表示:在资本主义制度下政治民主已经获得了充分的发展,而社会主义乃是"民主理想的经济侧面",在19

---

① 比如说,1867年英国部分工人获得了选举权,这个人数在1884年得到进一步扩大,而到1918年则实现了全体男性公民的普遍选举权与部分妇女的选举权。在欧洲其他国家也表现出大致相同的进展。

② 费边社的名称来自于古罗马的将军法比尤斯·马克希姆(Fabius Maximus),他以忍耐和防守的方式最终击败了汉尼拔的进攻并因此而著名。

世纪的社会发展中,这已经成为一个主导的方面。①

费边社理论家与其他改良主义者在普选权问题上的观点并不难理解。第一,他们认为随着选举权的逐步扩大,普遍的全民选举已经指日可待,因而政治上真正的人人平等很快就可以成为现实。第二,在民主原则之下,多数的意见将成为政治决策的唯一依据;既然工人阶级事实上构成了人口中的大多数,那么随着民主的发展,他们不仅将会非常自然地转变为掌握政权的阶级,而且他们的愿望也会自然而然地上升为国家的意志。第三,改良主义者相信,工人阶级本能地倾向于社会主义,因为后者代表了他们的根本利益。这样,在改良主义者们看来,普遍选举制的出现、工人政权的产生、社会主义的胜利实际上只是同一过程的三个侧面。费边社的理论与实践,对当时欧洲最大的社会主义政党德国社会民主工党内部的不少人,特别是后来修正主义者伯恩施坦(Eduard Bernstein, 1850—1932)产生了不小的吸引力,后者从1888年到1903年在英国流亡期间与费边社的理论家们一直有密切的接触。关键问题在于,实际上德国社会民主工党本身也曾经长期处在一种类似费边主义的改良主义思想影响之下,这就是拉萨尔(Ferdinand Lassalle, 1825—1864)的思想。拉萨尔认为,政治民主的扩大使国家有可能越来越多地反映工人阶级的利益,而后者也完全可以利用国家政权对社会进行逐步改良,并且最终实现社会主义。拉萨尔的思想是马克思、恩格斯在世时主要的批判对象之一,也正因为他们在一段时间内成功地肃清了德国社会民主工党内部的拉萨尔主义,所以他们曾经对这个党充满了希望。但恩格斯去世以后,伯恩施坦又在很大程度上重新回到了拉萨尔的立场,并且提出了一套完整的改良主义理论。他的理论被称为修正主义(revisionism),这一理论的出现是19世纪末社会主义运动分裂的第一步。

不过,武装斗争问题上的思想分歧并没有马上导致社会主义运动在组织上的瓦解,真正使其最终分裂为社会民主主义派和马克思主义派的是第二个方面的问题,即社会主义者面对国际战争应该采取什么样的立场。伴随着第一次世界大战不断逼近,欧洲各国社会党内部围绕这个问题发生了尖锐的冲突。当时加入第二国际的社会党中,大多数都在保卫祖国的口号之下对本国政府的战争政策表示支持,只有以列宁为首的俄国社会民主工党布尔什维克派及其他国家社会党中的少数明确表示反对帝国主义战争,并且提出了变帝

---

① Sidney Webb, "Historic", in G. Bernard Shaw (ed.), *Fabian Essays in Socialism*, London: The Fabian Society, 1889, p. 35.

国主义战争为国内战争的口号。十月革命胜利后，欧洲各国社会党内布尔什维克主义的支持者们重新组建共产党，并且联合起来成立了共产国际（后来又吸引了世界其他地区的共产党），与第二国际在组织上和思想上长期对立。

在20世纪的大部分时间内，由于受到共产主义运动内部，尤其是苏联共产党的教条主义影响，社会主义各国以及西方国家的共产党（或者工人党等）对社会民主主义的理论和路线基本上都采取了否定的立场；反过来，各国社会党对东西方国家共产党的理论与政策也有诸多批评。至于在西方学术界，这两者通常被明确地区分为"共产主义"与"社会主义"，或者"马克思主义"与"列宁主义"的不同传统。尽管如此，社会民主主义运动的命运与马克思主义，与现实社会主义国家的兴衰之间，仍然存在无法完全割断的联系。苏联东欧社会主义解体之后，西方社会民主主义也在某种意义上陷入了低潮甚至迷惘，这就是一个很好的证明。

经过一个多世纪的理论与实践探索，社会民主主义形成了一套相对完整的并且在相当程度上区别于传统马克思主义的理论体系。虽然社会民主主义承认马克思主义是其重要的思想来源之一，并且始终坚持对资本主义的批判态度，坚持社会主义这一最终的社会发展目标，但同时又强调对人类一切进步思想持开放态度，以及在对社会进行改造时采取灵活务实的方法。① 总的来说，与马克思主义强调阶级差别与阶级斗争相比，社会民主主义更强调自由、民主、人道等西方传统的政治价值观念，强调通过渐进改良逐步实现社会主义。②

从总体上看，虽然世界范围内的社会民主主义运动并不存在一个统一的权威性纲领，各国社会民主主义者对诸多社会、政治和经济问题的理解也表现出各种各样的细微差别，但还是可以认为，伯恩施坦的修正主义理论为当代社会民主主义提供了一个共同的出发点和基本的思想框架。通过对伯恩施坦思想的了解，能够对社会民主主义的基本理论获得一些初步的认识。

---

① 近年来一些社会民主党对"第三条道路"即介于传统民主社会主义与自由主义之间的第三种政治选择的探索，就是对社会民主主义的"开放性"和"灵活性"最好的说明。

② 需要注意的是，在20世纪末，社会民主主义内部出现了一种把社会主义理解为某种运动而非制度的倾向，相应地，一些社会民主党的纲领中也表现出对"价值"而非"制度"的强调。法国社会党领袖列昂内德·若斯潘的一段话非常典型地反映了这种转变："我不知道作为社会制度的社会主义将是什么样子的，但我知道作为价值总和、作为社会运动、作为政治实践的社会主义可能是什么样子的。它是一种思想启示，一种生活方式，一种行动方法。它要坚定不移地参照那些既是民主的、又是社会的价值。"（Leonard Jospin, *Le Socialism moderne*, Paris, 2000, p.9. 转引自殷叙彝：《德国社会民主党新纲领制定过程中关于基本价值的讨论》，载《国际政治研究》2007年第2期。）

伯恩施坦的修正主义理论最早体现在他写于1896年至1898年的一系列文章之中，文章总的标题是《论社会主义问题》。这一理论刚刚出现的时候，曾经在德国社会民主工党内部受到批判，但在以后的数十年内，其影响力却不断上升。伯恩施坦的基本观点是，19世纪末西方国家政治经济的最新发展、马克思未曾预想的诸多社会变化的出现，表明资本主义制度具有相当强的稳定性与适应性。比如在阶级结构方面，整个社会并没有像马克思预言的那样，伴随着资本主义经济的发展逐渐分化为两大直接对立的阵营；相反，社会结构变得越来越复杂、社会阶层也不断增加。另外，由于股份制的出现，所有权的范畴有了很大扩展，原来由资产阶级独占生产资料的情形已经成为历史。中间阶级的人数大大增多了，而这个由工资劳动者、技术人员和政府公务员构成的阶级既不属于资产阶级，也不属于无产阶级。总之，资本主义制度已经告别了以前那个赤裸裸的剥削与压迫的时代。在经济领域，随着市场的扩大、通讯运输手段的发展、信用制度灵活性的提高及欧洲各国财富的巨大增长，资本主义经济中定期出现的普遍性商业危机已经可以在相当程度上得到控制。这就是说，伯恩施坦对马克思的资本主义总危机理论提出了质疑。① 在政治上，资本主义民主的发展，也已经使马克思关于无产阶级革命和无产阶级专政的理论变得过时，因为工人阶级已经有可能通过选举赢得政治权力，并以此推动社会主义的实现。

在以上分析的基础上，伯恩施坦认为，不应该把社会主义革命理解为某种一次性的行动，并把它推向遥远的未来（伯恩施坦在这里暗示的是马克思和恩格斯设想的、在资本主义总危机爆发时的无产阶级革命），工人阶级应该从当下开始，以体制内的、和平渐进的方式为向社会主义过渡创造条件。他指出：“对于把所有问题都拖延到'社会主义最终胜利'之时这种想法，即使可以从马克思和恩格斯的著作中找出一些口号来加以证明，也不能摆脱其空想的性质。如果以教条主义的方式把握科学理论，后者也会变成空想主义。"②伯恩施坦相信：“植根于现代劳动者阶级的民主主义，正在直接和间接地对国家和自治体产生越来越大的影响。随着这种影响不断扩大，而且只需要如此，经营管理的原则便能够在民主主义的方向上得到改进；少数人的特权也

---

① 爱德华·伯恩施坦：《社会主义的前提和社会民主党的任务》，殷叙彝译，北京：生活·读书·新知三联书店1965年版，第128—129页。

② Eduard Berstein, "Allgemeines über Utopismus und Eleltismus", in *Neue Zeit*, 15 Jg. Bd. 1, 1896-1897, p.166.

会越来越多地从属于普遍利益。"①

伯恩施坦因此表示:"如果我们认为,社会主义的实现意味着严格按照共产主义的要求,在所有方面对社会进行组织,那么我会毫不犹豫地说,这对我而言与现在相距十分遥远。相反,我坚定不移的信念是,今天的一代人就能够看到社会主义有相当部分获得了实现,这一点即使没有明确表现出来,但在事实上的确如此。社会义务领域(个人对社会的义务、他相应的权利以及社会对个人的义务)的持续扩展、以民族或者国家方式组织起来的由社会管理经济生活的权力的不断增强、区、市和省各个层次上民主自治的发展以及这些实体的责任的扩大,这一切对我来说都意味着朝向社会主义的进步,如果你愿意的话,也可以说社会主义正在点点滴滴地实现……我坦率地承认,我对于人们常常称之为'社会主义最终目标'的东西完全没有什么意识或者说根本没有兴趣。这些目标,无论它们什么,对我而言都毫无意义。运动才是一切。"伯恩施坦进一步明确指出:"人们曾经把现存经济制度的崩溃理解为某种巨大的、灾难性的商业危机的产物,但如果根据上述观点,那么社会民主党人既不指望也不希望它立即到来。社会民主党人现在应该做的,而且在未来相当长的时间内应该做的,是在政治上把工人阶级组织起来,教育他们学会民主,在(现有)国家的框架内为争取一切改革而斗争,以提高工人阶级的地位、同时使国家更加民主化。"②

"运动就是一切"被认为是修正主义立场最经典的表述,也非常贴切地表达了当代社会民主主义的基本政治立场,那就是以合法的方式,在现有政治和法律制度的框架之内,通过对实际生活中不平等与不公正现象点滴的、渐进的改良向社会主义接近。就此而言,在社会民主主义看来,当代的社会主义运动无论在理论上还是实践上都已经不再独立于现存社会之外,它已经构成了社会整体发展的一个重要组成部分。社会民主主义认为,由于资产阶级自身的局限性,社会主义运动成为近代资产阶级革命开创的自由民主传统及其理想的真正继承人。它的任务不是与这种传统决裂,而是使其真正转变成现实的社会和政治制度。伯恩施坦曾就自由主义的问题认为:"说到作为世

---

① Eduard Berstein, "Allgemeines über Utopismus und Eleltismus", in *Neue Zeit*, 15 Jg. Bd. 1, 1896–1897, p. 166.

② E. Berstein, "The Struggle of Social Democracy and the Social Revolution: 2, The Theory of Collapse and Colonial Policy", *Neue Zeit*, 19 January 1898, in H. And J. M. Tudor (eds), *Marxism and Social Democracy: The Revisionist Debate 1896–1989*, Cambridge: Cambridge University Press, 1988, pp. 168–169.

界历史性运动的自由主义,那末社会主义不仅就时间顺序来说,而且就精神内容来说,都是它的正统的继承者,而且这一点也在实践中、在社会民主党必须对其表示态度的每一原则问题上表现出来。"①因此,"个人应当是自由的——不是像无政府主义者所梦想的那种形而上学意义的自由,就是说摆脱社会的一切义务的自由,而是在移动和选择职业时不受任何经济强制的自由。这种自由只有通过组织的手段才成为一切人都能得到的。在这一意义上可以把社会主义也称为有组织的自由主义"。"实际上没有任何自由主义思想不是也属于社会主义的思想内容的。"②法国社会主义者饶勒斯(Jean Jaurés,1859—1914)也认为,法国的社会主义是对法国大革命开创的自由民主传统的继续,民主与自由并非达到某种另外的目标的手段,其自身就具有最终的价值含义。瑞典社会民主主义者魏格弗斯则更加明确地表示:"社会民主主义的理论与关于自由的传统观念实乃植根于同样的土壤,社会民主党人不仅从来没有否认这一点,而且认为这正是它的荣誉。但是,它也从来不认为通过个人之间的竞争、自由市场关系,以及把国家和社会的作用降低到最低限度,就能够实现这些理想。"③

与此相联系,从伯恩施坦开始的社会民主主义或明或暗地拒绝马克思主义关于无产阶级专政的思想。伯恩斯坦认为:"民主是手段,同时又是目的。它是争取社会主义的手段,它又是实现社会主义的形式。"④社会民主主义据此主张,在资本主义民主与社会主义民主之间存在着一种连续性。这样一种对民主的理解,自然与马克思主义关于民主的阶级性质的基本论断相矛盾,但却构成了社会民主主义改良主义政策的基本理论依据。伯恩施坦根据他对19世纪末20世纪初西方国家阶级结构变化的分析指出,资本主义的新发展表明,工人阶级并没有形成一个完全同质的群体,因而真正的民主,应该使任何阶级和群体的利益都置于社会的共同利益之下。在他看来,"如果我们消极地说明自己的想法,把民主解释为不存在阶级统治,解释为一种社会状况的名称,在其中任何阶级都不能享有同政体利益对立的政治特权,那末我们就同问题更为接近得多。……由多数人压迫少数人是'不民主的',尽管它起初曾被认为同人民的统治完全没有矛盾。正是按照今天的理解,民主这一

---

① 爱德华·伯恩施坦:《社会主义的前提和社会民主党的任务》,第 197 页。
② 同上书,第 200、198 页。
③ E. Wigforss, *Fren Klasskamp till samverkan*, quoted in T. Tilton, *The Political Theory of Swedish Social Democracy*, Oxford: Oxford University Press, 1990, p.52.
④ 爱德华·伯恩施坦:《社会主义的前提和社会民主党的任务》,第 191—192 页。

概念包含着一个法权观念:社会的一切成员权利平等,而多数人的统治(人民的统治在任何具体的场合都将归结于此)就受到这一观念的限制"①。伯恩施坦宣称,社会主义的理想是"普遍的公民权"而并非某个阶级的专政,是彻底实现民主和自由的政治价值。社会主义者在取得政权之后,应该把国家权力作为一种推进整个共同体的物质和社会利益的工具。除此之外,伯恩斯坦还特别强调民主主义中自由和自治思想的重要意义,认为:"对于民主的健康发展,再没有比强制的一律和过度的保护主义更为有害的了。"②社会民主主义对民主和自由的高度重视,是它后来明确反对无产阶级专政理论,并且长期对苏联模式持批判态度的主要原因。

最后,伯恩施坦的理论表明,他对社会主义基础的理解,已经在很大程度上偏离了马克思主义的历史唯物主义。当然,伯恩施坦自己表示,把马克思主义的历史观称为"历史唯物主义"本来就不准确,因为在他看来,严格的历史唯物主义意味着"把一切现象归因为物质的必然运动",并且把物质理解为"以必然性实现的""机械过程"。③ 他认为与此相反,马克思主义在强调物质生产力和生产关系是决定人类各个时代社会发展的基本力量之外,同时也承认其他因素如意识形态的作用,特别是恩格斯一再明确阐述了这一立场。也就是说,伯恩施坦相信,马克思和恩格斯都认为历史的决定因素具有多样性。④

伯恩施坦"修正"马克思主义的历史唯物论,贬低经济因素在历史发展中的决定性意义,是为了突出思想与道德因素的作用。他曾经表示:"经济发展今天已经达到的水平容许意识形态因素特别是伦理因素有比从前更为广阔的独立活动余地。因此,技术和经济的发展同其他社会制度的发展之间的因果联系变得愈来愈间接了,从而前者的自然必然性对于后者的形态的决定性影响就愈来愈小了。"⑤否定经济因素的决定作用、强调道德和其他社会因素在社会发展中的意义,这正是当代社会民主主义思想的一个共同特点。比如费边社理论家们对人去恶扬善的本性就持一种极其乐观的态度。在他们的社会改造计划中,教育占有十分重要的地位。他们相信,无论政治家、职员还是科学家都完全可以通过教育转变为社会主义者,因为任何人都能够通

---

① 爱德华·伯恩施坦:《社会主义的前提和社会民主党的任务》,第189—190页。
② 同上书,第202页。
③ 同上书,第49页。
④ 同上书,第54页。
⑤ 同上书,第57页。

过理性的思考,认识到社会主义理想在道德上要优越于资本主义。英国社会主义者陶尼(Richard H. Tawney, 1880—1962)典型地表达了这样一种基于人性和人道主义的社会主义思想:"因为人具有人的价值,所以社会制度——包括财产权、工业组织、公共卫生与教育制度——应该尽可能地强化把人们连为一体的人道主义的共同价值,而不是加深把他们分裂开来的阶级上的差异。"①

十月革命以后,社会民主主义政党纷纷明确表示放弃暴力革命与无产阶级专政的立场,选择议会斗争的路线。事实上,在20世纪,欧洲各主要国家的社会民主主义政党几乎都有过单独或者联合执政的经验。从某种意义上说,这是它们成功的一面,而且它们对政权的参与也的确带来了明显的社会改良与进步,特别是在社会公正与社会福利领域。但是,执政的经历也为社会民主主义原来的理论和设想带来了诸多问题与挑战,其中最大的两难就是:它们发现既然接受了现有的社会制度和基本价值规范并且谋求在其框架之内进行改良,既然已经选择以和平的方式获得和保持政权,它们就不可能真正实现自己原有的社会改造计划和方案;在现实的政治斗争中,它们不得不做出越来越多的让步、越来越多地接受现有的政治、经济和社会的逻辑,不得不伴随着各自国家政治经济形势的变迁而沉浮。

总体来说,当代社会民主主义面临着以下几个方面的具体问题。首先,随着产业结构的升级,传统产业工人阶级的队伍不断缩小,而白领工人和技术与管理阶层的人数却迅速扩大。这种变化,使原来一直依靠产业工人阶级支持的各国社会民主党的社会基础不断萎缩。虽然社会民主党人也开始在白领阶层中发展自己的力量,但是一般认为,这个新的劳动者阶层由于拥有相对富足的物质生活与相对稳定的社会地位,与传统产业工人相比更倾向于政治上的保守立场。② 这一社会事实使社会民主主义政党必须在以下两种策略之间进行选择,即或者进一步修改自己的纲领以争取更多选民,或者坚持

---

① R. H. Tawney, *Equality*, London: Allen & Unwin, 1964, p.49.
② 美国政治学家英格尔哈特(Ronald Inglehart)认为,从20世纪70年代开始,主要西方国家从文化角度来看已经进入了一个所谓的"后物质主义"时代,其基本特征是,在公民的基本价值观念中,对生态环境、人权、战争与和平这类所谓"后物质主义价值"的关注正在替代早先对于与阶级问题相关的"物质主义价值"的关注。如果这一论点成立,那么原来那些建立在阶级基础之上的政党,特别是包括社会民主主义政党在内的左翼政党影响力的消退就成为一件不可避免的事情。(Cf. Ronald Inglehart's *The Silent Revolution: Changing Values and Political Styles Among Western Publics*, Princeton: Princeton University Press, 1977; *Culture Shift in Advanced Industrial Society*, Princeton: Princeton University Press, 1989.)

原来的立场、同时与代表中间阶级利益的政党合作参与政权。但是,这两种选择对各国社会民主党来说都是一件困难的事情。因为不断修改自己的纲领,就意味着离原来的社会主义立场越来越远,而且关键问题是由于它们事实上不可能提出(或者说还没有能够提出)任何新的、更具说服力的社会主义前景,修改纲领的结果就只能使社会民主主义政党与其他政党变得越来越没有本质性的区别。因此,这样做虽然在某种程度上可以争取更多持中间立场的选民,但反过来却也不可避免地使自己越来越变得面目不清,从而失去相当一批原来的坚定追随者。另一方面,如果坚持原来的立场,只满足于参与政权或者作为反对党存在,那么对社会的改造在很大程度上便无从谈起,社会民主主义政党存在的必要性本身也就成了问题。

其次,工人阶级和普通民众的政治倾向发生了明显变化。早先的社会民主主义者相信工人阶级自然倾向于社会主义,但事实证明他们更关心的是自己物质生活的丰裕和安定。因此,哪一个政党为他们提供更实惠的承诺,他们中的大多数就会毫不犹豫地把选票投向这个政党。这一事实导致的结果,就是在很多情况下不是社会民主主义政党吸引民众,而是被民众的要求所左右,并且不断调整自己的纲领和政策。20世纪的50年代、70年代和90年代都出现过这样的情形。由于社会民主主义政党不得不在政策路线上迎合选民,因此随着时间的推移,即使它们在纲领上与其他政党仍然有所区别,但在实际的政策立场上却越来越随波逐流。这种状况,正是1968年出现的从法国学生运动开始、波及很多国家的政治反抗运动的一个主要原因,它表明反抗者们对于现存体制的彻底失望。意大利马克思主义者葛兰西(Antonio Gramci,1891—1937)曾经认为,在资本主义制度下,资产阶级不仅在政治上和经济上占据支配地位,他们在文化和意识形态领域也已经形成某种垄断或者说霸权。因此,普通群众的思想观念实际上已经成为统治阶级意识形态的反映。葛兰西的论断不能不让人联想到列宁对工联主义的批判,即由于受到资产阶级意识形态的影响,自发的工人运动不可避免地只会产生仅仅关心自身物质福利的工联主义,而不可能自动产生社会主义的意识,因而社会主义思想只能从外部对工人群众进行灌输。但问题是,社会民主主义政党一贯坚持的自由民主主义的立场,使它们完全不可能采取类似布尔什维克党那样的思想与组织原则。是仅仅反映民众的愿望和要求,还是必须对民众进行教育与引导,这就成为社会民主主义面临的一个大难题。

最后,如何对待现存社会的政治经济结构,是各社会民主主义政党在其执政过程中面临的最为尖锐的矛盾。西方的社会民主党是通过针对各自国家面临的具体政治、经济和社会问题提出相应的纲领与政策,在得到多数支持的情况下获得政权的,因此它们在执政之后,首先必须解决的只能是现实的社会问题,而不是考虑如何实现对资本主义的社会主义改造。比如,法国社会党在 1981 年掌握政权之前,曾经提出过一套非常完整的社会改造计划,称为"结构改革的社会主义"或者"法国式社会主义"。其要点是,资本主义的统治不仅体现在政治领域,而且体现在经济、社会、文化等各个方面,因此对整个社会进行结构性的全面改造,乃是向社会主义过渡的基本前提。在竞选中,法国社会党针对当时法国存在的高失业率问题,提出了增加社会福利和就业机会的政策方案,并以此赢得了支持并成为执政党。但在执政之后,这个政权发现它面临着一个十分棘手的难题,即如果要增加社会福利和就业机会,就必须付出更高的通货膨胀率和更低的经济增长速度的代价。作为权衡的结果,法国社会党不得不放弃原来的政策主张,并且与欧洲各国一道,采取"新保守主义"的经济方案,集中力量抑制通货膨胀,以保证经济增长。"结构改革的社会主义"则成为残留在人们思想中的美好回忆。

法国社会党的遭遇实际上具有相当的普遍性,而且类似问题在社会民主主义关于所有制与经济体制的立场上也有明显的反映。本来,从私有制过渡到公有制,从市场经济过渡到计划经济,是各社会民主主义政党纲领中关于实现社会主义的一项重要内容。英国工党纲领就曾规定,要"实行生产、分配和交换手段的共同占有",其他各党纲领也有相近的内容。但是,瑞士社会民主工党率先在 20 世纪 30 年代放弃了计划经济的主张,随后德国社会民主党 1959 年的哥德斯堡纲领也进行了类似的修改,采用了"在可能的情况下鼓励竞争,在必要的情况下实行计划"的提法,而英国工党也最终在 1995 年放弃了关于公有制的规定。

对于为什么社会民主主义政党在取得政权之后,不能如原来所希望的那样,按照自己的纲领对社会进行改造,反而不得不接受现有的政治和经济逻辑并且最终改变自己的立场这一问题,一些具有马克思主义倾向的学者,比如说普兰查斯和米利班德[①]等提供了独特的回答。在他们看来,构成资本主义国家的,不仅仅是经过选举产生的政府,而且还包括不经选举的行政管理人员、法官、警察和军队等等,后者无论从阶级背景还是价值观念来说都与资

[①] Cf. Nicos Poulantzas, *Classes in Contemporary Capitalism*, London: NLB, 1975, *State, Power, and Socialism*, London: Verso, 1978; Ralph Miliband, *The State in Capitalist Society*, London: Weidenfeld and Nicolson, 1968, "State Power and Class Interest", *Monthly Review*, 138, 1983.

产阶级完全一致,从而构成了社会改良政策的严重障碍。这便是这些学者指出的所谓"国家自主性"的现象,即国家政权作为整体在一定程度上独立于它的最高统治者,也独立于社会对它的控制。除此之外,现代政党政治在相当大的程度上受到大资本集团的影响,后者左右着投资与就业,因此任何政党在执政之后如果得不到它们的合作便寸步难行;同时,它们也是政党资金的主要提供者,那些接受了它们资助的政党便不可能不受其影响。以上种种因素,再加上普通民众对政治的冷漠以及对自身物质福利的关注,决定了社会民主主义政党即使能够取得政权,也没有多少独立行动的余地。

实际上,进入20世纪末,特别是伴随着新自由主义影响的上升以及经济全球化的进程,西方各国,甚至那些传统上被视为社会福利制度典范的国家都不得不纷纷采取措施,对本国经济进行自由化改造,资本主义政治经济结构对各社会民主主义政党的政策约束变得更加明显。虽然一些人把社会民主主义政党在这一背景之下的政策转向称为"第三条道路",以区别于传统的社会民主主义与新自由主义,但英国学者约翰·格雷则明确表示,社会民主主义的方案与全球化及新自由主义根本无法彼此相容,因为"社会市场经济需要一种封闭的经济结构,同时资本的流动也必须得到固定或者半固定汇率机制的控制。社会民主的许多核心政策在开放经济中不能维持,战后通过赤字财政保持充分就业与福利国家的政策就属于此类,对公正问题的社会民主主义解决方案也一样。所有社会民主主义的正义理论(如约翰·罗尔斯的平等主义理论)都以一种封闭经济为前提。……因为只有在封闭的分配体系中,我们才有可能了解这些理论所提出的正义原则是否得到了满足。进一步说,也只有在一种封闭经济中,平等主义的原则才能得到实施;而在开放经济中,它们都可能会因为资本——包括'人力资本'的流动而无法操作"[1]。一句话,"社会民主的目标已经不可能再用社会民主主义的政策加以实现"[2]。

英国社会主义者克劳斯兰(Anthony Crosland,1918—1977)以一种独特的方式,对社会民主主义在20世纪发生的种种变化进行了辩护。克劳斯兰指出:"重新表述(社会主义)学说的需要是非常自然的。原有的学说并非从真空中产生,也不是与世隔绝的空想的产物。每一种理论都是特定的社会现实

---

[1] John Gray, *False Dawn—The Delusions of Global Capitalism*, New York: The New Press, 1998, pp. 88—89.

[2] John Gray, "The Passing of Social Democracy", in David Held and Anthony McGrew (eds.), *The Global Transformations Reader: An Introduction to the Globalization Debate*, Cambridge: Polity Press, 2000, p. 330.

的结果,是对这种社会进行反思的结果。因为外部的决定因素并非恒久不变,理论也会随时间而调整。由于战后社会已经再次发生了变化,因此就需要重新界定我们的目标。这一点可以简单地表述如下:传统社会主义主要关注于传统资本主义的罪恶以及如何推翻这种社会制度,但是目前传统的资本主义已经得到了改革修正,而且几乎已经不复存在,社会主义者今天必须与之打交道的,完全是一个与以前非常不同的社会。战前那种反资本主义的社会主义几乎不能为我们提供任何帮助。"[1]克劳斯兰认为,由于新出现的社会变化,技术人员和管理者阶层已经替代原来的资产阶级成为社会的真正支配者;同时,股份制的广泛采用使大资本家越来越成为依靠股息为生的寄生阶级而不再掌控企业的管理权力,这表明财产的所有权与控制权已经分离,对财产的支配在很大程度上已经社会化。因此,马克思原来设想的生产资料国有化和计划经济已经完全没有必要。当然,作为社会主义的目标,社会公正仍然具有重要地位,但是社会公正可以通过福利国家对社会财富的再分配、通过逐步提高贫困者的生活水平加以实现。简而言之,现有的资本主义制度已经为向社会主义过渡准备了一切条件,没有任何必要对其进行根本性的改变。可以看出,这在很大程度上是伯恩施坦理论的一种翻版。

苏联解体和东欧剧变也为社会民主主义带来了新的挑战。虽然社会民主主义政党事实上一直对苏联模式持批判态度,但苏联解体和东欧剧变客观上减弱了社会主义在西方社会中的吸引力,从而不可避免地对这些政党带来了消极的影响。这种情形,加之带有明显新自由主义性质的全球化的压力,迫使社会民主主义政党甚至在社会公正领域也不得不一再退让。可以说,社会民主主义在世纪之交的确进入了它自身历史上的最低潮,有的理论家甚至因此得出结论认为社会主义思想已经彻底破产。但是,也有人持不同的观点,认为虽然社会主义面临着不少问题与困难,但是,这一思想和运动作为资本主义制度批判者的角色决定,只要资本主义还不完善,还存在着弊病,那么它就有自身存在的理由。正因此,有学者仍然非常乐观地认为:"如果人类还愿意面对21世纪的话,那么在那些前所未有的困境面前,自由与正义的希望"还是在社会主义一方。[2]

---

[1] A. Crosland, *The Future of Socialism*, quoted in A. Wright, *British Socialism: Socialist Thought from the 1880s to the 1960s*, London: Longman, 1983, p.146.

[2] M. Harrington, *Socialism Past and Future*, London: Pluto Press, 1993, p.1.

二、女性主义

女性主义①成为一种得到整个社会关注的政治思想,是在20世纪60年代之后的事情,是其反复揭露女性在现代社会面临的各种不平等处境,并且呼吁女性的独立、权利和价值的结果。不过作为一种运动,女性主义的产生却要早得多。女性主义最早登上公共政治舞台是在法国大革命时期,表现为大革命弘扬的自由、平等与博爱观念触发的争取男女平等的运动。② 当时出现了一部对后来的女性主义产生了重大影响的著作,即英国女性主义者玛丽·沃斯通克拉夫特(Mary Wollstonecraft, 1759—1797)的《为女权辩护》(1792年),该书是为批判大革命时期英国保守主义理论家伯克发表的《为男人的权利辩护》(A Vindication of the Rights of Men,1790年)而写成。沃斯通克拉夫特在这部著作中指出:"如果说男性的抽象权利需要讨论与解释的话,那么女性,同样作为理性的存在,也不应该在这一考验面前退缩……试想一下,如果男性只满足于他们自己的自由,满足于他们已经获得的对于自己的幸福的决定权的话,那么让女性服从,哪怕你坚信你这么做对她们的幸福来说是最适宜的,是否是一种自相矛盾和不公正的事情呢?如果承认女性与男性一样拥有理性的话,那么是谁使'他'成为唯一的判断者呢?"③她并且提出:"女性必须拥有她们自己的代表,而不是在根本不能参与决定政府政策的情况下被专断地统治。"④

进入19世纪之后,伴随着欧洲和美国以实现普遍选举权为目标的社会政治运动迅速发展,女性主义在历史上第一次获得了具体的政治形式,即争取男女平等选举权的运动。这也可以被视为女性主义的第一个发展阶段,或者说传统的女性主义阶段。在这个时期,女性主义者们都认为,女性的从属地位来自于她们政治上和法律上的权利缺失,因此,如果女性与男性一样,获得了以选举权为中心的平等的政治与法律权利,那么她们受到的性别歧视与偏

---

① Feminism,以前在汉语中一般被称为女权主义,与女权运动(Women's movement,即本章中所称的传统的女性主义)相混淆。现代女性主义的主张实际上已经远远超出了要求与男性享有同等的政治权力。

② 有人认为,女性主义最早的反映是1405年出版的意大利人皮桑(Christine de Pizan)所著《女性之城》一书。

③ Mary Wollstonecraft, *A Vindication of the Rights of Men and A Vindication of the Rights of Women* (ed. Sylvana Tomaselli), Cambridge: Cambridge University Press, 1995, pp. 68-69.

④ Ibid., p. 237.

见就有可能得到消除。由于传统的女性主义强调男女平权,因此也被称为女权主义运动(或者被称为妇女运动)。

第一阶段的女性主义运动主要集中在美国,大致与废奴运动(废除黑人奴隶制的运动)同时,并且在一定意义上受到这一运动的推动。美国女权运动的开端是1848年的塞涅卡·福尔斯大会(the Seneca Falls Convention),这次大会提出的主要目标之一就是争取女性的选举权。随后,到1869年,由斯坦顿(Elizabeth Cady Stanton,1815—1902)和安东尼(Susan B. Antony,1820—1906)发起建立了全国妇女普选权联合会。英国的妇女运动大致也在同一时期开始出现,但其力量与影响都不如美国。到19世纪末,英国妇女运动的领导权转移到了社会主义者一方,他们在潘库尔斯特(Emmeline Pankhurst,1858—1928)的领导下于1903年建立了妇女社会与政治同盟,为争取女性的平等权利进行了大量的宣传与鼓动工作。

传统的女性主义运动取得了积极的成果,其典型的标志就是,在第一次世界大战前后,西方各主要国家纷纷实现了男女平等的选举权——首先是1893年在新西兰,然后1920年在美国,英国妇女也在1918年获得了部分选举权(30岁以上,到1928年妇女选举权最终得到了普及);到第二次世界大战结束后,西方各主要国家都实现了女性普选权。

在传统的女性主义阶段,自由主义者和社会主义者都对这一运动表示积极的支持。很多自由主义思想家从天赋人权的理论前提出发,认为女性作为人类的一部分,毫无疑问应该与男性一样拥有同等的政治和社会权利。法国启蒙主义者孔多塞和西耶斯就曾经指出,没有任何理由把妇女排除在积极的政治生活之外。作为道德的、理性的存在,女性与男性具有完全平等的政治权利要求,这种要求不能因为性别差异受到否认。现实生活中两性之间之所以存在各种不平等现象,其最根本原因乃是女性相对恶劣的社会条件与政治处境。英国自由主义者密尔认为,社会的基本组织原则应该是理性,因此类似性别那样由"出生的偶然性"决定的因素,对社会的组织方式就不应该生产任何影响。密尔虽然承认男女之间的确存在差别,但他与孔多塞等人一样坚持认为,除生物性差异之外,两性之间在政治上和社会上的不平等并没有任何自然依据,而是社会对女性的长期压制造成的结果,因此必须依靠社会的力量加以克服。与密尔同时代的改良主义者泰勒(Harriet Taylor)也认为,把女性排除在政治生活之外,与对黑人的歧视属于完全同样的性质,是对自由与平等原则的践踏,英国那种只要求男性普选权的运动因此明显违背了政治正义的原则①；而且，政治上的性别歧视还与纳税者的代表权这样一项自由国家基本的政治传统相冲突②。总之，以两性之间生理上的差别为由不承认女性的政治权利，说到底体现的无非是强者的逻辑，是强者把政府作为他们手中的工具的结果。③ 泰勒还反驳了传统上把人类事务划分为"公共领域"（政治）与"私人领域"（家庭），并且认为女性应该满足于家庭生活的观点，认为这是对女性活动领域的一种专断的、不公正的限制，其实际结果是严重阻碍了她们充分发挥自己的能力。所谓人类"活动的适当领域应该是根据其能力能够达到的最高和最广泛的领域。对于这个领域的范围，在没有完全的选择自由的情况下，根本不能做出判断"④。

总的来看，自由主义在当时女性权利问题上的基本立场大致可以用下面这样一种表述来概括："如果说独占地掌握了全部的政治权力的那些人的行为对他们的男性同胞而言是一种不公正的事情的话，那么在全世界，即使是在被我们称为最文明的那些国家之中，对于女性来说，这难道不应该被视为一种暴虐吗？"⑤ 也就是说，权利平等不存在性别上的差异。自由主义者们强调，女性获得平等的政治权利对她们的幸福而言至关重要，因为不仅只有如此才能使她们得到平等的法律保护，而且只有如此，才能"扩展人们的思维、提高人们的智力、增进人们的同情与善心"⑥。这也是格林在这个问题上的基本态度，他表示，所有人都应该拥有完全相同的权利以完善他们的道德人格，现代社会必须尊重女性与男性平等的、作为一种自主个体的道德价值。事实上，当时的许多自由主义者不仅在理论上为女性的权利进行辩护，而且在实际上也为实现两性的政治和社会平等进行了大量工作。比如以密尔为代表的社会改良主义运动就是女性权利坚决的支持者，密尔本人则在1867年提出过一项赋予女性以选举权的选举法修正案，虽然当时并没有得到英国议会的批准。

---

① Harriet Taylor, *The Enfranchisement of Women*, in Marie Mulvey Robets and Tamae Mizuta (eds.), *The Disenfranchised. The Fight for the Suffrage*, London: Routledge/ Thoemmes Press, 1993, pp.4-6.

② "纳税者的代表权"是英国"大宪章"确定的一项政治传统，原来仅仅要求国王征税必须得到纳税人的同意，后者演变为统治必须基于人民同意的原则。1640年的英国革命与1776年的北美独立战争，其"法理"依据都是纳税人的代表权原则。

③ Harriet Taylor, *The Enfranchisement of Women*, op. cit, pp.7-10.

④ Ibid., p.11.

⑤ William Thompsom and Anna Wheeler, "Appeal of One Half of The Human Race, Women, Against the Pretensions of the Other Half, Men", in Marie Mulvey Roberts and Tamae Mizuta (eds.), *The Reformers, Socialist Feminism*, London: Routledge Thoemmes Press, 1993, p.170.

⑥ Ibid., p.169.

至于社会主义和马克思主义则从一开始就对妇女权利和妇女解放运动表示明确的支持。社会主义者在女性问题上的一个根本特点,是强调阶级社会中女性受压迫和受歧视的地位是私有财产关系的产物、是阶级矛盾在两性关系上的反映。社会主义者认为,自由主义在这个问题上的基本判断,即把女性的不平等地位归结为两性之间政治和法律上的不平等,实际上完全是一种错觉,因为这种不平等从根本上说是现存社会经济结构的产物,所以,只有从根本上改变不合理的社会经济关系,女性才有可能获得真正的解放。这种观点恩格斯早在其《家庭、私有制和国家的起源》中就有明确的表述。恩格斯特别强调,在资本主义社会,家庭的一个基本职能就是为财产占有者提供男性继承人。为此,男性通过一夫一妻制和各种关于贞操的道德规范把女性束缚在家庭之内,而这些道德对男性自己来说却没有任何实际上的约束力。因此,女性真正的平等与解放只有通过社会主义革命,在彻底打破资本主义财产关系、同时家务与抚养后代等工作社会化之后才能实现。当然,也有一些空想社会主义者甚至进一步得出结论认为,只有通过废除家庭,女性才能获得真正的平等。

在各国基本实现女性普选权之后,女性主义运动有较长一段时间陷入沉寂,直到20世纪60年代,这一运动才出现了新的一轮浪潮。新女性主义的精神导师是法国思想家西蒙·德·波伏瓦(Simone de Beauvoir,1908—1986),她的理论和她自己的生活实践都是对传统女性观的反叛——拒绝家庭责任,同时也拒绝"受尊重的女性"的观念的束缚。她宣称,在过去,女性的生理特点使她们不可避免地处于"第二性"的地位,但现代科学的发展,已经使生物性因素完全失去了过去那种重要性。她的名言是:"女性不是天生的而是被造成的。没有任何生物的、心理的或者经济的因素必然地决定女性在社会中表现出来的特征。被人们称为女性的这种存在是文明作为一个整体创造出来的,她介于男性与被阉割了的男性之间。"[①]可以看出,波伏瓦的观点既不同于自由主义,也不同于社会主义。她的基本立场是,女性的不平等地位是整个社会结构——包括政治、经济、文化和心理结构的产物。正是这种观点,为新女性主义对女性问题的认识提供了一个与以往完全不同的出发点。

与传统女性主义或者说女权主义相比,新的女性主义具有广泛得多的理论基础和实际的社会政治要求,而且其内部包含了一些明显不同甚至相互对立的倾向。为了说明的方便,人们一般把新女性主义分为三个大类:自由主

---

① Simon de Beauvoir, *The Second Sex*, Harmondsworth: Penguin, 1972, p.295.

义的女性主义、社会主义的女性主义和激进的女性主义。

新女性主义的自由主义流派比较多地继承了传统自由主义在女性问题上的观点以及对女性权利的要求。这一流派的代表人物是美国女性主义者贝蒂·伏里旦(Betty Friedan,1921—2006),她同时也是新女性主义的最早倡导者之一,人们通常把她在 1963 年出版的《女性的神话》①一书作为新女性主义兴起的标志。伏里旦在该书中明确指出,过去近一个世纪以来女性政治与法律地位的提高,并没有从根本上改变她们在现实生活中所处的不平等地位,因为"女性的神话"仍然支配着人们对于两性关系的基本看法。伏里旦所谓的"女性的神话",是指对女性角色的传统定义,即保持一个和睦的家庭、照顾好自己的丈夫、满足家人的需要等等。她认为,这实际上是一种没有任何根据的偏见,是一种试图把女性限制在家庭生活内部,并且认为只要其行为符合"女性的规范",就可以得到安全与满足的社会意识。伏里旦表示,女性在现代社会仍然面临着一个"无名的问题"(the problem with no name),这就是她们作为主妇、作为母亲的社会角色给她们带来的挫折与不幸。她认为,要从根本上改变女性这种不公正的处境,一方面需要政府付出努力,为女性保证更平等的教育与就业机会,提供条件使她们获得更充分的自我实现;另一方面也要求政府和社会更多地分担原来由家庭履行的责任。同时,伏里旦提倡男性也应该更多关心家务,并且改变现有的就业方式,使男性与女性都能够实现家庭与社会责任的结合。在伏里旦的倡导下,美国部分女性主义者于1966年建立了全国妇女组织(the National Organization for Women),宣布其目标是"采取行动,使女性现在就参与到美国社会生活的主流中去,从此以后与男性一同完全平等地享受各种权利与承担各种义务"②。

自由主义的新女性主义者有一个共同倾向,那就是虽然他们深刻揭露和批判了现代社会两性之间仍然广泛存在的不平等及女性所受到的压制与歧视,但同时又完全认同于自由主义的基本价值即个人自由。他们强调的是女性作为一个人应该具有的权利,相信既然个人自由不能因为种族、肤色、血统和宗教有所区别,那么它也不应该因为性别而有所不同。就此而言,在教育、职业等方面对女性的歧视,都是对基本人权的侵犯从而必须得到克服与纠正。自由主义的新女性主义者相信,在现有社会制度的框架之内能够解决女

---

① Betty Friedan, *The Feminine Mystique*, New York: Dell Publication Co., 1963.
② "The Founding Statement of National Organization for Women", in David Bouchier, *The Feminist Challenge*, London: Macmillan, 1983, p. 45.

性所面临的问题。伏里旦的理论及美国全国妇女组织的活动,主要也是集中在为女性争取社会生活各个方面的平等权利,比如消除一切女性歧视的残余、争取女性自由堕胎的权利等。

自由主义的新女性主义者还有另外一个重要特点:他们承认两性之间不仅存在着自然的即生物性的差别,而且也的确存在社会角色和社会分工的不同。因此,他们并不要求两性之间抽象的或者说彻底的平等,而是更多地强调社会为女性提供与男性同等的机会(即传统自由主义强调的机会平等而非结果平等),对女性表现出更多的理解与尊重。他们的目标,是促成一种两性之间平等和睦的社会结构。这一点,正是自由主义的新女性主义者常常遭到激进主义和社会主义的女性主义者攻击的一个主要原因。在后者看来,前者的理想不过是中产阶级女性价值观的体现,即只希望女性更多地进入社会生活,但却对家庭生活中的"家长制结构"视而不见;而且,在现存的社会体制下,这种理想也只有中产阶级的女性才可能实现,对于贫困的女性、有色人种的女性来说,则无疑是一种幻想。

新女性主义运动中的社会主义者则一般都强调女性问题中阶级和经济因素的作用。他们重点关注的,是资本主义制度下女性受到的经济剥削及她们为维持资本主义经济稳定所承受的各种负担。社会主义的女性主义认为,在资本主义生产关系中,女性实际上成为一支劳动力的后备军,她们在经济繁荣时以比男性工人低得多的报酬被雇佣参加生产,在经济萧条时则被轻而易举地驱逐回家,同时不需要担心引起任何社会动荡。这支劳动后备军不仅其本身受到资本的严重剥削,而且它的存在反过来又使男性工人的工资被维持在一个较低的水平上。至于女性在家庭中付出的各种无报酬的劳动,像生育和抚养后代、料理家务等,实际上也是男性能够安心就业的一项重要条件。

有的社会主义的女性主义者认为,正是家务劳动没有报酬这一特点决定了女性在经济上对男性的依赖,从而导致了她们相对低下的社会地位,并且引起了两性之间其他方面的不平等。20世纪70年代在英国出现的"为家务付报酬"的运动就是这种认识的反映。该运动的支持者提出,在资本主义经济中,提供物质性的报酬是社会对某种活动表示承认的基本标志,因此,如果女性的家务活动也能够成为一种有偿劳动,那么她们的社会地位自然会大大提高,同时也会相应地得到更多的社会尊重。

不过,近来社会主义的女性主义者越来越倾向于强调性别不平等的社会根源,而不再仅仅把这种不平等视为阶级差别的产物。英国女性主义者米切尔（Juliet Mitchell）就是这方面的一个代表。她强调，两性的不平等不仅仅是经济因素，而且是社会、政治和文化等诸多因素综合作用的结果。在其《女性等级》①一书中，米切尔指出女性承担着四项主要的社会功能：作为社会生产力的一个部分与男性一同创造社会财富，生育和抚养后代以保证人类的延续，教育后代并实现他们的社会化，以及作为男性的性对象。米切尔因此认为，女性的完全解放必须从以上几个方面同时推进，而不能只限于经济方面，甚至也不能仅仅通过社会主义对资本主义的替代。

新女性主义运动中最引人注目的是其中的激进主义流派。激进的新女性主义在女性问题理论、对现实社会的批判、女性运动的目标等各个方面都表达了自己独特的立场。大概也正是因为激进的女性主义，才使女性主义本身在20世纪成为最富挑战性和最具争议的理论之一。激进的女性主义直接吸取了波伏瓦的思想，其基本立场是：女性所处的不平等地位不可能仅仅通过立法和政治改革加以消除，由于造成不平等的原因是整个社会性的，因而改变这种状况也就需要一种深刻的、全方位的甚至是革命性的社会变革。

激进的女性主义者否认传统观念中为两性之间的不平等进行辩护的各种理由，特别是认为性别的自然差异必然导致社会差异这样一种观念。他们强调，从生物学的角度来看，女性根本就没有任何地方不如男性。比如有人认为女性的脑量少于男性所以她们不如男性聪慧，但是相反的看法则认为，女性大脑重量与体重的比例要大于男性，而这正是人类比其他动物更具有智慧的真正原因，因此女性在智力上恰恰应该超过男性。激进的女性主义者同样批驳了认为女性在体力上不如男性的观点，指出这实际上是对女性的社会歧视的产物，因为长期以来女性的社会角色决定了她们主要从事的就是家务劳动，而正是这种劳动导致了她们在体力上的退化；更重要的是，在现代社会，体力已经不再决定一个人对社会所能做出的贡献，因而再谈论两性体力的差异与其社会角色的关系实际上毫无意义。另外，针对传统上认为生育后代这一女性独有的生物性特征决定了她们的社会角色的观点，激进的女性主义者指出，即便如此，也并不能把教育和抚养后代的全部义务交由女性承担，从而把她们的活动完全局限在家庭之内。激进的女性主义者认为，把生育和抚养后代这两件不同的工作联系在一起，这根本就是社会与文化观念的产物，因为事实上两者之间并没有任何必然的联系，男性同样可以承担或者部分承担抚养后代的责任，况且这一工作也完全可以交由国家、社会或者其他

---

① Cf. Juliet Mitchell, *Woman's Estate*, New York: Pantheon Books, 1971.

的相关机构承担。

激进的女性主义者当然并不完全否认两性之间存在的生理差别,但是他们强调,不应该因此混淆生理性差异与社会性差异。从这样一种观点出发,女性主义者对"性"(sex)和"性别"(gender)这两个概念进行了严格区分。在他们看来,"性"是把男女两性区分开来的自然因素,这是无法也无须改变的;而"性别"则是一个社会性的概念,它表明在某种特定的文化背景中两性不同的社会分工与社会角色期望,这是可以改变的,而且在不同地方、不同时代的确有所不同。在激进的女性主义者看来,"性"与"性别"两个范畴之间实际上并没有或者说很少有必然的联系。一个健全的社会更应该重视的,是共同属于男女两性的作为人的因素,而不是把他们区分开来的"性"的因素。既然人们已经承认,种族的差别并不使不同种族的人在权利、道德与社会角色等等方面有所不同,那么就没有任何理由从"性"的差别出发,为由此导致的各种社会歧视进行辩解。然而,在现实社会中,人们往往把这两个不同的范畴混为一谈,从而把男女之间由社会与文化因素造成的一切差异都归结于"性"的差异。波伏瓦正是在这个意义上认为,"女性不是天生的而是被造成的",因为她们的很多行为实际上并非"性"的因素使然,她们往往是出于社会通行的角色期待以及各种有形无形的压力,不得不按照男性的希望和要求表现为"女性"。

部分激进的女性主义者还指出,虽然传统的两性观主要表现为对女性的歧视,但在本质上,这对于两性的价值都是一种扭曲。正是在对造成两性不平等状态的社会政治结构进行分析方面,激进的女性主义者提出了一套全新的观念,这就是所谓的"性政治"的理论体系,其代表作品包括米勒的《性政治学》[1]和格里尔的《被阉割的女性》[2]等。这些作者提出,只有通过一系列政治性因素的作用,两性之间的自然差异才最终转变为社会差异,但这里所谓的"政治"并非传统意义上的阶级统治,而是一个带有较强后现代主义色彩的概念,强调的是一种微观的权力关系。他们认为,简单地说,现实世界中的两性关系实际上就是两性之间的权力关系。

受福柯的影响,激进的女性主义者认为,政治关系不仅存在于公共领域(即传统的政治领域),而且实际上表现在社会生活的各个方面,其中最主要的自然就是家庭。米勒指出,政治意味着一种结构性的权力关系,是使一部

---

[1] Kate Millett, *Sexual Politics*, Garden City, N. Y.: Doubleday, 1970.
[2] Germaine Greer, *The Female Eunuch*, New York: McGraw-Hill, 1971.

分人服从于另一部分人的社会安排,所以,什么地方存在社会差异与社会冲突,什么地方就存在政治关系。① 激进的女性主义者强调,女性的不平等地位实际上体现在社会的所有领域,这就是他们所谓的"日常生活的政治"。比如在家庭生活中,儿童从小开始就被动地接受以下这些方面的灌输:他们在未来应该承担的男性或者女性的社会角色、社会上默认的关于两性分工的观念,以及常常对女性造成严重的生理和心理伤害的两性行为规范等。一些激进的女性主义者因此甚至拒绝把家庭视为基于两性之间爱情的自然产物,他们认为,家庭无非是一种对女性进行压迫和剥削的社会结构,在家庭中女性被迫接受不平等的角色观念,而且还要承受男性不时表现出来的性暴力。他们强调,家庭关系恰恰是整个社会关系的缩影,是权力关系的典型体现,代表了一种使女性屈从于男性的政治,从而也是性压迫最终的根源。

激进的女性主义者把男性在各个方面对女性的支配称为"父权制"的政治。"父权制"在激进女性主义的性政治理论中是一个核心概念,它强调,性别差异与阶级、种族和宗教差异一样,都是社会分裂的重要方面。米勒就认为:"在美国,近年来形势的发展已经迫使我们承认,种族之间的关系的确是一种政治关系,因为它导致了由出身决定的一部分人对由出身决定的另一部分人的普遍的、集体的控制。根据出身的权利而进行统治的群体正在消失,但是,目前还保留着一种一个群体由于其出身的权利而支配另一个群体的古老的和普遍的结构——在性关系的领域中盛行的结构。……对于现行制度中两性关系不带偏见的研究应该表明,现在,而且在整个历史上,都存在着一种被马克斯·韦伯定义为统治权(Herrschaft)的现象,一种控制与服从的关系。"② 这种关系体现为两项基本的原则,即"男性应该统治女性;年长的男性应该统治年幼者",其根本目的则是使"人口中作为女性的一半被作为男性的另一半所控制"③。激进的女性主义者认为,这种维持男性对女性的统治与压迫的"父权制"结构先于一切其他的社会压迫机制,也先于阶级差别和阶级压迫。"它在双重意义上都是最先出现的——最先在人类历史上出现和最先在每一个人的生活中出现……在每一个人认识到他(她)属于哪一个民族、地域或者意识形态之前,他(她)只要一睁开眼睛,在他(她)的家庭之中,他(她)

---

① Kate Millett, *Sexual Politics*, p. 23.
② Ibid., pp. 24–25.
③ Ibid.

就知道自己是一个男孩还是女孩。"①

激进的女性主义强调,"父权制"不仅是现实社会政治生活的一个重要方面,而且构成了人类各种社会关系的基础。他们认为,家庭关系乃是整个社会关系的原型,是现有的一切政治、经济与社会结构的核心。家庭与社会的权力结构之间存在着密切的关联,社会生活的各个领域都渗透了"父权制"的逻辑;家庭中的父权制象征着男性在社会上的特权地位,甚至作为传统政治理论核心范畴的国家也不过是父权制体系的一个部分。"与父亲相对应的概念是男性、白人、成年人、资产阶级;与母亲相对应的则是女性、年轻人、老年人、有色人种以及所谓的性变态者。"②米勒强调,父权制的结构实际上体现在所有历史时期的政治、社会和经济关系乃至宗教关系中,而父权制的观念则是儿童从一出生就开始接受的各种性教育即性别社会化的结果。家庭自然是这一社会化过程最主要的场所,但文学、哲学、公共生活和经济领域也统统扮演了相关教育者的角色。父权制关系已经深深植入到人类的语言、文化和知识系统之中,它把两性的不平等和女性的从属地位视为当然,并且同样深刻地影响了男性和女性的思想观念,从这个意义上说,现在的时代完全是一个男性中心的时代。有女性主义者就此写道:在现代社会中,"男性的生理定义了大部分的体育,他们的需要定义了汽车和健康保险的种类,他们共同炮制的理想人生定义了对工作的希望和事业成功的标准,他们的期望和关注定义了学问的性质,他们的经历与困惑定义了什么是业绩,他们的生活目标定义了艺术,他们在军队中服役的体验定义了公民道德,他们彼此无法和平相处这一事实——他们相互之间的战争和统治——定义了历史,他们的形象定义了上帝,而他们的生殖器官则定义了性"③。因此,要实现女性的彻底解放,就必须创造一种相反的文化即女性主义的文化。

对于父权制的社会基础,激进主义的女性主义者之间存在着各不相同的解释。有人认为这是传统家庭关系社会化的产物,也有人认为是教育和文化不发达的结果,还有人从马克思主义的立场出发认为这是现存经济关系的反映,另外一些人则认为这完全是男性的强力使然。美国女性主义者费尔斯通(Shulamith Firestone,1945—   )认为,两性差异具有其生物性的根源,因为女

---

① Cf. Philippe Braud et François Burdeau, *Histoire des idées politiques depuis la Révolution*, p. 501.
② Ibid.
③ Cathrine MacKinnon, "On Difference and Dominance", in C. MacKinnon, *Feminism Unmodiffied: Discourses on Life and Law*, Cambridge, Mass.: Harvard University Press, 1987, p. 36.

性生育后代的能力决定了她们在"生物性家庭"中"自然的劳动分工"。在费尔斯通看来,了解社会的关键不是物质资料生产的过程,而是人本身再生产的过程。从生理的角度看,女性在生育后代的过程中成为弱者,而且必须依靠男性才能保证自身的生存。因此,女性要获得解放就必须超越她们的生物性局限。具体说,就在于科学技术的发展,在于通过技术手段使女性最终摆脱生儿育女的传统角色,比如通过试管培育婴儿等。至于育儿的工作也可以交给社会进行。只有做到这一步,才能使女性在人类历史上第一次真正走出"生物性家庭",并且作为与男性平等的人类的一员进入社会,而人类本身也才能由此从野蛮低级的阶段进入高级的发展阶段。

从"性政治"的前提出发,激进的女性主义者对女性如何真正获得解放这一问题所提出的自然也是一种政治性的回答。"性政治"的理论已经表明,两性关系在实质上就是政治关系,而现实社会中女性的不平等地位始终没有得到根本改善,其原因就在于人们总是有意无意地把家庭关系视为"自然的"、"私人的"而非政治的领域。在传统的政治思想和政治观念中,由于在数量上占据绝对优势的男性思想家都有意回避对男性的特权地位进行分析,从而使两性关系的问题长期被排斥在政治领域之外,仅仅作为"私的领域"而存在,规避了政府与社会力量对家庭关系,尤其是两性关系的关注与干涉,同时也在长时期内成功地阻止了女性的"政治化"。因此,一些激进的女性主义者认为,解决问题的出路就在于把女性彻底从家庭关系中解脱出来。既然家庭关系并不真的是什么"私人的"领域,那么打破它也就需要一种社会的,尤其是联合起来的女性的力量。

还有一些激进的女性主义者从两性差异由自然决定这样一个前提出发,甚至得出结论认为父权制的价值观念与社会结构本身就是男性的产物。他们认为,所有的男性无论从生理还是心理的角度来看都自然地倾向于压迫所有的女性,这就等于说"所有的男性都是敌人"。这种激进的女性主义对自由主义的女性主义持批评态度,原因之一就是认为后者天真地把改善女性地位的希望寄托在政府的身上,而在前者看来,政府本身与现存社会的一切机构一样,都渗透了父权观念,都是男性利益的反映。这样一种认识自然导向了女性隔离主义。一位激进的女性主义者苏姗·布朗米勒就认为,男性通过一系列物理的和性的暴虐支配着女性,男性的意识形态就是一种"强奸的意识形态",是一种"蓄意的威吓,使男性能够让女性处于恐惧状态之下"[①]。从这

---

① Susan Brownmiller, *Against Our Will*, New York: Simon and Schuster 1977, p. 13.

种激进的观点来看,两性之间的平等与和谐根本就是一件不可能的事情,因为两性之间的一切关系都渗透了压迫。女性唯一的出路就是做一种"女性认同的女性",以完全摆脱男性在观念上与物理上的统治。

上述观点的实质是要求女性"非性别化",也是波伏瓦思想的发挥。当然,在激进的女性主义者当中也存在另外一种观念,认为女性生养后代这种独特的能力不应该成为妨碍她们承担更多社会责任的因素。虽然生育过程在一定时间内使女性必须中止她们的社会工作,但是她们对下一代的生养应该被视为她们独有的创造力的体现及她们对人类延续的重要贡献,理应使她们拥有更高的社会地位、受到全社会的尊重。就此而言,父权制的产生恰恰来自男性对女性权力的恐惧,"来自男性所受到的最大挫折:他们没有能力生育后代"①。出于这种恐惧,男性为了维护自己的统治地位,只好使用各种方法把女性束缚在家庭之中,作为控制她们发挥自己能力的一种手段。

应该说,在一个多世纪的过程中,女性主义运动的确取得了不少成果,推动西方各国通过了自由堕胎法、平等报酬法、反性别歧视法等各项保护女性权利的法律,使女性得到了更多的教育与就业机会,女性的社会政治地位也有了很大的提高。但是,女性主义也面临着不少问题。首先是内部的不统一,这种不统一从理论和主张到具体目标等各个方面都有所体现。比如,在如何实现女性权利的问题上,从福利主义观点出发的人认为,政府应该对女性提供特别的保护,比如使她们避免承担有危险的或者不利于健康的职业。但是,在自由主义的女性主义看来,这实际上又表现了一种对女性的反向歧视(reverse discrimination)。其次是女性主义面临的各种反对意见甚至政治压力。比如在英国和美国,无论撒切尔还是里根政府都反复强调"家庭价值"和女性传统的社会角色,政府的这种态度对女性主义的发展尤其形成了极大的障碍。

但是,女性主义最大的问题还是其理论自身所带来的。女性主义要求男女平等,问题是既不存在抽象的男性,也不存在抽象的女性,男女两性的世界本身就是充满不平等的世界,而男女之间的平等也不可能超越人类社会本身存在的不平等。另外,要求与男性平等这一点,也被一些女性主义者认为是"认同于男性"(male identified)的思维方式的结果,这种要求潜在地以男性作为女性的典范或者说标准,在本质上仍然反映了一种不平等的两性观念。他们指出,充满了竞争、暴力与野心的男性世界绝非女性追求的理想,真正属于

---

① Cf. Philippe Braud et François Burdeau, *Histoire des idées politiques depuis la Révolution*, p. 502.

女性的应该是一种"女性世界"。从这个角度出发,也有女性主义者强调两性之间由于生理性差异而产生的思维、情感与行为的差异,认为创造、和平、富于情感恰恰是女性独有的品质,女性不仅不应该放弃而且必须充分发挥这些优秀的品质,使自己成为完美的女性。这种激进的女性主义甚至呼吁远离充满了腐败与贪欲的"男性世界",创造一种非政治的、以女性文化和价值为中心的生活模式。但这种思想能否为男性所接受便成为一个关键的问题。事实上,目前在西方社会也出现了不少关于女性主义已经走得太远的评论[①],毕竟女性要与男性在同一个地球上、同一个社会中生存,因此寻找两性之间的共识还是非常必要的。

三、环境保护主义和绿色运动

作为批判性的社会思潮和社会运动,环境保护主义和绿色运动与女性主义一样,在20世纪下半期对整个世界产生了广泛影响。虽然这两种思潮都不具有统一的纲领或者理论,其内部也充满了各种矛盾,但它们已经在相当程度上改变了全人类的思维,尤其是从产业革命以来所形成的传统观念,促使人们以一种新的角度理解人与人、人与自然的关系,并且最终对人类本身进行新的自我认识。

作为一种社会政治思潮和运动,环境保护主义和绿色运动从20世纪70年代开始,很快席卷了整个世界。它对工业社会的价值观念(增长的崇拜)、生活方式(物质主义)与生产方式(人对自然的掠夺)、社会政治组织形式(以生产的增长而不是以人的发展为目标)等一切方面进行系统批判,提倡人与人、人与自然的协调发展。虽然环境保护主义和绿色运动提倡的一些思想观念并非只在20世纪后半叶才为人们所知,比如卢梭就认为,对人的生存与发展来说,自然状态是一种比文明社会更为适宜的状态,而且在20世纪70年代之前也曾经出现过某些要求保护自然环境、批判工业社会经济增长方式

---

① 比如伏里旦在1981年出版的《第二阶段》一书,就对自己呼唤之下发展起来的新女性主义运动表示疑虑,担心女性过分追求独立与个性而忽略了她们对家庭和社会的责任。她认为,女性主义运动的第二阶段不应发展为"女性隔离主义",而应该是女性和男性共同参与的阶段,其目标是共同建设一个和谐的社会。(Cf. Betty Friedan, *The Second Stage*, New York: Summit Books, 1981.)

的思潮①,但真正作为环境保护主义和绿色运动起点的,还应该是20世纪60年代末70年代初在美国和欧洲出现的大批以对环境和资源的关注为中心的著作,其中包括艾尔利希和哈里曼的《如何生存》②,戈德史密斯等的《生存的蓝图》③,以及联合国非官方报告《只有一个地球》④等。其中最具代表性的,则是罗马俱乐部⑤的研究报告《增长的极限》⑥。

　　罗马俱乐部的报告有一个基本前提,那就是自然资源的有限性和不可再生性,其结论并不复杂,即认为人类社会当前的生产与消费模式最终将不可避免地导致能源与矿产的枯竭,导致自然环境的破坏与失衡。如果继续维持这种生产和消费方式的话,那么在一个阶段的经济增长之后,整个人类必然会进入一个由于人口增长与资源短缺共同引发的全面经济崩溃的时代。对于这份报告的含义,有人通过举例做出过如下解释:"我们(现在的)生活方式有一个前提,那就是财富的无限扩大。以美国为例,如果每人使用的资源数量以1950年到1970年的指数,即每年至少2%的速度继续增长,那么到2050年,这个国家每人使用的资源量将达到20世纪70年代中期的4倍。因此,要是任由那些物质生活已经相当富裕的社会继续按照这种规模发展下去,我们就必须假定到2050年能够得到比现在多出3倍的资源,而且只供少数富裕国家的人们使用,至于这个世界上其他的9.5亿人并没有份。(实际上)除非借助某种几乎是不可能的条件,否则让所有人享受类似美国人20世纪70年代中期那样的物质生活已经纯属幻想,更不用说要达到美国人的物质生活水平如果还能继续提高之后的标准了。"⑦这意味着,美国和其他西方发达国家为了实现丰裕的物质生活,已经提前消耗了其他国家和地区的人们要达到同等

---

　　① 1962年在美国出现了一本由Rachel Carson所著的《寂静的春天》(Rachel Carson, *Silent Spring*, Boston: Houghton Mifflin, 1962),该书对为促进经济增长使用的一些新技术,比如化肥与杀虫剂等采取激烈批判的态度,在美国获得了巨大成功。1967年,时任伦敦经济学院教授的E. J. Mishan出版了另一部对工业社会的主要价值观念进行批判的著作《经济增长的代价》(E. J. Mishan, *The Costs of Economic Growth*, London: Staples Press, 1967),这一著作的出版在一定程度上促成了罗马俱乐部的成立。
　　② Paul R. Ehrlich and Richard L. Harriman, *How to Be a Survivor*, London: Ballantine Books, 1971.
　　③ Edward Goldsmith (et al.), *Blueprint for Survival*, Boston: Houghton Mifflin, 1972.
　　④ Barbara Ward and René Dubos, *Only One Earth: The Care and Maintenance of a Small Planet*, Harmondsworth: Penguin, in association with André Deutsch, 1972.
　　⑤ The Club of Rome, 这是一个成立于1968年、主要由科学家和产业界人士组成、以推动环境保护和可持续发展为目标的世界性非政府组织。
　　⑥ Donella Meadows (et al.), *The Limits to Growth: A Report for the Club of Rome's Project on the Predicament of Mankind*, New York: Universe Books, 1972.
　　⑦ Ted Trainer, *Abandon Affluence!* London: Zed Books, 1985, p.3.

生活水平所需要的资源与能源，而地球的资源与能源的存量已经不可能支持人类经济按照原来的方式进一步增长，这就是"增长的极限"这一概念对世人提出的警示。

罗马俱乐部的研究报告很快就引起了巨大反响。保护人类的生存环境，寻求一种能够保证人类与自然和谐共存的思维方式、生产方式与生活方式成为社会各领域的热门话题，环境保护主义与绿色运动也迅速在此后二三十年的时间里成为西方最有影响力的社会思想与社会运动之一。

在此需要说明的是，"环境主义"（environmentalism）这个概念最早是在20世纪50年代出现的，起初指的是一种只有通过自然环境才能对人类生活加以理解的主张，这与后来以对环境的保护作为中心内容的环境保护主义在内涵上有所不同。另外，环境保护主义通常被人们等同于生态主义（ecologism），但两者的含义也存在一些细微的差别。生态主义由生态学（ecology）一词演化而来的。根据最早提出生态学概念（1866年）的德国动物学家黑克尔（Ernst Haekel）的定义，这是一门研究动物与其有机和无机环境之间的整个关系的科学。因此，与一般意义上的环境保护主义相比，生态主义更强调生态环境的整体性，强调生态系统的内在价值，可以说代表了一种更激进的环境保护主义思想和运动——前者虽然也提倡保护自然环境，但人类还是处于中心的地位。当然，具体到每一位思想家，区别可能就不那么显著。为叙述方便起见，如果没有特别的说明，下文一般使用环境保护主义这个概念总称各种形式的环境保护主义思想，持有这些主张的人则称之为"环境保护主义者"。至于绿色运动（green movement）的概念也是从20世纪50年代开始出现的，指那些主张对自然环境进行保护的思想和运动，到70年代后期，已经有不少环境保护组织以绿色运动为名。最早出现的一个政治性的环境保护组织是1972年成立的新西兰价值党（the New Zealand Value Party），现在这类组织中影响最大的则是德国的绿党。目前，基本上在所有西方国家都存在不同数目的绿色运动和环境保护组织。

环境保护主义和绿色运动强调指出了一些在长时间内，尤其是进入工业社会之后被人们普遍忽视的重要问题，那就是对自然资源的过度开采、对环境的严重污染和破坏，以及近代以来人口的迅速增长导致的人与自然关系的失衡。比如在资源的消耗方面，据估计，即使维持1985年的世界资源消耗水平，地球的全部已知矿产也只够开采40到80年，而对大气以及全球气候发挥着重要调节作用的热带雨林也将在50年内被采伐殆尽。至于近代工业的发展所带来的大规模环境污染，已经引发了像酸雨、温室效应、地球温暖化等直接威胁到人类和其他生物生存的现象。在人口方面，由于近代生产的增长以及医疗卫生条件的改善，婴儿存活率大幅提高，人类平均寿命也不断延长，结果是人口数量急剧增加，以至于出现了被称为"人口爆炸"的现象，而如此庞大的人口总量已经成为地球资源的沉重负担。人口问题其实早在大约两百年前就被英国经济学家马尔萨斯（Thomas Malthus，1766—1834）注意到。马尔萨斯人口论的要点是，由于人口与经济分别按照几何级数和算术级数增长，所以两者之间存在着固有的不平衡，由此必然产生的人口过剩或者说财富匮乏，最终只能借助大规模的饥荒或者战争导致的人口减少加以解决。在环境保护主义者看来，马尔萨斯的基本观点是正确的，只不过他的表述过于简单化，而且大大超前于他的时代。环境保护主义者认为，人口问题的本质在于地球的规模与资源的有限性，因此人口无限增长的自然结果，一方面是每个人能够占有的资源和空间不断减少，另一方面则是随着资源消耗总量的不断扩大，人类排放的废弃物与污染物的总量也不断增加，人与环境之间的关系将不可避免地日益恶化。

环境保护主义和绿色运动对人类与环境和自然资源关系的这些不无夸张的描述，对原先人们那种相信技术进步与生产发展自然会带来人类生活水平的不断提高并且最终解决人类面临的一切经济乃至社会问题的盲目乐观的态度无疑是敲响了警钟。按照环境保护主义和绿色运动的观点，在人与环境的关系上之所以产生了这样一些严重的问题，最根本的原因就是传统观念中存在着一种所谓的"以人为中心"（anthropocentric）的意识，它认为人生来就是自然环境的主人和征服者，而自然资源又是无穷无尽的，可以供人类任意消费。在其影响之下，只有人本身成为人们关注的唯一对象；占据了人类全部思考的是个人、阶级、民族或者国家这些概念，是他们之间的自由、平等、公正和秩序、是他们对自然财富的占有与分配方式等等。这样一种思想方式的核心被笛卡尔非常典型地概括为一句话：人是"自然的主人和占有者"①。

环境保护主义者认为，传统政治思想虽然流派繁多、立场各异，但归根到底，它们都不过是对同一个问题的不同回答，即如何才能最大限度地获取物质财富以及谁可以从中受益。至于人与自然的关系，则完全落在了它们的视野之外。从环境保护主义的角度来看，传统思想最成问题的地方，就是它盲

---

① René Descartes, *Discours de la méthode*, Paris: Librairie philosophique J. Vrin, 1962, Part 6；参见笛卡尔：《谈谈方法》，王太庆译，北京：商务印书馆2000年版，第49页。

目地假定人类物质财富的增长具有无限的可能性,但是事实上这种乐观主义不仅没有任何依据,而且还是造成环境破坏与灾难的主要原因。欧洲绿色运动在1989年的一份政策性文件中指出,现代社会一切问题的根源就在于追求无限制经济增长的逻辑,"这就是为什么在我们这个世界上富有的少数能够决定贫困的多数的生活标准,这就是为什么大气受到了如此严重的污染以至我们面临着气候恶化的潜在威胁,这就是为什么森林由于酸雨而死亡,而我们的河流也变得如此肮脏"①。环境保护主义认为,资本主义和社会主义之间虽然存在着各种区别,但作为传统思维的体现、作为"工业主义"的具体化,它们在对待人类的物质生产以及人与环境的关系方面却几乎同出一辙。英国环境保护主义者波里特表示:"左中右这三种工业社会的政治,就如同一条道路上的三个车道,每个车道上都有不同的车辆在运行,但它们的目标却是一致的。绿色运动认为,错的是方向本身,因此问题就不是在这些车道中进行挑选。我们认为,工业社会这条道路必然导向深渊,我们的选择是离开它,并且选择完全不同的方向。"②

环境保护主义与绿色运动不仅对传统思维在人与环境关系问题上的立场进行了激烈批判,而且对建立在这种思维方式基础上的人类生产方式、生活方式以及社会的政治、经济制度和组织方式等等也都展开了批判性的反思,其主要内容包括以下几个方面。第一,现代生产方式在创造出大量物质财富的同时又导致了极度的贫困。环境保护主义认为,现代化的大工业的确带来了物质财富的极大增长和人们生活水平的迅速提高,在西方发达国家更是如此。但是,富裕的表象后面却潜藏着严重的匮乏。在这里,"匮乏"一词带有两个方面的含义。一方面指高速经济增长致使自然资源日益贫乏,人们在几十年之内就耗尽了地球经过数百万年的时间才形成的能源与矿产资源。现代社会的生产本质上是为了消费的不断增长而进行的生产,增长本身成为一种目的。为此,人们不断追求技术进步,不断地对产品进行更新换代。但是,这种不断增长的生产导致的却是不断扩大的浪费,在这里,人类的消费已经失去其原本的含义,即满足人类生存和发展的自然需要,而异化为为了维持增长被人为创造出来的社会现象。正如法国环境保护主义者博斯凯所说:"为了保证满足不断增长的需求,就必须有同样数量的产品的增长……生产

---

① Cf. Dick Richardson and Chris Rootes (eds.), *The Green Challenge: The Development of Green Parties in Europe*, London and New York: Routledge, 1995, p.11.
② Jonathan Porritt, *Seeing Green*, Oxford: Blackwell, 1984, p.43.

因此变得越来越具有破坏性和越来越转变为浪费;(生产)的概念中就包含了对产品的破坏,这是一种有计划的滥用。"①另一方面,由于现代经济的增长主要是通过生产者以各种方式不断刺激消费者的需求加以维持的,所以在生产不断增长的同时,作为消费者的一方却始终处于一系列永远也无法满足的欲望链条支配之下,这在实际上同样也意味着某种贫困。

第二,现代生产方式使人与人之间的不平等明显扩大。环境保护主义者强调,现代生产方式实现的经济增长远非均衡的、能够让全球范围内所有人都得到满足的增长。西方发达国家的经济繁荣,是以落后国家的进一步相对贫困化为代价实现的。有人通过计算指出,每个美国人每年消费的资源与能源是埃塞俄比亚人平均水平的617倍。② 这样一种世界范围内严重的贫富不均,以及西方生活标准对落后国家人民所产生的诱惑,带来的不仅是这些国家经济状况的不断恶化,而且加剧了这些国家内部的社会张力,最终导致了它们在政治上与文化上的动荡与分裂。

第三,现代生产方式导致了个人独立性的丧失。环境保护主义者认为,现代生产方式促使生产机构及国家管理机构不断膨胀,同时也大大增加了个人对这些庞大组织的依赖。在这种生产方式中,个人日益蜕化为一件简单的生产工具,成为社会这个无形的生产机器中一枚小小的齿轮或者螺丝钉。"这不是来自他人的简单控制,而是一种无名的、集体的控制,是来自市场、计划或者其他所有不相干的力量的控制。"③

环境保护主义者指出,传统的以人为中心的思维方式起源于笛卡尔和牛顿,其基本特征就是把整个世界视为一部大的机器,认为其中的每一个部分都可以通过科学方法加以理解和把握,一切自然与社会问题都可以通过科学技术手段予以解决。环境保护主义则认为:"技术手段的确可以延长人类寿命和经济增长的周期,但它并不能超越这一增长的最终界限。"④而且,"现代工业社会虽然在技术的各个方面达到了高度的成熟,但它也已经耗尽了自身赖以建立的基础"⑤。与传统观念相反,环境保护主义者提出了一种不同的人与自然的关系理论,即不是以人为中心,而是以环境为中心的新的思维方式。

---

① Michel Bosquet, *Ecologie et liberté*, Galilée, 1977, cité, Philoppe Braud et François Burdeau, *Historie des idées politiques depuis la Révolution*, p.493.
② Ted Trainer, *Abandon Affluence*! London: Zed Books, 1985, p.2.
③ Cf. Philoppe Braud et François Burdeau, *Historie des idées politiques depuis la Révolution*, p.495.
④ Donella Meadows et al., *The Limits to Growth*, p.141.
⑤ E. F. Schumacher, *Small is Beautiful*, London: Abacus, 1973, p.16.

生态环境的整体性是环境保护主义的基本出发点,它强调自然界的生物之间以及生物与环境之间存在着密切的相互依赖和协调生存的关系。生态学的观点认为,所有的生态系统都是一些自然形成的自我维持、自我平衡的体系。在一个自然的生态系统中,生物的种类和数量将根据其所能获取的食物状况自动地得到调整。此外,所有的生态系统都具有开放性,它们又成为更大范围的生态系统的组成部分,并且与之进行物质与能量的交换,以维持自身的平衡。在环境保护主义者看来,人类对资源的掠夺式开采和利用,对环境的污染和破坏恰恰已经威胁了生态系统的自然平衡,如果这种趋势不被遏止,人类自身也最终无法生存。

在环境保护主义者的观念中,包括人类在内的整个自然被视为各种生物与其生存环境之间独特的且容易遭到破坏的关系网络。在其中,人类并不占据中心地位,而只不过是其中一个有机的组成部分。人类必须采取一种谦卑的、克制的态度,必须放弃科学技术的进步能够解决所有问题的幼稚幻想。环境保护主义认为,虽然地球上的生态系统都具有开放性,但整个地球作为一个整体生态系统却是封闭的。因此,地球这个生态系统不可能像它的各个子系统那样,通过简单地从外界获得资源与能源以维持自然的平衡;它的所有资源和能源终将被耗尽,最后成为一个死寂的星球。

在人与自然的关系方面,环境保护主义者常常从古代东方哲学(特别是佛教与道教)以及原始部落的生存方式中寻找理论依据。被西方环境保护主义者们引用得最多的,可能就是一位不知名的印第安酋长给要求他出卖土地的美国总统的答复:"万物息息相通/万物密切相连/大地上发生的一切/同样会对土地的儿女们发生/人类并不能纺织生活之网/他不过是其中的一条丝线/他对这张网所做的/都将及于他自身。"①在环境保护主义者看来,这段话非常典型地体现了人与自然有机统一的观念,也是工业社会对永不知足的自然掠夺者的尖锐批判。

基于以上思考,环境保护主义与绿色运动提出了一些对人类新的生产与生活方式的设想。首先,必须尽可能地减少对自然资源和能源的消耗、同时减少对环境的污染。在《小的就是美的》一书中,作者舒马赫提出,为了尽可能延长地球上有限资源的使用时间,人们必须改变已经习以为常的生活与消费方式,以尽量减少对资源和能源的消耗,同时尽量使用可再生资源替代那

---

① Dick Richardson and Chris Rootes (eds.), *The Green Challenge: The Development of Green Parties in Europe*, p. 8.

些不可再生的资源,比如由"矿物燃料时代"过渡到"太阳时代"。环境保护主义认为,人类对自然资源的开采和利用导致的熵增加过程虽然无法完全避免,但如果通过政府与每一个人的努力,这个过程至少可以得到延缓。当然,要做到这一点有一个基本的前提,那就是人类必须意识到,他们自己不过是复杂的生态域(biosphere)的一个组成部分,其生存取决于整个生态域的健康与平衡。这就提出了"可持续性"(sustainability)的问题,也就是生态系统——某个地域、国家乃至整个世界自我维持和持续生存的能力的问题。环境保护主义强调,"可持续性"应该是对所有的政府活动与政策实效进行评价的唯一标准。

"可持续性"不仅要求人们调整对资源与能源的使用方式,也意味着一种不同的经济观。舒马赫提出的"佛教经济学"就是这种新经济观的体现。舒马赫指出,传统经济观简单地把人视为物质效用最大化的追求者,而在佛教经济观看来,生产不仅是一个提供产品与服务的过程,同时也是一个通过培养与提高生产者的能力和素质使其得到完善,并且通过建立一种社会纽带克服个人中心主义的过程。换言之,除物质层面之外,佛教经济学还注重生产在精神层面的价值。按照舒马赫的说法,这种经济学的基本原则是:人类精神"解放的障碍并非物质财富的匮乏,而是人对财富的依赖;不在于不能享受舒适的生活,而在于对这种生活的迷恋"①。总的来说,一种新的经济学应该着眼于人类精神上的解放,而不是使人成为物质财富的奴隶。

为准备参加1989年的欧洲议会选举,欧洲各主要的绿色运动曾经共同提出过一项政策文件,其中非常明确地表达了环境保护主义对人类新的生产与生活方式的认识。在该文件中,环境保护主义所推崇的经济模式被称为"保存性经济"(conserver economy)。文件指出:"保存性经济的关键是只摄取和使用我们所必需的资源,因为绿色政治是关于'足够'而非'越来越多'的政治。在人类活动的诸多领域,它意味着更少地使用——更少地使用能源与资源。这无疑会减少对环境的污染。更多的(环境)因素必须得到恢复、更新与循环。我们不应该总是坚持要'更新的和更好的。'""在保存性经济中,对福利的评价标准将不仅仅是我们所消耗的数量……它将通过良好的健康状况、清新的空气、洁净的水源、无污染的食物、对教育的促进、文化的多样性、安全

---

① Schumacher, *Small is Beautiful*, London: Abacus, 1973, p.47.

友好的邻里关系、自然环境中动植物的多样性得到衡量。"①

其次,人类必须寻求一种与自然资源平衡的生产与生活方式。在一些激进的环境保护主义者(在西方又被称为"深绿色运动主义者")看来,为保证人类的持续生存,仅仅降低消耗和减少污染(所谓"浅绿色运动主义"的主张)远远不够,关键是人类必须彻底放弃原来那种把自己视为自然的主人、自然的征服者和掠夺者的态度,而不在于这种征服与掠夺采取什么样的具体形式。人类必须意识到,自己作为自然生态系统的一个组成部分,其生存与发展从某种意义上说并不具备至高无上的价值,最重要的是保持整个生态系统的协调与生命力。从这种观点来看,人类需要考虑的并非保持什么样的经济增长水平,才能把对自然的破坏减少到最低限度的问题,应该采取的是一种"零增长"的政策,即及时过渡到"后工业时代",也就是完全返回自然。虽然对人类新的社会组织及生产和生活方式的描述在不同的环境保护主义者那里有所不同,但激进的环境保护主义者认为:"它们多多少少具有一些基本的共同特征——非集权化和地方自治、一种接近自然的简单的、小规模的、面对面的生活模式、劳动密集型的生产方式、不注重物质需要、个人的自足(相对于依赖各种复杂系统以满足基本的生活需要),以及文化上的多样性。"②

在这个方面,一些激进的环境保护主义还创造了"生态区域"(bioregion)的概念,认为"生态区域"应该取代现在的社会、经济和政治结构,成为人类生存活动的基本单元。美国环境保护主义者塞尔提出:"生态区域指地表的一个部分,其界限由自然而非人为决定。一个生态区域由于其植被、动物群落、水域、气候、土壤和地形的分布,以及由此决定的人们的生活与文化特征而与其他生态区域相区别。各区域的界限并非不可更变——自然的运动本身就具有很大的弹性与流动性——但它们之间的大致区分也不难识别,而且实际上对生活于其中的很多居民(特别是仍然扎根于土地上的人,比如农民、猎户、植物采集者)来说,这种区别是可以感知、也是可以理解的,从某种意义上说甚至是不言自明的。至于那些分布在整个美洲的印第安人,由于他们千百年来始终保持了一种视土地为神物,并且把保护土地作为最高义务的文化,

---

① Cf. Dick Richardson and Chiris Rootes (eds.), *The Green Challenge: The Development of Green Parties in Europe*, p. 10.

② William Ophuls, "The Politics of the Sustainable Society", in D. Pirages (ed.), *The Sustainable Society: Implications for Limited Growth*, New York and London: Praeger, 1977, p. 164.

就更是如此。"①

最后,环境保护主义和绿色运动强调,在人与自然的关系问题上,人类需要一种新的道德和伦理观念,其基本内容包括两个主要方面。首先,人类必须考虑对后代的责任的问题。人们不仅需要把自己与同时代的其他所有人视为一个整体,而且还应该把现在的人与未来的人视为一个整体,并且为他们承担责任。其次,人类还必须考虑对自然环境,特别是对其他动物的伦理责任的问题,也就是说,人类不仅必须在相互之间依照基本的权利原则彼此尊重,而且还应该形成某种规范,以协调人与自然环境、人与其他生物之间的关系。这方面比较具有代表性的就是关于"动物权利"的理论。

首先提出"动物权利"概念的是辛格(Peter Singer)。他认为,动物具有对痛苦的意识这一点,决定了人们对它们应该抱有足够的同情与关注,而且,把人的利益置于动物的利益之上,其实与种族主义把某个种族的利益置于其他种族的利益之上并没有什么区别,因此可以称之为"物种主义(speciesism)"。另外一位美国哲学家里根(Tom Regan)提出了一种更为激进的观点。他认为,任何动物都是"生命的主体",因而具有生存的权利。人与动物的区别,仅仅表现在人具有理性能力和道德自主性从而享有某些人所特有的权利。美国哲学家罗尔斯顿则认为:人之为人,就在于他们具有一种对同类的"恻隐之心"②,但是,只有当人们把这种"恻隐之心"从人类延伸到整个生态系统的所有成员身上时,人类才能真正实现自身的完善。用罗尔斯顿的话来说就是:"人类能够培养出真正的利他主义精神;当他们认可了他人的某些权利——不管这些权利与他们的自我利益是否一致时,这种利他主义精神就开始出现了,但是,只有当人类也认可他者——动物、植物、物种、生态系统、大地的权益时,这种利他主义才能得以完成。"③

还有一些激进的环境保护主义者认为,环境自身就具有其独立于人类的价值,就此而言,人类不能简单地把人的权利及其价值观念延伸到环境对象上面去。按照列奥波德(Aldo Leopold)的说法,人类行为的正当性标准不应该是人因此获得了什么,"一项行为当其倾向于保存生物群体的整体性、稳定性

---

① Kirkpatrick Sale, "Mother of All", in Satish Kumar (ed.), *The Schumacher Lectures*, Vol. 2, London: Abacus, 1974, pp. 226-227.
② 英国哲学家密尔也认为,人类道德观念的基础是其同类意识。
③ 霍尔姆斯·罗尔斯顿:《环境伦理学——大自然的价值以及人对大自然的义务》,杨通进译,北京:中国社会科学出版社2000年版,第465页。

与它的优美的时候就是正当的,相反便是不正当的"①。从这种伦理观点来看,人只不过是生物群体中的普通一员,其目标与追求不具有任何优先性;整个大自然中所有的生命体都具有同等的伦理价值,它们一同构成一个相互联系的整体、一个各个物种的目标与价值多元并存的世界。在这个世界上,所谓有价值之物,就是"这样一种东西,它能够创造出有利于有机体的差异,使生态系统丰富起来,变得更加美丽、多样化、和谐、复杂"。总之,"无论从微观还是宏观角度来看,生态系统的美丽、完整和稳定都是判断人的行为是否正确的重要因素"②。

可以看出,虽然环境保护主义的出发点是人与自然的关系,但这一思想要得以实现却需要对现有的社会、政治和经济关系亦即人与人之间的关系进行不同程度的,在某些方面甚至是相当深刻的调整,这就使环境保护主义和绿色运动带上了浓厚的政治色彩,而所谓的生态政治学(ecopolitics)也随之产生。美国著名生态政治学家科尔曼就提出,为了真正实现人与自然的和谐共存,必须对现有的政治观念与政治结构进行全面改造,尤其是把基层与社区作为政治的基本点,建成一种"有机的、民主的社会"③。有人因此认为,由于环境保护主义,特别是其中一些激进的主张"寻求以非暴力的方式,推翻我们现在这整个污染、掠夺与物质主义的工业社会,创造一种能够使人与整个地球协调生存的新的经济和社会秩序,就此而言,绿色运动可以被视为自社会主义诞生以来最激进和最重要的文化力量"④。

根据西方不同流派的环境保护主义和绿色运动在具体主张方面的差异,人们又把它们具体划分为几个大的类型,即所谓的改良型环境保护主义、生态社会主义和无政府生态主义等。改良型环境保护主义相信,只要人们认识到环境与资源问题的重要性和紧迫性,并且采取相应的政策措施,就可以在资本主义的制度框架内解决当前人类面临的生态与环境问题。生态社会主义则认为,资本主义制度是环境问题的根源,工业社会造成的一切恶果都应该归因于资本家对利润的追逐。资本主义是一种同时对人和对自然进行掠夺的制度,因为在资本家眼里,人也罢,自然也罢,都不过是能够为他们带来

---

① Aldo Leopold, *A Sand County Almanac: with Other Essays on Conservation from Round River*, New York: Oxford University Press, 1966, p.225.
② 霍尔姆斯·罗尔斯顿:《环境伦理学——大自然的价值以及人对大自然的义务》,第303页。
③ 参见丹尼尔·A. 科尔曼:《生态政治:建设一个绿色社会》,梅俊杰译,上海:上海世纪出版集团2006年版,第200页。
④ J. Porritt and N. Winner, *The Coming of the Greens*, London: Fontana, 1988, p.9.

利润的经济资源。生态无政府主义则从19世纪的无政府主义者,比如克鲁泡特金和巴枯宁等人的思想中获得基本的启示,认为生态环境的稳定是社会环境稳定的前提。生态无政府主义不仅与传统的无政府主义一样,主张在人类社会中废除国家这一对人进行统治的机构,而且还进一步反对人对自然的统治。他们提倡的是一种更加切近自然的村社共同体的生活模式。

总的来说,虽然环境保护主义和绿色运动表现出各种不同的流派,对环境与资源的状况,对人与自然的关系,以及对解决环境和生态问题的途径也都有不尽相同的认识,但它们的基本立场却是高度一致的,即反对传统的生产与生活方式,主张人与自然的协调共存。另外,就其关注的对象而言,环境保护主义和绿色运动也与包括女性主义在内的当代其他社会政治思潮表现出相当大的区别,那就是它更强调的不是人与人,而是人与自然的关系。德国绿党曾经提出过一个口号,即绿色运动"既非左也非右,而是向前"。也就是说,它关注的是整个人类的生存与发展的问题。

当然,对于环境保护主义和绿色运动的各种具体主张也存在着大量争论,而且至今为止仍然有人从根本上反对环境保护主义的基本立场,相信人类在环境与资源问题上面临的问题最终还是需要通过科学技术的发展得到解决。他们认为,地球上已知的资源与能源虽然肯定会被耗尽,但人类通过技术的发展总可以找到新的替代物,而环境的污染同样也将伴随着技术的进步得到解决。至于在人口增长的问题上,现在西方发达国家已经表达出相反的趋势。总之,从反对派的观点来看,实际上环境保护主义所提出的各种问题在西方发达国家都已经或者正在得到解决,真正面临这些问题的恰恰是经济和技术尚不发达的发展中国家。这就说明,决定性的因素还是经济与技术的进步。

应该说,特别是针对要求完全"回归自然"的激进的环境保护主义而言,上述"反对派"的观点倒也并非完全没有根据。但必须承认的是,自从环境保护主义与绿色运动在20世纪70年代兴起之后,它在事实上已经深刻地影响和改变了人们的思想方式,而且今天的技术与经济发展也已经深深地带上了环境保护主义的印记。如果说经济与技术的进步能够最终解决生态与环境问题的话,恐怕也应该在这个意义上加以理解。近年来大量涌现的各种官方与非官方、地区性与国际性的环境保护组织(其中规模最大的是联合国环境与发展大会)的广泛活动、一些全球性的环境保护宣言和公约的通过(如1985年的《维也纳保护臭氧层公约》和1987年的《蒙特利尔议定书》、1992年的《生物多样性公约》、1997年的《京都议定书》等),本身就是环境保护主义和绿色运动生命力的体现。

　　需要看到的是，认为科学与技术的进步能够解决人类面临的所有问题，这只是一个未经证实且事实上根本无法证实的假设（因为从逻辑上说人类不可能在灭亡之后发现这个假设的错误），因而照此行动对整个人类的生存来说就意味着某种冒险。即便技术的发展的确能够解决因其不够发展所带来的种种环境与生态问题，但解决问题需要时间，而人们并没有理由假定自然与环境能够服从人类技术进步的时间表。① 而且，在现代科学技术的发展已经从诸多方面威胁着人类和自然的生存（比如说生物技术和核技术等）或者已经造成了人对技术的严重依赖的情况下，环境保护主义和绿色运动的一些基本的思维方式，比如提倡对人类生存目的的重新认识、强调人的自足性、注重人与自然的有机联系等，的确具有其重要的启发价值。

---

①　当然，严格地说，环境保护主义，特别是其中的激进派对人类未来的那些悲观预期同样也是未经证实的假设。在两种都未经证实且只要人类还能继续生存就永远也不可能予以证实的对立理论之间，人类唯一理性的选择只能是采取一种尽可能对环境友好的发展战略，也就是在这两种观点之间采取一种折中的态度。毕竟人类的"一切经济活动最终依赖于环境资源的基础"，因此以环境为代价的经济增长必将"不可逆转地损害物质生产的可能性"（Arhur MacEwan, *Neo-liberalism or Democracy? Economic Strategy, Makets, and Alternatives for the 21st Century*, London and New York: Zed Books Ltd., 1999, p.150）。在环境已经遭到明显破坏甚至濒临崩溃边缘的情况下，人们似乎不应该再继续纠缠于抽象的哲学争论，而是必须采取果断有力的措施，制止可能对环境造成进一步破坏的生产和生活方式，甚至为此付出某些必要的牺牲。

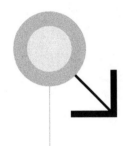

第五部分

西方政治思想史的研究及其方法

第十六章
西方政治思想史研究的起点及其早期发展

——对"伟大传统"的发现

政治思想史作为一门学科在西方有不同的称谓,如政治学史(History of Political Science)、政治思想史(History of Political Thought)、政治哲学史(History of Political Philosophy)、政治理论史(History of Political Theory)、政治观念史(History of Political Ideas)等等,这是英美的情况。法国大致与此相似。德国则有不同的传统,由于政治学一般被称为"国家学"(Staatswissenschaft,或者 Staatslehre),所以政治思想史也被称为"国家学说史"(Geschichte der Staatsideen, Geschichte der Staatswissenschaften,或者 Geschichte der Staatslehre)。不过,虽然名称各不相同,其研究对象基本上还是一致的,尽管不同的称谓往往意味着不同的侧重,也反映了不同时代的学术特点。比如,"政治学史"这个概念一度流行于19世纪末20世纪初,这是当时政治学研究中历史主义与科学主义影响的体现;而在当前,以这个概念为题的政治思想史研究著作已经很难看到了,其中的原因,正如下面将要提到的,是科学主义和历史主义已经被众多思想史研究者所放弃。

对前人思想的研究,始终是西方政治思想发展历程的一个重要组成部分。从罗马时期开始,柏拉图与亚里士多德的理论就一直是政治学家们关注和研究的对象。意大利文艺复兴时期马基雅弗利的《李维史论》则是一部较早的政治思想史研究专著。不过,西方政治思想史(通史)作为一门独立学科的产生,则是19世纪末20世纪初的事情,是黑格尔的历史主义对当时人类知识各个领域发挥广泛影响的结果。历史主义最核心的观念是,任何事物都表现为一种在时间中产生与发展的过程,知识自然也不能例外。黑格尔本人的《哲学史讲演录》(1833年初版)①就是这种观念最典型的反映,也是最早的具有代表性的思想通史之一。在这部著作里,黑格尔把哲学的发展与其历史的发展视为同一过程,哲学史因而也就是理念依据逻辑逐步展开其自身的历史。根据这种历史观,思想史上的任何阶段都被认为是一个有机的发展过程中的必要环节,所有思想家都自觉或者不自觉地扮演着事先早已为他们准备好的角色,整个历史过程中没有任何偶然。

西方最早的一部政治思想通史,即法国哲学家和政治学家雅内(Paul A. Janet,1823—1899)在1858年出版的《政治学史及其与伦理的关系》(*Historie de la science poltique dans ses rapports avec la morale*)正是在这种历史主义影响下的产物。雅内的这部著作共分四卷,时间跨度从古希腊一直到19世纪,体现出作者在思想史领域百科全书式的知识、对政治思想经典作品非常深刻的把握,以及作者本人极其深厚的古典教育背景。除此之外,19世纪后半期另外两部比较有影响的政治思想史著作分别是1864年出版的瑞士政治学家和法学家布伦奇利(Johann Kaspar Bluntschli,1806—1881)的《一般国家法和政治学的历史》(*Geschichte des allgemeinen Staatsrechts und der Politik*)与1890年出版的英国法学家波洛克(Sir Frederick Pollock,1845—1937)的《政治学史导论》(*An Introduction to the History of the Science of Politics*)。不过,真正奠定了政治思想史学独立学术地位的,则是美国哥伦比亚大学历史学教授邓宁(William Archibald Dunning,1857—1922)从1902年开始至1920年陆续出版的三卷本巨著《政治理论史》(Vol. Ⅰ, *Ancient and Mediaeval*, 1902, Vol. Ⅱ, *From Luther to Montesquieu*, 1905, Vol. Ⅲ, *From Rousseau to Spencer*, 1920)。

邓宁这一著作的价值当然主要并不在于它的篇幅,而在于它基本上确定了西方政治思想史研究的内容和方法。邓宁之后的政治思想史学家格特尔(Raymond G. Gettell)曾经表示:"邓宁教授的三卷本巨著是其学术成就的辉煌纪念碑,而且是后来者必须由以出发的写作基础。"②邓宁在《政治理论史》

---

① 黑格尔:《哲学史讲演录》,贺麟、王太庆译,北京:商务印书馆1959—1978年版。
② Raymond G. Gettell, *History of Political Thought*, p. v.

第一卷的导言中,曾经对所谓的"原始政治理论"(primitive political theory)与真正的政治理论进行过区分,并且在此基础上指出:"政治理论史的起点应该是关于国家的观念作为与家庭和家族相区别的观念开始出现,并且成为共同体生活中一个决定性因素的时候。"①也就是说,在他看来,政治理论应该是以对国家的关注为核心的一种社会理论。邓宁对政治理论或者说政治思想研究对象的这一界定,成为政治思想史学家迄今为止的基本共识,甚至在政治学研究深受行为主义与系统论的影响、国家概念被不少政治学者逐出"科学"殿堂之外的20世纪40—70年代之间,情况也是如此。

邓宁是政治思想史研究中历史主义方法的代表。在他看来,政治思想的历史就是"人类的政治意识得以传承的(一系列)连续转变"②。并且他与黑格尔一样相信,政治思想历史传承的最终结果,将产生一种真正完善的、能够为人们的政治行为提供正确指导的政治科学。正是出于这种历史意识,邓宁对法国社会学家孔德的思想予以高度评价,认为他的著作"就其通过对历史的总结发现了文明进步的基本因素而言,已经被列入人类思想最伟大的成果之列"③。邓宁相信,在西方历史上,存在着一种不间断的政治思想的"伟大传统"。对于这种传统,比邓宁稍晚的政治思想史学家卡特林(George Catlin)进行了具体的阐述,他写道:"纵观人类社会的历史,可以发现在对客观的善、社会生活中实现这种善的手段,以及彼此冲突又相互促进的政治艺术和公民权利的认识方面,理性的人们中间存在着基本的一致性。我相信,我们发现了一种理性的伟大的文化传统,也发现了政治科学的(非常明晰的)起源。"④正是这种传统的存在与发展,使西方政治不断走向自由和民主,同时也为理解这一传统之内每一个具体时代的政治思想提供了基本的背景框架。与此相适应,邓宁认为,政治思想史研究的基本对象,就应该是那些在历史上体现了这一传统且具有重要影响的大思想家的理论,具体说就是所谓的"经典著作",因为它们分别代表了西方政治思想在每一个时代的发展,是当时的政治生活"直接的、生动的表达"⑤。邓宁的上述观点对20世纪20—50年代西方

---

① William A. Dunning, *A History of Political Theories*, *Ancient and Medieval*, New York: The Macmillan Company, 1908, p. xvii.
② Ibid., p. viii.
③ William A. Dunning, *A History of Political Theories*, *From Rousseau to Spencer*, p. 393.
④ George Catlin, *The Story of The Political Philosophers*, New York and London: McGraw-Hill Book Company, Inc., 1939, p. x.
⑤ Robert Blakey, *The History of Political Literature*, London: Richard Bentley, 1855, p. 11.

政治思想的研究产生了重要影响。

邓宁历史主义的典型体现,是他在政治思想与政治制度之间建立了一种简单而直接的关联,认为"任何特定作家的思想与制度的发展之间都存在一种非常确定的、能够清楚地加以识别的联系",因此,政治思想史的一项主要任务就是"阐明政治理论的发展及其与政治史之间的关系"①。在邓宁的历史叙述中,理论的发展导致了制度的发展,而理论自身的发展则被视为一个自然发生的过程,至于广泛的社会文化环境的作用和思想演变的复杂性与偶然性因素则被忽略了。这一点很快受到了后来的研究者的批评,格特尔就尖锐地指出:"这(指邓宁的著作。——引者)更多的是一种对政治文献的概览,而并非政治思想在其历史、制度和文化环境中发展的历史。"②当然,这种缺陷是由邓宁的历史主义思想史观所决定的,因此,他的结论已经暗含在他的前提之中,那就是在他那个时代,西方无论在政治思想还是在政治制度方面,都达到了自古希腊以来的最高阶段。这也正是黑格尔的哲学史所得出的结论。

邓宁这种单线条的历史主义使他认为,古希腊的政治理论已经为政治思想在后来的整个发展过程提供了全部的基础和可能。他表示,希腊人"已经在纵深两个方面探究了人类政治能力的全部领域,并且勾画了在未来所有时间和条件下决定政治生活的基本原则"。他们对政治现象的思考已经在"实际上包含了人们能够提出的所有答案"。在邓宁的著作中,黑格尔的影子始终不断地浮现出来。他认为,从古希腊到现代,西方政治思想当然也经历了一个发展的过程,但从根本上说只是对希腊思想的展开,自始至终,"思想的发展形成了一个完整的螺旋"③。

邓宁之后,西方政治思想史的研究在20世纪30—40年代出现了一次高潮。应该说,这一高潮的产生与当时法西斯主义的出现不无关系。思想史研究者们此时仍然忠实于"伟大的文化历史传统"的信念,希望通过政治思想史的研究证明,对民主自由的追求是西方政治思想与政治制度从古希腊开始就始终存在的一项本质内容,而法西斯主义和极权主义则不过是其中的一道逆流。"在这个价值观和方法论都陷入极度混乱的年代里",只有通过对"伟大传统"的认识和理解,才能为人们找到未来的出路指明方向。④

---

① Dunning, *A History of Political Theories, Ancient and Medieval*, pp. xviii–xix, xxv.
② R. G. Gettell, *History of Political Thought*, p. v.
③ Dunning, *A History of Political Theories from Rousseau to Spencer*, p. 416.
④ George Catlin, *The Story of The Political Philosophers*, New York and London: McGraw-Hill Book Company, Inc., 1939, p. x.

美国政治思想史学家萨拜因（Geroge Holland Sabine，1880—1961）在1937年任职于斯坦福大学时出版的《政治学说史》，是这一时期西方政治思想研究中最具代表性的著作，并且在很长的时间内成为美国大学政治思想史的标准教科书。当然，与邓宁一样，历史主义也构成了萨拜因基本的方法论基础。直到晚年，他仍然坚持"政治理论本身是一种文化传统，它的历史反映了在时间进程中不断进化的人们对政治问题的思考"①。对于这种传统与进化的论证，在萨拜因看来正是政治思想史研究的根本任务。

根据以上认识，萨拜因对政治思想史的基本范畴进行了界定，指出它的研究对象乃是西方政治生活中一种独特的传统而并非任何关于政治的思考。这种独特的传统在公元前5世纪发源于古希腊，具体体现在历史上政治哲学家们对于政治现象的系统论述之中。② 可以看出，在这一点上，萨拜因与邓宁是一脉相承的。萨拜因表示，虽然这一传统中体现出某种多样性，但在整个历史进程中，它确实构成了一个统一的整体。③ 这种传统对历史和当下的意义在于，它们构成了政治生活本身在其中活动的规范的社会环境，同时，"对政治活动的目的、达到这些目的的手段、政治环境的可能性和必要性，以及这些政治目的所导致的义务的思考本身"，又是"整个政治过程的一个内在组成部分。政治思想与政治制度、政府机构，以及它所依据又一定程度上予以控制的（人们可以想见到这一点）伦理的与实际的力量一同演进"。因此，对这一传统的理解从某种意义上说也就是对当代政治的理解。④ 在这里，黑格尔式的历史主义再次明显地表露了出来，虽然萨拜因在他的著作中对黑格尔的学说贬多于褒。

但另一方面，萨拜因又与简单的历史主义保持了一定的距离，他把自己的研究方法称为"社会相对主义"（social relativism），主张对历史上任何一种政治理论进行理解的时候，都必须将其置于它由以产生的特殊政治环境之中，并且视之为对某种特定的政治事实的反应。"与过去的理论相比，不应想象当代的任何政治哲学更有可能超越它所探讨的它的时代特定的问题、价值判断、风俗习惯甚至是各种偏见的影响。历史学家至少应该摆脱那种狂妄的

---

① George H. Sabine, *A History of Political Theory*, 4th ed., rev. Thomas Landon Thorson, Hinsdale: Dryden Press, 1973, p.3.
② Ibid., p.4.
③ George H. Sabine, "What is a Political Theory?" *Journal of Politics* I, February 1939, 2.
④ George H. Sabine, *A History of Political Theory*, New York: Holt, Rinehart, and Winston, 1938, p.v.

自我中心主义,它使每一代人都自以为他们已经继承了所有过去时代的遗产。"①但是,这种方法存在着一个逻辑上的根本问题:既然任何时代的任何思想都是其具体的历史条件和历史环境的产物,那么这些思想又依靠什么样的内在关系合起来构成了一个统一的"伟大的传统",历史本身的整体性又从何而来?萨拜因通过一种类似进化论的方法试图解决这个逻辑上的矛盾。他曾经明确表示,历史上形成的、最终被后人继承的政治思想成分,正是那些最适合于时代与环境要求的部分,它们不仅对其所处时代的政治现实提供了正确的分析与判断,而且具有更为普遍的意义,从而在事实上构成了一些基本的政治规范。当然,这种解释的牵强附会之处仍然十分明显,因为自然选择虽然为进化保持了某种连续性,但它并不能对进化的所有阶段进行整体性的解释。换言之,虽然人们可以通过进化论解释以往的历史,但进化过程中的每一个阶段都不具备本体论的意义,也无法预示下一个阶段可能的方向,在前一个阶段被认为适应于环境的因素,在下一个阶段就可能因为环境新出现的变化而被淘汰——这是进化论与目的论相比在逻辑上的一个明显缺陷。从这种逻辑来看,西方思想在当代的发展就会失去任何超越性。就此而言,萨拜因对历史的理解是失败的。也正因此,后来的一些思想史研究者(特别是施特劳斯,见第十七章)对历史主义和相对主义都进行了毫不留情的批判。

不过,在对每一位思想家的具体研究过程中,萨拜因真正重视的实际上并非他们的思想与具体的文化、历史和政治环境的关联,而是思想内在的逻辑性和它们对现实的解释能力。萨拜因深受休谟哲学的影响。他表示,政治思想包括三个不同的组成部分:关于事实的论断、关于因果的论断和关于价值的论断。他认为,对这三个组成部分应该分别依据不同的标准进行分析和评价:与事实相关的论断看其是否符合实际,有关因果关系和价值方面的论断则看其内部逻辑是否具有一致性。萨拜因指出,历史上不少政治理论的问题,就在于把事实判断与价值判断混为一谈。就以上观点而言,萨拜因的方法论倒是典型地体现了他自己所处时代的特征。

历史主义影响下的政治思想史研究进入 20 世纪 50 年代之后渐渐受到人们的质疑和批判。一方面是关于"伟大传统"的问题。不少学者指出,认为西方政治思想中存在某种持续不断的传统,这不过是没有任何事实根据的假

---

① George H. Sabine, *A History of Political Theory*, 4th ed., rev. Thomas Landon Thorson, Hinsdale: Dryden Press, 1973, p. vi.

设。在这种思想指导下的研究只能导致因果颠倒的结论,因为那些被视为代表了"伟大传统"的思想家们,恰恰是思想史研究者根据对这个传统及其内涵的预设而被有意识地挑选出来的,至于那些没有办法被置入其中的思想家则或多或少受到了歧视。美国政治学家贡内利就此指出:"被当做历史传统的,实际上多半是一种把历史加以理性化的回顾性分析构造。……当人们运用这种构造解释某些具体著作的时候,便不可避免地会在很大程度上根据这一被虚构出来的传统为它们分配的角色,并且根据这种传统体现的关于政治和政治理论活动本质的假设对其加以理解。"①总之,"关于事实上存在着这样一种传统的假设毫无根据,而在不加分析的情况下就把政治理论方面的某部具体著作视为这个传统的一部分,这就更是解释中最大的偏见"②。

另一方面则是关于历史主义的问题。不少学者指出,历史主义(或者说历史相对主义)的方法在政治学研究中助长了相对主义的倾向,从而使政治学失去了对现实的批判精神,最终对现实政治产生了不可忽视的消极影响。美国政治学家伊斯顿(David Easton)就是历史主义批评者的代表之一。当然,伊斯顿的批判对象不仅限于思想史研究领域,而且涉及当时美国的整个政治科学。在他看来,政治学在进入 20 世纪之后,便放弃了作为西方政治理论基本特质的"对新的价值规范的分析和阐释",而仅仅满足于"零售一些关于现在和过去的政治价值的意义、其内在一致性及其历史发展的信息"③。这导致了政治学的堕落,因为它意味着研究者在标榜科学研究、价值中立的同时,又无批判地接受了现存的价值规范。伊斯顿认为,这种堕落典型地体现在邓宁、麦基文(C. H. McIlwain)和萨拜因等人的工作之中。问题是,20 世纪并不真的是一个在政治价值观念问题上没有矛盾和冲突的时代,法西斯主义以及其他形形色色的极权主义和专制主义的出现表明,人们并不能在价值判断的问题上采取一种默然的态度。

伊斯顿认为,历史主义者的一个共同特征就是价值相对主义,他们对历史上的政治思想进行认识和评价的基本依据,是它们所处的"历史环境"。在历史主义者们看来,历史上的政治思想都是过去某个时代特定的制度与文化的反映,因此,他们感兴趣的是"观念与其社会环境的联系",而并非它们可能

---

① John G. Gunnell, *Political Theory: Tradition and Interpretation*, Cambridge, Massachusetts: Winthrop Publishers, Inc., 1979, p.69.
② Ibid., p.65.
③ David Easton, "The Decline of Modern Political Theory", *Journal of Politics*, Vol.13, No.1, February 1951, p.43.

具有的普遍意义。历史主义者相信:"政治中的真理,与其他的真理一样,都会伴随着时间的进程而展开和发展它们自己。"① 历史研究正是通过对这一过程中的不同发展阶段与里程碑式的事件的说明,以对今天所达到的成果进行解释。② 可见,这种理论的基本逻辑本身,便已经否定了它的研究对解决现实政治问题的意义,因为历史主义相信存在的就是合理的,而且历史是自然进步的。这一逻辑,正是思想史研究中继历史主义学派而起的施特劳斯学派重点批判的对象。

---

① Easton, "The Decline of Modern Political Theory", in *op. cit.*, p. 41.
② Robert Blakey, *The History of Political Literature*, London: Richard Bentley, 1855, p. vi.

第十七章
20 世纪 50—70 年代的西方政治思想史研究
——政治哲学的复兴

应该说,伊斯顿对历史主义的批判是一针见血的。当然,需要指出的是,虽然历史主义的确构成了西方政治思想早期研究的一个基本特色,但也并非无所不在地渗透到了所有研究者的工作之中。同时,就思想史研究者而言,他们中的大多数人实际上还是对现实采取了高度关注的态度:或者认为历史研究是对现实政治问题和政治价值观念的一种独特说明,是政治教育的一种方式(邓宁的老师 John W. Burgess 是这种主张的代表),或者自觉地把政治思想史研究与经验政治科学的发展联系在一起(邓宁的观点),认为这种研究既是对科学方法的运用,同时也能够为建立一种科学的政治理论提供参考和依据。波洛克就曾经表示,"政治科学史"研究的目的"不在于复活历史上那些博学的巨人,……而在于更新今天的生活,并且帮助我们以一种更精确的眼光来把握我们所面临的问题"①。另外,正如上面所指出的,像萨拜因那样的思想史学家在其对具体人物的研究中也并不一定真正贯彻了历史主义的原则。尽管如此,有一点还是可以肯定的,那就是,无论研究者希望通过历史研

---

① Frederick Pollock, *An Introduction to the History of the Science of Politics*, London: Macmillan, 1890, p.4.

究对现实的政治生活提供什么样的指导或者借鉴,历史主义的内在逻辑已经决定,从总体上它只能对现实采取一种承认的而非批判的基本立场。这正是历史主义及其指导下的社会科学研究的根本问题所在。

20世纪出现的法西斯主义和苏联在斯大林时期的极权统治,以及两次世界性的大规模战争,被西方政治学家们普遍视为人类历史上的重大悲剧,但对于产生这些悲剧的根源,人们的认识却不尽相同。上面已经提到,在历史主义者看来,专制极权的产生不过是背离了西方政治中"伟大传统"的结果,而在仍然保持着这种传统的地方,人们照样能够享有自由、民主与和平的生活。但也有另外的学者提出了不同的回答。他们相信,专制和极权现象的出现并非是对西方政治传统偶然的偏离,而是这一思想体系在近代以来整体性嬗变的结果。因此,对一种真正合理的政治秩序的追求,必须以对西方古典政治传统的重新发现和对近现代政治思想与政治现实的批判性反思作为起点。与此相联系,政治思想史研究中的历史主义也就自然地变成了他们批判的首要对象,西方政治思想史的研究则因此而进入了第二阶段。

政治思想史研究第二阶段的基本特点是主要研究者们强烈的现实感,以及他们对当代西方政治现实的批判态度。在他们看来,20世纪法西斯主义与各种各样的极权主义的出现,是西方政治危机的突出标志,是"我们这个时代的危机,西方的危机"①,而这种危机的根源必须从政治思想史的演变中去寻找。就此而言,政治思想史就不仅仅是,甚至主要不是对历史单纯的阐述,更重要的是对现代政治生活面临的矛盾和危机的一种诊断与分析。施特劳斯(Leo Strauss,1899—1973)是这种新的政治思想史研究方法的代表。他的最大成就,一方面是彻底摧毁了历史主义和相对主义在政治思想以及政治思想史研究中的支配地位,另一方面是最终重新激发了政治学家(特别是美国政治学家)对政治哲学的兴趣与关注。

施特劳斯是美籍犹太人,出生于德国,于1938年移居美国,并先后任教于芝加哥大学和圣约翰学院等。他的主要著作包括《霍布斯的政治哲学:其基础与来源》(*The Political Philosophy of Hobbes: Its Basis & Its Genesis*,1936)、《迫害与写作艺术》(*Persecution and the Art of Writing*,1952)、《自然权利与历

---

① Leo Strauss, *The City and Man*, Chicago: Rand McNally & Company, 1964, p.1.

史》(*Natural Right and History*,1953)①、《什么是政治哲学?》(*What Is Political Philosophy? and Other Studies*,1959)、《城邦与人》(*The City and Man*,1964)、《古代和近代的自由主义》(*Liberalism: Ancient and Modern*,1968),以及在他去世以后出版的《柏拉图政治哲学研究》(*Studies in Platonic Political Philosophy*,1983)和《古典政治理性主义的复兴》(*The Rebirth of Classical Political Rationalism*,1989),还有他与克罗波西(Joseph Cropsey)一同主编的《政治哲学史》(*History of Political Philosophy*,1963)等。施特劳斯明确表示,他的政治思想史研究并非出于对古典的兴趣,也并不在于单纯地阐明历史文献的意义,而是要在政治思想史的浩瀚素材中区分真理与谬误、甄别出那些已经被人们所遗忘的关于政治活动的真理,以及关于一种良好的政治社会的知识。施特劳斯相信这种绝对的理性知识的存在。他表示:"我们能够提出我们社会的理想的价值问题这一点就足以证明,在人类身上存在着某种东西,它不完全从属于他所处的社会,因此我们能够,也必须寻找某种参照标准,使我们能够据此对我们自身的观念以及其他任何社会的观念进行判断。"②

对历史主义与韦伯关于价值中立的主张的批判是施特劳斯政治思想史研究的出发点,因为这两种观念的存在及其影响,已经严重威胁了政治哲学本身的生存,以及人们对政治的意义与价值的思考,从而导致政治学家与普通民众在政治上的虚无主义态度:"我们的自由仅仅在于我们能够自由地选择是痛苦地接受命运强加于我们的世界观念和标准,还是在一种虚幻的安全或者失望之中放弃我们自己。"③施特劳斯认为,历史主义最早产生于欧洲知识分子对法国大革命所提倡的普遍原则如自由、平等、人权的反动。与革命者的信念相对,像伯克那样的保守主义者强调历史传统和民族特性,反对任何具有超越性的政治价值标准,认为政治制度的好与坏应该结合特殊的历史条件加以判定。施特劳斯相信,这种历史主义发展到顶点就会成为某种类似犬儒主义的东西,因为如果把人类的一切精神与物质活动都还原到具体的历史环境,必然从根本上拒绝在是非对错问题上任何绝对的判断标准。④ 简而

---

① 该书标题中的"natural right"至少具有两层含义,即自然正当性和自然权利,其实这部著作的核心内容,就是阐明这个概念从古希腊罗马时期开始,经近代思想家改造之后发生的嬗变。简言之,施特劳斯认为,这个概念在古代强调的是公民的一种自然义务(自然正当性),而在近代,它转变为人们对国家的一种基于人的生物本性的要求(自然权利)。为叙述的简便,本书仍译为"自然权利与历史",但在行文中则根据语境分别表述为"自然正当性"和"自然权利"。
② Leo Strauss, *Natural Right and History*, p.3.
③ Ibid., pp.26-27.
④ Ibid., p.18.

言之:"历史主义的主张可以被概括为这样一种观点,即自然的正当性是不可能的,因为哲学就这一概念的全部含义而言是不可能的。"①

施特劳斯指出,历史主义同时还体现为文化上的相对主义。既然不同民族都具有各不相同的历史和传统,那么在历史主义看来,对不同民族内部所发生的任何过程也就不应该进行统一标准的判断,因而食人习俗与文明的生活方式就具有了同等的正当性。施特劳斯认为,如果认可历史主义的观念,那么人们会对一切实际发生的事情失去基本的判断能力,甚至对1933年纳粹上台那样的事件也会欣然接受,但施特劳斯认为,"1933年的事件恰恰证明,人类并不能放弃关于善的社会的问题,也不能让自己放弃回答这一问题的义务,并把它推诿给历史或者任何他自身的理性之外的力量"②。

施特劳斯以他惯有的逻辑性指出,实际上在历史主义对一切形式的"绝对性"的拒斥背后,也仍然存在着一种绝对性的因素,那就是对人类生活的多样性的绝对尊重或者宽容。但是,这会导致一个灾难性的结果,那就是对不宽容也必须予以绝对的宽容。③ 除此之外,历史主义还面临着另外一个逻辑上的困境,因为虽然它宣称人类的一切思想都只具有历史性的意义,但这个命题却不能运用到历史主义自身上面。"因此提出历史主义的命题本身就意味着对它的怀疑以及对它的超越",或者说"历史主义的论题本身是自身矛盾的或者荒谬的"④。施特劳斯的结论是:"历史根本没有证明历史主义的结论,相反,历史证明,所有的人类思想和所有的哲学思想所关注的都是一些共同的、根本性的主题,或者说一些共同的、根本性的问题,因此存在着一个不变的框架,它贯穿了人类关于事实与原则的全部知识的变化过程。"⑤

施特劳斯认为,韦伯以科学主义之名提出的"价值中立"的原则,恰恰与历史主义具有异曲同工之妙。虽然从韦伯的本意来看,他并不否认价值本身的存在,而是"试图建立一种其本身的确是特殊性和的历史性的、但与此同时又具有客观性的标准"⑥。但是同时他又相信:"存在着一些彼此相互冲突的关于正义与善的原则,而且它们之中没有任何一个能够被证明具有优先于其

---

① Leo Strauss, *Natural Right and History*, p. 35.
② Leo Strauss, "What Is Political Philosophy?" *The Journal of Politics*, Vol. 19, No. 3, Aug. 1957, p. 355.
③ Leo Strauss, *Natural Right and History*, p. 5.
④ Ibid., p. 25.
⑤ Ibid., pp. 23-24.
⑥ Ibid., p. 37.

他原则的地位。"①正因此,所以社会科学必须避免价值判断,只能把自己的任务局限于对这些价值予以澄清。也就是说,社会科学只研究"是"的问题而非"应该"的问题。施特劳斯则认为,韦伯的这种立场表明,他根本就不相信存在任何真正的关于"应该"的知识。②或者说,"韦伯关于社会科学的范围及其功能的全部观念都基于这样一个被认为是可以证明的假设,即终极价值之间的冲突不可能通过人类理性加以解决"③。因此,韦伯的主张必然导致相对主义,导致这样一种立场,即任何一种价值选择,无论其多么邪恶、低贱或者病态,在理性的法庭上都应该与其他的价值选择一样得到合法的地位。④ 与此同时,"价值中立"的立场也将取消社会科学本身,因为按照这一立场,"社会科学对于社会科学本身是否是一种善这个问题没有资格做出回答。它被迫告诉人们,社会有同样的权利和同样的理由或者选择社会科学,或者因为它令人不安、具有颠覆性、腐蚀性或者虚无主义的特点而对其加以压制"⑤。

因此,"价值中立"的观点最后必然导致历史主义的态度。因为如果人们不承认存在某些超越时空的价值的话,他们就只能认为实际存在的各种相互冲突的价值与它们所属的社会相关,也就是与历史相关。这样,社会科学从总体上说也成为"历史性"的,而把社会科学作为一种历史性的现象加以理解,最终将导致社会科学的相对化。

施特劳斯把历史主义与"价值中立"的观念称为"堕落的自由主义"。他不仅对其表示不满,而且也对其表示担忧,因为它已经"丧失了自己的绝对基础"⑥,与它的敌人失去了任何区别,甚至以自由之名容忍各种罪恶。施特劳斯因而呼吁:"真正的自由人今天最紧迫的责任莫过于必须全力以赴地对抗那种堕落的自由主义。这种理论宣扬人的唯一目标就是活得开心而且不受管教,却全然忘记了人要追求的是性情高尚、卓越出众、品德完美。"⑦

在对这两种相对主义进行批判性分析的基础上,施特劳斯指出:"政治的事物从本质上说,必须接受人们的同意与反对、选择与拒绝、赞扬与谴责。它

---

① Leo Strauss, *Natural Right and History*, p. 36.
② Ibid., p. 41.
③ Ibid., p. 64.
④ Ibid., p. 42.
⑤ Leo Strauss, "What Is Political Philosophy?" in *op. cit.*, p. 348.
⑥ Leo Strauss, "Relativism", Helmut Schoeck and James Wiggins (eds.), *Relativism and the Study of Man*, Princeton: Van Nostrand, 1961, p. 140.
⑦ Leo Strauss, "The Liberalism of Classical Political Philosophy", in *Liberalism Ancient and Modern*, Cornell University Press, 1989, p. 64.

们从根本上说不可能是中性的,它们总会要求人们的服从、忠诚、决定与判断。……如果不用善与正义的标准对其加以衡量,人们就不可能理解政治的事物。"①从另一个方面说,"一切政治活动都以维护或者变化为目标。当希望维护的时候,我们所想的是阻止向某种更糟的状态变化;当希望变化的时候,我们所想的是带来某种更好的状态。因此,一切政治活动都受到某种关于更好的或者更坏的东西的思考所左右,然而,关于更好或者更坏的东西的思考就暗示了某种善的观念。……因此,一切政治行为都导向一种关于善的知识,即关于善的生活与善的社会的知识。因为善的社会就是政治上的至善"②。

施特劳斯认为,要克服历史主义与相对主义对社会科学的影响,就必须重新确立政治哲学的地位。施特劳斯实际上是一位柏拉图主义者,他对于政治哲学的定义便是"以关于政治的本质的知识替代关于政治的意见"。③ 他相信,这种关于政治本质的知识在古希腊就已经存在,那就是古希腊人关于自然正当性的思想。施特劳斯认为,古典政治思想,特别是古希腊的政治思想是关于政治的真正的科学,"在亚里士多德的著作中已经包含了关于政治的一种普遍的知识"④。而且,"经典的政治哲学是非传统的,因为它属于那个一切政治传统都受到了冲击、而任何一种政治哲学的传统又尚未立足的多产的时代。……这就使得经典的哲学家们能够以一种无可比拟的生动性与直接性理解政治生活"⑤。他因此认为,"在今天,自然正当性的问题实际上是一种回忆而不是真正的知识创造。为了使我们能够了解这个问题的全部复杂性,我们必须进行历史的研究"⑥。这也正是他为政治思想史规定的任务。施特劳斯坚持,政治思想或者说政治哲学从本质上来说并不属于历史的范畴,因为它所探索的恰恰是关于政治活动的超越历史的真理。⑦ 从这个意义上说,把政治哲学转变为政治哲学史或者说思想史完全是历史主义的结果。不过,在当代的具体环境中,由于历史主义和相对主义的影响,人们的确有必要研究政治思想史,目的是阐明危机的根源,同时恢复被人们所抛弃的政治真理。

---

① Leo Strauss, "What Is Political Philosophy?" in *op. cit.*, pp. 344–345.
② Ibid., p. 343.
③ Strauss, What Is Political Philosophy? New York: The Free Press, 1959, pp. 11–12.
④ Strauss, *The City and Man*, Chicago: Rand McNally & Company, 1964, p. 10; "Epilogue", p. 313.
⑤ Leo Strauss, "*What Is Political Philosophy?*" in *op. cit.*, p. 356.
⑥ Leo Strauss, *Natural Right and History*, p. 7.
⑦ Ibid., p. 31.

施特劳斯证明，古希腊人对自然正当性的发现本身是一个自然的过程，是古希腊公共生活发展的必然结果。与所有的古代社会一样，在希腊文明初期，传统与习俗也是城邦公共生活中的最高权威及正当性的源泉。但是，随着城邦之间相互交往的增多，那些有机会了解异域生活的人们发现，原来各个城邦的习俗并不相同。在一个城邦视为理所应当、神圣不可侵犯的事物，在另一个城邦则可能会成为禁忌。在这一发现面前，人们不可能不去追问：同样是人构成的社会，为何会有如此不同的价值观念？是否存在一种普遍的正当性原则？

从时间上来看，对异域风习的发现与一些城邦在政治民主化进程中对传统与习俗的批判正好纠缠在一起的，结果是一股"普遍怀疑"之风吹遍了整个希腊世界。施特劳斯认为，这种怀疑可能导致两个方面的结果：一是人们在发现习俗的多样性之后干脆放弃对任何确定性原则的坚守；二是一些人会试图去寻求更高层次的、更具普遍性的政治与道德准则，而恰恰是后者导致了古希腊人对"自然"的发现。

"自然"是一个在古希腊哲学著作中频频出现的概念，指事物本原的、其所应该具有的、完善的状态。施特劳斯特别强调，希腊哲学家眼中的"自然"并非各种自然的事物、亦非事物的原始状态，而是事物的总体，也就是宇宙最基本的规定性。古希腊哲学家相信，只有通过对"自然"的理解，才能把握人类与世间万物的本性。

不过，在古希腊思想中，对"自然"的发现还没有直接导致政治哲学的产生，最初出现的是所谓的"习俗主义"。在习俗主义者当中，有不少人强调每个人对自身利益的追求就是真正的"自然"，而城邦的正义观念以及相关的法律与制度无非是人们为了共同生存或者说为了生活的便利人为创造出来的规范。因此，在可能的情况下放开手脚追逐个人私利，尽情地享受人世的快乐便是合乎"自然"的生活。但也有另一些人认为只有经过深思熟虑，必要时有所克制，才能真正享受生活，也就是说，"必须在人类的自然与产生于习俗的欲望与趋向之间进行区分。……我们因而就导向这样的观念：一种生活，一种人类的生活，它之所以是好的，是因为它与自然相符"①。

施特劳斯发现，后一种观念为古典政治哲学提供了"生长点"。因为虽然习俗主义视追求快乐为人的自然本性，但一个明显的事实是不同种类的存在物追求的是不同形式的快乐，一头驴的快乐必然不同于一个人的快乐。进一

---

① Leo Strauss, *Natural Right and History*, pp.94-95.

步追问会发现,之所以存在这种不同,是因为存在着不同的作为快乐之源的欲望。一个人的快乐不同于一头驴的快乐,是因为人可以把思考视为快乐。至于不同的存在物之所以会产生不同的欲望,则是因为它们具有不同的"自然"构成。于是,什么是人的"自然"这个问题就顺理成章地摆到了沉思者的面前。

古典哲学对人的"自然"的理解包括两个不同的方面,即人的自然本性,以及人性的完善及美德。对前一个问题的回答是:人就其自然本性而言是社会的动物,因为"他的社会性并非来自于他对社会交往可能带来的快乐的算计,社会交往能够给他带来快乐,是因为他从自然本性上说就是社会性的"①。但人的自然本性与人性的完善还不是一回事,当苏格拉底说"知识就是美德"的时候,他已经发现了人的自然本性的另外一个潜在方面,那就是它可以与智慧相结合。完善的人生就在于对智慧,准确地讲,是对关于人类灵魂的知识的追求。

施特劳斯认为,人的社会性以及人在社会中完善的可能性构成了对自然正当性进行理解的基本前提。"因为人从自然本性上说是社会性的,他的自然本性的完善就包括了严格意义上的社会属性即公正。公正与正当性都是自然的。"②因此,"人为了达到其最高境界必须在最好的社会中生活,这种最好的社会就是最能够实现人的卓越性的社会"③。也就是说,对完善的个人生活的追求最终必然导向对完善的政治秩序,即反映了自然正当性的政治秩序的探索。④

施特劳斯强调,对自然正当性的探索反映的是古典政治哲学家在一个变动不居的世界上,对某些确定的、永恒不变的基本原则的探索,是对人性的完善必须具备的条件的探索。它体现的不是对现状的认可,而是对崇高的、至善的生活的追求。值得注意的是古典的自然正当性理论中以下两个方面的内容。

第一,城邦必须体现自然的等级秩序。施特劳斯反复强调:"由于古典哲学家是从人的完善出发理解道德与政治事务的,所以他们不是平等主义者。因为自然并非平等地为所有人都提供了向完善接近的可能性,或者说并非所

---

① Leo Strauss, *Natural Right and History*, p.129.
② Ibid.
③ Ibid., pp.135-136.
④ Ibid., p.144.

有的'自然本性'都是好的自然本性。"①"古典政治哲学认为,正是人的自然构成的等级秩序为自然的正当性提供了基础。"②也就是说,城邦的政治体制应该与人的自然本性相符,在城邦中为每一个人提供根据他的自然本性应该得到的位置。理性应该在城邦的政治生活中居于指导地位,至少在理论上,自然正当性理论应该体现为"智慧之人的统治"。

第二,完美的城邦不可能是自由人的联合体。因为人是社会性的,所以人的自由就不是绝对的。"如果节制与自由一样对人而言都是自然的,而节制要产生效果在通常情况下又必须是通过强制实现的,那么人们就不能因为城邦是一种强制性的社会而认为它是习俗的或者违反自然的。"③"正义与强制并不是相互排斥的。事实上,把正义称为善意的强制也并非全无理由。正义与美德通常必然体现为权力。说权力本身是邪恶的或者堕落的东西,就如同说美德是邪恶与堕落的东西一样。"④

总的来说,施特劳斯通过对古典自然正当性观念的考察所希望强调的是:人只有在政治社会中生活才能获得其本性的完善,而这一目的决定了后者必须拥有的制度性设计。因此,政治绝不意味着某种中性的、对善恶不作任何判断的霍布斯式的公共秩序。它具有其明确的道德目标。与此相适应,政治哲学构成了人类公共生活中一个必不可少的组成部分,而对自然正当性问题的追问则必须构成政治哲学当然的核心内容。

在施特劳斯看来,近代西方政治思想对古典传统最大的背叛,就是它从根本上取消了自然正当性的问题,并且用自然权利的理论替代了前者在政治哲学中的核心位置,从而事实上最终取消了政治哲学本身。

可能施特劳斯犹太教徒的身份使他对基督教加以评论时有所忌讳,但他还是指出,在从古典政治哲学到近代政治哲学的转变过程中,基督教发挥了不容忽视的作用。这种作用包括两方面:一是基督教对普遍平等的提倡动摇了基于人的差异性的古典自然正当性观念;⑤二是在基督教的信仰体系中,最佳政体的问题失去了其重要性,而且也不再与道德的完善相关,因为这些特

---

① Leo Strauss, *Natural Right and History*, p. 134.
② Ibid., p. 127.
③ Ibid., pp. 132–133.
④ Ibid., p. 133.
⑤ Ibid., p. 144.

性都只属于上帝的天国。①

　　施特劳斯认为,古典政治哲学最终被颠覆是经过一系列相互关联的步骤完成的,而意大利人马基雅弗利则可被视为始作俑者。就此而言,近代西方政治思想史的演变过程,实际上也就是一个由马基雅弗利开创的思想不断地被精细化和系统化,从而博取了人们的普遍接受的过程。②

　　人们对马基雅弗利的了解主要来自于他那本为君主们出谋划策的小册子《君主论》。正是在这本小册子中,马基雅弗利提出了一个对近现代政治哲学的发展影响深远的观点,即政治与道德应该具有不同的标准。他认为,统治者能否获取权力,在获取权力之后又能够维护并扩大这些权力,应该成为对统治者进行判断的唯一依据。为了权力,统治者甚至可以不惜一切手段;对统治者的政治行为进行道德判断毫无意义。

　　马基雅弗利关于人类政治事务的一个基本观点是:"正义既得不到超人也得不到自然的支持,因为一切人类事务都变动太快,以至于无法服从任何确定的正义原则。需要而非道德目标决定了在每一种具体情况下合理的行为方式。因此,政治社会根本就不可能以正义为目标。一切的合法性都以不合法为基础,一切社会或者道德秩序的建立都借助于在道德上成问题的手段;政治社会的基础并非正义而是不义。"③

　　马基雅弗利通过把政治学研究的对象从人们应该如何生活的问题替换为人们实际上如何生活的问题,把道德即正当性逐出了政治哲学的传统领地,这一点使他被近现代诸多自由主义者尊为政治科学的奠基人。对此施特劳斯却有非常不同的看法。他表示:"马基雅弗利反叛传统的'现实主义'革命导致了爱国主义或者单纯的政治品质对人的卓越性的替代,或者更具体地说,是对道德品质与沉思的生活的替代。它导致了对最高目标的有意贬低,

---

① Leo Strauss, *Natural Right and History*, p.144. 不过,施特劳斯还回避了一个更重要的问题,那就是在从自然正当性理论向自然权利理论的转变过程中,托马斯主义的自然法理论扮演的关键性角色。在古希腊罗马时期,自然法指一种具有超越性的、普遍存在的道德和政治法则,其含义与自然正当性基本相同,主要内容包括要求人们公正、慷慨等。基督教哲学家托马斯·阿奎那在综合古典哲学与基督教信仰的过程中,既吸收了这种自然法的观念,又根据基督教信仰对其内容进行了重新规定,其结果是使自然法从公共性的政治与道德规范变成了具有明显私人性的道德约束(比如说不可杀人、不可偷盗等)。这种变化具有极为深远的意义,因为只要稍作改变,自然法就会从个人义务的范畴转变成对别人的要求即权利的范畴(比如生命权、财产权等),这就直接导向了自然权利理论。当然,在这一变化过程中,中世纪日耳曼人的政治与法律实践也发挥了重要作用。具体请参阅本书第四章的相关内容。

② Leo Strauss, *What Is Political Philosophy*? p.49.

③ Leo Strauss, *Natural Right and History*, pp.178-269.

贬低目标是为了更容易地达到目标。"①但作为其结果,是"贬低了政治生活的标准"②。

马基雅弗利极端的非道德主义使他的思想无法成为近代政治哲学的主流。在施特劳斯看来,既秉承了马基雅弗利思想的实质,又为其加上了一套非常令人迷惑的包装的人,是英国政治学家霍布斯。霍布斯的思想对近现代政治哲学具有相当深远的影响,或者说决定了近代政治哲学的基本方向。霍布斯并没有像马基雅弗利那样,直接把政治与道德对立起来,但他最终却取得了比后者有效得多的成果,即基本上摧毁了传统政治哲学的基础。他能够做到这一点,一个根本的原因就是他通过模仿自然科学的模式,创立了一套完整的政治哲学体系。

霍布斯的工作从根本上说包括两个方面。一是在方法上以机械论(对于原因与结果的关系的研究)替代了传统政治哲学中的目的论(对于目的与达到目的的手段之间的关系的研究,施特劳斯相信,只有目的论的自然和社会观才能产生有效的道德和政治理论)。在霍布斯看来,古典政治哲学最大的问题是它不具备科学的确实性,因为那些理论中各种关于政治活动的目的的观点根本无从获得检验。所以,要把政治学提升为"科学"知识,就必须使它获得一个在任何情况下都具有确实性的出发点。霍布斯相信他找到了这样的一个出发点,那就是每一个人为了维持生存都必须具备的一些最基本的生物性欲望,特别是求生的欲望。这样,在霍布斯的政治哲学中,对人的动物性欲望的满足,而非人性的完善成为政治活动的基本目标。这是一次道德的转变,也是一种善的观念的转变,用施特劳斯自己的话来说,是一种"向下看"的转变。从此之后,政治哲学家的内涵发生了根本性的变化:它不再像古典政治哲学那样,以追求高尚的道德生活为目标,而是把解放人们身上那些自然的冲动或者欲望——诸如恐惧、野心和贪欲等——作为中心任务。这同时也意味着一种以大众能够接受的平均主义的追求,替代了古典政治哲学所树立的只有少数人才能企及的伟大理想。与之相适应,国家的义务也就不再是创造或者促进有道德的生活,而是通过法律的作用,为其公民提供尽可能多的、能为他们带来愉悦的有用之物(good things)。③

施特劳斯认为,政治哲学中机械论对目的论的替代,使之不再根据人类

---

① Leo Strauss, *Natural Right and History*, p. 178.
② Leo Strauss, *What Is Political Philosophy?* p. 41.
③ Leo Strauss, *Natural Right and History*, p. 189.

最终应该实现的目标而是人类现实所处的状况,对相应的政治设计进行探索;人类的原始的欲望而非其不断完善的理想则变成了政治哲学的最终依据,政治哲学失去了它最根本的特征即对实际生活的超越性,从而最终退化为一种随遇而安的庸俗哲学,成为对政治实践的工具性研究。① 霍布斯的政治理论因此成为一种"政治上的享乐主义"②,而他本人也成为政治享乐主义的奠基人。

霍布斯第二个方面的工作是用自然权利理论替代了传统政治哲学中的自然正当性观念。霍布斯在把人的本性还原为一堆生物性欲望的同时,又排除了人自然具有的社会性,认为:"(古典)理想主义传统的失败在于一个根本性的错误,即传统政治哲学假定人按其本性来说是一种政治的或者说社会的动物。"③ 相反,霍布斯假定,"自然状态"之下的每一个人都是非政治的甚至非社会的动物,政治只是人类为了追求稳定与秩序、即有效维护其自然权利而派生出来的活动。这样,任何的社会与政治义务都不再具有自然的基础,而只不过是为建立国家而签订契约的人们同意的结果。

与马基雅弗利不同,霍布斯在他的政治哲学中为自然法保留了一席之地。但自然法的基本内容已经遭到了严重的篡改,因为它已经不再是自然正当性的体现,不再是对每一个人的社会义务的规定,反而变成了对人的"自然"欲望加以正当化的理据。这种通过自然法而得到正当化,并被称为"自然权利"的个人欲望成为政治的最高原则。施特劳斯就此认为:"如果自然法必须从自我保存的愿望导出,或者自我保存成为一切正义与道德的唯一基础的话,那么基本的道德事实就成为一种权利而非义务,因为一切义务都来自于基本的、不可剥夺的自我保存的权利"。④ 也就是说,如果古典政治哲学强调的是人作为一种社会的和政治的动物对社会与政治共同体所应承担的义务的话,那么从霍布斯开始的近代政治哲学强调的则是个人作为一种先于社会的存在对国家和社会所拥有的权利。正是基于这样一种对霍布斯政治哲学的基本判断,施特劳斯认为,虽然霍布斯通常被人们视为政治专制主义的辩护者,但他的思想实际上却与后来的自由主义政治理论表现出诸多相通之处,因此"如果可以把自由主义理解为这样一种政治理论,它把区别于义务的

---

① Leo Strauss, *Natural Right and History*, p. 34.
② Ibid., p. 188.
③ Ibid., pp. 168-169.
④ Ibid., p. 180.

人的权利视为基本的政治事实,同时把国家的职能理解为对这些权利的看管和保护的话,那么我们就可以说自由主义的创始人就是霍布斯"①。

至于近代政治自由主义的代表人物洛克所做的工作,在施特劳斯看来,不过是把霍布斯的理论进行了一种自由主义式的改造,即"通过把强调的重点从自然的义务转到自然权利,个人,自私的个人成为道德世界的中心和起源,因为人而非人的目标已经占据了中心或者起源的位置"②。由此,"对于幸福的欲望和对于幸福生活的追求具有了一种绝对权利、自然权利的性质"③。由此可见,作为自由主义者的洛克不过是"在霍布斯关于自然法的观念的基础之上反对后者的结论"④。

施特劳斯指出,霍布斯与洛克的理论实际上意味着:"自然清晰地告诉我们的东西是欲望由之出发的东西,是欲望的起点;欲望的目标是第二位的。最基本的事实就是欲望。"⑤因此,"通往幸福之路就是一种脱离自然状态的运动:对于自然的否定就是导向幸福的途径。如果通往幸福的运动成为自由的实现,那么自由不过是一种否定的自由。正如最初的痛苦本身一样(霍布斯所描述的在自然状态下所有人反对所有人的战争。——引者),为减少痛苦而付出的痛苦'只有到死才得以解脱'(霍布斯语。——引者)"。最终,"生活成为没有一丝快乐的对快乐的追求"⑥。为了减轻人世这一无法摆脱的痛苦,霍布斯与洛克的政治哲学对科学技术寄予厚望,因而科学技术,准确地说是不受任何人类道德约束的科学技术自身也成为诸善之一。这种扬科学而贬道德的趋势成为现代性危机的一个主要原因。前现代的人们的观念恰恰与此相反,因为他们了解,人的欲望是无穷的,因此仅有物质财富的繁荣并不能让人们获得幸福,相反,它只能导致新的欲望,从而使人最终成为自身欲望的奴隶。正如施特劳斯的弟子雅法所评论的:"起源于马基雅弗利的现代实验的居心,乃意图超越这两个相互竞争的高层次事物(指理性与上帝。——引者)之间的诸多区别。然而,'超越'也许是个错误的用语,因为现在人类问题是以降低而不是进一步提升人类生活的目的来应付。它通过征服命运来解决人类问题。结果是,这一征服将由科学来完成。无论是在获取过程还是

---

① Leo Strauss, *Natural Right and History*, pp. 180-181.
② Ibid., p. 248.
③ Ibid., p. 226.
④ Ibid., p. 231.
⑤ Ibid., p. 250.
⑥ Ibid., pp. 250-251.

享用过程中,科学似乎都可以供给人们最想得到的东西:健康、财富、自由,而无须什么德性的要求。科学在地上将给予人们的,是大多数人曾经盼望在天上才能得到的,即无须辛苦而有无穷享受。科学似乎将要取代上帝。这个新的上帝是真正意义上的造物神,它是人的奴隶,而不是人的主人。高层次的事物服务于低层次的事物。"①总之,通过霍布斯与洛克,政治哲学彻底失去了它所固有的道德与伦理特性,而蜕变为一种快乐生活的技术。

在近代政治哲学的历史上最后一位试图回到古典精神的思想家是卢梭。卢梭生活于法国启蒙运动时代,但却作为近代道德和艺术的批判者及"自然状态"下人类单纯简朴的生活的赞美者的身份为人们所熟知。他有一个非常著名的观点,就是艺术与科学的发展带来了人类道德的堕落。但施特劳斯认为,卢梭对自然状态的推崇使他走向了理性的反面。他论证道:因为理性必须以语言的存在为前提,"自然状态"之下既没有语言,因而也就不可能存在理性。卢梭把这样的一种"自然状态"视为人类最完美的状态,他也就必须相应地改变对人的自然本性的理解。事实也的确如此,因为卢梭不再使用人是理性的动物这一传统的定义,而把人理解为一种在本质上自由的动物。同时,由于"自然人"是前理性的,因此他也不可能认识作为理性法则的自然法,这样自然人就是前道德的。因此,在施特劳斯看来,"卢梭关于人就其自然本性而言是善的这一论题,只能理解为他所说的是人就其本性而言是一种'次人'"②。自然人所享有的、不存在任何理性规范的自由无非是一种事实上的放任,而卢梭对这种漫无限制的自由的颂扬,其"最终结果是用自由替代了美德,或者说产生了这样的观念,即并非美德使人自由,而是自由使人变得有德"③。至此,人类道德问题上或者说自然正当性中的确定性已经荡然无存。施特劳斯正是基于这样一种认识表示,虽然卢梭借助于古典观念反对现代性,但他的思想最终却"以自然之名,不仅质疑了哲学,而且质疑了城邦与美德"④。换言之,此自然非彼自然,卢梭所赞美的"自然状态",实际上是一种近于野蛮的状态,是没有任何文明内容的动物的状态。⑤ 就此而言,卢梭比任何人都更远离古典的自然正当性理论。

---

① 雅法:《施特劳斯、圣经与政治哲学》,载刘小枫主编:《施特劳斯与古典政治哲学》,上海:上海三联书店2002年版,第186页。
② Leo Strauss, *Natural Right and History*, p. 271.
③ Ibid., p. 281.
④ Ibid., p. 263.
⑤ Ibid., p. 282.

虽然卢梭希望通过社会契约建立一种新型的社会,但与此同时,他又处处向近代性妥协;他企图追求古典的政治价值,却又处处服从近代社会的政治与社会规范。其结果,按照施特劳斯的说法,就是卢梭所设想的公民们"并非公民而不过是一些资产拥有者"①。说到底,卢梭实际上是期望在不抛弃现代文明成果的同时,让每一个人重新享有自然状态下的那种自由。施特劳斯却不无讽刺地指出:"那种认为善的生活存在于在人性的水平上回到自然状态,即一种根本缺乏人的特性的状态的观念,必然导致这样的一种结果,即个人向社会要求一种不具备人性内容的绝对的自由。"②他因此断言:"现代性的第一次危机发生在卢梭的思想中。""无论从哪个方面说,他对古典的回归都在同时推进了现代性。"③

对于卢梭与霍布斯的关系,施特劳斯进行了如下总结:"在卢梭的自然状态理论中,现代自然权利学说到达了一个关键性的阶段。正是由于提出了这样一种学说,卢梭面临着完全放弃这种学说的必然性。如果自然状态只是一种'次人'的状态,那么要想通过返回自然状态发现为人而设的规范就完全是荒唐之举。霍布斯已经否定人具有自然的目的。他相信的是,他能够在人的起始状态为权利找到一种自然的而非武断的基础。卢梭则表明,在人类的起始状态根本就不存在任何人的特性。因此,只要在霍布斯的假设基础之上,就必须彻底放弃在自然中、在人的自然本性中寻找正当性基础的尝试。"④

施特劳斯认为,卢梭关于人的自由的理论,即失去了任何目的的自由创造的理论已经预备了历史主义的登场,因为在没有任何目的性规定的条件下进行的自由创造,最终只能归结为一种偶然的因果关联。另外,民族与习惯的问题也已经进入了卢梭的理论视野,在他看来,"与算计和自我利益,以及社会契约相比,民族习惯或者民族团结为政治社会提供了坚实的基础。这种民族习惯或者民族'哲学'成为公意的准则,正如感情成为理性的准则。因此,一个民族的历史,尤其是其早期的历史比任何世界性的激情都具有更高的地位。如果说人性是经由一系列偶然的因果联系而获得的话,那么在民族与民族之间及时代与时代之间,人性就会相当不同。"⑤这就是一种历史主义

---

① Leo Strauss, *Natural Right and History*, p. 253.
② Ibid., p. 293. 施特劳斯在这里的意思是说卢梭所设想的"自然状态"实际上由于抛弃了人的社会性而已经失去了人类社会的根本特征,因而在这种状态下的自由也就不能被视为人的自由。
③ Ibid., p. 252.
④ Ibid., p. 274.
⑤ Ibid., pp. 289–290.

与相对主义,它被法国大革命的批判者,现代保守主义的奠基人伯克所继承,并且通过黑格尔的历史哲学对西方政治思想产生了普遍的影响。历史主义把政治作为一种历史过程,强调存在的合理性,因而进一步腐蚀了人们对政治中的绝对真理的信念。尼采虽然一方面对近代政治哲学进行了猛烈的批判,但在另一方面,他又是"相对主义哲学的大师",他彻底放弃了一切绝对的价值判断,为诸如存在主义等更为激进的历史主义学说奠定了思想基础。可以认为,尼采的学说最终彻底摧毁了古典的自然正当性理论,同时也颠覆了政治哲学本身。

以上是作为政治思想史学家的施特劳斯对西方政治思想演化过程的基本认识。虽然施特劳斯一再表示他并非哲学家,但他的思想史研究仍然应该主要作为一种政治哲学而非政治思想史加以理解。尽管在施特劳斯看来,近代以降的西方政治思想史是一部不断走向堕落的历史,但对于未来,他并没有表示失望。他认为,虽然历史主义和实证主义导致了传统的崩溃,但这一负面的结果也有其正面的价值,那就是能够让现代人抛开所有传统的束缚,以一种客观的、自觉的方式阐释这一传统的发展与演变。古典政治哲学产生的背景就是希腊城邦的政治危机,而现代西方的危机同样也将导致政治哲学的再度复兴。① 他甚至表示,只有在现代才有可能"以非传统的、崭新的方式理解那些至今为止都是以传统的和派生的方式被人们所理解的内容",从而最终"像过去的思想家理解他们自己一样来理解他们"②。

就思想史研究方法而言,施特劳斯被人们称为"文本中心主义者"。在施特劳斯看来,思想本身并不受历史或者社会条件的限制,任何一位真正的思想家都会面临同样一些永恒的问题,比如神是否存在、灵魂是否永恒、自然、自然中人的位置、存在、正义、真、善、美和道德等,而最根本的,就是哲学是否可能的问题。受到环境限制的,只是用以表达思想的形式,这是思想家为了适应对他们来说实际上具有偶然性的自然、社会、道德和知识环境而有意识地加以选择的结果。施特劳斯因此主张,在思想史研究中,重要的并非思想家写作的历史背景即政治、经济和文化等具体的社会制度与条件,而是作者本人所表达的思想,是文本本身。但是,施特劳斯同时又认为,对文本的关注

---

① 其实,如果略去时间地点,那么施特劳斯对古希腊城邦传统崩溃的过程的描绘不可避免地会让读者联想到现代社会的精神状况。无论他的这种叙述是出于有意还是无意,如果用施特劳斯自己的文本阅读方法来阅读他本人的作品,那么可以发现他对现代问题的关注渗透在其每一个段落之中。

② Strauss, *The City and Man*, Chicago: Rand McNally & Company, 1964, p.9.

并不意味着仅仅停留在经典作品的字面意义上面。在其主要的方法论著作《迫害与写作艺术》中，施特劳斯提出，由于社会存在的客观的压力，历史上的思想家几乎都不可能完全公开地表达他们全部的真实思想，他们总是采用各种方法以社会能够接受的方式，传达一些社会难以接受的内容。这就是他提出的"隐秘的教义"（the esoteric teaching，类似中国传统的"微言大义"）与"显白的教义"（the exoteric teaching）的区别。对于历史上的政治思想的研究，一个重要的方面就是从思想家著作的字里行间找出文字背后所隐藏的"隐秘的教义"。

施特劳斯的思想史研究方法论与他本人的政治思想实际上存在着密切的关系。在他的政治哲学中，"真理"与"意见"是一对基本的矛盾概念，这对概念来自柏拉图的相论。施特劳斯曾经指出："在对过去若干思想家进行长期研究的过程中，我渐渐得出了以下关于对真理的探究（哲学也就是科学）与社会的关系的认识。哲学即科学，亦即人类最高层次的活动，就是用关于'一切事物'的真知取代关于'一切事物'的意见的尝试。但是，意见是社会的一个组成部分。因此，哲学即科学的目标就会消解社会在其中生存的要素，它将使社会濒临危险的边缘。由于这一缘故，哲学即科学只能是极少数人加以从事的工作。对于意见的尊重与把意见当做真理接受是根本不同的两回事。对哲学即科学与社会之间的关系持这样一种观念的哲学家或者科学家，为了不使无条件地接受作为社会基础的意见的人们处于危险境地，将采用各种特殊的叙述方法使他们发现的真理只被少数人接受。他们把真正的思想作为一种隐秘的教义，与对社会有利的显白的教义区别开来。相对于他们有意使所有读者都能够理解的显白的教义而言，隐秘的教义则只有那些经过长期艰苦的研究、具有敏锐的眼光并且经过专门训练的读者才能加以理解。"[1]

这是问题的一个方面，即思想家为了维持社会的稳定与秩序，不得不仅仅向少数精英人物表达他们的真实意图，同时把大众隔离在真理之外。另一方面则是思想家为自我保护而不得不以隐晦的方式表达他们的观念，或者用民众能够接受的方式间接地传达自己的思想，以对其发挥一种启蒙的作用。用施特劳斯自己的话来说，就是"在'政治共同体'这一法庭面前证明哲学的正当性这一工作，从政治共同体的观点来看，必须以不是面向哲学家们而是面向全体公民的各种论证方法进行。为了说服公民们接受哲学、向往哲学并且相信必须拥有哲学，哲学家们总是……从人们普遍接受的前提出发，或者

---

[1] Leo Strauss, *What Is Political Philosophy*? pp. 221–222.

说从被普遍接受的意见出发,除此之外别无他途。他们必须采用一种面向人的(ad hominem)或者说问答法(即苏格拉底的"辩证法"。——引者)的方式传达自己的思想。……从这一观点出发,我认为,'政治哲学'的意义主要并不在于以哲学方式对政治进行把握,而在于哲学的政治化以及大众化的理解,或者说政治性的哲学入门教育。换言之,它意味着一种把有能力的公民们,更确切地说是他们的有能力的后代们从政治的道路导向哲学的道路的尝试"①。

所谓隐晦的教义这一概念其实并非施特劳斯的创造,按照阿拉伯学者法拉比(Al-Farabi,约870—950)的说法,这一叙述方法的真正创造者是柏拉图。至于施特劳斯,则是通过对犹太律法学家迈蒙尼德(Moses Maimonides,1135—1204)著作的研究发现了这一点。举例来说,在苏格拉底和柏拉图面前就存在着这样两种可能:是把安全与生存置于首位,与充满错误的意见和普通人的生活方式相妥协,还是毫不退让地追求真理也就是直面死亡。苏格拉底选择了后者,而柏拉图则不同,他最后的选择是苏格拉底的道路与特拉西马赫斯的道路(顺从城市普通民众的观念)的结合。施特劳斯本人对"隐秘的教义"的写作方法是持赞同态度的,这主要并不是因为他主张必须对公众采取蒙蔽和欺骗的态度,而是基于他对哲学本身的社会作用的理解。施特劳斯认为,虽然哲学思考自身就是一种善,其存在对社会也具有积极的价值,但最好是让哲学作为一种私人性的生活方式而非大众化的知识工具,否则哲学家乃至哲学之间未必一致的争论就很可能会颠覆社会秩序。也就是说,哲学家必须自律,必须清楚如何在政治社会中自处,必须清楚地意识到纯粹的理论追求与社会生活中实际问题之间的距离,避免轻率地根据自己的理论构想对社会进行系统改造的尝试。②

在《自然权利与历史》一书中,施特劳斯曾就卢梭的情形详细论述过这个

---

① Leo Strauss, *What Is Political Philosophy?* pp.93-94.

② 在施特劳斯看来,近现代哲学与古典哲学最大的差别就在于,前者相信自己能够提供一揽子的计划,以达到改变甚至完善人和世界的目标,而这恰恰是近代哲学终于遭到危机的根本原因之一。他曾经以尼采为例谈到过这种"理性的僭越"(哈耶克语)的错误:"尼采断言,德国传统正是对现代文明的理想、源于英国的理想的批判,我相信尼采大体上正确。但他忘了补充说,英国人几乎一向有着不那么德国式的审慎与节制,不会把孩子和洗澡水一起倒掉","无论那些特别现代的理想有什么样的问题,那些创制了这些理想的英国人同时也对古典传统相当熟悉,并且英国人总储备了相当数量的必要解毒剂。就在英国人创制了现代理想的同时,剑桥和牛津比其他任何地方都更好地保存了前现代的理想、古典的人文思想。"(施特劳斯:《德国虚无主义》,载刘小枫主编:《施特劳斯与古典政治哲学》,第765页。)

问题。他指出,一个社会的存在,需要其成员无条件地、毫无疑问地服从某种类似宗教信仰的东西,而对科学或者哲学的追求往往会使这些信仰处于危险的境地,因为"科学关心的是真理本身而不是它的作用,由于这一倾向的存在便产生了一种危险,即它将导致某些无用的甚至有害的真理"。"社会的根基是信仰或者意见,因此科学,或者说以真知代替意见的企图必然危及社会。"① 施特劳斯认为,卢梭事实上清楚这一点:"……卢梭确立了这样一个信念,即科学和哲学与自由社会,也就是与美德毫不相容。"因此,哲学本身无法大众化。"由于每一本书都会被所有识字的人而不仅仅是少数人所阅读,所以卢梭从他的原则出发,在阐述其科学或者哲学观点的时候不得不进行了大量保留。"②

至于对过去的著作进行理解的标准,施特劳斯曾经明确表示:"充分的理解,就是完全与某一思想家理解自己的思想一样,对其思想加以理解。"③但如何才能实现这样一种理解,对施特劳斯来说尤其重要的是,如何对"显白的教义"与"隐晦的教义"进行区分? 对这些问题,他本人却没有提出相对明确的回答。施特劳斯自己实际上认为,对历史上的文本,并不存在某种普遍适用的理解方法,这样,理解与诠释就成为一个在很大程度上受到思想史研究者本人先入之见影响的、带有强烈主观性的作业过程。④ 正因为如此,所以施特劳斯的方法论也与他的思想史观和政治哲学立场一样,成为不少人质疑与批判的对象。

在对西方政治思想史演化方向的总体判断方面,与施特劳斯观点接近的政治思想史研究者还包括阿伦特、沃格林和沃林等。阿伦特(Hanna Arendt, 1906—1975)与施特劳斯的经历类似,也是移民美国的德裔犹太学者,主要著作包括《极权主义的起源》(Origins of Totalitarianism,1951)、《为人之条件》(The Human Condition,1958)、《过去与未来之间》(Between Past and Future,1961)、《黑暗时代的人》(Men in Dark Times,1968)、《共和国的危机》(Crises of the Republic,1972),以及她去世后出版的《思想生活》(The Life of the Mind,

---

① Leo Strauss, Natural Right and History, pp. 257-258.
② Ibid., pp. 259-260.
③ Leo Strauss, What Is Political Philosophy? p. 66.
④ 比如,施特劳斯曾经对柏拉图《法律篇》开端的场景设计进行过非常细致的解释,认为柏拉图之所以把对话场所选择在克里特,是因为如果苏格拉底逃出雅典的话,他多半会选择这个地方,另外苏格拉底之所以选择自杀,一个主要的原因是他年事已高,等等。(Cf. Leo Strauss, What is Political Philosophy? p. 33.)

1978)等。阿伦特一生的关注焦点是 20 世纪出现的极权主义。她认为,极权主义的产生是现代西方社会古典传统的丧失以及物质主义泛滥的结果。这两种因素的共同作用,使人们彻底放弃了对公共生活的追求,并且退守每一个人孤独的城堡,而正是这一点,使极权主义得以乘虚而入,实现了对每一个人的全面控制。

与所有的自由主义思想家不同,阿伦特认为,极权主义的起因并非近代国家的"膨胀",而恰恰是近代政治的"萎缩",是政治性公共空间的消亡。阿伦特之所以得出这一结论,应该与她的个人经历相关。大批与她自己一样被"逐出家园"(displaced persons)之人的遭遇使她意识到,任何游离于某个确定政治共同体之外的人,都不可能得到完全的保护。因此,有必要"从我们最新的经验和最近的恐慌出发重新考察人类的处境"①。"人们以为人权可以独立于所有政府而存在,……然而一旦人们真的失去了他们自己的政府而只剩下单纯的人权的时候,才发现没有一个权威能够保护他们,也没有任何一个机构愿意为他们保证他们的权利。"②

因此,对阿伦特来说,西方政治思想史的研究,就成为一个探讨西方社会公共性的丧失以及孤独的个人产生的历史的过程。与施特劳斯一样,阿伦特认为,在西方政治文明的开端之处存在着一种对政治本质的本原性理解,因此,通过"对历史的批判性的理解",有可能从中"找到传统的真正起源,并且从中再度升华出在政治语言中已经可悲地消失了的那种创造性的精神"③。她也与施特劳斯一样相信:"在传统的开端和终结之处有一个共同点,那就是政治中的一些基本问题在它们首先被提出来和经受最后挑战的时候,比任何时候都要显得清楚、直接和紧迫"。④ 这就有可能为新的思想创造提供契机。

实际上,阿伦特对思想史的研究,更多地表现为一种根据其政治哲学立场对历史的重建。阿伦特首先把人类行为区分为两个大的范畴,即理论的生活与实践的生活,后者又包括三种不同的模式:劳动(labor)、制作(work)和行动(action)。劳动的唯一目的是维持生命的存在与延续,而它的创造的产品也为此被全部耗尽,因此,劳动是人类生物性存在的一部分,是人的自然属

---

① Hannah Arendt, *The Human Condition*, p. 6.
② Hannah Arendt, *The Origin of Totalitarianism*, 3rd edn, London: Allen and Unwin, 1967, pp. 291-292.
③ Hannah Arendt, *Between Past and Future*, New York: Viking, 1961, p. 15.
④ Ibid., pp. 18,29,94.

性。"人类劳动的条件就是生命本身。"① 制作指的是人类利用自然资源制造出某些能够长期存在的产品(既包括一般意义上的用品和工具,也包括艺术品)的活动。制作在某种意义上说是非自然的,因为它创造的产品丰富了这个世界。或者说,制作是人类控制和主宰自然的活动,阿伦特也把制作的全部成果称为"世界"(world)。这是一个人为的世界,它们超越了简单的消费过程,扩大了人与自然之间的距离。这个世界使人们在一定程度上摆脱了自然本身周期性的节律,创造了一种人类独有的时间概念,从而使人们开始具有某种家园之感,并且使曾经漂泊不定的人类生活具有了某种持久性。② 因此,人类制作的条件就是其"在世性"(worldliness)。③ 制作的一个基本特点是,它常常依据某种模式进行,因而接受目的—手段关系的支配。制作生产了工具,工具因其能够流传下来,从而在一代人与另一代人之间提供了某种连续性。制作的最高体现就是艺术作品的创造。艺术品因其能够超越自然界本身的生死轮回,从而为人类提供了一种稳定性与生存的意义。

行动则是某个人通过言行向其他人展示其自身的过程。行动发生在多个在场的人之间,是人类社会性的结果,而所谓的社会性,指的就是"是人们,而不是单个的人生活并栖居于大地之上。"④ 行动并不需要任何物质性的中介,也不受制于物质生存的需要,因而是最具有人性的,也是实践的生活最有价值的部分。也可以说,行动是人作为人的基本条件,说人类创造了自己,正是说人类通过行动创造了自己。在行动中,人类完全超越自然,并且真正作为一种自由的、自我超越的存在活动。在阿伦特的观念中,自由的意义主要并不在于进行选择的可能性,而是人类超越那些被给定的特质并且创造某些新的特质的能力。因此,如果说其他的存在物具有其本质,即某种确定不变的属性的话,那么本质这个概念并不适合于人类。就此而言,行动是人作为自由的存在最根本的体现,因为行动的基本特点在于它的创造性。⑤ 行动"在最一般的意义上意味着肇始、意味着开端、意味着开启某种新的进程";行动意味着旧有过程的中断,意味着某种新的过程的开始,意味着在世界上注入

---

① Hannah Arendt, *The Human Condition*, p. 9.
② Ibid., p. 144.
③ 阿伦特写道:"在世界上共同生活从本质上意味着世界存在于共同拥有这个世界的人们之间,如同一张桌子被置在围绕着它的人们之间。世界如同一切中介物,把人们分开,又把他们联为一体。"(Hannah Arendt, *The Human Condition*, p. 48.)
④ Ibid., p. 9.
⑤ 阿伦特认为,人的诞生就意味着"开启某种新事物的能力,即行动的能力"(Ibid., p. 10)。

某些不确定的因素,因此不可能通过以往的方式,而只有通过行动者以及他们的行动本身才能得到理解。① 阿伦特认为,最基本的行动是人们通过语言展示自己,而最高级的行动则是那些试图改造世界,建立新的社会秩序、制度和实践的过程。

在阿伦特看来,政治就是行动的一种最重要的形式,它表现为人们通过语言行为履行共同体的公共事务,甚至也可以说:"行动本身就是政治性的行动。"② 至于政治共同体则是由一些忠实于同一政治性生活方式的人们结成的组织,其基本特征是成员对公共事务的参与,这种参与不仅出自成员对公共事务的一般兴趣,而且意味着他们完全融入"世界"之内,把公共事务置于个人利益之上,并且在公共活动比如演说与争论中实现自身的价值。显而易见,并非所有的公共组织都能够被称为共同体。政治的创造性和实践性决定了政治共同体与其他公共组织之间的区别,那就是,政治共同体既不可能被一劳永逸地创造出来,也不可能通过某些特殊的制度保证其长久生存。只有在共同体成员中的绝大部分都珍视公共生活、注重公共事务并且积极投身公共活动的情况下,一个政治共同体才能得以维持。政治共同体是行动真正得以发生的领域,虽然人们可以在生活的各个领域都有所行动。③

阿伦特强调,真正意义上的政治共同体的存在必须具备两项基本条件。首先是必须保持一个广泛的公共空间。公共空间的存在是个人认同的基本前提,因为他人的在场使我们能够获得现实感。"对我们来说,真实就是显现,即某种被别人和被我们自己所看到和所听到的东西。"④ 公共空间是我们能够置身于其中并且向别人展现我们自身的场所。正是通过他人我们才能认识自己,我们只有通过别人对我们的反应才能实现自我理解,而别人对我们的认识在很大程度上又来自于我们的言与行。

其次,共同体必须既保证人与人之间的平等、同时又维持他们之间的差异性。"如果人们彼此不平等,那么他们就不可能相互理解;而如果人们之间没有相互的区别,即某个人不能与任何现在的、过去的和未来的人区分开来,那么他们也就没有必要通过语言与行动使他们被别人所理解。"⑤ 阿伦特认

---

① Hannah Arendt, *The Human Condition*, pp. 190ff, 233ff, 243ff.
② Ibid., p. 11.
③ Ibid., p. 198.
④ Arendt, *The Human Condition*, p. 45.
⑤ Ibid., pp. 234, 175.

为，公民的平等与差异性是人类一切政治活动的基本条件。① 这一特性要求人与人之间通过语言与行动进行沟通，这是人性的要求，也是作为人的基本条件。政治则是对人与人之间的这种行动的协调与保障。

在阿伦特看来，伯利克里时代的雅典政治典型地体现了作为一种行动的政治的本质。在那里，公共领域超越于其他的一切领域之上，城邦为自由和平等的公民提供了共同行动的场所，而公民们则通过自己的言行、通过使自己融入公共的记忆而获得了某种意义上的永恒，政治也因此在公民们的生活中占据了最核心的位置。②

但是，在阿伦特看来，人类政治与社会生活中的这样一种完美状况并没有能够维持太久，因为人的自由与人的行动本身不可避免地具有不确定性和不可预知性，对人类追求确定性的自然倾向而言具有某种潜在的威胁，从而使一些人对行动心怀恐惧，比如说柏拉图。出于这种恐惧，苏格拉底学派的思想家们开始力图把人们关注的焦点从行动领域转入思想领域，被理解为思想动物（bios theoretikos）的人被提升到作为政治动物（bios politikos）的人之上，玄想的生活（vita contemplativa）僭取了行动的生活（vita activa）的地位，公民日常的生活与哲学家玄想的生活被区分开来，人们并且认为后者才是本质的生活。与此同时，柏拉图又进一步试图通过把权力交付到那些置思考于行动之上的哲学家之手，将政治转变为一种技术。阿伦特认为，苏格拉底学派的工作标志着西方政治思想史上的一个重大转变，它给人们以这样的诱惑，即似乎行动的全部复杂性能够被简化为可认知的、可操作的规程，从而把制作的逻辑运用到政治之上，使行动的人再度转变为制作的人（homo faber）。③ 阿伦特认为，这种思想方式对西方政治哲学传统具有深刻的影响，并且与现代的极权主义思想一脉相承。它没有意识到，行动本身并没有确定的目的，从而也没有与之相应的确定手段。因此，阿伦特认为，苏格拉底学派"背离了政

---

① Arendt, *The Human Condition*, p. 10.
② 阿伦特对政治以及她理想中的古代希腊政治的理解都深受海德格尔的影响。海德格尔1935年在海德堡大学夏季学期的讲义《形而上学导论》中写道："古代希腊人把作为全体的存在物称为 physis。"但是，他进一步指出，physis 并不是现在所理解的"物理性的对象"，而"是每一次所发现的东西（比如说玫瑰花的开放），是展示自身和发展自身的东西，是通过这样一种展开进而表现自身的东西，是在这种表现中住留下来，并且永远住留在这种表现中的东西。"简而言之，海德格尔认为，对希腊人来说"存在即表现，……Sein west als Erscheinen"。通过这样一种解释，海德格尔不仅在实际上取消了哲学中关于事物本质的问题，而且为人们对政治的理解提供了另外一种可能性，即政治本身也就是一种表现，而国家则是人们的一种创造或者说美学的作品。（参见海德格尔：《形而上学导论》，熊伟、王庆节译，北京：商务印书馆1996年版，第二章第一节："'在'这个词的语法"。）
③ Hannah Arendt, *The Human Condition*, p. 197.

治,背离了行动,……他们似乎认为只有人类放弃其行动能力,放弃这一能力所包含的无限的多样性和结果的不确定性,才能为人类事务中的弊病找到一种治疗方法"①。具体到柏拉图的情形来说,他所设想的最佳政体就是那种剥夺了政治活动的创造性的政体。更有甚者,哲学家们开始在城邦的政治生活之外寻找永恒和人的本质,寻找某种抽象的人类行为判断标准。阿伦特断言:"简单地说,柏拉图之后的政治哲学的绝大部分,无非是各种各样为彻底逃离政治寻找理论基础和实践方法的尝试。"②

可以看出,阿伦特对西方政治思想演变历程的否定比施特劳斯还要彻底,而且他们立论的依据也有相当的不同。施特劳斯认为,近代以来西方政治哲学衰落的根本原因是它放弃了对政治价值和政治中的绝对真理的追求,而阿伦特则认为,"从巴门尼德和柏拉图开始的西方政治思想的哲学传统,显然是通过对城邦及其公民的反对而建立起来的",是"通过哲学家们脱离政治并试图把他们自己的标准强加于人类事务而建立起来的"③。从苏格拉底和柏拉图开始,整个西方政治思想就体现为一个不断衰落的过程,它越来越远离人类的实践活动,并且最终导致了政治共同体在思想上与实践中的崩溃。就此而言,曾经师从海德格尔的阿伦特更接近于尼采和海德格尔对西方思想史的批判,即认为从苏格拉底开始,西方的哲学思考就逐步偏离了自然和社会共同体,从而造成了人与自然和人与人之间的疏离。

阿伦特还运用她独特的理论框架,对近代西方政治思想的演变进行了分析和说明。她认为,近代政治思想具有一种反抗从柏拉图与亚里士多德开始的政治传统的性质,特别是在像马克思、克尔凯郭尔和尼采这样一些哲学家那里。但是,他们虽然对传统进行了有意识的反叛,却没有与此同时提供任何新的价值,因此注定只能尝试在传统框架之内解决新时代遇到的问题,而正是这一点导致了现代的危机。具体说,在阿伦特看来,近代政治哲学中,对实践的生活与玄想的生活之间关系的认识再次出现逆转,即思想家们试图重新把实践置于理论之上,把行动置于思想之上。但是,行动对知识的优先性,即视后者为前者的工具的观念,并不意味着对城邦的回归,也不意味着政治行动的优先性,因为近代以来实践生活的内容本身已经发生了变化,真正意义上的行动即政治依然受到压制,只是压制者从玄想变成了制作。

---

① Hannah Arendt, *The Human Condition*, p. 174.
② Ibid., p. 16.
③ Hannah Arendt, *Between Past and Future*, pp. 18,150; also Arendt, *The Human Condition*, p. 13.

阿伦特认为,近代实验科学的发展以及对整个社会的影响标志着制作的人大获全胜,因为科学的发展及其技术化使人们得以把整个世界视为一种可以通过制作加以改造的对象。但是,这一胜利的代价也是沉重的,因为随着机器的大规模运用以及消费经济的发展,人很快就从制作的动物被进一步改造为劳动的动物(animal laborans),现代社会也相应地成为一种"劳动社会"①。在这个社会中,首先,机器的使用者实际上被机器所控制,因为他必须调整自己以适应机器的运转以及其他方面的要求,这样,原本作为人的创造物的机器反过来转变为控制与支配人的力量;其次,在现代消费社会,劳动的意义已经不仅仅是,甚至主要不是为了满足生存的需要,而是为了进行消费,而且其产品在快速消费之后被立即抛弃,以便为更多的产品提供空间。这样一种劳动从根本上篡取了工作的领域,因为消费经济所创造的产品只是为了最终被替代,从而破坏了世界的客观性。同时,由于劳动本身所具有的工具性特征,所以在消费社会中,人类创造出来的一切成果都不过是创造另外的成果的工具。在这样的社会中,意义根本无法得以确立,其结果是每一个人都处于文化和政治的迷乱之中,同时也陷于对政治的冷漠状态。② 一个现代人的根本特点就是他将"意识到,在他所生活的世界里,他的意识、他的思想传统已经根本不足以使他提出任何有针对性的和有意义的问题,更不用说为他所面对的混乱找出什么答案"③。

阿伦特指出,现代社会对政治最具破坏性的一面,是建立在劳动基础上的消费活动从根本上并不需要公共领域的存在,因为其创造的成果只供个人迅速消费并被抛弃,已经不再构成人与人之间联系的纽带。因此,现代意义上的公民并非真正意义上的行动者,而现代的市民社会作为劳动与制作发生的场所,与古典意义上的公共空间也毫无关联。阿伦特正是在这个意义上说,现代市民社会的兴起标志着人作为劳动者的地位上升到了顶点。④ 另外,由于现代社会的合理化逻辑,人类行为变得程式化和模式化,从而也在根本上否定了以创造性和不确定性作为基本特征的行动存在的可能。总之,阿伦特的结论是,将劳动混同于行动,把政治理解为制作,把人理解为制作的人进而劳动的人,便从根本上否定了政治存在的可能性,同时也是近代专制主义、

---

① Hannah Arendt, *The Human Condition*, p. 5.
② Hannah Arendt, *Between Past and Future*, p. 18.
③ Ibid., pp. 8-9.
④ Hannah Arendt, *The Human Condition*, p. 321.

独裁统治以及极权主义的根源。

  与施特劳斯和阿伦特相互呼应的,还有一位政治思想史研究者即沃格林(Eric Voegelin,1901—1985)。沃格林与前两者有非常类似的出身和经历,曾任教于哈佛大学等美国著名的高等学校。沃格林对西方政治思想史的理解与施特劳斯相似,同样认为近代以来实证主义的影响致使政治理论放弃了对价值问题的追问,从而也就背离了自身的本质。用沃格林自己的话来说,就是"哲学的历史在很大程度上是它偏离自身的历史"①。因此,政治思想史在当代的任务就是寻找这种偏离的根源及其起点,并且恢复在此之前哲学曾经达到的对事物本质的认识。这说明,沃格林同样把政治思想史研究视为解决当代政治危机的一种途径。他自己曾经表示,人们阅读他的著作的时候,"不应该把它当做对已经死亡的过去的某种好奇的追究,而应将其理解为一种找回已经失去的关于政治秩序的真理的尝试"②。

  根据沃格林的观点,在人类历史的早期,"上帝与人,自然与社会形成了一种存在的原始共同体"③。这种共同体的存在、人们对这种共同体的意识在古希腊哲学和基督教思想中得到了完美的体现——前者通过把每一个公民纳入城邦的共同生活、后者则通过实践上帝与人以及人与人之间的爱,使人类自发的共同体意识得到了理性化的表达。在西方历史上,它们分别代表了两种对人类本质认识的顶点,从这种认识的任何退却都意味着"理论的退化"④。沃格林认为,这种退化开始于中世纪后期一种把人"神化"的企图,其结果是人类在对自身本质的认识上出现了人与人,人与自然之间的分离。沃格林把这种将人"神化"的观念称为"诺斯替教义"⑤。在政治思想中,"诺斯替教义"通过以马基雅弗利为代表的近代思想家得到了明确体现。从启蒙时期到现在,西方政治思想演变的结果是"谋杀了上帝,取消了任何具有超越性的认识"。因此,在沃格林看来,西方思想的发展经历了一个拱形的过程:"这个拱形的顶点是基督的诞生,基督教之前的优秀文明是它上升的一段,近代的诺斯替文明则构成了它下降的一段。"⑥

---

  ① Eric Voegelin, *Plato and Aristotle*, Baton Rouge: Louisiana State University Press, 1957, p. 277.
  ② Eric Voegelin, *Order and History*, Vol. 1, *Israel and Revelation*, Baton Rouge: Louisiana State University Press, 1956, p. xiv.
  ③ Eric Voegelin, *Science, Politics and Gnosticism*, Chicago: Henry Regnery, 1968), pp. v, 83.
  ④ Eric Voegelin, *The New Science of Politics*, Chicago: University of Chicago Press, 1952, pp. 79-80.
  ⑤ 基督教出现之前的一种东方神秘宗教,强调信徒的直觉和神秘体验,后来被基督教认为是邪教。
  ⑥ Eric Voegelin, *The New Science of Politics*, p. 164.

与前面的三位政治思想史研究者一样,另一位认为现代西方社会存在着深刻的思想危机,并且相信思想史研究是克服这种危机的唯一途径的学者是沃林(Sheldon Wolin,1922—2015)。与他们不同的是,沃林是土生土长的美国人,曾先后任教于加利福尼亚大学和普林斯顿大学等。沃林的观点在某些方面与阿伦特有明显的相似之处。他同样认为,真正的政治,必须以类似古希腊城邦那样的共同体的存在为前提,这种共同体保证了公民个人与其政治社会之间有机的内在联系。沃林指出:在西方政治思想传统中,"'政治的'这个形容词多多少少具有确定的含义",那就是"公共性"①。然而,自柏拉图以降,西方政治思想的演变从某种意义上说却与这种政治观念渐行渐远。沃林表示,柏拉图的学说体现了他"对政治永远的敌对",他对理想社会的构想,实际上是试图彻底消除政治行为,以便为建立某种超越性的、非政治的秩序奠定基础。②

沃林与阿伦特一样认为,希腊城邦的衰落同时也导致了政治哲学的衰落,因为"它使政治哲学失去了基本的分析单元",并且"把政治哲学变成了道德哲学的一个分支"③。不过,对于西方整个政治思想演变的历史,沃林有一种与前面三位研究者都不同的看法。他对中世纪的基督教政治哲学进行了十分有意思的分析,认为虽然在这一阶段现世的政治与对来世的宗教要求之间存在着明显的冲突,但是,"为了创造一种新的、强有力的共同体观念",为了运用政治策略和政治象征以实现自身的目标,基督教世界复活了传统的政治思想。④ 奥古斯丁和阿奎那等基督教思想家在建立其关于政治与宗教关系的理论的同时,无意中为他们之后政治哲学的发展提供了某种文化上的基础,从而使马基雅弗利能够最终宣布政治完全的独立性。在马基雅弗利开创的基础之上,霍布斯的政治哲学标志着中世纪之后西方政治哲学发展的第一个高峰,因为他成功地为政治秩序提供了世俗性的证明。但在霍布斯之后,西方政治思想又再度衰落,而且一直持续到今天。沃林认为,西方政治哲学的这一次衰落是由政治思想中社会概念对政治概念的替代造成的。⑤ 这一过程表现在两个方面。一方面是从孟德斯鸠到托克维尔的传统,它把政治理解为各种社会关系和私人组织的因变量;另一方面是从洛克开始的功利主义和

---

① Sheldon S. Wolin, *Politics and Vision*, p. 61.
② Ibid., pp. 42-43.
③ Ibid., p. 94.
④ Ibid., pp. 96-97.
⑤ Ibid., pp. 288, 290.

自由主义的传统,它把政治等同于政府活动,即一种为社会服务、同时又必须受到限制的人为的强制。这两个方面的因素相互强化,最终使政治失去了自身的本质特性。

不过,沃林对至今为止西方政治思想的整个演变过程并没有采取完全否定的态度。从某种意义上说,沃林对政治思想史的理解处在传统的美国历史主义学派和文本中心主义(textualism)之间的位置上。他在指出每一个时代的政治思想存在的问题的同时,也承认它们各自的价值。他表示:"我们应该感激希腊人创造了政治哲学,感激他们首先区分出了政治自然(political nature)的领域。"①沃林认为,政治思想的历史就是"一种特殊的对话传统的历史",人们可以把它作为"在时间进程中清晰地展示其特性的活动"加以把握。② 另外,由于沃林认定,在人类政治思考中占据着核心位置的是对"秩序"的关注,而在不同情况下政治既可能表现为冲突的根源,也可能表现为寻求秩序的努力,因此在他看来,有一个问题便贯穿了整个政治哲学历史的始终,那就是如何使政治活动与秩序的要求相一致,而政治思想史也可以相应地被理解为不同时代的思想家在他们所面临的具体情况下,在变与不变之间寻求某种平衡的历史。③

沃林认为,历史上每一位政治思想家的理论都是对他所面临的现实问题,通常是政治危机的反应,其中既包括他对这些具体问题提供的解决方案,也包括他在观念中对整个政治问题的重新理解与设计。这种思想家眼中对政治问题的整体性理解被沃林称为 vision(观念)④,他最主要的政治思想史著作即以此为名(*Politics and Vision*)。沃林认为,决定每一种独特的政治观念的,除了政治实践以外,更重要的就是政治思想的传统。⑤ 他表示:"几乎所有系统的政治思想都是同时在两个层次上展开的。在其中的一个层次上,每一位思想家都关注于他所认为的他的时代最重要的问题……但是,在另一个层次上,很多政治作品又……可以被视为对西方政治哲学中持续的对话过程的一种贡献。"⑥就此而言,"思想家所参与的,是一种其规则在很大程度上已经

---

① Sheldon S. Wolin, *Politics and Vision*, p. 28.
② Ibid., pp. 1–2.
③ Ibid., pp. 10–11.
④ 沃林指出,观念具有两个层面的含义:一方面指具体的、描述性的视觉印象,另一方面指对某一事物的抽象的、想象性质的理解。(Sheldon S. Wolin, *Politics and Vision*, pp. 17–18.)
⑤ Sheldon S. Wolin, *Politics and Vision*, p. 22.
⑥ Ibid., p. 25.

被预先确定的讨论",过去、现在与未来在这个意义上被联结起来。① 这样一种情况,决定了对任何一部经典作品进行解释的时候,都必须同时在这两个层次上着眼,而最关键的一点,就是判明思想家"参与这一永恒的对话过程"的自觉意识,以及对"西方政治思考的贡献"②。

沃林对当代西方社会存在的政治危机的认识,与他对政治思想史的理解是紧密联系在一起的。他指出,现代社会的状况是,一方面由于自由主义传统的影响,人们不断自觉地对政治的领域加以限制;另一方面,原来处于政治之外的领域却在事实上被不断政治化。现代社会中的政治无所不在,又无处可寻。它被社会所肢解、驱散和吸收了。因此,现代社会为人们提出了"两个紧密联系的问题……即关于共同体的问题和关于组织的问题",也就是在组织化的社会中如何重建政治共同体的问题。③ 沃林表示,要解决现代社会的困境,唯一的出路就是复兴传统的政治理论,唤醒人们的政治意识,重建真正的政治生活。他强调:"人类的存在方式不应该在小群体的低等水平上被决定。在一个无限毁灭的威胁笼罩着人类的时代,只有政治秩序能够对人类生存做出生死决断。"④沃林相信,对政治思想史的研究是拯救政治哲学的最好方式,"要揭示我们今天所面临的困境,历史的视野比其他任何方法更有效。即使这种研究并非政治智慧的源泉,至少也是它的前提"⑤。同时,历史研究不仅能够帮助人们理解当前面临的问题,而且也可以为关于政治问题的对话提供一套基本的语汇和语法规则。⑥

可以看出,20世纪50—70年代以施特劳斯为代表的西方政治思想史研究,是思想史学家们一种深刻的危机意识的结果。他们希望能够通过对历史的反思,寻找各种现实问题的根源以及解决这些问题的出路。就此而言,在西方这段时间政治思想史的研究与同时代(特别是美国)政治科学的研究形成了鲜明的对比。施特劳斯等人非常敏锐地指出了当代西方政治理论中存在的一系列矛盾,以及主流思想在一些重大问题,特别是多元主义与政治价值、政治平等与政治领导、自由与强制、公民与共同体的关系等等问题上的失语状态,并且在科学主义与行为主义"一统天下"的情况下顽强地唤起人们对

---

① Sheldon S. Wolin, *Politics and Vision*, pp. 22–23.
② Ibid., pp. 22, 26.
③ Ibid., p. 363.
④ Ibid., p. 434.
⑤ Ibid., p. v.
⑥ Ibid., p. 27.

这些问题的思考,对20世纪70年代以后政治哲学的复兴发挥了非常重要的潜移默化的作用。到21世纪初,美国已经一大批有影响的思想史研究者是不同意义上的施特劳斯的学生,而且施特劳斯等人的影响已经远远超出了思想史研究领域,扩展到政治哲学甚至现实政治生活当中。

当然,施特劳斯等人的工作中也存在某些缺陷。一方面,他们的研究客观上仍然受到历史主义的影响,也就是说,在这些研究者身上普遍存在一种为了构建他们所理解的历史过程而对思想史素材任意取舍的倾向,比如施特劳斯在叙述从马基雅弗利到伯克的思想史演变时,对这一时期同样具有重要影响的共和主义传统①却不置一词,虽然他对深受这一传统影响的美国宪法原则赞誉有加。② 阿伦特则自己表示,她对于历史的描述并不"真的与理论和观念的历史相一致",她希望提供的只是对"在人类思维中实际发生的事情的类似比喻的接近"③。用这种方法,她"把历史上的人物转换为一种模式,使其具有确定的象征性功能"④。但是,这样一种"象征的"历史到底在多大程度上具有历史的意义自然就成为一个问题。沃格林晚年也认识到,历史过程实际的复杂性使其不可能被还原为一系列简单的阶段,"历史的过程以及在其中可以被识别出来的所谓的顺序,并不是一个可以从起点讲述到终点的故事,无论这是一种幸福的还是不幸的终点"。思想史"绝不是可以按照时间顺序组织起来的一系列有意义的事件的历史"⑤。也就是说,思想的发展不是一种直线的过程,它更像一张错综复杂的网。

也可以说,施特劳斯等人都是以政治哲学家身份来研究历史的,从这个意义上说,他们是希望借助历史阐明自己的政治哲学观点。⑥ 他们往往十分

---

① 请参阅第十八章的相关内容。
② Cf. Leo Strauss, *Natural Right and History*, pp. 1–2.
③ Hannah Arendt, *Between Past and Future*, p. 9.
④ Hannah Arendt, "Thinking and Moral Considerations", *Social Research* 38 (Autumn 1971):427.
⑤ Eric Voegelin, *Order and History*, Vol. 4, *The Ecumenic Age* (Baton Rouge: Louisiana State University Press, 1974), pp. 2,57.
⑥ 比如从施特劳斯的情况来看,由于可以认为他自己就采取了某种"隐秘的"写作方式,而从来不对现实的政治问题做出明确的判断(他自称为"自由主义的朋友",但又处处对历史上的自由主义思想家们毫不留情),或者说他严格实践了他自己对哲学家的处世要求即"大道隐于市",因此虽然施特劳斯的政治哲学只能概括为一句话:"政治哲学非常重要"(这一点得到了施特劳斯的学生 Harvey Mansfield 和 Nathan Tarcov 等人的认可),但世人却普遍把他视为美国新保守主义的奠基人,从而把他放置在一种与自由主义直接对立的位置上,对此,相信施特劳斯本人也难以接受。也就是说,施特劳斯以六经注我的方式暗示对现实问题的判断的方法,也为人们理解他的思想带来了诸多的不确定性。对此,本书不拟详细展开。

准确地抓住了某些思想家理论中的矛盾和问题,但他们对现代社会的批判意识却又使他们在很大程度上忽视了这些理论在历史上的贡献,比如对近代自由主义以及马克思主义的评价就是这样。至于把西方政治思想的历史理解为一种不断堕落的历史,那就更不足取。每一个时代都面临着与以往的时代不同的问题,因而需要不同的解决方案。如果说古希腊人在当时的具体环境中创造了一种个人与政治共同体高度统一的优秀模式的话,那么在当代的物质与精神条件下,个人与共同体的再度统一必须在现代人所享有的、古代无法比拟的物质和精神自由的基础上去寻找,而不是消灭这种自由,或者否定整个现代文明的发展。另外,在这些研究者当中还存在着某种把政治普遍化的倾向,但政治生活肯定不是人类生活的全部,以政治的,即在根本上是强制的方式,也不可能解决人类面临的所有问题。因此,虽然施特劳斯等人对近代以来西方政治思想的批判具有其深刻的一面,但他们所提供的,或者在他们对思想史的叙述中所暗示的解决问题的方案,却也难以令人满意。

第十八章
"语境主义"与"语言学政治学"

政治思想史研究的"语境主义"(contextualism)的出现与现代语言学,特别是普通语言学和科学哲学的发展存在着密切关系。普通语言学认为,每一个具体的语言行为的意义,在很大程度上取决于该行为发生的环境;而以库恩(Thomas Kuhn)为代表的关于科学发展规律的"范式"(paradigm)理论,则强调科学发展的阶段性以及各阶段之间知识体系的不可通约性。这些理论对政治思想史研究都产生了明显影响。在这里,对"语境"(context)这个概念需要进行广义的理解,它指的是构成历史上某一特定著作的意义背景的思想和文化环境,并且在一定意义上也包括其政治和社会经济环境。

事实上,在 20 世纪,现代语言学的方法及其结论对西方几乎所有的社会科学家都多多少少产生了某种影响,甚至使不少学者的研究出现了所谓的"语言学转向"(linguistic turn)。① 在这方面,英国剑桥大学政治学和历史学教授斯金纳(Quentin Skinner,1940—)也不例外,他的"语境主义"研究方法的提出,就深受英国语言学家奥斯丁等人的"语言行动理论"的启发。"语言行动理论"强调语言现象作为一种社会行为的性质,强调语言者对听众实际产生的影响(即语言所谓的"以言行事"的功能),因此,在这种理论看来,语言学研究就不应该仅仅限于对语言本身的考察,而必须关注语言者与听众之间

---

① 哈贝马斯就是其中一个典型的例子。

实际的相互作用,并且通过这种相互作用对语言的意义加以理解。斯金纳认为,奥斯丁的这一主张对政治思想史研究具有重要的借鉴价值。由于历史上的思想家总是在某种确定的语言环境中、针对某些特定的读者进行写作,因此对政治思想的理解——语境主义也称之为对作者"意图"(intention)的理解——在很大程度上就不能局限于文本自身的解读,而是必须通过思想家(或者思想家写作的文本)与其语境之间的互动加以把握。①

另一方面,斯金纳的方法论也是通过对历史主义和以施特劳斯为代表的"文本中心主义"的批判而形成的。如前所述,历史主义(实际上在某种意义上也包括"文本中心主义")认定在西方存在着一种"伟大的思想文化传统",认为主要的思想家们分别形成了这个伟大传统中一些相互关联的环节,并以此为出发点对其理论加以理解。在斯金纳看来,这不可避免地导致了对历史本身的曲解。在1968年的论文"观念史中的意义及其理解"中,斯金纳对"文本中心主义"进行了系统批判,同时明确地提出了自己的思想史研究方法。②

斯金纳认为,"文本中心主义"最大的问题,是这种方法导致政治思想史研究中产生了大量的"神话"(mythology)。他具体指出了下面一些情况。第一,"教义的神话",这又包括两种情况:或者是生硬地把思想家们统一在某种想象出来的主题之下;或者是根据某种事先设定的主题在思想家的著作中寻找材料,把他们偶然地、随意地提及的内容编织成某种统一的思想体系,同时对那些没有按照思想史研究者的"预期"行事的思想家进行指责。比如施特劳斯对马基雅弗利和霍布斯的研究就属于此列。③ 第二,"连续性的神话",即假定思想家本人以及整个政治思想史内部存在着某种逻辑上的连续性与一致性。斯金纳认为,在思想史研究者中,"发现"实际上并不存在的一致性与连续性已经成为一种普遍倾向,而为了维护这种"连续性的神话",研究者们甚至无视思想家对本人意图的明确阐释,或者认为思想家理论中的矛盾不过是表面现象,比如施特劳斯就通过对"显白教义"与"隐秘教义"进行区分来处理思想家理论中的矛盾。第三,"预期(prolepsis)的神话",这是一种把后来发

---

① Quentin Skinner, "Meaning and Understanding in the History of Ideas", in James Tully (ed.), *Meaning and Context: Quentin Skinner and his Critics Princeton*, Princeton University Press, 1988, p.64. 斯金纳倾向于认为,思想家的"意图"就是思想的"意义"(meaning),但对此存在争论。

② Quentin Skinner, "Meaning and Understanding in the History of Ideas", *History and Theory* 8 (1969), pp.3–53. Reprinted in James Tully (ed.), *Meaning and Context*.

③ Cf. James Tully (ed.), *Meaning and Context*, pp.99,162.

生的事情归咎于以前的思想家的做法,比如认为柏拉图与卢梭是极权主义的始作俑者、马基雅弗利是"近代政治的奠基人"、洛克是"自由主义"的创始人等都属于这种情况。这是把思想家们在历史上实际产生的影响与他们本人的意图,或者说他们具体的"语言行为"视为一体。第四,"狭隘的神话",指研究者在对其研究对象的知识或者文化背景缺乏了解的情况下,从自己的主观想象出发产生错误理解的情况。等等。①

斯金纳尤其反对"文本中心主义"的基本立场,即由人们面临的现实问题规定思想史研究的方向与内容。他强调,必须尊重历史上的思想自身的独立价值,而且认为,事实上也不可能通过思想史研究为当前的问题寻找答案,因为具体环境的差异使历史上的政治主张无法适用于当前的现实问题。斯金纳曾经引用科林伍德的话指出:"在哲学上没有永恒的问题,只有对个别问题的个别回答;而且问题的数目与提问者一样多。"②斯金纳也预料到有人会因此指责他取消了思想史研究的现实意义,或者说过去的思想在今天的价值,他对这种批判的回答是:"我绝对没有得出这样的结论,即因为通过思想史为今天的人们寻找哲学价值这种做法基于错误的观念,所以思想史本身也就不再具有任何哲学价值。因为对我来说,恰恰是古典文献只关注它们自身的、与我们完全不同的问题这一事实,而不是它们在某种意义上同时也与我们自己的问题相关这一假设,为思想史研究所具有的重要意义提供了一把钥匙,而不是设置了疑念。"③

确切地说,斯金纳反对的是在历史与现实之间建立一种简单直接的关联的做法,同时也反对到历史中为现实问题寻找答案。他明确表示,"希望通过思想史研究得到某种方案,来解决我们直接面临的问题,这不仅在方法论上是荒谬的,而且在道德上也是错误的。但是,通过对历史的研究——我们实际上也没有任何别的方法——了解必然的东西与那些不过是作为我们偶然活动的产物的东西之间的区别,这正是我们获得自我认识的关键"。④ 也就是说,斯金纳认为,思想史研究能够而且应该做到的,不是为解决当前问题寻找某种现成的药方,而是为人们更好地进行自我认识提供一套广泛的参照标准。他在后来答复语境主义方法引起的各种批评意见时再次表示,通过放弃

---

① Quentin Skinner, "Meaning and Understanding in the History of Ideas", in James Tully (ed.), *Meaning and Context*, pp. 33ff.
② Ibid., p. 65.
③ Ibid., p. 66.
④ Ibid., p. 67.

思想史研究中的先入之见以及任何事先的价值预期,"我们便有可能获得某种客观性,以对那些相互对立的思想体系进行判断;同时也有可能对各种不同的文化因素获得更大程度上的理解与更大程度上的宽容。最重要的是,通过扩展我们的视野而不是自闭于狭隘的偏见,我们将有可能获得一种立足点,并由此出发,以更具批判性的方式了解我们自己的生活"①。由此可以看出,解释学的基本原则对斯金纳同样产生了相当的影响。②

在思想史的具体方法上,与"文本中心主义"相反,斯金纳强调历史上的思想的独特性与具体性。实际上,斯金纳在1966年的论文《历史说明的界限》中,就已经对历史研究中的实证主义影响进行过明确的批判。他认为,这种方法往往提出某些一般性的命题,然后再通过具体研究对其加以验证或者反证,这实际上完全是把对历史的研究与对科学命题的检验混为一谈。实证主义并不了解,在历史领域中,并不存在"普遍法则中的个别事例"这种的东西,也不存在类似科学研究中对不同前提产生的结论进行反复验证的实验条件。从根本上说,历史研究的目的并非对某种普遍规律的验证,而是对每一个具体的历史事件进行高度精细的说明。③ 因此,历史研究不能事先预设问题,然后再到历史中寻找答案。斯金纳称这种研究方法为"历史意识"的体现,并且认为这类研究本身已经失去其历史的价值。

斯金纳强调,对思想史研究而言,最重要的是必须把基本的历史事实与思想家在抽象层面上的历史作用予以明确区分;一位对后世产生了重要影响的思想家,并不必然是他所处的时代的代表。因此,比如说对霍布斯或者洛克的著作本身的了解,并不能被简单地还原为对17世纪英国政治思想的内容及其性质的一般性了解。④ 从这一认识出发,斯金纳指出,历史研究的起点并不是主要的思想和事件本身。应该把需要加以解释的思想或者事件置于最能对其加以说明的环境中,并且从对它们进行尽可能全面完整的叙述开始。"排除非历史意识的关键是,我们在对任何文本进行叙述的时候,都应该按照

---

① Quentin Skinner, "A Reply to My Critics", in James Tully (ed.), *Meaning and Context*, p. 287.
② 解释学不认为对历史上的文本能够进行完全彻底的、客观公正的理解,但强调理解过程同时也是一种自我认识的过程。Cf. Quentin Skinner, "Motives, Intentions and the Interpretation of Texts", in James Tully (ed.), *Meaning and Context*, p. 209.
③ Quentin Skinner, "The Limits of Historical Explanations", *Philosophy*, Vol. XII, No. 157, 1966, p. 199.
④ Ibid., pp. 212–213.

作者本人原则上认可的(语境的)范围限定我们的研究内容。"①

斯金纳在这里提出的就是政治思想的语境问题。语境决定了某一特定概念或者论断实际上能够表达的意义。斯金纳认为,所谓的语境既包括狭义的语言环境,也包括广泛的社会和文化背景。他强调,从语言行动理论的角度来看,要理解语言行为的意义,就意味着确定语言者的意图,而对思想家来说,要理解他们在写作某个具体文本时候的意图,又只有通过对具体语境的认识和把握,因为意图只存在于作者与他想象中的读者之间。所以,"对某一具体文本的了解必须同时包括对(作者)希望被理解的意图,以及希望这一意图被如何理解的意图的了解。我们的理解至少必须反映文本作为一种有意识的交流这一事实"②。唯此,思想史研究者才有可能把握思想家们"希望表达的是什么,以及他们希望如何进行这种表达"③,以确定某一文本的作者"在他进行写作的具体时代、对于他希望传达自己意见的听众,实际上希望表达些什么"④。

斯金纳尤其注重对思想史上具体对话环境的把握,认为:"我们应该研究的不是语句(抽象)的意义,而是它们的用法。"⑤这里所谓的"用法",就是语言在具体的使用环境中可能具有的特殊意义。斯金纳表示,像主权、进步、平等、权利、自然法、正义和乌托邦等概念在不同的历史时期往往针对不同的问题而具有各不相同的含义,因此,"唯一值得书写的历史,就是由特定的表达方式构成的各种不同陈述的历史。当然,叙述这种历史——不是这些语句自身的历史——几乎是一件太过贪婪而近于荒唐的事情,但它至少在概念上是成立的。因为抛开了语句的使用者通过它们所表达的陈述,语句本身根本不能作为研究的确切对象,甚至对逻辑学家来说也一样,……更不用说历史学家了"⑥。因此,对于思想史研究者来说,最基本的任务就是"首先根据语言习惯,确定在具体情景之下由于特定陈述的表达可能产生的整个对话空间,其次,找出特定陈述与这一广泛的语言环境之间的关系,并以此作为解读给定

---

① Quentin Skinner, "Some Problems in the Analysis of Political Thought and Action", *Political Theory*, Vol. 2, No. 3, 1974, p. 283.
② Quentin Skinner, "Meaning and Understanding in the History of Ideas", in James Tully (ed.), *Meaning and Context*, p. 63.
③ Ibid.
④ Ibid., p. 64.
⑤ Ibid., p. 55.
⑥ Ibid., p. 56.

作者的真实意图的途径。"①

为此,斯金纳提出了思想史研究的两项基本规则,首先是"不要仅仅关注所需解释的文本,而且要关注人们处理该文本所论及的问题及论题的主导的(语言)习惯"。也就是说,要把它放在一个特定的对话环境中加以理解,并且全面把握作者进行写作时的历史的、习惯的背景。"为了理解某位特定的作者通过某些特定的概念或者论题可能在做些什么,我们首先必须把握在这一特定的时刻,通过使用这一特定的概念或者处理这一特定的论题,人们可能做到的、所有可以识别的事情的本质与范围。"②其次是必须"关注作者的精神世界,即他的经验性信念的世界"。斯金纳表示,这一规则来自我们把某种意图归诸某位作者的可能性与我们对作者自身信念的理解程度之间的逻辑联系。③ 这就是说,为了理解作者的真实意图,研究者不仅必须了解文本的内容,而且必须理解作者的整个精神世界。斯金纳通过举例说明了这一原则。加拿大政治思想史学家麦克弗逊有一个著名的观点,即洛克的《政府论》为无限制的资本原始积累进行了合理化论证。斯金纳指出,为了证明这一点,首先必须证明洛克本人至少具有以下三个方面的自觉意识,即首先相信他所处的社会正在向无限制的资本积累的方向运动,其次认为这一运动需要得到意识形态上的论证,最后还意识到他自己应该进行这一工作。但是,麦克弗逊在这三个方面都没有做出明确的说明;而且晚近的研究已经证明,洛克实际上并不具有第三个方面的想法,同时也没有证据表明他有前两个方面的意识。因此,不能认为麦克弗逊对洛克的思想(即意图)提出了适当的解释。④

人们正是在这个意义上把斯金纳称为语境主义者,斯金纳本人基本上也接受这一称谓,他近年来主编并由剑桥大学出版社出版的数十部思想史研究专著的总标题就是"语境中的思想"(Ideas in Context)。但是,斯金纳对语境主义也是有所批判的。他在承认语境主义的正面价值的同时,也指出了它存在的问题:"如果说对某一事物的陈述(或者某一行为)的语境与这一陈述自身的关系……是一种作为原因的前提条件与其结果之间的关系,因而决定着后者这一认识是正确的话,那么历史上思想的独立性与生命力便相应地陷入

---

① Quentin Skinner, "Meaning and Understanding in the History of Ideas", in James Tully (ed.), *Meaning and Context*, p. 64.
② Quentin Skinner, "Motives, Intentions and the Interpretation of Texts", in James Tully (ed.), *Meaning and Context*, p. 77.
③ Ibid., p. 78.
④ Ibid.

危机之中了,这是显而易见的。"①在这里,他反对的是那种把任何思想的发生都归结为以前的思想以及当时的其他思想,甚至其社会政治经济环境的决定论的方法。换言之,斯金纳虽然承认对"社会语言环境的研究可能有助于文本的理解",即语境有助于研究者确定作者与其读者之间的交流方式及根据语言习惯应该以何种形式理解作品的内容等等,但是,语境并非文本意义的唯一决定因素,对行为的了解并不能被还原为对有关行为原因的知识的了解。②

可以看到的是,斯金纳的方法论仍然存在着一些困难。他一方面强调语境对于了解历史上的思想具有重要意义,另一方面又反对过分夸大语境的作用。问题是在这里,人们的选择只能在语境和文本之间进行。限制语境的解释作用,从某种意义上说就意味着强化文本自身的解释能力,而这两者之间的比重应该如何把握,本身就是一个带有极强的主观性的问题。极端地说,斯金纳与施特劳斯在这一点上其实并不存在根本的不同,因为后者并非真的完全无视语境的存在及其作用。斯金纳本人后来也承认,他的某些主张的确过于偏激。另外,斯金纳认为思想史研究的关键在于确定思想家本人进行写作时的真实意图,但归根到底这同样也是一个无法进行客观判断的问题,在某些情况下,甚至作者本人也未必能够清晰地说明他在写作某段文字时的"真实意图"。因此,事实上很难说按照斯金纳的方法对作者的意图进行推断,与按照施特劳斯的方法对显白教义与隐秘教义进行区分有何不同。所以有学者认为,斯金纳更多的是提供了一种对历史进行解释的哲学而不是具体的理解方法。正因为斯金纳的方法中存在这样的困难,所以它从一开始就不断受到来自各个方面的批评,并且在政治思想史学界引起了一场至今为止也没有完全停息的方法论之争,其中部分争论文章,包括斯金纳关于方法论的论文以及他的反批评甚至被编辑成一部350多页的论文集于1988年出版。③另外,虽然斯金纳强调语言环境的重要性、强调思想史上的概念与论题的独特性具有非常积极的意义,但他往往又走向极端,否认思想史中一些基本概念与问题的继承性与普遍性。可以认为,如何看待思想史中的独特性与连续性,是一个斯金纳没有能够很好地予以解决的问题。

---

① Quentin Skinner, "Meaning and Understanding in the History of Ideas", in James Tully (ed.), *Meaning and Context*, p. 58.
② Ibid., p. 61.
③ James Tully (ed.), *Meaning and Context: Quentin Skinner and his Critics*, Princeton: Princeton University Press, 1988.

斯金纳本人当然也是思想史研究领域的大家,所以1978年他年仅38岁就被剑桥大学聘任为政治学教授。但也有学者指出,正因为斯金纳并没有真的完全按照他的方法论进行实际研究,所以才能取得如此成就。① 从斯金纳的实际工作,特别是《近代政治思想的基础》②、《自由主义之前的自由》以及2002年出版的《政治观念》③来看,他所采用的研究方法与他的方法论主张之间的确存在一定的距离,甚至可以说他事实上往往采用了一些他曾经批判过的方法。另一方面,由于他对语境的界定具有极强的任意性④,所以在他对政治思想史的叙述中,很多重要问题往往被忽略了。比如《近代政治思想的基础》一书中他对布丹思想中宗教观念对其政治理论的影响就几乎没有做任何考察,而在《自由主义之前的自由》这样一部考察英国内战之后光荣革命之前自由主义思想的著作中,洛克的地位也显得模糊不清,这不能不说是一些重大的缺陷。另外,斯金纳对特定时代的特定语境过分重视,使他在某些时候"只见树木不见森林"。他为《近代政治思想的基础》一书规定的主要任务之一,是追溯近代意义上的国家概念的产生。为此他虽然非常详细地描述和分析了从中世纪晚期开始到布丹为止的大量学者对"status"、"statos"、"state"和"l'Etat"等概念的使用("用法"),但对"status"这个概念在拉丁文中一直具有的国家制度、统治形态的意义却不置一词。这一"忽视"的结果,不能不使斯金纳关于布丹与霍布斯在国家概念的确立过程中发挥了革命性作用的结论显得有些牵强。另外,正如日本政治思想史学家佐佐木毅所指出的,由于斯金纳对布丹《论国家》的研究依据的是1606年诺尔(Richard Knoll)的英译版,所以法文原文中"estate"、"politique"和"republique"这些不同的概念都被他按照英译中的"state"加以理解⑤,这就更有损这部作品的学术地位了。

斯金纳政治思想史研究的主要贡献,正如他在《近代政治思想的基础》一

---

① 佐々木毅:「政治思想史の方法と解釈——Q・スキナーをめぐって——」、『国家学会雑誌』第九四卷第七、八号、一九八一年,第134页。
② Quentin Skinner, *The Foundations of Modern Political Thought*, Cambridge: Cambridge University Press, 1978.
③ Quentin Skinner, *Visions of Politics*, 3 vols., Cambridge: The Cambridge University Press, 2002.
④ 实际上,如何划定"语境"的范围,是把语境无限扩大以致包括一切有可能影响作者写作意图的因素,还是仅仅考虑与作者直接相关的文本,这也是斯金纳方法论中一个难以回答的问题。
⑤ 佐々木毅「政治思想史の方法と解釈——Q・スキナーをめぐって——」,第137页,注117参照。

书"序言"中指出的,是对经典著作"得以产生的更为广阔的社会和文化背景"①进行了独到的叙述,而另外一位思想史研究者波考克也从不同的前提出发,做出了与斯金纳类似的成就。

波考克(John Grevelle Agard Pocock,1924—2023)出生于英国伦敦,在新西兰度过了他的青少年时代,1945 年就读于新西兰大学,1948 年进入剑桥大学,1952 年获博士学位,先后任教于新西兰奥塔哥大学、坎特伯雷大学、美国的华盛顿大学与约翰·霍普金斯大学等。波考克对西方政治思想史的研究从一开始就具有鲜明的个性。他最早的著作《古代制度和封建法》是在其博士学位论文《关于下议院的争论:1675—1688》(*The Controversy over the House of Commons, 1675—1688: A Chapter in the History of English Political Thought*)的基础上加以修改和补充而成的。这一著作对政治思想史研究的贡献在于它证明,17 世纪下半叶英国的政治争论中存在着两种完全不同的观念:"普通法学家们相信(英国的)制度起源于不可追忆的过去;而少数反对者则指出,它包含有大量封建领主制原则,因而试图推翻前一种论点。"②波考克的研究并没有局限于对英国政治制度起源的争论本身,更重要的是,他发现争论双方使用的完全是两套各不相同的语汇体系。他的这一发现不仅为人们重新认识 17 世纪以来的英国政治思想史提供了一条全新的线索,对他自己来说,也获得了一种思想史研究的新方法,简单地讲,就是通过研究语言了解历史,他也因此把政治思想史称为"语言学政治学"或者"政治语汇史"。

波考克的政治思想史研究当然也受到了 20 世纪 50 年代在美国盛行一时的语言分析哲学的影响,但他并没有简单地接受语言哲学提倡的文本分析方法。他后来写道:"1956 年前后,在很多人看来,通过对语言进行分析而推翻政治哲学,将有助于把政治思想的历史从一种体系化的历史(原来意义上的'哲学')转化为语言用法的历史(新的意义上的'哲学'),从而使其解放出来。"③波考克自己的看法是,思想史研究固然不应该忽视对语言的分析,因为至少思想是通过语言表达出来的,而在不同时代语言的环境及其使用也的确各不相同,但是,思想史研究毕竟不能像当时语言哲学主张的那样,把哲学问题还原为对语言和词汇的逻辑结构的分析。波考克认为,这种方法固然有助

---

① Cf. Quentin Skinner, *The Foundation of Modern Political Thought*, Volume One: The Renaissance, p. x.

② J. G. A. Pocock, *The Ancient Constitution and Feudal Law: A Study of English Historical Thought in the 17th Century*, p. vii.

③ J. G. A. Pocock, *Politics, Language and Time*, New York: Athenaeum, 1971, p. 12.

于从语言的侧面对政治思想进行理解,但由于它完全忽视了"历史"和"时间",因而与文本中心主义并没有什么根本的区别。也就是说,存在着一个如何把对语言的研究与对政治思想史的研究结合起来的问题。在这个方面,美国哲学家库恩提出的"范式"理论对波考克提供了重要启示,并且帮助他为自己的方法论原则找到了体系化的基础。

简单地说,库恩的范式理论是一种对自然科学史加以说明的模型。范式指在一定的历史时期为人们共同认可、从而支配着自然科学各个部门的基本的思想原则、概念和理论体系及由此得出的相应结论。范式理论认为,人类科学的进步,是通过一个范式对另一个范式的替代实现的。比如牛顿力学就代表了一种范式,在这一范式主导之下,经典力学的基本原则被各个学科所采用并对自然现象进行统一的说明。范式有其产生、发展与瓦解的过程。新范式出现之后,会因科学研究的深入而不断得到修正和完善,但范式的一个基本特点是,它接受修正和完善的可能性是有限的。随着科学研究中新的发展和新的问题迅速增加,用原有范式对其进行解释与说明会变得越来越困难,甚至捉襟见肘、顾此失彼。在这种时候,人们就会转而寻求新的、解释范围更广、解释能力更强的范式。以相对论为代表的新范式最终替代了牛顿力学的旧范式就是一个非常典型的例子。范式理论强调,对一种范式的评价与取舍标准不是它的对与错,而是它的解释能力。在爱因斯坦的相对论出现之前,牛顿力学能够对自然和宇宙现象提供最好的解释,因而被各个科学部门作为基本的原则。

波考克敏锐地意识到,范式理论不仅可以用来对自然科学的历史进行解释,而且同样也可以对包括思想史在内的社会科学的历史加以说明;而且借助范式理论对思想史进行理解,与他自己对思想史,比如英国17世纪后半期的思想史的研究得出的结论其实非常相似。这是他很快接受了范式理论并以此作为政治思想史研究的方法论基础的根本原因。波考克自己是这么解释的:"……政治学(与政治科学不同)不是对个别问题进行理解的活动,它涉及一种更为复杂的相互交流(communication)的结构,而语言范式……具有库恩所列举的具体的范形(exemplum)的很多特征。看来库恩教授的概念注定要被人拿走,并用于与他不同的目的,但这也恰恰证明了他的理论的根本价值。"①波考克在范式理论的基础上,对政治思想的进程进行了如下说明:"人们通过语言体系之间的交流(communicating)进行思想;这些体系既构成了他

---

① J. G. A. Pocock, *Politics, Language and Time*, p. 14, Note 6.

们的观念世界，也构成了与此相联系的权威结构或者说社会世界；观念世界与社会世界互为背景，由此便形成一幅具体的历史图景。在这一前提之下，我们现在可以把个人的思想活动视为一种社会行为，一种在某个范式体系中进行的交流和应答的行为，一种历史事件，一个在范式体系以及观念和社会这两个相互作用的世界的转换过程中的环节(moment)。这两个世界构建了范式体系和人们的行动，又由它们所构成。我们于是得到了原先所缺少的东西：历史学家所需要的背景(context)的复杂性。"[1]由于有了范式理论，"原来一直模糊不清的'政治思想史'这一概念现在可以被重新定义为对政治语言的分析与澄清，而语言系统与政治系统之间的关联也似乎开始展现出来"[2]。

波考克认为，正如科学发展过程中的范式一样，某一时代的"政治共同体"及它的"公共语言"在较强的意义上构成了思想家的思想前提与背景，因此"历史学家最基本的问题，就是发现作者所使用、并在其中进行写作的'语言'或者'语汇'，由此探明他到底能够表达些什么，以及在决定他如何表达自己的思想方面，语言或者语汇作为一种范式到底发挥了什么样的作用"[3]。也就是说，思想史研究的关键，就是理解作者所处的范式环境，因为它决定了作者所能够表达的和读者所能够接受的内容。范式如果发生了变化，著作所表达的内容也会随之变化；而之所以把某位思想家的理论称为"独创的"或者"革命性的"，就是因为他的思想导致了范式的变迁。波考克并且强调，由于语言本身具有暧昧的特点，在不同范式之下其意义又会有所不同，所以对历史上的文本进行理解的时候，就不仅需要了解作者写作的具体意图即他希望表达的内容是什么，还要研究他实际上表达出来的又是什么、他的读者能够理解其中的哪些方面，以及对于当时语言范式的变化作者的著作产生了什么样的影响等等。

当然，波考克也承认，虽然可以认为与科学范式决定了科学的语言一样，政治范式也决定了政治的语言，但政治的范式与自然科学的范式之间仍然存在着明显的不同之处。首先，政治共同体与科学共同体或者说科学家的群体不同，语言也不同。科学共同体是一种进行特定研究的、目标单一的群体，其成员是从事科学研究并共同接受某种范式的有效性的个人，但政治思想家们却很难说构成了某种类似的"共同体"，因为在任何时代，政治思想中都充满

---

[1] J. G. A. Pocock, *Politics, Language and Time*, p. 15.
[2] Ibid.
[3] Ibid., p. 25.

了立场、价值观、政治信仰等方面的差异和冲突。其次,即使在同一时代,政治语言也不像一般的科学语言,它具有自身特殊的用法(rhetoric)。这种特定的语言用法往往反映出不同的行为、不同的目标和价值追求之间的妥协,因此在某个人看来不过是对事实进行陈述的语言,在另外一个人看来却可能具有特定的象征意义。政治言论本身,就是事实陈述与价值判断的错综复杂的结合。由于其中体现了追求不同目标的政治集团之间的妥协或者调停,其暧昧之处在所难免。因此,如果要把政治语言作为一种范式加以描述,那么就必须对范式概念加以若干修正。

波考克特别指出,政治语言与自然科学的语言之间最明显的区别,就是前者当中充满了关于社会行为的制度化的语汇,而决定这一特点的则是政治文化的历史。"某个社会的语言中充满了神学的用语,另外一个社会的语言中可能是法的,第三个社会中则可能是经济的,等等。"而且,在同一个社会内部也会"同时并存着诸多的范式结构,这些不同结构之间不断地相互冲突,每一个用语和概念都是在一部分意义已经发生变化的同时,又保持着其他一部分意义,就这样从一个结构向另一个结构转变"①。在这个意义上,波考克认为,可以把政治思想史的研究理解为"对范式运用情况的变迁史的研究,以及发现范式和为了发现范式而使用范式的历史的研究"②。具体地说,"我们所关心的是,社会经验中有哪些因素通过政治语言表现了出来,表现的过程是如何实现的,表现又是如何受到语言范式的组织,并且最终形成一种在理论、哲学、历史以及其他方面自身完满的结构;我们当然也关心因此而变得清晰可见的这整个过程的历史"③。

波考克表示,语言范式理论毕竟只是一种假设,它的有效性必须经过严格的历史学检验才能得到证明。当然,他本人的思想史研究就是对这一理论的自觉检验。波考克是一位非常勤奋的学者,他的著作,除上面提到的《古代制度与封建法》之外,还包括上面多次引用的《政治、语言、时间》、《马基雅弗利的环节》④、《道德、商业和历史》⑤及大量的论文,另外他还编辑了包括《英

---

① J. G. A. Pocock, *Politics, Language and Time*, p. 22.
② Ibid., p. 23.
③ Ibid., p. 36.
④ J. G. A. Pocock, *The Machiavellian Moment: Florentine Political Thought and the Atlantic Republican Tradition*, Princeton and London: Princeton University Press, 1975.
⑤ J. G. A. Pocock, *Virtue, Commerce, and History*, Cambridge: Cambridge University Press, 1985.

国的三次革命:1641、1688 和 1776 年》①在内的多部论文集。波考克对政治思想史研究的一项重要贡献,就是对近代欧美政治思想中"共和主义"传统的独特描述。这里的"共和主义"指从马基雅弗利等意大利文艺复兴时期的政治思想家开始,经过英国的哈林顿一直到休谟、亚当·斯密和弗格森②等苏格兰启蒙思想家,并且扩展到美国独立前后的政治家与理论家的一种持续不断的、对公民道德与国家的政治繁荣与稳定之间的关系的关注。对于这一关注的考察,成为波考克主要著作的一个基本主题。波考克这一贡献的意义,在于对这段时期西方政治思想的发展,除自由主义的解释之外,提出了一种新的理解途径。

波考克的工作在得到广泛承认的同时,自然也受到了不少激烈的批评。批评主要集中在两个方面:首先是西方政治思想史中自由主义的传统与他所发现的共和主义的传统之间的关系问题,波考克对此并没有进行充分的论述;其次是他对一些具体历史问题的考察。但无论如何,波考克的工作与斯金纳一起③,把西方政治思想史的研究从传统的、对经典著作和十多位著名思想家的考察,引向更细密的、构成这些思想家思想背景的政治观念和政治舆论的研究,并且使思想史学家们普遍意识到主要的政治概念在不同时代、不同思想家理论中的意义的独特性。这一切将在不远的未来,使人们对政治思想的历史描绘出一幅与传统不同的总体图景,从而使思想史研究迈上一个新的高度。至于波考克予以重点考察的"共和主义"传统,现在在思想史(不仅仅限于政治思想史)中则已经成为一个专门的概念和研究领域,而围绕这一问题的争论至今还在继续。这本身就是对他的成就的最好说明。

---

① J. G. A. Pocock (ed.), *Three British Revolutions: 1641, 1688, 1776*, New Jersey: Princeton University Press, 1980.

② Adam Ferguson(1723—1816),著有《市民社会史论》(*An Essay on the History of Civil Society*, New York: Cambridge University Press, 2001)一书。

③ 显而易见,波考克对思想与其社会,特别是语言背景的关系的理解,与斯金纳的语境主义非常相似;另外在对历史主义和文本中心主义的批判方面,两人的立场也基本相同[波考克也认为,在历史主义和文本中心主义那里,"各个(思想)体系之间的相似性被误认为连续性,它们之间的差异则被理解为一种变化过程,或者历史的序列。但是,这个序列根本不是按照历史学的方法建立起来的。"实际发生的情况是,研究者在现实生活中关注的问题决定了他对历史的理解]。因此,人们也把他们的思想史方法论及其研究称为"剑桥范式"(Cambridge Paradigm)。Cf. "Cambridge Paradigms and Scotch Philosophers: A Study of the Relations between the Civic Humanist and the Civil Jurisprudential Interpretation of Eighteenth-Century Social Thought", in Hont and Ignatieff (eds.), *Wealth and Virtue: The Shaping of Political Economy in the Scottish Enlightenment*, Cambridge: Cambridge University Press, 1983.

后记

　　此次修订,诸多部分实际上是重写,也是对西方政治思想史上一些重要问题的重新思考。对比两个版本,读者当能看出我自己思想的变化。我认为,这种变化,虽然未必表明在相关问题上认识的加深,但至少是一种视野的转移,它使我们对西方思想的认识更加全面。

　　一本书的完成绝不意味着对所有问题的解决,而是更多问题的提出。西方政治思想是一片浩瀚的海洋,通过对这一思想资源的学习和研究,通过对中国和西方思想的对比,发现某些人类共通的精神财富,是一项需要长期努力的工作。我希望有更多的年轻人投身这一艰苦而崇高的事业。人类不仅需要物质的丰裕,更需要精神的提升。

　　感谢北京大学出版社,特别是耿协峰编辑为本书所做的大量工作,也感谢出版社对我的大度,使本书的篇幅得以比第一版增加了近三分之一。感谢北京大学国际关系学院的师长、同事和学生对我的支持。感谢毕建宏,她通读了全部书稿,并且在文字上提出了诸多宝贵的建议。感谢我的家人,他们的理解使我能够最大限度地投入教学与研究工作。

唐士其

2008年6月于燕园